식민지 법정에서 독립을 변론하다

허헌 · 김병로 · 이인과 항일 재판투쟁

이 저서는 2006년 정부(교육과학기술부)의 재원으로 한국연구재단의
지원을 받아 수행된 연구임.(NRF-2006-342-B00033)

식민지 법정에서 독립을 변론하다

허헌 · 김병로 · 이인과 항일 재판투쟁

한 인 섭

경인문화사

머리말

내가 대학을 다녔던 1970년대 후반, 관악캠퍼스에서는 법대생이란 사실 자체를 내세울 수 없는 분위기였다. 유신헌법과 긴급조치로 삭막했던 캠퍼스에서 법이란 강자의 횡포, 권력의 도구와 다름없이 여겨졌다. 그런 상황에서 법조인의 길을 걷겠다는 건 출세나 보신밖에 더 되겠느냐는 선배들의 추궁에 답이 궁했다. 다른 나라의 이름있는 법률가의 예를 찾아봤지만, 그야 남의 이야기일 뿐이라는 반응 앞에 궁색할 수밖에.

정말 우리 역사 속에서 내세울만한 법률가의 모델은 없었던 것일까. 법률가는 인권을 옹호하고 정의를 실현함을 사명으로 한다는 법조문은 한갓 장식문구일 뿐인가. 무언가 긍정적인 실체가 있었다면 역사 가운데 그 모습을 드러냈어야 할 것이 아닌가. 제대로 된 법률가라면 이런 질문을 피할 수 없다고 생각했다. 더욱이 법학도를 교육하는 교수로서는 이런 질문과 고민을 학생들과 나누고 토론해야 할 소임을 갖고 있다. 짧게 답할 성질의 것이 아니기에, 긴 호흡으로 성찰해야 했다. 제대로 된 논의를 위해 필요한 자료를 제공해야 할 책무감을 오래도록 느껴왔다. 그 한 방법이 우리 역사 속의 법률가들의 행적을 정리하는 일이었다.

다행히 여러 훌륭한 법률가를 만날 수 있었다. 한국전쟁하의 부역자 재판에서 어떻게 판결해야 할까 고민했던 유병진 판사. 사무실을 열자마자

"4천년 간이나 기다렸다는 듯이" 몰려든 여성들의 억울함을 대변하는데 헌신한 이태영 변호사. 군사정권의 횡포에 맞서 민주법치를 주장하다 핍박받은 이병린 변호사. 유신-5공의 암흑기에 인권변론의 길을 개척해낸 인권변호사들. 이런 분들의 행적을 찾고 자료를 모았다.[1] 그리고 역사를 더 거슬러 올라가면서 일제시대와 대면했다. 그건 참으로 만만치 않은 것이었다. 일제하 조선인 법조인은 희소가치와 함께 특혜를 누린 자들이 아니었던가. 민족적 대의와 민중의 권익을 조선총독부 법정에서 법적으로 옹호한다는 것이 과연 가능하기나 했을까 - 이런 근원적 질문이 무겁게 제기되기 때문이다.

그런 상황에서 이인 변호사의 〈반세기의 증언〉을 접했다. 10대 소년기부터 "억울한 국민을 구해보자는 의분"으로 법률을 공부했다는 그의 결기는 무언가 독특했다. 그는 변호사 활동을 통해 억울한 조선인들을 진정으로 구할 수 있다고 믿었던가. 그건 애초의 동기가 아니고 사후의 합리화가 아니었을까. 그러나 나는 법률의 세계 속에 이미 깊숙이 들어와 있는 터. 마냥 국외자적 냉소나 하고 있을 처지는 아니었다. 그가 남긴 글들을 실마리 삼아 일제하 법률가-변호사의 활동을 파고들었다. 점점 "3인"의 항일변호사의 존재가 부각되어왔다. 허헌, 김병로, 이인이 그들이다. 그들은 독립운동가의 변론의 주역일 뿐 아니라, 적극적인 사회운동가요, 그 자신 독립운동가였다. 열렬한 항일변호사로서 활동하면서 핍박도 받았고, 옥고를 치르기도 했다. 좌-우의 모든 주의자/운동가와 소통하는 개방성을 지녔으면서도, 대체로 민족주의의 노선을 견지했다. 엄혹한 일제 말기에도 지조를 꺾지 않는 드문 국내인사이기도 했다. 김병로와 이인은 해방후 사법-법무의 설계와 운영에 중추적 역할을 했다. 모두가 그들 뜻대로 된 것은 아니지만, 그들의 존재를 빼놓고 대한민국의 사법-법무를 논할 수 없을 정도였다.

이들 "3인" 변호사의 존재는 약간씩은 알려져 있었다. 그들의 회고담도 있고, 그들을 대상으로 쓴 전기·평전도 있다. 그러나 역사의 격랑 속에서 그들의 회고록은 상세한 편이 못 되었다. 전기·평전에서도 일제시대 재판 장면은 일화 소개에 그치는 식이었다. 당대에 생산된 원사료와 하나하나 대조하며 내용의 정확성을 점검하는 작업도 별반 없었다. 다른 한편, 이들 "3인"은 독립운동사를 다룬 많은 글에서도 등장한다. 하지만 재판과정에서 변호인으로 잠시 언급될 뿐이다. 그러나 독립운동의 일선에 뛰어든 역사적 인물들은 대개 수사–공판시에 잠시 대중앞에 나타났다 감옥으로 사라졌 지만, 항일재판투쟁에 일관한 변호사들의 생애는 그 자체가 항일운동의 중 요한 면모를 담고 있음이 간과되었다.

그들이 식민지 재판정에서 한 일은 과연 무엇인가. 일제법을 갖고 어떤 논변을 개척할 수 있었을까. 나아가 독립운동사에서 이들의 역할은 어떻게 평가될 수 있을까. 이런 질문에 답하기 위해서는 일화 위주가 아니라, 구체 적인 재판 하나하나를 들여다보아야 한다. 그들은 무엇보다 법정을 주무대 로 삼아 활약한 변호사였다. 그들이 변호사로서 어떤 의미있는 일을 했던 가를 본격적으로 파고들고 싶었다. 소장학자일 때는 선학의 연구부재를 비 판하면 족했지만, 그 비판이 쌓여 나에게 부메랑으로 되돌아왔다. 하지만 현재의 법해석과 사법개혁 논의에 관여하기도 바쁜데, 수십 년 전의 과거 기록을 하나하나 정리하면서 전체상을 온전히 그려낼 엄두가 나지 않았다.

그러던 차 2006년 학술진흥재단(현재 한국연구재단)에서 우수학자 지원사 업이 공표되었다. 그 간의 연구성과를 평가하여 우수학자를 선정, 그에게 본격적인 저술을 할 수 있도록 충분한 지원을 하겠다는 취지였다. 오래 미 뤄둔 이 주제를 신청했다. 식민지 사법과 재판현장에 대한 사료를 최대한 수집·정리하여, 본격적인 항일재판투쟁과 법률운동의 역사를 탐구하겠다 는 뜻에서였다. 나는 언젠가 "조선김치냄새 나는 법학"을 역설한 적이 있 는데, 그 한 전형을 보여주리라는 각오도 있었다. 우수학자로 선정해 준 덕 분에, 이제 긴 호흡으로 주제에 착근해갈 수 있게 되었다.

첫 단계는 자료정리였다. 그동안 수집해둔 것을 바탕으로 하여, 고려대

(귀중문서서고), 연세대, 서울대, 국회 도서관의 자료를 수집했다. 국사편찬위원회, 독립기념관, 공훈전자자료실, 국립중앙도서관, 국가기록원 등에서 수집한 재판자료가 쌓여갔다. 일본의 리츠메이칸대학, 도쿄대학에서 자료를 모았다. 특히 이시노마키 시의 석권문화센터에서 후세다츠지 변호사의 자료 등을 입수할 수 있었다. 모든 자료는 Pdf File로 만들어 쉽게 볼 수 있도록 정리했다.

자료를 독해하면서 일제치하 "3인"과 피고인들(독립운동가들)과의 만남 속에 빠져들었다. 학기 중에는 자료정리를 하고, 방학이 되면 식민지 치하에 들어가 살았다. 그들의 대화를 듣고, 격정에 공감했다. 법정에 가서는 때로는 피고인으로 때로는 변호인으로 주장하고 변론했다. 재판장면을 취재하고, 관련 인물들과 인터뷰했다. 가끔 꿈에서도 식민지 풍경이 펼쳐졌다. 배경과 활동이 실감으로 잡히면 글로 썼다. 미쳐야 미친다(不狂不及)의 느낌으로 살았던 것이다.

한편으로 답답했다. "3인"을 따로 모시고 개별 인터뷰도 하고 싶었지만 그럴 수 없는 터. 기록의 조각을 찾아 읽으면서 그들의 진면목을 상상할 수밖에 없었다. 생존해계신 관련자와의 인터뷰도 실상을 이해하는 데 도움이 되었다. 그러나 식민지 사법제도라는 틀 속에서 항일변론을 감행하는 그들의 변호사적 업무에 대해서는 감을 잡기 어려운 부분이 적지 않았다. 그 점과 관련하여, 식민지와 여건은 다르지만, 독재하에서 인권변론에 분투했던 홍성우 변호사와의 장기 대담을 통해 변호사의 애환과 과제에 대해 여러 실감을 얻을 수 있었던 것은 망외의 소득이었다.[2]

이제 그동안의 연구성과를 책으로 낸다. "3인"의 변호사는 1920년부터 항일재판투쟁의 주역으로 활약했다. 식민지 사법권력과의 재판투쟁은 그 하나하나가 역동적 드라마였다. 변호사들은 개별적으로 투쟁했을 뿐 아니라, 변론역량을 끌어올리기 위해 집단적으로 재판에 관여하고 역할분담을 추구하기도 했다. 그들은 독립운동가들의 기개를 가장 가까이에서 호흡하고 연대했던 주인공이었다. 언론과의 연계도 활발했다. 피고인들의 법정투쟁은 변호사의 관여를 통해 사회적 주목을 받게 되고, 효과적인 변론은 사건의 파장을 증폭시켰다. 재판투쟁에서 "3인"은 조역을 넘어서 주역으로 활약했다. 그들의 주장은 법정변론의 형식을 띠었지만 실상 그들은 피고인들과 조선사회를 향해 발언했던 것이다. 법정투쟁을 통해 얻은 사회적 명망으로 인해 그들은 조선 내에서 여러 표면화된 독립운동을 끌어가는 데 구심적 역할을 했다. 변호사들의 항일재판투쟁과 법률운동은 그 자체가 독립운동의 한 분야로 자리매김되기 충분한 것이었다.

"3인"의 변호사는 식민지의 전시기에 걸쳐 떳떳한 삶을 살았다. 오늘의 용어를 쓴다면 "기본적 인권을 수호하고 사회정의를 실현"하는 변호사의 사명에 가장 충실한 삶을 살았다. 일제하 변호사의 우월적 지위를 개인적 영달이 아니라 항일운동의 대의에 효율적으로 활용했다. 그들을 향한 사회적 기대와 중망도 높았고, 그들은 그에 잘 부응했다. 그들에게 닥쳐온 수난을 군이 피하지도 않았다. 때문에 그들의 재판투쟁을 정리하는 작업과정에서 숨은 광맥을 따라가다 금맥을 찾아내는 듯한 환희를 맛볼 때가 적지 않았다. 식민지 법제에 대한 그들의 문제의식은 해방후 사법 – 법제 정비의 밑거름이 되었다.

가능한 충실하게 재판장면을 복원하려는 노력은 때로는 성공적이었지만 때로는 암담했다. 변론요지서와 같이 변호사가 직접 작성한 변론기록도 없고, 공판조서에도 변론 내용이 거의 기록되지 않았다. 아예 소송기록이 없는 경우가 훨씬 많았다. 때문에 여기저기 흩어져 있는 단편적 자료를 퍼즐조각 맞추듯 연결해야 했다. 애초의 구상은 1920~1945년까지를 두루 다루고자 했지만 분량과 시간에서 역부족이었다. 때문에 주안점을 1920~1932년 정도로 하고, 그 후에는 일제말 3인의 수난과 절조에 대해 정리하고, 종합적인 평가를 하는 정도로 작업을 마무리하기로 했다.

작업을 위해서는 대학원의 성실한 조교들의 협력이 절대적이었다. 박사과정 재학 중이었던 김현숙, 김대홍, 김영중의 도움에 특히 감사한다. 첫 단계엔 국사학과 이정선이 기초자료 수집을 도와주었고, 마무리 단계에서는 심유진의 수고가 컸다. 이들의 도움으로 본서와 함께 자료집을 편집할 수 있었다.[3] 일본에 체류하면서 자료수집을 했을 때 리츠메이칸대의 서승 교수, 코리아연구센터의 안자코 교수와 여러 조교들로부터 도움을 받았다.

이런 연구의 가치를 일찍부터 인정하고 지혜와 교훈을 베풀어주신 스승의 학은에 삼가 감사드린다. 한국법제사의 세계를 선도해주신 박병호 교수님. 이같은 성격의 박사논문을 기대했던 이수성 교수님. 독립운동사에서 법연구의 중요성을 일깨우면서 격려해주신 신용하 교수님. 이 분들의 지도편달은 늘 마음의 푯대였다. 홍성우 변호사님은 변론투쟁의 속살을 이해하는 데 도움을 주셨다. 허헌의 딸 허근욱 님으로부터 선친의 여러 면모를 들을 수 있었다. 신동운 교수님으로부터는 궁금한 사항에 대해 수시로 자문을 받을 수 있었다. 초학자 시절부터 김창록, 이철우, 정긍식 교수는 늘 동반자로 지식의 지평을 넓혀주었다. 문준영 교수는 중간 중간에 필요한 도움을 제공했다.

이 책의 초고를 읽은 한 학생은 꼭 〈인권변론 한 시대〉의 자매편 같이 느껴진다고 했다. 내 의도도 실상 그런 것이다. 법률가들의 가치있는 분투를 기록화하기 위해서 시대별로 다른 접근을 했다. 독재시대(1970~80년대)를 접근함에는 인권변론을 끌어간 홍성우 변호사와의 대담 형식으로 〈인권변론 한 시대〉를 썼다. 1990년대 이후의 시기에 대해서는 변호사들의 공익변론에 주목하여 〈한국의 공익인권소송〉[4]을 책임편집하여, 우리 사회와 법률을 변화시킨 주목할만한 재판사건을 정리했다. 일제하를 다룸에는 단독집필의 방식을 취했다. 이같이 상이한 방식으로 정리된 세 저작을 통해, 양심적인 법률가들이 시대적 과제에 어떻게 부응했던가 하는 점을 체감할 수 있기를 바란다. 과거와 현재의 가치있는 대화를 통해 미래를 열어가는 활력을 얻을 수 있기를.

2012년 4월

한인섭

---

1 한인섭 편, 정의의법 양심의법 인권의법, 박영사, 2004.
2 홍성우와의 대담은 〈인권변론 한 시대〉라는 책자로 간행되었고, 〈인권변론자료집〉은 출간을 준비 중에 있다.
3 〈항일민족변론자료집〉은 모두 4권으로 묶었다. (I)연속간행물:허헌, (II)연속간행물:김병로, (III)연속 간행물:이인, (IV)신문자료 등이 그것이다.
4 이석태 · 한인섭 책임편집, 한국의 공익인권소송, 경인문화사, 2010.

차 례

제1장

서 론

우리 민족이 일제의 식민지가 되었다는 것은 무엇을 의미함인가. 신채호의 「조선혁명선언」에서 묘사한 대로, 우리의 국호가 사라지고, 우리의 정권을 빼앗기고, 우리의 생존적 필요조건이 다 박탈당한 것이다. 일제는 1910년대의 무단통치기에는 특히 헌병정치·경찰정치를 통해 우리 민족이 한 발짝의 행동도 마음대로 못하게 하고, 언론·출판·집회·결사의 일체 자유를 금압하였다. 결국 삼천리 강토가 하나의 큰 감옥으로 화하였다.[1] 1920년대에 이르러 무단통치에서 문화통치로 전환하였다고 하나, 식민지배의 강권적 본질은 전혀 변치 않았다. 지배의 첫 단계(1910년대)는 폭력과 공포에 전적으로 의존하나, 지배의 영속화를 위해서는 일본식 법체계의 부과와 식민지에 걸맞는 법적 지배를 제도화하게 된다.

엄혹한 식민지 상황에서 극소수나마 조선인 법률가들이 자리잡게 되었다.[2] 일제하에 판·검사, 변호사 등 법조인의 자격은 아예 막힌 시기도 있었고, 열렸다고 해도 극도로 어려운 시험을 통과해야 얻을 수 있는 자리였다. 그들은 일제의 육법전서를 공부하여 일제에 의해 그 자격을 얻었다. 때문에 그들 스스로 끊임없이 자문해야만 했다. 식민지에서 일제의 법을 공부하고, 일제의 법으로 먹고 산다는 것은 과연 무엇을 의미할까. 부정적으로 보자면, 일제하 법조인의 자격은 일제로부터 하사받은 훈작과 무엇이 얼마나 다를까.[3] 그들에게 쏟아진 원초적 의문에 그들은 말과 행동으로 응답해야 했다.

---

1 신채호, "조선혁명선언," 단재 신채호전집 (하), 을유문화사, 1972, 365면 이하.
2 일제하에서 조선인 판사는 약 40명 내외, 조선인 검사는 10명 이내로 극소수였다. 조선인 변호사는 1910년(51명), 1920년(105명), 1930년(209명), 1940년(201명)이었고 해방 직전인 1944년에는 244명이었다. 대한변호사협회, 대한변협50년사, 2002, 46~47면; 민족문제연구소, 친일인명사전, 2009, 34면.
3 친일인명사전에서는 친일의 기준 중의 하나로 "1912년 이후부터 조선총독부의 판·검사로 재직한 사람"은 포함시키고, 다만 반일운동과 관련한 활동이 있는 경우 및 반일운동과 관련한 변호활동을 한 경우는 보류하였다. 민족문제연구소, 앞의 책, 31~35면.

그 과정에서 뚜렷하게 항일의 행적을 걸은 일군의 변호사들이 있다. 독립운동 변론을 자신의 주업으로 삼았던 변호사들이다. 조선총독부 법정에서 일제의 지배에 항거한 인사들의 변론을 맡은 것은 어쩌면 모순적이 아닌가 하는 회의적 시각도 팽배해 있었다. 그러나 항일변호사로 자처한 변호사들은 바로 그 일제의 법률과 법논리로써 조선의 독립을 변론했던 것이다. 일제의 법률이라 해도 그 속에 내재한 또하나의 가치, 즉 권력남용의 견제와 인권옹호라는 가치를 극대화시키고, 그 규범적 가치의 적극적 실현을 통해 우리 민족을 위한 적극적이고 투쟁적인 변론을 실천한 것이다.

이 책의 세 주인공, 허헌과 김병로와 이인은 바로 그러한 항일민족변론에서 핵심적 역할을 수행했던 변호사들이다. 1910년 강제병합에 좌절하여 낙향한 허헌은 1920년 3·1운동재판에서 처음 그 모습을 드러낸다. 3·1운동 주역에 대한 법적용과 관련하여 일제의 검찰과 예심판사들이 보안법과 내란죄 사이에서 오락가락하는 모습을 눈여겨보고 허헌은 "이 사건은 경성지방법원에서도 다룰 권한이 없으며, (식민지하 대법원에 해당하는) 고등법원에서도 다룰 권한이 없다"는 소위 공소불수리론을 제기하여 엄청난 파장을 일으켰다.[4] 독립운동의 정당성을 직접 주창한 것이 아니라, 순전히 형사절차법적 맹점을 공격하였기에 재판부도 그 쟁점을 피해갈 도리가 없었다. 허헌의 접근은 종래의 독립운동가와는 전혀 다른, 법률가만이 제기할 수 있는 방식이었다. 변호사로서 독특하게 무언가 기여할 것이 있구나 하는 인상을 대중에게 각인시켰던 것이다. 이어 단 1년간의 짧은 판사 경력을 거쳐 변호사가 된 김병로는 1922년부터 곧바로 독립운동의 변론에 나섰다. 그리고 1년뒤 이인이 변호사 자격을 얻었고, 그의 첫 사건은 의열단투쟁의 변론이었다. 여러 변호사들이 함께 했지만, 이들은 전반적으로 항일변론의 중심에 있었다. 세간에서는 이들을 "삼인(三人)"이란 애칭으로

---

4 상세한 것은 제3장에서 본격적으로 다룬다.

불렸다.[5]

이들이 주로 변론했던 사건들은 흔히 '사상사건'이라 불리웠다. 1920년대 중반 이후 사회주의 색채가 가미된 각종 운동들이 폭발적으로 증가했고, 항일변호사들은 이들 사건을 취급하는 데 주력하였다. 그로 인해 그들은 "사상변호사"라 불리웠고, 가끔 "좌경변호사"라 불리기도 했다.[6] 독립운동에 직간접적인 관련을 자진하여 무료변론을 하는 경우가 많았기에 "무료변호사"라 불리기도 했다.[7] 해방후 좌/우의 분열과 함께 "사상"이란 단어 자체가 꺼려지면서, 대체로 이들은 "민족변호사"라 지칭되고 있다.[8] 이 책에서는 사건의 맥락에 따라 "사상변호사" "항일변호사" 혹은 "항일민족변호사" 등의 용어를 쓰고자 한다.

이 책에서 주된 관심대상은 형사재판이고 형사법정이다. 운동가/주의자에 대한 처벌은 체포-수사-예심-공판-판결-상소의 단계를 거쳐 확정된다. 필자는 독립운동을 다룬 많은 선학의 연구를 통해 수많은 정보와 지식을 얻었고 그 점에 대해 매우 감사해하는 바이지만, 그 연구들은 재판을 다루는 부분에서는 일정한 한계가 있는 듯이 보여진다. 재판대상이 된 사건 자체의 재구성에 역점을 두는 편이었고, 그들을 처벌하는 형사사법과정 및 법정투쟁의 역동적 측면을 소홀히 취급한 감이 있다. 법정투쟁에 대해서는 그냥 건너뛰거나 에피소드 중심으로 소개하고 곧바로 수형단계로 넘어가

5 "무료변호사니 사상변호사니 하는 칭호가 생겼는데 그 가운데서도 허헌 김병로 나 이렇게 셋을 삼인이라 하여 사상변호사의 대표격으로 지칭했다. 허헌의 아호가 긍인(競人 혹은 肯人), 김병로가 가인(街人)인데 이인(李仁)의 어질 仁은 사람 人과 동음동의인지라 사람들이 그렇게 부른 것이다."(이인, 반세기의 증언, 명지대학출판부, 1974, 75면).
6 동허자, "변호사 평판기(1)," 동광, 제31호, 1932/3, 66~67면; 동허자, "변호사 평판기(2)," 동광, 제33호, 1932/5 참조.
7 예컨대 동아일보 1931.3.22. "변호사 李仁씨 광주 성진회 학생비밀결사 사건, 오동진 공판 무료로 자진 변호"
8 김학준, 가인 김병로 평전: 민족주의적 법률가 정치가의 생애, 민음사, 1988; 허근욱, 민족변호사 허헌, 지혜네, 2001; 심지연, 허헌 연구, 역사비평사, 1994.

는 경향도 볼 수 있었다. 법정이란 마치 처벌을 위한 요식절차처럼 여긴다는 느낌이었다. 재판기록은 사건관련 부분을 추출하기 위한 자료로 활용되는 경향이 적지 않았던 것이다.

식민지 법정은 결코 그렇게 소략하게 다룰 것이 아니다. 식민지하에서의 독립운동은 대개 지하에서 이루어지거나 해외에서 이루어진다. 국내의 민중들은 독립투쟁이 어떻게 전개되는지 알기 어렵고, 한글 언론의 보도도 국한적일 수 밖에 없었다. 그런데 어떤 사건의 기미를 포착하여 경찰이 수사하고 대대적인 검거를 한다. 검거사실 정도는 보도되곤 하지만, 그 구체적인 내용은 알려지지 않는다. 수사와 예심의 지리한 과정에서는 대개 보도와 접근도 허용되지 않는 편이다. 통상적으로는 예심종결결정이 공표되면서 그에 대한 해설의 형식으로 사건 내용과 배경에 대한 기사가 나오기 시작한다. 그러나 아직 주인공(피고인)의 얼굴도 목소리도 전달되지 않는다. 공판일에 이르러서야 가족과 지인, 나아가 일반 민중들이 법정근처에 몰려든다. 용수를 씌우고 포승에 묶인 주인공이 등장하고 이렇게 하여 공판이 개정된다. 모든 법정은 일단 공개재판으로 시작된다. 나중에 공안을 우려하여 공개불허를 할 때까지 법정은 언론의 주시와 대중의 관심의 표적이 된다. 재판장이 밀실재판을 선언할 경우에 보도는 금지되지만 세인의 궁금증은 더욱 커진다.

공판정의 실질적 중심은 피고인과 변호인이다. 검사의 주장은 공소장에 담겨 있으며, 재판부는 대체로 공소장 및 예심조서의 기록의 진위 여부를 확인하는 정도이다. 일종의 규문-직권주의적 구조 하에서 재판부와 검사 사이의 긴장감은 별로 없다. 그런데 피고인은 공판정의 성격에 대해 잘 알지 못하고, 언제 어떻게 자기변론을 적절히 할 수 있을지 감을 잡기 힘들다. 길고긴 수사과정에서 위축될 대로 위축된 피고인들이라면 검사-판사가 짜놓은 틀을 깨뜨릴 엄두가 더욱 생기지 않는다. 그런데 강력한 변호인이 있으면 상황이 달라진다. 변호인은 피고인과 연대하여 요식행위로 전락할 법했던 재판을 온통 긴장의 무대로 재구성한다. 변호인은 선처변론에 그치지 않고, 그들의 활동을 적극 변론하며 무죄를 역설하고, 독립의 대의를 미묘한 방식으로 역설한다. 그렇게 되면 형사법정은 치열한 공방이 오가는 투쟁의 장이 되며, 법정의 갈등은 하나의 드라마가 된다. 이러한 드라마는 언론을 통해 생중계하듯이 생생하게 전파된다. 재판투쟁의 드라마는 독립운동이 제대로 전파될 수 있는 계기를 제공한다. 변호인은 법정투쟁을 통해 독립운동의 확산이라는 독립투쟁을 하는 것이다. 법정투쟁 그 자체를 하나의 독립운동으로 규정할 수도 있다. 실력과 열정을 갖춘 항일변호사들은 이 형사법정이라는 투쟁의 장을 최대치로 활용했다. 그 재판투쟁의 결과 피고인들의 권익보장을 꾀함과 동시에, 민중들의 독립의지를 다시금 일깨우는 역할을 했던 것이다. 때문에 독립운동의 한 분야로서 재판투쟁이란 장을 의미있게 설정할 수 있다. "3인"의 변호사들은 최일선에서 법정투쟁의 드라마를 만들어낸 주인공이다.

변호사와 결합된 항일 법정투쟁의 모습은 1910년대에는 그 자취를 찾기 어렵다. 무엇보다 3·1운동으로 인한 재판의 폭주, 3·1운동으로 인한 자각과 자신감은 법정에도 엄청난 변화를 불러일으킨 동력이었다. 거기다 일제의 문화정치로의 전환으로 인해 약간의 활동공간이 열렸다. 문화정치의 본질이 "무력중심주의를 속에 품은 보다 세련된 지배방식"[9]이고 이전보다 "고등한 지배정책"임은 분명하다. 하지만 그 시기를 맞아, 비로소 한국어로 씌어진 일간신문과 잡지의 시대가 개막할 수 있었다. 한국인의 목소리가 기록되기 시작한 것이다. 독립운동의 열기는 법정에 곧 도달했다. 그런 상황에서 3·1운동재판이 열렸고, 거기서 허헌의 비수같이 들이된 일격이 조선천지를 용동시켰다. 의열투쟁 및 사상운동에서 변호사들은 피고인과 연대하여, 합작하여 변론을 주도해갔다. 1920년대 후반 그리고 1930년대

---

9 강동진, 일제의 한국침략정책사, 한길사, 1980, 434면.

초반에 사상사건이 폭증했고, 항일 변호사들의 역할은 전국에 걸쳐 본격화되었다.

법정투쟁으로 얻은 명성은 그들을 법정의 변호사로 그치지 않고, 민족운동의 본무대로 끌어들이게끔 했다. 1920년대 후반에는 식민지하에서 최대의 사회-민족운동단체로서 신간회가 결성되었고, 허헌과 김병로는 중앙에서 구심적 역할을 맡았다. 3인은 식민지 하에서 가진 변호사의 지위를 활용하여 운동의 진전에 다방면으로 관여하였다. 사회운동이 격화되면서 그들도 그 운동의 전면에서 활약했다. 마침내 그들 자신이 피고인이 되어 재판을 받고 처벌당하거나 변호사 자격이 제한되는 등의 수난을 맞게 된다. 법정에서 시작한 그들의 항일활동은 사회운동으로 발전하고, 그로 인해 감옥행을 하는 수난의 과정에서 그들은 시대의 부름에 정면으로 응했던 것이다.

이 글의 구성은 대략 다음과 같다. 먼저 항일 변호사로서 탄생하기까지의 3인의 궤적을 살펴본다. 개인적 행적을 추구할 뿐 아니라, 그 배경에 스며있는 구한말/일제초의 상황을 이해하기 위한 의도도 있다. 둘째, 3 · 1운동재판에서 허헌이 펼친 논변에 구체적인 법리 분석을 진행한다. 이어 1920년대 초반 의열단사건을 비롯한 독립운동사건에 관여하면서 항일변호사로서의 뚜렷한 자기정체성을 확보하는 과정을 살펴본다. 개개인의 변모 뿐 아니라 변호사단체의 변모를 아울러 정리하면서 대중과의 연대감을 추구하는 면모를 살펴본다. 셋째는 1920년대 후반부의 활동이다. 신간회와 관련된 그들의 활동, 그 중에서도 특히 변호사로서의 자의식을 갖고 수행했던 역할을 부각시키고, 그들 자신이 재판에 이르게 된 과정을 살펴본다. 다음 1920년대 후반의 주요 사상사건을 입체적으로 분석하고, 피고인과 변호인이 연대한 공판투쟁이 어떻게 전개되었는지를 상세하게 살핀다. 아울러 해외의 저명한 지도자들이 조선내로 압송되어 치르는 공판과정을 소개하면서, 변호사와 독립운동과의 다양한 관계형성을 예시적으로 정리한다. 마지막으로 그들의 수난을 두 단계로 나누어 정리한다. 종합적으로 일제하 변호사의 자기정체성은 무엇이었고, 다른 운동과의 관계는 무엇이었는지, 그들에 대한 사회적 평판은 어떠했는지를 정리한다. 그들의 일제하 활동이 해방후 사법-법제 분야에서 지도자적 위치에 서게 되는 근거를 살펴보고, 그들의 해방후 활동이 일제하의 항일민족변론과 어떠한 연관성을 갖고 있는지 살펴볼 것이다.

제2장

변호사의 탄생 : 허헌, 김병로, 이인의 초기 궤적

변호사 허헌의 초기궤적(1907~1920)

변호사 허헌(許憲)씨는 보성전문학교 졸업생으로 변호의 임(任)에 거(居)ᄒ야 인민소송사건에 법률상 정리(正理)를 거(據)ᄒ야 유력가의 강압을 불수(不受)ᄒ으로 면임(免任)이 됨이 일반 사회가 칭기억울(稱其抑鬱)ᄒ더니 씨가 일본에 유학ᄒ야 일어와 법학을 경가연구(更加研究)ᄒ고 금회 귀국ᄒ야 변호의 복임(復任)을 득(得)ᄒ얏다더라[1]

허헌의 초기행적과 법률가로서의 활동은 위와 같이 요약된다. 그는 1886년 함경북도 명천 출생으로, 일찍이 부친을 따라 한양(서울)에 거주하였다. 규장각 주사가 되어 낮에는 관리로, 밤에는 학생으로 보성학교 법과를 제1회로 졸업(1906년)하였다. 1907년부터 2년간 명치대학 법과에서 수학하였다. 이를 구체적으로 확인해보자.

| 보성전문 제1회 졸업 |

보성전문학교는 1905년 5월 개교하였다. 애초에 개교할 때는 법률, 이재

---

1 황성신문 1909.5.25(대한융희 3년 5월 25일)

학, 농업학, 상업학, 공업학의 5개 전문과로 광고를 냈으나, 출범할 때는 법률전문과와 이재전문과로 출범하게 되었다. 만2년의 학업을 마치고 1907년 2월 엄격한 졸업시험에 급제하여 졸업한 제1회 보성전문 졸업생은 법률학전문과(야간18명, 주간15명), 경제학전문과(18명)이었다. 허헌은 그 중 주간학업으로 졸업한 학생 중 한명이었다.[2]

보전 졸업생들은 졸업직후 두 종류의 잡지를 냈다. 그 중 하나는 교우회지 성격을 띤 것으로 법정학계(法政學界)(월간)인데, 1907년 5월에 창간호를 냈다. 허헌은 제6호에 "위민자-불가부지법률"[3]이란 글을 싣는다. 허헌의 글 중에서 최초로 발견되는 법률관련 에세이에 해당한다. 두번째는 보전 졸업생들의 친목도모를 위한 것이며, 그 잡지명도 〈친목〉이다. 모두들 한마디씩 쓰고 있는데, 허헌은 4사조의 한시로 잡지창간을 축하하고 기대를 표하고 있다.[4]

| 변호사의 자격취득 및 활동 |

그는 1907년 법부(法部)에서 치른 제1회 변호사시험에 합격한 6인 중 1인으로, 그로부터 변호사가 되었다.[5] '변호사'의 자격을 얻은 제11호이다. 변호사명부에 등재된 일자는 1907년 6월 8일이다. 1907년 8월에는 그의 변호사 광고가 나온다. 옥동규(玉東奎)변호사와 합동법률사무소를 한다는 것이 그것이다.[6] 또한 "민형상사 소송의 대리, 변호와 기타 제반법률사무를

---

2 신일철, "보전초창기의 근대민족주의사상," 근대서구학문의 수용과 보전, 고려대학교, 1986, 23면.
3 허헌, "爲民者-不可不知法律," 법정학계, 제6호, 1907.10, 1~4면.
4 허헌, "축사," 보전친목회보, 친목, 1907.3(월1회 간행), 23면.
5 고종실록 광무(光武) 11년 7월 1일 보(報)(광무 11년 7월 4일), 고종시대사 6집(출처 : 국사편찬위원회 한국사데이터베이스 http://db.history.go.kr)
6 漢城西署松橋(신작로) 43통 2호 변호사 허헌 · 변호사 옥동규 합동법률사무소. 황성신문 1907.8.27. (대한융희(大韓隆熙) 원년 8월 27일 화요일) 3면 6단; 같은 내용의

신속간단히 처리함"이라는 광고도 있다.[7] 세평은 "(허헌, 옥동규) 양씨가 신구법의 학설이 첨부(瞻富)할뿐더러 사무의 처리가 민속(敏速)하여 범어출정(凡於出廷)에 일불패소(一不敗訴)하였"다는 것이다. 신법은 갑오개혁 이후의 법이고, 구법은 그 이전의 조선왕조의 법인데, 이 두 법의 학설이 탁월하고 사무처리는 빠르고 법정에 나갈때마다 패소한 적이 없다고 하니 이보다 더한 찬사는 없다. 이 두 변호사가 소송한 "다수 사건을 계속 승소하여 인민의 억울함을 신장함으로 성예(聲譽)가 유(有)하다"는 것이다.[8] 몇 개월 사이

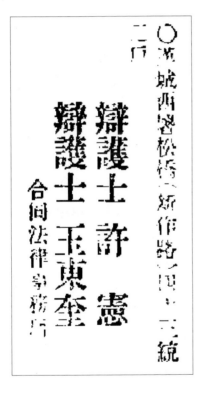

허헌의 변호사 광고
(좌)황성신문 1907.8.27. (우)황성신문 1909.6.5.

광고 황성신문 1907.9.9.(대한융희 원년 9월 9일 월요일)
7 황성신문 1909.6.13. (대한융희 3년 6월 13일 일요일)
8 대한매일신보 1907.10.18.

에 이러한 평판을 얻은 것을 보면 그의 실력과 성실성을 알 수 있다.[9]

| 하미전사건과 변호사제명 |

이렇게 첫해부터 잘 나가던 허헌에게 곧바로 시련이 닥쳐왔다. 바로 다음해인 1908년 1월 25일자로 변호사 징계를 받아 제명이 된 것이다. 이는 한국법조사에서 최초의 변호사 징계제명사건이다.[10] 그 사이에 무슨 일이 있었던 것일까.

이 사건은 흔히 하미전(下米廛)사건이라 불리운다. 20대 초반의 팔팔한 나이에, 그는 변호사로서 하미전사건으로 일약 단숨에 유명인사가 되었다. "당시 한성의 아동 보졸(步卒)이라도 알만한" 사건이라던 하미전 사건의 내력은 대략 이러하다.

그 당시 경성에는 미전(米廛)으로 종로네거리 부근에 상미전(上米廛)이 잇섯고 이현 근처에 하미전(下米廛)이 잇서 시민의 식량을 판매하엿는데 하미전에 창고 하나가 어느 개인의 소유이요 그 사용료를 미전에서 여러 해 지불하지 아니하엿다는 무실(無實)한 구실로 기소한 파락호(破落戶)를 당시 법부대신(法部大臣)이든 조중응(趙重應)이 비호하야 정식의 판결도 아닌 법부의 일편 지령으로 하미전 미상(米商)의 판매미 전부를 차압하야 산적하야 노코 상지(相持)하니 전시민이 물끌 듯 하고 미상과 수백의 시민이 법부에 쇄도하는 등 공기가 험악하엿다. 이 때에 그(허헌)는 시민전체의 공분을 대표하야 이 사건을 들고 격렬한 가두연설로써 법부에 공격의 거탄을 던지고 분투하다가 필경은 법상(法相) 조중응을 면회하고 『그대는 일본의 신문명을 시찰하고 그만한 식견이 잇스면서 이런 무리 비루한 일을 감행하느냐』고 통매한 결과 변호사로서 법상(法相)을 후욕(詬辱)하엿다는 죄

9 같은 취지의 대한매일신보 1907.8.27.
10 김효전, "허헌과 변호사징계," 서울지방변호사회, 시민과변호사, 2000.5, 98면.

명으로 제명되엿다. 그러나 이 때문에 수백석 미(米)에 대한 무리 차압은 풀리고 말엇다.[11]

이 사건과 허헌의 징계의 전말은 당시의 언론에 크게 보도되었고, 세인이 주목하는 바 되었다. 유광렬 기자가 쉽게 정리했지만, 당시의 기록[12]을 토대로 그 전말을 짚어보자.

먼저 김동혁과 김주현의 소송이 있었다. 김주현은 시민의 식량을 주로 판매하는 하미전(이라는 시장)의 미상(米商)이었다. 그 김주현에 대하여 김동혁(이라는 파락호(破落戶))이 소송을 제기하였다. 자신이 하미전의 김주현으로부터 쌀을 구매하기로 계약하였는데, 김주현이 이를 매도하지 않는다는 것으로, 미곡매도소송을 제기한 것이다. 그런데 그 매매계약을 입증할 명문도 없고 장부도 없어 김동혁은 이미 패소하였다.

그러자 김동혁은 평리원 판사 송진옥의 권력을 이용하기로 하였다. 송진옥 판사는 "미 600여 석을 하미전 도중(都中)에 늑징(勒徵)"하기 위하여 하미전 상민들을 압송하여 구금시켰다. 이러한 송진옥의 처사는 판결에 의한 것도 아니고, 아무 재판도 없었으며, 판결에 따른 집행명령이 있는 것도 아니었다. 그저 제멋대로 단 한 개의 결정서를 만들어 "다수 상민을 착수(捉囚)하고 그 결정요지에 미 6백 석을 판결에 의거하여 징급하라"고 했는데, 그 때 판결은 아예 존재하지도 않았던 것이다.[13] 달리 말해 "정식의 판결도 아닌 법부의 일편 지령"으로 이러한 늑징과 무리압수를 한 것이다. 그야말

---

11 유광렬, "허헌론," 삼천리, 제4권 제8호, 1932.8, 39면.
12 가장 상세한 기사는 대한매일신보 1908년 1월 30일자의 것이다. 그 내용을 토대로 하고, 다른 기록을 아울러 참고하면서, 본문과 같이 정리한다. 하미전사건을 둘러싼 대한매일신보 및 황성신문의 기사는, 김효전이 완벽하게 스크랩식 정리를 하여 논문을 썼다. 다만 이 논문에는 어떤 해설 없이 원자료를 그대로 소개하고 있다. 이하의 하미전사건의 정리는 김효전의 스크랩을 통해 인용한 것임을 밝혀둔다. 김효전, "개별 변호사들의 활동," 인권과정의, 통권제305호, 2002.1, 155~175면.
13 황성신문 1908.1.31. "하(賀) 허헌씨의 변호사제명"

로 관의 힘을 빌어 어떤 합당한 (법적) 근거 없이 사람을 잡아넣고 재산을 빼앗는 전통관료의 횡포를 부린 것이다. 그에 대해 하미전 상인들 뿐 아니라 전 시민의 공론이 물끓듯하고, 미상과 많은 시민들이 하미전의 철시를 단행하고, 도로에서 호곡하고, 법부(법무부)에 쇄도하는 등 험악한 분위기가 조성되었다.

하미전 상인들은 이 사안을 변호사인 허헌에게 위임 변론케 하였다. 허헌이 이 문제를 들고 격렬한 가두연설을 했다고 유광렬은 말하고 있으나, 거기엔 다소 의문의 여지가 있다. 허헌은 오히려 이 문제를 온전히 법적으로 접근했다. 허헌은 1907년 12월 27일 이의신고서를 법부에 제출하였다. "민사집행은 판결후에 재(在)한 이유(형법대전 22조)와 민사에 관하여 판결 선고 전에 소송관계인을 구류하지 못하는 이유(민형소송에 관한 건 제6조)로 착수(捉囚)이의신고서를 제출"[14]한 것이다. 다시 말해, 민사집행을 하려면 판결이 먼저 있어야 하는데 이 사건에는 판결이 아예 없다는 점을 지적하고, 민사사건에서는 판결 선고 전에 소송관계인을 구류하지 못한다는 법률 규정을 들이밀면서 법적으로 따진 것이다. 그는 "변호인의 직권으로 당사자의 이익을 위하여 법률상의 의견을 진술"한 것이다.

그러한 허헌에 대하여 송진옥은, 이 사건은 재판부에서 모두 징벌을 가하고자 하는 것이므로, 허헌에게 변호사 위임(및 이의신고서)을 해제하라고 강권하였다. 그에 대해 허헌은 변호사로서 반발했다. 이 사건은 자신이 이의신고서를 냈으니 재판소에서 수리하여 재판해야 한다는 것이다. 또한 하미전 상민들이 재판의 피고가 된 것도 아닌데, 재판도 않고 무고한 상민을 여러날 착수(捉囚)하는 것은 법률위반이라고 주장했다. 그에 대해 판사 송진옥은 오히려 "능매(凌梅)의 언사"로 대응하였다. 그리고 "이 쌀은 죽음에 이를지라도 기어이 징봉(徵捧)하겠다. (언성을 더 높여) 변호사보다 한층 더

---

14 황성신문 1908.1.31.

한 사람이라도 소용이 없다"고 억지를 쓰므로 허헌은 신청서만 제출하고 귀가할 수 밖에 없었다. 허헌은 변호사답게 법률적으로 부당·불법함을 뚜렷히 하고 있는데, 판사란 직책을 가진 송진옥이란 자는 권력의 횡포를 여지없이 부리고, 무리불법한 처사를 고스란히 드러낸 것이다.

　송진옥은 한발 더 나아갔다. 수일 후에 송진옥은 수임변호사에게 한마디 말도 않은 채, 직접 하미전 상민들을 늑초(勒招)후 강제로 쌀 600여 석을 실어가고자 했다. 그 소식을 들은 허헌은 평리원에 들어가 송씨의 행동이 법률을 위배한 것이고 인민을 무고(無故)하게 착수(捉囚)한다고 주장하였다. 송진옥은 변호사에 대하여 상당한 대우는 고사하고, "해라"하고 "나가거라"는 식의 모욕적인 하등칭호를 하면서, 마침내 "법률을 수개월 견습하여 가지고 너와 같이 변호사 하다가는 망국하겠다"고 극언하였다.[15] 그리고 송진옥은 그 전말을 날조해서 상부에 보고했고, 그 보고만 받고 법부에서는 허헌의 변호사제명을 하기에 이른 것이다. 허헌의 죄명은 상관을 "패설모매(悖說侮罵)"했다는 것이었다. 아마도 허헌이 강력히 항의하였을 수 있는데, 이 전말을 무시하고, 허헌이 하지도 않은 말을 날조하여 (혹은 항의를 강력히 부풀려) 상관에게 욕설을 하고 모욕적 언사를 퍼부었다고 해서 징벌한 것이다. 만약 허헌의 행동이 부당하다고 인정하면 소정의 절차를 따라 징벌을 가해야하겠지만, 그런 과정이 일체 없이 곧바로 변호사를 제명하기에 이른 것이다. 당시의 변호사법 제32조에 따르면, 법부대신은 직권으로 변호사에 대한 징계처분을 할 수 있는바, 그에 따라 법부대신이 징계한 것이다.[16]

---

15 그에 대해 언론에서는 이렇게 야유하고 있다. "송씨로 논하면 법률을 3일도 불학(不學)하였으니 법률을 위배하며 인민을 압제함은 흥국(興國)이 될른지 국가에서 공인한 변호사에 대하여 그 언행이 어찌 이리 패루(悖淚)하며 허씨가 한성재판소에 고소하였은즉 한성재판관은 그 재판을 반드시 청취하여 자황(雌黃)을 불초할 여니와," 대한매일신보 1908.1.30.
16 김효전, "허헌과 변호사징계," 97면.

허헌은 자신의 징계에 대하여 한성재판소에 항소(控訴)를 제기하였다. 이 사건을 맡은 판사가 머뭇거리는 사이, 법부대신 조중응은 '허씨의 사건을 사실보고(査實報告)하라고 하여 판사가 즉시 사실보고'하였다. 그러나 법부에서는 아무런 조치 없이 마냥 미루었다. 허헌이 스스로 다시 소송을 구하니, 그 사이에 송진옥이 허헌을 고소하여 한성재판소에서 허헌을 감옥서에 구금하였다가 다음날 보방(保放)시키기도 하였다. 또한 제명당했으니 변호사의 명패까지 철거할 것을 명령하였다. 구한말의 재판실태가 이렇게 한심했던 것이고, 그에 항의하여 정당한 법집행을 촉구한 변호사 허헌은 이같은 우여곡절과 탄압을 받았던 것이다.

이 변호사제명사건에 대해 여러 불확실한 주장이 있어왔다. 예컨대 "명예스러운 일은 아니지만, 조선법조사상 최초로 변호사직을 징계당한 인물로 기록된다"[17]는 언급이 그 한 예이다. 그러나 이러한 언급은 사실관계와 평가 모두에서 오류가 있다. 우선 사실관계 면에서 "3개월간 변호사직을 정지당했으나, 징계가 해제된 뒤 다시 변호사 등록을 했다"는 부분이 오류이다. 허헌은 정직이 아니라 제명을 당했다. 제명이니만큼 기간의 제한이 없다. 허헌이 징계를 면하고 변호사직을 회복한 것은 3개월 뒤가 아닌 1년 4개월이 지난 1909년 5월 17일자였다.[18]

허헌이 징계받은 것은 불명예스러운 일이었던가. 전혀 그렇지 않다. 그는 인민의 자유와 재산을 근거없이 늑탈하는 상관(송진옥) 및 그것을 비호하는 법부대신 조중응에 맞서서, 자신의 의뢰인의 최선의 이익을 위해, 적법절차를 통해 법적으로 다투고자 했던 것이고, 권력에 맞서 법치를 실현하고자 했던 것이다. 그 점에서 이 사건은 전근대적 관헌횡포에 맞선, 근대적 법지식을 갖춘 변호사의 기념비적 쟁투의 한 장면이라 할만한 것이다.

---

17 최종고, 한국의 법률가, 서울대학교출판부, 2007, 131면.
18 김효전은 관보의 기록에 의하여 제명일자(1908년 1월 25일)와 징계면제일자(1909
년 5월 17일)를 정확하게 정리하고 있다. 김효전, "허헌과 변호사징계," 97~98면.

당대에도 그러한 평가가 나오고 있다. 다음 기사를 보자.

전 법대(법부대신:필자) 이하영 씨는 이준 씨 사건에 대하여 압제세력으로 태형을 늑가(勒加)하더니 현 법대(법부대신) 조중응 씨는 허헌씨 사건에 대하여 또한 압제세력으로 제명을 강행하니 한정(韓廷) 법관은 사법(司法) 아니오 사법(私法)인즉 애(哀) 차(此) 인민이 어떻게 지보(支保)하겠느냐 하야 여론이 비등하더라.[19]

여기서 이준은 헤이그 밀사사건의 주역인 바로 그 이준이다. 이준은 법관양성소를 제1회로 졸업하고 검사가 되었다. 그는 검사로서 관리의 횡포에 맞서다가 오히려 법부대신으로부터 태형을 맞게 되었다. 허헌은 판사의 관헌적 횡포에 맞서다가 오히려 법부대신으로부터 변호사자격을 박탈당하였다.[20] 둘 다 근대 법조인의 첫 세대로서, 근대 법조인의 임무가 비법치적 관헌의 횡포에 맞서 법앞의 평등, 법앞의 인민의 자유의 수호에 있음을 보여준다.

당시의 또다른 평가를 보자.

대저 변호사는 법률가의 출신으로 법률계의 지공무사(至公無私)한 심(心)을 상지함이 그 책임을 불부(不負)하는 자라. 지금 허씨가 그 책임을 다하고자 하여 백절불요(百折不撓)의 공심(公心)으로 인민을 위하여 경고 혹은 소고(訴告)하다가 그 변호사의 명(名)을 제(除)하였으니 이를 낙척(落拓)억울한 줄로 생각하면 이는 잔열자(殘劣者)의 기념이라. 나날이 법률의 정직한 사상을 양득하여 장래 법률가의 모범되기를 계도(計圖)하여 이직(理直)한 인민을 변호하고 위법한 법관을 경책하여 국가의 법률을 완전히 시행하고 인민의 행복을 충분히 지보(支保)케 할 지어다. 축하하노니 허씨여.[21]

---

19 대한매일신보 1908.1.31.
20 문준영, 법원과 검찰의 탄생, 역사비평사, 2010, 380~385면.

이렇게 허헌의 행동은, 법률가의 책임을 다하기 위해 온갖 노력을 한 점을 충분히 인정하면서, 변호사제명에 굴하지 말고 장차 법률가의 모범이 되기를 바란다는 당부를 곁들이고 있는 것이다. 실로 근대적 법치주의의 실현의 첫 장에, 법률가는 다른 관리와 다르다는 점, 법률가는 상관이라 할지라도 법앞의 평등을 실현함을 으뜸으로 해야 한다는 교훈을 남겨주었다.

| 명치대학에서 법률공부 및 유학생조직에서 활동 |

허헌은 변호사제명 직후 일본으로 가서 법학을 계속해야겠다고 결심한 것 같다. 그의 도일시기는 1907년설이 가장 널리 쓰여져 있다. 그러나 1907년 일본 체류설에 대한 증거가 제시되어 있지 않다. 1907년에 변호사 개업과 눈부신 활동이 이어지는데, 이 시점에서 일본에 체류하기는 불가능하다. 당시의 자료를 통해 허헌의 행적을 정리해보자.

1908년 일본에서 조선유학생들은 여러 학회를 연합하여 대한학회(大韓學會)를 조직한다. 1908년 2월 창립당시 임원진을 보면 허헌의 이름이 없으나, 1908년 6월의 2차 임원진에 보면 허헌은 평의원 가운데 두 번째로 등장한다. 이를 보면, 적어도 1908년 6월 이전에 동경에 갔을 것임을 짐작할 수 있다. 대한협회의 회원은 "일본에 있는 현재의 유학생"이며, 특별회원으로 "졸업하여 귀국한 자와 유지인사"로 규정하였다.[22] 그러나 임원진이 되려면 '현지의 유학생' 자격이 아니면 안되었을 것이다.

허헌이 유학을 갔을 때 대한협회는 기존의 난립하던 유학생단체를 연합하여 구성한 것인데, 일부 단체가 그 연합체에서 빠져있었다. 재일 유학생 단체가 명실공히 통합하여 하나의 단체를 만든 것이 대한흥학회(大韓興學會)이다. 1909년 1월 10일 대한흥학회가 결성될 때, 허헌은 그 임시평의회

---

21 황성신문 1908.1.31.
22 김기주, 한말 재일한국유학생의 민족운동, 느티나무, 1993, 59~61면.

의 임시의장을 맡아 사회를 진행하고 있다. 만 1년도 되지 않아 그는 유학생의 구심점이 되었던 것이다. 대한흥학회는 그 공식 목적을 '돈의연학(敦誼研學)과 국민의 지덕 계발로 목적함'이라고 명시하였다. 유학생들이 학업에 정진하고 신지식을 충분히 습득하여, 대한을 흥성하게 하고자 한 것이다.[23]

허헌은 언제 귀국했는가. 그에 대해서도 설이 분분하나 정확한 근거를 제시하지 않고 있다.

서북학회(西北學會)에 대한 기사를 보자. 허헌은 1908년 2월 서북학회 평의원으로 피선된다. 그는 1909년 4월 서북학회의 부총무가 되는데,[24] 5월 21일 부총무직의 사임청원서를 제출한다. 그 때는 이유를 밝히지 않았기에, 그 사임청원서는 도로 반려하기로 가결하고 있다. 그러나 그 직후 변호사직 복직이 이루어지자 8월 19일자로 "변호사무 관계"가 사임사유임을 알고 그 사임청원서를 수리하게 된다.[25]

다른 하나 매우 특이한 자료가 있는데, 이는 허헌이 요시찰인(要視察人)으로 미행당한 기록이다. 허헌은 유춘길(柳春吉), 이월송(李月松) 등과 함께 1909년 4월 3일 동경에서 고베로 가서 여관에 투숙하고 전보를 발신하였다고 되어 있다. 자료에는 "허긍인(許兢人)"이라고 쓰고 있으며, 29세라고 적고 있다.[26] 허헌의 호가 긍인이고, 허헌의 실제연령은 만24세(1885년생)이

---

23 대한흥학회에 대해서는 김기주, 앞의 책, 65~83면 참조.
24 "회사기요(會事記要)," 서북학회월보, 제12호, 1909.5, 49면.
25 부총무원은 허헌, 강석룡, 이민수 3씨가 추천되야 허헌씨가 종다수(從多數) 피선ᄒ다. (서북학회월보, 제12호, 1909.5)
   부총무 허헌씨의 사면청원서(辭免請願書)를 공포흠인 정운복(鄭雲復)씨 동의(動議)에 김석태(金錫泰)씨 재청으로 봉환(封還)ᄒ기로 가결되다. (1909.5.21., "회사기요," 서북학회월보, 제14호, 1909.7, 54면)
   부총무 허헌씨 사면청원를 공포흠미 김연병(金涎炳)씨 동의(動議)ᄒ기를 해(該)씨의 변호사무 관계가 과여(果如)청원사의인즉 접수허면(許免)ᄒᄌ ᄒ미 최재학(崔在學)씨 재청으로 가결되다. (1909.8.19, "회사기요," 서북학회월보, 제16호, 1909.10, 63면)

니 거의 유사하다. 이 기록에 의하면 허헌은 1909년 4월 초에 일본에 체류 중이었음을 알 수 있다.

요컨대 허헌은 변호사직을 제명당한 시점(1908년 1월 25일) 이후 적어도 1908년 6월 이전에 동경에 갔었고, 대한협회 및 대한흥학회의 주요 회원으로 활동했으며, 1909년 4월 초 시점에는 일본에 체류했고, 1909년 5월 이전에 서울로 돌아왔음을 알 수 있다. 대략 만 1년이 조금 못되는 기간 일본에 체류했다고 할 수 있다.

이 동경체류기간 동안 그는 무엇을 했던가. 그가 귀국했을 때 당시 언론은 다음과 같이 보도하고 있다. (그가 변호사직을 면직당했을 때) "일반 사회가 칭기억울(稱其抑鬱)ᄒ더니 씨가 일본에 유학ᄒ야 일어와 법학을 경가연구(更加硏究)ᄒ고 금회 귀국ᄒ야"[27] 하는 것을 보면, 그의 향배는 언론의 주목거리였던 것이 틀림없다. 동경체류기간동안 그는 명치대학에 입학하였다는 주장[28]이 널리 인용되고 있다. 그러나 이렇게 일본체류일자를 정리해보면, 명치대학에 '편입'했다거나 '진학'했다는 주장보다는, 명치대학에 청강생 정도로 수강하지 않았나 짐작된다.[29] 당시 명치대학은 청강생제도를 폭넓게 운용하고 있었고, 상당한 조선유학생들이 여기에 등록해 있었다. 앞서 신문에 인용된 대로, 그는 일본체류기간동안 법학의 연마를 더하고, 일어를 열심히 공부하였던 것이다. 당시 조소앙(趙素昻)(조용은(趙鏞殷))이 명치대학에서 수학하던 중이었고, 후일 김병로, 이인도 이 명치대학 출신이다.[30]

그러나 일본에서의 공부 또한 마냥 자유로운 것은 아니었다. 대한흥학회

---

26 要視察韓國人之來神ニ就テ (柳春吉 李月松 許筬人의 神戶 來着), 국사편찬위원회 (http://db.history.go.kr)
27 황성신문 1909.5.25(대한융희 3년 5월 25일 화요일)
28 가령 심지연, 허헌 연구, 역사비평사, 1994, 18면 등.
29 김효전, "허헌과 변호사징계," 95면.
30 재일한국유학생연합회, 일본유학100년사, 경북인쇄소, 1988, 209~228면.

등 유학생들의 학회활동에 주도적으로 관여한 것을 보면, 그는 이미 유학생사회에서 짧은 기간내에 적극적 역할을 하였다. 그 때문에 이미 그는 "요시찰한국인"의 하나로 그 행적이 "주의시찰"되고 있음을 일제의 비밀기록은 보여준다.[31]

| 변호사징계면제와 변호사로서의 활동 |

허헌은 다음해, 즉 1909년 5월 17일 법부로부터 징계를 면제받고, 다시 변호사를 할 수 있게 되었다.[32] 허헌은 "민사대리와 형사변호와 기타 법률사무를 간독(懇篤)신속히 담임처리함"이라는 광고를 내고 변호사활동을 재개했다.

| 허헌의 글 |

구한말 허헌이 법률에 대해 쓴 글은 거의 눈에 띄지 않는다. 그의 글로 최초로 보여지는 것은 앞서 말한 "위민자-불가부지법률"이라는 짧은 논설이다. 보성전문학교 교우회에서 편집한 〈법정학계〉라는 잡지 제6호에 실려있다.[33] 그 내용의 대강은 인민이 법을 잘 알아야 한다는 것이다.

"법률은 인민으로 하여금 권리를 향유하며 의무를 부담케 하여 의사의 충돌과 사회의 질서를 예방하며 보유(保維)하여 각히 그 직분을 고수하며 타인을 침해치 못하게 할 뿐 아니라 실로 법률의 보호가 완비함으로 평화로운 생활을 얻

---

31 要視察韓國人之來神ニ就テ (柳春吉 李月松 許筧人の 神戸 來着)(원문: 국사편찬위원회 한국사데이터베이스 http://db.history.go.kr)
32 관보 제4381호 1909.5.20.
33 허헌, "위민자-불가부지법률," 보성전문학교 교우회 발간, 법정학계, 제6호, 1907. 10, 1~4면.

음이로다."

법률과 실업, 법률과 영업의 관계에 대해 아무 관계가 없다고 하는 견해에 대하여 허헌은 이를 "일 준우한 자의 언론"이라 반박한다. 그러면서 "천하만사가 어찌 법률을 떠나서 영업할 자가 있겠느냐"고 주장한다. 상업으로 말하더라도, 필요한 법률을 모르고는 안 된다고 한다. 예컨대 회사를 설립하여 영업하는 자가 회사법을 모르면 유한책임과 무한책임의 구별을 못하여 반드시 그 회사의 목적을 달성치 못할 것이다. 농업으로 보면, 법률을 모르면 물권의 영소작과 토지의 계한(界限)증명을 몰라서 농업의 발달을 기도하기 어렵다는 것이다. 이것이 위민자는 불가부지법률이라는 것이다. 우리들은 조금이라도 "법률의 개념을 떠나지 말고 각자 고유한 자유를 불실(不失)하면 국권의 회복과 인권의 신장을 지일(指日)하여 가기(可期)할 지로다"라고 결론을 짓고 있다. 법률을 제대로 알면, 법률의 보호를 받을 수 있으며, 국권의 회복과 인권의 신장을 기대할 수 있다는 것이다. 이와 같은 법률에 대한 적극적 사고는 허헌 뿐 아니라 구한말의 애국계몽기의 법률가 및 사상가들에게 한 특색을 이룬다고 할 수 있다.

| 한일합병과 변호사활동(1910년대) |

1935년 〈삼천리〉에 허헌의 교우록이 실렸다. 거기서 그는 1909~1910년 사이의 일을 소상히 적고 있다. 25년이 지났으니, 어느 정도 사정을 쓸 수 있는 시간적 거리감이 확보되었다고 판단해서인지, 개인적으로는 물론 사회적으로도 의미있는 내용을 싣고 있다.

맨처음 머리에 인상깊게 떠오르는 외우(畏友)는 이갑(李甲)씨다. 내가 처음 이갑 씨를 알게 된 반연은 이러하다.

내가 20 안짝에 들든 소년 때에 궁내부(宮內府) 규장각 주사(主事)로 잇서 날마다 대궐 안으로 출사하는 것으로 일을 삼엇다. 그리할 때 하로는 법부대신(法部大臣) 장박(張博)씨가,

「애야, 뜻을 크게 가저라. 벌서 사관에 열열하여야 쓰겟느냐. 지금 동양에 잇서 신문명은 동경에서 흘러나다십히 하니, 동경 드러가 공부하고 오너라」

하고 동경 유학을 권하여 주엇다. 이리하야 나도 크게 깨다른 바 잇서 이럭저럭 학비로 천여원을 만들어 품에 지니고 강호성중(江戶城中)을 향하야 떠낫다. 가서는 동경 명치대학(明治大學)에 입학하여 변호사 될 공부를 일삼엇다. 그리다가 약 반년 지낸 뒤에 학비가 떠러젓다. 이에 생각다 못하야, 나의 막역의 우(友)인 이종호(李鍾浩)군에게 학비의 원조를 청할 차(次)로, 이갑 씨에게 편지하엿다. 편지한 뜻은 학비 떠러젓스니 청컨대 이종호군과 말슴하여, 4, 5백 원 어더 보내달나 함이엇다. 이종호군에 직접 편지할 것이로되 그는 그때 조부 이용익(李容翊)씨의 관계로 한동안 주소를 숨기고 잇섯다. 그러나 가튼 동지이든 이갑 군은 이종호 군의 거처를 알 줄로 밋고 그리하엿슴이라.

그리하엿더니, 미구(未久)에 이갑 씨로부터 회답이 왓는데, 「그만 돈을 이종호군에게까지 말할 것 잇느냐. 내게 잇섯기 보내니 밧고, 아모 근심말고 공부에만 착심(着心)하오」 하고서 돈 4백원을 너허 보내 주엇다.

그 뒤 동경서 공부를 마치고 도라오자, 이갑 씨는 곳 차저와서 국내 정세를 자세히 이야기하여 주면서 「지금 이 조흔 철을 맛는 우리들 청년들로 엇지 국가 사회의 일을 이즈랴. 변호사 개업할 생각을 끈코, 나와 가치 일하자」 하길래 나는 「일이라면 무슨 일인가」 하고 물엇더니 서북학회를 위하야 몸을 바처 달나 함이엇다. 당시 서북학회는 실로 국론에 발언권을 가지다십히 재야의 일 정당적 존재로써 재인(才人)들도 만히 모와 들어 잇거니와 사회에서도 퍽으나 중시를 밧어왓다. 이갑씨가 그때 총무로 잇섯고, 유동열(柳東悅), 안창호(安昌浩), 윤해(尹海), 김립(金立) 등 모다 말 잘하고 지략종횡(智略縱橫)하는 청년 논객들이 서북학회를 싸고도는 위성들이엇다.

이갑 씨는 총무로 잇스면서 유동열이와 짝을 지어, 정변을 이르켜 차기 정권을 자기들 2, 3십대 청년 정객들 손에 웅켜쥐려고 밤낫 획책, 분주하고 잇섯다. 이갑 씨의 흉리(胸裡)야 알 길이 업스나 자기가 당시의 이(李)내각을 쪼츠고 후계 내각을 조직하려 들엇스나 설마 총리대신이야 목적햇스랴. 자기들 소장패는 유력한 각원(閣員)이 되고 수상급은 나 먹은 이를 목표로 함인듯 하엿다.

그러기 까닭에 서북학회 일은 흔히 공수(空守)가 되엇다, 이에 나를 다려다가 부총무로 안처 내무를 보게 하려 함이라. 나는 그러라고 승낙하고, 곳 부총무가 되어 내무를 보는 한편 서북학교의 법제 경제과 교편을 잡고 잇섯다.

그때의 이갑 씨는 심모원려(深謀遠慮)하엿고, 그 성격이 불타듯 열열하엿고 신의 두터워 가위(可謂) 일당의 지도자 가음이엇다. 그리고 그는 서북학회에 쓸 자금을 잘 어더왓다. 돈 어더오는, 재조(才操)도 실로 비상하엿다.

이리하야 6, 7개월 잇섯슬가, 이 사이에 국가 내외의 풍운은 심히 급하야 조석으로 긴장한 소문이 작고 연(連)해 들려 오더니 나종에는 어느 날 밤인가 돌연히 이갑, 유동열, 안창호 등 누구누구라는 사람은 모다 경무총감부(警務摠監部) 기타에 구금되엇다.

그러다가 한참만에 노여들 나왓다. 지금도 안전(眼前)에 방수(彷須)함은 이갑 씨 등을, 우리들이 모여 출옥위안회를 명월관에서 개연(開宴)하든 때 일이라.

나는 서북학회의 명맥이 진(盡)할 조짐이 보이매, 생각끗헤 변호사를 개업하고, 청진동에 새로 큼직하게 집도 작만하고 안젓섯다.

그런데 하로는 석양이 갓가윗는데 이갑 씨와, 이종호 군이 차저왓다. 새 방에 안내하고 맥주와 참외로 주배(酒盃)를 논을 때 이갑 씨 말이

「허군은 남아 잇는 것이 올켓군, 이러케 집도 새로 큼직하게 작만하엿고, 또 후사도 잇스니까.」

나는 그 말에 깁흔 뜻이 잇는 줄 밋고

「그게 무슨 말이요」

하고 반문하엿스나, 침음량구(沈吟良久) 하엿슬뿐.

이리하야 갈나진 뒤 그 이듬날 아츰에 그 수수걱기 가튼 말뜻이 암만해도 수상하여 전화로, 또는 나람을 노아 수소문 하엿스나, 양이(兩李)는 물론, 유동열, 안창호, 윤해, 김립, 모다모다 종적이 업섯다. 사흘을 지내도록 여전히 소식업스매 그제야 망명한 줄 알엇다. 그뒤에 드르니 양이(兩李), 윤해, 김립 등은 그날밤 인천으로 가서 청도(靑島)거처 상해에 갓단 말이 들니고 안창호는 황해도 어느 어촌에 숨겻다가 모다 목선을 타고 망명하여 버렷단 것을 알엇다.

생각건대 이갑 씨와는 그때 우리집 사랑에서 일배주(一杯酒)를 논우든 것이 이 세상에서의 마즈막 대면이엇다. 차호(嗟乎), 세사(世事)를 엇지 밋으랴.[34]

또한 그는 서북학회 관련 일을 1년 정도 하면서, 이갑, 안창호, 이동휘 등과 교유하였다. 서북학회의 부총무, 서북학교의 법제·경제과의 교편을 맡았다. 그러나 이듬해 한일합방을 맞게 되면서, 그들은 해외에 망명하였으나, 허헌은 국내에 남았다. 이갑 등이 보기에는, 허헌이 변호사가 되어 안주하려는 인상을 받았기 때문이다.

허헌은 한일합병 소식에 절망하였다. 그는 "곧 변호사 문패를 떼고 문을 누첩(累疊)히 다든 후" 가족과 함께 그의 고향인 함경도 명천(明川)으로 향하였다. 귀향 중 그가 "원산(元山)에 내리어 얼마동안 쉬이는 동안에 이동휘(李東暉)씨를 맛나 일장(一場)의 체읍(涕泣)을 하고 맘 부칠 길 업서 애쓰는 허(許)씨를 위하야 이(李)씨는 정리(情理)가 함끠 흐르는 나 만흔 형이 어머니 일코 우는 동생을 위로하듯이 노파심으로 『그러케하다가는 사람을 버리겟으니 야소교(耶蘇敎)에나 들어 맘을 위로하라』고 꼬여 여행 중 원산에서 야소교(예수교) 신자가 되엇다 한다."[35]

1910년대에 그의 행적은 자료에서 거의 보이지 아니한다. 유광렬에 따르면, 그는 "전주, 군산, 함흥 등에 다시 변호사 문패를 걸게 되고 일시는

---

34 허헌, "교우록," 삼천리, 제7권 제7호, 1935.8, 70~75면.
35 유광렬, "등장한 2인물," 삼천리, 제4권 제8호, 1932.8, 39~40면.

수만 원의 돈도 벌엇으나 금전에 담박(淡泊)한 씨(氏)는 모다 개인적으로 청년교육비, 보조에 썻다"고 한다.

그러나 그의 공적 활동이 멈추었던 것은 아니다. 1913년에는 다음과 같은 기록이 보인다.

> 경성제2변호사회는 다음과 같이 임원을 개선(改選)하다.
> 회장 최진(崔鎭) 부회장 정명섭(丁明燮) 상의원 태명식(太明軾) 박승채(朴承彬) 박만서(朴晚緒) 허헌 심종대(沈鍾大)[36]

경성제2변호사회가 창립된 것은 1910년 1월 22일이다.[37] 경성제2변호사회는 조선인 변호사를 대상으로 했고, 일본인 변호사들은 경성제1변호사회로 서로 소속을 달리했다. 식민지하에서도 경성제2변호사회는 활동하고 있었다.[38] 일제하에서 최초로 변호사회 총회가 개최된 것은 1913년 1월 21일이다. 그 날짜 매일신보를 보면 경성제2변호사회의 정기총회가 열려 위와 같은 임원이 선임되었다고 한다. 허헌은 '상의원'에 선임되고 있다.[39] 여기서 1913년의 시기에도 허헌은 조선인 변호사회에서 주요한 역할을 수행

---

36 매일신보 1913.1.21.
37 대한변협, 대한변호사협회 50년사, 50면에는 1913년 4월 21일로 적고 있으나, 1월 21일의 오기이다.
38 장도 변호사의 '이력서'를 예시하여 보면 상세하다. 1910년부터 1919년까지의 장도의 이력서에서 변호사회 관련 기록은 다음과 같다.
  1907년 8월 18일 경성변호사회 창립되어 입회하다.
  1910년 1월 22일 경성제2변호사회 창립되어 입회하다.
  1911년 1월 경성제2변호사회 회장에 당선되다.
  1912년 1월 경성제2변호사회 회장에 재선되다.
  1917년 7월 경성변호사회 (내선 제1, 제2변호사회 합병에 의해) 창립되어 입회하다.
  1919년 4월 경성변호사회 회장에 당선되다.
  1920년 4월 경성조선인변호사회 (내선인변호사회가 分設되었기 때문에) 회장에 당선되다.
39 매일신보 1913.1.21.

하고 있었던 것이다. 그의 활동무대는 경성이었음을 짐작케 한다.

| 3 · 1운동과 역사적 변론으로 다시 등장하다 |

일제 초기의 엄혹한 상황에서, 실의의 세월을 보내면서 그는 1919년 3 · 1운동을 만났다. 만세운동 자체에서 그의 역할은 보이지 않는다. 그의 역할은 따로 있었다. 바로 3 · 1운동재판이었다. 그는 이 재판에 변호사로서 전생애를 걸고 분투했다. 앞서 말한 3 · 1운동재판에서 공소불수리론을 제기했을 때에 대한 그의 회고이다.

> 손병희 씨 등 ○○운동의 거두들이 석방되어 나온다니 얼마나 놀라운 일입니까. 실로 그때의 조선 텬디(天地)는 공소불수리문데로 뒤법석하엿습니다.
> 마츰내 합병 이후 처음 보는 이 공판날은 당도하엿는데 나는 일생에 이 재판 하나만은 익여노코 죽는다는 구든 신념으로 편협한 재판장이 되어 만일 법률을 무시하고 그 공소를 수리한다면 그 재판장까지 긔피하여 버리려 하야 긔피신청서까지 미리 써서 손에 쥐고 법뎡에 나타나 피고 모두를 즉시 석방하라고 일대의 정력을 다드려 열렬히 부르지짓습니다.[40]

"이 재판 하나만은 이겨놓고 죽는다는 굳은 신념"으로 매달린 그의 변론은, 그냥 쉽게 나온 것이 아니었다. 다음은 그의 부인의 회고이다.

> 지금 생각나는 것은 삼일운동 때 일임니다. 엇던 사람들이 말하기를 삼일운동의 공로자로서 이쪽편은 허헌이고 저쪽편은 모모이라고 합니다.
> 그때에 일은 조곰도 잇처지지 안코 긔억에 남어 잇슴니다. 허는 변호사엿기

---

40 조선일보 1928.12.23. "나의 추억(12)-재판정에 던진 거탄(巨彈), 기미운동당시를 회고하는 허헌씨"

때문에 엇더케 하면 죄를 경하게 할가? 엇더케 하면 석방 까혀줄가 하고 몹시 애를 태우고 단엿스며 때때로 고단해 하고 우는 때도 만헛습니다. 그리고 사건의 공판이 갓가워 오면 밤을 새여가면서 「륙법전서」를 손에 들고 밋친 사람 모양으로 공판날 법정에서 할 이약이를 혼자서 떠들고 잇습니다.[41]

이와 같이 3 · 1운동재판에서 허헌은 법률가로서의 최대의 역량을 쏟아내었고, 그로부터 항일-민족변호사로서 자신의 법률가적 사명을 확실히 자각하게 되었다. 이후 하나의 변호사로서의 모델을 다른 변호사들에게 제시하였고, 앞장서 개척해간다. 법정을 통해 민족에 헌신하는 모델을 인상 깊게 창출해낸 것이라 할 수 있다.

---

41 "엄동바람을 압두고 정보영(鄭寶榮) – 허헌 부인– 남편을 옥중에 보내고," 삼천리, 제3권 제11호, 1931.11, 43면.

김병로

법학교수, 판사, 변호사의 길로 들어서기까지

김병로는 허헌보다 한해 늦은 1887년 전라도 순창에서 태어났다.[42] 김병로는 자신의 생애에 대해 여러 방식으로 회고를 하고 있는데, 그가 일제하의 자술을 토대로 가감하고자 한다.

이제는 나의 과거를 좀 말하여 보자. 나는 전라북도 순창사람이다. 열다섯살에 에라 한번 큰일하고 죽자는 생각으로 책보를 질머지고 출가하여 산골로 드러가 초당(草堂)에서 글과 수삼년을 싸우니 논어맹자 등 칠서(七書)는 넉넉히 늙엇다. 그때 생각에도 이따위 학문을 가지고는 무에 될것갓치 생각되지 아니하여 다시 산을 나와 목포로 갓다. 거기에서 영어를 지금 평양서 목사를 하고 잇는 남궁혁 씨에게서 또 일어를 모 일인에게서 배우니 이러케 별난 신학문이 또 잇슬 까닭이 업섯다. 바로 그리할 때에 을사오조약이 테결되어 ××(군대: 필자)는 해산을 당하고 ×병(兵)(의병: 필자)은 사적에서 니러낫다. 내가 본 기억만으로도 그때 황성신문에 「시일야방성대곡」이란 글이 실렷고 목포의 상인들이 온통 철시(撤市)를 하며 거리거리에는 수군수군하는 소리가 놉핫다. 그리되자 영어 일어도

---

42 음력 12월 15일생이므로, 양력으로 하면 1888년이다. 당시 음력을 기준으로 했으므로 1887년으로 쓴다.

그리 고마운 글 갓지 안어서 집어버리고는 소위 천하의 대세를 살핀다고 철업는 생각에도 광주 기타 중요도시를 주유(周遊)하엿다. 그리다가 큰 뜻을 품고 스물 한살 때에 동경으로 뛰어갓다. 조선옷을 입고 보통학교의 학생모자를 쓰고 필연 가관이엇슬 것이다.[43]

이 자술은 대체로 맞다. 하지만 의도적으로 빠트린 중요한 대목이 있다. 을사조약 체결후 그는 "광주 기타 중요도시"를 주유하는 정도에 머문 것이 아니라, 항일의병항쟁에 직접 뛰어들었던 것이다. 면암 최익현(崔益鉉) 선생이 1906년 전북 정읍에서 창의했을 때 가인은 면암을 찾아 뵙고 의병의 일원으로 직접 전투에 참전했다. 또한 전남 광양의 백낙구(白樂九) 의병장의 창의를 지원하였다.[44] 그의 애국적 활동은 이미 의병항쟁에의 참전으로, 그의 10대 후반 20대 초반에 시작되었던 것이다. "광주 기타 주요 도시"를 주유한 것은 의병항쟁의 참패 이후였고, 그는 '실력배양＝자강론'으로 방향을 전환하여 신학문을 배우고 사립학교의 창설에도 관여하였다. (물론 이러한 의병항쟁에의 참여사실을 일제하의 회고에서 쓰기 곤란했음은 당연하다.) 자신이 세우는 데 일조한 창흥학교(昌興學校) 고등과를 마치고 그는 일본유학을 결심한 것이 스물한살 때였다.

동경유학길에 오른 것은 1910년 3월이었다. 그는 일본대학 법과전문부 및 명치대학 교외생(법과 야간부)에 입학했다.[45] 그러나 나라가 망하기 직전의 유학길이라 그 길도 순탄할 리 만무했다.

그런데 기억할 것은 그때 목포서 배를 타고 부산거처 신호(神戸. 고베)에 이르

43 김병로, "방랑, 교수, 변호사," 삼천리, 제2호, 1929.9, 33~34면.
44 김학준, 가인 김병로 평전: 민족주의적 법률가·정치가의 생애, 민음사, 1988, 28~38면.
45 明治大學史資料センター 編, 明治大學小史: 人物編, 學文社, 2011, 226면.

는 동안까지 나의 뒤에는 미행이 따럿다. 그 뒤는 동경 신교정거장(新橋停車場)에 내릴 때나 「천대곡(千袋谷)」에 숙소를 정한 뒤나 일본대학(日本大學)과 정칙학교(正則學校)에 다닐 때나 미행은 떠러진 날이 업섯다. 학생들은 나를 「단데이긴상(探偵金樣)」이라 하리만치 그것은 실로 심한 것이엇다. 그리는 사이에 합병은 되고말 엇다.[46]

이 회고에서는 미행의 이유를 밝히지 않고 있지만, 가인의 한국에서의 활동, 그 중에서도 의병활동 및 학교활동에 대하여 대체로 알고 있었기 때문일 것이다. 미행은 꼬리를 물고 계속되었다. 일본으로서는 식민지 병탄의 전야에서, 일본에 머물고 있는 유학생들에게 미행과 요시찰의 꼬리를 붙이는 경향이 여러 사례에서 발견된다. 이 시기 그는 일본대학의 전문부 법과 청강생으로 등록하여, 짧은 기간동안 법률연구에 집중하였다. 1학년 전과목을 3~4개월에 독파한 것이다. 그러나 곧이어 한일합방이 닥쳐왔다. 합방 당시의 분위기를 김병로는 다음과 같이 전한다.

동경에서 유학하고 잇던 때입니다. 당시에도 내게 형사의 미행이 잇섯지오마는 병합 임시하야는 3인의 미행이 끄치지 안습디다. 일한 병합이 중외(中外)에 선포된 즉 동경에 잇던 한국 유학생들은 모도 혈기 방강(方剛)한 청년들이라 물 끌듯 하엿습니다. 그러나 우리 학생들 잇는 하숙이면 모다 문전에 3,4인의 형사가 수위하고 잇어 집회나 토의의 자유를 얻을 수가 없엇지오. 분개한 남아지에 일변 철귀(撤歸)하는 학생들도 많앗지마는 부산에서 상륙을 허(許)치 않앗습니다. 하다 못하야 한 번 몽여나 보자고 손바닥에다 몽일 시일과 장소를 써 가지고 만나는대 윤통(輪通)을 하엿습니다. 예정 장소인 유학생 감독부에 가 본 즉 한 70명 몽엿는데 정사복 경관은 약 3배 가량 와서 새새 틈틈이 끼여 앉습디다. 사회자

46 김병로, "방랑, 교수, 변호사," 삼천리, 제2호, 1929.9, 34면.

가 등단하야 회합의 취지를 설명하려고 할 때에 경관은

「이 회합은 불온하다 인(認)함으로 해산을 명한다」하야 해산을 당하게 되자 회장은 소란하여젓습니다. 질타, 매도, 훤효(喧囂, 시끄러움) 중에 사회자는

「우리 한국 유학생 친목회는 오늘 이 자리 이 시간으로써 한국과 같이 운명의 종(終)을 고한다」는 간단하고 비장한 선언이 잇고 헤여젓습니다.[47]

합방을 맞는 마음은 절망과 좌절 그 자체였을 것이다. "흐르는 것은 눈물 뿐"이고 유학생끼리는 "서로 만나서도 얼굴만 바라보고 말없이 눈물로 지내는 정상이었고, 누구나 학교에 갈 생각도 전혀 없었던 것"[48]이다. 같은 유학생 처지인 송진우(宋鎭禹), 고광준(高光駿) 등과 함께 그는 귀국하여 기독교 속에서 위안을 구하려는 시도도 했다.[49] 그러나 신지식에의 열의는 오히려 커졌고, 귀국할 때 준비해온 명치대학 법과 강의록을 열심히 읽었다.

1911년 가을 그는 다시 동경으로 가서 명치대학 법과 3학년에 편입(교외생)한다. 이 때는 그야말로 법학 공부에 주야로 매진했다. 그는 1912년 12월 명치대학 교외생을 졸업했다. 아울러 1912년 3월 명치대학 법과 제3학년에 입학하여, 1913년 7월에 법과를 졸업했다. 김병로의 술회에 따르면, 1913년 초 명치대학을 우수한 성적으로 졸업하였고, "참으로 법률을 연구할 생각을 새롭게" 하였다.[50] 잠시 귀국한 뒤 그는 다시 도일하여 1913년

---

47 김병로, "유학생 친목회의 마즈막 일막(一幕)," 동광, 제24호, 1931.8, 50면.
48 김학준, 가인 김병로 평전: 민족주의적 법률가, 정치가의 생애, 59면.
49 김학준, 가인 김병로 평전: 민족주의적 법률가, 정치가의 생애, 61면.
50 합병은 되고말엇다. 그래서 나는 공부를 집어뿌리고 도로 고향에 나와 잇다가 스물네살 때에 다시 동경에 건너가서 자취하면서 명치대학을 다녓다. 그때에 나는 고학(苦學)을 하엿스니 1원주고 방세엇고 6원주고 쌀 사고 숫 사고 찬거리 사서 혼자 밥을 지어 먹고는 학교로 다녓스니 세루양복이나 사각의 대학생모는 꿈에도 써보지 못하엿다. 돈이 잇서야 사랴. 이불도 동무들이 덥다가 버리다십히 한 것을 주어다 덥고 지내엇다. 그러면서 학교의 성적은 비교적 조왓스니 명대(明大)졸업 당시 중국인, 일인, 조선사람 모다 211명 중에 12째번을 한 기억이 지금도 남어 잇다. (김병로, "방랑, 교수, 변호사," 삼천리, 제2호, 1929.9, 34면).

11월에 동 고등연구과(명치대 법과와 중앙대학과의 공동법률고등연구과)에 입학하여, 1915년 6월에 졸업함과 동시에, 일본대학 법과를 졸업했다.[51]

1915년에 이르러 그는 충분한 법률공부를 했고, 법전과 학설의 대강도 머릿속에 그릴 수준이 되었다. 일본변호사시험에 응시하고자 했으나, 당시 "일본인 이외에는 변호사시험에 응시할 자격을 허용할 수 없다"는 각의의 결정이 내려짐에 따라 그는 시험에 응시할 기회도 없이 귀국하였다.

1915년 7월에 귀국후 그는 이미 법률분야의 실력자로서 인정을 받게 된다. 법학공부와 연구에 이 정도의 열정과 시간을 투입한 인사가 거의 없었던 것이다. 귀국 즉시 그는 경성전수학교의 법률학 조교수(교유(敎諭))로 있으면서 보성법률상업학교에도 출강하였다. 당시 경성전수학교나 보성법률상업학교는 각각 10명 내외의 교수진과 1백여 명의 학생밖에 없었고, 기초교육도 보잘 것 없었다. 김병로는 오전 9시부터 오후 4시까지는 경성전수학교에서 강의하고, 오후 5시부터 밤 10시까지는 수송동에 있는 보성법률상업학교의 강의에 나갔다고 한다. 강의는 30분간 필기하고, 30분간 설명하는 방식으로 주로 진행했다.[52] 보성학교에서 그의 강의를 들은 학생의 소감이 남아 전한다.

수십명의 교수, 강사 중 가장 인상깊었던 선생은 민법 물권편을 담당하신 가인 김병로였다. 교단에 서시면 예리한 금속성으로 청산유수격, 일분 일초도 쉴사이 없는 열성담긴 강의였으니, 제목만 정하면 원고 없이도 몇시간이든 계속할 수 있는 풍부한 자원에는 시간가는줄 모르고 경청했으며, 동경의 저명한 박사의 학설까지 비교, 비판하시니 실로 흥미진진하였다.[53]

---

51 明治大學史資料センター 編, 明治大學小史: 人物編, 學文社, 2011, 226면.
52 김진배, 가인 김병로, 삼화인쇄주식회사, 1983, 32~34면.
53 이병희, "석탑야사," 고우회보 (김진배, 위의 책, 34면에서 재인용).

당시 법률을 가르치는 전문학교로서 이 두 학교가 있었는데, 두 곳에 모두 강의하는 기록을 세운 셈이다. 그는 민법, 국제법, 형법, 형사실무 등 다양한 과목을 가르쳤다. 이병희의 회고에도 보이듯, 당시 이미 그의 법학실력은 독보적이었다.

김병로는 1910년대 중반부터 법학연구를 주도하였다. 당시 그의 저작활동은 〈법학계(法學界)〉에 남아있는데, 그 논문의 주제는 다음과 같다.

김병로, 법리관, 법학계, 제1호, 1915.10, 10~22면.

김병로, 부동산에 대한 절도죄의 성립(질의문답), 법학계, 제2호, 1915.11, 47~47면.

김병로, 중복매매와 중복저당의 형사상 책임, 법학계, 제2호, 1915.11, 6~18면.

김병로, 중복매매와 위험부담(질의문답), 법학계, 제3호, 1915.12, 45~47면.

김병로, 가차압의 효력(질의문답), 법학계, 제4호, 1916.2, 54~55면.

김병로, 유자도품의 고매와 장물죄의 성립(질의문답), 법학계, 제6호, 1916.6, 26~27면.

글의 성격에 따라 분량의 차이는 있으나, 주제는 법리학, 형법, 민법의 주제에 두루 걸치고 있다. 분량도 다른 기고자보다 훨씬 많으며, 내용적으로도 적실하다. 매호마다 빠지지 않고 집필하는 정열도 대단하다.

특히 그의 학문적 역량이 가장 두드러진 글은 "범죄구성의 요건되는 위법성을 논함"이라는 논문이었다. 법학계 제3호(1915.12; 1~9), 제4호(1916.2; 1~12), 제5호(1916.3; 1~10), 제6호(1916.6; 3~9)에 걸쳐 게재되었고, 〈법학계〉 전체에서 가장 학술적 깊이가 있는 글이다. 이 논문은 당시 일본학계에 비추어서도 선두급의 글일 뿐 아니라, 해방후 우리 형법조문의 토대가 된 논문으로 주목받고 있다.[54] 그는 "경성전수학교 교유(敎諭)"의 타이틀로 글을 쓰고 있다.

〈법학계〉의 창간과 연속간행 자체가 1910년대에는 대단한 사건이라 할 만하다. 1910년대에는 한글 잡지라 할만한 것도 없었고, 더욱이 전문지는 말할 것도 없었다. 그런데 그 중에서도 〈법학협회〉를 결성하여, 전문성을 표방한 〈법학계〉를 창간하고, 격월간으로 간행하는 그 자체가 대단한 일이다. 그 점에서 그의 개인적 연구는 법학 전체의 발전과 궤를 같이한 것이고, 다른 분야의 전문성의 추구에 한 선례를 만들어낸 셈이다.

법학협회 편집부는 다음과 같이 법학계를 내는 취지를 말하고 있다. "법률에 관한 지식을 사회에 소개"하자는 것이다. 그 필요성에 대하여, "현금의 시대는 여하한 시대인가 하면 외(猥)히 법적 시대라 운하겠도다. 만약 법률상 소양이 무하면 사회에 입(立)하야 각근(脚根)을 착(着)할 지위가 곤란할 뿐 아니라 생존경쟁이 수일(遂日)격심한 천태만상의 인간세에 어찌 온건 도거(渡去)하기를 기도하리오"라고 하고 있다.[55] 또한 〈법학계〉의 투고방침을 보면 "정치, 법률, 경제 등 과학에 관한 논설 혹 잡찬"을 두루 받을 것을 투고요령으로 소개하고 있다. 특히 법률분야에는 〈질의문답〉 코너를 두고 있는데, 이는 "사회상에 법률적 지식을 소개하기 위하야 해답의 의무를 자임하오니 제반 법률상 해석에 관하여 의문이 유하신 첨위(僉位)는 해(그) 사항을⋯초록하여 송투하시면⋯계속적으로 해답상 사무에 착수하고자 한다"고 하여 독자와의 소통을 꾀하고 있다.[56] 다만 〈법학계〉는 1916년 6월 제6호 발간 이후에 더 이상 나오지 못했다.

---

54 제정형법 제20조의 '사회상규'의 개념이 이로부터 나왔다. 실정법과 사회현실 사이의 조화를 이룩하기 위한 연결개념으로서 사회상규는 법규상 일응 범죄구성요건에 해당해도 그것이 국민일반의 건전한 도의감에 위배되지 않으면 위법하지 않다는 것이다. 이 논문의 가치에 대하여는 신동운, "형법 제20조 사회상규 규정의 성립경위," 서울대 법학, 제47권 2호, 2006, 189~219면이 상세하다.

55 법학계, 제5호.

56 "투고의 환영 및 법률광고," 법학계, 제3호 참조.

1919년을 전후하여 김병로의 판사행, 그리고 변호사행에 대하여 기왕에 약간의 혼선이 있어왔다. 김병로 자신이 이 시점의 행로의 전환에 대하여 약간의 착오를 범하고 있거나 혹은 정확한 이야기를 담지 않고 있기에 그러한 혼선이 생긴 탓도 있다. 우선 객관적 자료에 해당하는 조선총독부관보에 따라 정리하면 다음과 같다.

> 1916. 경성전수학교 교유
>
> 1917. 경성전수학교 조교수
>
> 1918.10.10. 경성전수학교 조교수 김병로를 경성보통학교교유(서고등관8등(叙高等官八等))를 겸임케 하다.[57]
>
> 1918.12.20. 정7위 김상연(金祥演)을 종6위, 김태영(金泰榮), 김병로를 8위에 서(叙)하다.[58]
>
> 1919.4.16. 경성전수학교조교수 겸 경성고등보통학교교유 정8위 김병로를 조선총독부판사에 임(任)하고 부산지방법원 밀양지청판사에 보(補)하다.[59]
>
> 1920.4.17. 조선총독부판사 김병로가 의원면직하다.[60]
>
> 1920.12.24. 김병로가 변호사 등록을 하다.[61]

김병로는 1910년대 초에 법률공부를 하면서 변호사의 길을 추구했지만, 당시에는 제도적 봉쇄 때문에 아예 그 길로의 진입이 불가능했다. 그는 법학교수로서 성실하게 법학을 가르치고 또 법학논문을 집필하였으며, 출판을 통한 법지식의 확대를 주도하였다.

---

57 조선총독부관보 1918.10.19.
58 조선총독부관보 1918.12.26.
59 조선총독부관보 1919.4.23.
60 조선총독부관보 1920.4.23.
61 조선총독부관보 1921.1.17.

그러던 중 김병로는 1919년 4월 16일자로 "조선총독부 판사"로 임용되어 부산지방법원 밀양지청 판사로 부임했다. 그가 일본의 법대를 졸업했고, 경성전수학교의 "교유"로 법학을 교수하고 있으며, 그 직위가 총독부의 관직에 해당하는 점 등을 두루 감안하여 판사로 임용한 것으로 보인다.[62]

그의 판사 임명의 사회적 배경 및 그의 판사 활동과 관련하여 몇가지 추측이 나와 있다. 3·1운동으로 전국적으로 사건이 폭주하여 재판할 판사 수가 부족했기 때문에 그가 판사로 임용될 수 있었다는 추측에 대하여는, 당시 다수의 판사를 임용한 것이 아니라 김병로 1인에 그친 것으로 보아 합당한 것으로 생각되지 않는다. 그의 임용일자로 미루어 볼 때 3·1운동과 별 상관없이 판사임용절차가 진행된 게 아닌가 여겨진다. "3·1운동을 계기로" 판사가 될 수 있었고 밀양에서 "독립운동가에 대한 재판"을 참을 수 없어 "판사 자리를 내던졌다"는 언급도 추측에 불과하다.[63] 초임 조선인 판사에게 그런 재판을 곧바로 맡겼을지도 의문이 든다.

그는 판사직을 정확하게 만1년을 수행했다. 그가 사표를 낸 것은 판사 직무에 대한 회의감 탓이라기보다는 처음부터 변호사를 할 맘으로 임했기 때문이라고 보는 것이 더욱 합당하다. "합법적 독립운동을 위한 발판으로서 변호사 자격 취득에 동기가 있었"던 것이다.[64] 즉 변호사를 하기 위해서

---

62 김병로가 판사로 임용될 수 있었던 법적 근거는 다음과 같은 것으로 보인다. 1910.10. 제령(制令) 제7호 「조선인인 조선총독부 판사 및 검사의 임용(朝鮮人タル 挑戰総督府判事及検事ノ任用)」 제1조에는 "제국대학, 관립전문학교 또는 조선총독이 지정한 학교에서 3학년 이상 법률학과를 수료하고 졸업한 자는 문관고등시험위원의 전형을 거쳐서 특별히 조선총독부 판사 또는 검사에 임용할 수 있다"고 규정한다. 그를 구체화하기 위해 1911.1. 총독부고시 제7호 「명치43년 제령 제7호 제1조에 의한 사립법률학교 지정의 건(明治三十三年制令第七号第一号ニ依ル私立学校指定ノ件)」은, 경성전수학교 외에 일본의 사립대학들로서, 중앙대, 명치대, 일본대 등이 포함되어 있었다. 김병로는 명치대, 일본대 졸업생이므로 그에 해당할 수 있다. 다만 이러한 특별절차를 통해 판사로 임명된 조선인은 거의 없었다.

63 김진배, 가인 김병로, 41면; 김학준, 가인 김병로평전, 93~94면.

는 법조인 자격을 얻어야 하는데, 그 자격이 판사라는 자격으로 우선 주어 졌기에 판사직을 수락했던 것이고, 판사로서 최단기간 복무한 뒤 판사직을 미련없이 사임한 것이다. 다만 그는 판사직 사임(1920.4.17.) 직후 곧바로 변호사 개업을 하지 않고, 만8개월이 지나 변호사로 등록했다. 변호사 등록에 8개월이나 준비기간이 소요될 리 없는만큼, 아무래도 판사로 직무수행한 데 대한 자숙의 기간을 거쳐 변호사로 등록한 것으로 생각된다.[65]

김병로는 변호사로 개업한 직후부터 독립운동의 변론을 맡기 시작했다. 그의 회고에 따르면 "내가 변호사 사무를 개시한 직후부터 대동단 사건을 비롯하여 3·1운동의 여파로 계속 발생한 사건, 기타 사상에 관한 사건에 대하여 모든 원호에 응분의 노력을 하여 왔었다"[66]고 쓰고 있다. 그가 변호사를 맡은 초기부터 민족운동의 변론에 혼신의 노력을 쏟았음은 누구도 부인하지 않는다. 독립운동에 관한 숱한 기록과 당시의 항일공판투쟁에 관한 언론에서 김병로의 이름이 무수히 나타나고 있기 때문이다. 다만 몇 십 년 뒤의 회고는 구체적인 내용에서 착오가 다소 발견됨도 사실이다.

김병로가 맡은 첫 독립운동 관련 사건은 무엇일까. 앞의 인용에서도 알수 있듯이, 그는 '대동단사건'을 특별히 처음에 언급하고 있다.[67] 그와 관련하여 김학준 교수는, 대동단사건의 연구자인 신복룡 교수의 저서와 의견에

---

64 김학준, 가인 김병로평전, 95면.

65 김병로는 판사의 재직기간에 대해 말을 않거나 일부 틀리게 말하고 있으며, 재직기간 중 다루었던 재판에 대해서도 전혀 언급을 하지 않고 있다. 비록 변호사의 자격 획득을 위한 불가피한 단계라고 스스로 생각했겠지만, 그리 유쾌하거나 내세울만한 일이 아니라고 생각했던 것 같다.

66 김병로, "수상단편," 김진배, 앞의 책, 266~267면. "수상단편"은 김병로가 대법원 장을 마친 뒤, 1959년 3월 20일~4월 30일 경향신문(석간)에 연재된 것을 김진배의 책에 함께 모은 것이다. 앞으로는 (김병로, 수상단편)으로 약칭하겠다.

67 대동단사건이라 함은, 3·1운동이 실패로 돌아간 것은 전민족의 대동단결을 이루지 못했기 때문이라고 생각한 전협 등이 전국의 각계각층을 망라한 11개 사회 대표자들로 조선민족대동단(약칭 대동단)을 조직하고, 1919년 4월부터 약 1년가량 지하문서를 배포하고, 의친왕 이강의 상해탈출을 기도하는 등 적극적인 민족운동을 펼치다 체포된 큰 사건이었다. 신복룡, 대동단실기, 도서출판선인, 2003 참조.

의지하여 대동단사건을 맡았던 변호사명단에 가인의 이름이 없다고 확인하고 있다.[68] 그러면서 "갓 출발한 변호사로서 가인은 선배 변호사들의 일을 도왔던 것으로 짐작된다"고 정리하고 있다. 그러나 자료를 자세히 보면 그러한 기술은 타당하지 않다.『한민족독립운동사자료집 6(대동단사건)』중 〈공판시말서〉에서 변호인 관계부분을 정리해보면 다음과 같다.

공판시말서(경성지방법원)

정치범죄처벌령 위반 출판법 위반 보안법 위반 및 사기 피고사건에 관하여 1920년 11월 19일 오전 10시 경성지방법원의 공개 법정에서…

변호인 김우영(金雨英) 목미호지조(木尾虎之助, 고노 부스노스케) 조창외의철(朝倉外義鐵) 이조원(李祖遠) 최진(崔鎭) 김태영(金泰榮) 이중혁(李重赫) 김정목(金正穆) 대구보아언(大久保雅彦, 오쿠보 마사히코)은 출정하고, 송본(松本, 마쓰모토) 변호인은 출정치 않음. …[69]

공판시말서(경성복심법원)

송세호(宋世浩) 외 8명에 대한 정치범죄처벌령 위반 등의 사건에 관하여 1921년 3월 9일 오전 9시 경성복심법원 법정에서…

김상열(金商說)의 변호인 김우영, 이건호(李建鎬)의 변호인 朝食外義鐵, 장현식(張鉉軾)의 변호인 堀直喜, 김병로, 류경근(劉景根)의 변호인 김태영은 출두하다.[70]

요컨대 가인은 대동단(大同團)사건의 제1심(경성지방법원)의 변호인은 아니었으나, 항소심(경성복심법원)에서 피고인 장현식의 변호인으로 공판에 참여했음이 확인된다. 대동단사건의 제1심판결이 내려진 게 1920년 12월

---

68 김학준, 가인 김병로 평전: 민족주의적 법률가 정치가의 생애, 98면.
69 한민족독립운동사자료집6(대동단사건 Ⅱ) "공판시말서(-)," 1988
70 한민족독립운동사자료집6(대동단사건 Ⅱ) "공판시말서(경성복심법원)," 1988

7일이므로,[71] 그 시점에 김병로는 아직 변호사 등록(1920년 12월 24일)을 하지 않은 시점이다. 그는 변호사사무실을 연지 2개월이 지나 대동단사건의 항소심의 변호사로 등장한다.

이 시기를 전후하여 그가 맡은 유명한 사건으로 이춘숙(李春塾)의 사건이 있다. 1921년 2월 28일 그는 이춘숙에 대한 변호인으로 선임된다. 그의 이름이 등장하는 변호사선임계로는 첫 기록이다.

이춘숙[72]은 상해임시정부의 군부차장(軍部次長)으로 1920년 11월 26일 상해에서 체포되어 경성으로 압송되었다.

이 독립운동가에 대해 그는 채용묵(蔡容默) 변호사와 함께 제1심의 변호를 맡았다. 두 변호사들은 사실관계 증거조사를 위해 공판기일을 연기해 줄 것을 요청하여 받아들여진다. 공판은 1921년 5월 25일 경성지방법원에서 개정되었다. 이춘숙은 임시정부의 군부차장이자 의정원의 부의장이 되어, 임시정부의 대통령 이승만을 상해로 청해올 일과, 미국에서의 조선인 애국금모집공채를 발행한 일을 승인했고, 여운형(呂運亨)과 함께 신한문화동맹단을 조직한 일을 인정했다. 이춘숙은 자신이 "아무 변명할 말은 없으나, 다만 문화운동은 정치운동과 별 물건이다"는 취지의 진술을 했다. 검사는 징역 10년의 중형을 구형했다. 이어 "변호사 김병로, 채용묵, 김우영 등 제씨의 열렬한 변론이 있"었다.[73] 김병로가 변호사의 타이틀을 갖고 언론에

71 신복룡, 대동단실기, 184면.
72 일제의 조사에 의하면, 이춘숙(당시 32세)은 보성전문학교 법과를 졸업하고, 동경에 유학하여 1918년 6월 중앙대학을 졸업하고, 동 7월에 귀선후, 혼징 등과 함께 만주 시베리아 지방을 시찰, 문창범, 윤해 등과 회견하여 독립운동에 헌신하기로 결심하고, 1919년 2월 경성에 와서 일반적 형세를 관망하고, 3·1운동을 보면서 해외로 가서 동지를 규합하기 위해 상해로 도항하여 임시정부 조직에 참여했다. 그는 임시의정원의 부의장, 군부차장으로 활동하면서, 아울러 헌법개정, 국채, 통칙, 공채 발행조례의 제정 등 중요한 의사에 참여하여 많은 역할을 했다. 또한 여운형이 발기한 신한문화동맹당을 조직하여, 조선민족의 문화를 향상시켜 임시정부의 독립운동과 상호 부응하기 위해 신문 잡지의 발행 등 많은 노력을 했다.
73 동아일보 1921.5.26. "상해가정부「軍務次長」李春塾의 데일회공판 작일개뎡 판결

처음으로 출현하는 기사이다. 이 첫 기사에, 김병로를 자주 따라다닌 "열렬한 변론"이 처음부터 나타남은 무척 흥미롭다.[74] 변론의 내용은 알 수 없으나, 아마도 그의 활동이 제령7호의 구성요건("정치의 변혁을 목적으로 다수 공동으로 안녕질서를 방해하는 행위")에 해당될 수 없음도 포함되어 있었을 것이다. 이춘숙은 "군부차장"을 맡긴 했으나, 활동내역을 보면 법령의 제정, 문화활동에 주력했던 인사였으므로, 직접적인 폭력의 행위에 가담하지 않았고, 그 때문에 제령 제7호의 구성요건을 충족시킬 수 없다는 논변이다. 실제로 일제가 정리한 이춘숙의 활동내역에도 "직접 군자금의 강요, 모집 기타 흉포행위를 감행했다는 증적은 없어도, 늘 구기(樞機)에 참획(參劃)하여 독립운동의 진전을 위해 민심의 선동 격발에 노력해온 자"라고 정리하고 있다.[75] 이를 달리 말하자면, "흉포행위" 즉 "무장의 폭력행위"에 대한 직접증거가 없다는 것이다. 때문에 변호인들은, 흉포행위의 증거없이 처벌할 수 없다고 "열렬한 변론"을 펼쳤을 것으로 짐작된다.

이렇게 김병로는 변호사가 되어 독립운동의 변론에 바로 뛰어든 것을 알 수 있다. 판사를 한 이유도 독립운동을 변론하기 위한 변호사의 자격을 얻기 위한 하나의 방편이었음이 판사직 조기사임과 독립운동 변호사로 곧바로 진출한 데서 확실히 알 수 있다. 사건 중에서도 매우 불온성(?)의 강도가 높은 대동단, 이춘숙 사건을 곧바로 맡는 데서도 그의 결기를 느낄 수 있으며, 변론의 강도도 "열렬한 변론"의 수준이었던 것이다.

뒤이어 그는 보합단(普合團)사건의 변호사로 등장한다. 종로경찰서 형사를 총살한 보합단의 수령 김도원(金道源)의 공판에 그는 최진, 장도, 이한길,

---

언도는 래월 삼일"
74 1심판결은 징역 5년이었다. 이춘숙은 경성복심법원에 항소하였고, 그 항소심의 변호인으로 허헌, 김우영, 채용묵이 선임되고 있다.
75 假政部前軍務次長李春熟檢擧ノ件, 국외정보: 1920~1921(대정 9년~대정 10년), 고경41197호, 4~5면. (원문: 국회도서관 http://dl.nanet.go.kr/, 소장처: United States, Stanford University, Hoover Institution)

이승우, 강세형, 박승빈 제씨와 함께 변호인단의 일원으로 참여한 것이다.[76] 변호사가 된지 불과 1~2년 사이에 그는 독립운동의 변론의 길에 확고히 들어섰고, 이후 그 궤도에서 이탈한 적이 없이 열렬한 항일변호사로서 살아간다.

---

[76] 동아일보 1922.12.19.

이 인

처음부터 독립운동 변론에 투신하다

이인은 1896년 대구에서 태어났다. 어려서 대구의 달동학원에서 신학문을 배우고, 1912년 경북실업보습학교를 졸업했다. 그해 일본에 유학하여 정칙영어학교에 입학하였고, 1914년에 졸업과 동시에 일본대학 법과 야간부에 입학하여 1916년에 수료했다. 졸업과 동시에 일단 귀국하였고, 1917년에 다시 일본으로 가서 일본대학 고등전공과에 진학하여 공부를 계속하였다.[77] 법률을 전공하게 된 동기를 이인은 다음과 같이 술회하고 있다.

내가 법률을 공부하기로 마음먹기는 한마디로 억울한 국민을 구해보자는 의분이 뭉쳐서였다. 그 때만 해도 일부 식자층을 제외하고는 일반이 모두 몽매하여 일본이사청에 망국의 한을 풀어달라고 탄원서를 넣을 정도였다. 이사청이란 것은 일본거류민의 권익을 옹호하기 위해 서울 부산 등 큰 도시에 설치한 일본 기관인데, 우리나라를 먹여치우겠다는 기관에 그런 탄원서를 냈으니, 우리 국민들이 비분강개하고 나라잃은 설움을 안타까워할 줄만 알았지 반항할 절차를 전혀 몰랐던 것이다. 나는 어려서부터 어떻게 하면 일제의 압박을 벗어볼까 생각

---

77 明治大學史資料センター 編, 明治大學小史: 人物編, 學文社, 2011, 228면.

하는 가운데 법률을 공부함이 그 한가지 길이라 생각했던 것이다.[78]

법률을 공부하게 된 동기는 이처럼 확연하다. 억울한 국민을 구해보자는 것이다. 동경에서 그는 학비와 생활비를 대기 위해 박문서관과 유비각 등 출판사에서 교정일을 하기도 했다. 그러나 그의 의협심은 공부하는 와중에서도 종종 터져나왔다. 그의 회고에 따르면, 그는 잡지에 한번, 신문에 한번 투고하여 큰 말썽을 빚었다고 한다.[79] 조선총독부의 학정을 정면으로 비판한 글을 잡지에 내어 필화사건을 빚고 동경경시청에 출두해야 했으며 경시청경찰로부터 미행을 당했다고 한다.

이 말은 사실일까, 당시 이인의 연령이 불과 20세밖에 되지 않았는데 잡지와 신문에 투고하는 게 가능할까. 이인은 자신의 글을 "일본의 당시 국수주의 잡지인 일대제국지(一大帝國誌)에 투고하였다"고 쓰고 있다. 이번에 그 글을 찾아 처음으로 소개할 수 있게 되었다.[80] 그는 이 글을 쓰는 목적을 "식민정책의 성공을 자랑하며 데라우치 총독의 공로를 상찬하고 있는 제군(일본인: 필자)의 곡해를 바로 펴고, 또한 반도 통치의 진상을 가장 노골적으로 폭로하여, 조선인들의 고통을 정의와 공도(公道)를 목표로 삼는 천하의 유지에 호소하고 조선인사의 여론을 환기시키려 하는 것"임을 명백히 하였다. "적어도 오장육부를 갖춘 인간이라면 반드시 조선에 있는 이주민과 관리들의 포학 잔인함에 분개하고 우리를 위해 한 줌 동정의 눈물을 흘리지 않을 수 없을 것"이라고 한다.

그러면 총독정치하의 조선은 과연 어떠한가.

---

78 이인, 반세기의 증언, 명지대학출판부, 1974, 1~2면.
79 이인, 앞의 책, 9면.
80 李仁, "朝鮮人の苦情を朝野に訴ふ," 一大帝國, 1卷9號, 1916, 12~17면. 이 글을 찾아내고 번역까지 해준 문준영 교수에게 감사드린다.

총독정치의 개괄적인 진상을 한 마디로 말하면 절대압박정책, 강제구속주의이며, 인민의 이익과 행복을 직접 간접으로 침해하고, 개인과 단체를 불문하고, 재산상·신체상은 물론이고 정신상으로도 모조리 그렇지 않은 것이 없다. 그러므로 재산상으로는 영생(營生)의 길이 거의 두절되었고, 신체상으로는 일거수일투족의 자유가 없으며, 정신상으로는 도저히 말할 수 없을 정도로 압박구속을 당하여 꼭두각시와 같은 모습이다.[81]

그는 통치의 진상을 관청, 사법 및 경찰, 교육의 세 부분으로 나누어 예증한다. 관청에서는 "조선인들을 서서히 도태시키고, 그 대신에 민정·풍속·습관도 모르며 또 극히 비상식적인 일본인을 대용(代用)하여 보충하고 있다"고 비판한다. 조선인이 있는 경우에도 일본인과 몇배의 임금격차가 난다. 교육 부분에서는 일제의 정책이 "절대 동화적이고 소극적인 맹목의 교육주의이며 그 수단은 강제압박이다." 그리하여 "청년의 활기를 잃게 하고 부패한 사상을 양성하며, 소극적이고 저능아로 만들 우려가 있다." 또한 조선인의 사설학교들을 강제해산시키고 재산을 몰수하고, 그렇게 해서도 안 되면 관공립으로 변경시켰다.

다음 사법 및 경찰 부분에 대한 비판 부분인데, 그의 글을 그대로 옮겨본다.

재판소는 전국에 걸쳐 근 100개소이지만, 조선인 판검사는 전국을 통틀어 30명뿐이고 일본인 판검사 수의 1/20에 불과하다. 서기·고원까지도 그러하다. 경찰에는 조선인으로서 경시(警視)가 된 자가 9명 있다. 재판·경찰 등 인민에 직접 관계하는 관청조차 민정·풍속·관습을 모르는 일본인으로 충원하였다.

재판은 공평하지 않고 법규가 적용되지 않는다. 일본인과 조선인 사이에 동

---

81 李仁, 앞의 글, 14면.

등한 정도의 사건에서는 반드시 조선인의 패배로 귀착되고, 조선인의 이익을 위해서는 당연히 해야 할 직권조사조차 하지 않는다. 특히 형사에서는 형을 적용함에 있어 인간을 한 마리 벌레만큼도 생각하지 않는다. 실로 난폭한 재판이다. 그러므로 조선인에게는 법률이 보호한 이익도 없고 따라서 권리가 없다. 이처럼 권리가 없는 곳에 어떻게 이익이 있을 수 있겠는가. 그래서 민사재판에서는 조선인의 이익이란 것이 없고, 형사재판에서는 전국의 감옥을 무수한 억울한 죄수로 충만하게 만들고, 민정ㆍ풍속ㆍ관습을 모르는 일본인 법관의 가혹하고 부당한 재판을 받고 상소하려고 해도, 변호인을 붙이면 어떨지 모르겠지만, 대개는 사무집행을 번거롭다고 하여 혐기하고 피고인을 강제 또는 기망으로 상소를 하지 않게 하기 때문에, 법관이 형을 선고한 그 자리에서 형에 복역한다.

경찰은 범죄의 예심을 하면서 경죄ㆍ중죄를 불문하고 참혹하게 고문을 한다. 인민을 보호하고 복리를 증진하는 것이 경찰의 목적이 아니라, 강제 압박을 함으로써 인민이 경찰관청을 원귀(怨鬼)처럼 보게 만든다. 보통보안경찰에서도 순사가 인민에 대해 극히 사소한 일로도 극악한 구타 수단으로 접하여, 한 마디라도 항의를 하면 즉시 구금한다. 경찰의 즉결선고에서는 어떠한 사실 무근의 억울한 원죄(冤罪)가 있다고 해도 다시 호소할 길이 없다. 만약 정식재판을 신청하려 하면 건방진 놈이 관청 사무를 번다하게 한다고 말하며 또 다시 더욱 잔혹한 형벌을 가하여 정식재판을 못하게 만든다. 그러므로 한국시대에 경찰관을 일본에 위탁한 후 금일에 이르기까지 정식재판이 있었다는 얘기를 들어보지 못했다. 때문에 조선인은 재판소나 경찰 손에 체포 구금당한 자는, 죄의 유무와 형의 경중을 불문하고, 그물에 걸린 물고기처럼 목숨이 마지막 길에 있다고 생각할 정도이다. 이 모든 것을 한 마디로 말하면, 조선에서 어떤 관청의 관리를 불문하고, 내부에서의 직무집행이나 외부에서의 인민에 대한 것을 불문하고, 관권남용의 결과 민권을 유린하고 있다. 고문죄ㆍ독직죄와 같은 범죄구성을 마치 관리의 자격 요소처럼 생각하고 있을 뿐만 아니라, 이러한 일에 대해 다반사인 양 아무렇지도 않게 생각하고 또 행하고 있는 것이다. 그러므로 인민과 관청은 서로 전혀 교섭하지 않는다. 관리가 문 앞을 지나가는 것을 보고 무서워하거나 또는 관청에서 호출장이라도 도달하면 혹시 또 무슨 일인가 하고 두려워하며 몸을 움츠리고 출두하는데, 마치 소가 도살장으로 가는 것 같은 모습이다.[82]

　일제시대 언론매체에 실린 글 중에서 이만큼 적나라한 표현으로 총독정치를 맹공한 경우는 거의 없다. 일제의 중심지인 동경에서 나오는 잡지이기에 이 정도 내용을 담을 수 있었을지 모르나, 식민지 조선 내에서는 어림도 없는 일이었을 것이다.[83] 이인에 따르면, 총독정치하의 조선인은 "벌레만도 못한 인간", "그물에 걸린 물고기", 심지어 "도살장에 끌려가는 소"와 같은 모습이다. 조선인 법조인의 수는 일본인에 비해 극히 적고, 재판은 난폭하여 권리보장을 기대할 수 없다. 경찰은 고문과 압박을 통해 인민에게 고통을 과한다. 인민과 관청 사이에는 신뢰가 전혀 없을뿐더러 교섭 자체를 않고 있는 실정이라는 것이다. 이렇게 이 글은 총독정치에 대한 혹독한 비판을 담고 있으며, 내용도 생생하고 구체적이다. 20세의 조선인 청년의 의분과 기백이 생생하게 느껴진다. 그는 처벌은 면했으나 형사의 미행이 따라붙고 괴로움을 받았다고 한다.[84]

---

82 李仁, 앞의 글, 15~16면.
83 이 글 앞에서는 편집자의 주가 있다. "만난 적이 없는 이인 군이 도오야마 미쯔로(頭山滿) 씨로부터 나에 대해 듣고 간독(懇篤)한 서면과 함께 다음의 일문(一文)을 기고하였다. 즉시 붙잡고 읽어보니 총독정치의 암흑면을 그려내는 데 굉장히 노력한 것 같으며, 만약 반도 정치의 전반이 이와 같다면, 데라우치 총독의 무분별함을 증오할만하고, 조선인이 처한 사정을 깊이 동정할 만하다고 하겠다. 하지만 나는 반드시 본편에 실은 것이 곧 총독정치의 전반이라고는 이해할 수 없다.… 지금 데라우치 백작의 통치 아래 있는 신부(新附)의 인민에게 불평이 많음을 들었다고 해서 특별히 놀랄 필요는 없으며, 또한 이제 새삼스럽게 데라우치 백작을 증오할 이유도 발견할 수 없다. 그렇다고 할지라도 총독의 태도가 더욱 위압적이 되어 생각보다 항간의 소곤거림이 귀에 들어가지 않고 있으며, 조선정치를 구가하는 노랫소리가 점점 더 총독의 주위에 무성하여 도리어 신부의 인민에 원한의 울화가 쌓이고 있음을 알지 못할 우려가 없다 할 수 없다. 이것이 내가 특별히 이인 군의 말을 받아들여 아래에 그 문장을 실음으로써, 호소할 데 없는 우리 신 동포를 대신하여 호소하고, 그럼으로써 데라우치 총독의 반성의 자료로 제공하려고 하는 까닭이다."

1918년 그는 귀경하여 은행원생활을 하다가 여러 실수를 빚고, 또 독립운동에 보조적 역할을 하다 고초를 치르기도 했다. 1919년 9월 다시 동경으로 건너가서 본격적인 법률공부를 했다. "법정에서 저들과 싸우리라" 다짐하면서 공부에 전념했다고 한다.

동경에서 공부하는 와중에도 그는 또 일간지에 일제의 식민정책을 비판하는 글을 투고하였다. 시험공부에 전념해야 했기에 다른 글을 쓸 시간이 없는 형편인데도, 그는 "가슴에 맺힌 감회를 뱉어놓지 않고는 법조문이 제대로 머리에 들어갈 것 같지도 않았다." 그래서 그는 "일본은 조선에 대한 가혹한 식민정책을 양기(揚棄)하라"는 글을 아사히 신문에 투고하였던 바, 1면에 연이틀 연재가 되었다고 한다.[85] 일본 국내에서도 가혹한 총독정치가 3·1운동(그들의 말로는 "독립소요사태")을 불러왔다는 비판이 높았던 지라, 강경한 기고를 신문사에서도 채택한 것이다. 이 글에서 이인은 3·1운동의 배경을 설명하고 각 분야에 걸친 차별대우의 실상을 낱낱이 들어 비판하고, 인간을 인간대접하지 않으면 3·1운동은 약과요 더 실질적인 운동이 일어날 것이라고 경고하였다. 이 글에 대해서는 일경은 그를 두어번 불러다 신문하는 정도에 그쳤다고 한다. 신문의 위력도 있을 것이고, 3·1운동 이후 문화정치를 표방하면서 비판에 대한 약간의 관용도 있었을 것이다. 그는 "속에 있는 생각을 그냥 묻어둘 수 없는 성미" 탓에 이 글을 쓰게 되었다고 한다. 이후 이인의 변론 스타일이나 변호사징계 등의 사유가 그의 발언 때문인 것을 보면, 그 직정적인 성품의 발로라 생각된다. 이러한 곡절에도 불구하고 그는 법률공부에 전념하여 1922년 변호사시험에 응시하여 1923년 합격증을 받았다. 만27세였다.

---

84 이인, 반세기의 증언, 9면.
85 이인, 앞의 책, 48면. 필자는 아사히신문에서 찾았으나 해당 기사를 아직 찾지 못했다. 그러나 앞의 〈일대제국〉의 글이 사실인 것으로 보아, 이 글의 게재 역시 사실일 것이다.

68 식민지 법정에서 독립을 변론하다

당시 고등문관시험에 합격하면 시보를 거쳐 변호사가 되지만 일변(일본 변호사시험) 합격자는 즉시 변호사로 개업할 수 있었다. 그의 합격소식은 이례적으로 신문에 다음과 같이 보도되었다.

지금 경성지방법원에서 서기로 근무하는 리인씨는 원래 경북 대구 출생으로 일즉이 학업에 유의하야 일본동경으로 건너가서 1917년에 일본대학 법과를 우등으로 졸업하고 1917년에 다시 명치대학 법과와 동년 가을에 일본대학 고등전공과를 또한 우등으로 졸업한 후 고국에 도라와서 어데까지든지 처음 뜻을 관철하고져 1921년 경성지방법원에서 근무하며 실지로 법률을 실습하다가 금번 동경에서 거행한 변호사시험에 우등으로 합격인 된 바 불원간에 경성시내에 사무소를 열터이라는 데 씨는 본래 의협심이 많은 터이라 만약 씨가 개업하는 날에는 조선법조계에 일대 이채를 발할 터이라 하야 일반의 그대와 촉망이 다대하다더라.[86]

이 기고에서 이채로운 것은 그에 대한 "다대한 기대와 촉망"이다. 동경의 변호사시험에 조선인 합격자가 거의 드물었기에 그런 기대와 촉망이 나올 수도 있겠지만, 기사를 보면 "본래 의협심이 많은" 자로 이미 알려져 있기 때문에 그랬을 것이다. 앞서 두차례에 걸친 대담한 기고 덕분일 것이다. 또한 이미 경성지방법원 서기로 실습을 하고 있었으므로, 곧바로 변호사로 활약할 수 있는 실무능력도 어느 정도 갖추고 있었다고 보여진다. 한마디로 정열과 실력 면에서 준비된 변호사였던 셈이다. 그리하여 그가 "조선법조계에 일대 이채"를 발할 것이라는 기대도 이상할 게 없다.

과연 그는 변호사가 되자마자 항일독립운동의 변론에 전념하였다. 그는 다음과 같이 회고한다.

---

[86] 조선일보 1923.3.2. "이씨는 불원개업(不遠開業)-새로 입격한 변호사 리인씨"

내가 처음 변론을 담당한 큰 사건은 의열단(義烈團)사건이었다. 내가 변호사사 무실을 처음 차린 것이 1923년 5월이요, 의열단사건을 맡은 것이 이 해 7월이었다. 이 사건은 당시 국내외의 이목을 집중시켰던 것은 물론 내가 맡은 첫 사상사 건인만큼 나는 심혈을 기울여 변론을 했다.[87]

이 때 이인이 맡은 사건은 제2차의열단사건이라 불리는 사건이었다. 김시현(金始顯), 유석현(劉錫鉉) 등 상해의 의열단원이 국내에서 대규모 폭동을 일으키기로 모의하고, 폭탄을 국내로 반입하다 적발된 사건이다. 이 사건의 피고는 김시현, 유석현, 홍종우(洪鍾祐), 유시태(柳時泰) 등 23인이었다. 그런데 이 23인 중에는 종로경찰서의 황옥(黃鈺) 경부가 포함되어 있어 세간의 엄청난 물의와 관심을 더욱 불러일으켰다. 변호사가 되자마자 그는 세인의 이목이 집중된 의열단사건의 변론에 혼신의 힘을 쏟았고, 이후에 항일변론의 길을 개척해간다. 더욱 주목을 끄는 것은, 이 의열단사건에 허헌·김병로·이인 3인의 변호사가 처음으로 합류한 것이다.

---

87 이인, 앞의 책, 24면.

제3장

법정투쟁과 항일변론(1920년대 전반)

3 · 1운동재판과 허헌의 공소불수리론

그 경과와 파장

| 서론 |

3 · 1운동은 일제하에서 최대 규모의 민족독립운동이었다. 각계각층이 참여했고, 수많은 애국자들이 목숨을 잃으면서도 만세운동을 벌였다. 감옥이 차고 넘쳐 감옥을 시급히 증설하지 않으면 안 될 지경이었다. 운동이 끝나면 재판이 진행된다. 그 중에서 3 · 1운동의 주역, 즉 서명한 33인과 운동을 실질적으로 준비했던 15인을 합쳐, 48인에 대한 재판은 조선천지의 이목을 집중한 재판이었다. 수많은 재판 중에서, 여기서는 이 48인의 재판을 3 · 1운동재판이라 하겠다.

이 재판 역시 순탄하지 않았다. 애국적 정열에 충만한 이들이 재판정에서 조선독립을 외쳤다. 여기에 변호사들이 가세했다. 변호사들은 법정에서 독립만세를 소리높여 외치는 방식의 운동을 하지 않는다. 그들은 법절차에 따라, 법률적 논변을 펼친다. 그 과정에서 예리한 법적 쟁점을 제기하여, 엄청난 파장을 불러일으켰다. 일반 조선인들은 이 재판을 통해 변호사의 존재를 비로소 높이 알았고, 나아가 그들의 전문적 담론의 독특함을 체감하게 되었다. 이 재판투쟁의 정점에 허헌의 공소불수리론(公訴不受理論)이 있다. 그 내용은 무엇이며, 파장은 무엇인지를 살펴본다.

| 수사 및 예심의 진행과정 |

1. 검사 : 보안법 위반 등이므로 지방법원 예심판사가 다룰 사건이다.

1919년 3월 1일 정오, 33인의 민족대표들은 태화관(泰和館)에 모여 간단히 예식을 하고 만세를 부른 후 경찰에 자진체포되었다. 이들은 곧바로 경찰·검사로부터 혹독한 취조를 받았다. 6월 상순에 취조는 일단락되었다. 검사국에서는 예심판사에게 일건기록과 함께 회부하여, 예심판사로부터 예심취조를 받았다. 검사가 예심회부결정을 할 때, 이 33인 등의 주모자에 대한 적용법조는 출판법 및 보안법 위반으로 보았다.

2. 경성지방법원 예심판사 : 내란죄이므로 고등법원의 특별관할에 속한다.

검사국에서 예심에 회부된 이들만도 360명이나 되었고, 6월말에는 555명이나 되었다. 그 중에는 선언서에 서명한 32인(김병조는 해외로 피신하여 체포되지 않았다)과 3월 1일까지의 진행과정에서 구체적 실무를 맡았던 17인, 그리고 또 중요한 관련이 있다고 인정되는 11명이 있었다.

경성지방법원 예심판사 영도웅장(永島雄藏, 나가지마 유조)의 주심으로 연일 예심을 진행하면서 우선 48인에 대하여는 1919년 8월 1일 예심을 종결하였다.[1] 〈예심종결서〉[2]에는 이 48인에 대하여 내란죄로 규정하여 일건서류와 함께 (지방법원이 아닌) 최고심인 고등법원으로 사건을 회부하였다.

예심에서는 이 사건을 "조선독립을 목적으로 하는 폭동을 야기함에 이르는 사실"로 정리하고, 이는 형법 제77조의 내란죄에 해당하는 것으로 보았다. 내란죄는 "국토를 참절하거나 기타 조헌(朝憲)을 문란케 할 목적으로 폭동을 야기"할 것이 요구된다. 조선독립은 "제국영토의 일부분인 조선

---

1 이병헌, 3·1운동비사, 시사시보사출판국, 2002, 756~757면; 독립운동사편찬위원회, 독립운동사자료집 5: 삼일운동 재판기록, 독립운동사사업기금운용위원회, 1971, 11~13면.
2 예심종결서는 1919.8.1. 경성지방법원 예심괘(豫審掛) 조선총독부판사 영도웅장이 발급하였다.

을 제국의 통치로부터 이탈시켜 일개 독립국을 건설할 것을 목적"으로 하는 것이다. 수단에 있어서 피의자들은 "전 조선인에게 대하여 평화교란을 선동하고 나아가 불온문서를 공표함으로써 각지에 조선독립운동을 개시케 하며 더욱이 그 독립운동이야말로 마침내는 폭동을 일으키게 될 자가 있을 것을 미리 알면서도" 독립선언서를 다수 인쇄하여 배포하였다는 것이다. 이러한 기도의 결과 몇몇 지역에서 "조선독립을 목적으로 하는 폭동"이 야기되었다. 그 증거로, 3·1운동 발발지역 중에서 초기에 "폭동"의 양상을 보였던 몇몇 지역(황해도 수안, 평안북도 의주군 옥상면, 경기도 안성군 양성면 원곡면)의 대표자 1명씩을 공동피고인으로 회부하고 있다. 이는 내란죄의 법적 요건인 "폭동"의 요건을 충족시키기 위한 안배인 것이다.

그런데 형법상 내란죄(제77조)에 대해서는 관할상의 특칙이 있다. 식민지 지배를 위해 중대한 폭동이 일어날 때 신속히, 또 최종적으로 대처하기 위해 내란죄의 관할은 "고등법원의 특별권한"에 속하는 것으로 한 것이다. 이는 조선총독부재판소령 제3조 제3항[3]에서 이미 규정되어 있는 바이다. 따라서 예심판사는 예심종결결정을 통해 "관할위(반)"으로 결정하여, 사건을 고등법원에 회부하는 결정을 내렸다.

3. 조선고등법원 예심판사 : 내란죄는 불성립, 경성지방법원이 관할재판소

"내란 피고사건"을 받은 고등법원에서는 고등법원장의 명을 받아 고등법원 예심판사에게 사건 검토를 맡겼다. 그들은 소송기록 및 의견서를 조사하고, 고등법원장에게 〈의견서〉를 제출하였다(1919년 12월 20일).[4] 그 서류에 첨부된 고등법원 검찰국의 의견을 보면, 검찰은 여전히 이 사건을 내

---

3 "고등법원은 재판소구성법에 정한 대심원의 특별권한에 속한 직무를 행한다"고 규정한다. 일본의 재판소구성법에 따르면, 내란죄의 관할에 대하여는 일본 대심원(오늘날 최고재판소에 해당)의 특별권한으로 한다고 규정되어 있다.
4 이병헌, 앞의 책, 757면.

란죄로 처벌함이 타당하다는 입장을 견지하고 있다.[5] 그러나 예심판사의
〈의견서〉의 견해는 그와 달랐다. 예심판사의 의견을 받아, 고등법원 형사
부에서는 〈예심종결서〉 혹은 〈고등법원 특별형사부 결정서〉(1920년 형제398
호 동제399호)를 내렸다. 재판에서 쟁점이 되는 법리적 부분은 다음과 같다.

예심종결서

주 문

경성지방법원을 본건의 관할재판소로 지정함.

이 유

(제1. 제2. 제3. 제4.로 하여 사실을 열거함)…

이상의 사실은 일건기록에 징험하여 이를 인정하기에 족하다고 하겠으나, 무
릇 내란의 교사죄(敎唆罪)가 성립함에는 폭동을 수단으로 정부를 전복하거나
또한 국토를 참절(僭竊)하며 기타 조헌(朝憲)을 문란케 할 목적을 달성할 것을
교사한 행위가 있음을 요한다. 때문에 단지 조선 민족된 자는 최후의 1인, 최
후의 일각까지 독립의 의사를 발표하여 서로서로 분기하여 제국의 기반(羈絆)
을 벗어나 조선독립을 도모하지 않으면 안될 것을 격려 고무함에 그치고 별
로 폭동을 수단으로 조선독립의 목적을 달성할 것을 교사하였음이 아닐 때는
비록 그런 격려 고무로 인하여 간혹 폭동을 수단으로 조선독립의 목적을 달
성하는 거동을 하는 자가 있다고 가정하더라도 그것은 전혀 그 자의 자발적
의사에서 나오는 것이라고 할 수 있으므로 진실로 위의 격려 고무한 자에게
내란죄의 교사를 하였다고 할 수는 없다.

그런데 전시 제1에 기재한 피고 등의 행위야말로 조선독립을 기도하여 그 수

---

5 고등법원 검사국의 조선총독부 검사 초장임오랑(草場林伍郎)이 고등법원에 제출한
〈의견서〉는 다음과 같다. "이 사건은 형법 제77조, 보안법 제7조, 1919년 제령 제7
호, 출판법 제11조에 해당할 범죄이므로 조선총독부재판소령 제3조 제3항, 형사소송
법 제315조에 의하여 고등법원의 공판에 붙일 것을 결정할 것으로 사료함"(1920년
2월 23일)

단으로 일면에서는 동지를 규합하여 조선민족대표자로서 손병희 등의 이름
으로 조선독립을 선언하고 또한 그 선언서를 비밀히 인쇄하여 조선전도에 배
부, 민중을 선동 고무하여 독립시위운동을 일으키며, 또 다른 일면으로 제국
정부·귀중 양의원·조선총독부 및 강화회의의 열국위원 등에게 조선독립에
관한 의견서를 제출하고 또한 미국 대통령 윌슨에게 조선독립에 관하여 힘써
줄 것을 요청하는 취지의 청원서를 송부할 계획 밑에 그 실행을 기하고 공모
한 후에 독립선언서를 작성 배포하여 선언식을 거행하며 또 독립만세를 부를
것을 전달하는 등의 행위를 하였음에 불과하며 그리하여 그 작성 배포한 독
립선언서 속에는 조선민족은 최후의 1인, 최후의 1각까지 독립의사를 발표하
며 서로서로 분기하여 제국의 기반(羈絆)을 벗어나 조선독립을 도모하지 않으
면 안 될 것을 격려 고무하는 취지를 기재하였으나 별로 폭동을 일으킬 것 및
폭동을 수단으로 조선독립의 목적을 달성할 것을 교사한 문구는 없으므로 그
독립선언서를 배포하고 또한 독립만세를 부를 것을 전달하더라도 이로써 내
란죄를 교사한 것이라고 할 수는 없다.

따라서 그 배포 또는 전달을 받은 자로부터 간혹 폭동을 수단으로 조선독립
의 목적을 달성할 거동을 하게 되는 일이 있다고 하더라도 이는 그 자의 자발
적 의사에 의하여 결정된 것이라 할 것이므로 위의 피고들의 행위는 내란죄
의 교사로써 논할 수는 없는 것이다. 또 내란죄는 정부를 전복하고 또는 국토
를 참절하며 기타 조헌을 문란케 할 것을 목적으로 폭동을 일으킴에 의하여
성립되므로 폭동을 일으키는 일이 있더라도 시상한 목적을 달성할 수단으로
서 행한 것이 아닐 때는 내란죄를 구성하는 일이 없다.

그런데 전시 제2에 기재한 수안(遂安)헌병분대 사무실에 몰려들은 행위와 같
은 것은 조선독립을 희망함에서 나왔으며 조헌을 문란케 하는 목적이 있었음
이 명백하다 하더라도 조선 각지에서 일어난 예에 따라 조선인으로서 조선독
립의 희망이 치열함을 세상에 발표하는 수단으로 삼았음에 불과하며 이로써
곧 조선독립의 목적을 달성하는 수단으로서 실행한 것은 아니다. 즉 최초부

터 다만 많은 군중이 집합하여 독립만세를 고창하며 수안헌병분대의 퇴거를 강요함으로써 시위운동의 방법으로 삼았음에 그치고 별로 조선독립의 수단으로서 한 것이 아니므로 소요죄를 구성할 수는 있어도 내란죄를 구성할 수는 없다. 따라서 피고 한병익(韓秉翼)의 부화수행한 행위도 역시 내란죄의 부화수행으로써 논할 수는 없다.

그러면 본건은 고등법원의 특별 권한에 속하지 않는다고 하더라도 그러나 전시 피고 등의 행위 중, 피고 정노식(鄭魯湜) 김도태(金道泰) 김홍규(金弘奎) 한병익을 제외한 이외의 피고 행위는 어느 것이나 보안법 제7조, 1919년 제령 제7호 제1조 제1항, 출판법 제11조 제1항 제1호, 제2항의 죄에, 피고 정노식, 김도태의 행위는 모두 보안법 제7조, 대정 8년 제령 제7호 제1조 제1항, 출판법 제11조 제1항 제1호, 제2항, 형법 제62조의 죄에, 피고 김홍규의 행위는 출판법 제11조 제1항 제1호, 제2항의 죄에, 피고 한병익의 행위는 형법 제106조 제3호의 죄에 해당하며, 지방법원의 권한에 속하는 것이므로 형사소송법 제315조에 의하여 경성지방법원을 본건의 관할재판소로 지정하여 사건을 동법원에 송치함이 타당하다고 여겨 주문과 같이 결정하는 것이다.[6]

요컨대 피고인들의 행위는 내란교사죄로 되지 않는다는 것이다. 피고인들이 한 행위는 "독립의 의사를 발표하여 조선독립"을 "격려 고무함에 그치고 폭동을 수단으로" 교사한 것은 아니다. 일부 지방에서 그런 격려 고무로 인해 폭동이 일어났다 가정하더라도, 이는 33인(47인)의 탓이 아니라 그 폭동행위자의 "자발적 의사에서 나오는 것"에 불과하다는 것이다. 손병희(孫秉熙) 등이 한 행위는 독립을 선언한 것, 선언서를 인쇄 배부한 것, 독립시위운동을 일으킨 것, 일본제국정부 등에 독립의견서를 제출할 것(계획), 윌슨 대통령에게 청원서를 송부할 것(계획)을 수행하면서, 실제로 한 일은

---

6 국사편찬위원회, 한민족 독립운동사자료집 5, 16~28면.

"독립선언식을 거행하고 또 독립만세를 부를 것을 전달하는 등의 행위"를 한 데 불과하다. 따라서 그 실행행위에 "폭동"의 교사라 할만한 구체적 실질이 없다는 것이다.

또하나 독립선언서의 내용 중에서 "최후의 1인, 최후의 일각까지 독립의 사를 발표하며 서로서로 분기하여 제국의 기반(羈絆)을 벗어나 조선독립을 도모하지 않으면 안될 것을 격려 고무하는 취지를 기재"한 것은 사실이다. 이 점을 들어 폭동을 교사한 것이라 할 수 있는가. 그에 대해 고등법원에서는 그러한 취지를 기재한 것만 가지고는 "별로 폭동을 일으킬 것 및 폭동을 수단으로 조선독립의 목적을 달성할 것을 교사한 문구는 없으므로 그 독립선언서를 배포하고 또한 독립만세를 부를 것을 전달하더라도 이로써 내란죄를 교사한 것이라고 할 수는 없다"고 보았다. 따라서 그 배포, 전달을 받은 자가 폭동을 하더라도, 이는 그 자의 문제이지 손병희 등이 원인제공을 한 것은 아니라는 것이다.

실제 폭동이 일어난 경우에도 그것이 반드시 내란목적의 폭동인지에 대해서도 면밀히 따져볼 것을 주문한다. 폭동이 있어도 내란목적이 없으면 내란죄로 규율할 수는 없기 때문이다. 폭동을 일으킨 대표적인 지역으로 꼽히는 황해도 수안에서도 많은 군중이 집합하여 독립만세를 고창하며 수안헌병분대의 퇴거를 강요했는데, 이는 "시위운동의 방법으로 삼았음에 그치고 별로 조선독립의 수단으로서 한 것이 아니"다. 따라서 "소요죄를 구성할 수는 있어도 내란죄를 구성할 수는 없다." 손병희 등의 행위는 적어도 내란죄를 구성할 수는 없다는 것이다. 적용가능한 법조는 보안법 제7조, 제령 제7호, 출판법 등이다. 각 개인의 소위에 따라 적용법조를 살펴보아야 할 것이다.

내란죄가 아닌 이상 경성고등법원(식민지하의 대법원에 해당)에서 이 사건을 다룰 수 없다. 그리하여 이 사건들이 경성지방법원(제1심)의 권한에 속한다고 판단함은 당연한 것이었다. 그런데 결정의 주문과 이유에서 약간의 서술의 차이가 난다. 이 대목은 법률적으로 매우 중요한 것이므로 다시 한 번 비교적 의미에서 특별히 언급해본다.

주문 : 경성지방법원을 본건의 관할재판소로 지정한다.
이유 : 지방법원의 권한에 속하는 것이므로 형사소송법 제315조에 의하여 경성지방법원을 본건의 관할재판소로 지정하여 사건을 동 법원에 송치함이 타당하다고 여겨 주문과 같이 결정하는 것이다.

이 결정에 따라 사건기록은 경성지방법원으로 송치되었고, 경성지방법원에서 제1심 형사재판이 진행되게 되었던 것이다.

┃ 제1심 공판에서의 쟁점 ┃

3·1운동 주역들이 체포된지 만 1년 4개월여가 지난 1920년 7월 13일에 드디어 첫 공판이 개정되었다. 전날 저녁부터 방청권을 얻고자 수천명이 모여들어 혼잡을 이루었다. 공판당일 머리에 (얼굴을 가리는) 용수를 쓰고 손에 수갑을 찬 피고인들이 들어섰다. 특별방청인으로서는 도변(渡邊) 고등법원장, 헌병대장, 헌병분대장, 전수학교장 등 십수인이 착석했고, 신문통신기자 20여 명도 입정하여 법정의 공기는 매우 긴장되었다. 오전 9시 재판장 입천(立川) 부장을 선두로 대재(大宰), 굴(堀) 양 배석판사, 경(境) 검사, 통역생, 서기가 출정 착석하였다. 변호인은 대구보아언(大久保雅彦), 목미호지조(木尾虎之助), 정구창, 최진, 허헌, 김우영, 신석정(申錫定), 홍성윤(洪聖淵), 이기찬(李基燦), 김형숙(金亨淑)의 10인이었다.[7]
각 피고인에 대한 인정신문이 끝나고, 최린부터 피고인신문을 시작할 때

---

7 青柳網太郎, 朝鮮獨立騷擾史論朝鮮研究合, 1921, 360~361면.

돌연 방청을 금지하였다.

1. 변호인의 항변 : 보안법 · 출판법은 구한국시대의 법률로 이미 실효된 법

개정벽두에 대구보(大久保) 변호사와 최진 변호사가 "이 사건은 현행 법령 중 어떠한 조문에도 해당하지 아니한다"는 공소불수리의 신청을 제기하였다. 이 사건은 주로 보안법 위반, 출판법 위반으로 제기되었는데, 두 법률 모두 구한국시대, 즉 1907년에 제정된 것이므로 적용되어선 안 된다는 논변이다. "한일합병"과 함께 구한국시대의 법률은 폐기냐 연속이냐 하는 쟁점이 생겨난다. 1910년 8월 제령 제1호는 "당분간" 조선총독이 발한 명령으로서 효력을 가지게 된 것이다. 이 제령 제1호는 일본의 천황의 긴급칙령 제324호에 근거해서 발포된 것인데, 이 긴급칙령은 제국의회의 승낙을 얻지 못했고, 1911년 칙령 제30호를 통해 그 긴급칙령의 효력을 장래를 향하여 상실하도록 규정했다. 그렇다면 제령 제1호의 근거가 된 긴급칙령 제324호는 효력을 상실한 것이다. 즉 제령 제1호는 긴급칙령의 실효와 함께 장래에 있어서는 그 효력을 상실하는 것이며, 제령 제1호를 통해 "당분간" 효력을 가졌던 구한국시대의 보안법 및 출판법도 당연히 효력을 상실하는 것이다. 따라서 이미 실효한 보안법 · 출판법 위반으로 제기된 본 건의 공소는 불수리되어야 한다는 것이다. 이 쟁점을 대구보 변호사와 최진 변호사가 공판 첫머리에 제기함으로써 곧바로 파란을 가져왔다.

재판부는 그에 대한 판단을 유보하였다. 공판심리는 계속되었다. 제2회는 최린(崔麟) 외 8인을 신문하고, 제3회는 이인환(李寅煥)(이승훈(李昇薰)) 외 5인, 제4회는 길선주(吉善宙) 외 40인을 신문함으로써 대개 공판심리는 문제없이 진행되는 듯 했다. 피고인신문의 초점은 '폭동'의 여부, 폭동에 대한 '교사'가 있었는가, 조선독립을 어떤 방법으로 달성하려고 하는가 하는 점이었다.

공판당일 "독립당수령 48인 사진"으로 대서특필된 기사.
첫줄 우로부터 좌의 순으로 손병희, 최린, 권동진, 오세창, 임례환, 권병덕, 이종일, 나인협 등.
동아일보 1920.7.13.

2. 허헌의 공소불수리론 : "경성지방법원에 사건이 계류되어 있지 않다"

제5회 공판심리를 진행하는 1920년 7월 16일 공판이 시작되기 전에 허헌 변호사가 일어났다. 그는 지난번과 다른 논리의 공소불수리(公訴不受理)의 신립을 했다.

> "이 사건의 공소는 수리되지 않아야 한다고 생각한다. 이 사건은 지방법원에서 고등법원에까지 올라가서 고등법원의 예심결정을 다시 지방법원으로 이관하게 되었는데, 고등법원의 결정서의 주문에 의하면 '경성지방법원을 본건의 관할재판소로 지정함'이라고 하고 있을 뿐이고, 그 주문에 '본건을 경성지방법원에 송치함'이라는 명문이 없다.[8] 따라서 본건은 아직 '고등법원에 계속(繫屬)중'이다. 그러므로 관할지정을 받았을 뿐 송치를 받지 못한 본안을 이 법정에서 심리함은 명백히 위법이고, 따라서 이 재판소는 본건 공소를 수리하지 않는 판결을 내리는 것이 마땅하다."[9]

이러한 공소불수리론은 재판부와 검찰에 불의의 타격을 가했다. 앞의 대구보·최진 변호사의 공소불수리론은 법적용단계에서 문제될 것이지만, 허헌의 주장대로라면 이 재판은 형식요건 불비로 곧바로 각하되고 종료될 것이기 때문이다. 재판정은 물을 끼얹은 듯 조용해졌다.

검사는 곧바로 반격하였다. 검사는 "지금 변호사의 공소불수리를 신립하는 이유를 들은 즉 변호인의 신립도 결코 법률에 합당치 않다 할 수는 없다"는 점을 자인하였다. 그러면서도 그는 다음과 같은 반론을 폈다. 첫째, "대개 예심결정서의 해석은 주문과 이유를 함께 살펴서 해석할 수 있는 것이다. 고등법원 결정서에는 비록 주문에 '사건을 송치'라는 말은 없으나,

---

8 형사소송법 제315조 제2항에 "그 사건을 지방재판소나 구재판소의 권한에 속한다고 결정할 경우에는 관할재판소를 지정하고 그 사건을 송치할 것"이라는 규정이 있다.
9 이병헌, 앞의 책, 779면.

그 '이유' 부분을 보면 '송치'한다는 말이 있은 즉 그 주문에 '송치'가 포함된 것으로 해석할 수 있다. 둘째, 가사 한걸음 양보하여 공소불수리를 한다면 벌써 1년 6개월이나 미결감에서 고생한 피고들에 대하여 적지 않은 괴로움이 될 것이다. 즉 공소불수리를 하면 사실관계와 증거조사를 하여 처음부터 절차를 다시 진행하게 되면 피고인들에게 매우 불이익할 것이라는 뜻이다."[10]

검사의 주장에 대해 허헌은 다시 강력하고 당당한 어조로 반격을 폈다. 피고인의 이익/불이익을 검사가 언급한 데 대해서는 "물론이다. 본 변호인도 어디까지든지 피고인의 이해에 대하여 깊이깊이 생각한 바 있으나, 그 이해 여부는 잠깐 유보하자"라고 전제하였다. 이 사건에 대해 공소불수리를 제기할 때 피고인에게 어떤 영향을 미칠까에 대해 그동안 '깊이깊이' 생각했음이 행간에 비친다. 그러나 "사건을 처리하여 나아가는 데 대하여 어찌 순서와 계제(階梯)를 밟지 않을 수가 있으며 서류를 무시하고 법률을 무시할 수 있으리오"라고 원칙론을 개진하였다. 더욱이 "피고들의 이해로 말하여도 본인의 생각에는 이제 사건을 명백히 분석치 않고 그대로 재판을 계속하여 이번 공판을 마치고 다시 피고들이 항소를 하고 상고를 한다 하면 고등법원에까지 올라가서 다시 지방법원으로 내려오게 되지 않으리라고 믿을 수도 없은즉 어찌 하였든지 지금 이 공소를 확실히 이 곳에서 받을 것인가 아니할 것인가를 판결하지 아니치 못할 것이다. 만약 본인의 주장이 옳다면 그동안 재판한 사실은 무효가 될지도 모르는 일인 즉 재판장은 피고의 심문을 개시하기 전에 이 문제를 판결해주기를 바란다"고 주장하였다.[11]

재판장은 매우 당황하였다. 재판장은 "둥글한 눈을 더욱 둥글게 하여 어

---

10 이병헌, 앞의 책, 779면.
11 이상의 요약은 이병헌, 앞의 책, 778~779면; 朝鮮獨立騷擾史論, 374~375면을 압축한 것임.

허헌의 공소불수리론의 충격을 보도
(상)조선일보 1920.7.17. (하)동아일보 1920.7.19.

찌할 바를 모르다가 배석판사와 두어마디 귓속말을 하더니 잠깐 합의를 하겠다" 하고 합의실로 들어갔다. 그 시각이 오전 9시 15분이었다. 법정의 공기는 궁금증에 휩싸였다. 일본어로 논변이 진행되는 데다 세밀한 절차법적 논쟁이어서 무슨 내용인지 알아들을 수는 없는 이가 대부분이었으나, '당황망조'한 일본인 판사와 검사의 기색을 보며 무척 흥분되었던 것이다. 10

분 정도 지나 재판장이 법정에 다시 나와, 대구보 변호사와 최진 변호사까지 일어나라 한 후 재판장은 다시 피고와 일반 방청석을 향하여, 이제 들은 바와 같이 허 변호사의 공소불수리 신립에 대하여 좀 더 깊이 생각한 후에 내일 다시 개정을 하고 공소의 수리/불수리 여부의 심리를 하겠다고 하면서 폐정을 선언하였다. 9시 30분이었다.[12] 이러한 재판진행은 전조선의 여론을 격동시켰고, 재판에 "천하의 이목이 집중"되게끔 만들었다.

다음날 제6회째의 공판이 개정되었다. 9시 30분 재판장은 "어제에 이어 공판을 속행할 터인바, 어제 오쿠보, 최진, 허헌 세 변호사의 공소불수리 여부에 대하여 합의한 결과 허 변호사가 제출한 공소불수리에 대한 변론에만 제한하여 재판하기로 했다"고 선언했다. 이미 허헌의 공소불수리론의 결정적 영향력을 감안하여, 대구보 변호사도 그에 동조했다. 그는 "본 변호사가 제출한 공소불수리에 대한 신립은 일시 철회하겠다"고 했다. 허헌이 신립한 쟁점은 절차법에 관한 것이고, 자신이 제기한 것은 본안의 실체에 관한 것이니, 절차법에 대한 판결이 우선함이 순서상 옳은 것이다. 허헌이 제기한 쟁점이 결론나기 전까지는, 실체에 관한 대구보 변호사 등의 "공소불수리 신립은 철회하겠다"는 것이다. 이는 변호인들의 소송전략의 집중화를 위해서도 필요하다는 생각이었을 것이고, 다른 한편 자신의 공소불수리 신립의 주장은 "일시적" 철회일 뿐이므로, 언제든 다시 제기할 수 있다고 밑자락을 깔아놓은 것이다. 이로써 소송은 허헌의 공소불수리론을 중심으로 집중될 수 있게 되었다.

문제의 중심인물인 허헌이 일어섰다. 그는 정중한 어조로, 한층 다듬어진 논변을 폈다. "본건은 가장 중대한 사건이며 따라서 이와 같은 중대사건은 조선인 전체는 물론 세계인이 주시하는 터이다"고 전제한 다음 "과연 이 사건이 법률의 수속을 밟아 지방법원에서 처리하는 것이 법률에 적합한

---

12 이병헌, 앞의 책, 779면.

가 아닌가를 결정하는 문제이다. … 본 사건이 고등법원에 계속(繫屬)한 사건인가 지방법원에 계속한 사건인가"가 핵심쟁점이라고 하였다.

"고등법원에서는 이 사건은 고등법원에서 처리할 것이 아니라 하여 지방법원으로 보냈다. 그러나 주문(主文)에 송치한다는 말이 없기 때문에 기록으로는 이 재판소에 왔으나 사건으로는 오지 아니하였다. 그런즉 수속법상 즉 형식상으로는 이 재판소에 온 것이 아니다. 그렇다고 해서 이 사건이 고등법원에 있느냐 하면 그렇지도 아니하다. … 고등법원에서는 이 사건을 지방법원으로 보낸다고 보낸 것이며 보내는 마음으로 보낸 것이다. 그러므로 이 사건이 고등법원에도 있지 아니하다."[13]

다음 어제 검사가 주장했던 바의 해석론, 즉 주문에 송치란 말이 없더라도, 주문과 이유를 종합하여 해석할 것이라는 주장에 대해서도 반격을 폈다. 사건의 이송 여부를 판단함에 있어 "주문으로 사건의 이송 여부를 판단함은 종래의 관례에 의하여 명백하며 법조계의 정평이다." 다시 말해 구속적 영향력을 갖는 것은 어디까지나 주문(主文)이라는 것이다.[14]

그러면 이 사건은 어떻게 처리할 것인가. 허헌은 고등법원에서 그대로 이 사건을 보유한 것으로 볼 수 있지 않는가 할 수 있을지 모르나, 그것도 틀린 것이라고 주장한다. "고등법원에서는 이미 보낸 사건이니까 고등법원으로 다시 송치할 수 없는 일이요 또 고등법원에서 다시 보내달라고 청구할 권리도 없는 것이다." 내란죄에 속하지 않는 이상 고등법원에서 다룰 수 없는 것이며, 절차적 흠결을 보정하기 위해 고등법원에 원점 회귀해달라는 것도 말이 안 된다. 그러면 결론은? "고등법원이나 지방법원에서 처리할

---

13 이병헌, 앞의 책, 781면.
14 오늘날에도 판결문은 오직 주문(主文)에 따른다. 이유는 그 주문의 범위 내에서, 그 주문의 도출근거를 이해하는 자료에 불과하다.

수 없는 사건"이니 "당연히 공소를 수리치 말고 피고를 방면하여야 한다"는 것이다.[15]

다시 경(境) 검사가 일어섰다. 자신의 공소수리 신립을 각하해달라는 이유는 어제 말한 것 외에 더 없음을 자인했다. 그러면서 다시 부연했다. 먼저 "허 변호사가 제출한 공소불수리 신립은 법의 문제가 아니라 기록 해석 문제이다. (고등법원의 결정을 보면) 그 주문에는 사건을 송치한다는 말이 없으나 이유서 끝에 보면 지방법원으로 보낸다는 말이 있으니 고등법원에서 지방법원으로 보낸 것으로 해석할 수 있는 것이다." 즉 변호사는 사건의 이송과 기록의 이송을 혼동하고 있다고 주장했다.

다음에 검사는 이 사건 및 유사사건에 미칠 파장에 대해 우려를 제기하고 있다. 첫째 공소불수리 신립을 인용한다면 결국 사건만 길게 끌게 되고, 그러면 "피고인에게 미안하지 아니한가" 하는 것이다. 두 번째는 "본건과 동일한 사건이 많이 있은 즉 장차 어떻게 처리할 것인가" 하는 우려이다. 3·1운동 관련 재판이 첩첩히 쌓여 있고, 예심과정에서 3·1운동주역의 재판과 동일한 궤도를 거쳐 지방법원에 이른 사건이 적지 않았던 것이다. 때문에 이 사건을 공소불수리한다면, 다른 유사사건에도 그 불똥이 튀어 파장은 일파만파로 확대될 것이었다.

허헌은 다시 반격했다. "이것은 수속법상 법률문제이다. 그러므로 검사의 주장은 법률을 무시하는 언론"이라 통박했다.

재판장은 한참동안 침묵에 잠겼고, 법정 안은 죽은 듯이 고요해졌다. 재판장은 공소수리 여부에 대한 논전에 대해 피고들의 의견을 물었다. 공소를 불수리하여 재판을 길게 끌면 피고들에게 결국 불리하지 않느냐는 검사의 거듭된 주장에 대해 피고들의 의견을 물었던 것이다. 다음은 피고들의 답변들이다.

---

15 이병헌, 앞의 책, 782면.

오화영 : 아무쪼록 피고의 마음 가운데 의심이
　　　　없도록 적당한 법률에 의지하여 처결
　　　　하기를 바란다.

오세창 : 검사는 말하기를 이 사건의 공소불수
　　　　리 신립을 받게 되면 피고에게 미안하
　　　　다 하나 우리가 작년 3월 이래로 1년6
　　　　개월을 옥중에 있는 터이라 시일이 오
　　　　랜 것은 조금도 개의치 말고 어디까지

오세창(1919)

　　　　든지 결점없는 정당한 법률을 적용하
　　　여 처리하기를 바라노니 검사는 피고의 사정을 돌아보아 미안하다는
　　　그러한 쓸데없는 걱정은 하지 말았으면 좋겠다.

강기덕 : 검사는 길게 끌면 피고에 대하여 미안하다 하나 우리가 민족을 대표하
　　　　여 이 사건에 참가한 이유로 십육개월동안을 철창생활을 하던 터이라
　　　　세월의 길고 짧은 것을 어찌 제기할 것인가. 시일은 얼마 걸리든지 공
　　　　평한 법률로 적당히 처리하기를 바란다.

안세환 : 조선민족 전체는 물론 세계인류의 주목이 되어가는 본 문제를 피고들
　　　　의 의리불리로 좌우될 것이 아니니 어디까지든지 우리는 법률에 의하
　　　　여 판결되기만 바란다.[16]

　이렇게 피고인들은 오히려 법대로 해달라고 하면서 철창생활의 연장은
개의치 않는다고 답변했다. 매우 역설적이다. 검사의 피고인을 위한 정상
론은 피고인들에 의해 거부당했다. 이제 남은 것은 법리의 논쟁 뿐이었다.
재판장은 이 문제만 판결하는 기일을 따로 정하여 발표하겠다고 선언한 후
폐정하였다.

---

16 이병헌, 앞의 책, 783~784면.

| 경성지방법원 판결과 그 파장 |

1920년 8월 9일 9시40분경 경성지방법원 공판이 개정되었다. 공판 초입에 검사가 심리의 계속을 바란다고 하니 재판장은 공소불수리 문제에만 제한하여 변론을 허락한다고 했다. 검사는 지난번 자신이 변론한 외에 더할 말이 없다고 답했고, 허헌 변호사 역시 전일에 변론한 것으로 충분하고 더이상 할 말이 없다고 말했다. 이에 재판장은 준비해온 판결서를 낭독했다. 다음은 판결서 낭독의 장면이다.

재판장은 손병희 이하 48인과 김현묵 이하 28인의 사건에 대하여 본건 공소는 어떤 것이든지 모두 수리치 않는다고 선언한 후 재판장이 읽고 통역생이 번역하여 약 2시간 동안이나 계속하여 판결서를 읽었다. 원래 논리가 어려운 법률론이요 읽기가 어려운 까닭에 그만큼 조선말이 능란하다는 등정 통역생도 때때로 땀 빠지는 구절이 많이 있었다. 이와 같이 지리한 두어시간 동안에 방청석에는 어제 저녁 이래로 표를 얻기에 단잠을 자지 못한 까닭인지 폭폭 조는 사람도 없지 아니하였다. 길고 긴 판결서를 읽기를 마치고 끝으로 재판장은 다시 그 판결서의 뜻을 부연한 후 폐정하였다. 당일 출정한 변호사는 허헌, 오쿠보, 최진, 정구창, 김우영, 박승빈, 김정묵 제씨가 출정하였다.[17]

판결의 내용[18]은 공소불수리에 집중되었다. 판결주문은 단 한 줄이었다.

주문: 본건 공소[公訴]는 이를 수리하지 아니한다.

---

17 동아일보 1920.8.10. "독립선언사건사십팔인 공소불수리(公訴不受理)의 판결; 미세한 조문해석, 기탄업는 사실비판, 칠월구일 경성지방법원 립천(立川)판사판결"
18 판결 대정9 형공 제522 · 523호. 독립운동사편찬위원회, 독립운동사자료집 5, 1970, 28~38면.

판결은 단하나의 쟁점, 즉 허헌의 공소불수리의 주장의 당부만 판단했다.[19]

논지는 매우 방대하고 세밀한 법리논쟁이어서, 한세기가 지난 지금 구구이 옮겨도 이해가 쉽지 않다. 따라서 판결의 요지를 나름대로 정리하여 소개하고자 한다.

판결에 따르면, 기본적으로 경성지방법원에는 "적법의 사건이 계류되어 있지 않다." 본건은 고등법원 특별형사부에 계류해 있고, 고등법원을 이탈한 일이 없다. 따라서 본 지방법원에서는 사건의 본안에 들어갈 수 없다. 형식적 요건을 갖추고 있지 않기에 "공소불수리의 판결을 부여하는 것이 법의 정당한 해석"이다.

공판재판소가 관할범죄에 대해 공소를 수리하는 경우는 법률로 특정되어 있다. 검사가 기소한 때, 예심판사 또는 상급재판소로부터 사건을 이송하는 재판이 있을 때에 한정된다. 그런데 고등법원 형사특별부는 예심판사가 아니고, 검사의 기소도 아니다. "재판을 한 주격이 예심판사가 아님"은 추호도 의심의 여지가 없다. 그리고 "관할재판소로 지정함"이란 어구에는 "사건을 이송하는 재판"이란 말이 포함되어 있는 게 아니다. 사건을 이송하는 재판은 "공판수속을 창설하는 행위로써 공판심리의 기초를 이루는 중요한 소송행위"이기에, 행정처분과 같이 다만 편의 이익의 문제처럼 다루어질 수 없다. 그러한 논지에 의거하여, 제기된 반론에 대해 재판부는 다음과 같이 답하고 있다.

첫째, 사건의 송치 여부는 재판소의 단순한 사실행위이고 소송행위가 아니므로, 관할재판소만 지정하면 족하지 않는가. 그렇지 않다는 것이다. 어

---

19 "변호인 허헌은 본건의 고등법원 특별형사부 결정서에는 그 주문에서 다만 경성지방법원을 본건의 관할재판소로 지정한다고 기재하였을 뿐으로서 사건을 동 법원에 송치할 결정이 없으므로 형사소송법 제315조에 의하여 본건은 아직 경성지방법원에 계속(繫屬)하게 되지 않으므로 본건 공소는 수리할 수 없다는 취지의 신립을 하였다. 그러므로 본건을 살피건대…"(독립운동사자료집 5, 31면).

떤 사건에 대해 관할권을 가진다고 해서 곧 특정사건에 대해 현실적으로 재판할 권리 의무를 갖는 것은 아니다. 그 재판소에 적법하게 계류된 사건에 대하여 재판할 수 있을 뿐이다. 재판소는 소(訴)를 받지 않은 사건에 대해 재판을 해서는 안된다는 원칙이 존재한다. 관할 지정을 하고 송치 결정을 하지 않으면 그것은 지방법원의 입장에서는 단지 관할이 있을 수 있다는 가능성에 그치고, 그 사건이 지방법원에 송치되어온 것이 아니다. 기록이 송치되었다고 해서, 재판할 권리구속의 이전까지 된 것은 전혀 아니다.

둘째, 관할재판소의 지정에는 사건송치의 결정이 당연히 포함되어 있다고 해석할 수 있지 않은가. 그렇지 않다. 재판은 "재판소의 결정적 단안이며 그 소송상에 관한 것과 실체법에 관한 것임을 불문하고, 명확함을 기해야 하는 것"이다. 따라서 재판에 "암묵의 의사표시는 이를 허락할 수 없다." "관할재판소로 지정한다"는 문사(文辭) 중에 "송치한다"는 의의를 포함시킬 수 없음은 명약관화하다. 또한 법리상으로 보아도 관할지정의 효과는 관할권의 확정에 그치고, 특정한 사건을 이송하는 권리구속 이전의 효과를 발생하는 것은 아니다.

셋째, 고등법원의 결정문 중 "〈이유〉라 제한 항의 말미에서 "경성지방법원을 본건의 관할재판소로 지정하고 사건을 동 법원으로 송치함이 타당하여 주문과 같이 결정하는 것이다"라고 기재하고 있으니, 그 기재로써 경성지방법원에 송치하는 취지임은 명백하지 않은가. 굳이 주문이 아니어도 결정서 상에 기재되어 있으면 족하지 않은가. 재판부는 이 점을 검사의 "유일한 논거"라 보고 있다. 그러나 주문과 이유는 법적 효과 면에서 다르다. 〈주문〉이란 제하의 기재는 "재판소의 단안인 의사표시, 즉 선언"이다. 다시 말해 주문만이 법적 효과를 갖는다. 〈이유〉 제하의 기재는 "그 선언(주문)으로 말미암아 생길 사실상 및 법률상의 근거를 설명 표시한 것에 불과하다고 해석함이 온당"하다. 다시 말해 이유로부터 주문을 도출할 수는 없다. 이유의 끝단락에 "경성지방법원에 송치하는 취지의 선언을 하려고 한 의

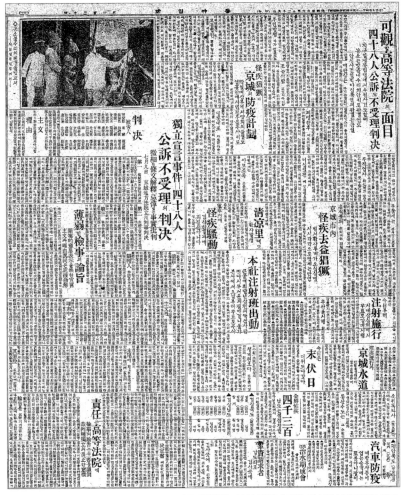

경성지방법원, 48인 전체에 대한 공소불수리판결을 선고.
동아일보 1920.8.10.

사가 존재하였음을 엿볼 수 있다 하더라도" 의사의 존재는 의사의 표시, 즉 선언 그 자체가 아니다.

넷째, "공소불수리의 판결을 하여 이런 중대안건의 진행에 지장을 초래함과 같음은 형사정책상 취할 바가 아니라고 믿는다"는 검사의 주장은 타당한가. 입회검사는 '재판소의 참고로서'라는 첫 머리에 그렇게 적고 있다.

말하자면 이 주장은 정식 법리가 아니라 '참고'로 제공함을 검사도 자인하고 있다. 그에 대해 재판부는 매우 단호하고 명백하게 답하고 있다. 공소불수리 판결을 내려도 법원이 "이른바 중대사건에 지장을 초래하는 책임을 질 것이 아니다." 형사정책상 취할 바가 아니라는 주장에 대하여는 "소송수속에 관해서는 형사정책 문제를 용납할 여지가 없다"는 것이다. 형사소송법상의 하자가 있어 공소기각을 할 때는 형사정책상의 고려가 작동할 여지가 없다는 것이다. 공소제기의 전제요건을 "유야무야로 묻어버리고 본안판결을 내려 피고의 형사책임을 물으려 함은 사상누각과 같다. 소송성립조건의 존재를 부정함에 있어서는 공판재판소의 소송행위는 전부 무효로 돌아갈 것이기 때문이다."

다섯째, 하급재판소인 경성지방법원이 상급재판소인 고등법원의 재판에 항명할 수 있는가. 그에 대해서도 재판부는 단호하다. 상명하복을 기본원리로 삼는 일반 국가행정의 견지에서 보면 이는 기이하게 보일지 모른다. 그러나 "사법재판소는 전혀 행정계통과 다르다." "법령의 해석은 물론 재판서(판결, 결정, 명령)의 해석적용은 불기(不羈)독립으로서 하등의 구속을 받는 일이 없다. 스스로 정당하다고 믿는 바에 따라 판단을 내릴 것을 근본원칙으로 한다." 그러면서 "재판권이 독립된 의의는 실로 여기에 있다"고 사법부 독립의 의의를 인상깊게 역설하고 있다.

| 공소불수리 결정의 파장 |

1.

허헌의 공소불수리론에 대한 재판부의 답변은 1920년 8월 7일부터 나오기 시작했다. 3·1운동주역에 대한 사건만이 아니었다. 동종의 사건들이 겹겹이 있었던 것이다. 손병희 등 사건만 해도 한 건이 아니라 여러 건이 병합되어 있었다. 원래 "손병희 일파에 대한 내란사건"으로 묶어 예심에 회부되었던 사건은 총 10건이었는데, 고등법원 특별형사부에서 사건병합의 결과 총 6건으로 되었다. 이 6건은 모두 내란이 아닌 보안법 위반에 해당하므로 경성지방법원에 관할재판소 지정을 받은 사건들이다. 따라서 허헌이 제기한 공소불수리 여부의 판결과 같은 취지의 판결이 나오도록 되어 있었다. 모두 입천(立川) 재판장의 소관사건이므로 판결이 달라질 수 없었다.

8월 7일 우선 "수안사건(안봉하(安鳳河) 외 71인), 창원사건(변상태(卞相泰) 외 9인), 신의주사건(박경득(朴庚得) 외 78인)"에 대하여, 입천(立川) 재판장은 공소불수리를 선고했다.[20] 이어 8월 9일 독립선언서 사건(47인) 및 수원사건(김현묵(金賢默) 외 35인)에 대한 공소불수리 결정이 내려졌다. 8월 10일 안성사건 외 126인에 대해 공소불수리 결정이 내려졌다. 이런 기세대로라면, 3·1운동관련 주요사건들에서 이제까지의 형사소추행위가 무효화되는 엄청난 사단이 초래된다.

2.

본 사건의 법리논쟁을 알아들을 보통 조선인은 전혀 없었을 것이다. 위의 재판장면 보도에서도, "원래 논리가 어려운 법률론이요 읽기가 어려"웠다고 하고 있고, 중대한 사건의 직접적인 관심을 갖고 있는 방청객 중에도 "폭폭 조는 사람"도 없지 않을 지경이었다. 직전에 재판한 수안사건에서도 마찬가지였다. 재판장도 8월 7일 수안사건의 피고인들에게 판결을 선언하면서, 먼저 주문(불수리결정)을 읽고 그 다음 법률론으로 약 삼십분간이나 이유서를 읽고, 또한 창원사건 피고인들, 신의주사건 피고인들에 대한 사건도 역시 법률론을 낭독하다가, "아무리 설명한대야 피고가 잘못 알아들을 줄로 재판장도 알았던지 결국 이 사건은 법률의 수속이 틀리어 본 경성

---

20 조선일보 1920.8.8. "조선독립사건 공판은 결국 공소불수리(公訴不受理)로 판결"

지방법원에서는 수리치 못하겠다"고 말하고 폐정하였다. 이 때 피고석에서는 "그러면 어대 가서 재판을 밧게 되옵닛가" 하고 묻는 사람도 있었다고 한다. 그 뿐 아니라 여러 사건들에 대해 공소불수리 판결이 내려짐으로써, 앞으로 이 모든 사건은 장차 어떻게 될까 하는 매우 흥미있는 문제가 제기되었다. 관심은 폭발적으로 확산되었고, 일간지 보도는 전면적이었다.[21]

피고인들이나 가족, 그리고 일반 조선인들에게 그러한 난해한 법리의 구성 따위는 관심 밖이었을 것이다. 법리는 몰라도, 이를 통해 기소자측(나아가 일제 전체)에 대해 무언가 통쾌한 일격을 가했다는 기쁨은 엄청났다. 언론보도의 태도도 그러했다. 판결은 "미세한 조문해석, 기탄없는 사실 비판"이라고 했고, 검사의 의견은 "박약한 논지"였음을 확인했다고 했다.[22] 검사측은 "참담히 패전"하였다고 보도하고 있다.[23] 다른 글을 보면, "허헌 변호사는 차(此)에 착안하야 듸듸어 불수리(不受理)의 항의를 제출하매 재판소 일동은 경황망조(驚惶罔措)하야 공판중지를 선언한 바이며 이 사건은 연(延)하야 세간의 큰 웃음거리가 되어 사법(司法)의 권위가 지(地)에 타(墮)한 감이 유(有)하매 그 후 얼마가 못되어 조선사법계에 대도태(大淘汰)가 행하얏섯다"[24]고 요약적으로 평가하고 있다. 3·1운동재판이 세간의 웃음거리가 되고 총독부재판소의 권위가 땅에 떨어지는 모습을 보고 조선민중들은 통쾌감을 느꼈을 것이 틀림없다. 그만큼 허헌의 변론과 그 논지를 받아들인 공소불수리판결의 효과는 지대했던 것이다.

---

21 동아일보 1920.8.8. "공소불수리의 판결이유; 독립선언외 5사건에 관하야 7일경성 지방법원 립천판사의 판결(公訴不受理의 判決理由; 獨立宣言外 五事件에 關하야 七 日京城地方法院 立川判事의 判決)"
22 동아일보 1920.8.10.
23 동아일보 1920.8.8.
24 "경신년의 거둠(하)," 개벽, 제7호, 1921.1, 90면.

| 항소심의 경과 및 항소심 판결 |

검사는 물론 항소하였다. 경성복심법원은 원심의 공소불수리판결은 이유없다고 취소하고, 곧바로 본안심리에 들어가서 판결을 내렸다. 판결의 주문은 다음과 같다.[25]

주 문

원 판결은 이를 취소한다.

원심 및 당심에서 피고 변호인 측에서 한 공소불수리의 신립은 모두 이를 각하한다.

피고 손병희(孫秉熙) 최린(崔麟) 권동진(權東鎭) 오세창(嗚世昌) 이종일(李鍾一) 이인환(李昇薰) 함태영(咸台永) 한용운(韓龍雲)을 각각 징역 3년에 처한다.

피고 최남선(崔南善) 이갑성(李甲成) 김창준(金昌俊) 오화영(嗚華英)을 각각 징역 2년 6월에 처한다.

피고 임예환(林禮煥) 나인협(羅仁協) 홍기조(洪基兆) 김완규(金完圭) 나용환(羅龍煥) 이종훈(李鍾勳) 홍병기(洪秉箕) 박준승(朴準承) 권병덕(權秉悳) 양전백(梁甸伯) 이명룡(李明龍) 박희도(朴熙道) 최성모(崔聖模) 신홍식(申洪植) 이필주(李弼柱) 박동완(朴東完) 신석구(申錫九) 유여대(劉如大) 강기덕(康基德) 김원벽(金元璧)을 각각 징역 2년에 처한다.

피고 이경섭(李景燮) 정춘수(鄭春洙) 백상규(白相奎)를 각 징역 1년 6월에 처한다.

피고 한병익(韓秉益) 김홍규(金弘奎)를 각 징역 1년에 처한다.

위의 피고 37명에게 대하여 각 미결구류일수 중 3백 60일을 전시 각 형기에 산입한다.

피고 박인호(朴寅浩) 노헌용(盧憲容) 송진우(宋鎭禹) 현상윤(玄相允) 정노식(鄭魯湜) 김도태(金道泰) 길선주(吉善宙) 임규(林圭) 안세환(安世桓) 김지환(金智煥) 김세환(金世

---

25 독립운동사자료집 5, 38~41면.

이승훈(1919)

煥)은 각각 무죄, 압수물건 중 령(領) 제282호의 3
인 선언서 7매는 이를 몰수한다.

그 나머지는 모두 소유자에게 환부한다.

1.

항소심은 공소불수리 판결을 취소하는 이
유로 다음과 같이 나열하였다.[26]

검사로부터 적법의 예심청구가 있는 사건
에 대하여 고등법원에서 동 사건을 지방법원
의 권한에 속하는 것으로 인정하고 관할재판소의 지정을 한 때는 그 사건
을 송치한다는 취지의 기재가 없더라도 사건은 당연히 그 지정을 받은 재
판소에 계속되어야만 할 것이다. 설사 형사소송법 제315조 제2항이 관할
재판소를 지정하고 또한 이에 그 사건을 송치할 취지의 기재를 요하는 뜻
이라고 하더라도 동법에서의 "결정"은 판결과 달라서 주문과 이유를 확연
히 구별하여 기재할 취지의 규정이 없다는 것이다.

또한 예심종결결정문에서 '이유' 부분에서 "본건은 지방법원의 권한에
속하는 것이다. 이에 의하여 그 관할재판소를 경성지방법원이라 지정하여
사건은 동 법원에 송치한다"는 취지임을 인정할 수 있다. 따라서 사건은 적
법하게 원심(경성지방법원)에 계속된 것이므로, 주문에 사건송치의 기재가
없다는 것을 근거로 공소불수리의 신립을 한 것은 각하되어야만 할 것이라
고 판시했다.

원심판결과 대조해보면, 원심에서 아주 상세한 법리구성을 하면서 결론
을 도출하는데 반해, 항소심판결은 다소 억지스럽게 동어반복하는 느낌이
있다.

---

26 독립운동사자료집 5, 52면 이하.

2.

이제 항소심은 제2의 '공소불수리론'에 맞닥뜨리게 되었다. 허헌의 공소 불수리론에 관한 원심판결을 취소함에 따라, 본안판결에서 법적용을 둘러 싸고 대구보·최진 변호사가 제기한 쟁점, 즉 보안법 및 출판법이 현재도 효력이 있는지 이미 실효한 법인지에 대한 판단을 내려야 했기 때문이다. 물론 항소심 재판부는 당연히 현재 유효한 법률이라고 하고 있다.

조선총독부를 설치할 때 조선에서 그 효력을 상실하였을 "제국법령 및 한국법 령은 당분간 조선총독이 발한 명령으로서 아직 그 효력을 가진다"고 규정한 1910년 8월의 제령 제1호는 동년 8월의 칙령 제324호에 따라 발령된 것이다. 칙 령 제324호는 장래로 향하여 그 효력을 상실한다고 규정한 1911년 3월 29일의 법률 제30호에 의하여 효력을 상실한 것이라는 것은 논지와 같다고 하더라도 위의 실효는 그 규정과 같이 장래로 향하여 그 효력을 상실하는 것이다. 즉 칙령 제324호에 따라 장차 제령발포 등의 권한이 없어짐에 그치고 기왕에 소급하여 그 효력을 상실하는 것이 아니므로 이 칙령이 효력을 가지고 있는 동안에 그 칙 령을 기초로 발포된 제령 제1호는 칙령 제30호의 발포 이전은 물론 그 발포 이 후라 하더라도 여전히 그 효력을 존속한다. 따라서 그 제령을 기초로 효력을 가 지는 구한말의 보안법 및 출판법도 이를 폐지하지 않는 한, 그 효력을 가지는 것 임은 심히 명료하다. 그리하여 그 후 동법 등을 폐지한 사실이 없으며, 또 1911 년 칙령 제30호 발포와 동시에 1910년 8월의 칙령 제324호와 동일한 내용을 가 지는 1911년 3월 29일의 법률 제30호를 발포한 것은 그 이후에 있어서의 제령 발포권을 인정한데 불과하므로 보안법·출판법이 이미 그 효력을 상실한 것이 라는 논지는 이유가 없다.[27]

---

27 독립운동사자료집 5, 53~54면.

쉽게 풀이하자면, 한일합병을 통해 일본은 조선에 대한 지배권을 법적으로 완전히 확보한다. 구한말의 법령은 자동적으로 폐기된다. 그런데 일본은 식민통치를 위한 입법정비를 하기 전까지는 구한말의 법령을 '당분간' 효력을 가진 것으로 했다(제령 제1호). 구한말의 대표적인 악법으로 보안법·출판법이 있는데, 이 법률들은 실제로 구한말의 항일애국운동 전반을 포괄적으로 탄압하는 악법이므로 식민지 일본권력은 이 법을 애용하였고, 일제말까지 이 법을 널리 적용했다.

보안법 등의 법적 효력의 지속성 여부에 대한 다툼에는, 일본의 천황권과 의회권의 다툼이 있다. 천황세력들은 식민지조선을 의회가 아닌 천황의 직할하에 두고자 했고, 조선에 적용될 법령은 총독의 제령으로 반포하도록 했다(긴급칙령 제324호). 그런데 의회로서는 법령 제정권이라는 권한을 배제당하게 되므로, 긴급칙령을 거부하고자 했다. 1911년 의회는 긴급칙령을 거부한 대신, '조선에 시행할 법률에 관한 건'을 공포하였다. 그 조항의 내용은 긴급칙령(1910년)과 완전히 동일했다. 법률제정권을 가진 의회는 법률의 형식을 통해 조선관련 규범은 의회의 권한임을 확인하는 한편, 그 법률의 내용은 긴급칙령과 동일하게 함으로써 통치의 연속성은 추인해준 셈이다. 긴급칙령이 실효하면 제령 제1호도 실효한 것이 아닌가, 그렇다면 보안법도 실효한 것이 아닌가 하는 것이 변호사들의 주장이었다. 그에 반해, 항소심 재판부는 '긴급칙령=법률'이 동일하고, 긴급칙령에 의거한 제령들은 법률 제정 이후에도 여전히 효력을 가진다고 판시하고 있다.

사실 조선총독부 재판부로서는 이렇게 판시할 수 밖에 없었다. 식민지화 직후부터 보안법을 통한 탄압이 무수히 많았는데, 그 보안법이 1911년부터 실효되었다고 판단한다면, 수많은 유죄판결들이 무효화되어버리기 때문이다.

3.

항소심은 이렇게 법리적 측면에서 절차적 하자가 없다고 단정하였다. 그러나 항소심 판결에서는 여러 가지 곤혹감이 묻어난다. 어떤 의미에서도 무흠결의 상태가 아니라, 흠결있는 절차를 정당화해야 했기 때문이다. 만일 제1심판결을 끝까지 유지한다면 (통치당국의 입장에서는) 엄청난 대란이 발생하게 될 것이다. 3·1운동 관계자들을 과연 처벌할 수 있을 것인가, 처벌하려면 고등법원 예심계로부터 다시 절차를 밟아가야 할 것인가, 그렇게 밟아가더라도 일사부재리의 원칙과 과연 조화시킬 수 있을 것인가, 이 모든 곳곳에 지뢰밭이 기다리고 있을 터였다. 때문에 다소 억지를 쓰더라도 소송요건을 충족시켰음을 강변하지 않을 수 없었던 것이다.

다만 1심판결에서 공소불수리 주장을 받아들인 이상, 이를 항소심에서 번복한다고 해도, 이제 중한 처벌을 할 수 있는 실질적 동력이 꺾이게 된다. 그 결과 피고인들의 형량이 예상보다 낮아지게 되는 방향으로 가지 않을 수 없는 것이다. 3·1운동 관계자들의 형량이 이례적으로 낮은 것처럼 보이는 것은, 당시의 국제기류의 영향도 있겠고, 일본의 식민지 통치방침의 변화(소위 무단정책으로부터 문화정책으로의 전환) 등도 있겠지만, 이 재판 자체의 흠결로부터 나오는 주저함도 한몫 하지 않았나 생각된다.

변호인들로서는 소기의 목적을 충분히 달성했고, 상고심에 가봐야 같은 결론이 너무도 뻔한 터여서, 상고는 하지 않는다. 피고인들도 이미 상당한 형을 경과한 지라, 잔형을 복역한 뒤 출소하여 사회 곳곳에서 지도적 역할을 맡게 될 것이었다. 이로써 1920년대 조선사회의 모습이 펼쳐지게 될 것이었다.

| 육법전서를 들고 독립운동을 |

1.

허헌에게 3·1운동재판은 결정적이었다. 1910년 이래 의기소침하고 눈에 띄는 역할이 없던 그는 이 사건의 변론에 적극 참여하면서 항일민족변호사로서의 길을 확실히 열 수 있었다. 1920년 이후 그의 변호사 활동은 육법전서를 들고 독립운동을 추구한다는 것으로 압축될 수 있을 것이다. 법정은 그의 독립운동의 무대였다. 그는 이 사건을 평생 기억했을 뿐 아니라, 이 사건 재판에 대하여는 한없는 자부심에 차 있었다고 해도 과언이 아니다. 허헌의 여러 회고 중 다음의 것만 보아도 충분히 알 수 있는 일이다.

내가 죽어서 흑 속에 무치는 날까지 나의 머릿속에서 영원히 사라지지 아니할 긔억은 저 만세 이듬해에 닐어난 공소불수리 사건의 그 력사뎍 광경이엇습니다. 누구나 그 해 만세통에 전조선의 방방곡곡에서 어떠케나 가슴을 놀래이든 광경이 던개되어 잇섯든 것은 내가 말치 아니하여도 다 알 일이나 엇잿든 큰 바람이 삼천리를 한번 휘-몰아간 뒤에 남은 것은 수천 수만 명에 대한 수십 수백 건의 대소 재판사건이엇습니다. 아마 그때가티 조선에 관소가 생긴 뒤로 사건이 폭주하여 본 적이 업고 법관과 변호사가 눈코 뜰 사이 업는 때가 업섯슬 것입니다.

그 중에도 가장 세상 사람을 놀래어 노흔 큰 재판으로 말하면 백만 교도를 거느리엇다는 텬도교 교주 손병희 씨 등 삼십삼인의 선언서 서명사건과 그 외의 열다섯 사람까지 모다 사십팔인에 대한 대공판과, 또 창원에서 닐어난 바 ××하엿스니 ××더러[28] 나가 달라고 요구하다가 살상의 참극까지 이르켜 노흔 변상태 외 아홉 사람에 대한 창원사건과, 가튼 수원사건, 사천사건 등의 공판이엇슬 것입니다.

그래서 디방법원측에서도 이 몃몃 사건만은 결단코 단순한 보안법 위반 등의 사

---

28 "독립"하였으니 "순사"더러로 이해됨.

소한 일이 아니요 실로 국체를 변혁하려 하든 일대 계획이엇슨즉 당연히 내란죄에 해당한다 하야 조선서는 데일 놉흔 법원인 고등법원으로 사건을 송치하엿슴니다.

그런데 고등법원에서는 아마 세상을 더욱 놀래어 노키가 여러 가지 덤으로 보아 자미업고 더구나 사건을 중대하게 만들어 노치 안키 위함인지 이것은 내란죄가 안인즉 디방법원에서 심리할 것이라 하야 경성디방법원을 그 관할 재판소로 디뎡한다고 하엿슴니다. 그래서 1920년 8월에 전기 48인에 대한 대공판은 당시 뎡동의 토디됴사국 집터이든 곳을 확장하야 꾸민 특별대법뎡 안에서 열리기로 되엿슴니다.

그때 나는 이 사건을 마터가지고 함흥에 잇스면서 석 달 동안을 침식을 닛고 다른 사건을 일톄 사절하고 그 수만 매라는 삼십여 책의 거창한 기록을 밤낫 들고 보고는 연구하여 잇는데 엇지 뜻하엿스리요. 고등법원의 주문에는 사건을 경성디방법원의 관할로 지뎡한다는 말뿐이엇고 송치한다는 정작 중요한 말이 업슴니다. 그러면 결국 48인의 피고는 고등법원에도 계속된 것이 아니고 그러타고 디방법원으로 말일지라도 사건이 온 흔적이 업는데 수리를 할 수 업슨즉 피고들은 심리 바들 필요가 업시 즉시 석방되어 나와야 할 것이엇슴니다. 나는 이에 법뎡에 서서 법률을 들고서 재판장과 싸워 피고들을 아모 일 업시 석방시켜 주어야 올흘 것을 밋고서 단연히 닐어 낫슴니다.[29]

이 기사를 보면, 3·1운동 전후에 허헌이 함흥에 있었음을 알 수 있다. 30여 책이 되는 수만매의 재판기록을 침식을 잊고 들여다보면, 무언가의 허점을 찾아낼 수 있다. 그게 바로 변호사의 고유의 업무이다. 변호사의 방법은 법정에서 조선독립을 소리높여 직접 외치는 것이 아니다. 악법이라 하더라도, 변호사의 무기는 법률이다. "법정에서 서서 법률을 들고 재판장

29 조선일보 1928.12.22.

과 싸우는 것"이며, 그 목표는 일차적으로 "피고들을 석방시켜 주는 게 옳다"는 법리를 만들어내는 것이다. 허헌이 법정에 던진 공소불수리 쟁점은 바로 그 전형이다. 최대한의 법리공방을 통해 공소의 부당성을 따지고, 피고들의 사기를 돋우며 구금의 기간을 조금이라도 단축하려고 노력하는 것이 항일변호사의 본연의 임무 중의 하나인 것이다. 허헌의 소회는 다음과 같이 이어진다.

실로 그때의 조선 턴디는 공소불수리문데로 뒤법석하엿습니다.

마츰내 합병 이후 처음 보는 이 공판날은 당도하엿는데 나는 일생에 이 재판 하나만은 익여노코 죽는다는 구든 신념으로 편협한 재판장이 되어 만일 법률을 무시하고 그 공소를 수리한다면 그 재판장까지 긔피하여 버리려 하야 긔피신청서까지 미리 써서 손에 쥐고 법뎡에 나타나 피고 모두를 즉시 석방하라고 일대의 정력을 다드려 열렬히 부르지젓습니다.

과연 공판은 내가 던진 이 부르지즘 때문에 즉시 폐뎡하고 재판장과 배석판사와 검사들끼리는 퇴뎡하야 별실에서 크게 의론하더니 마츰내 공소는 불수리한다는 판결이 나왓습니다. 들은즉 압의 시간에 검사는 수리하자거니 재판장은 수리할 수 업는 것이라거니 하야 서로 대격돌까지 할 번하엿다는 극뎍 광경까지 잇섯다 합니다.

자- 이제는 피고 전부가 석방되어 나올 차례인데 그만 검사가 항소하여 버렷습니다. 항소재판 때에는 알 수 업는 힘이 그우에 움즉이기 시작하여 일본에서 나온 화정탁장(花井卓長)군까지 내 말대로 공소불수리를 주장하엿스나 복심법원의 판결은 그냥 수리하기로 되고 손병희, 최린, 권동진, 오세창, 한용운 군 등 제씨에 각각 삼 년 징역의 판결이 나렷습니다.[30]

---

30 조선일보 1928.12.23. "나의 추억(12), 재판정에 던진 거탄/대공판 중지 세청용동(世聽聳動)/신간회 기타 사회사업으로/공소불수리한 재판장은 목포로 좌천/검사의 고소로 복심에서 다시 수리해/기미운동 당시를 회고하는 허헌 씨"

허헌의 변론은 그저 나온 것이 아니다. 법리도 복잡 정교하고, 이전에 제기된 적이 없는 논점을 예리하게 제기하여, 당시의 소송관행의 한 빈틈에 비수를 들이댄 격이었다. 그는 일제의 법정에서 법대로 재판하라고 요구하고 있다. 허헌의 부인은 변론준비를 하던 남편은 "사건의 공판이 갓가워 오면 밤을 새여가면서 「륙법전서」를 손에 들고 밋친 사람 모양으로 공판날 법정에서 할 이약이를 혼자서 떠들고 잇슴니다."[31]라고 회고한 바 있다. 부인의 증언대로, 허헌은 미친 듯이 이 사건에 몰두하였다. 그는 어떻게 하면 피고인들에게 유리한 판결을 받아낼 것인가 예행 연구하면서 동시에 법정에서 그 주장을 최대한 효과적으로 펼치기 위해 연습까지 하고 있었다. 공소불수리 변론에 이어, 재판부 기피신청까지 준비하였다. 재판투쟁에서 그의 성과는 결코 저절로 얻어진 것이 아님을 알 수 있다. 그야말로 혼신의 정열과 전문성을 결합하여 최고의 변론작품을 만들어낸 것이다.

2. 세평 속의 허헌-공소불수리사건

식민지하 한국인들, 특히 지식인들은 3·1운동 재판에서 허헌의 특기할 만한 역할을 잘 기억하였다. 허헌에 대해 언급할 때면 이 사건이 빠지지 않는다. 허헌은 이 사건을 통해 사회명사가 되었을 뿐 아니라 민족운동의 한 지도자로 등장하게 된다. 아울러 다른 변호사들에게 엄청난 자극을 주게 되며, 다른 변호사들이 민족운동의 변론에 열성적, 창의적으로 임하게 되는 계기를 제공했다. 이후의 여러 세평들 가운데 뽑아낸 다음 구절들만 봐도 명백하다.

삼천리 잡지 : 몬저 허헌씨를 들겟다. 씨는 이용익씨와 산읍을 가치한 명천 출생으로 소(少)하야 경사(京師)에 유(遊)하야 궁내부주사(宮內府主事)을 지낸

---

31 정보영(허헌 부인), "남편을 옥중에 보내고," 삼천리, 제3권 제11호, 1931.11, 43면.

뒤 동경유학하고 도라와서 변호사로써 특히 기미 때에는 손병희 등의 공소불수리사건으로 성명(盛名)을 날렸다.[32]

김항규 : 허헌씨는 기미운동 당시 43인 재판에 공소불수리 사건으로 변호사로서의 명망이 놉핫습니다.[33]

이서구 : 허헌이는 "공소불수리"로 일홈낫지. 고등법원에서 지방법원에 기미사건을 보내는데 그 공문 속에 「送致ス」하는 두 글자가 업다고 이것은 공문이 바람에 날나왓슬 수 업슨즉 지방법원에서 이 사건을 재판할 수 업다. 그러니 피고들을 모다 석방하라 하는 논지엇지. 지금 드르면 오직 단순하고 우수운가! 아무튼 이 불수리로 일약 명(名)변호사가 되고 보성전문학교교장 동아일보감사역이 되고 신간회장이 되고 변호사회장이 되고 운이 마구 튼 신운아(幸運兒)엿서.[34]

| 남은 이야기: 재판관에 미친 영향 |

이 사건 재판에서 특기할 것 중의 하나는 경성지방법원의 입천(立川) 재판장이다. 그는 총독부나 검찰의 요구를 거부하고, 오직 법리에 입각하여 재판을 진행하였다. 고등법원의 예심종결결정문을 두고도, 재판은 오직 담당판사들이 불기(不羈)독립하여 재판한다고 명언하고, 재판은 행정과 다른 것임을 역설한다. "재판권이 독립된 의의는 실로 여기에 있다"고 결론지을 때, 비록 식민지하라고 할지라도, 법관으로서의 당당한 자세를 확인할 수 있다. 허헌과 김병로 등이 각각 立川 재판장에 대해 호의를 표함은 우연이 아니다.

32 창랑객, "반도인물지, 二大臣·六人傑, 함경북도의 편-허헌/이운혁/김찬," 삼천리, 제6권 제5호, 1934.5, 84면.
33 김항규, "조선 민중의 지도자 총관-민중위하야 발벗고 나서는 허헌," 삼천리, 제7권 제3호, 1935.3, 32면.
34 (대담)"천하대소인물평론회," 삼천리, 제8권 제1호, 1936.1, 35~36면.

허　헌 : 그런데 한 가지 긔억할 것은 디방법원에서 고소불수리의 판결을 나리든 그 재판장은 립천(立川) 씨인데 공판 뒤에 즉시 목포지텽 판사로 좌천되어 가고 그 때 검사이든 경장삼랑(境長三郎) 씨는 지금 대구 복심법원 검사장으로 잇습니다. 립천이란 그 재판장은 건전한 인격자로 공판 첫날에 고등법원장 이하 사법관텽의 대관들이 특별방텽을 한다고 재판장 뒤에 죽- 둘러선 것을 일언지하에 법뎡 아래로 쪼처 내려보내는 것을 볼지라도 실로 꿋꿋한 재판장다운 긔질을 가진 사람이라 할 것이외다. 나는 그 뒤로는 그러케 인격이 잇는 재판장을 별로 보지 못하엿습니다.[35]

김병로 : 그 때 아직도 세인의 기억에 남고 잇는 저 유명한 허헌씨로부터 제기된 공소불수리의 판결도 역(亦) 입천(立川)재판장이 판결내린 것이엇다. 사람으로 볼 때에 입천(立川)씨는 준엄한 성격의 소유자로 공주지방법원장까지 하고만 사람이고….[36]

입천(立川) 재판장은, 무유형의 압력을 물리치고, 자신의 법리적 소신에 따라 판결했다. 그 댓가는 인사상의 불이익이었다. 경성이 판결을 내린지 1달 뒤 사법관의 인사이동이 있었다. 그는 경성지방법원 형사부장의 직으로부터 대구복심법원 판사로 발령받았다. 다른 한편 입천 재판장과 "격렬한 말다툼"을 하고 "격렬히 공소수리를 주장한" 경장삼랑(境長三郎) 검사는 경성지방법원 차석검사의 직으로부터 경성지방법원 검사정으로 승진하였다. 예고된 인사였는지는 모르겠으나, 조선의 언론에서는 이를 "좌천"이라고 표현하였다. "이에 대하여 입천 판사도 다소간 불평이 있어 대구로 전임을 거절하고 사직한다는 소문이 있"다고 쓰고 있다.[37] 그 소문도 전혀 근거가 없는 것은 아니다. 입천 판사와의 인터뷰 기사가 실려 있어 그 간의 사정을

---

35 조선일보 1928.12.23. "허헌, 나의 추억(12)"
36 김병로, "반도의 사상판검사진, 고등 복심 지방의 3법원을 통하야," 삼천리, 제7권 제3호, 1935.3, 42면.

알 수 있다.

"아직 정부의 사령을 받지 아니하였으니까 어찌 될는지 알 수 없소. 아직 조선에서는 판사나 검사의 직권을 보장하는 법률이 없을 뿐 아니라 언제든지 법규에 의지하여 전근은 물론이오 면직까지라도 시킬 수가 있으니까요" 하고 말함으로 기자는 다시 "당신이 공소불수리 문제로 조선사람들 사이에는 유명하게 되었다" 하니까 그는 다시 대단히 감개한 빛을 얼굴에 띠고 "글쎄요. 이 법률이라는 것은 절대로 신성한 것이니까요. 물론 그 문제에 대하여도 당국에서 정책상으로 보아서는 일부러 무리한 해석이라도 하여야겠지만 나는 그와 같이 신성한 법률에 정치적 의미를 포함하여 해석하기는 싫습니다. 그 판결에 대하여 세상에서는 여러 가지 비난이 있을 터이지만 나 생각에는 소송법상으로든지 또는 나의 양심상으로든지 아무 부끄럼이 없소. 그 판결한 취지에 대하여는 내가 그 판결을 언도하든 그 이튿날부터 여러 분에게 말씀하였으니까 더 말할 필요가 없습니다." … "이곳에서 그대로 사직을 하고 변호사를 개업하여보라는 사람이 있으나 나는 아마 재판관에는 적당할른지 모르나 변호사로는 적당치 아니할 듯하여 고만두었소" 하고…[38]

법률은 신성한 것이고, 자연은 어디까지나 법관의 양심에 따라 판단했다는 기개가 보인다. 그는 약간은 굴욕스러웠을 좌천도 견디고 대구로 부임하지만, 대구에서의 기간도 반년 남짓, 곧바로 광주지방법원으로 인사이동이 있었다. 아마 그가 조선에서 활동할 때, 내내 그 공소불수리사건의 재판장이라는 꼬리표가 붙어다녔을 것이다. 판사로서 그의 보직과 임지의 이동

---

37 동아일보 1920.9.8. "공소불수리로 문제된 립천이랑(立川二郞) 판사는 좌천, 패배한 경장삼랑(境長三郞) 검사는 승진하고 립천판사는 대구복심으로"
38 동아일보 1920.9.8. "법률은 절대신성, 요전 공소불수리의 판결은 정책상에서는 버서난 판결이라고 갈녀가는 립천이랑씨 말"

을 보면 다음과 같다.[39]

1908	진주지방재판소 판사
1910	대구지방재판소 판사
1913	대구복심법원 판사
1919	경성지방법원 판사
1920. 9.	대구복심법원 판사
1921	광주지방법원 판사
1923	대구복심법원 판사
1924	평양복심법원 판사
1928	공주지방법원 (원장) 판사
1930	신의주지방법원 판사
1931	신의주지방법원 (원장) 판사
1932	판사 퇴직

그는 대구, 평양, 공주, 신의주 등지로 근무지를 배정받는데, 한번도 중심
지인 경성에서 근무할 기회를 갖지 못했음을 알 수 있다. 다만 평양복심법
원에서 맡았던 희천경찰서의 고문사건에 대한 그의 태도가 잠시 언론에 나
타나는데, 거기서도 피고인들의 고문주장에 대해 적극적인 법관의 자세를
보이는 것도 특기할 만하다. 요컨대, 그의 보직이동상황을 보면, 공소불수
리사건으로 인한 불이익이 내내 따라다녔음을 알 수 있다. 입천 재판장과
싸웠던 검사 境長三郎이 이후 내내 근무지와 승진에서 이익을 누렸던 것과
대조된다. 식민지하에서 "재판권의 독립"이란 소신을 한 때 실천했던 판사
가 조선총독부 체제하에서 가질 수 있는 입지가 그러했던 것이다.

---

39 조선총독부및소속관서직원록, 立川二郎 이름으로 발췌.

의열투쟁 공판에 합류한 변호사들

3·1운동의 여진이 남아있는 상태에서 제등실(齋藤實) 총독이 부임했다. 그러나 출발부터 순탄치 않은 일정이 그를 기다리고 있었다. 경성에 들어오던 날 그는 폭탄세례를 맞았다. 강우규(姜宇奎) 의사가 단신으로 그에게 폭탄을 투척한 것이다(1919년 9월 2일). 그를 시초로 의열투쟁의 물결이 일어났다. 밀양과 부산 양 경찰서 폭파거사, 나석주의 의거가 뒤를 이었다. 1920년대 초기에 이러한 폭탄과 총탄으로 무장한 의열투쟁을 주도한 단체는 의열단이었다. 의열단은 실력투쟁과 직접행동을 통하여 조국 독립을 전취하자는 기본방침을 수립하고, 국내 전국에 걸쳐 적기관 파괴와 교란 암살 등을 대대적으로 실천하되, 파괴대상은 조선총독부 동양척식회사, 총독부기관신문(경성일보, 매일신보), 각지 경찰서 등을 행동의 제1목표로 설정했다. 이렇게 대대적인 파괴와 암살을 통해 적에게는 공포분위기를 조성하고 일반의 인심을 크게 격동시키고자 했던 것이다.[40]

의열단원들은 변호인의 조력을 거의 기대하지 않았다. 의열단원들은 일본법에 따라 일본재판을 통해 어떤 이득을 얻을 생각 따위가 전혀 없었다. 적에 체포되느니 적을 한명이라도 더 죽이고 자살하는 것이 나으며, 체포

---

[40] 독립운동사편찬위원회 편, 독립운동사자료집 제7권 : 의열투쟁사, 독립운동자사업기금운용위원회, 1976, 312~313면.

이후의 일본법적 절차에 의한 조력 따위는 생각해본 적이 없었다. 이러한 순정 민족독립운동가들의 의지는 나석주의 다음 말에서도 잘 볼 수 있다.

계자(啓者) 본인은 우리 2천만 민족의 생존권을 찾아 자유와 행복을 천추만대에 누리기 위하여 의열남아가 희생적으로 단결한 의열단의 일원으로서 왜적의 관 · 사설기관을 물론하고 파괴하려고 금차 회국(回國) 도경(到京)한바, 최후 힘을 진력하여 휴대물품을 동척회사, 식산은행에 선사하고 힘이 남으면 부내(府內) 본정(本町) 1 · 2 · 3 · 4정에까지 출두하여 시가화전(市街火戰)을 하고는 자살하겠기로 맹서코, 실행 전 동포동족에 보고하오니 … 본인이 자살하려는 이유는 저 왜적의 법률은 우리에게 정의를 주려고 만들어놓은 것이 아닌데 불행히 왜경에게 생금(生擒, 사로잡힘)되면 본인의 전투력은 다 빼앗긴 후에 소위 심문이니 무엇이니 하면서 세계에 없는 야만적 악행을 줄 것이 명백하기로, 불복하는 뜻으로 현장에서 자살하기로 결심하였습니다.[41]

나석주와 같은 의연단원들에게, 왜적의 법률은 근원적으로 악이었다. 때문에 재판을 받느니 끝까지 투쟁을 하다 자살하는 것이 낫다는 것이다. 일제의 형사절차란 "세계에 없는 야만적 악행"과 다름없었기에 승복할 이유가 없다고 생각했다.

이 시점에서 조선인변호사들로서는 이러한 사건에 뛰어들 준비가 거의 되어 있지 않았다. 조선인 변호사의 수 자체가 그것을 뒷받침할만한 규모가 되지 않았던 이유도 있을 것이다. 여하튼 이들의 사건을 누군가가 적극

---

41 거사 전 나석주는 조선일보사 신석우(申錫雨) 사장에게 한 통의 서신을 보내어 게재를 요청했다. 그러나 그때 게재 보도되지 못하고 사진촬영본이 보관되어 있다가, 21년만인 1947년 12월에야 『조선일보』 지면에 게재되었다(김영범은 조선일보 1947년 12월 28일자 2면 게재라고 쓰고 있고, 이한수 기자의 2006년 12월 28일 A8면 기사에도 그렇게 되어 있음). 여기서는 독립기념관 소장본 자료에 의하되, 현대어법으로 교열한 것임.

맡았다는 기록 자체가 없다. 강우규의 경우를 보면 행위시점은 1919년 9월 2일인데, 경성복심법원의 판결시점(1920년 4월 12일), 상고심인 조선고등법원판결(1920년 5월 19일) 사이에 시간적 간격이 별로 없다. 그리고 사형이 집행된 게 1920년 11월 29일이었다. 이렇듯 재판과 형집행이 신속하게 이루어졌다. 김상옥, 나석주의 경우와 같이 일제에 체포되기 전에 자결했거나 사망한 경우에는 재판과정 자체가 있을 수 없었다. 의열단이 제1차 국내기관 총공격 거사의 일환으로 추진하였던 밀약폭탄사건의 관련자들 역시 매우 신속하게 중형의 유죄판결이 선고되었다.[42]

이러한 상황은 1923년에 이르면 일변한다. 1923년의 의열단 관련사건 중에서 가장 유명한 것은 김상옥(金相玉)의 종로경찰서 폭파사건과 김시현(金始顯), 유시태(柳時泰) 등의 폭발물입수사건이었다. 그런데 이 사건의 법적 처리는 이전과는 달랐다. 조선인 변호사들이 대거 관여했다. 뜨거운 법정공방이 오갔다. 법정공방의 양상은 거의 생중계하듯이 언론에 세세하게 노출되었다. 이 두 사건을 통해 공판정이 또하나의 독립운동의 장으로 떠오르게 된다. 그 공판정에서 더욱 주목할 것은 바로 김병로의 부상, 이인의 등장, 그리고 허헌-김병로-이인의 연대가 시작되어 항일변호사의 집단이 형성된다는 점에서 법률운동사에 대단한 의미를 지니게 된다.

| 김상옥의 관련인물에 대한 재판 : "유조리 최열렬의 변론" |

1923년 1월 12일 밤 8시경 경성의 종로경찰서에 폭탄이 터졌다. 종로경찰서는 애국지사들을 문초하고 고문하는 총본산이었기에, 항일투사의 표적이 되는 것은 당연했다. 며칠간의 집중적인 조사와 수색 끝에 사건의 장

---

42 1921년 6월 22일 경성지방법원의 판결에 의하면, 곽재기, 이성우 8년, 김기득, 이낙준, 황상규, 윤세주, 신철휴 7년, 윤치형 5년, 김병환 3년, 배중세 2년, 이주현, 김재수 1년 집행유예 2년.

본인이 김상옥임을 알게 되었다. 일경은 김상옥의 은신처를 포위하여 체포하려 했지만, 김상옥은 권총을 들고 치열한 항전을 전개하였다. 김상옥은 일제의 포위망을 몇차례나 뚫었지만 마침내 일제의 포위에 맞서 교전하다가 최후의 탄으로 자신의 가슴을 쏘아 순국하였다.[43]

일경은 김상옥과 관련된 인물들을 색출하여, 김한(金翰), 안홍한(安弘翰), 윤익중(尹益重), 서병두(徐丙斗), 정설교(鄭卨敎), 신화수(申華秀), 전우진(全宇鎭), 이혜수(李惠受) 등을 체포하여, 무자비한 고문을 가하였다. 김한의 경우 국외의 김원봉(金元鳳)의 국내 아지트로서 광범위한 활동을 하였으며, 안홍한은 김상옥이 상해를 떠나 경성으로 올 때 동행했던 청년이고, 윤익중은 거사자금을 댔다는 혐의였다. 이혜수는 김상옥이 전투현장에서 몸을 피하여 달아나다 찾아온 것을 받아들여, 김상옥을 숨겨두어 범인은닉죄로 기소되었다. 윤익중, 신화수, 정설교, 전우진 등은 고보(高普) 시절에 김상옥과 동지애를 갖고 여러 활동을 돕고 있었다.

1.

1923년 5월 12일 공판이 개정되었다. 피고인은 모두 8인인데, 그 중 5인에 대한 재판만 가능했다. 피고인 중 전우진과 이혜수는 신병으로 공판에 제대로 임할 수 없었다. 변호인으로는 허헌, 김병로, 이승우(李升雨) 이외에 여러 변호사가 열석하였다.

김상옥이 사망한 관계로, 가장 무거운 혐의를 받은 이는 김한이었다. 김한은 김원봉과의 관계를 부인하였고 의열단의 관련성 여부에 대해서는 모른다고 답하였다. 김상옥과 상해로부터 동행한 청년 안홍한은, 김상옥이 폭탄이나 권총 등을 가진 것을 알지 못하였다. 정설교는 김상옥을 만났고, 김상옥이 군자금모집을 위해 권총을 갖고 부호를 협박하겠다는 말은 들었

---

43 독립운동사 제7권, 의열투쟁사, 1976, 358면.

다고 했다. 그리고 김상옥의 부탁으로 윤익중과 신화수에게 서울로 올라오라는 서신을 띄운 적이 있다고 했다. 신화수도 김상옥을 만났으나, 그가 서울에 온 목적이 군자금강취가 아니라 상해임시정부의 재정곤란을 타개하기 위해 자금을 모집하러 왔다는 것을 들었다는 정도를 인정했으며, 김상옥이 금전을 자신에게 청구하였으나 이를 거절했다고 했다. 윤익중의 경우, 임시정부 자금을 모집한다는 김상옥의 요청은 거절하였으나, 그가 개인적으로 곤궁하다고 하여 백원을 주었을 뿐이라고 진술했다. 이렇게 출정한 피고인에 대한 신문을 마쳤다. 전우진과 이혜수 두 사람에 대하여는 본 사건과 분리하여 따로 심사하기로 하였다.[44]

대원(大原) 검사가 다음과 같이 구형했다.

김한(5년), 윤익중(3년), 안홍한(2년), 신화수(2년6월), 서병두(2년), 정설교(1년6월)

이어 당일 오후 1시 반부터 변호사들의 변론이 시작되었다.

먼저 김태영 변호사가 신화수에 대하여 무죄를 강경히 주장했다.

다음 김병로 변호사가 일어나 피고인 중 윤익중, 신화수 두 사람에 대해 변론을 시작했다. 김병로의 변론은 조선일보에 그야말로 대서특필되었다. "유조리(有條理) 최열렬한 김병로 변호사의 주장"은 언론과 일반인들에게 항일변호사 김병로의 존재를 알리는 사실상의 첫 사건이었다고 할 만했다. 김병로는 "목청을 돋우어 가지고 법정이 떠나갈만치 소리를 지르며" 변론했다고 한다. 변론의 내용을 인용해보자.

조선독립을 희망하는 사상은 조선인 전체가 가진 것이다. 피고 등의 한 일을 보면 김상옥으로 말하면 삼판동에서 전촌 순사를 죽였고 계속하여 몇 사람의 경관

---

44 이상은 동아일보 1923.5.13.; 동아일보 1923.5.19.

김상옥 사건의 공판 광경
(우상)공판정의 피고들. (우하)용수쓰고 입정하는 피고들
(좌상)심문받는 김한 (좌하) 병거를 타고 공판정에 들어가는 이혜수
조선일보 1923.5.13.

을 상하게 하였음으로 사실이 표현된 죄상이라 할지나 그 외에 현재 법정에 나
타난 피고 등은 자기의 사상으로는 그 주의에 공명되고 계획상 어떠한 일을 혹
가담하였다고 할지나 사실은 이천만의 조선민족이 독립사상을 가진 것과 같은
사상에 지나지 못하는 바임은 경찰서와 검사국의 기록을 보아도 명백한 사실이
다. 그런데 이것을 정치의 변혁을 도모함이라 하여 제령7호위반이라고 법에 처
한다 하면 이것은 제령제7호라는 법을 구성하여 양민을 억지로 법의 그물에다
가 잡아넣는 것이나 조금도 다름이 없을 뿐이다. 이것을 감독관이 색안경으로

金相玉事件公判의 辯論

有條理 最熱烈한 金炳魯氏의 主張

◇…독립을회망함은죠선인젼데가다다는것이오…◇

◇…피고들도생각으로찬동할뿐이오실힝은졀무…◇

김병로의 변론 "유조리 최열렬한 주장"으로 소개되고 있다.
조선일보 1923.5.14.

인민을 대하여 억지로 처벌하는 데 지나지 못하는 바이니 일본국가에 대하여도 치욕이 아닌가 의심하는 바이다.[45]

변론의 논조는 대담했다. 피고들이 독립사상을 갖고 있다면, 이는 "이천만인의 조선민족이 가진 것과 같은 사상"에 다를 바 없다. 만일 이들을 제령 제7호 위반으로 한다면, 이천만 민족 전체를 그물에다 잡아넣는 것과

---

45 조선일보 1923.5.14. "김상옥 사건 공판의 변론. 有條理 최열렬한 김병로씨의 주장, 독립을 희망함은 조선인 전체가 다같은 것이오 피고들 생각으로 찬동할 뿐이오 실행은 절무/김한의 직접 변론은 불허"

다를 바 없다고 열렬하게 외치고 있는 것이다. 이어 개개인의 변론으로 넘어간다. 예컨대,

피고 윤익중으로 말하면 상당한 재산가이라, 만약 열정적으로 군자금을 조달할 생각이 있었으면 김상옥이가 청구한 1천 원은 고사하고 1만 원이라도 수응할 수가 있을 터인데 기록과 같이 180원을 제공한 것을 보면 누차의 편지와 안면과 위협에 이기지 못하여 낸 것이 분명한 바이다. 이전에 미국의원단이 들어올 때에 같은 행위를 하였던 공범자라고 처벌한다 하면 이것은 회개하였던 양민으로도 다시금 감정을 일으키게 하는 것이 아닌가 하는 바이다.[46]

윤익중은 김상옥에게 180원을 제공한 혐의로 기소되었는데, 상당한 재산가가 독립군자금을 조달할 생각이었다면 1천 원, 1만 원을 댔을 텐데, 어찌 고작 180원을 군자금용도로 주었겠냐고 힐난하고 있다. 이어 청년변호사 이종성의 장시간 변론이 이어졌으며, 김용무 변호사가 정설교, 윤익중에 대한 변론을 했다. 이렇게 변론을 하니 거의 6시까지 되었지만, 아직 변론을 하지 못한 변호사들이 있어 다음 공판기일에 변론을 이어가게 되었다.

2.
1923년 5월 17일 김상옥 사건의 제2회 공판이 개정되었다. 최진 변호사가 김한에 대해 무죄로 판결해달라는 장시간의 변론을 했다.

"김한은 어떤 증거도 없을 뿐 아니라 이것이 사리사욕을 위한 것이 아니오 민족적 사명으로 한 것인즉 그의 인격상 동정치 아니치 못할 바이다. 그가 무산자동

---

46 조선일보 1923.5.14.

맹회 위원이라 하여 색안경으로 본다면 조선민족 전체는 무산자라. 그러므로 조선 안에서는 살 수가 없는 고로 동으로는 일본으로 서으로는 중국으로 년년이 나가는 것이 목도하는 사실이라. 그런고로 그들을 위하여 또는 조선민족 전체를 위하여 무엇이나 하나 하여 보고자 하여 이것을 조직함인데 이것이 무엇 그리 죄가 될 것이냐. 다음 임시정부원인 이시영과 아는 것으로 말하면 이시영은 전한국시대의 판사이므로 그때부터 친한 것인즉 그것이 또한 무슨 죄가 될 것이 있느냐. 어떠한 점으로 보든지 피고는 당연 무죄이다."[47]

조선민족 전체가 무산자인데, 무산자동맹회에 관여한 것이 어떻게 범죄사실이 되느냐, 피고인의 행위는 사리사욕이 아니라 민족적 사명으로 한 것이니 이것을 처벌해서 안 될 것이라고 변론하고 있다. 그리고 허헌 변호사의 변론이 이어졌다.

(김한에 대한 변론) 피고 김한은 민족주의로 간주하는가 또는 사회주의자로 보는가, 기록 전체를 내려보아도 판명이 되지 아니하니 과연 무슨 주의인지를 알 수가 없는 터이다. 일찍이 피고 김한이 그의 친구 모씨에게 한 말을 들으면, 그는 일생을 무산계급에 있는 민족을 위하여 무엇이나 하나 제공해보겠다 하였고, 겸하여 조선독립운동을 부인하였슨즉 이만 보더래도 그 사회주의자임은 변호사 자신뿐 아니라 여러 일반이 인정하는 바이다. 그런데 만약 민족주의자와 같이 어떠한 사건을 계획하였다 하면 이것은 그의 주의와 모순되는 바이다.… 그는 당연 무죄이다.[48]

47 조선일보 1923.5.19. "전후 불평을 무루 진술. 재작 김상옥사건 공판정에서, 여러 변호사의 법리적 변론이 끝이난 뒤에는, 피고 김한의 진술은 충분히 불평을 부르짖어"
48 조선일보 1923.5.19.

이렇게 피고인의 공술이나 기록을 봐도, 그가 처벌될만한 행위를 한 적이 없음을 주장한다. 다음은 이승우의 변론이다.

(김한에 대한 변론) 그는 본적을 중국에 두었고 그의 주소가 중국이다. 여기 와서 있는 것은 잠시 주류에 지내이지 못하는 바인 고로 그는 제령은 생각도 아니하였으며 이에 따라서 제령위반도 관계없는 줄로 생각하고 있다. 피고의 관념으로는 그가 일본관헌의 법률을 받을 리가 없다고 생각하였던 바이다. 겸하여 피고는 폭탄 수입을 승낙하였다 하더라도 그후에 다시 거절한 것이 사실인 즉 당국에서 수입의 승낙을 인정하는 동시에는 거절도 인정치 아니할 수 없는 바이다. 그런데 이것을 가볍게 처벌한다고 하면 법리상 모순일 뿐 아니라, 피고로 하여금 점점 그 길로 인도하는 데 지나지 못하는 바이다. … 피고를 처형케 함은 법률이 인민으로 하여금 억지로 그런 길을 개척하게 하는 것이니 여러 방면으로 보아 무죄는 당연하다.[49]

이것으로 변호사의 변론을 끝마치게 되었다. 일제가 보기에 극악한 사건의 관련자들에 대해 변호인들이 일제히 무죄를 변론한 것도 특징적이다. 무죄로 든 근거는 다양하지만, 모두 피고인의 이익을 위해 최선을 다하는 변호사의 사명에 어긋나는 것은 아니다. 다만 피고인의 평소 활동의 '진정성'을 폄훼하면서까지 무죄변론을 하는 경우가 있을 수 있는데, 그것은 다소 문제가 있을 수 있다. 이렇게 변호사들의 열렬하고 조리있는 변호가 끝났다. 변호사의 변론에만 두 공판기일이 소요된 것도 극히 이례적이었다.

3.
이어 피고의 최후진술이 이어졌다. 김한이 일어나 "유창한 일본말"로 대

---

49 조선일보 1923.5.19.

략 2시간에 걸쳐 자신의 사회관과 총독정치에 대한 비평을 했다. 방청객은 고요히 경청했고, 재판장도 한두번 제지한 것을 제외하곤 그의 말에 귀를 기울였다. 그의 최후진술은 동아일보와 조선일보에 매우 비중있게 보도되었다. 이 정도로 상세히 최후진술이 알려진 예가 별로 없으므로, 그 내용을 인용해보기로 한다.[50]

"피고가 만약 김상옥과 어떠한 모계를 하다가 발각되었다 하면 피고는 인격을 주장하는 자이므로 검사의 구형인 5년은 고사하고 10년이라도 긍정할 것입니다. 그러나 내가 이 자리에 있어 5년이거니 10년이거니 나의 감형론(減刑論)을 주장함이 아니오. 나의 조직한 무산자동맹회를 이상히 보는 고로 거기에 대한 말을 하겠소."

"조선 민족은 살아 나가는데 두 가지의 길이 있으니 제령위반의 범인이 되거나 그렇지 않으면 자살하지 아니할 수 없는 비참한 운명을 가졌소. 이것이 조선인의 사명일는지 또는 운명일는지 하는 처지에 있는 것은 재판장도 짐작하실 것입니다. 대개 무엇이든지 자연에 맡길 수밖에 없는 것이니 비유하여 말하자면 하늘에 있는 별이 천 년이 지나거나 만 년이 지나거나 그 가는 길과 자리가 바뀌지 않는 것도 자연이고, 목마를 때에 물을 마시는 것이나 배고플 때에 빵을 구하는 것은 조선인이거나 일본인이거나 세계 각국 인종으로 모두 같은 바 자연일 것입니다. 그러므로 무엇이나 생물은 일정한 고유물이 아니오, 유동물(流動物)입니다. 그런고로 항상 변하여, 낳다가 자라다가 그 중에는 앓기도 하고 놀기도 하다가 죽는 것이 생물의 본성입니다. 그런데 더구나 의식이 있다는 사람은 어떠하겠습니까. 의식 있는 사람을 구속하여 생존권을 각 방면으로 탈취하게 되었으니 죽는 길밖에 다른 도리가 무엇이 있으리오."

---

50 조선일보 기사는 훨씬 상세하다. 별첨 정리는 조선일보 기사이며, 가장 뒷 문단은 동아일보 기사를 붙인 것이다. 조선일보 1923.5.19.; 동아일보 1923.5.19. "조리잇고 유창한 김한의 진술"

"생물은 일정한 고유물이 아니오, 유동물인데 그 중에서도 의식이 있는 사람에게는 자유가 있는 법입니다. 그런데 일본 정부나 조선총독부에서 과연 인성을 인성으로 취급하는가 하는 것이 의문입니다. 인성으로 말하자면 일개 조그마한 버러지가 진화된 물건입니다. 그런고로 피고는 혁명을 부르짖는 것입니다. 그러나 혁명이라고 하면 당국에서는 큰일이나 생긴 듯이 위험하게 여기고 야단이나 일어난 듯이 생각하나 이것은 그렇게 해석할 것이 아닙니다. 아메바가 진화하여 사람이 되었다는 것도 혁명이오, 원숭이가 인성으로 화하였다는 것도 혁명인즉, 그렇게 위험시하면 병아리도 죽여야 할 것이고 원숭이도 죽여야 할 것입니다. 이 뿐만 아니라 일본의 명치유신도 혁명이오, 영국이나 미국이나 세계 각국이 혁명을 아니 하고 문명국이 된 나라가 있지 아니함은 피고보다도 재판장이 먼저 알 것입니다. 누구나 사람이 사람을 죽이거나 폭탄으로 찌르려는 것을 찬성할 리는 있을 수가 없습니다. 그런데 이 손에다가 철갑을 짓고 있는 것을 누가 좋아하겠습니까?"

"사람이라는 것은 반드시 개성이 있는 법입니다. 이것은 어린아이이거나 어른이거나 일본인이거나 조선인이거나 또는 인성 외의 다른 동물이라 하여도 반드시 거기에는 개성이 있습니다. 개성을 존중하지 아니하면 아니 되는 것입니다. 개성의 자유는 반드시 주어져야 할 줄로 생각하는 바입니다. 사람이 살고자 하는 것은 누구나 또는 어떤 나라 사람이거나 요구하는 것인 동시에 생물의 권리요, 의무인 것입니다. 이것은 배고픈 때에 밥을 찾는 것이나 목마를 때에 물을 찾는 것이나 같은 것입니다. 그런데 그러한 동족을 위하여 일을 하려 하는 것이 과연 무슨 죄입니까? 그러나 이 자리에서 판사나 검사를 원망하는 것은 아닙니다. 법률 제도가 이러하고 사회적 의식이 이러한 지라, 누구를 원망하며 하소연하겠느냐마는 감옥에 들어가서 콩밥을 먹는 피고의 정경과 5년이라는 징역을 구형하는 검사의 심리가 어떠한가 하는 것은 사람의 의식에 맡기어 판단할 바인 것입니다."

"피고가 조선을 떠나 중국방면으로 방랑한 것은 벌써 십 칠 팔년 전입니다. 그렇게 방랑할 때에는 참으로 목을 놓아 울 때도 한 두 번이 아니오. 눈물을 흘리며 돌아다니기도 열 번이나 백번 뿐이 아니었습니다. 겸하여 일한합병이 된 뒤에는 모국에 들어가거나 중국에 들어가거나 망국인종이라고 하여 학대를 받은 것도 한 두 번이 아니었습니다. 이러한 제도 속에서 생활할 때에 입으로 부르느니 세상의 불평이고, 현상타파였소. 혹은 자기 몸을 죽여서 귀신이 되어 버리기라도 하였으면 하였소. 이것은 아마도 피고뿐이 아니라 남북 만주에 있는 3백여만이 다 같은 고통일 것입니다. 그러나 상해를 떠나서 고국이라고 돌아올 때에는 무한히 반가웠소. 고국에 들어가면 그립던 산천도 구경하고 부모도 뵈옵고, 친한 친구도 만나려고 하는 것이 무한히 기뻤소. 이것은 일본인이거나 서양인이거나 다 같은 심리일 것이오. 그러나 모국이라고 돌아오는 첫 걸음에 압록강을 건널 때의 광경은 과연 어떠하였겠소. 헌병과 순사는 눈을 부라리며(판사의 주의가 있어서 말이 좀 불철저하게 되었다.) 보고 있소. 조선인의 생활 상태는 모두가 이러한 처지에 있는 터이오. 그러다가 피고가 입감한 뒤로 가족 십 여인은 모두 굶어죽게 되었소. 이것은 조선 사람 전체가 그러할 것이오. 가령 백 사람이 입감하였다고 하면 그의 가족 천 사람은 더 곤경에 흐를 수밖에 없소. 그런데 조선인은 어찌하여 범죄가 이렇게 많은지. 사람이 좋지 못함은 결코 아니건만 범죄 수는 그 중 많이 있소이다."

"내가 입감 이후로 일본 정치에 대하여 배운 것이 많이 있소. 일본의 동화정치(同化政治)는 참으로 철저합디다. 옥중생활을 하는 죄수에게까지 동화정치의 고통은 심하게 되었소. 같은 감옥생활을 하건마는 일본인은 일본인의 의복을 마음대로 입고 조선인은 평생에 구경도 못하던 일본의복에다가 발가락이 끼어지는 일본 버선에 일본 게다를 신게 하여 옥중생활을 하는데도 이중 고통을 면치 못하게 되었소. 그러나 피고는 이것을 속히 개량하라는 하소연을 하는 것이 아니오. 그러나 판사도 사람이고 피고도 사람인 이상에는 어찌하여 이러한 불공평한 제도가 있느냐 하는 옥중 감상인 것이외다."

"기왕 진술하는 터이므로 순서도 형식도 차릴 새가 없이 생각나는 대로 진술하는 바이오. 그런데 조선의 교육제도는 참으로 우습소. 학교에서는 어린 아이에게까지 일어 수업을 하여 고통을 받고, 중학교에서는 농업에 힘쓰기를 권하여 일인의 종노릇이나 하게 하고, 간간이 보통학교를 건축하되 세계에서 보지 못할 만한 큰 건물을 건축하여 외국 사람에게 광고나 하려는 광고판을 만들어 세웠으며, 총독부 연보나 작성하는 자료에 제공할 뿐이오. 산업이라 하는 것은 도박장이 되어 생산력은 많아도 모두 일인의 점령으로 돌아가게 되어 조선인의 생산이라고는 구경하지를 못하게 되었소. 그러나 오늘의 생산제도는 세계 각국이 근본적으로 틀려서 모두 부호에게로 또는 강자의 것만 되었지만, 그 중에서도 조선은 매우 심하게 되었습니다. 그런데다가 먹는 것, 입는 것은 일본인이나 조선인이나 일반으로 되게 제도가 되었으니 이것이 관허도박장이 아니고 무엇이겠습니까? 내가 이것을 말하는 것은 일본이나 조선의 국경을 분별하여 말하는 것이 아니라. 피고는 벌써부터 국경을 초월하려 하는 사람이므로 구구한 국경의 구속을 받지 아니하나 다 같은 사람으로도 조선인은 어찌하여 이러한가 하는 것을 오늘의 기회에 있어서 말하는 것입니다."

이렇게 김한은 비판적 사회진화론의 입장에서, 인간의 자유와 개성추구, 생존유지를 위한 조선인들의 노력을 일제가 어떻게 유린하고 있는가, 그리고 일제의 차별대우와 궁핍화 경향을 통박하고 있다. 식민지하에서 조선인의 운명은 자살이냐 정치범이냐의 택일밖에 없는 상황을 무정부주의자의 관점에서 비판하고 있는 시각도 주목을 끈다. 본인의 최후진술은 무슨 감형이나 무죄를 바라서가 아니라, 이 기회에 자신의 세계관과 현실관을 상세하게 풀어놓고자 함이다. 이어 안홍한, 정설교, 신화수, 윤익중 등의 최후진술이 이어졌다.

4.
1923년 5월 26일 판결이 언도되었다. 피고중 신화수는 무죄가 언도되었으나, 김한은 검사의 구형량(5년)보다 더 높여 징역7년을 선고했다. 지난번 최후진술에서 김한의 열렬한 진술로 판사가 감정이 나지 않았나 하는 소리가 구석구석에서 일어났다.[51] 안홍한 1년, 윤익중 3년, 정설교 1년 6개월, 서병두 2년이 선고되었다.

항소심판결은 1923년 10월 10일에 있었다. 김한은 7년에서 5년으로 감형되었고, 정설교는 징역 1년에 집행유예 2년, 윤익중은 2년, 서병두는 1년으로 감형되었다. 검사가 항소했던 신화수에게는 역시 무죄가 선고되었다.[52]

한편 김상옥이 참살당하던 집의 주인 이혜수(28세)는 곧바로 연행되어 1개월 동안을 종로경찰서 유치장에서 보내다가 검사국으로 사건이 넘어가자마자 병보석이 되었다. 경찰의 악독한 고문으로 사지가 마비되어 움직일 수 없었을 뿐 아니라 연일 오예(汚穢)의 물을 먹인 관계로 위장병이 격심하여 빈사상태에 빠져 있었던 것이다.[53] 몸이 풀려나왔어도 제대로 들어눕지도 못하고 냉수와 미음으로 겨우 생명을 부지하는 상태였다. 갈빗대는 멍이 들어 사방이 푸른 물을 들인 듯하고 여기저기 피멍이 들어 눈들어 차마 볼 수 없으며 얼굴은 피골이 상접할 정도였고, 정신도 제대로 차릴 수 없을 지경이었다.[54]

그러나 일제는 그에 대한 기소와 공판의 의지를 꺾지 않았다. 첫 공판일(1923년 5월 12일)에 이혜수는 공판정에 출두해야 했다. 그 때 이혜수의 상태는 집에서부터 재판정까지 병차에 실려 법정에 왔으나 앉을 수도 없이

---

51 조선일보 1923.5.27. "구형보다 심한 언도. 구형 오년이든 김한을 칠년에, 의열단사건 공판"

52 조선일보 1923.10.11. "김한은 칠년이 오년으로 신화수는 역시 무죄로 판결. 김상옥 사건연루자"

53 김병로, "수상단편," 김진배, 앞의 책, 273면.

54 조선일보 1923.4.28. "생명이 위독한 이혜수양. 김상옥사건으로 입옥되얏든 이혜수양 몸에는 빈틈없시 멍이 들어 있고 보석된 후에도 병이 계속되"

누운채 재판장의 말을 알아들을 수도 없었다. 같은 처지에 있던 전우진과 함께 이혜수의 공판은 무기 연기되었다.

그들에 대한 공판은 1923년 6월 30일에 별도로 개정되었다.[55] 이혜수는 "늑막염으로 보석되어 수월동안 치료하였으나 나날이 위험한 상처에 기울어져가는" 상태였으며, 결국 "병인용 인력거 안에 눕혀서 자택으로부터 재판소까지 와서 몸을 부축하여도 도저히 몸을 움직일 수가 없는 형편임으로 다시 인력거를 뜯어서 바탕에 병인이 눕힌 채로 법정 안으로 들여다놓으니 법정안은 병원의 치료소나 다름이 없었다." 재판장은 이혜수에게도 직접 신문하려 했으나 이혜수는 "정신을 조금도 차리지 못하여 묻는 말도 듣지 못한 까닭인지 답은 한마디도 못하고 병기운을 견디지 못한 듯한 신음하는 소리만 옆에 앉은 사람이 겨우 들을만치 내매 그제야 재판장은 피고의 병세가 위독하여 의식이 분명치 못함을 알고 변호인들과 어찌할 것인지 상의하였다." 결국 병이 웬만치 나아 다른 사람의 말을 알아들을 정도에 달하기 전에는 신문을 정지하였다.

전우진은 재판장의 신문에 답을 겨우 할 수 있었다. 그리고 전우진은 "경찰에 체포되던 당시로부터 한 달 동안이나 무수한 형벌을 당하고 감옥으로 넘어간 후 찬마루에서 거처하면서 완전한 치료를 받지 못하였기에 이같이 다리에 갖은 병이 걸렸다"고 진술할 수 있었다. 전우진에 대하여는 곧바로 징역 2년6월의 구형이 있었다. 재판부는 검사의 구형량대로 징역 2년 6월의 징역형을 선고했다.[56]

이혜수에 대한 공판은 다시 1923년 12월 25일에 재개되었다. 중한 환자임에도 불구하고 그 해가 가기 전에 김상옥 관련 재판을 끝내야겠다는 재

---

55 조선일보 1923.7.1. "전우진 이혜수의 공판. 양인의 병세는 우금심중/신음성의 피고 공술. 목숨만 부터있는 피고중 전우진은 간신히 나오는 목소리로 일일 대답, 이혜수는 정신을 몰라 심리를 중지/전우진은 딩역 이년반에 구형, 판결은 오일에"

56 조선일보 1923.7.6. "결국 2년 반. 김상옥사건의 연루 전우진의 판결, 검사의 구형대로 판결"

인력거에 앉은채 심문받는 이혜수.
조선일보 1923.12.26.

판부의 조바심이 빚어낸 일이었다. 이혜수는 환자인력거로 운반되어 재판장이 신문을 개시하였다. 피고는 인력거채 위에 누워서 신음하면서 겨우 답변해야 했다. 피고는 김상옥에 대한 자신의 경찰의 진술은 가혹한 고문에 이기지 못해 자백한 것이라고 답변했다. 검사는 피고에게 제령7호 위반과 범인은닉죄로 징역2년을 구형하였다. 이어 김병로, 김용무 양 변호사의 "열렬한 변론"이 있었다. 재판장은 곧바로 즉석에서 징역 1년을 선고하였다.[57]

이혜수는 옥중에 구금되었지만, 옥중에서 생명이 위독하여 보석운동을 하라는 당국의 교섭으로 집에 나와 4년이 경과하도록 하루도 앓지 않는 날이 없어 병석에 의지하여 약병으로 동무삼아 세월을 보내고 있던 중, 1926년 3월 아직도 얼굴이 퉁퉁 붓고 하루에 밥 한끼도 못먹는 사람을 검사국에서 호송하여 잔형을 살게 하는 무도한 짓을 하였다.[58]

김병로의 이 사건에 대한 인상은 각별하다. 우선 자신이 본격적으로 변론을 펼쳐낸 첫 사건이었던 것이다. 온갖 고통을 겪고 있던 피고인, 그 중에서도 이혜수에 대한 연민은 각별했다. 김병로는 이혜수에 대한 다음과

---

57 조선일보 1923.12.26. "이혜수양의 공판. 김상옥사건의 연유로 검거된 이혜수 병상에 누운채로 겨우 답변진술/가혹한 고문에 못이겨 진술/이년을 구형"
58 조선일보 1926.3.7. "병은 갈수록 침중한데 돌연 구인된 이혜수. 4년동안의 치료도 물거품 병도 낫기전에 또 잡아갔다. 김상옥사건중의 인물"

같은 후일담을 하나 남기고 있다.

그 후-(재판후)로는 전연 (이혜수에 대한) 소식을 듣지 못하였던 바, 내가 대법원에 있을 때에 어느 여자가 면회를 청한다기에 면접하게 하였던 바, 문을 열고 들어서는 것을 보니 순백발 노인이었으나, 그 얼굴이 그 전 모습이어서 이혜수 여사인줄 깨닫고, 반갑게 적응하여 그 경과를 물으니 출옥후 수년을 경과하여 겨우 신체가 회복되어 지금까지 빈곤한 생활을 하여 왔다는 것이며, 보사부에 서민주택 1동을 요청함에 필요한 증명서의 교부를 구하기로, 나는 곧 김상옥 의사의 사건에 관련된 사실과 그 경과를 증명하여 준 일이 있었다. 그 때, 나는 생각하기를 일개 20세의 소녀로서 친척간의 정의도 있었겠지만 김상옥 의사의 격렬한 결사행동을 원호하였다는 것에 다시 감격을 느낄 뿐 아니라, 그동안 세월이 흘러 백수노인이 된 것과 해방후 오늘날까지 빈한에 허덕여 거주할 곳도 없다는 것을 알게 될 때에 인생의 허무한 것과 사회의 냉정한 현실을 누구에게도 호소할 바 없음을 비탄할 뿐이었다.[59]

| 김시현 등 암살음모사건 : "나는 신성한 의열단이요." |

1923년 들어 대규모의 암살파괴거사를 준비하다 적발된 사건이 일어났다. 그 실행의 중심인물은 김시현이었다. 김시현은 1920년 9월 밀양폭탄사건 관련 혐의로 체포되어 1년간 복역하고 출옥후 상해로 건너가서 고려공산당에 가입했다. 그는 장건상을 통해 의열단의 김원봉과 연결되었다. 그들은 대규모의 총공격형 암살파괴거사를 추진하기로 하였다. 김원봉은 중국 천진에서 추진과정의 전반을 총지휘하고, 김시현은 무기의 국내 반입과 거사의 실행을 책임지는 역할을 하기로 하였다. 1922년 7월 김시현은 서울

---

59 김병로, "수상단편," 김진배, 앞의 책, 273면.

에 잠입하였다. 그는 경기도경찰부의 고등과 소속 경부(警部)인 황옥(그는 당시 고려공산당 비밀당원이기도 했다)에게 거사계획을 알리고 협조를 구했다. 이어 고려공산당 경성지부 서기 홍종우를 조선일보 안동지국장으로 주선하고 그를 중국 안동으로 파견하여 그의 자택을 연락중개소로 삼게 했다. 황옥은 중국 출장길에 천진으로 가서 김원봉을 만나 김시현과 함께 폭탄반입대책을 논의했다.

1923년 3월 천진에서 김시현, 유석현 등은 거사용 무기와 선전용 문건을 입수하였다. 우여곡절 끝에 그들은 폭탄과 무기를 서울로 반입시키는데 성공했다. 그런데 평북경찰부와 안동현의 일본영사관 측에서는 황옥의 정체가 의심스럽다며 경기도 경찰부에 황옥을 체포할 것을 요구했다. 그에 대해 총독부 경찰국은 의열단원들을 국내로 유인하여 일망타진하기 위해 황옥을 공산당에 접근하여 거짓 협력토록 하고 있는 것이라는 답신을 보냈다. 김시현이 서울에 도착한 이후 누군가의 밀고로 체포되었다. 아울러 일제는 관련자 25명중 18명을 체포하고, 폭탄과 총기도 모두 찾아내어 압수하였다.[60]

이 사건은 거사 규모가 워낙 대규모인 데다, 압수된 폭탄의 위력도 아주 대단했다. 더욱이 현직 경부가 의열단 거사에 가담하고 적극적 역할을 한 것에 대해 엄청난 호기심을 불러일으켰다. 황옥의 관여가 애국적 본심에 기인한 것인지, 아니면 의열단에 궤멸적 타격을 안겨주기 위한 공작인지에 대해 논의가 분분했다. 법정에서도 이 부분에 대해 많은 공방이 오갔고, 피고인들 사이에도 황옥의 정체에 대한 의심이 표출되었는데, 그 의심이 진정인지 가장인지에 대해서도 논란의 여지가 적지 않았다. 그렇지 않아도 경성 한 가운데서 의열단의 거사계획에 대해 관심이 높은데, 황옥의 정체

---

60 사건의 기본적 면모는 김영범, 의열투쟁 I, 한국독립운동의역사 26, 독립기념관, 2009, 168~174면에 잘 요약되어 있다. 또한 독립운동사 제7권 : 의열투쟁사, 1976.2, 365~378면.

여하로 인해 세인의 관심은 폭발적으로 되었다. 공판이 가까워지자 변호인들도 대규모로 구성되었다.[61] 때마침 일본의 저명한 포시진치(布施辰治) 변호사가 (북성회 순회강연단의 일환으로) 조선에 와있었는데, 그도 변호사로 출정하겠다는 뜻을 밝혀 관심을 높이는데 일조했다.[62]

1.

의열단 공판은 1923년 8월 7일 개정되었다. 사건의 주역인 김시현부터 재판장의 신문이 시작되었다. 김시현은 자초지종을 선선하게 답하였다. 황옥 경부는, 자신이 의열단원의 활동에 협력한 것은, 의열단원들을 가능한 일망타진하기 위하여 일부러 공산당에 가입하고 김시현과 상종하였으며, 국내로 폭탄반입의 실행에 가담하는 등으로 경성에 폭탄과 실행자들을 자기 손으로 잡아 자신의 공적으로 삼기를 바랐다는 취지의 답변을 했다. 공산당에 가입한 사실도 경찰부장에게 보고했고, 비용도 경찰기밀비로 충당한 것인데, 경성에서의 활동에 대해 경찰에 일일이 보고하지 않았던 것은 의열단원들에게는 자기가 검거한 모양을 내지 않으면서(의열단원들의 신임은 유지하면서), 자신이 전부를 소탕하는 공적을 차지하고 싶었기 때문이라는 취지였다. 그런데 자신이 먼저 범인체포와 폭탄 압수를 위해 보고하기 전에 신의주와 경성에서 폭탄을 압수하였다기로 자기의 구상대로는 성공할 가망이 없어 자신이 알고 있던 폭탄보관장소에 있던 폭탄도 내어놓게 되었다는 것이다. 요컨대 자신은 독립운동가가 아니라 그들을 유인하여 잡으려다, 그 공을 타 경찰에 가로채인 경찰이라는 것이다.[63]

---

61 조선일보 1923.8.7. "최진, 고교무부, 원강일, 권혁채, 이인, 허헌, 김병로, 김용무, 강세형, 윤방현"
62 조선일보 1923.8.7. "의열단 공판은 금일. 오전 8시부터 7호법정에 개정 변론할 변호사가 10여 명이라고, 금번에 변호사, 布施씨는 의문, 11명이 변호할 터"
63 동아일보 1923.8.9. "의열단공판, 황옥의 진술은 무엇이라 말하엿나, 포착하기 어려운 그의 심사, 홍종우는 내가 리용하기 위하야 안동현에 두엇소."

의열단사건, 인물과 내용이 대서특필되었다.
동아일보 1923.4.12.

　다음 유석현에 대한 질문이 있었다. 의열단으로부터 폭탄투쟁에 동참의
사를 물었을 때 그는 "지금 우리 조선사람이 나라가 깨어지고 밥그릇이 깨
지고 다 죽게 된 때이라. 조금이라도 눈이 뜨이고 마음이 있는 자이면 누
가 그 일에 찬성하지 아니하겠느냐"고 말하고 쾌히 승낙한 일이 있다고 씩
씩하게 답했다. 그는 김지섭 등과 함께 백윤화 판사의 집에 가서, 독립운동

군자금을 내라고 강요하다가 체포되었다가 풀려난 전말을 답하였고, 황옥과 함께 천진에 가서 김원봉을 만나 의열단에 가입하고, 국내로 폭탄을 운반하였으며, 경성에서 은신하다가 체포된 전말을 진술하였다. 다음 이현준, 남영득, 유시태, 류병하 등의 답변이 이어졌다.[64]

2.

1923년 8월 8일 공판 제2일, 홍종우, 백영무, 조동근, 이경희에 대한 재판장 신문이 있었다. 피고인에 대한 심리를 마친 뒤, 변호사의 증인신청이 있었다. 이 공판정에는 포시진치 변호사가 출정하였다. 그는 "사건을 명백히 하기 위하여 백상(白上) 전(前) 경찰부장, 마야(馬野) 현(現) 경찰부장, 안동현 영사 김우영, 백윤화 판사, 백운영을 증인으로 불러 물어달라"고 요청하면서 그 이유로써 "조선독립운동이 옳으냐 그르냐 하는 문제는 별문제이고 다만 이와 같은 범인을 체포하기 위하여 백상 경찰부장이 일부러 경관을 공산당에 가입케 하여 희생정신을 가지고 있는 사람들을 속여서 잡으려는 것은 정치도덕상으로 가만 볼 수 없는 터"라고 대갈하면서, "재판장은 세상의 의혹을 풀고 신청한 증인을 일일이 이 법정으로 불러 물어달라"고 하였다.[65] 이인 변호사도 여러 증인을 신청하고 피고에게 유리한 점을 묻게 하였고, 또한 황옥 사건은 "경찰부 내의 내홍으로, 한편에서는 (황옥 경부를 밀정으로) 시키고, 한편에서는 (황옥이 공을 독점하는 것을) 시기하는 일이 있었다"고 말했다. 강세형 변호사, 최진 변호사도 안동부 영사 김우영을 증인으로 신청하였다. 이러한 증인신청에 대해 검사는 그 필요성을 부정하였다. 재판장은 포시 변호사가 신청한 김두형, 황옥이 신청한 형사 김진봉 외에는 증인 신청을 모두 각하한다고 선언하고 폐정하였다.[66]

---

64 동아일보 1923.8.9.
65 동아일보 1923.8.8.
66 동아일보 1923.8.9.

방청석에는 피고의 가족과 방청인 백여 명이 가득 찼다. 경기도 경찰부에서도 경관 방청자가 많았다. 재판장 뒤에는 다른 사건에 보기 드문 판사 방청자, 검사정의 방청까지 있었다. 변호인들도 방청석에 앉아야 했다.

3.

8월 11일 간단한 증인신문을 한 뒤 평산 검사의 논고가 있었다.[67] 검사측으로서는, 폭탄과 권총의 물증이 명백하고 피고들이 자신의 소행을 인정하는 만큼 유죄판결을 얻는데는 아무 지장이 없었다. 검사는 조선인 전체가 조선독립운동을 희망한다는 사실은 시인하였다. 전조선에서 일어난 3·1운동의 예를 봐서도 알 수 있다는 것이다. 다만 검사는 일본이 조선을 압박한다고 조선인들이 인정하는 것은 "오해"에서 비롯된다고 주장했다. 또한 독립운동을 표방하여 자금을 뜯어내는 강도가 많고, 근래에는 그것이 하나의 직업이 되어 일반인의 비난을 사고 있다고 공박하였다. 피고들의 소행도 결국 이러한 독립운동을 표방한 강도에 불과하다고 폄하한 것이다.

다음 황옥에 대한 소행에 대해 논고하고 있다.

황옥이가 이 사건에 가담한 것은 숨기지 못할 사실이라. 황옥이가 피치 못할 것은 폭탄과 권총이 다수히 들어와서 혼자 잡지 못할 것은 사실이나, 보고까지 위조를 하여 전연 부인한 바이니 이것은 고등경찰의 지위에 있는 자로 도저히 마땅치 못한 일이며, 또 이경희는 황옥의 부탁에 지나지 못하는 바이라 변명하나 이십원을 받아가지고 효자동 조황의 집으로 가서 발송한 바인즉 이 돈을 가지고 발송하였다는 말을 들더래도 황옥의 선전이 확실하며, 또는 피고 동생의 말을 들더래도 경찰부로 돌아와서 매우 분한 태도로 이번은 조치 못하겠다 한 일

<hr />

67 조선일보 1923.8.12. "의열단 사건의 계속 공판. 경기도 경찰부 형사가 증인으로 출석, 휴직 경부까지 징역 10년, 김시현·류석현도 10년에 구형, 정탐극의 과실이 폭로, 김해에서 布施씨의 장문전보"

이 있었다 한 즉 검거코자 하지 아니한 사심이 분명하다.[68]

검사의 판단으로는, 황옥은 "한편에서는 경관, 다른 한편으로는 독립단"에 양다리를 걸쳐서, "작은 범인"은 경관의 입장에서 검거하도록 하고, 대신 "큰 범인"은 놓아주는 방법으로 처신하려 했다는 것이다. 일제의 입장에서 가장 경계해야 할 종류의 인사가 되는 셈이다. 끝으로 검사는 이 사건에서와 같이 조선독립운동이 "점점 극도에 달하는 것을 심히 유감"으로 생각한다고 하면서 각 피고에게 구형을 했다.[69]

김시현, 황옥, 유석현 각 10년

남녕득, 유병하, 유시태, 홍종우 각 8년

이현준 7년

백영우 6년

조황 5년

조동근 3년

이경희 1년 6개월

4.

변호사의 변론이 시작되었다. 7인 변호사들은 열렬한 설봉(舌鋒)으로 총독정치를 공격하고 의열단원들은 민중을 위한 자기희생을 한 자들로 옹호했다. 변론은 무죄론과 감형론으로 대별될 수 있겠다.[70]

---

68 조선일보 1923.8.12.

69 조선일보 1923.8.12.

70 조선일보 1923.8.13. "의열단 계속 공판의 후보. 7변호사의 열렬한 설봉은 이구동성으로 총독부 정치를 공격/의열단 계속 공판의 후보. 7변호사의 열렬한 설봉은, 민중을 위하여 희생, 황옥의 진의, 황옥 흉계를 금내 각득, 황옥을 타매, 독립운동이 기한 이후에 죽은 조선 사람들이 얼마나 되는지, 진술서를 제출, 판결 언도는 금월 21일"

먼저 감형론을 보자. 감형론은 원강일(原剛一), 고교무부(高橋武夫), 최진 변호사가 주창했다.

> 원강일 : 이 사건이 일어난 동기는 무엇보다도 (일본이) 조선민족을 죽임으로 인하여 일어난 것이다. 이것은 일시적으로 일어난 문제가 아니라 오래 전부터 일어난 사실이오. 또는 이후에도 계속할 일인데 일개인이나 이개인의 일이 아니므로 다 처벌할 수는 없는 바이다. 아울러 이들은 어떠한 실행한 일이 없고, 폭탄을 숭비함에 지나지 못한 것인즉 검사의 구형은 너무 심하다.
>
> 고교무부 : (황옥에 대한 감형론을 주창하면서) 이번 피고 중 김시현이나 황옥은 그 범죄 사실을 확인할지라도, 국가심리(國家心理)로 보면 죄라 하겠으나 민족 심리로 보면 죄가 아니요, 사람이 마땅히 할 일이라. 만약 현재 상태를 전혀 바꾸어 일본 사람이 조선 사람의 상태에 있다 하면 일본 사람은 어떻게 생각하겠는가 하는 취지의 변론을 했다.[71]

그에 반해 처음부터 무죄론으로 끌고간 변호사들이 있다. 김병로는 "조선민족의 참상과 이번 사건이 일어난 동기를 말하고 총독부당국의 행정에 대하여 공격을 시작한 후" 무죄론으로 귀결시켰다. 이어 청년변호사 이인은 "현재 세계정세와 각국에 유행하는 각 주의에 대하여 매우 명백하고도 철저한 언론을 열렬히 토로"한 후 무죄론을 주창했다. 김용무는 "어떤 나라 사람이든지 좋은 생활을 하고자 하는 것이 무슨 죄가 되겠느냐는 논박을 시작하여 유창한 일본말로 열변을 토하였다"고 한다.[72]

---

71 조선일보 1923.8.13 "7변호사의 열렬한 설"
72 동아일보에서는, 김병로는 "조리있고, 힘있고, 열렬한 변론"을 했다고 하고, 이인은 "간단 명료하고도 요점을 잡아낸 변론"이라고 평하였다. 김용무는 "조리 명료한 간단한 변론"을 했다고 한다(동아일보 1923.8.13).

모든 변호사가 피고인의 이익을 위해 변론을 하나, 변론의 방향에서 뚜렷한 차이를 보이고 있다. 의열단원들은 가식으로라도 회개한다든가 하는 언동이 일체 없었고, 조선민족독립의 대의에 추호의 흔들림도 없었다. 이런 피고인을 위한 최선의 변론은 무죄변론일 것이다. 정상론과 감형론도 피고인의 이익을 위한다고 하지만, 이같은 피고인의 앞에는 무언가 구차스러운 감이 있다. 따라서 무죄변론은 의열단원들의 의지와 용기에 보다 합당한 변론방식일 수 있다. 다만 무죄변론을 적극적으로 펼 경우 일제 법정에서 변호인에게 무형의 중압감이 클 수 있다. 그럼에도 김병로, 이인, 김용무 등 항일변론의 중심인물들이 그런 태도를 일치하여 취한 것은 주목할 만하다.

한편 첫 공판에는 출정하였으나, 이 날 주위 사정으로 인하여 시골에서 올라오지 못한 포시진치(布施辰治) 변호사는, 이인 변호사에게 장문의 전보를 보냈다. 포시진치가 일본에서 가진 영향력이 매우 컸던 만큼, 언론은 그러한 전보에 대해서도 비중있게 보도하였다. 그는 황옥 사건의 배경에는, "독립운동에 대한 교활한 형사대책" 즉 "정탐(스파이)의 잘못된 연극이 폭로"된 것으로 파악했다. 따라서 그러한 "잘못된 사상대책"을 버릴 것을 촉구했다. 황옥은 그러한 연극에 빠진 피고에 불과한 것이어서, 죄에 걸리게 하지 말 것을 요청했다. 피고들은 "조선인을 위하여 초월한 인격, 독립의 사상을 가진 이들"이란 점을 양해하여 공정한 판결을 구할 것을 촉구했다.[73] 일제의 사상대책, 형사대책을 통박하면서, 무죄론에 적극 가담하고 있다고 할 수 있을 것이다.

포시진치는 또한 김시현과 재판장에게 각각 전보를 보냈다. 김시현(金始

---

73 동아일보 및 조선일보(조선일보 1923.8.12. "김해에서 포시(布施)씨의 장문전보") 에 전문을 그대로 소개하고 있으나, 약간의 차이가 있음을 확인하고 두 신문을 대조하여 조정하였다. ; 포시진치는 첫 공판기일(1923.8.7.)에는 출정하였다.(동아일보 1923.8.9. 참조)

顯)에게는 위문의 전보를 보냈다. "모든 일을 운명에 맡기고 심기 자약하여 평안히 있으라. 감옥 안에 있으나 바깥에 있으나 마찬가지가 아닌가"하는 내용이었다. 재판장에게는 "공정한 재판을 바란다"는 전보를 보냈다. 일반 변호사들을 대신하여, 이인 변호사가 감사의 답전을 보내기로 했다.[74]

5.

변호사의 변론이 끝난 후에 재판장은 피고들에게 대하여 무엇이든지 할 말이 있으면 말하라 하자, 김시현부터 최후진술을 시작했다. 그는 자신의 행동은 모두 진술한 바이고, 변호사들이 피고의 이익될 점을 말했으니 특별히 할 말이 없다고 태연하고 무겁게 말하였다.[75] 다만 검사의 논고 중에 '직업적' 독립운동가 혹은 '직업적' 군자금 강탈분자로 말한 부분에 대하여 분명히 반박했다.

김시현 : 검사의 말에 우리를 직업적 독립운동자라고 하나 우리는 결코 직업적
   으로 무엇을 하려고 하는 체면보는 자가 아니오. 민중을 위하여 희생코
   자 하는 사람이므로 징역 10년은 고사하고 백년이라도 거기에는 불복
   을 하려고도 하지 않소. 그러나 내가 국제연맹회의에 가담하여 로국까
   지 갔다는 것은 독립운동에 가담코자 함이 아니라. 일방으로는 태평양
   회의를 반항코자 함이오, 일방으로는 무산대중의 약한 자를 구하고자
   하는 것이 나의 본 목적이었소. 피고중에 조동근은 사실 무죄한 사람이
   오. 그가 폭탄을 자기 집에 두었던 것이 죄라고 하더라도 그는 순전히
   폭탄으로 안 것이 아니라 모과수동으로 속았던 것이 사실인데 그것을
   죄라고 하는 것은 너무도 심한 일이다. (자기의 형벌에 대하여는 조금도 말하
   지 아니하고 다른 피고의 사실을 말한 후 천연히 앉는 것은 보는 사람으로 하여금 의기

74 동아일보 1923.8.12.
75 동아일보 1923.8.13.

의 남아 있는 것이 뵈이게 되더라.)[76]

이현준 : 징역이나 사형은 의열단에 가입할 때부터 자각하였던 것이므로 여기에
　　　 대하여는 십년이 되나 백년이 되나 사형이 되나 무엇이든지 감수할 터
　　　 이므로 구구한 변명을 아니하겠소.

남영득 : 나도 역시 의열단원인 고로 여러 말하지 않으려 하오. 그러나 직업적
　　　 독립군은 아니오. 단지 원한으로 생각하는 바는 일한합병 때에 그리 많
　　　 이 죽지 안했던 조선동포가 독립운동 … 얼마나 죽었는지 아시오. 그리
　　　 고 의열단원은 돈모집하는 것이 아니므로

유시태 : 진술서를 제출하였는데 그것을 보았거든 마음대로 하시오. 황옥이가
　　　 그러한 자인 줄은 참으로 몰랐으며, 류병하는 사실 심부름뿐인데 그에
　　　 게 하는 처벌은 나에게 겹쳐주시오.[77]

문제의 황옥은 다음과 같이 최후진술을 하였다.

황옥 : (눈에 눈물을 머금고 방금 울 듯한 태도로) 자기가 천진에 출장하였다가 경찰부
　　　 에 돌아와 부장과 과장들에게 책망을 당하고 자기의 심사를 알아주지 못
　　　 함에 분함을 이기지 못하여 자살까지 하려고 하였으나 그러나 본마음을
　　　 변치 않고 이번 사건을 교묘히 운용하여 대대적으로 검거를 행하는 동시
　　　 에 자기의 수완으로 보이면 책망하는 부장이나 과장이나 또는 경무국장
　　　 까지도 자기를 칭찬하고 따라서 경시까지라도 승급을 시켜주리라고 굳게
　　　 결심하고 모든 사실을 말하지 아니한 후 안동현에 있던 폭탄이 경성으로
　　　 들어오기만 기다렸더니 필경은 경찰부에서 모든 사실을 탐지하고 안동현
　　　 에 있는 폭탄까지 압수하여 마침내 오늘같이 의열단을 이용하려던 자기
　　　 로, 의열단의 공법자라는 말을 듣게 되었다.[78]

76 동아일보 1923.8.13.
77 동아일보 1923.8.13.

황옥 자신은 경찰로서 의열단을 대대적으로 검거하여 승진과 칭찬을 바라면서 교묘하게 운용했는데 되려 자신이 의열단의 공범자로 몰린 것을 억울해하고 있다. 이어 유석현, 이현준, 남영덕 등은 의열단원으로서의 자부심을 갖고, 형벌에 대해 연연하지 않음을 당당하게 선언했다. 아울러 황옥에 대한 동지로서의 신뢰를 준 데 대해 분노를 표시하고 있다.

유석현 : (사람의 폐부를 찌르는 듯한 힘있고 애절한 목소리로) 이번 재판이 진정한 재판인가 아닌가를 의심하지 않을 수 없소. 그 이유로는 세가지 조건이 있는데 이제 말하겠소. (그러나 재판장이 그런 진술은 듣지 않겠다고 거절하자) 한숨을 쉬고는 자리에 앉았다.

이현준 : (눈에 불길이 번쩍하며 몸을 부들부들 떨며) 나는 신성한 의열단이오. 나는 황옥과 친한 지가 1년이 되었소. 지금까지 나는 황옥을 조선의 훌륭한 남자, 뜻있는 사람, 그가 경찰관이나 경부라는 것은 다만 거짓으로만 알았소. 그러나 이 자리에서 황옥의 말을 들으니 황옥과 같이 이 자리에 선 것을 심히 부끄러워하오. 우리를 모두 잡아주고 자기의 사복을 채우겠다는 악마의 행동을 이제야 알게 되니 분하기 그지 없소. 나의 형벌에 대하여는 사형이라도 좋고 그 무엇이도 좋소이다. 아무 말도 아니하니 재판장 맘대로 하기를 바라오.

남영덕 : 역시 나는 의열단이오. 검사의 말이 우리의 행동을 직업적이라 하나 우리는 절대로 그렇지 않소. 나는 일한합병에 불평과 불만을 품고 의열단에 가입한 후 전혀 조선을 위하여 생명을 바쳤소이다. (다만) 나는 군자금을 모집하지 아니하였으며 더욱이 의열단은 군자금을 모집하지 아니합니다. 나는 조선민족에게 각성을 주기 위하여 오늘날까지 살았은 즉 나의 형벌에 대하여는 사형도 좋소이다. 더 말하지 아니하오.

---

78 동아일보 1923.8.13.

유시태 : 황옥을 진정한 자기 동지로 알고 경찰서에서 수없는 고초를 당하면서
　　　도 황옥을 가리워주고 황옥을 두호하여 주었으나 사실 오늘날 알고 보
　　　니 분하기 짝이 없소.[79]

　의열단원들의 법정태도는 이렇듯 한결같이 의연하였다. 형벌이 십 년이
든 백 년이든 사형이든 상관하지 않을 것이고, 판결에 불복하며 상소한다
든지 하는 구차스런 짓은 하지 않겠다는 것이다. 사실관계에 대해서는 독
립운동 관여사실을 분명히 인정하고, 다만 틀린 사실관계는 바로잡고, '직
업분자'와 같은 오명은 확실히 바로잡는 정도의 언급만 했다. 의열단원이
아닌 연루된 피고인에 대해서는 사건과 무관함을 역설하기도 했다. 황옥의
태도에 대하여는 배신감과 분노를 표하고 있다. 이들의 법정태도를 한마디
로 한다면, "나는 신성한 의열단원이다"는 것으로 압축될 수 있겠다.

6.
　1923년 8월 21일 조선천지를 진동시켰던 의열단원에 대한 판결이 선고
되었다.[80]
　형량은 김시현, 황옥 10년, 유석현, 남영득 8년, 유시태 7년, 유병하, 홍종
우 6년, 이현준, 백영무, 조황 5년, 조동근 1년 6월, 이경희 1년이었다. 이경
희 이외는 전부 검사의 구형대로 판결이 내려졌다. 이경희의 구형은 징역
1년6개월이었으나, 징역 1년이 선고되었다.[81] 황옥의 변명은 전혀 받아들

79 동아일보 1923.8.13. "의열단판결언도, 이경희이외는 전부 구형대로"
80 김시현 등(유시태, 홍종우, 백영무, 조동근, 조황, 이경희, 유석현, 이현준, 남영득,
　김시현, 유병하, 황옥) 판결문(대정12년 형공 제467호), 경성지방법원(의열단과 고
　려공산당의 일원들로 조선의 독립을 위해 폭발물 취체규칙을 비롯하여 1919년 제
　령 제7호 위반 및 강도 등의 활동을 전개한 인물들에 대한 판결문), 1923.8.21. (전
　문출처: 공훈전자사료관 http://e-gonghun.mpva.go.kr)
81 동아일보 1923.8.22.

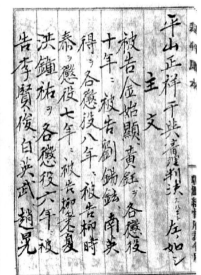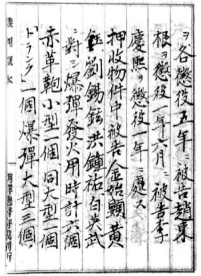

김시현외 형사판결문.
독립기념관 제5전시관(5-000965-000)

여지지 않았고, 가담사실이 경미하다 할지라도 경찰로서의 임무로 인해 가
중되어 김시현과 동등한 징역 10년의 중형을 선고받은 것이다.

　김시현, 유석현, 이경희는 판결에 불복하고 항소하였으나, 곧 항소를 취
하하였다. 김시현은 자진할 결심으로 단식을 하였으나,[82] 노부모가 먼저 죽
겠다고 하니 어쩔 수 없이 다시 먹기를 승낙하였다. 그로부터 6년을 지나
김시현은 1929년 1월 29일 대구형무소에서 출옥하였다.

　황옥은 처음부터 항소하지 않았다. 그는 서대문형무소에서 복역하다가
신경쇠약과 위장병으로 1925년 12월 16일 형집행정지로 출옥하였다. 그의
자택으로 방문한 기자는 근황을 이렇게 쓰고 있다.

　안방 황군의 처소로 드러가니 탕약냄새가 코를 찌른다. 알엣목 욕(褥)우에 안젓

---

82 조선일보 1923.12.16. "의열단 사건으로 철창생활하는 김시현의 단식에 대해"

든 황군은 광장(廣長)한 얼굴에 미소를 띠우면서 「밧브신데 이처럼 차저 주시니 고맙소이다」하며 반가히 답례를 한다. 아룻목 구석에는 젹은 책장이 잇고 방 중간에는 화로에 약관(藥罐)이 노여 잇고 웃목에는 의장(衣藏)이 노여 잇는데 8,9세 우(又)는 5,6세의 소녀 2인이 우리 겨테 가즈런히 안저 준다.

「역중(役中)에 겸하야 병고(病苦)까지 당하시니 얼마나 괴롭슴닛가」하고 위문엣 말을 하니 그는 빙그레 우스면서 「인생이란 어대 잇든지 고생이지요.」하며 인간의 무상을 저주하는 빗치 보인다. 병의 발생 병의 경과를 무르니 「작년 봄부터 신경쇠약에다가 위장병이 덥쳐서 이래 옥중에서 치료하다가 그것이 만성이 되야 맛츰내 집행정지로 나왓습니다. 병만 나으면 다시 입감될 터이닛가 아직도 지옥의 인연을 끈지 못하얏습니다. 본래 10년형에서 2년 반쯤하고, 2년 반쯤 감형되고, 이제 여기(餘期 : 잔형기간) 5개년 3개월쯤 됩니다. 운명이란 임의 정한 수가 잇스닛가 비관은 안이 합니다.」하며 한번 웃고 만다.[83]

1928년 5월 30일 황옥은 보석이 취소되면서 다시 서대문형무소에 수감되었다. 일제하에 그에 관한 기록은 더 이상 나오지 않는다.

7.

사건 후일담을 정리해 보자.

먼저 이 사건이 변호사 이인에게 남긴 인상이다. 사건 자체가 엄청난 것인데다, 이인으로서는 변호사가 된 지 불과 2달만에, 처음으로 맡은 사건이기에 더욱 잊지 못할 사건이었을 것이다.

법정에서 만난 애국지사들은 그 사람됨이 모두 의젓해서 모두를 놀라게 했다. 그 중에서 김시현, 유석현은 헌칠하게 잘 생긴 청년들인데, 조금도 자기를 내세

---

[83] "새해에 병우(病友)들은 엇더하신가, 병우 김명식, 황옥, 현상윤군을 찾고," 개벽, 제66호, 1926.2.

위 선전하려는 티가 없고, 반면에 비굴한 내색도 없었다. 나는 이들을 보면서 저렇게 티없는 청년이 관공서를 부수고 일인을 죽이는 데 앞장서 온 사람들이라고 얼른 믿어지지가 않았다. 이에 비하면 홍종우는 힘이 장사요, 25관은 됨직한 위장부로, 그 의젓한 품이 법정을 압도하는 듯했다. 이들은 모두가 재판장 앞에서 이로정연하게 거사하려던 본뜻을 밝히고 또박또박 할 말만을 간단히 하는 것이었다. 다만 황옥만은 의거행동에 가담한 것이 아니라고 극구 변명을 했다. 그러나 황옥의 변명은 한마디도 인정이 되지 않았다.[84]

황옥의 변명이 인정되지 않았음은 일제하에서는 고난이었지만, 해방 후에는 상황이 역전된다. 일경의 간부였음에도 민족반역자로서의 역사의 심판을 면하고, 독립지사의 한 사람으로 인정될 수 있었다.[85] 그러나 그의 정체에 대한 평가는 엇갈리고 있다. 의열단 관련자 중 유석현은 황옥의 진정성을 한결같이 인정하고 있지만, 전반적으로 볼 때 그 개인은 "친일과 애국 사이의 경계선상에서 행동했다"는 평가를 할 수 있겠고, 일제의 의열단 파괴공작의 한 단면으로 이해할 수 있을 것이다.[86]

---

84 이인, 반세기의 증언, 25면.
85 이인, 반세기의 증언, 25면.
86 김영범에 따르면, '황옥사건'은 경기도 경찰의 고위층이 의열단 조직을 일망타진하기 위해 벌인 치밀한 유인공작의 결과물이었을 가능성이 높다고 본다.(김영범, 의열투쟁 I-1920년대, 한국독립운동의역사 제26권, 168~173면); 또한 황옥의 경우를 살펴보면 "일제통치기구에 편입되어 친일과 애국의 경계선에서 활동하였던 한 사례로서 극명하게 드러나는 인물"이라는 평가도 있다. 이같은 행동은 "일본제국주의 지배체제에 협력과 저항이라는 이중성과 양면성이 내포된 기회주의적인 것"이라는 것이다.(황용건, 항일투쟁기 황옥의 양면적 행적 연구, 안동대 석사학위논문, 2008 등).

희천사건과 경북중대사건
경찰 고문에 대한 항변

1920년대 초는 무장독립운동이 가열차게 전개되었던 시기였다. 한편으로 주로 평안북도의 국경지대를 넘어와 주재소를 습격하여 일제 경관을 죽이는 독립군의 흐름이 있었고, 다른 한편으로 의열투쟁의 일환으로 폭탄과 권총으로 일제를 타격하여 죽이는 흐름이 있었다. 그에 대해 일경은 관련자 색출에 나서면서 사건과 무관한 주민들에게 죄를 씌우는 일이 적지 않았다. 죄를 씌우는 방법은 물론 전가의 도구인 고문이었다. 잔학한 고문을 통해 범죄사실을 자백받고, 여러 사람들을 '범죄'에 연루시켰고, 그로 인한 피해가 양산되었다. 사건의 대부분은 일제 경찰과 검사의 의도대로 법정에서 유죄 및 중형을 받는 것으로 귀결되었다. 그러나 모든 사건이 그들의 의도대로만 되어진 것은 아니었다. 피고인 혹은 그 가족들이 처참한 고문사실을 고발하거나 여론화한 경우가 있었다. 이를 받아, 변호사가 고문사실을 법정에서 폭로하고 고문의 진상을 밝히라고 적극 변론할 때, 고문을 둘러싼 법정공방이 가열화되었다. 법정공방이 가열화될수록, 예리한 촉각을 곤두세운 언론의 지면에 낱낱이 공표되었다.

1924년에 그러한 공방의 정점에 있었던 두 사건이 있다. 하나는 평안북도 희천경찰서의 고문사건(흔히 "희천사건"이라 불렸다)이고, 다른 하나는 경상북도에서 일어난 복잡한 사건(흔히 "경북중대사건"이라 불렀다)이 있다.[87] 이 두 사건을 분석함으로써, 당시의 수사의 실태 및 공판과정에서 변호사의 역할을 음미하기로 한다. 희천사건의 항소심에는 김병로가 마지막에 가세했으며, 경북중대사건의 제1심에는 이인 변호사가 적극적 역할을 했다. 물론 그 지방의 유능한 변호사들이 사실관계를 조사하고, 피고인들의 개별적 변론을 뒷받침함으로써 소기의 성과를 거둘 수 있었다. 경성의 변호사와 지방의 변호사가 효과적인 역할분담을 한 사례로 이야기될 수도 있을 것이다.

| 희천고문사건 |

1.

1923년 9월 21일 평북 희천군 북면 명문동 창첨에 약 30여 명의 무장독립단이 출몰하여 경찰관 주재소(창첨주재소)와 면사무소를 습격하였다. 독립단과 경관 사이에 격렬한 총격전이 일어났고, 순사 한 명이 총에 맞아 죽었고, 주재소는 불에 타버렸다. 면사무소와 민가 이십여 호도 불에 탔다. 밝혀진 바에 따르면, 당시 주재소를 습격한 독립단은 천마사령관 최시홍의 부하 최오산이 거느린 광복군이었는데, 그 주모자들은 체포망을 벗어났다.

평북 경찰부에서는 사건이 발생한 이래 희천경찰서의 경관대와 연락하여 밤낮으로 범인수색에 노력하여 수십 명을 검거하고 문초하였다. 그리고 호젓한 곳에서 독립단들이 숙박하기 쉽다는 이유로 민가에 불을 놓아 태워버리는 만행까지 저질렀다. 경찰은 독립단들과 맥을 통한 혐의로 그 부근의 동리 사람 오륙십명을 취조하여, 결국 그 동리 조준룡 등 28명으로부터

---

87 희천사건에서 변호사의 활약에 대하여는 김이조, "광복군의 희천경찰서 창첨주재소 습격사건의 공소심(2심) 재판-우리 변호사의 법정투쟁활동," 인권과정의, 2010.7, 113~119면을 아울러 참조.

범행관여사실을 자백받고, 그들을 신의주지방법원에 기소했다.

제1심에서 피고인들은 항변다운 항변을 하지 못했고, 언론에서도 제1심 공판에 관한 기사는 거의 없었다. 여론의 주목을 받지 못한 가운데 경찰과 검찰은 아무 저항없이 자신들의 의견을 관철시킬 수 있었다. 1923년 12월 28일 제1심판결은 방화살인죄 등으로 조준룡, 송영진, 송영수, 최운기 등 4명에게 징역 7년, 조삼룡 등 21명에게는 각각 징역 5년, 백정국 등 3명에게는 무죄판결을 내렸다. 유죄판결을 받은 26명의 피고인들은 이 판결에 불복하고 평양복심법원에 항소하였다.

2.

1924년 5월 1일 항소심이 개정되었다. 평양복심법원에서 입천 재판장, 삼정 검사, 변호사 김형숙, 한근조, 이희철, 이동초, 이희적, 최창조 등 제씨의 입회로 개정하고 사실심리가 진행되었다.

변호인들의 조력에 힘입어, 피고들은 사실심리에서 피의사실을 전면 부인하였다. "최오산의 권유로 독립청년단을 조직하였다는 일과 주재소를 습격할 때 같이 가서 도와주었다는 일이며 또는 최오산 일파에게 길을 인도하여 주고 경관의 동정을 정찰하여 밀고하였다는 등"의 사실을 완전히 부인한 것이다. 그러면 경찰에서의 자백은 어떻게 이루어졌는가? 그들은 처음 경찰에 체포되었을 때부터 열하루 동안이나 지독한 고문을 당했다고 진술했다. "독한 매와 악형에 못이기에 경관의 묻는 대로 그렇다고 대답만 하였을 뿐이요 (그런) 사실은 전혀 없다"고 부인하였다.[88] 어떤 피고인들은 "손과 팔이 못쓰게 되었다고 하고 어떤 피고는 다리가 병신이 되었다 하며 또 어떤 피고는 불덩이나 혹은 화저(火箸)로 살을 익히어서 그 흔적이 아직도 완연하다고 옷을 벗어보이고 또는 음경에 화침(火針), 손톱눈에 죽침(竹

---

88 조선일보 1924.5.4.

針)을 맞아 이제는 불구자가 되었다"고 고문당한 참상을 울며 호소하였다. 이에 변호사들은 증인신청을 하였다. 김형숙, 한근조 변호사는 "피고들의 답변에 의한 즉 경찰의 고문이 사람으로서는 능히 견딜 수 없는 극도에 미치어 없는 사실을 있다고 대답한 피고도 있고 또한 고문 당시에 정신을 차리지 못하여 신문조서에 영문도 모르고 도장을 찍은 피고도 있으니 그 고문정도를 한번 자세히 검증하여 보아달라"고 신청하였다. 당시의 법정 분위기를 기술한 기사를 보자.

> "피고들의 답변에 의한 즉 경찰의 고문이 사람으로서는 능히 견딜 수 없는 극도에 미치어 없는 사실을 있다고 대답한 피고도 있고 또한 고문 당시에 정신을 차리지 못하여 신문조서에 영문도 모르고 도장을 찍은 피고도 있으니 그 고문정도를 한번 자세히 검증하여 보아달라"고 신청하였다. 입천 재판장은 즉시 피고들의 옷을 벗기고 나체검사를 하여본 결과 과연 참혹스러움으로 법관들도 얼굴을 찡그리었고 방청인들도 낯빛을 변하였는데, 피고들은 좁은 가슴속에 서리고 맺혔던 깊은 원한이 일시에 폭발되었던지 갑자기 대성통곡을 하게 되어 법정 안은 구슬픈 울음소리와 함께 눈물의 바다로 변하였다.[89]

뜻밖에도 입천 재판장은 변호인의 고문감정 요청을 수락하였다. 그는 배석판사들과 함께 협의실로 들어가서 한참 동안 협의한 후 다시 법정에 나타나서 "5월 3일에 다시 공판을 개정하고 의사를 청하여 고문의 정도를 검증케 하겠노라" 한 후 곧 폐정하였다.

---

89 동아일보 1924.5.4. "경찰고문을 법정에서 호소, 평북희천 창참주재소습격사건공소공판, 전후 열하로 동안 계속한 지독한 고문을 호소/피고일동방성통곡, 검사의 라체검사가 끗난후에"

3.

1924년 5월 3일 제2회 공판이 열렸다. 재판장은 출정한 평양자혜의원 의관 급천(及川)씨를 감정인으로 선정하고, 그에게 피고들의 고문당한 정도에 대해 자세히 검증한 후 1주일안에 감정서를 재판소에 제출해달라고 요청했다. 검증은 평양형무소에 가서 하게 하고, 다음 공판에서 그 감정서를 중심으로 다루기로 하였다. 변호사들은 감정인(급천(及川) 의관)에 대한 기본적 신뢰를 갖고 있었다. 김형숙 변호사는, "급천 의관은 매우 진실한 학자이며 또한 가장 신뢰할만한 인격자이다. 물론 감정에 대하여 절대 공평할 것을 확신하는 바이며 또 그 감정서 여하에 의하여 피고 26인의 사형 무기 혹은 무죄 방면까지 달리였으매 급천 의관은 가장 감정을 엄밀히 하여 사실의 흑백을 일호 유감없이 판단하여 줄 줄로 안다"고 언급했다.

1924년 5월 17일 제3회 공판이 열렸다. 피고중 송찬보는 병으로 인해 출정할 수 없었고, 25인이 출정했다. 급천 의관은 감정서를 법정에 제출하였다. 그 요지는 다음과 같다.

"이관도, 이찬지, 김중보 등 세 사람은 악형당한 흔적이 보이지 아니하나 그 외의 피고 23인은 전부 반년이상 일개년 이내의 타박상과 박승(縛繩) 자리가 아직도 넉넉히 남아있다. 이로써 볼지라도 피고들의 악형당한 사실을 넉넉히 짐작할수 있거니와 피고들의 말을 듣건대 박승으로 결박을 하고 높은 곳에 매어달아 인사불성이 된 일은 여러 번이고, 화젓가락으로 살을 익히며, 손톱눈에 죽침질과 음경에 화침질과 같은 형언할 수 없는 갖은 악형을 다하여 정신이 없는 중에 소위 심문조서에도 도장을 찍게 하였다는 것이다"[90]

90 동아일보 1924.5.18. "고문을 의관이 증명, 피고 이십오명 중 이십이명은 반년이상 일년의 중상을 당해, 창참주재소습격사건공판/불인문(不忍聞)할 악형방법, 손톱 눈에 죽침, 음경에도 화침"

이어 감정서는 피고들의 상흔의 정도를 구체적으로 기록하였다. 예컨대, "조준룡 화상 3개소, 긴박상 1개소, 좌상 6개소, 타박상 1개소," "이지선 긴박상 1, 좌상 7, 화상 1 등." 개개인별로 피고들은 8개월이 경과한 시점에도 화상, 긴박상, 좌상, 타박상 등의 흔적이 완연히 남아있어 심한 자는 15개소의 상처가 조그마한 몸뚱이 위에 푸릇푸릇하게 된 피고도 있었다.[91]

재판장은 이 감정서의 내용을 일일이 설명해주었다. 고문사실 및 상흔의 내용을 낱낱이 정리한 이 감정은 피고와 변호인에게는 대단한 승리를 의미하는 것이었지만, 검사에게는 엄청난 타격을 초래했다. 검사는 "아직 그 감정서가 완전하다고 할 수가 없으니 다시 감정의를 불러 어느 상처는 고문한 자리요 어느 상처는 평소에 자기가 당한 흔적인지를 명확하게 하여달라"고 신청하였다. 재판장은 그 점에 대해 의관의 감정을 받기로 하고 폐정하였다.[92] 1924년 5월 23일 입천 재판장으로부터 증거조사를 하명받은 수명판사 송본 판사는 검사와 변호사(김형숙, 이희철, 한근조) 및 감정의사의 입회 하에 증거조사를 하였다. 피고인들을 다섯 혹은 여섯 명씩 차례로 불러들여 옷을 벗기고, 피고들의 몸에 난 상처자리와 감정서를 일일이 대조해가며 세밀히 조사하였다.[93]

1924년 6월 6일 제4회 공판이 열렸다. 그 사이에 피고인의 수가 26인에서 25인으로 줄었다. 피고인 중 김중보가 사망했던 것이다. 김중보는 평양형무소에 재감 중 폐렴으로 인해 생명이 위독하여, 평양 자혜의원에서 입원치료케 하였으나 병세가 위중하여 1924년 5월 29일 세상을 떠나고 말았다. 김형숙 변호사는 입원치료를 위한 비용을 담보했고, 사후에는 매장인

---

91 동아일보 1924.5.19.
92 동아일보 1924.5.19.
93 언론은 이 대목에서, "감정서의 내용이 틀림이 없고, 그 상처들이 고문으로 말미암은 것임을 의심할 여지가 없게 되었다."라고 보도하고 있다.(동아일보 1924.5.26. "일반방청을 금지하고 법정에서 나체검사, 급천의관의 감녕과 다름없는 극악무도한 희천서고문사건")

가를 내고 매장까지 주선하였다.

공판에서는 의관으로 하여금 감정한 바를 설명하게 하였다. 검사는 감정인에게 "자세한 바를 질문"하였다. 상처가 있다 하더라도 언제 어떻게 생긴 것인가, 반드시 고문으로 인한 것이라고 확신할 수 있는가 하는 질문이었을 것이다. 의관은 "확실하다고 할 수 없으나 상처는 분명하며, 대개는 고문으로 그렇게 되었다"고 답변하였다. 변호사는 증인에 대한 환문신청을 하였고, 재판장은 그 중 김두성 외 15명을 증인으로 부르기로 하였다. 더욱이 (고문사실 여부에 대한 질문을 위해) 직권으로 이 사건 책임자인 희천경찰서 경부보인 원부차랑 외 5인을 부르기로 하였다.[94]

그간 피고인들의 주장과 기자의 취재를 종합하면, 사건의 전모는 대략 다음과 같았다. 경부보 원부차랑 외 다른 경관들의 주장에 따르면, 사건의 단서를 얻게 된 동기에 대해서는, 김두성이라는 주민에게서 "사건이 발생하던 그 날 밤에 군복입은 독립단 외에 흰 옷 입은 조선사람도 섞여 있는 듯하다"는 말을 듣고서였다. 당시 독립단이 주재소를 습격한 이유가 그 주재소에 구금되어 있던 독립단 수령 임성율을 탈취해가려는 것이라고 생각하고, 그 임성율의 주소가 본래 명문동 요참이라는 동리이므로 그 동리 사람들이 독립단과 같이 왔을 것임에 틀림없다고 생각하여 즉시 요참에 가서 연약한 부녀자들로부터 사실을 자백하라고 했던 것이다. 그 여자들 중에서 혹은 매에 못견뎌서 "그렇다"고 대답한 것을 유일한 증거로 삼고 검거에 착수하여 피고 삼십여 명을 검거하는 동시에 피고의 집에 모조리 불을 놓았던 것이다. 그러니까 민가에 방화는 독립단원들이나 주민들이 아니라 경관의 손으로 이루어진 것이며, 거기에 더하여 피고와 그 가족까지 끌어다 경찰서에 잡아넣고는 참학한 고문을 가하여 취조서류를 꾸몄던 것이다. 피고인들에 대한 고문 이외에 가장 끔찍한 고문사실은, 피고의 한 처(33세)에

<hr>

94 동아일보 1924.6.8. "고문사건책임자로 희천서원오명소환결정, 작일에 열린 희천군 창참주재소 습격사건 공판뎡에서"

게 고문을 하다 못해 나중에는 음부에 심지를 꽂고 불을 질러놓아 국부에 큰 화상을 입혀 그로 말미암아 몇 개월이 지나도록 신고(辛苦)하는 중에 있었던 것이다. 이것이 "신인공노(神人共怒)할 죄악"이자 "모골이 송연한" 사태의 전말인 것이다.[95]

4.

1924년 6월 21일 제5회 공판이 열렸다. 먼저 증인신문이 있었다. 경찰 증인에 대한 재판장의 신문이 진행되었다.

재판장 : 직업이 무엇이냐
증인(石田正平) : 순사를 다니다가 그만두었다.
재판장 : 피고들을 심문할 때 자백시키기 위하여 폭행 또는 구타하여 화침 같은 것을 준 일이 없느냐.
증인 : 없었다.
재판장 : 그러면 다른 순사가 그같은 짓을 하지 않았느냐
증인 : 그것은 모른다. 그 당시에 창참주재소에 있었는데 습격을 당했으므로 도무지 원기가 없어서 고문할 기운도 없었다.[96]

증인으로 나선 다른 경찰관 4명도 여러 사람을 심문하였으나 고문사실은 없다고 부인하였다. 경관증인의 신문이 끝나자 재판장은 피고 일동의 생각은 어떠냐고 물었다. 피고 일동은 한 입으로 "그런 놈들이 어데 있겠소. 우리를 때려 병신을 만들고 우리 집에 불을 놓으며 총으로 닭을 쏘아

95 동아일보 1924.6.9. "신인공노할 죄악, 주택에 충화 부녀도 악형, 한명의 고발로 위선"
96 동아일보 1924.6.23. "희천군창참주재소습격사건의 공판, 조준룡등 피고들은 법명에서 방성통곡/「사실업다고」/「그런놈들?」…/민가방화는 경관소위가 분명하다고/계속공판은 칠월삼일에 고문뎡도 또 감뎡"

잡아먹는 등 갖은 폭행을 다하고도 아니하였다는 말이 왠 말이요" 하면서
너무도 억울하여 목을 놓아 울기 시작하여 법정안은 눈물의 바다로 변하였
다.

재판장은 간신히 피고들의 울음을 진정시킨 후, 피고 혹은 변호사들의
신청으로 호출한 증인들을 신문하기 시작했다. 재판장은 피고들을 진정시
킨 후 피고 혹은 변호사들의 신청으로 호출한 증인들을 신문하였다. 원천
경부보는 일전에 김두성이라는 자로부터 창참 주민들의 연루 혐의를 들었
다고 했는데, 이 날 증언에 나선 김두성은 원천 경부보에게 아무 말도 한
적이 없었고, 또한 주재소가 습격당하던 9월 21일 밤에는 피고 중 6인이 자
신의 집에 같이 있었다고 증언함으로써, 경찰의 주장에 반박했다. 주민 중
김기섭을 신문했는데, 동리에 불을 놓은 것은 창참주재소 경관들의 소행이
었으며, 이 사건의 피고인인 조준룡 등 6인의 집이 탔다고 답변하였다.

이러한 증인신문이 끝나고, 변호사들은 추가로 증인 요청을 하였고, 반
면 검사는 피고들의 상처가 당시의 고문으로 인한 것인지 여부는 제출된
감정서로 불충분하니 다시 전문의사의 감정을 받자는 신청의견을 진술하
였다. 재판장은 검사와 변호인의 신청을 모두 기각하고, 이미 출두명령을
낸 증인만 추후 증언하기로 하고 폐정하였다.[97]

5.

1924년 7월 3일 제6회 공판이 열렸다. 증인으로 나온 주민들은 피고들
에게 유리한 증언을 하였다. 검사의 논고와 구형이 있었다. 제1심과는 달
리 치열한 사실 공방을 벌인 탓이라 검사 측은 수세에 몰렸다. 삼정 검사는
"피고측 증인의 진술은 대개 피고들에게 유리한 진술이나 여러 증인의 하
는 말이 서로 일치되지 못하여 모호한 점이 많고, 또 피고들을 고문하였다

---

97 조선일보 1924.5.26. "상흔이 볼수록 분명 희천경찰의 고문사건. 말만 드러도 안이
놀날 수 업는 끔직 끔직한 흔적을 재차 감정"

는 의관의 감정도 모호한 점이 많아, 고문을 당하였다고 인정하기 어려우니, 제1심의 판결과 같이 언도하기 바란다"고 하였다.

변호인들은 이제까지 죽 사건을 맡아 진행해오던 최창조, 이희적, 김형숙, 한근조 변호사 이외에 한명이 추가되었다. 김병로 변호사였다. 김병로는 조선변호사협회 차원에서 이 희천사건에 대한 조사와 대책강구의 책임을 맡았던 것이다. 이미 이 사건은 신의주(제1심), 평양(항소심)의 지역 차원을 넘어 전국의 쟁점으로 부상했던 것이다. 변론은 김병로로부터 시작되었다. 그는 "열정을 다하여 국경에 있는 우리 동포들의 가련한 상태를 말하고 본 건 피고의 무고함을 역설하여 무죄를 주장"하였다. 이어 최창조, 이희적, 김형숙 변호사들은 "비창하고도 열성을 다한 어조로 역시 피고들의 무죄함과 경찰관들의 불법행동을 규탄"하였다. 피고인에 대한 고문사실은 "의관의 감정에 의해" 명백한 것이고, "피고들은 형벌에 못이기어 없는 사실도 억지로 진술한 것"이라는 취지였다. 매듭은 한근조 변호사가 했다.[98]

1924년 7월 12일 판결이 선고되었다. 항소심에서 많은 새로운 증거가 나왔고, 의관의 감정에다, 증인들의 증언 모두 피고인들에게 압도적으로 유리했던 만큼 원심판결의 파기에 대한 기대가 어느 사건보다 컸다. 재판부도 증인신청을 충분히 받아주었고, 의관의 감정에 대한 검사의 재감정 신청도 물리쳤던 만큼, 절차상으로 공정한 면모를 보여주었다. 그러나 역시 식민지 법정은 그로써 번복되지 않았다. 제1심에서 징역 7년을 선고받은 4인(조준룡, 송영진, 송영수, 최운기)은 모두 2년씩 감형되어 징역 5년이 선고되었다. 그 외 20명은 모두 1심판결대로 각기 징역 5년이라는 선고가 있었다. 무죄판결을 예상하고 있었던 피고인들과 변호사들은 매우 낙망했고, "피고 25명은 다시금 억울한 생각을 참지 못하여 법정안은 또다시 울음소

98 조선일보 1924.7.5. "희천사건 계속 공판. 검사는 1번 판결과 같이 구형, 변호사는 피고의 무죄를 주장"; 동아일보 1924.7.6. "검사는 1심대로, 증인은 피고에게 유리하게 증언, 무죄주장/변호사들이 주장"

리에 잠긴 눈물의 바다로 화하였다."[99] 곧바로 피고인들은 상고했지만, 경성고등법원에서 상고는 결국 기각되었다.[100]

6. 조선변호사협회의 분기

조선변호사협회는 평안북도 희천경찰서 고문사건이 법정과 언론에 폭로되자 분연히 일어나 대책을 강구하고 전조선민중의 여론을 환기하기로 하였다.[101] 협회는 1924년 5월 25일 돈의동에 있는 명월관에서 열린 제3차 정기총회에서 이 문제를 토론에 붙이고 여러 설명 및 협의를 3시간 동안이나 진행하였다. 그 결과로서 다음과 같은 결의를 하였다.[102]

선결문제로서 사건의 진상을 철저하게 조사하기 위하여 평양에 있는 이기찬 김지건 양 변호사 및 신의주에 있는 최창조 변호사 등 3인을 조사위원으로 선정한다. 이·김 변호사는 평양복심법원에서, 최변호사는 희천경찰서에서 철저히 조사하도록 한다.

조사위원은 조사결과를 조선변호사협회 이사회에 보고한다.

금후에 취할 태도 및 방침은 협회 이사회에서 결정한다.

---

99 동아일보 1924.7.14. "조준룡 송영진 송영수 최운기등 희천창참주재소습격사건의 언도, 거의 일심과 가치 판결/법정은 루해화(淚海化), 무죄를 예료한 변호사들도 모다 락심"

100 조선일보 1924.10.18. "희천사건. 조준용등 독립단일행이 희천 주재소와 사무소 습격 日순사 총살한 사건, 고등법원에서 상고 기각"

101 동아일보 1924.5.24. "희천서고문사건에 변호사협회분기, 명이십오일 뎡긔총회석상에서 대책을 협의하고 여론을 이르켜"

102 결의내용은 동아일보 1924.5.27. "희천서고문사건으로 분기한 변호사협회의 결의 조항; 전도임시대회도 개최/죄악의 종자를 배양하는 형사등 개폐를 단행, 위원을 션뎡하야 계획을 진행/간담회로 개회, 임원도개선"; 경성 종로경찰서장, 희천(熙川)경찰서 고문사건에 대한 변호사협회의 태도에 관한 건(경종경고비(京鍾警高秘) 제7045호의 2), 1924.6.2.(원문: 국사편찬위원회 한국사데이터베이스 http://db.history.go.kr); 경성지방법원 검사정, 희천경찰서 고문사건에 대한 변호사협회의 태도에 관한 건(지검비(地檢秘) 제622호), 1924.6.3.

충분한 조사를 마친 뒤에는 즉시 평양을 중심으로 하여 전조선적으로 사건을 널리 민중에게 알리기 위하여 강연회를 개최하는 등 여론을 환기하도록 한다.

고문책임자에 대하여는 면직을 권고하고, 직접 고문을 한 자에 대하여는 형법상 수속을 밟아 고발을 할 것이며, 상급관청에 교섭하여 전선적으로 관헌당국의 죄악을 기탄없이 발표하도록 한다.

이 사건의 주인공인 피고 일동에 대하여는 극력 변호하도록 노력한다.

법률상으로나 인도상으로 도저히 용서할 수 없는 집권자의 숨은 죄악을 규탄하는 동시에 공중의 정당한 판단으로서 금후에는 또다시 이러한 일이 없도록 한다.

이렇게 경성-평양-신의주의 변호사들의 합동적인 노력과 언론의 기세, 법정변호사들의 활약, 피고인 및 증인들의 적극적 자세에 힘입어, 고문사실이 적나라하게 표출되어, 분노의 불길이 퍼져나가게 된 것이다. 그 전반적 사정은 다음의 기사를 통해 잘 파악할 수 있다.

평북 희천경찰서에 사람으로 차마 못할 잔학무도한 고문사건이 세상에 한번 발표됨에 뜻있는 사람으로 하여금 통절한 느낌을 가지게 하였으며 … 변호사협회의 궐기를 비롯한 사회의 대중여론이 비등하여가는 오늘을 당하게 되었으며 사건은 나날이 진행됨에 따라 더욱 전율할 사실이 우리 눈앞에 전개되어간다. … 희천경찰서에서는 피고들이 거주하는 동리 요첨에 있는 주택 전부를 불질러버리고 피고중의 한사람 박기순의 안해 최봉이라는 여자를 극형을 하다 못하여 나중에는 음부에 심지를 해꽂고 불을 부쳐 국부에 큰 화상을 이루었다고 한다.

아 귀에 듣기에도 살점이 떨리고 붓으로 기록하려는 손끝이 방향을 모르게 된다. 우리의 단장의 통분과 비애가 어찌 이에 그치랴마는 이와 같이 비인간의 만행을 마음대로 행하며 거룩한 사람의 생명을 죄없이 죽임에야 무엇을 들어 변명을 요구하며 사과를 바라랴. 이것이 소위 문화정치의 산물이며 신성하다는 도덕과 법률의 가르침이냐. 아! 이천만의 조선사람아 이와 같은 참담한 사실과 철천의 원한과 모욕을 무엇으로써 보답하려는가.[103]

희천경찰서의 지긋지긋한 고문사건은 우리의 살을 떨게 하고 피를 끓게 한다. 피를 빨아먹는다는 흡혈귀, 사람을 지옥에 처넣는다는 악마 이상의 그 지독하고도 잔인한 몹쓸 짓에야 한끝가는 우리의 분노를 표현시킬 글과 말이 없음을 한할 따름이다.

이미 드러난 사실도 그러하거늘 어제 신문에 보도한 새로운 사실에 이르러서야 우리는 다시 무슨 말로써 우리의 감정을 형용할 것인가. 아무리 도마 위에 얹힌 고기와 같은 신세라 할지라도 이것만은 견딜래야 견딜수 없다. 참으랴 참을 수 없다. … 생각해보라 부녀를 빨가벗기는 것만 하여도 용서할 수 없는 만행이거든 하물며 연약한 몸에 매질함이랴, 더구나 귀로 차마 들을 수 없는 당근질로 국부를 지짐에랴. 몇 달을 지난 오늘날에도 그 곳이 썩어들어가는 중이라 하니 그 방법이 얼마나 지독하고, 심악하고, 흉측하고, 악착한 것을 상상할 것이 아니냐. 천도가 이렇케도 무심한가! 우리의 목숨을 내어놓는 한이 있더라도 이것만은 기어이 유중하고야 말 일이다. 하되 우리의 이른바 유중은 결코 폭력을 의미함이 아니요 가장 적절한 방법으로 철저하게 그 책임자를 벌주자는 것이다. … 우리의 모든 힘을 합하여 조선민족의 이름에 있어 이 지극원통한 일에 조리정연하게 또는 전고(戰鼓)당당하게 운동을 시작하여 믿을 수 없는 당국자를 독촉하여서 책임자를 법으로 묻게 하자.[104]

이같이 공격의 예봉은 필경 총독정치 자체로 향해지고 있다. 이토록 잔학무도한 고문사실은 폭로된 이상 어떤 명분으로든 정당화될 수 없다. 일제경찰도 다만 고문하지 않았다고 증언할 뿐이지, 고문 자체를 정당화할 법리는 없는 것이다. 더욱이 부녀자에 대한 끔찍한 고문의 참상에 이르게

103 동아일보 1924.6.10. "희천사건을 보고 이것이 문화정치의 산물인가"
104 시대일보 1924.6.9. "오늘일 내일일, 참으랴 참을 수 업는 이 사실"

되면, 당국자에 대한 책임추궁의 요구 자체를 금압할 수 없게 되는 것이다. 그리하여 다음과 같이 일제의 소위 '문화정치'의 허울을 폭로하고, 사이토오 총독의 문화정치가 과거 테라우찌 총독하의 무단정치와 무슨 차이가 있느냐고 꾸짖을 정도가 된 것이다.

| 경북중대사건과 고문폭로 |

1924년에 "희천고문사건과 같이 고문사건으로 유명" 했던 사건은 경북중대사건이라 불린 사건이었다. 약 5년동안 각 방면의 동지를 규합하고, 국외의 독립운동기관과 연락하고, 독립운동 군자금을 모집하기 위해 권총으로 협박하여 부호들의 재산을 강탈하고, 중국에서 폭탄과 권총을 밀수하여 은닉하였으며, 더욱이 그들을 체포하러간 일본인 순사를 죽이고, 비밀결사를 조직했다는 것 등이 그들의 혐의점이었다.

1923년 11월 27일 최윤동과 이수영을 권총소지 혐의로 일단 체포한 경찰은 이들을 폭발물단속벌칙 위반, 총포화약류단속 위반, 제령 제7호 위반 등으로 취조하였다. 이어 계속 수사범위를 넓혀 독립운동자금(군자금)을 확보하기 위한 강도단이 있다고 하여 송두환 등을 체포하고, 일본인 가이(甲斐) 순사를 사살[105]한 범인의 일당이라는 혐의로 몇 명을 체포하였다. 처음에 이들의 체포사유에 대해서는 당국이 함구했으므로, 이렇게 1923년 연말 대구와 경북을 중심으로 "시국에 관한 중대한 사건", 약칭 "경북중대사건"으로 지칭되었다. 경북중대사건으로 체포된 자의 수는 총 9인이었다.

---

105 1920.12.8. 경상남도 의령군 류곡 경찰관주재소 근무의 甲斐秀가 상해대한민국 임시정부원 2명에게 류곡면 칠곡리 오방치에서 사살되다. 갑비수(甲斐秀)는 동료 1명과 함께 류곡면 당동리에서 집달리사무를 마치고 귀도중 류곡면 칠곡리의 부호 남정구 가에 독립운동자금 10,000원을 요구하는 2명의 인물이 있음을 탐문하고 이들을 연행중이었다.(경남고등경찰관계적록, 경상남도 의령군 류곡경찰관주재소)

1.

그런데 경찰취조의 단계에서 고문주장이 터져나왔다. 1923년 12월 10일 체포된 정두규의 친형 정두은 사건이 12월 26일 대구지방법원 검사국에 넘겨지자, 1923년 12월 28일 대구지방법원 검사국에 경찰관들에 대한 고발장을 제출하였다. 경북경찰부 소속 경찰관들이 정두규에게 모진 폭행과 능학, 상해의 행위를 했다는 취지였다. 경북경찰서에서는 정두규에 대한 신문 중에 정두규의 코에 물을 주입하고, 양미간에 3개소 및 양부를 불로 지지고, 기타 여러가지 수단으로 양완(兩腕)에 상처를 내는 것과 같이, 폭행 또는 능학의 행위를 하고 상해를 가한 일이 있었고, 이러한 행위는 "형법 제195조 및 204조의 죄에 범한 자임으로 당해 범죄자를 조사하야 아모조록 상당히 처형하야 주심을 망(望)"한다는 취지였다.[106]

당시 형사사법기관에서 조선인, 특히 독립운동 혐의자에 대하여 무자비한 고문이 상식이었지만, 특기할 것은 고발장이었다. 경찰관을 상대로 고발장을 제출한 것은 초유의 일이었고, 그 때문에 이 사건은 처음부터 엄청난 여론의 주목을 받았다. 고발인 정두은의 결의는 대단했다. "고발서를 제출해놓고 얼마동안 하회를 기다리"다가, 아무 조사도 않는다면 복심법원으로 항고하겠고, 그래도 안 되면 고등법원에서, 그래도 안 되면 "제등 총독에게 직접 교섭"하겠다. 그래도 또 안 된다면 "일본정부에 질문"하겠다는 정도의 각오였다. 범죄혐의를 받는다고 해서 이렇듯 인권유린을 자행하는 경찰이라면, 이는 경찰이 "법률의 위신을 무시하고 법을 침해하는" 범죄자가 된다는 주장이었다.[107]

정두은의 주장은 엄포에 그치지 않았다. 첫째, 그는 언론 기고를 통해 직접 천하의 여론에 호소하였다. 그는 조선일보에 "경북경찰부 인권유린에

---

106 동아일보 1923.12.31. "경찰에서 고문햇다고 피고의 실형이 고발, 경북중대사건 혐의자 정두규씨 고문사실, 실형 정두은씨는 어대까지 해본다고"
107 동아일보 1923.12.31.

대하야"라는 제목으로 기고했는데, 조선일보는 이 장문의 기고를 기꺼이 실었다. "경북경찰부 인권유린에 대하여 동 경찰부장의 행정상 책임문제와 가해자의 형법상 책임문제"에 대하여 사회여론을 듣고자 하며, 경찰부에 대해 "양심상의 자각을 촉구"하였다. "사기 절도 기타 파렴치죄를 범한 자에 대하여도 그러치 못할 터인데 하물며 정치범의 혐의자에 대하여 신문중 비공에 물을 부으며 면상과 양부를 불로 지지고 그러한 가혹한 상해"를 야기함은 "너무도 위법이며 너무도 책임관념을 몰각한 자"라고 통박하였다. 그러면서 이 사건을 통해 일제가 표방한 구호 자체를 경찰기관들이 무시한다고 하면서 총독부의 정책 전반에 대해 혹독한 비판을 가하고 있다.

그러면 그것이 일시동인의 칙어를 체(體)함인가. 일본정치가의 내지연장주의인가. 조선총독의 문화정치의 선언을 봉행함인가. 아니다. 경북경찰서는 칙어도 무시하며 자국 정치가의 두서를 몰각하고 조선총독의 정책을 야만정치화로 표현하는 자이며 조선인에 대하여 인권을 보장하는 법률의 명문이 없음을 기화로 하고 직권범위를 제한한 법규를 무시하여 소위 행정기관으로서 적당한 책임을 실행치 아니하는 자일뿐이다.[108]

둘째, 정두은은 1924년 1월 4일자로 일본의회에 〈탄원서〉를 제출하였다. 그 전문은 아래와 같다.

탄 원 서
1923년 12년 12월 이래로 경상북도 경찰부에서는 중대사건…의 관계자를 검거하여 신문하는 중 불법임에도 불구하고 탄원인의 아우되는 정두규에 대하여 무법한 강제수단으로써 형사실에 눕히고 다리를 꼼짝 못하게 묶어놓고 좌우 팔뚝

---

108 조선일보 1924.1.9. "경북경찰부 인권 유린에 대하야/정두은 씨(寄)"

을 한사람씩 밟고 서고 또 한사람은 길게 자란 머리털을 뒤로 잡아당기며 아래턱을 추켜들고 콧구멍에 물을 들이붓고 또는 코끝과 두눈 사이와 양미간의 3개소와 신두(腎頭)를 불로 지지며 다시 말할 수 없는 참혹한 악형을 가하여 신체에 상해를 내인 일이 있는 바

오늘날 조선에 대한 재등총독의 문화정치라고 함은 형사에 대하여는 '차한에 부재'[109]라는 내명이 있는지 알 수 없으나 이것은 실로 옛날 전제시대의 야만적 형사정책에 지나지 못하는 자이라 생각하노라. 그런데 우리 조선은 일본헌법의 범위에 포함치 아니한 동시에 우리 조선인의 인권을 보장하는 명문이 없음을 기화로 하여 소위 행정기관으로서 불법화하여 소위 사법경찰관의 직무를 집행하는 중 이와 같이 인권을 유린한 일에 대하여 이것을 들어 하늘을 우러러 부르짖고 땅에 굽혀 통곡하여도 우모(牛毛) 효과를 얻기 어렵고 다만 탄식할 뿐으로써 하늘이 주신 인권을 보존할 도리가 없다 하면 심히 불합리한 바이라고 생각하며 전기 정두규에 대하여 인권유린을 행한 사실의 책임자를 상당히 처분하심을 바라고 이에 탄원함.

이 탄원서의 전문 역시 일간지에 게재되었다.[110] 상상할 수 없는 종류의 참혹한 악형을 가하는 일제의 고문에 대하여 그는 '전제시대의 야만적 형사정책'이라고 꾸짖고 있으며, 총독부의 소위 '문화정치'란 게 허울에 불과함을 고발하고 있다. 또한 그는 매우 정확하게도 조선인에게는 '인권을 보장하는 명문이 없음'을 지적하면서 이를 기화로 온갖 인권유린에 대해 '하늘을 우러러 부르짖고 땅에 굽혀 통곡해도' 털끝만한 효과를 거둘 수 없는 실정을 탄식하고 있다. 그러면서 그는 이 사건에서 책임자의 처벌을 탄원하고 있는 것이다.

이렇게 고발장 제출, 언론에 기고, 일본의회에 탄원 등으로 고문에 대한

---

109 차한에 부재 : 예외로 한다는 뜻
110 조선일보 1924.1.7. "경북 경찰부 고문사건. 일본국회에 탄원서 제출"

충격파를 확산시키자 일제 경찰은 나름대로 대응하지 않을 수 없었다. 먼저 고문기관으로 지칭된 경북경찰부는 발뺌으로 일관하였다.

"그 사건을 취급하기는 내가 직접 취급하였는데 고문이란 당치도 않소이다. 말하자면 우대를 하여가며 취조를 하였는데 고문이란 터무니없는 말이요"(직접 정두규를 신문한 성부 고등과장 담)
"나는 전연 모릅니다. 만일 사실이었다 하면 내가 먼저 알 일일 뿐 아니라 처분을 하여도 벌써 하였겠지만 지금도 직접 취조한 자를 불러 물었으나 절대로 그런 일이 없다 할 뿐이고"(부영 경북경찰부장)

다음은 고발인의 진정성에 대한 부인과 탄압이었다. "정두은이란 자는 다소 정신에 이상이 있는지 모르겠으나…"(성부 고등과장)와 같이 고발인에 대한 비난이 있었다. 그보다 정두은을 직접 체포하였다. 그도 동생(정두규)과 총기소지의 공범이며, 수사관청의 수사방침을 방해하였고, 그 고발이 사실무근이라 하여 정두은에게 무고죄의 혐의를 씌워 구금해버린 것이다.

2.
이처럼 처음부터 세인의 주목을 끌었던 경북중대사건은 1924년 4월 9일 예심종결이 되었다. 그러나 공판은 사오차례나 미루어지다가, 1924년 7월 8일 대구지방법원에서 개정되었다. 사건이 사건인 만큼, 경북지역의 뜻있는 변호사들이 집결했다. 무료변호를 나선 이가 대구지역의 김의균, 서한욱, 양대경, 김완섭, 손치은, 김병하 변호사들이었으며, 유료변호사로는 일본인인 굴지, 십, 본목 등이었다. 경성에서 이인 변호사가 가세했다. 변호사의 수가 무려 10명에 이르렀던 것이다.
가장 중심인물로 꼽힌 최윤동부터 사실심문이 시작되었다. 재판장의 질문과 최윤동의 답변은 언론에 세세하게 보도되었다.

재(판장) : 조선국권을 회복하고자 하는 생각은 언제부터인가.

최(윤동) : 만세 이후부터이오.

       …

재 : 배천택의 명령으로 독립군자금을 모집한 일이 있는가.

최 : 없소.

재 : 경찰에서는 있다고 진술하였는데 어찌 없다 하느냐.

최 : ㉠ (흥분된 얼굴로) 경찰에서는 냉수에다 고춧가루와 소금을 풀어 코로 입으로 들어부으며 가진 악형을 하루 10시간 이상을 하고 대라 하는데 못견디어 어떻게 말을 했는지 모르겠소.

재 : (듣기만 하고) 상해가정부[111]에 들어간 일이 있는가.

최 : 없소.

재 : 가정부의 명령으로서 북간도에 간 일이 있는가.

최 : 상해는 외교중심지이오. 서북간도는 무력중심지이매 피고는 군사학을 배웠으므로 상해에 잠깐 들렀다가 서북간도로 간 것이오. 가정부의 명령으로 간 것은 아니오.

       …

재 : 재작년 9월부터 작년 7월에 이르기까지 이수영과 군자금모집에 대한 획책한 일이 있는가.

최 : 없소.

재 작년 7월에 경성 갔을 때에 이수영으로부터 육혈포가 있으니 그것을 가지고 군자금 모집하는데 쓰자 한 일이 있는가.

최 : 그런 것이 아니라 누구에게 맡아놓은 단총 한 개가 있는데 그것을 어쩌면 좋은가 하기에 쓸데없는 것은 없애버리라 한 일이 있소.

재 : 그 육혈포를 본 피고는 군위군 부계면 홍부자의 집으로 가지고 와서 돈을

---

111 상해가정부는 상해임시정부를 말함.

빼앗자 한 일이 있지.

최 : 아니오. ⓛ 이인택이란 자가 피고와 가장 친근한 이수택이와 사촌간이라고
극력으로 설명한 후 십여차례나 찾아와서 내가 중국으로 갈 터인데 잘 갈
길을 가르쳐달라 하고 가는데 대한여비는 어떤 일가되는 부자에게 폭탄이
라 나의 증거품을 보이면 쉽게 얻을 수가 있다고 하도 조르기에 일찍이 이
수영에게 있다는 말을 들었는지라 부득이 그것을 가르쳐 주었소.

재 : 그 후 피고가 편지하여 작년 11월 5일경에 이수영이가 권총을 가지고 왔지.

최 : 그렇소.

재 : 온 그 이튿날 이수영이와 권총을 가지고 군위군 홍부자에게 가서 협박하고
돈을 빼앗으러 가는 도중에 칠곡군 동명면 송림사에서 순사에게 잡히었지.

최 : 이인택이가 와서 이수택은 피해다니는 몸이 되어 대구에 못오고 송림사에
서 만나자 하니 기어이 가보자는 말에 의하여 가다가 송림사 부근에서 형사
에게 잡힌 것이오. 결코 돈빼앗으러 가는 길은 아니오.[112]

위의 문답에서, 최윤동은 ㉠에서처럼 고문사실을 진술하였지만, 재판장
은 이를 의도적으로 무시하고 질문을 이어가고 있음을 볼 수 있다. ⓛ의 경
우는 보다 복잡하다. 여기서 이인택이란 자의 정체는 박재화인데, 그는 성
부 고등과장(경찰)의 하명을 받아 최윤동과 교분이 있는 이수택의 사촌으
로 사칭하면서 해외의 독립운동가와의 연계 증거물이나 폭탄의 행방을 알
고자 했다. 다시 말해 박재화라는 경찰 밀정이 최윤동 등에게 함정을 파서
증거를 얻고 피고인들을 체포하게 한 것이다.

최윤동, 이수영, 송두환, 김봉규, 정두규, 노기용에 대한 재판부의 심문이
이어졌다. 정두규 역시 "경찰부에서 하도 고문하는 까닭에 마침내 견디지
못하여 (경찰이) 묻는 대로" 그렇다고 답했을 뿐, 권총의 소지 혐의를 전적

---

112 동아일보 1924.7.10. "고문으로 일관한 경북사건 공판"

으로 부인하였다.[113]

3.

피고인신문을 마친 후 재판장은 피고들에 대하여 "경찰부의 조서와 예심결정서를 보고 다시 피고의 답변을 들어도 유죄로 인정할 점이 많으니 만일 피고로부터 유익될만한 증거가 있거든 자세히 말하라"고 의례적인 말을 던졌다. 그러자 변호사 이인이 일어섰다. 그는 피고를 돌아보면서 "대구경찰부에서 고문당한 일과 그 상처를 말하라"고 했다.[114] 최윤동, 이수영, 정두규 3인은 "원한과 격분에 사무친 얼굴"로 재판장에 대하여 "대구경찰부의 형벌이 너무도 혹독하였으므로 일시라도 생명을 보전하기 위하여 사실무근한 말까지 진술하게 되었다"고 떨리는 목소리로 말하면서 각각의 상처를 내어 보였다.[115] 다음은 이인의 그 장면 회고이다.

모두가 옷을 벗어제쳐 공판정은 나체로 가득차 버렸다. 그 광경은 장하다고 할지 그 비장한 용기에 벅찬 감동이 가슴을 메우는 데 피고들의 몸은 차마 눈을 뜨고 볼 수가 없다. 온몸이 상처자리 흉터와 얼룩투성이요, 어떤 이는 채 아물지도 않은 상처에서 진물을 그냥 흘리고 있다. 그들이 예심을 끌어서(지연) 상처를 아

---

113 조선일보 1924.7.10. "경북사건의 제일회공판. 전율할 고문사건이 법정에 폭로/독립운동에 노력, 최윤동/표면은 상업 이면은 독립운동, 이수영/가옥을 제공, 송두환/목불인견의 상처, 고문의 흔적이 분명한 피고의 몸"

114 이인, 반세기의 증언, 32면에서 이인은 다음과 같이 그 순간을 회상한다. "나는 공판도중에 불쑥 일어나 심문의 중지를 재판부에 요구했다. '나는 여기서 방대한 예심조사가 나와 있으니 그 기록이 얼마나 진실한 것인지를 알고 싶다'고 했다. 그러나 재판장은 기록이 진실한지 아니한지는 심문을 계속하면 자연히 밝혀질 것인즉, 심문을 계속한다는 게 아닌가. 나는 물러서지 않고 계속해서 주장했다. 피고들의 신변에 어떤 이상이 있었나를 먼저 알아보아야 한다. 피고들이 형언못할 고문을 당한 것이 분명한 즉 검진해주기 바란다. 피고들의 옷을 벗겨보면 당장에 알 수 있을 일 아니겠소."

115 조선일보 1924.7.10.

물린 다음에야 공판을 열었는데도 이 지경이니 처음 당했을 때의 참상은 어떠했으랴.[116]

전병하, 김완성, 김의균 변호사가 이에 가세했다. 피고 중 최윤동, 송두환, 이수영, 정두규, 노기용 등 다섯 명이 경찰에서 고문당한 상처를 감정하여 달라는 것이었다. 재판부는 협의실로 들어가 협의한 뒤 각 고문당한 피고들의 상처를 말하라고 했다. 피고인들은 자신의 고문당한 내용과 상처를 용기있게 증언하였다.

최윤동 : "손가락 사이와 발가락 사이에 쇳가락을 넣어 틀어서 8개월을 지난 오늘날까지 이와 같이(상처를 재판장에 보이면서) 나은 자리가 있으며 코로 입으로 물을 들인 것은 표가 없으니 그만두오."

이수영 : "가슴에, 피우던 담뱃불로 지진 자리와 손가락, 발가락 사이에 쇳가락을 넣어 튼 상처이며 허벅지에 묶였던 자리가 있소. 코와 입에 물을 들어부은 것은 표가 없어 그만두오."

정두규 : "면상 여러 곳에 피우던 담뱃불로 지진 터와 발끝을 묶어놓고 발로써 디디고는 물을 부을 때에 땅에 갈리어 상한 팔꿈치의 상처와 자지 끝에 불로 지진 상처가 있으며(이때에 방청석에서는 너무도 끔찍한 말이라 "저런!" 하는 소리가 연발하였다) 손바닥에는 그시 심문하던 경찰부 성부 고등과장이 찼던 칼을 빼어서 거짓말하면 죽인다 하면서 목에까지 대는 바람에 찔리어 상한 자리가 있소."

노기용 : "오른편 귀와 왼쪽 정갱이와 발에 상처가 있소."[117]

---

116 이인, 반세기의 증언, 32면.
117 이같이 생생한 진술은 당시 신문에 보도가 금지되었다. 일제시대 민족지 압수기사 모음(동아일보 1924.7.10. "궁흉 극악한 낙형/자지끝을 궐련불로 지지고 고등과장은 칼을 빼어 위협")

이같이 끔찍한 진술이 이어지자, 재판장은 또 합의실로 들어가 합의를 하고 나와서 다른 것은 보류하고 변호사의 입회로 피고들의 상처를 검정한다 선언하였다. 먼저 최윤동부터 신두를 검정하는데 풍기상 관계가 된다 하여 방청을 금지하고 일일이 검정하였으며 검정을 마치자 다시 방청을 허가한 후 일전의 증인신청은 보류하고 재판소에서 의사 감정인을 선정하여 피고인들의 심문당한 상처를 실지감정한 후 오는 16일에 제2회 공판을 열겠다는 선언을 하고 폐정하였다. 첫 공판에서 피고인과 변호인은 완승을 거둔 듯 했다.

4.

공판정에서 고문사실이 폭로된 소식이 널리 알려지자, 1924년 7월 16일에 방청객이 법정에 운집하였다. 그 내용을 보도한 세 신문이 일시에 압수되었으므로 일반의 의혹은 일층 더 깊어져서 실상을 한번 보고자 그날 대구지방법원에는 이른 아침부터 물밀 듯이 들어오는 방청객이 3백여 명이나 되어 재판소 마당에 잔뜩 들어섰는데, 법정에는 반도 수용하지 못하여 복잡한 가운데 서로 들어가려고 애쓰는 광경은 한가지 활극을 이룰 정도였다. 방청이 금지되었을 때에는 밖에서 불같이 내려쪼이는 더위를 무릅쓰고 그대로 한시간반이나 개정되기를 기다렸다.

이 날의 초점은 고문당한 상처의 감정이었다. 대구자혜의원의 길전(吉田) 의관이 이 날 상처 감정을 위해 법정에 출두했다. 재판부는 실지감정을 시작하면서 일반방청을 금지시키고, 경찰에서 혹독한 고문을 당했다고 진술한 최윤동, 이수영, 정두규, 노기용의 4명에 대한 상처를 일일이 감정하였다. 재판장은 피고들의 유치기간을 알려주고, '불로 지졌다'는 것은 담뱃불이란 말을 일러주었다. 약 1시간여 동안 감정을 마치고, 감정서 제출에 필요한 기간동안 공판을 연기하였다.

길전 의관은 "피고들의 몸에 과연 상처가 많이 있"음을 인정하였다. 그

것이 "고문한 흔적인지 본시 있던 흉터인지 아직 판단할 수 없으나, 피고는 모두 몹쓸 고문을 당하여 그리된 것"이라고 하였다. "엄정한 태도로 상밀하게 연구하여 정식으로 감정서를 제출할 예정"이며 "의학의 증명하는 대로 공정하게 그 내용을 발표할 작정"이라고 말하였다.[118]

다음 공판은 무려 3개월이나 지난 1924년 10월 16일에 개정되었다. 재판장은 의관의 고문감정의 요지를 설명하였다. 원래 길전 의관이 재판장에게 제출한 감정서의 요지는 "피고 4인의 몸에 상처가 있는 것은 명백하고, 피고가 말하지 않은 상처까지 많이 발견하였는데, 손발가락 사이와 음경 부근에도 상처가 있고, 그 상처도 불과 1년 내에 발생한 듯하고, 그 상처가 의사의 치료를 받지 못한 형적이 현격히 드러났다"는 점을 인정하였다. 그러나 그 상처가 스스로 상한 것인지 다른 사람으로부터 상해를 입은 것인지는 잘 모르겠다는 것이다. 다시 말해 그 상처가 고문으로 인한 것인지는 반드시 인정할 수 없다는 것이었다.[119] 상처는 인정하면서 고문과의 연관성에 대해서는 적극적인 인정을 하지 않는 것으로, 경찰에게 유리한 여지를 주는 것이었다.

증거신청에 대하여는, 변호사들로부터 경북경찰부 고등경찰과 성부과장과 이 사건의 밀정인 박재화 2인을 불러 신문해주기를 신청했는데, 재판장은 그 신청을 각하하여 버렸다. 그로써 증인신문을 통해 고문사실과 밀정 관여에 대한 추궁을 할 기회가 봉쇄되었다.

---

118 조선일보 1924.7.16. "경북사건 제2회공판. 피고의 상처를 실지감정, 길전의사가 법정에 출석하여서 옷을 벗기고 일일히 감정하였다, 차회기일도 없이 연기/방청객이 법정에 운집/법정일우에 최군 노모/피고의 상처, 고문한 사실을 판단할 의관 말"

119 조선일보 1924.9.21. "경북중대사건 四피소의 상처. 자혜의원의관의 감정한 결과 고문한 형적이 나타난 듯하다, 엄숙한 사실은 감출 수 없다고"; 조선일보 1924.10.17. "대구사건 공판. 12년 이하 각각 구형, 재판장은 고문 사실을 부인"; 동아일보 1924.10.18. "최고 십이년 구형, 고문가튼것은 절대로 업다고 증인 신청까지도 전부 각하해 최윤동 이수영 송두환등 경북사건 제이회공판 상보/불법감금/판결언도는 오는 삼십일에"

5.

검사의 논고가 시작되었다. 검사는 피고인들의 범죄의 증거가 충분하고, 고문사실에 대하여는 전연 피고들의 거짓말이라 하며, "형무소에 수감될 때에는 본래 없던 상처가 그 후에 발생된 것으로써 경찰서를 중상하여 법망을 벗어날 생각으로 없는 사실을 말한 것"이므로 고문은 절대 없다고 인증하는 것이 맞다면서 구형하였다.[120] 최윤동 징역3년, 이수영 4년9개월, 송두환 12년, 정동석 1년, 정래영 2년, 김봉규 5년, 정두규 1년, 노기용 10년, 정두은 1년.

이어 변호인의 장시간의 변론이 있었다. 변론의 취지는 다음과 같다.[121] 먼저 양대경, 손치은 변호사는 경찰당국이 밀정을 써서 일을 일부러 꾸며서 사건을 만들어 양민을 모함했다는 부분에 초점을 맞추어 맹공하였다.

양대경 : 피고 최윤동은 자기가 죄를 지음이 아니라 남의 꾀임에 빠졌으니 죄를 경히 하여야 한다.

손치은 : (열변을 토하야) 민정을 살피는 경찰부에서 사람을 내어세여 순절한 백성을 꾀여 죄에 빠지게 하고 혐의자라고 체포하는 일이 어디 있느냐. 피고 중 최윤동은 자기는 아무 생각도 없는 중에서 경찰부에서 박재화를 내세여 이인택이라 변명(變名)하여가지고 사람을 꾀여 이와 같은 사건을 일으키게 했으니 그러면 피고는 피고가 죄지은 것이 아니오. 온전히 경찰부에서 그렇게 시킨 것이 아니냐. 그것이 어찌하여 죄가 되느냐.[122]

---

120 조선일보 1924.10.18. "「있다」「없다」로 다툰 「고문」은 결국 무효. 경북사건 계속 공판 상보, 판결 언도는 오는 30일/정의의 立地에 서서 변호사 열변"
121 시대일보 1924.10.18. "경찰부가 형사를 시켜 범죄케 유인, 고문감정은 불분명하고 변호사는 법정에서 질호, 경북사건 공판속개…"의 기사가 가장 상세하다; 동아일보 1924.10.18.
122 시대일보 1924.10.18. "경찰부가 형사를 시켜 범죄케 유인, 고문감정은 불분명하고 변호사는 법정에서 질호"

김완섭, 조주영 변호사는 조선독립운동의 정당성과 일제의 지배 자체에 대한 근본적 비판을 가하고 있다.

김완섭 : 조선사람이 조선독립을 희망하는 것은 당연한 일이다.

조주영 : "인류는 반드시 생존다운 생존을 요구하는데 생존다운 생존을 요구하는 데는 자유와 행복을 요하며 자유와 행복을 요하는 데는 자기를 잘 보호하고 자유와 행복을 증진시켜줄 국가를 요구한다."…(일본은 조선에 과연) "얼마만한 자유와 얼마만한 생활상의 행복을 주었는가? 이것은 식자의 양심에 불어 판명된 것이다. 일본이 오늘과 같이 국가가 튼튼하여 열강에 참례하여 문명국이 됨은 명치유신 이래로 백성에게 자유를 주고 생활에 행복을 주어 국민이 분발함이 아니냐? 조선은 일본과 국가가 병합되었다"…"합병 이후에 조선사람이 얼마나 자유와 행복의 장해를 받았는가 그 점으로부터 관찰하여 보더라도 피고의 행동은 충분히 짐작할 수 있을 줄로 생각한다"[123]

이렇게 열렬히 변론할 때에 재판장으로부터 주의를 받았다. 검사는 두 눈을 등잔같이 번쩍이며 "변호사가 도리어 법률에 저촉되는 불온당한 말을 한다. 온당한 말로 변론하라"고 두 번이나 엄정한 태도로 주의를 주었다. 그러나 그는 일절 굴하지 않고 오랫동안 변론을 진행하였다. 다시 유창한 열변을 토하여 말할 때에 검사는 위협하는 듯이 "검사의 기소한 취지와 법률의 정신을 잘 살피어 변론하라"고 두 번째 주의를 주었다.[124]

---

123 시대일보 1924.10.18.

124 시대일보 1924.10.18.; 동아일보 1924.10.18. "최고 십이년 구형, 고문가튼것은 절대로 업다고 증인 신청까지도 전부 각하해 최윤동 이수영 송두환등 경북사건 제이회공판 상보/불법감금/판결언도는 오는 삼십일에"; 서한욱 변호사의 변론이라는 기사도 있다. 조선일보 1924.10.18. "정의의 입지에서 변호사 열변," 기사 전체를 꼼꼼히 읽어보면 조주영 변호사의 변론이 타당한 것으로 생각된다.

이렇게 변호인의 변론이 아슬아슬한 수위를 타며 거듭 제지되자, 법정
은 아연 긴장하였다. 당시의 분위기에 대하여는, "대법정 안에는 갑자기 긴
장하고도 이상한 공기가 돌며 사오백명의 방청자는 전부 무슨 마음을 품
은 듯 날카로운 빛이 떠돌았다."[125]고 묘사되고 있다. 이어 조주영 변호사는
"꿀림없이 변론"을 마쳤다. 오후 1시반에 시작된 변호인의 변론은 오후 6
시가 되어 끝났다.

　　마지막 순서로 재판장이 피고들이 할 말이 있으면 하라 하매 피고들도
각각 최후진술로 자기의 억울한 사정을 진술하였다. 먼저 최윤동이 일어나
지극히 원통한 일이 있다고 하면서 작년 가을 칠곡군에서 체포될 때에 20
일 동안 혹독한 고문을 당하였다는 말을 명백한 어조로 진술했다. 정두규
는 "마루바닥에 자기를 눕혀놓고 코에 물을 붓는다. 또한 음부를 불로 지진
상처는 그 후 합창되지 아니한 것을 직접 검사가 보았다"고 말했다. 이같이
피고 전부가 모두 경찰의 무참한 고문을 당하였다는 말로 재판장 앞에 호
소하였다.[126]

6.

　　1924년 11월 6일 판결이 내려졌다.[127] 죄명은 대체로 제령 제7호 위반,
폭발물단속벌칙 위반, 총포화약류단속령 위반 등이었고, 일부 피고인에 대
해서는 가택침입강도 등이 추가되었다. 선고형량은 구형량보다 낮은 편이
었다. 극도로 긴장하였던 법정은 "불행중 다행"이라는 기쁜 빛으로 풀어졌
다. 그 중 징역 12년이 구형되었던 송두환은 징역 10월의 판결을 받았다.
독립운동의 이모저모에 적극 관여했음이 분명한 피고인들에 대해, 어마어

125 시대일보 1924.10.18.
126 조선일보 1924.10.18.
127 판결문 전문은 독립운동사편찬위원회, 독립운동사자료집 10(독립군전투사자료
　　집), (독립군 관계 재판 기록) 1924년 11월 6일 대구지방법원에서 판결언도. 판결
　　대정13년 형공 제337호.

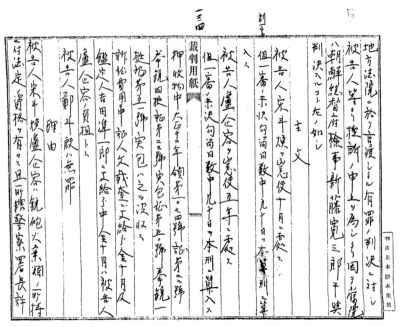

경북중대사건 관련자 송두환, 노기용 등 판결문 (국가기록원)

마한 죄목에 비하면 검사의 구형량도 높지 않은 편이었다.[128] 판결은 그보다 훨씬 경미하였다. 비록 재판부가 공식적으로는 피고의 상처가 고문 때문이라고 인정하지 않았지만, 처참한 상처와 고문 주장의 강력함이 형량에 영향을 준 것은 틀림없다. 더욱이 이 사건은 초장부터 정두은의 고발과 여론환기, 피고들의 법정에서의 용기있는 자세가 일정한 영향을 주었을 것이다.

또한 10명에 이르는 변호사들이 대개 무료 변론을 맡아서 열렬하게 변론투쟁에 임하였다. 변호사들의 노력을 통해 밀정을 통한 함정수사의 문제

---

128 이와 관련하여, 이인 변호사는 하나의 비화를 전하고 있다. (고문사실을 법정에서 폭로하는 등으로 하여) "일이 이렇게 되자 검사는 얼굴이 창백해가지고 나를 좀 보자"고 한다. 휴정시간에 만나 검사는 대뜸 "잘 부탁한다. 너그롭게 해주면 알아서 처리하겠다. 구형 때 보면 그 뜻을 알 것이오"했다. 얼마 뒤 검사는 2~7년의 형을 구형했다. 하긴 죄목에 비하면 경한 구형량이었다.(이인, 반세기의 증언, 32면)

피고인명	검사의 구형	제1심판결 (1924.11.6)	항소심판결 (1925.4.21.)
최윤동	징역 3년	징역 2년 6월	
이수영	징역 4년	징역 2년 6월	
송두환	징역 12년	징역 10월	징역 10월
정동석	징역 1년	징역 10월 (집행유예 2년)	
정두규	징역 1년	징역 10월 (집행유예 2년)	
정두은	징역 1년	징역 10월 (집행유예 2년)	무죄
정내영	징역 2년	징역 1년 6월	
김봉규	징역 5년	징역 4년	
노기용	징역 10년	징역 7년	징역 5년

점이 폭로되었고, 경찰의 고문사실이 집요하게 문제시되었다. 그러한 변호인들의 활약이 상당한 영향을 끼쳤다고 할 수 있을 것이다.

그러한 추세는 그에 그치지 않는다. 가장 중형을 받은 노기용은 물론, 송두환과 정두은은 항소하였다. 1925년 4월 21일 내려진 항소심판결[129]을 보면, 노기용은 징역 5년으로 감형되었다. 더욱이 정두은은 무죄판결까지 받았다. 3가지 인정된 죄명[130]에 대해 모두 범죄의 증명이 없다는 것이다. 결

---

129 송두환 등 판결문(대정 13년 형공 공제629호), 1925.4.21, 대구복심법원(원문: http://e-gonghun.mpva.go.kr(공훈전자사료관))

130 제1심판결에 따르면, 피고인 정두은은, 동생 정두규(鄭斗奎)와 함께 그 실형 정두희가 소지하고 있던 권총 1정을 정두희 사망후에 이어받아 계속 소지하고, 또 정두규가 구속되자 수사 관청의 수사 방침을 방해하고 정두규로 하여금 그 죄를 면하게 하기 위하여 노력하는 한편, 본건의 발각은 경성부 교북동 박동주(朴東柱)가 피고인 등의 권총 소지의 사실을 관헌에게 밀고한 것이라고 믿고 동인으로 하여금 형사상의 처분을 받지 않도록 하기 위한 목적으로 1923년 12월 27일경 대구부내에서 경상북도경찰부 앞으로 위의 박동주가 허가를 받지 않고 권총 3정을 소지하고 있다는 내용의 허위 사실을 우편으로 발송하여 동년 12월 28일 위 경찰부에 도착하게 하여 무고하였다고 하여 유죄판결을 선고했던 것이다. 그러나 항소심은 이 모든 점에 대해 원심을 파기하고 무죄판결을 선고했다.

국 정두은에 대한 기소는, 정두은의 고발장 및 언론에서의 고문사실 폭로에 대한 표적사정에 다름 아니었음을 확인시켜 준 셈이다.

한편 가이(甲斐) 순사를 살해한 장본인인 김종철은 곧바로 만주로 탈출하였다. 그 뒤 상해로 건너가 의열단에 입단하여 항일운동을 계속하였다. 그는 끝내 일제 경찰에 체포되지 않은 채 해방을 맞이하였다.[131]

| 소결 |

독립운동가들에 대한 경찰고문은 일상사였다. 1924년의 희천사건과 경북중대사건에서는, 변호사들의 적극적 개입과 피고인들의 용기있는 폭로로 말미암아 고문을 재판의 최대쟁점으로 끌어올리는 데 성공하였다. 구체적 고문폭로는 의관의 감정까지 받도록 만들었다. 의관들도 고문사실을 인정하지 않을 도리가 별로 없었다. 이러한 상황은 검사의 사기를 꺾었고, 법원도 일정부분 양형에서 그런 점을 반영하지 않을 수 없었다. 고문의 쟁점을 부각시킨 데서 변호사 개입의 적극적 의의를 찾을 수 있을 것이다.

고문 쟁점은 이 재판에 한정된 것일 수 없었다. 변호사들의 관여로 인해, 이 재판에 비상한 여론이 집중되었으며, 언론은 크게 지면을 열어 열띠게 보도하였다. 특히 제등실(齊藤實) 총독의 소위 문화정책의 허구성을 폭로하는 데 유력한 무기였다. 언론도 기세를 타고 문화정책의 근본적 문제점을 실로 과감하게 비판하고 있다. 다음은 그 한 예이다.

총독장군이여 장군에게 장군의 문화정치는 엇더한 것인가를 무르면 장군은 엇더케 대답할 터인가. 산업에 관하야는 그 경제정책에서 증명된 바이오 이외에는

---

131 박태원, 약산과 의열단, 백양당, 1947; 국사편찬위원회, 한국독립운동사 4, 1968; 김후경/신재홍, 대한민국독립운동공훈사, 한국민족운동연구소, 1971; 독립운동사 편찬위원회, 독립운동사, 1976 참조.

첫재로 지방제도의 변경, 둘재로 교육의 진흥 셋재로 언론기관의 허가와 고문의 폐지를 말할 것이다.

그런데 언론의 범위를 심히 제한하야 그 자연발전을 저해한 것은 장군으로도 변명할 후안(厚顔)이 업는 사실이 아니며 고문의 폐지는 사실로 그러한가. 작년 중의 평양, 희천, 대구의 제사건은 엇더한가. 이것이 문화정치인가. 아니라. 경찰과 군사경비의 확충이 그것이 아닌가. 다시 말하면 장군의 문화정치와 사내(寺內)의 무단정치가 그 내용에 잇서 이명동체(異名同體)가 아닌가. 이제 장군은 정직히 대답할 것이다. 오도(吾道)는 일이관지(一以貫之)라. 철두철미 일이관지라고 중부하야 그 허위 아님을 역설할 것이다.[132]

132 나산, "조선정치의 과거와 현재," 개벽, 제57호, 1925.3, 39~40면.

제4장

변호사 집단의 항일운동

변호사들의 항일변론이 본격화되는 1923~24년을 전후하여, 변호사의 단체 구성과 집단적 활동에 대해서도 일대 변모가 생겨났다. 그 간의 사정에 접근하기 위해 1924년 종로경찰서장이 경성지방법원 검사정에게 보낸 비밀문건을 우선 소개한다.[1]

(조)선인변호사의 태도에 대한 비난의 건

㉠ 조선인변호사로 조직되어 있는 변호사협회는 권리옹호를 구실로 불근신한 행동에 나서고 있어 (조)선인 유식자 사이에서 점점 중대시함에 이르고 있는 데 그 말을 종합하면 다음과 같이 일시(적 시류에) 영합하는 언사와 달리 애심우려(哀心憂慮)하고 있어도 다른 말을 들을까 걱정하여 말하기를 꺼리고 있다.

1. ㉡ 내·선인 변호사의 불화에 의해 (조)선인 측에서 변호사협회를 설립하고 도 그 하는 짓을 보면 사회적 유익사업을 행하는 것과 거리가 멀고 ㉢ 북경 기타 국제변호사회에 출석하여 조선의 지위를 인정받으려다 실패하고, 가까이는 ㉣ 평북 희천경찰서 고문사건의 조사를 인수하고, 또한 11단체의 각파유지연맹의 ㉤ 박춘금폭행사건에 붙여 시민대회 개최에 간섭하고, 우리들에게 그 이름도 알려져있지 않은 전남 ㉥ 암태면 소작쟁의문제에 가담하고, ㉦ 언론집회자유압박에 대한 당국탄핵회의로 분주하지만 그 결과는 보는 바와 같이 하등 조선사회를 유익하게 한 것이 아니었고, 도리어 그들이 가담한다고 해서 세인의 기대를 높여 오해를 증대시켰을 뿐이다.

그러한 무리들을 제1위의 식자로 떠받들 수 있게 되어 있는 조선의 문화는 비관밖에 할 수 없다는 것이다.

2. 변호사협회가 점차 시류에 편승하여 경솔한 태도로 변천하고 있음에 대하여 당국이 어떻게 관찰하고 있는가는 우리들이 아는 바 아니지만 협회원중 모모

---

1 검찰행정사무에 관한 기록(1) - 선인 변호사의 태도에 대한 비난의 건(경종경고비(京鍾警高秘) 제7684호의 2), 발신: 경성 종로경찰서장 1924.6.16, 수신: 경성지방법원 검사정 1924.6.17.

와 같이 일종의 협잡배로 세상의 신용이 전혀 없어 누구도 상대해주지 않는 인물이 어쩌다 변호사가 되어 사법관헌 혹은 당국에 맞섬으로써 매명의 수단으로 인기책으로 단체에 가맹함은 타기해야 할 것으로 서글프다 할 것이다. 조선의 현상황에서는 그 내부사정을 아는 자가 몇 있으나 … 일반민중은 ◎ <u>관헌에 대항하는 유일한 아군</u>이라 믿고 있다. 그 변호사들은 직접 검사정의 감독하에 없음을 기화로 협회의 이름으로 … 그 지위와 기대를 이용하여 야망을 추구하려 함은 흡사 호랑이에 날개를 다는 것과 같이 갈수록 현사회를 악화 혼란시키고 있어 장차 조선을 위해서 심히 우려스런 추세라 할 것이다.

일경의 입장에서 변호사협회와 협회원들을 매도한 것이지만, 이를 뒤집어보면 변호사들의 맹활약을 오히려 잘 소개해주고 있다. 그 기록에 등장한 내용과 배경을 정리하면서, 1920년대 초의 변호사의 단체적 활동과 항일법률운동을 정리해보기로 하자.

경성조선인변호사회의 출범

1910년 일제의 조선강점 직전까지 한국의 변호사회는 경성제일변호사회(일본인), 경성제이변호사회(한국인)의 두 회가 있었다. 테라우찌 총독시대에도 그런 양 변호사회체제는 유지되었다. 1913년의 한 기사를 보면, 경성제이변호사회의 정기총회가 개최되었고, 그 회장에 최진, 부회장에 정명섭, 상의원에 태명식, 박승빈, 박만서, 허헌, 심종대 등 변호사가 선임된 것을 볼 수 있다.[2]

1919년 4월에 이르러 경성지방법원 검사정이 양 변호사회를 통합할 것을 권고하여 〈경성변호사회〉의 창립총회를 개최하게 되었다. 당시의 회원은 조선인이 31명, 일본인이 34명이었으므로 일본인이 근소한 우세를 유지하고 있었다.[3] 그런데 3·1운동의 폭발과 새로운 세계사적 조류로 인해 조선인 변호사들은 이제 긴 잠에서 깨어나 적극적으로 임하게 되었다. "조선인변호사들은 오래 쌓였던 불평과 함께" 새로 조직되는 경성변호사회에서 단결하여 조선인 변호사를 회장으로 내세우고자 했다. 일본인들이 추

---

2 매일신보 1913.1.21.
3 조선 전체로 보면, 1919년 말 현재 조선인변호사는 97인, 일본인변호사는 90인으로, 모두 187인의 변호사가 조선 내에서 활동했다. 대한변호사협회, 대한변협50년사, 2002, 46면.

천하는 대구보아언(大久保雅彦)과 조선인들이 추천하는 장도(張燾)가 팽팽히 맞섰다. 조선인들이 전부 결속하여 임한 결과 장도 변호사가 1표 차이로 경성변호사회 회장에 당선되었다. 일본인과 같은 자격을 갖춘 변호사로서 조선인이 회장이 될 수 없다는 규정은 없었으나, 일본인들로서는 상상도 할 수 없는 일이 벌어졌던 것이다.

일본인들은 "총독부에 진정서를 제출한다, 사법당국에 특별한 운동을 한다 하여 격렬히 조선인회장 반대운동을 하였으나" 당국에서는 조선인은 회장이 되지 못할 아무 이유를 찾을 수 없으므로 부득이 허가하였다. 하지만 일본인 편에서는 항상 조선인 편과 반대로 나가며 회장반대운동을 하니, 회의 운영이 마비되고 양측의 불화만 증폭되게 되었다. 결국 만1년을 경과한 1920년 4월 24일 경성지방법원 검사정은 경성변호사회를 종전대로 나누어, 〈경성조선인변호사회〉와 〈경성일본인변호사회〉로 분립허가를 내게 되었다.[4]

1920년 4월 24일 남산의 경성호텔에서 〈경성조선인변호사회〉의 총회가 열렸다. 회장에는 장도, 부회장에 박만서, 상의원장에 최진, 상의원에 정구창, 박승빈, 김찬영, 이승우, 김종건, 김우영 등이 선출되었다. 회장으로 선출된 장도 변호사는 감개무량한 어조로 다음과 같이 말했다.

우리 변호사회는 원래 경성 안에 일본인변호사가 조직한 제1변호사회와 조선인이 조직한 제2변호사회가 있었던 바 한번 당국의 지휘를 받아서 합동되었다. 그러나 다행이라 할까 불행이라 할까 작년 4월 이래로 역원선정 문제로 분경에 분경을 더하여 그동안의 경과는 말하기도 신산할만큼 지리멸렬하였었다. … 결국 분립치 아니치 못하게 되었으나 우리는 이로 인하여 아무 감정을 둘 것이 아니

---

4 동아일보 1920.4.26. "조선인이 회장된 이유로 분립한 변호사회, 분립하는 마당에 비통한 회장의 고별연설, 분립을 주장한 편에서 도리혀 융화를 말해, 그네들의 얼굴빗에 낫하나는 이상한 우슴"

라 피차 동업자 간에는 더욱 친밀하여지기를 간절히 바라는 바이라고.[5]

일본인 변호사들로서도 자신들이 대표를 할 수 없을 바에야 차라리 분립이 낫다는 태도였지만, 조선인으로서는 분립을 통해 조선인변호사회의 정체성을 분명히 할 수 있었으므로 환영할만한 진전이 아닐 수 없었다. "다행이랄까 불행이랄까" 하는 장도 회장의 언급에도 있듯이, 분립은 내심 조선인변호사들로서는 불감청 고소원의 입장이 아닐 수 없었던 것이다. 경성에서 조선인변호사의 분립체제는 1936년 조선변호사령이 공포되어, 내선일체의 방침 하에 단일화되기 전까지는 계속 유지되었다.

5 동아일보 1920.4.26.

조선인변호사협회 창립과 국제변호사대회 참가(1921.10.)

1921년에 이르기까지 조선인 변호사들을 전국적인 차원에서 통일 협력할 기관은 없었다. 1921년 5월에 전조선변호사회 회장회의를 개최하였다. 박승빈·장도·이승우 씨 등의 발기로 조선인변호사협회를 창립하기로 하고 연락을 취하여, 1921년 10월 2일 창립총회를 개최하였다. 협회를 대표하는 총무간사로는 박승빈 변호사가 선정되었고, 이사는 이승우, 윤태영, 장도, 김찬영, 이동초, 허헌 등 6인이, 의원은 최진, 유문환, 김병로, 박만서, 홍우석, 김태영, 권혁채, 문택규, 이기찬, 강세형, 손태환, 신서정, 박해극, 이조원 등 15인이 선정되었다. 또한 협회의 유지비로 약 천여원을 거출하였다.

조선인변호사협회의 목적은 '정의의 발전, 인권의 옹호, 법제의 개선, 회원의 친교 증진'에 있었다. 언론에서도 '법조계의 단합은 인권옹호의 전제'라고 하면서 창립의 쾌거를 축하하였다. 법률가는 교육가와 언론가보다 활동적이며 활동함에 편의와 자유가 많은 만큼 법조계에 대한 기대가 다망하지만, "과거를 회고하면 법조계의 인물로서 조선사회에 공헌한 바가 미미한 것은 사실"이었음을 지적하고, 이 점은 법조계 인사 뿐 아니라 조선인 전체가 유감스럽게 생각해왔다. 이제부터 사회적 기대에 부응하는 변호사의 적극적 역할을 요청하는 것이다. 다음 사설을 인용해본다.

변호사는 사회적 공직이라. 사리를 모하는 것이 본래의 목적이 아니오 인민의 권리를 옹호하고 사회의 공익을 도하는 것이 본래의 목적이 되나니 조선사회에 재하여 이 목적을 달함은 실로 난사중의 난사이라. 개인적으로는 경제조건이 족치 못하고 사회적으로는 사법의 독립이 확실치 못하니 비록 본래의 목적을 달하기 위하여 진진불기(進進不己)한다 할지라도 주위의 사정이 그 정성을 수(遂)치 못하게 함에 내하(奈何)리오. … 이제 법조계의 인물이 단결하여 변호사협회를 조직하고 본래의 목적을 달코자 하나니 성력만 피력하면 기히 속전(束箭)이 된지라 가히 절(折)치 못할지오.

법률은 민중의 양심으로 출래(出來)하는 여론을 형식화한 것이라. 고로 사회적 양심이 즉 법률이니 그 법률이 만일 사회적 양심과 배치된다 하면 차(此)는 법률로 존재할 가치가 무한 것이라. 하고(何故)오 하면 법률은 사회생활을 율(律)하야써 안녕질서를 보지하고 인권을 확충하는 것이니 사회적 양심과 배치하면 사회생활을 가히 율치 못하며 차 인권을 확충치 못함으로써이라.[6]

변호사들이 성력을 다하고 단결한다면, 결속된 화살(束箭)처럼 부러뜨릴 수 없으리라는 기대를 표하고 있다. 또한 사회적 양심과 인권보장에 저촉되는 법률은 존재할 가치가 없다고 하면서 사회적 양심에 부응하는 변호사의 적극적 활동을 당부하고 있음을 본다.

조선인변호사협회는 이러한 일반적 기대를 충족하기 위한 목적에서 결성되었지만, 실제적으로 눈앞의 현안에 대한 한 대응이라는 성격을 갖고 있었다. 1921년 10월 23일 북경에서 개최되는 국제변호사대회에 조선변호사들의 독자적인 대표성을 확보하기 위해 독자적 단체가 필요했던 것이다. 이 북경 변호사대회의 개최사실을 알고 전조선 차원에서 변호사를 대표하는 기구로서 조선인변호사협회를, 대회 직전에 결성하게 된 것이다.

---

6 동아일보 1921.10.5. "조선변호사협회의 창립, 법조계의 단합은 인권옹호의 전제"

국제변호사대회란 (아시아 각국의) 변호사들이 국제적인 친목 도모와 모든 나라 민중의 권리를 정당하게 옹호하자는 취지로 만든 것으로, 제1회 대회는 1919년 필리핀에서 개최되었다. 그 때는 그다지 주목을 받지 못하고 일종의 위원회 정도로 맺어졌다. 제2회 대회는 중국 북경에서 열기로 했다.[7] 그 북경대회를 위한 일종의 예비회의가 1920년 초 동경에서 열렸다. 조선의 변호사들은 이 대회를 주목하여, 7인의 변호사들이 참석했다. 이 회의에서 조선 변호사들은 다른 나라의 호의를 얻기 위해 적극적으로 노력했다. 그 과정의 주역이었던 박승빈 변호사의 회고를 보자.

1920년에 일종 예비회의라고 볼 조고만한 회의가 동경에서 열니엇는데 그 때는 「비율빈」이나 중국, 조선 등 여러 곳에서 대표들이 상당히 만히 모엿섯습니다. 조선으로서는 나와 고 정구창, 장도 씨 등 일곱사람이 참석하엿는데 그 때에 우리는 중국대표와 비률빈 대표들을 수차 연석에 초대하여 노코서(중간략-원문) 그리하야 이와 가치 심중을 피차에 상통하여 노흔 뒤 우리들은 엇든 성산(成算)을 기지고 즉시 도라와서 전 조선에 흐터저 잇는 변호사계에 일대 여론의 환기에 분주하엿든 것입니다.[8]

즉 북경에서 열리는 제2회 대회에 조선인으로서의 대표성을 얻기 위해 타국 대표들과 열심히 교섭하였으며, 그 결과 심정적 공감을 얻었다는 것이다. 그리하여 서울로 돌아와 "전 조선에 흩어져 있는 변호사계에 일대 여론의 환기"에 분주했다. 그 여론이란 바로 조선 전체를 대표하는 변호사조직이 필요하다는 것이다. 북경대회에서 조선인의 대표성을 확보하기 위해

---

[7] 조선의 언론은 "국제변호사(대)회"라고 한결같이 지칭하는데, 일본의 비밀자료에는 "극동변호사대회"라 쓰고 있다.

[8] 박승빈, "국제변호사대회에 갓다가, 중국북평에서 개최," 삼천리, 제3호, 1929.11, 6면.

서이지만, 그를 계기로 조선인 변호사들의 전국적 결속기관이 필요했다. 이런 경위로 조선인변호사협회를 창립하여, 그 활동을 전국적 차원으로 할 수 있는 조직적 토대를 마련한 것이다.

북경대회는 1921년 10월 23일에 개최되었다. 중국 측은 각 지방 대표자 5백명을 위시하여, 일본에서 50명, 필리핀에서 15명, 상해 거주 미국인 4명, 러시아인 4명이 출석하였다. 조선인 변호사는 모두 21명이었으니 "굉장한 다수"에 속했고, "원기가 왕성"하였다.[9]

대회 참석 직전에 조선인변호사협회를 조직하여 하나의 독립된 단체의 대표로써 출석함을 자임하였고, 정식으로 국제변호사단체의 한 단체로 가맹하기 위하여 북경에 도착한 그 날부터 맹렬한 활동을 했다. 이 대회의 대표인 국제변호사협회장(중국인 왕유령)에게 가맹요구서를 제출하고, 각국 대표자들에게 하나의 독립단체로 가입에 협조할 것을 부탁하였다. 그중에서 필리핀 대표자는 (서로 식민상태에 있던 만큼) 극히 동정을 표하여 이번에 가입을 찬성함은 물론, 다음해에 열리는 필리핀 대회에 독립단체로 초대하겠다는 화답을 받았다.[10] 그 때 변호사들은 "정말 있는 힘을 다하여 열심히 획책했고 진정으로 활동"했다고 회고하였다.

이같은 활동소식에 일본인측은 경악하였다. 일본인 변호사들은 이러한 조선인들의 정식대표성의 인정은 "일본을 이반(離反)하는 행동"이라 하여 중국측 대표에 강경한 반대를 제출하고, 만약 조선인 변호사들의 독립단체를 인정하면 일본인 변호사들은 전부 탈퇴하겠다고 하였다. 일본 공사는 중국 법부에 말하여 대회를 열지 못하도록 압박하였다. 대회를 열어 의사를 진행하면 조선인 의결권 여부가 쟁점화될 것이기 때문이다. 중국측은 원만히 해결하고자 하였으나, 일본측의 눈치를 보지 않을 수 없었다. 이것

---

9 동아일보 1921.11.1. "국제변호사회 경과, 조선인변호사회 단체의 독립적 참가가 일본측 반대로 문제되어 의사는 결국에 중지"
10 동아일보 1921.11.1.

이 대회의 가장 커다란 쟁점으로 부상하여, 결국 회의 전체가 제대로 된 논의와 결정, 심지어 폐회선언도 없이 유야무야 종결되고 말았다.[11]

왜 일본측은 조선인에게 정식 대표성을 인정하기를 완강하게 거부했던가. 조선은 일본의 식민지였고, 일국에 두 개의 대표가 있을 수 없다는 논리였다. 아무튼 일본측에게 그러한 일은 상상할 수 없는 일이었다. 대회에 참가한 허헌은 그에 대해 세 가지 반박논리를 준비하고 있었다. 첫째 조선은 재판소구성법부터 법률영역이 다르다, 둘째 국제대회라 해도 사적 회합인만큼 한 국가가 아닌 한 민족의 대표를 보내는 것은 정당하다, 셋째 (식민지 하에 있는) 인도나 필리핀 역시 대회의 결의권을 갖고 있다는 점에서 조선이 대표를 가지지 못할 이유는 없다.[12] 하지만 논리적 타당성이야 어쨌든, 일본인으로는 이는 상상할 수 없는 파국으로 보였을 것이다.

이렇게 대회는 "이상한 결과로 끝이 나고" 조선인 변호사들은 귀국하였다. 이러한 행동이 형법 무슨 조항에 저촉된다든가 하는 것도 아니기 때문에 그로 인한 보복 같은 건 없었다. 그러나 "기미 직후"의 시대적 분위기는 조선인 변호사로 하여금 일본과 대등한 차원의 독립된 대표성을 대외무대에서 확보하기 위해 분투할만큼의 열성을 쏟게 했던 것이다.

1923년 1월 필리핀에서 열리는 제3회 국제변호사대회 출석희망자는 10명 정도[13] 였는데, 일제당국은 대회참가자격에 대해 주의를 주고 참가 자체를 포기할 것을 종용하다가, 결국에는 여권 발급을 불허함으로써 대회 참석을 좌절시켰다.[14] 그 후 조선변호사협회의 국제적 활동의 시도에 대한 흔

---

11 박승빈, "국제변호사대회에 갓다가, 중국북평에서 개최," 삼천리, 제3호, 1929.11, 5~7면.

12 "허헌씨 개인좌담회," 동광, 제39호, 1932.11, 32~34면.

13 최진, 박승빈, 허헌, 이기찬, 김찬영, 변영만(이상 경성), 김지건, 이찬, 강세형 및 이동초(이상 평양), 고경제4018호, 1922.12.19.

14 "허헌씨 개인좌담회," 동광, 제39호, 1932.11; 불령단관계잡건-조선인의 부-재구미 (6) - 국제변호사회 조선인변호사 출석의 건(高警 제4118호), 발송: 丸山鶴吉(조선총독부 경무국장) 1922.12.23.

적은 보이지 않는다. 3 · 1운동이후 고양된 분위기 하에서 변호사들의 적극적인 분투로 인한 독립된 조선인에 의한 지방 및 전국단위의 변호사단체의 결성과 국제적 활동의 노력은 특기할만한 사실이 아닐 수 없다.

고문사실 조사와 변호사협회의 분기

1924년 평북 희천경찰서의 악독한 고문사건과 극악한 죄상이 세상에 발포되자 일반의 여론이 비등하였다.[15] 이에 조선변호사협회가 선두에 나섰음은 희천사건 재판에서 다룬 바 있다. 조선변호사협회는 1924년 5월 25일 정기총회에서 희천사건의 진상을 철저히 조사하고, 평양 및 신의주의 변호사 조사위원들은 그 조사결과를 조선변호사협회 이사회에 보고하며, 금후의 방침은 이사회 중심으로 결정한다는 것을 의결한 바 있다.

이 회의에서는 특히 조선변호사협회의 이사진을 개선하였다. 이사회원으로 김병로, 김용무, 허헌, 이기찬, 김종건, 양대경, 윤태영이 선임되었으며, 김병로가 이사회의 장으로 선정되었다.[16] 이 이사회는 희천사건에 대한 보고를 받고, 금후에 취할 태도와 방침을 결정하는 기관인데, 김병로, 김용무, 허헌 등이 포진함으로써 상당한 추동력을 갖게 되었다고 할 수 있을 것이다. 김병로가 희천사건의 변호인으로 직접 가세한 것은 조선변호사협회 이사회의 장으로서, 이 사건 조사와 처리의 책임을 맡았기에, 단순히 한 사건의 변론 참여의 정도가 아니라 조선변호사협회 차원의 개입의 의미를 띠

---

15 동아일보 1924.5.24. "희천서고문사건에 변호사협회분기, 명이십오일 뎡긔총회석상에서 대책을 협의하고 여론을 이르켜"
16 동아일보 1924.5.27. "간담회로 개회, 임원도개선"

게 된 것이다.

이러한 변호사협회의 결의에 대해 언론은 "변호사협회의 궐기"로 지칭하면서 법조계에 대해 "동감"을 표시하는 동시에 향후의 변호사협회의 "태도에 대해 일반민중과 같이 주의하여 보고자 한다"는 표현을 하였다. "동감"은 쉽게 이해할 수 있지만, 왜 "주의"라는 표현을 썼을까. 그것은 그간의 법조계의 태도가 문제가 많았기 때문이다. "종래의 조선에 잇어서 법률상으로나 인도상으로 도저히 묵과하지 못할 중대한 죄악이 공연히 발생함에도 불구하고 이에 대한 제1차적 인권책임자인 법조계는 관권하에 전전긍긍하여 감히 일언을 발하지도 못하고 유야무야 해버린 실례가 한둘에 그치지 아니한 까닭"이라고 하고 있다.[17] 달리 말하자면, 이번의 변호사협회의 결의는 그동안 인권옹호라는 천직에 충실치 못한 과거와 대조되어 과감하게 나선 첫 걸음으로 적극 평가할 수 있다는 것이다. 언론의 법조계, 변호사협회에 대한 당부는 다음과 같이 이어진다.

금번에만 있는 것은 아니지만 희천고문사건과 같은 포악하고 무도하며 잔인하고 참혹한 만행이 어디 있으랴. 과연 이러한 사실 위에도 법치국가의 의의가 있고 법률의 행사가 있다 할까. 우리는 길게 논의코자 아니한다. 그 정상을 회상할 시에는 절절히 골수에 사무치는 분노와 반감과 전율과 비애가 착잡하여 심신을 어찌하지 못한다. 어찌 우리만 이러하랴. 양심이 있는 모든 사람은 동일한 감격과 자극에 공통한 의분이 있을 것이다. … 거기다가 조문상으로도 허락하지 못하는 악행을 감히 하는 소위 사법자가 있다 하면 국법의 권위가 문제요 인민의 사활의 문제라. 이 때 제군이 궐기한 것은 당연한 일이요 또 피치 못할 일이다. … 목하 문제는 시종일관한 입법문제가 아니요. 즉각적으로 받는 의분의 발로로 용인할 수 없는 죄악에 대한 해결과 그러한 폐해를 거출하는 근인(近因)에 당한

17 동아일보 1924.5.28. "변호사협회의 궐기, 그 천직에 충실하라"

법규개폐를 목적함이니 제군의 태도는 공정하고 책임은 막중하다. … 제군의 천직이 인권옹호에 있으니 시대의 요구에 응하고 민중의 의사를 존중하여 그 책임에 충실하기를 바란다.[18]

이같이 조선변호사협회의 적극적 관여의지의 표명은 언론의 보도와 서로 상승하면서, 희천사건의 항소심에 사회의 대중여론을 비등시키게 되었다. 그러면서 항소심 공판정에서 고문사실의 폭로와 입증에 기세를 더하게 되었다. 이러한 배경하에서 1924년 6월 6일 이후 고문사실이 법정에서 적나라하게 드러나게 되었다. 이렇게 경성-평양-신의주의 변호사들의 합동적인 노력과 언론의 가세, 법정변호사들의 활약, 피고인 및 증인들의 적극적 자세에 힘입어, 고문사실이 적나라하게 표출되어, 분노의 불길이 퍼져나가게 되는 것이다. 변호사 개인 및 단체가 그 천직(인권옹호)에 걸맞은 자리매김을 하고 있으며, 그에 따라 사회적 평가도 크게 높아졌다.

---

18 동아일보 1924.5.28. "변호사협회의 궐기, 그 천직에 충실하라"

각파유지연맹 박춘금의 폭행과 변호사회의 결의

1924년 4월 2일 동아일보의 송진우, 김성우 등의 간부들이 요리점 식도원에서 유민회, 이풍재의 저녁초대를 받아 참석했다가, 박춘금으로부터 육혈포와 실탄으로 공갈당하고 폭행당한 사건이 발생했다. 박춘금은 일제하 친일인사의 대표자로서, 1924년 3월 '반일사상 박멸과 일선융화'를 표방한 각파유지연맹에 노동상애회 대표로 참가했다. 동아일보는 각파연맹의 발족에 대하여 다음과 같은 비판적 사설을 썼다.[19]

소위 각파유지연맹에 대하야

근일 "각파유지연맹"이란 것이 발기됨에 일부인사는 이로써 우려할 현상이라 하야 다소 주목중에 있는 듯하다. 그러나 우리가 그 실질에 대하야 검토의 시선을 투할 시에는 이것은 일종 특수부락의 예정된 행동임으로 사건 자체가 특별히 주목할만한 가치조차 발견할 수 없다.

그러면 소위 각파유지라는 것은 어떠한 단체에 속한 인물들이며 연맹의 취지는 무엇인가. 왈 유민회 소작인상조회 국민협회 동광회 교풍회 청림교 대정친목회 조선경제회 노동상애회 유도진흥회 동민회 등 종래 색채가 분명하던 11단체이

---

19 동아일보 1924.3.30.

며 그 소위 강령이란 것도 1.관민일치 시정개선 2.대동단결 사상선도 3.노자협조
생활안정의 3개조라 한다.

이는 감히 민중운동에 거슬리고자 한다는 것보다도 당국에 대한 효용설명이다.
즉 이를 적나라하게 말하자면 "우리는 동취미가 유취하야 일선융화와 노자협
조의 간판을 걸었으니 사리도모에 편의를 좀 주시오" 하는 의미에 불과하다. 이
를 다시 축조설명하면 관민일치는 즉 일선융화가 아니냐, 그네의 소위 사상선도
라는 것은 일선융화의 선전이 아니냐, 노자협조는 좌경운동의 방지인 동시에 조
선에 있어서는 실질상으로 보아서 역시 일선융화의 알선이다. 그리고 시정개선
생활안정은 즉 그네의 이익도모를 의미하는 것인즉 총이언지(한마디로 말하)하면
"우리는 일선융화를 표명하고 선전하고 알선할 터이니 그 보수를 좀 주시오"하
는 말에 불과하다. …

소위 각파유지연맹의 친일적 본질과 모리배적 속성을 여실히 묘파한 명
논설이다. 각파유지연맹이란 게 사리사욕을 도모하는 특수집단의 결합에
지나지 않는 것이고, 그들이 주장하는 관민일치란 일선융화이고, 사상선도
란 건 일선융화의 선전이다. 한마디로 일선융화를 표방하는 단체들이 일
제의 떡고물을 기대하고 만든 모리배단체라는 것이다. 각파유지연맹의 정
체를 이렇듯 적나라하게 폭로하였기에 민중들은 시원할 수 있었지만, 반
면 각파유지연맹의 주도자들은 동아일보에 대해 엄청난 적대감을 갖게 되
었다. 그들은 즉각적 보복을 획책하였다. 친일깡패의 거두인 노동상애회의
대표 박춘금 등은 4월 2일 동아일보의 송진우와 김성수를 폭행하고 협박
하여, 각서를 쓰도록 강요했다.

이러한 사태에 대하여 동아일보에서 사실의 대강을 기사로 썼더니, 각파
연맹 측에서는 총독부 기관지인 매일신보에서 오히려 동아일보를 공격하
였다. 사장의 필적으로 사죄문[20]을 썼다고 하면서 필적을 사진동판으로 게
재하고, 박춘금에게 3천원을 주겠다고 애원을 했으나 연맹파에서 이를 거

절하였다는 취지였다. 사실 여부를 차치하고, 폭행협박한 자들이 내놓은 자료를 갖고 오히려 피해자들을 공격하는 적반하장의 폭로 앞에 사회적 여론이 물 끓듯이 일어났다.

이에 격분한 각 민족단체의 40여 명이 모여 각파유지연맹이라는 불량단체를 응징하기 위해 민중대회를 열 것과 폭행을 방관하는 당국의 태도를 규탄하기로 하고 63명의 실행위원을 뽑았다.[21] 전조선변호사협회에서도 각파유지연맹사건에 대하여 응징의 실행방법을 검토하기로 하였다. 4월 22일 천도교교당에서 민중대회를 열기로 준비를 끝냈으나, 관할 종로경찰서장의 집회금지로 유회되었고, 민중대회의 신문광고를 낸 서성달은 구속되기까지 했다.[22]

이에 조선변호사협회는 4월 22일 저녁에 김병로의 자택에서 임시회의를 개최하여, 허헌 외 20여 명이 모여 장시간 협의를 한 결과 소위 각파연맹의 폭행사건에 대하여는 그대로 둘 수가 없으니 대표를 선정하여 경무국장과 법무국장과 검사정을 면회한 후에 이 사건에 대하여 반성을 촉구하기로 결의하고 장문의 결의문을 통과시켰으며 교섭에 대하여는 이사에게 일임하기로 하였다.[23] 결의안의 문구는 다음과 같다.[24]

결의문

조선총독부의 원조하에 재한 소위 각파연맹단원등이 횡포한 태도를 지하야 그들의 의사에 불합하는 인사에게 대하야 단체적으로 공연히 폭행 협

---

20 사죄문의 내용은 "(각파연맹의) 주의주장은 (동아일보에서는) 반대하나 (각파연맹 인사들을)인신공격한 것은 온당치 안타 인함"이란 것이다.
21 동아일보 1924.4.11. "민중대회를 발기, 불량단체 응징결의"
22 동아일보 1924.4.23. "민중대회는 금지"
23 조선일보 1924.4.24. "변호사회. 각파연맹문제로 당국 교섭하자고 이사회에 일임함"
24 동아일보 1924.4.24. "변호사단결의"

박 및 금전의 강요를 감행하야 사회의 질서를 교란케 함은 실로 용서치 못할 죄악이오 민중이 공히 분노하는 바라. 그런데 그에 대한 당국의 태도는 극히 완만에 실(失)하여 음연이 그들의 악행을 조장함과 여(如)함.

오인은 관계당국자의 책임을 문하고 그 맹성을 요구하야 인권옹호의 실행을 완전케 함을 기함

임시총회가 끝난 뒤 곧 이사회를 열고 실행방법을 강구한 결과 당국에 대해 결의서를 제출하고 그 책임을 질문하며 그 변명을 구하기로 결정하였다. 결의서를 제출할 당국은 조선총독, 정무총감, 경무국장, 법무국장, 검사장, 검사정 등이다.[25]

이 사건에서 조선변호사협회는, 특정 사건에 대하여, 다른 사회단체, 특히 언론계와 보조를 같이하고 결의를 끌어내어 변호사단체가 사회운동의 진영으로 한걸음 나아간 모습을 보여주었다. 앞의 인용에서 "ⓜ 시민대회 개최에 간섭하고"라는 일제 경찰의 불만은 변호사회의 새로운 참여형태를 각별히 의식하고 있는 증좌가 될 수 있을 것이다.

---

25 동아일보 1924.4.24.

암태도 소작쟁의에 관여

.
.
.
.

　1924년경부터 전국 각처에서는 소작쟁의의 물결이 일어났다. 그 중 대
표적이고 끈질긴 투쟁을 전개한 곳이 암태도였다. 암태도 소작쟁의와 관련
하여 소작인 간부들이 구속되자, 암태도 소작인들과 주민들은 면민대회를
개최하고 목포에 진출하여 항쟁하게 되었다. 1924년 6월 4일 4백여 명의
농성단은 목포경찰서 마당에서 밤을 새웠고, 이튿날은 법원마당에서 밤을
새우면서 검찰국을 상대로 구속자 석방시위를 벌였다. 7월에 이르면 6백여
명이 배를 타고 목포로 건너와 법원마당에 집결하여 아사동맹을 맺고 단식
투쟁에 들어갔다. 언론은 암태도 쟁의의 경과를 꾸준히 보도하였다. 이렇
게 되자 전국적인 여론이 고조되었다.[26]

　암태도 소작쟁의에 관련하여 서태석 이하 십수 명이 소요죄, 상해, 주거
침입 등의 혐의를 씌워 검거 입감됨에 이르러, 조선노농총동맹이 본격적으
로 관여했다. 조선노농총동맹에서 조사한 바로는 "목포경찰서의 조사는 사
실과 크게 반하는 점이 많고 소작인은 지주에 대하여 어떤 폭행 협박을 한
사실이 없는데 구속되었고, 사실을 날조하였다"라는 것이었다. 조선노농총

---

26 암태도 소작쟁의의 흐름에 대하여는 박찬승, "1924년 암태도 소작쟁의의 전개과
　정," 한국근현대사연구, 2010; 독립운동사편찬위원회 편, 독립운동사 제10권 : 대중
　투쟁사, 독립유공자사업기금운용위원회, 1978.11, 383~389면.

동맹은 일반사회의 여론을 환기시키려고 여러 가지로 준비했다. 그 중 하나는 변호사협회와 접촉, 협의한 것이다. 협의의 결과, 사건의 종국에 이르기까지 무료변호를 해줄 것을 결정하였고, 담당변호사로 김병로를 지정하였다.[27] 실제로 김병로는 암태도사건의 변론을 맡게 되었다. 이렇게 변호사단체와 사회운동단체가 서로 협의하고, 변호사의 무료 변호라는 적극적 개입을 한 데 대해, 일경이 예민한 촉수를 곤두세우고 있음을 ⒣을 통해 알 수 있다. 암태도 쟁의 뿐 아니라, 1924년을 전후하여 항일변호사들은 소작쟁의와 같은 집단운동에 대해 직접 변호에 본격적으로 나서게 된다.

---

27 검찰행정사무에 관한 기록(1) - 암태리 소작인 소요에 관한 건(경종경고비(京鍾警高秘) 제7535호의 2), 발신: 경성 종로경찰서장 1924.6.13, 수신: 경성지방법원 검사정 1924.6.13.

언론집회압박탄핵운동에 관여

일제는 3·1운동 이후 소위 문화정치를 표방하면서 제한된 범위내에서 언론·집회를 일부 허가했지만, 그러면서도 언론과 집회 시위를 철저히 탄압했다. 언론의 경우 사전검열을 제도화하고, 삭제·압수·정간 등의 행정처분을 통한 통제를 일상화했다. 일제는 그에 그치지 않고 이미 출판된 언론에 대하여도 사후적으로 사법적 처벌을 가하는 탄압조치를 실행했다. 1922년 들어 잡지 〈신천지〉와 〈신생활〉의 필화사건을 일으켜, 필자와 사장을 구속하고 처벌하였다.[28] 1924년 들어 일제는 더욱 탄압을 가중했다. 또한 앞서 보았듯이 각파유지연맹의 언론계 인사에 대한 폭행·협박·공갈 행위에 대하여 가해자를 묵인 내지 비호하는 형태를 보여, 소위 문화정치에 대한 공격을 자초했다. 조선변호사협회와 언론계 인사들이 각파유지연맹의 행태를 규탄하고 이를 비호하는 당국자를 문책할 것을 결의하였다. 이들이 시도한 〈민중대회〉가 일제에 의해 금압되었다.

그 시점에 막 결성된 조선노농총동맹(1924년 4월 17일) 및 조선청년동맹(1924년 4월 21일) 등 전국적 연결망을 갖춘 대중운동조직은 언론압박의 문제에 주목하였다. 또한 그들 조직에 의한 집회에 대한 탄압으로 어떤 의미

---

28 장신, "1922년 잡지 신천지 필화사건 연구," 역사문제연구, 제13호, 2004.12 참조.

있는 대중활동을 하기에 절대적인 장벽을 절감하고 있었다. 따라서 그들은 신생단체로서의 존재감을 드러내고 활동의 공간을 만들어낼 필요가 있었다. 이렇게 하여 각파유지연맹사건을 계기로 결속된 언론계와 법조계, 그리고 모든 종류의 집회를 금압하는 데 항거하고자 한 사회운동단체들은 공동으로 대응하고자 연결하였다. 마침내 1924년 6월 7일 31개 단체의 대표 1백여명이 '언론집회압박탄핵회'를 결성하였다. 참가단체는 다음과 같다.[29]

조선노농총동맹, 조선청년총동맹, 변호사협회, 신흥청년동맹, 신사상연구회, 무산자동맹회, 개벽사, 기독교청년연합회, 천도교청년당, 조선지광사, 민우회, 신생활사, 조선여성동우회, 노동대회, 노동공제회, 조선교육협회, 조선여자청년회, 조선학생회, 불교청년회, 천도교유신청년회, 염군사(焰群社), 고학생갈돕회, 여자고학생상조회, 건설사, 민중사, 조선경제회, 여자교육협회, 형평사(衡平社), 혁신동맹, 시대일보사, 조선일보사, 동아일보사

이와 같이 탄핵회에는 언론계, 법조계, 종교계, 사회운동단체, 교육, 여성 등 각 방면의 단체들이 결속하였다. 이렇게 각계의 많은 단체들이 공동으로 참여한 것은 일제하에서 초유의 일이었다. 회의에서는 모임의 이름을 확정짓고, 언론과 집회에 대한 압박의 사례에 대하여 각 단체의 보고가 있었다. 이어 탄핵회는 결의문 초안 작성을 위한 기초위원으로 김병로, 이정윤, 한신교, 권오설, 김찬을 선정하였다. 결의문은 다음과 같다.[30]

결의문

1. 우리는 언론 및 집회에 대한 당국의 무리한 압박을 공고한 결속으로써 적극적 항거할 일.

---

29 동아일보 1924.6.9.
30 동아일보 1924.6.9.

1. 언론 및 집회의 압박에 대한 항거 방법은 실행위원에게 일임할 일.

이 결의문이 통과됨에 따라 앞으로 탄핵회의 항거방법을 담당할 실행위원을 선정하기 위한 절차에 들어갔다. 먼저 각 방면의 인사를 망라할 필요가 있다는 의견에 따라 먼저 전형위원을 뽑았다. 전형위원은 이영, 서정희, 김병로, 신일용, 강택진(姜宅鎭)이 선정되었다. 이들이 논의하여 실행위원 13인을 선정하였다.

실행위원[31]

정희(徐廷禧)	한신교(韓愼敎)	이종천(李鍾天)	윤홍열(尹洪烈)
안재홍(安在鴻)	이봉수(李鳳洙)	차상찬(車相瓚)	김병로(金炳魯)
김필수(金弼秀)	신명균(申明均)	김봉국(金鳳國)	이종린(李鍾麟)
이인(李仁)			

6월 8일 실행위원회를 열어 협의한 결과 탄핵실행의 방법을 정했다.[32] 그 방법으로는

1. 실제상으로 본 언론과 집회의 압박에 관한 전후사실을 조사할 일.
1. 입법적 견지로서 일본과 조선과 내외각지의 언론집회 압박에 관한 사태를 조사할 일.
1. 위 조사를 11일 이내로 한 후 그 실행절차에 착수할 일.

---

31 이들은 종교계(김필수, 김봉국, 이종린, 차상찬, 이종천, 신명균), 변호사(김병로, 이인), 언론계(윤홍렬, 안재홍), 사회주의청년계(한신규, 서정희, 이봉수) 등으로 분류될 수 있다(이애숙, "1922~1924년 국내의 민족통일전선운동," 역사와 현실, 제28호, 1998.6, 119면).

32 시대일보 1924.6.10. "언론집회압박탄핵 실행위원의 결의, 11일까지 사실을 조사 후 실행절차에 착수키로 결의"

그리고 조사위원으로는 이인, 김병로, 이봉수, 윤홍렬, 안재홍의 5인이 선출되었다.[33] 이봉수는 조선일보, 윤홍렬은 동아일보, 안재홍은 시대일보에 소속되어 있고, 이인과 김병로는 법조인이니까, 실제 조사는 언론인과 법조인에게 맡겨진 것이다.

또한 6월 11일 실행위원회에서는 조사위원들의 조사를 토대로, 탄핵대회를 개최하기로 결의하였다. 또한 탄핵대회는 서울에서 하지만, 장차 전국에 걸쳐 확대할 것을 결의하였다.[34] 여러 준비작업을 거쳐, 6월 20일 서울 시내 경운동 천도교당 안에서 대대적으로 언론압박탄핵을 위한 민중대회를 개최할 것을 결의했다.[35]

그러나 이러한 민중대회는 총독부 경찰에 의해 원천봉쇄되었다. 종로경찰서에서는 "상사의 명령에 의해 절대적으로 금지한 것으로 (탄핵회의) 간부의 한 사람인 이인 변호사에게" 사전에 그 사실을 통보했다. 그 이유는 "치안을 방해할 염려가 있을 뿐 아니라 보안법에 위반되는 까닭"이라는 것이다. 그러나 당일 저녁 8시반부터 개최될 예정이던 천도교당 쪽으로 수많은 군중들이 밀려들었다. 경찰은 강당에 불을 끄고 봉쇄한 뒤 밀려드는 군중을 무리로 쫓아내고, 기마순사와 사복과 정복순사들을 동원해 군중을 해산시켰다. 그리하여 "부근 일대의 주님은 물론이요, 모여드는 군중은 신경이 흥분되어 말없는 가운데 일대 살육장을 이룬 듯이 당시의 광경은 참으로 살기가 넘치는 참담한 지경에 이르렀다."[36] 그리고 회장에 와 있던 실행위원 중 이종린, 한신교, 서정희, 신명균, 이현보 등을 "모이지 말라는 곳에

<hr>

33 언론집회압박 탄핵회 제1회 실행위원회의 건(경본고비(京本高秘) 제4362호의 1), 발신: 경성 본정경찰서장 1924.6.9., 수신: 경성지방법원 검사정 1924.6.11.
34 검찰행정사무에 관한 기록(1) – 언론집회압박 탄핵회 제2회 실행위원회의 건(경본경고비(京本警高秘) 제4362호의 2), 발신: 경성 본정경찰서장 1924.6.11., 수신: 경성지방법원 검사정 1924.6.13.
35 동아일보 1924.6.19.
36 동아일보 1924.6.22.

모였으니 금지명령에 위반한 것"이라 하여 종로경찰서로 검속하였다. 이들은 6월 22일에야 풀려날 수 있었다.

집회가 원천봉쇄되고 강제해산된 후 쌍방의 논전이 오갔다. 경찰 측은 "당국에서는 당초부터 언론 집회를 압박함이 아니고 다만 법령이 허락하는 범위를 벗어나면 용서 없이 금지하는 것인데, 이번 각 단체가 계획한 것은 아무 내용도 없이 무단히 민중을 선동함으로써 목적을 삼는 줄로 짐작합니다.…당국에서는 언제든지 일정한 방침으로 나갈 뿐이요, 이번 일에 대하여 특별히 다른 방침을 취한 것은 아니므로 물론 장래에도 이 방침이 변할 것은 없습니다."는 입장을 취하였다. 다음은 탄핵대회의 금지에 대한 조선인들의 비통한 느낌 중 일부이다.

- 근래에만 있는 일이 아니요, 상용수단으로 써 오던 당국자의 언론 집회 압박은 최근에 와서 극단에 이르는 상태에 있다. 압박인지 유린인지 횡포인지 도무지 구별할 수 없는 명령으로 계속한다.
- 필요도 없고 조리도 없는 경찰의 태도는 실로 조선을 떠나서는 구하여 볼 수 없는 기묘한 현상이다. 이것이 이름까지 문화정치의 문화경찰이라고 하니, 미명을 파는 정사도 이에 이르면 듣기 묘한 것이라고 아니할 수 없다.
- 전제를 유일한 무기요, 수단으로 믿는 조선 당국자들은 그네의 명령 이외는 아무것도 보이지 아니하는 것은 당연한 일일는지는 알지 못하거니와 조선 경찰은 과연 무엇을 위하여 있는 것인지 묻고 싶다.
- 오늘날 그네들이 행하는 무리한 압박에는 아무리 참기 잘하는 조선 사람이지마는 어찌 한 마디 불평이 없을 수 있으랴.
- 온건한 태도와 언론으로써 시비를 비판하려고 하는 상당한 단체의 연설회를 마치 일대 내란사건이나 돌발한 것처럼 눈에 불을 박아가지고 살기가 충천하게 사람을 사람으로 보지 못하리 만큼 열광하였던 경관들은 모였다 헤어진 천여 명의 가슴에 무엇을 암시하였으며 자극하였는가.

- 비일비재로 당하는 일이지마는 우리의 비통과 절분과 치욕을 어디다 풀어 보면 가할는지.[37]

언론탄압에 대한 비난이 경찰의 태도에 대한 비난으로 이어지고 있다. 동아일보는 〈탄핵대회 금지〉라는 제하의 사설로써 당국의 주장을 반박하였다.

당국의 금지하는 이유는 의례히 치안 관계를 말한다. 우리는 이 말을 들을 때마다 일종의 형용할 수 없는 감상이 있다. 당국으로도 압박은 자인하지 않는다. 압박이냐, 이는 곧 치안을 유지하려 함이다. 이렇게 말하는 것을 보면 압박을 자인하기는 당국으로도 즐기는 바가 아니다. 그러나 치안이라는 것이 표준을 어떻게 할 것인가, 사람인 다음에는 사상이 있다. 그래서 언론이 있고 그래서 집회가 있다. 이를 무리하게 압박하면서 이는 치안을 유지함이라 하면 이 치안에 표준은 물을 것 없이 그들에게 있고 우리에게 있지 않음은 알 것이다. 그러면 우리는 우리를 위하여 이 치안을 인정할 수 없지 아니한가. 치안이라 함은 압박을 미화한 명사이니 나누어 볼 것이 없다. 압박으로서 치안이라 한 뒤에야 압박이 어찌 전개(悛改)할 날이 있으랴. … 그런데 우리의 언론과 집회를 금지하면서 이를 치안 유지라 하니, 묻노라 자기를 표준하는 이 치안이 과연 우리의 인정할 바일까. 그들이 그들을 표준하나 우리가 우리를 표준하나 각기 다를 것이 없다 하겠으나 그들의 일은 무리함을 존속하려 함이요. 우리의 일은 천부함을 발로하려 함이다. 이 어찌 서로 같다 하랴. 그런데 그들로도 압박이라 아니하고 반드시 치안이라 하는 것을 보면 압박을 자인 하지 않을 뿐 아니라 이를 옳지 않게 하는 증적(證跡)이 아닌가.[38]

---

37 동아일보 1924.6.22.
38 동아일보 1924.6.22. "언론집회압박 탄핵대회금지"

압박을 치안으로 미화하는 것을 논리적으로 공박하고 있다. 이렇게 무리하고 무도하게 금압하는 데 대해 어떻게 할 수 없는 '우리의 비통과 절분과 치욕'을 풀 길이 없는 것이다. 하지만 아무리 그래도 이러한 압박에 대해 아무 일도 없었던 듯이 물러설 수는 없는 일. 이리하여 1924년 6월 28일 다시 1백여 명의 각 대표자들이 출석하여 언론출판압박탄핵회의 각 단체 대표회의가 열렸다. 여기서 그동안 수집한 언론집회에 관한 압박의 실례가 공표되었다. 1924년 1월부터 당시까지의 사례를 보면 다음과 같다.

압수사례 : 개벽 4회, 조선지광 4회, 시대일보 11회, 조선일보 13회, 동아일보 15회

집회금지사례 : 3월부터 6월까지 경성 시내에서 13건이며 경찰서에 검속된 인사도 수십명에 달함.

법령의 문제 : 대정8년의 제령 제7호, 집회취체령, 보안법 제2조는 조선사람으로 손끝 하나를 마음대로 움직이지 못할 만치 얽어놓고 있음.[39]

지난번 실행회원들이 의무를 다하지 못했다는 책임관념에서 총사직을 하고, 새로 실행위원 13인이 선출되었다. 새로운 실행위원은 한신교, 국기열, 이종린, 신일용, 강우, 서정희, 김정진, 김병로, 김영휘, 이종대, 이봉수, 신명균, 최창익 등이었다. 몇 언론인과 함께 김병로는 연임되었다. 그리고 지난번 민중대회에서 제출될 예정이었던 결의문과 실행사항이 낭독되었다. 탄핵회의 핵심주장을 이를 통해 알 수 있을 것이다.

결의문
언론은 생존의 표현이요, 집회는 그 충동이라. 우리의 생명이 여기에 있고 우리

---

39 조선일보 1924.6.30.; 정진석편, 일제시대 민족지 압수기사모음 I, LG상남언론재단, 1998, 182~183면.

의 향상이 여기에 있다. 만일 우리의 언론과 집회를 압박하는 자 있다 하면 그것은 곧 우리의 생존권을 박해하는 자이다. 현하의 조선총독부 당국은 직접으로 우리의 언론을 압박하며 집회를 억제한다. 그러므로 우리 민중은 우리의 생존을 위하여 당국의 이러한 횡포를 탄핵한다.

실행 사항

1. 조선내 각지와 해외 필요지서 7월 20일을 기하여 일제히 언론집회압박탄핵연설회 급 시위운동을 행할 사.
1. 언론 집회 압박에 대한 사실을 거(舉)하여 세계적으로 선포할 사.
1. 우리는 언론 집회의 자유를 위하여 공고한 결속으로써 최선의 노력을 할 사.[40]

이렇게 7월 20일을 기약하여 조선 각지는 물론이고 해외에서도 일제히 연설회나 시위운동으로 당국의 부당한 압박을 힘있게 알리려는 결의가 충만하였다. 그러나 그것 역시 좌절되었다. "금번에 사정으로 인하여 부득이 연설회를 당분간 중지"할 수 밖에 없었던 것이다.[41] 다만 그 불꽃은 완전히 사그라지지는 않았다. 일본 오사카에서 1924년 8월 5일 언론압박탄핵 대연설회가 개최되었다. 오사카에 있는 조선무산자사회연맹, 조선노동동맹회, 남흥예명사, 삼일청년회, 계시조선노동동지회, 조선학우회 등이 이 대회를 주최했다. 청중은 3천 명이나 되었으며, 연사 28명이 연설을 준비했다. 연설자 가운데 무려 25명이 경찰에 검속되었지만, 대회는 무려 5시간 동안이나 계속되었다.[42]

언론집회탄핵대회의 줄거리는 대략 이상과 같다. 이 탄핵대회는 주로 언론사적 측면에서 비중있게 연구되어 왔고,[43] 최근에는 사회운동사적 관점

---

40 조선일보, 앞의 책, 193면; 동아일보 1924.6.30.
41 동아일보 1924.7.20.
42 동아일보 1924.8.10.
43 대표적인 것이 정진석, 일제하 한국언론투쟁사, 정음사, 1982; 최영식, "3 · 1운동 이후의 민족언론," 삼일운동50주년기념논집, 동아일보사, 1969, 719~728면.

에서 그 중요성을 본격적으로 다루어왔다.[44] 반면 법조계에서 갖는 의미와 중요성에 대한 언급은 거의 없었다. 앞서 인용한 비밀자료에서 보듯이, 조선변호사협회와 변호사(김병로, 이인)의 적극적 참여는 일경의 우려대로 그 대회에 대한 "세인의 기대를 높여"주었다. 일반민중은 "관헌에 대항하는 유일한 아군"으로 믿고 있다면, 그들의 참여가 기대를 높여준 것은 당연하다.

법조계의 입장에서 볼 때, 조선변호사협회는 각파연맹사건부터 탄핵대회까지 일관되게 참여했고, 그럼으로써 다른 단체와 연대하는 모습을 보여주었다. 또한 나름대로 전문성이 요구되는 조사위원회에서는 중심적 역할을 하였다. 변호사들이 조직(조선변호사협회)의 이름을 걸고, 다른 사회단체와 본격적인 유대를 이룩한 것은 전례없는 일이었고, 그만큼 주목할만한 것이기도 했다.

1920년대 후반에 신간회를 비롯하여 민족 전체의 통일전선 형성을 위한 노력에서 허헌과 김병로가 중요한 역할을 하는 것도 1924년 시점에서의 변호사들의 적극적 참여가 밑받침이 되어 가능했던 것이다. 변호사들은 이제 항일독립운동 피고인의 무료변론 뿐 아니라, 다른 단체와 연대하여 사회운동의 일익을 담당하는 방향으로 나아갔다. 1924년의 이 탄핵운동의 한 가운데, 항일변론을 전개한지 불과 1~3년 밖에 되지 않는 김병로와 이인이 곧바로 중심적 역할을 수행하는 것도, 이들 변호사에 대한 높은 기대를 보여준다 할 것이다.

---

44 장석흥, "1924년 언론집회압박탄핵운동의 전개와 성격," 한국학논총, 제21집, 1999, 107~133면.

항일변론의 구심점: 형사공동연구회

1923년경부터 독립운동, 사상사건 관련 재판이 그야말로 폭주했다. 항일변호사들로서는 형사변론을 보다 조직적, 체계적으로 전개할 필요가 커졌다. 그리하여 김병로, 허헌을 중심으로 〈형사공동연구회(刑事共同硏究會)〉를 결성하였다. 그 취지는 '한 사람에 대한 보수로 5명이 공동연구하여 변호한다'는 취지로 항일변론의 구심점을 만들려는 것이다. 이름은 무색무취하게 '형사공동연구회'[45]이지만, 실제로는 무슨 연구단체에 머무는 것은 아니었다. 법정을 통해 독립운동이 무죄임을 주장하는 한편, 형무소에 구금된 애국투사들에게 사식을 넣어주고, 집에 있는 유족을 돌보는 등 법정 및 바깥에서 변호사 역할을 확대하는 것이었다. 독립운동의 후원단체 같은 역할도 적극 수행하였다.

그런데 형사공동연구회에 대한 기록이 매우 불충분하여 그 전모를 제대로 알기가 어려운 난점이 있다. 우선 일제하의 언론은 물론 일제의 비밀자료에도 명칭을 가진 단체가 나타나지 않는다. 거듭 인용되고 있는 것은 김진배의 〈가인 김병로〉란 책자인데, 거기에는 다음과 같이 쓰여 있다.

---

45 김진배는 '형사변호공동연구회'라는 명칭을 쓰고 있다.

(A) 김병로는 1923년 허헌, 김태영, 이승우, 김용무 등 당시 명망있는 변호사들과 함께 서울 종로 인사동 75번지에 '형사변호공동연구회'를 만들어 '한사람에 대한 보수로 5명이 공동연구하여 변호한다'는 취지로 항일법조인들의 공동전선을 형성했다.[46]

주소까지 쓰고 있는 것을 보면, 김진배는 나름대로의 취재를 거쳐 쓴 것으로 생각되지만, 그 정확한 취재원을 소개하지 않고 있다. 그보다 김병로 자신이 언급한 곳이 몇군데 있다. 상세한 소개는 〈수상단편〉에서 인데 그는 일관하여 '형사공동연구회'라는 명칭을 언급하고 있다. 다음의 내용이다.

(B) 내가 변호사사무실을 개시한 직후부터 대동단사건을 비롯하여 3·1운동의 여파로 계속 발생한 사건, 기타 사상에 관련된 사건에 대하여 모든 원호에 응분의 노력을 하여 왔으나, 이에 요하는 비용은 물론 자담하는 바이므로, 요급한 사건을 돌연히 원거리 지방에 가게 될 때에는 비용관계로 곤란을 느낀 바 있음에 감하여 나의 동료 변호사 중에 보조를 같이하여 오던 이인, 권승렬, 김태영, 김용무, 허헌 등 제씨와 협의하여 이 연구회를 창설한 것인데, 표면으로는 평범한 명칭이었으나, 이면으로는 사상범 원호를 목적으로 하는 결사이며, 원호의 대상으로는 그 당시의 악법인 보안법, 제령 제7호, 치안유지법, 신문지법, 집회취체령에 위반한 사건이었으며, 그 내규로서 본 회원이 변호의 의뢰를 받은 원호의 대상이 아닌 형사사건의 착수금 및 보수금은 개인의 수입으로 하지 아니하고, 그 전액을 공동연구회의 수입으로 하여 원호사건의 제반비용에 사용하기로 하여 기록등사, 지방여비 등은 물론 필요에 따라서는 사식차입까지도 이 금액으로 충당하게 되었던 것이다.[47]

---

46 김진배, 가인 김병로, 42면.
47 김병로, 수상단편, 267면.

김병로는 〈도산을 말한다〉라는 한 회고담에서 투옥된 안창호의 변론에
대해 증언하면서 '형사공동연구회'의 존재를 말하고 있다.[48]

(C) ㉠ 내가 기억하는 대로는, 우리는 그것을(1932년 안창호의 일차투옥과 재판을 말함)
　　　우리 형사공동연구회의 주관으로 맡았다고 봅니다. 법정에 변호는 두세
　　　사람이 하여도 심의는 같이 하였지요. 그리고 여기서 나오는 비용으로 사
　　　상범은 무료변호하였고 멀리 평양 함흥 신의주 같은 데도 출장해 갔지요.
　　　공동연구회의 금전은 공동관리라 사적으로 쓰고 싶어도 절대 못썼지요.
　　　(웃음) 소속 변호사는 이인, 허헌, 권승렬, 이창휘 나 이렇게 다섯명이었는
　　　데 도산선생 변호에는 우리 다섯이 다 참가했던 것 같습니다.[49] (…)
　　㉡ 김병로 우리 공동연구회에 김영훈이라는 분이 늦게 가입했었는데, 그 분
　　　이 사상범에 대한 기록을 모두 고려대학에 기부했습니다.
　　㉢ 우리 형사공동연구회도 해체하라고 하여 꼼짝 못하고 해체했으니까요.
　　　동우회는 수양단체인데 왜 해체하여야 하는가고 나섰지요. 얼마 지난 후
　　　우리 연구회 한 사람하고 신문기자 한사람이 (안창호) 선생을 만나봤을
　　　때…

　　필자가 확보한 '형사공동연구회'에 대한 일차적 자료원은 위의 A, B, C
정도이다.[50] 김병로의 회고담은, 내용과 방향은 틀리지 않으나, 시기와 인물
에서 상당한 착오가 나는 경우가 적지 않음을 감안해야 할 것이다. 그런 점

---

48 "도산을 말한다(좌담)," 새벽, 1960년 11월호(도산안창호전집, 제13권, 도산안창호
　　선생기념사업회, 2000, 589~590면).
49 이 부분에 대해 김병로의 기억에 착오가 있다. 안창호의 변호인은 이인, 신태악, 김
　　용무, 김병로, 양윤식으로 되어 있다. 허헌은 유죄판결을 받고 복역중이었다.
50 형사(변호)공동연구회를 언급하고 있는 많은 글(예컨대 박원순, 역사가 이들을 무
　　죄로 하리라, 두레, 2003, 70~71면; 최종고, 김학준, 심지연, 허근욱 등 연구자들)은
　　모두 A, B, C 중 어느 출처에 의거하여 정리하고 있다. 따라서 이들 글에 대하여 개
　　별 논평은 여기서 하지 않겠다.

을 감안하면서 이 연구회의 활동에 대해 조심스럽게 정리해보고자 한다.

| 명칭/목적 |

'형사공동연구회'(B, C)와 '형사변호공동연구회'(A)의 양 견해가 있는데, 더 이상의 자료가 없다면 창립자의 말을 존중할 수 밖에 없다. 따라서 명칭은 '형사공동연구회'로 정리한다. 연구회는 '사상범 원호를 목적으로 한 결사'였다.

| 참여변호사/결성시기 |

1923년 창립되었다면 김병로, 허헌, 김태영, 이승우, 김용무의 5인(A)으로 하는 것이 타당할 것이다. 권승렬은 1926년 7월 이후 변호사로 개입했으므로, 1923년 시점에는 참여 변호사가 될 수 없었다. 이인은 1923년 5월에 갓 변호사를 시작했다. 1920년대 후반기의 활동시점을 기준으로 본다면, 이승우는 항일변론의 대열에서 빠져나가므로 자연적으로 배제되었을 것이며, 항일변론의 선두에 선 이인, 이창휘, 권승렬이 참여한 것으로 정리할 수 있겠다. 그렇다면 1923~1924년에 연구회가 결성되었다고 추론하는 것이 온당하다고 본다. 1923년에 이르면 사건이 폭주하여 공동의 노력이 절실해지고, 지방출장의 필요성이 잦아지는데 그렇게 되면 공동변론 및 비용조달의 필요성이 절실해진다. 따라서 1923~1924년 사이에 연구회가 만들어졌을 가능성이 가장 크다. 실제로 많은 사건들에서 이들 변호사의 이름이 공동으로 들어가 있는 것도 우연이 아닐 것이다. 하지만 그 인원이 고정된 것은 아니었으며, 이후 참여의 정도에 따라 일부 변호사가 빠진 대신 새 변호사들이 함께하는 형식으로 유지된 것 같다.[51]

| 관련법령 |

항일변론을 조직적으로 할 목적으로 결성된 것인만큼, 그 대상은 확연했을 것이다. "원호의 대상으로는 그 당시의 악법인 보안법, 제령 제7호, 치안유지법, 신문지법, 집회취체령에 위반한 사건"(B)이었다. 이 사건들은 당시 '사상사건'으로 주로 분류되었다.

| 활동방식 |

사상범 원호를 위해서는 많은 비용이 든다. 소송수행을 위해서 필요한 기록을 등사해야 하고, 지방출장을 위한 여비도 많이 소요되었고, 연고가 없거나 형편이 어려운 구속자를 위한 사식 차입과 때로는 치료비 등도 필요했다. 그런데 사상범에 대해서는 무보수변론(무료변론)이 대다수였으므로, 변호사들은 소송비용 조달을 위한 압박을 받았다. 그래서 일반형사사건의 변호사보수를 공동관리하면서 그 금전으로 사상범 원호를 했던 것이다. 물론 비용만 드는 것이 아니다. 대규모 사건도 많고, 일제와 치열하게 다투기 위한 법리의 개발에도 지혜를 짜냈다. 공동으로 사실과 법리를 탐구하고, 법정에 나간 변호사들이 그것을 반영했다.

| 담당사건 |

김병로의 회고에 따르면,[52] 이들 참여변호사들이 관여한 사건은 대개 이 연구회가 주관했다고 한다. 그러나 반드시 그러했는지는 김병로의 회고 이

---

51 다만 김병로가 여러번 이 연구회의 존재와 활동을 언급하는 데 반해, 일제시대 변호사 활동에 대한 상세한 증언을 많이 남긴 이인 변호사의 글에서 그런 취지의 활동을 함께 했다는 언급은 자주 있어도, '형사공동연구회'라는 명칭을 한번도 언급하지 않고 있음이 흥미로운 대조를 이루고 있다.
52 김병로, "수상단편," 김진배, 267~268면.

외에는 알 길이 없다. 아마도 수많은 사상사건, 독립운동사건들의 변론의 중심에 이들 변호사들이 있었음은 사실이며, 그 경우 직접 연구회 차원에서 무슨 결정 같은 건 없어도 당연하게 공동으로 한다는 느낌으로 개별 사건들에 임했을 것이다.

| 존속기간 |

김병로는 일정의 가혹한 탄압에도 불구하고, 공동연구회의 원호사업은 미동한 바 없이 추진되어 10여 년을 계속했다[53]고 회고한다. (B)(C)의 출처를 보면, 대략 1930년대 후반까지 지속된 것으로 말하는 것 같다. 그러나 1932년부터 김병로·이인의 합동변호사사무실 시대가 열리는데, 이 경우 형사공동연구회 같은 모임이 없어도 자연스레 구심점 역할을 할 수 있다. 또한 30년대 중반 이후에는 다른 변호인들(김용무, 권승렬, 이창휘, 김태영)[54]과 함께 수임한 사건이 거의 보이지 않는다. 1941년에 이르면 사상사건에 대한 자유변론권 자체가 박탈당하므로, 이러한 연구회의 조직 자체가 무의미하다. 결국 1923년 후부터 약 10년 이내가 형사공동연구회가 의미있는 활동을 한 연도가 아닌가 짐작된다.

요컨대 '형사공동연구회'의 창립과 활동은, 항일변론을 조직화하고 장기적인 활동이 가능한 인적 유대를 만들고 물적 기반을 만들었다는 점에서 그 의의는 지대하다 할 것이다. 이러한 변호사들의 팀워크는 애국적 연대의 기반 위에 실질적 변론을 가능케 했다는 점에서 커다란 의의가 있다. 다만 지금까지 나온 자료로는 그 전모를 풍부히 알 수 없어 매우 안타까운 일이다.[55]

---

53 김병로, "수상단편," 김진배, 268면.
54 이창휘(1897~1934) 변호사는 사망.
55 이러한 정리는 필자의 것이다. 한편 권승렬의 활동을 중심으로 연구한 한 논자는

다음과 같이 정리한다. "연구회의 명칭은 형사공동연구회이고, 창설시기는 1926~
1927년 전후이며, 회원은 김병로, 이인, 허헌, 권승렬, 이창휘(내지 김태영, 김용무)
등 5~6인이었다고 하겠다."(서용태, "1920~1930년대 권승렬의 변호사 활동," 지역
과 역사, 제25호, 2009.10, 254면). 그러나 창설시기, 회원에 대해서 권승렬을 염두
에 둔 정리라는 비판을 받을 수 있을 것이다.

제5장

허헌의 세계일주기행

세계여행을 떠난 이유는?

．
．
．
●

내가 처음 본국을 떠나기는 작년 5월 30일임니다. 그러닛가 달수로는 만 일년이
요 날수로는 이십일이 부족임니다. 로차(路次)로는 처음 일본으로 가서 6월 9일
에 횡빈항(橫濱港)에서 일본 기선을 타고 떠낫슴니다. 하와이에서 약 2주일을 묵
고 다시 미국기선으로 미본주(米本州)로 건너갓슴니다. 서부 제주(諸州)를 보고 남
하하얏다가 화성돈(華盛頓) 뉴육 제(諸)도시를 보고 태서양을 건너 영국으로 갓슴
니다. 애란에 갓다가 다시 영국으로 와서 제(諸)도시를 구경하고 다음 화란을 것
처 백이의(白耳義)에 가서 약소민족회의를 보고 불란서로 서서(瑞西)로 오지리(奧
地利)로 독일로 파란(波蘭)으로 로서아(露西亞)에 와서 약 50일을 비(費)해가지고
중국을 것처 지난 5월 10일에 드러왓슴니다.[1]

식민지 조선 내의 변호사이자 민족운동 지도자로 활약하던 허헌은 1926
년 5월부터 만 1년간 국내를 비운다. 귀국후 그가 쓴 글의 제목은 "동서 12
제국을 다녀와서"인데, 그 말대로 그는 세계를 한바퀴 도는 긴 여행을 한
것이다.

왜 떠났을까? 사람들은 누구나 여행을 떠나고 싶어한다. 식민지의 답답

---

1 허헌, "동서 12제국을 보고 와서," 별건곤, 제7호, 1927.7, 44면.

한 현실에서는 더했을 것이다. "세계 만유"(世界漫遊)란 것은 "개인의 욕망만 만족시키는 것이 아니라 남의 살림을 보아서 우리 살림을 고치는데 적지 않는 이익이 있는 까닭"[2]이라는 속설은 당시에 널리 퍼져 있었다. 허헌역시 "만유"에 대한 진한 포부를 진작부터 갖고 있었다. 왜 만유를 떠나느냐는 기자의 질문에 대하여, "이번 여행은 별안간 가게 된 것이 아니라 전부터 벼르고 벼른 것을 이제 와서 실행하게 된 것"[3]에 다름 아니라고 답한다. "미국을 필두로 영국 독일 불란서 등 구라파 각지를 두루 구경하고 올 예정"이라 한 것을 보면, 떠날 당시에 아주 세밀한 여행일정은 잡혀 있지 않은 것으로 보인다. "만유"란 말을 존중하자면, "선진 문명국의 문물제도나 구경하고 어학이나 공부하면서 유명한 사람들의 말이나 듣고 바람쏘이다" 오자는 것이다. 거기다 법률가로서 전문가적 관심을 넣어 "외국의 배심제도 같은 것도 구경하려 합니다"라고 했다. 배심제도를 언급한 것은, 1925년부터 일본 본토에서 형사배심재판이 법제화되었고, 1928년부터 시행될 예정이었기에 배심제도는 그의 특별한 관심을 자극했던 것이다. 이같은 점에 대해 충분히 납득시킬 수 있었기에, 허헌의 구미행은 경성내 유지들로부터 환송연까지 받아가며 떠난 출발이었다. 허헌 정도의 인물이 식민지의 엄혹한 현실에서 사적 여행을 즐길 수는 없는 것이었다.

세계만유는 언제나의 꿈일 수 있지만, 허헌에게 하필 그 시점을 택하지 않을 수 없는 절박한 사정이 따로 있었다. 바로 자신의 큰 딸 허정숙에 얽힌 스캔들 때문이었다. 허정숙은 당시 24세였지만, 이미 "여류사회운동가"로 이름을 떨치고 있었다. 그런데 당시 허정숙은 혹독한 세론의 폭풍 속에 놓여 있었다. 출발시 신문에서는 "그동안 세상에 여론이 많코 여러 가지 변동이 많았던 (허정숙) 여사"[4]라고 점잖게 표현했지만, 실은 그 정도가 아니

---

2 박승철, 식민지 지식인의 개화세상 유학기, 태학사, 2005, 387면. 이 글의 원본은 당시 〈개벽〉에 연재.(1922.3~1923.5.까지)
3 조선일보 1926.5.27.

었다. 허정숙의 첫 남편이자 동지는 임원근이었다. 임원근은 1925년 12월 제1차공산당사건에 연루되어 옥중에서 재판을 기다리고 있었다. 허정숙도 임원근과 함께 구속되었는데, 구속될 당시 둘째를 임신하고 있던 중이었다. 허정숙은 혐의가 없어 풀려났지만, 풀려난 뒤에도 사회운동에 직간접으로 참여하고 있었다. 허정숙은 둘째 아이를 출산한 후 북풍회 소속의 한 동지(송봉우)와 인간적 친밀감을 느끼고 옥중의 임원근과 결별하고 송봉우와 함께하게 되었다. 사상적으로 임원근이 소속된 화요계와 송봉우가 소속된 북풍회는 매우 대립적이었기에, 이들의 연애는 북풍회가 허정숙을 끌어들여 화우계 조선공산당의 정보를 얻기 위한 공작 차원의 책략으로 공격당할 소지가 다분했다. 당시의 분위기에서 여성이 이혼을 주도하는 것도 용납키 어려운데, 하물며 남편이 사상사건으로 옥중에 있음에도 그와 결별하고 다른 남자를 찾아나서다니 엄청난 비난을 받지 않을 수 없었다. 허정숙은 나름대로 논리를 내세워 변명하기도 했으나, 당시의 분위기에서는 사상적으로나 인간적으로 용납될 수 있는 일이 아니었다. 그녀가 생매장 정도의 인신공격을 그나마 견딜 수 있었던 것은 그녀의 부친 허헌의 명망이 절대적이었기 때문이다.

허헌은 자신의 딸에 대한 사회여론에 심적인 충격을 받았다.[5] 이같이 헤어날 길 없는 상황에 처한 딸의 심신에 새로운 전기를 마련해주고자 했다. 그리하여 허헌은 세계여행의 길에 허정숙을 동반하여 그녀를 비판적 여론으로부터 격리시키고자 했던 것이다. 이들 부녀의 애국심 자체에 대해서 추호의 의심이 제기되지 않았기에, 언론도 이들의 출국에 대해서는 호의적인 기대를 섞어 보도하고 있다.[6]

---

4 동아일보 1926.5.30. "허정숙여사 아버지를 따라 서양만유"
5 허근욱, 민족변호사 허헌, 지혜네, 2001, 223면.
6 "여류사회운동가로 신망이 많은 허정숙 여사는 금번에 부친 허헌씨를 따라 서양만유의 길을 떠나게 되었다는데 그동안 세상에 여론이 많코 여러 가지 변동이 많았던 여사는 모든 것을 돌아보지 아니하고 사랑하는 아들을 어머니에게 맡기고 분연

장기간의 해외여행을 위해서는 적어도 두가지가 필수적으로 요구된다. 첫째는 외국어이고, 둘째는 비용조달이다. 출발시에 허헌은 "어학에 대하여 그 아이(허정숙)는 염려없겠지만 내가 이 나이에 어학이 될른지 걱정이외다"[7]고 솔직히 토로하고 있다. 이전에 영어를 꽤 했다고 하지만 한참 영어를 손놓고 있던 상태였다.[8] 배를 타고 태평양을 건널 동안, 그는 "밤낮 선실문을 닫아걸고" 어학공부에 진땀을 흘렸고, 미국에 도착해서도 어학공부를 쉬지 않았다. 단순히 의사소통 자체에 목적이 있는 게 아니라, 외국의 지도자들과 틈나는 대로 교류하고 조선의 실정을 알리려는 충정을 가득 갖고 있었기 때문이다.

해외여행의 비용은 당시에 사실 엄청난 것이었다. 세계 일주에 소요되는 여비가 얼마나 들까. 당시의 두 자료를 인용해본다.

(1) (세계만유에 소요되는) 기간은 약 10개월, 여비는 1만 2천 원으로 구미 10개국을 볼 수 있다.[9]

(2) 세계일주의 여비 : 조선서 서양에 제일 여러번 갔다 온 사람이 신흥우(申興雨)씨인데 씨는 아마 미국에 7, 8차, 구라파에 2, 3는 내왕하엿슬 것이다, 그러치만 그 여비는 「대개 기독교회」의 부담이라. 이 박게 사비로 세계일주하고 온

히 30일에 경성역을 떠나게 되었다고 합니다. 이번 길에 조선의 어머니와 딸들을 위하여 굳센 일꾼이 될만한 힘과 길을 찾고 돌아오기를 우리 일반은 믿고 바라는 바이오."(동아일보 1926.5.30.)

7 조선일보 1926.5.27. "허헌씨 구미만유, 령양 허정숙씨를 다리고"

8 "영어야 청년시절에 한성외국어학교에서 나순날 5권 정도를 배웠고 그 뒤에도 영미법덕(英美法德 : 영국, 미국, 프랑스, 독일을 의미)에 갈 생각을 품고 2개년 동안이나 서울 모(某) 영인(英人) 밋헤서 개인교수를 밧엇스며 또 동경 가서도 명치대학에 다닐 때에 법률 외에 어학에 은근히 힘을 써서 그 때만해도 영자신문 쯤은 꺼리낌이 업시 보아왓섯지만은 그동안에 노흔지 하도 오래되어서 이제는 밥먹으란 말도 외우지 못할 지경이다.": 허헌, "세계일주기행(제1신), 태평양의 노도 차고 황금의 나라 미국으로," 삼천리, 제1호, 1929.6, 7면.

9 박승철, 식민지 지식인의 개화세상 유학기, 387면.

이에 최린(崔麟), 허헌(許憲), 김성수(金性洙)의 3씨가 잇는데 최린 씨는 만6천 원, 허헌 씨는 따님 정숙씨까지 미국을 다리고 갓든 관계로 2만 원, 김성수 씨는 코병 고치기까지 약 2만 3천여 원을 썻다고 전한다, 아마 지금은 위체관계(爲替關係)로 더 만히 들니라 함이 정평이다.[10]

허헌 자신의 자술에는 다음과 같이 되어 있다.

세계를 한번 보고 오자고 고국에서 사지를 12,000원에 팔아서 그 동안 2,000여 원은 미국과 애란에서 쓰고 1,000원은 미국에 떠러저잇는 딸 정숙에게 주고 아직 남은 현금 8,000여 원을 이 전대속에 너허 두엇든 것입니다. 은행에 맛기어 노코 각국 처처에서 가는 맛마다 차저 쓰고 십헛스나 그러자면 싯그러운 수속 등이 잇서서 전부 100불 1,000불짜리의 고액의 지폐로 환(換)하여 전대속에 너허 차고서 아모대나 여행할 때에 끄내어 쓰든 것이외다.(3신)[11]

즉 모두 1만 2천 원이 소요되었다는 것이다. 요즈음 같이 신용카드도 없고 TC도 없는 상태에서, 현금을 직접 소지하고 다닐 수 밖에 없었다. 1백 불, 1천불짜리의 고액 지폐를 전대에 넣고 차고 속옷에 꿰매어 갖고 다니다가 돈이 필요할 경우 한 장을 꺼내어 쓰곤 했던 것이다. 1만 2천 원과 2만원설의 상이점에 관하여, 허헌 자신의 상세한 서술을 보면 1만 2천 원이 맞는 것 같지만, 허정숙의 해외체류기간(1926년 5월 30일 ~ 1927년 12월)을 감안해볼 때 체재비로 1천 원은 너무 적은 액수가 아닌가 한다. 아마 1만 2천원 이상이 들었지 않을까 한다.

허헌의 여행 행로는 다음과 같다.

---

10 "세계일주의 여비," 삼천리, 제5권 제9호, 1933.9, 56면.
11 허헌, "세계일주기행(제3신), 부활하는 애란과 영길리의 자태," 삼천리, 제3호, 1929.11, 19면.

⑴ 1926년 5월 30일 경성 출발 일본으로 감. 6월 9일 일본 요코하마 발, 묵양환을 타고 태평양을 건너감.

⑵ 6월 29일 하와이 호놀룰루에 도착. 도착 당일 교포들을 상대로 연설. 7월 4일 한인기독교회당에서 〈자유독립〉이란 제하의 연설을 함.

⑶ 7월 8일 하와이 출발 14일 샌프란시스코항 도착. 샌프란시스코, 로스앤젤레스, 허리웃 등 서부지역 방문.

⑷ 7월 하순 미국 동부로 향함. 시카고, 뉴욕, 워싱턴 방문. 워싱턴에서 쿨리지 대통령을 면담하고, 미국 의회를 참관하고, 상원 외교위원장 보라 씨와 회견하였다고 함. 뉴욕주 픽스킬 휴양지에서 약 2개월 체류, 뉴욕 시내에서 주로 거주함. 허정숙은 뉴욕에서 공부.

⑸ 1927년 1월 15일 뉴욕을 출발하여 1월 22일 애란(아일랜드)의 퀸즈타운 시에 도착. 퀸즈타운, 킹스타운 방문에 이어, 애란의 수도 더블린에서 더블린 민립대학, 재판소를 방문하고, 감옥을 구경했으며, 상원의 활기있는 토론을 참관. 이어 영국의 런던과 캠브리지를 방문. 런던에서는 영국노동당의 맥도날드 당수를 만나 중국문제와 조선문제에 대해 논의함. 자유당 당수인 로이드 조지를 연회석상에서 만나 그의 연설을 청취.[12]

⑹ 1927년 2월 5일부터 14일까지 벨기에 브뤼셀에서 세계피압박민족회의가 열림. 이극로, 이의경(이미륵), 김법린, 황우일과 함께 피압박민족회의에 참석함.

⑺ 프랑스, 스위스, 오스트리아, 독일, 폴란드를 거쳐 러시아를 방문. 러시아는 노농소비에트공화국으로 사회주의를 실현하는 신생국가로서 그의 각별한 주목을 끌었다. 중국을 거쳐 조선에 돌아온 것이 1927년 5월 10일. 돌아온 즉시 그는 기자회견에 응하여, 자신의 행로와 활동을 간단히 피력함. 이후 여러 해에 걸쳐 삼천리, 별건곤, 신동아 등 여러 잡지에 여행기를 게재. 이 세계만유의 경험은 그에게 지대한 영향을 주었으며, 여러 방식으로 그 영향을 표현하

---

12 영국에서의 맥도날드 및 로이드조지와의 상면에 대하여는 허헌, "신문기자로서 얻은 세가지 인상," 신동아, 제4권 8호, 1934.8, 35~39면.

고 있다.

⑻ 1년에 걸친 여행을 끝내고 경성에서 그는 잠시의 쉴 틈을 가지지 못했다. 1927년 5월은 사회운동이 봇물을 이룰 때였고, 법정투쟁도 더없이 필요로 했던 때였다. 신간회에서 적극적 역할 수행, 변호사로서 조선공산당사건의 변론에 뛰어듦.

이상 대강의 행로를 정리하면서, 그 중에서 특기할만한 부분을 보다 상세히 밝히고자 한다.

갑종요시찰인 허헌

●
●
●
●

실상 저도 여러 도시에서 재류동포들을 위하여 또는 구미인을 위하여 청하는대
로 목이 쉬게 연설도 수십차 하엿고 그 반대로 내가 저곳 명사를 일부러 차저서
손목을 붓잡고 열렬히 협의한 일도 만사오나 그를 아니 적는다고 여러분께서 상
상도 못하여 주시랴.[13]

일제의 마수에서 벗어나 해외를 향했을 때 해외동포들은 허헌과의 만남
을 크게 기대했을 것이다. 고국의 지도자가 최신의 소식을 안고 올 것이기
때문이다. 반면 일제의 입장에서는 허헌의 세계만유를 막을 수 없다 해도,
신경을 곤두세웠을 것은 당연하다. 그는 이미 "갑종요시찰인"[14]으로 분류
될 정도의 비중있는 반일인사였기 때문이다. 허헌은 구미에서 만난 "재류
동포들"을 위하여 "목이 쉬게 연설도 수십차 하였다"고 하고 있다. 그러나
일제하의 공개지면에서 그 연설내용을 적을 수 없었다. (허헌의 여행기 중에
서 메시지 전달 부분은 어김없이 삭제당하고 있다.) 그래서 그는 독자들에게 "그

---

13 허헌, "세계일주기행(제3신), 부활하는 애란(愛蘭)과 영길리(英吉利)의 자태," 15
면.
14 당시 갑종요시찰인의 수가 얼마였는지 알수 없으나, 경찰이 만든 한 책에서 경상북
도 일대의 갑종요시찰인이 86명(1926년), 61명(1927년)을 헤아린다고 한다. 경상
북도경찰부, 고등경찰요사, 1934.

를 아니 적는다고 여러분께서 상상도 못하여 주시랴"고 언급한다.

그런데 그 연설의 하나는 지금 볼 수 있다. 하와이 호놀룰루에 체류할 때 「재호놀룰루 총영사 쿠와시마 카즈에(桑島主計)의 명의로 일본 외무대신에게 보낸 문건」이 남아 있다. 허헌의 하와이의 행적을 다음과 같이 보고하고 있다.

> 허헌은 6월 29일 묵양환으로 당지에 기항 때 미리 배 안에서 전보를 통해 그 곳에 거주하는 조선인들에게 구미시찰을 목적으로 여행하는 도중에 기항할 것임을 통지했고, 그 소식에 접한 하와이의 조선인 교민단장 최창덕 및 하와이 부인 구제회 중앙부장 김복순은 일반 조선인들에게 통보하였다. 그리하여 묵양환이 입항할 때 다수의 조선인들과 함께 부두에 나가 환영하였고 허헌은 상륙했다. 같은 날 오후 7시반 한인기독교회당에 허헌 및 동행한 정숙 녀사(허헌의 딸)를 위해 환영회를 개최했다. 그 자리에서 허헌은 조선과 일본내지에서 〈제1, 제2차 독립운동의 진상〉이란 제목으로, 허정숙 여사는 〈조선과 일본내지에서 부인사회의 현상〉이란 제목으로 각각 상세한 강연을 하여 청중들에게 다대한 충동을 안겨주었던 것 같다.[15]

그 뿐 아니다. 7월 4일 미국독립기념일에 한인기독교회관에서 〈자유독립〉이란 제목을 내걸고 연설을 했다. 그 내용은 하와이에서 발간되는 한인신문인 〈국민보〉의 7월 7일자 기사로 실렸다. 총영사는 그 개요를 일본어로 번역하여 본국에 보고하고 있다. 그 내용은 다음과 같다.

허헌의 연설 : 자유독립

오늘은 미국독립기념일로 미국민은 환희하지 않을 수 없는 경축일이다.

---

15 甲種要視察人許憲寄港に關する件(공기밀 제299호), 1927.7.19, 발신: 在ホノルル總領事 桑島主計

미국은 국가라 해도 아직 1세기반의 역사를 지닐 뿐이다. 그런데 현재의 정치에 대해 언급할 때 세계 어느 나라보다 한걸음 더 나아가고 있으며 국제적으로는 새 주인공으로 보인다. 그들 민족의 진보는 다른 선진국을 능가하고 전인류의 지도자로 됨을 인정할 수 있다.

나는 미국역사를 자세히는 알지 못한다. 그렇지만 그들은 20세기 신교육의 결과 이러한 큰 발전을 이룩했던 것을 어떤 잡지에서 본 적이 있다. 과거 16, 17세기 당시 유럽 제국의 상태가 어떠했냐고 하면, 정치는 군주전제로 기울고 종교는 개혁의 기운이 싹트면서 신구의 충돌이 나타났다.

오늘 미국 민족의 대부분은 유럽 인종이다. 바꿔 말하면 즉 영국의 식민지가 되었는데, 영국황제 조지3세 당시의 정책은 식민지 보호를 전혀 하지 못했고, 복잡한 문제를 야기했다. 그로 인해 민심은 악화하여 같은 혈족들이 서로 단결하여 오늘날 같은 미독립국을 수립하게 된 것이다. 애당초 유럽으로부터 온 미국인의 조상들 중 도항을 기도한 대다수 사람들은 자유의 천지를 갈망했다. 유럽 제국은 민심이 팽창하고 종교인들은 천부의 자유 평등을 고창했다. 특히 영국계 이민은 영국의 악정을 견디다 못해 미 본토로 이주한 것이다. 최근 국민보 지면상에도 이와 유사한 글(조선독립기사를 가리킨다)을 봤는데 미국의 독립선언은 150년 전이다. 당시 미국인의 사상은 현재 우리 한인과 비교해 기미년의 독립운동과 유사한 점은 없지만 내가 말하려고 하는 것은 미국독립선언 당시의 정치가 패트릭 헨리가 "우리에게 자유를 달라, 아니면 죽음을 달라"고 절규한 아픈 구절은 쉽게 상상할 수 있다. 돌이켜보건대 미국인이 1776년 독립선언을 발포한 후 계속 분투한 결과 오늘 이러한 자유독립국이 되었다. 우리 한인도 이를 따라 항상 분투 노력 매진한다면 미국처럼 독립의 가능성이 생길 것은 의심할 여지가 없다. 미국인은 하늘로부터 향유한 자유평등을 제창하여 오늘날 같은 기쁜 기념일을 맞을 수 있었다. 그렇다면 우리도 또한 기미년의 운동을 재흥하여 계속하여 어려움을 견뎌내면 언젠가는 독립기념일을 맞이할 수 있을 것이다.

20세기 한국인들은 극심한 고통과 비관으로 시종했다. 한일 합방은 백보를 양보해 봐도 합법적이지 못하고 청일전쟁 당시 늑약 및 조약상으로 논해도 적법이라고 인정할 수 없다. 그런데 일본은 강제적 수단으로 소위 합병을 단행했다. 현재 대한민족은 모두 일본 학정하에 있어 도저히 생명과 재산의 보호를 바랄 수도 없다. 이 밖에도 수많은 실례를 이루 열거할 수 없을 정도다.

조선과 일본내지에서는 제1차 독립운동 후 휴지의 상태에 있지만 이제 다시 대두할 기운이 넘쳐나고 있다. 이는 무엇에 기인하느냐고 하면 우리 국토는 일본에 합병되었지만 애국의 민족적 정신은 추호도 변함이 없다, 아무리 일본이 선정을 베풀고 민심완화의 유도에 진력한다 해도 독립운동을 박멸하는 것은 절대 불가능하다. 기미년 독립운동은 세계적으로 일본의 악정을 폭로한 것이었다.

조선과 일본은 문화적으로 보아도, 제도적으로 보아도, 다른 양상을 가지고 있다. 일본은 총독정치를 시행하고 대한인을 동화 회유하려고 하지만 조선은 일본보다 오랜 역사를 지니고 있으며 오히려 조선인이 일본인을 문화로 이끄는 옛 스승이다. 그런데 조선은 18, 19세기의 정치부패가 최대 원인이 되어 지금은 나라는 망하고 우리는 비참한 처지에 놓였다. 하지만 대한민족으로서 옛 문명을 계승하고 지금도 찬란히 빛나고 있다. 아무리 일본이 합병정책에 애를 태운다 해도 우리 혈관 안엔 독립의 적성(赤誠)이 넘쳐나는 마음을 보라. 한일 양 민족의 이해가 서로 상반되기에 이를 양분하지 않고서는 화평은 절대로 바랄 수 없다.[16]

허헌은 하와이에 도착하자마자 하고 싶은 말을 마음껏 쏟고 있다. "기미년의 운동을 재흥"하도록 노력하여 "독립기념일"을 맞자는 주장은 조선 땅에서는 상상도 못할 말이었다. 이렇게 그는 조선동포들의 환영을 받았다. 짧은 체류기간에 두 차례 이상의 대중연설을 하였고, 그 연설은 현지인에게 "다대한 충동"을 안겨주었던 것이다.

일제는 이 "갑종요시찰인"에 대한 감시의 끈을 늦추지 않는다. 호놀룰루

---

16 甲種要視察人許憲寄港に關する件(공기밀 제299호), 1927.7.19, 발신: 在ホノルル總領事 桑島主計

총영사의 기밀보고를 받고, 일본의 외무성은 허헌의 다음 기착지인 샌프란시스코 총영사에게 허헌의 동정을 계속 감시할 것을 통고하고 있다.[17] 샌프란시스코 총영사 다케토미 토시히코(武富敏彦)는 허헌의 동정을 본국의 외무대신에게 다음과 같이 보고하고 있다.

갑종요시찰인 허헌은 허정숙을 동반하여 지난 6월 호놀룰루에 기항, 샌프란시스코 및 LA를 거쳐 7월 하순 동쪽으로 간 이래 소식이 불명되었는 데, 10월 28일 발행된 그 곳 '신한민보'에 의하면 그 후 그들은 뉴욕에 가까운 시골에 들어앉아 휴양 중이었는데 최근 뉴욕으로 귀환, 뉴욕 시내에 체재하고 있는 것 같다. 단 뉴욕에서 주소는 동 신문에선 밝혀지지 않았다. 이처럼 보고 드린다.[18]

이를 통해 일제가 미주에서 발행되는 한글신문도 꼼꼼히 읽고 있음과 함께, 허헌의 동정에 대해서도 감시·보고하고 있다. 이 기밀공문에 등장하는 신한민보의 당일자 기사는 다음과 같다.

금년 여름에 도미한 허헌 선생과 그의 영양인 허정숙 양은 그동안 뉴욕 어느 촌에 가서 휴양하다가 지금은 뉴욕시내로 들어와 계시다더라.[19]

허헌이 뉴욕을 중심으로 한 미국동부에 체류한 기간은 약 4개월 반이다. 뉴욕에서 허정숙은 공부를 계속하고, 허헌은 유럽 방향으로 여행을 계속한다.

---

17 갑종요시찰인 허헌의 미국여행에 관한 건/통삼기밀(通三機密) 제262호, 대정 15년 11월 29일(1927.11.29.), 발신: 齋藤良衛 외무상통상국장.
18 기밀공(公)제635호, 대정 15년 11월 1일(1927.11.1.), 발신: 在桑港總領事 武富敏彦.
19 신한일보 1926.10.28. 인사란. 그 "어느 촌"은 허헌의 회고에 따르면, "픽스킬 피서지"라고 한다. 그 곳은 뉴욕주 북부의 휴양지인 Peekskill 인 것으로 생각된다.

부활하는 애란
자유공화국에 대한 무한한 동경심

●
●
●
●

자유국이 된 뒤로부터는 영국 외교관들도 애란의 외교에 대하여는 손가락 하나
저치지 못하고 있더이다. 애란은 실로 자유롭더이다. 지배를 벗어나서 이제는
명실이 모두 같게 독립이 되어 있더이다.[20]

일제하의 애국지사들에게 아일랜드, 즉 애란은 매우 주목을 끌었다. 영
국의 지배하에서 막 벗어나 신생 독립국의 면모를 갖추어가는 애란은 조
선의 미래를 그리는 이들에게 하나의 모델이 될 만했다. 허헌도 마찬가지
였다. "자유공화국인 애란! 여기에 무한한 동경과 애모심"[21]을 갖고 애란에
간 것이다. 그는 세계일주 여행 중에서도 "애란에 몹시 치중"[22]하였다고 한
다. 여행기 중에서도 애란에 관한 부분이 특히 많은 분량을 차지하고 있는
것은, 신생 독립국[23]의 면모를 소개함으로써 조선인들에게 독립정신을 고

---

20 허헌, "세계일주기행(제3신), 부활하는 애란과 영길리의 자태," 삼천리, 제3호, 16
면.
21 허헌, "애란인상기," 혜성, 제2권 제4호, 1932.4, 97면.
22 허헌, 앞의 글, 16면.
23 애란은 1919년 더블린에서 제1회 아일랜드 국민의회를 개최하여 영국으로부터 독
립을 선언하였다. 그러나 독립을 인정치 않는 영국과 전쟁이 발발하였으며, 아일랜
드인들은 무장투쟁조직인 IRA를 결성하여 항쟁하였다.

취시키고자 함은 두말할 필요가 없다.

허헌은 1927년 1월 22일 애란의 퀸즈타운에 도착하였다. 먼저 그를 사로잡은 것은 애란의 황량함이었다. "수백년래 영국령이 되어오는 동안에 부절히 일어나는 전쟁 때문에 말할 수 없이 황폐하여져서 처처에 총화의 세례를 받은 건물과 파손된 가로 때문에 처참한 느낌"을 준다고 쓰고 있다.[24] 시가는 물론 수목까지 기름끼라곤 없고 불에 탄 대로 있는 것은 방금 떠나온 미국의 정미(整美)함과 대조를 이루는 것이었다. 이러한 처참한 상황에서, 자유국이 된 뒤 "신정부의 손으로 부흥사업이 성히 일어나는 모양으로 길가마다 새로운 가로수가 서기 시작하고 시구(市區)도 개정이 되고" "애란인의 얼굴 위에도 희망과 정열의 빛이 떠오르더"라고 했다.[25] 이렇게 불사조마냥 부활하는 애란과 애란민족에 대한 서술은 허헌 자신은 물론 조선인 독자들에게 무언의 희망을 불어넣기 위한 것임이 틀림없다.

애란의 수도 더블린에서 허헌은 〈더블린 민립대학〉과 〈재판소〉를 방문하고 감옥을 구경하였다. 애란의 정청(政廳)을 방문하고, 재판소를 방문하였다. 애란은 불문법을 많이 쓰는 까닭에 법정 안은 사면이 판결례로 가득차 있었다고 한다. 허헌은 변호사, 판사, 검사에게 모두 "훌륭한 도서실"이 있는 것을 볼 때 "최신 지식을 흡수하게 급급하는 신흥국가의 의기"를 느끼고 이에 경탄하고 있다. 재판소를 나와서 그는 감옥 구경을 갔다. 감옥 안에는 연극장과 라디오와 대규모의 도서실이 있어 (소정의 공장노역 시간 이외에는) 수인들이 말쑥하게 세비로로 차리고 제 마음대로 지내고 있었다. 감옥 안에서 야구경기대회도 열고 무도회나 음악회도 연다 하며 주말에는 수인의 가족, 가중에서도 애처들이 감방에 찾아들어와 함께 즐겁게 하루 이틀씩 지내다가 가기까지 되어 "문명국가의 금도가 다른 것"을 깨닫게 해 주었다. 이렇게 감옥구경을 자청한 것은 그가 형사전문변호사로서 식민지

---

24 허헌, 앞의 글, 15면.
25 허헌, 앞의 글, 16면.

감옥의 폐해를 체득한 이유도 있으며, "감옥이 크고 깨끗하고 채광과 통풍이 잘 되어 위생상으로 좋은 것"을 강조[26]함으로써, 은근히 독자로 하여금 조선의 참담한 감옥 현실과 대조하여 비판의식을 갖게끔 이끄는 것으로 볼 수 있을 것이다.

신생국가 애란의 정치는 어떠한가. 허헌은 애란의 의회를 참관하였다. 때마침 상원에서는 중국문제를 놓고 "장내에서 모두 흥분이 되어 설단화를 토하여 국사를 치열히 논전하는 중"이었다. 장개석이 중국의 정권을 잡으면서 "남경사건 제남사건이 첩출(疊出)하여 영국에서는 대거중국에 한창 출병하던 때"였다. 이 때 애란의 의회에서는 이 영국의 대중국 출병의 군사비를 분담할 것이냐 아니냐 하는 것이 쟁점이 되어 있었던 것이다. 영국인과는 달리, 중국에 거주하는 애란인은 불과 7명밖에 없었고, 따라서 무용한 출병에 대해 군사비를 지급할 필요가 없다고 만장일치로 이 의안은 부결되었다고 한다. 허헌은 짧은 시간 의원들과 면담하면서 조선사정을 알리려 노력한 것으로 보이는데, 허헌의 의견은 검열에 걸려 삭제되었다.[27] 식민지 내의 언론의 매체로서는, "쓰고 싶은 말을 모두 빼어버리게 되는" 안타까움을 토로하고 있다. 다만 신생공화국인 애란의 사법, 감옥, 의회의 풍경에 대한 가능한 생생한 지식을 제공하려 애씀으로써, 독자로 하여금 애란이 아닌 조선의 독립과 독립이후에 펼쳐질 면모에 대해 상상력을 자극하려 하고, 우리의 현실에 대해 비교론적 비판의식을 갖도록 애쓰고 있는 것이다.

---

26 허헌, 앞의 글, 17면.
27 삼천리지에 보면 허헌의 불만이 묻어난다. "수박 것할키라하여도 너무 어이가 업시 쓰고 십흔 말을 모다 빼어버리게 되어 슴슴하기 짝이 업슴으로 이 따위 말을 작고 하기 죄송하와⋯": 허헌, 앞의 글, 18면.

벨기에 브뤼셀
세계피압박자대회에 참여

지난 2월 10일부터 14일까지 벨기에 브뤼셀에서 개최된 약소민족대회는 백림공산당의 발기로 된 것인데 전세계의 대표가 약 200여 명으로 매우 성황을 이루었는바 결의한 중요사항은 세계자본주의국가의 총본영인 영국의 모든 운동을 저해할 것, 중국혁명은 곧 세계혁명이니까 그것을 도와줄 것, 인도 자바 등의 모든 혁명운동을 도울 것 등인데, 그 결과 사회평등 민족자유라는 표어 아래 반항제국주의 피압박 식민지연맹이라는 상설기관을 파리에 두게 되었습니다.[28]

국내에 허헌의 소식은 간간히 실렸다. 1927년 2월 18일자 동아일보를 보면 다음과 같은 소식이 있다.

허헌씨 도구(渡歐) / 그동안 미국 뉴욕에서 체류하던 본사 취체역 허헌 씨는 지난 1월 십사일 오전 열시에 영국기선 아라늬아 호로 뉴욕을 떠나 애란으로 출발하였다는데 더블린에서 일주일 묵고 일월 이십칠일에 론돈으로 갔다가 지난 9일에 쁘라셀에서 열리는 반제국주의대회도 구경하기로 작정하였다는 소식이 있

---

28 조선일보 1927.5.14.

피압박민족대회 참석한 인물. 좌로부터 황우일 허헌 김법린 편산잠(일) 이의경 이극로
동아일보 1927.5.14; 조선일보 1927.5.14.

더라.[29]

허헌이 귀국한 직후인 1927년 5월 14일 동아일보 2면에는 하나의 주목
할만한 사진이 실렸다. 그 해 2월 5일부터 14일까지 벨기에 브뤼셀에서 열
렸던 피압박민족대회에 관련한 두 장의 사진이었다. 하나는 피압박민족대
회의 회의장 장면이고, 다른 한 장은 그 대회에 출석한 조선대표의 사진이
었다. 같은 날짜 조선일보에도 대회장 장면의 큰 사진이 실렸고, 출석한 조
선대표의 사진은 동아일보와 동일한 사진이다.[30] 그 사진의 주인공은 황우
일, 허헌, 김법린, 이의경(이미륵), 이극로 였으며, 일본의 공산당 지도자로
유명한 편산잠(片山潛, 가타야마 센)[31]도 함께하고 있다. 대회가 열린 지 3개

---

29 동아일보 1927.2.18.
30 조선일보 1927.5.14. "(사진) 브루셀에서 열린 약소민족대회광경"
31 가타야마 센(片山潛, 1859~1933)은 당시 일본의 근대적인 노동조합운동을 이끌었
던 지도자였다. 뒤에 미국으로 망명 후 러시아혁명의 영향을 받아 공산주의자가 되
었다. 코민테른의 상임집행위원으로 아시아 여러 민족의 공산주의운동과 일본공산

월이 지난 시점에 이 사진이 실린 것은 어떤 연유일까. 허헌의 귀국 날짜에 비추어보면, 허헌은 이 사진들을 갖고 귀국했으며, 귀국과 동시에 이 사진들을 동아일보와 조선일보에 동시 제공한 것으로 짐작된다.

그럼 우선 브뤼셀의 에그몽 궁전[32]에서 열렸던 대회가 무엇인지부터 정리해보자. 전세계에서 압박받는 계급과 민족들은 1925년 자신의 생존권을 보전하기 위해 베를린, 파리, 런던 등 주요 도시에 반제국주의 및 민족독립을 위한 기관을 설치하였다. 이들은 제국주의에 대한 대항책을 강구하기 위해 브뤼셀에서 세계약소민족대회를 개최하기로 하였다.[33] 주최기관의 명칭은 '반제국주의 및 민족독립을 위한 동맹'(Die Liga gegen Imperialismus und für nationale Unabhängigkeit)이었다.[34]

조선에서 이 대회는 코민테른이 식민지 및 반식민지에 대한 혁명조성의 수단으로 민족자치 및 일체의 계급과 인종의 평등을 목적으로 개최한 것으로 인식되었다.[35] 실제로 국제반제민족독립동맹은 코민테른의 통일전선 전술에 따라, 세계의 피압박민중과 식민지 인민을 결속하기 위한 모임이었다. 이 동맹은 1925년 결성되었는데, 세계대회를 1927년 벨기에 브뤼셀에서 열기로 하였다.[36]

당의 결성을 지도하였다.

32 Egmontpaleis (Palais d'Egmont). 8 Petit Sablon 1000 Brussels. 이 건물은 현재 벨기에 외무성의 건물로 사용되고 있다. 1548년부터 1560년 사이에 건립되었고, 그 뒤 개축되고 신축되었다. 1927년 당시엔 벨기에 시의 건물로 소속되어 있었다.

33 그 대회는 세계피압박민족대회, 식민지침략반항대회, 국제 반제국주의대회, 피압박민족반제국주의대회, 약소민족대회 등 다양한 명칭으로 기술되었다. 박용규, 이 극로평전, 도서출판 사송, 2005, 80면 참조. 당시 대회의 영문명칭은 International Congress against Colonial Oppression and Imperialism, Brussels, 1927. 독일어 명칭은 Kongress gegen koloniale Unterdrückung und Imperialismus, Brüssels였다.

34 Die Liga gegen Imperialismus und für nationale Unabhängigkeit 1927-1937 : zur Geschichte und Aktualität einer wenig bekannten antikolonialen Weltorganisation : Protokoll einer wissenschaftlichen Konferenz am 9. und 10. Februar 1987 an der Karl-Marx-Universität Leipzig

35 동아일보 1927.2.11.; 조선총독부경무국 편, 最近に於ける朝鮮治安狀況 1933 · 1978, 22면.

브뤼셀 대회는 예비회의와 정식회의로 나누어 진행되었다. 예비회의는 1927년 2월 5일부터 9일까지 5일간, 정식회의는 2월 10일부터 14일까지 5일간으로 전후 열흘에 걸쳐 열렸다. 참가자는 모두 124개 단체로부터 147명이었다. 예비회의에서는 각 민족의 의견을 통일할 필요가 있다고 하여 각 단체의 대표들이 그 민족의 대표단을 조직하고, 하나의 민족으로서 통일된 의견을 가지고 대회에 출석하도록 하였다.

회의 장소는 브뤼셀의 유서깊은 에그몽 궁전이었다. 에그몽이란 이름은 원래 벨기에의 민중의 자유를 위해 헌신한 벨기에의 백작의 이름을 따 지은 것으로, 자유와 평등을 위해 모이는 이 대회의 취지에 적합한 장소였다. 대회장에는 "사회평등/민족자유"라는 문구를 기록한 포스터와, 통치국 본토와 그 영토의 지면 비교, 인구비례 등에 대한 각종 통계와 도안 등이 걸려 있었다.

이 대회에 참여한 조선인들의 면면도 이채롭다. 독일 베를린에서 유학중이던 이극로와 황우일, 파리에서 유학중이던 김법린, 뮌헨에서 유학중이던 이의경(이미륵)이 그들이다. 조선의 대표를 자임하면서 대회를 준비하고 진행을 주도한 것은 이극로와 김법린인 것으로 생각되며, 이의경과 황우일도 일정한 역할을 담당했던 것으로 생각된다. 이극로는 그와 베를린대학에서 같이 공부하고 조선으로 돌아간 김준연(당시 동아일보 기자)과 연락하였다. 김준연은 만주로 건너가 이극로에게 브뤼셀 대회의 참가를 위해 여비를 부쳐주었다고 한다.[37] 1926년 12월에는 이미 일제는 피압박민족대회의 정보를 받고 경무국에서는 "각도에 주요인물들의 거취를 엄중히 경계하는 동시에 조선의 각 유력한 단체의 주요간부들의 동정을 더욱 엄중히 감시하는 중"이었다.[38] 일제로서는 헤이그 밀사사건(1907년), 3·1운동 직후 파리

---

36 조준희, "김법린의 민족의식 형성과 실천-1927년 브뤼셀 연설을 중심으로-," 대한불교학, 제53집, 2009, 67~68면.
37 박용규, 이극로평전(북으로 간 한글운동가), 91면.

에서 활약한 조선인 독립운동가의 사례(김규식, 조소앙 등) 등을 우려한 바도 있었을 것이며, "피압박민족대회를 기회삼아 남북만주 혹은 상해 로서아 등지에 산재하여 있는 각 모험단체의 계획으로 국경을 넘어와 경성을 중심으로 전조선적으로 일대 시위운동을 하리라"는 첩보에 신경을 쓰지 않을 수 없었던 것이다.[39] 그러나 그럴수록 조선인의 입장에서는 피압박민족대회에 조선의 대표를 파견할 필요가 절실한 편이었다. 김준연은 일제의 경계를 뚫고 이극로에게 여비 기타 비용을 보내주는데 성공한 것으로 보인다.[40]

이극로는 1921년 고국을 떠나 중국 상해의 동지대학 예과를 졸업하고 베를린대학에서 수학하면서 거의 박사학위를 앞두고 있었다.[41] 그는 이 대회를 치밀하게 준비했다. 대회에 참가하는 각국 대표 및 기자들에게 일제의 침략과 그 폐해를 객관적으로 기술한 책자를 준비하였다. 〈한국의 문제〉[42]는 영어, 독어, 불어로 제목을 붙여 간행되었다. 표지에는 원색의 태극기를 교차한 상태로 그려놓았다. 이 문건은 총 8쪽인데, 독일어 4쪽, 영어 3쪽으로 1910년부터 1926년까지의 조선의 실상을 잘 요약했고, 앞·뒤의 내지에는 일제의 식민지침탈상을 도해로 요약하였다. 문건의 인쇄처는 독일의 Saladruck Zieger & Steinkopf로 주소지가 나와 있다. 이 자료는 이미 독일에서 작성, 제작한 상태에서 브뤼셀로 가져온 것으로 생각된다. 내용을 보면 한국의 실정을 소상히 알고, 언어학 및 경제학에 조예가 깊은 이의

38 동아일보 1926.12.19. "피압민족대회로 주요인물주목"
39 동아일보 1927.1.8. "피압박민족대회와 해외각단체의 시위, 경무국에 도착한 지급 정보"
40 박용규, 앞의 책(이극로평전), 81면; 김광식, "김법린과 피압박민족대회," 불교평론, 제2호, 2000년 봄호 참조.
41 그는 1927년 독일 베를린대학에서 철학박사의 학위를 받았다.
42 THE KOREAN PROBLEM/LE PROBLEME COREEN/DAS KOREANISCHE PROBLEM. 이 자료는 이의경(이미륵)이 보관하고 있다가 이미륵 연구자인 정규화 교수에 의해 독립기념관에 기증되어 알려졌다.

작품인데, 그렇게 보면 이극로의 작품으로 생각해도 무리가 없을 것이다.[43]

김법린은 3·1운동 때 한용운으로부터 만세운동에 적극 동참하라는 지시를 받고, 독립선언서를 경성 시내에 배포하고, 탑골공원에서 거행된 독립선언서 낭독에도 참가하는 등 경성의 만세운동에 활약하였다. 이어 부산의 범어사를 중심으로 한 강력한 만세운동을 거행하였다. 워낙 만세운동의 중심에 섰던지라 그를 체포하기 위해 일제는 혈안이 되었다. 그는 상해로 피신하여, 1920년에는 상해의 금릉대학에 입학했다가 중국청년들의 프랑스유학을 위한 후원을 받아 프랑스에서 유학하였다. 1923년에는 파리대학교(소르본느) 철학과에 입학하여 1926년에는 대학을 졸업하고, 다시 파리대학원에 입학하여 근세철학을 연구하다 이 대회에 참가하게 되었던 것이다.

이의경(이미륵)의 경력도 흥미롭다. 그 역시 3·1운동 때 학생으로 반일전단을 배포하다가 일경에 수배되었고, 중국 상해로 피신하여 임시정부에서 망명객을 돕는 일을 했다. 그러다 독일에 유학을 가서 뷔르츠부르그대학, 하이델베르크대학에서 의학을 공부하고, 뮌헨대학으로 전학을 가서 전공을 동물학, 철학, 생물학으로 바꾸었다. 1928년 뮌헨대학에서 이학박사 학위를 받았고, 1931년부터 독일에서 단편을 발표하면서 작가활동을 시작했다.[44]

---

43 김광식, "김법린과 피압박민족대회," 불교평론, 제2호, 2000년 봄호는 피압박민족 대회의 개요 및 〈조선의 문제〉라는 책의 개요를 소개하고 있다. 다만 김광식은, 이 문건의 작성자와 관련하여, 독일어 부분의 작성에 대하여 이극로, 이미륵, 황우일이 상의한 것인지, 4인이 모두 모여 결정한 것인지에 대해 불확실하다고 하면서, 영어 부분은 김법린이 했을 것으로 추측하고 있다. 김법린이 한 때 영어공부에 전념한 적이 있기 때문이라는 것을 내세우고 있다. 그러나 이 문건의 인쇄처가 독일의 베를린이었다는 점, 내용이 대단히 경제학적이고 또 언어학적 내용을 포함하고 있다는 점을 감안하면 원내용의 작성자 및 인쇄자는 이극로로 설정하는 것이 보다 합당하다고 본다. (김준연으로부터 비용이 이극로에게 갔다는 점도 감안할 수 있다.) 만일 김법린이 관여했다면, 제목에 합당하게 불어번역을 포함시켰을 것이다. 또한 조준희는, 김법린이 준비해서 기조발표한 장문의 발표문이 별도로 있음을 감안하면, 이 〈조선의 문제〉는 이극로와 베를린 팀이 주도했다는 것이 타당하다고 한다.(조준희, 앞의 글, 2009, 73~74면)

황우일(黃祐日)은 당시 베를린대 경제과에 재학 중이었다. 그는 동경외국
어학교를 마치고, 1921년 10월 일본을 출발하여 독일로 건너가[45] 독일에서
좀바르트 교수의 지도를 받아 이론경제학을 연구하였다.[46] 베를린대학[47]에
서 6년간 경제학을 전공하고 다시 프랑스 보네대학에서 1년반을 공부하였
다. 1929년 3월 조선에 귀향했다.[48]

이극로, 황우일, 이의경, 김법린이 사전에 어떻게 연락을 취하여 브뤼셀
에 모이게 되었을까. 이미 독일 유학생들은 '유덕고려학우회'를 결성하여
유학생끼리 연대를 강화하고 있었다. 이 학우회에서 중심 인물은 김준연과
이극로였는데, 김준연은 독일에서 학위를 마치고 귀국해 있었다. 김준연이
이 대회 소식을 독일 베를린에 있던 이극로에게 알리고, 이극로가 이미 결
성되어 있던 독일유학생들의 연락망을 통해 뮌헨에 있던 이의경과 베를린
에 같이 있던 황우일을 끌어들인 것으로 보이다. 또한 프랑스에 유학중이
던 정석해에게 알리고, 파리한인회 회장을 맡고 있던 김법린에게도 자연히
알려진 것으로 생각된다.[49] 물질적 지원에 대하여는 앞서 김준연이 이극로
에게 여비를 부친 기록과 함께, 이인 변호사는 회고담에서 자신이 김법린
에게 비밀리에 약간의 여비를 보내고 브뤼셀대회에 참석하도록 편지를 보
낸 적이 있다고 회고한다.[50] 김준연, 이인 등 국내인사들과 브뤼셀 팀들이

---

44 그의 명성을 가장 빛나게 한 소설 〈압록강은 흐른다〉를 1946년에 발표했고, 1950
   년 독일에서 별세했다. 이미륵에 대해서는 정규화, 이미륵평전, 범우사, 2010이 정
   확하고 상세하다.
45 동아일보 1921.10.20. "인사"란에 독일출발 기사가 있다.
46 동아일보 1929.4.12. '쏨' 박사 지도하에 이론경제학전공. (황우일의 사진 있음)
47 다만 일제의 비밀기록에는 그의 학교가 예나대학, "성질 온순, 소행 良"으로 기록되
   어 있다. 이 기록에는 이극로는 베를린 대학, "성질 소행 순량(順良)"으로 기록되어
   있다. "재구(在歐)조선인의 개황에 관한 건," 발송자는 三矢宮松(조선총독부 경무
   국장), 발송일은 1925.8.8.
48 동아일보 1929.3.25.에는 "황우일 씨 환영회"란 제하의 기사가 있다.
49 조준희, 앞의 글, 2009, 68면.
50 이인, "내가 겪은 20세기," 경향신문, 1972.1.22.; 이인, 반세기의 증언, 128면. 조준
   희는 김준연이 비공식적으로 브뤼셀 대회에 참여했다(조준희, 앞의 글, 2009, 69면)

약소민족대회 기사. 좌하는 브뤼셀 에그몽 궁전.
조선일보 1927.3.22.

연결되었던 것이다.

이극로, 김법린, 이의경, 황우일은 '조선대표단'을 구성하고 이극로가 단장을 맡기로 하였다. 이들은 상의 끝에 다음과 같은 내용을 제안하기로 하였다.[51]

(1) 시모노세키조약을 실행하여 조선의 독립을 확보할 것

(2) 조선 총독정치를 즉시 철폐할 것

(3) 상해 대한임시정부를 승인할 것

대회장의 풍경에 대해 '백림통신원의 특신'[52] 기사가 동아일보 및 조선일

고 쓰고 있으나, 김준연의 국내 활동 궤적이 이어지고 있으므로 이는 사실로 볼 수 없다.

51 이극로, 고투40년, 을유문화사, 1947, 37면.

52 이 기사는 누가 썼을까? 동아일보가 베를린에 특별히 통신원제도를 둔 것 같지 않다. 현장에 가지 않는 기자로서 쓸 수 없는 내용이고, 동아일보가 브뤼셀에 기자를

보 1927년 3월 22일자에 실려 있다. 기사의 내용은 매우 생생하다.

대회장의 장식은 모두 장엄하고 찬란한 중에도 특히 사회석 위에 나열한 약소민
족의 대표기들이 눈에 띄었는데 이중에는 팔궤가 분명한 조선의 태극기와 중국
광동정부의 청천백일만지홍기가 나란히 벌려 있었다. 너른 회장의 사박 바람벽
에는 "사회평등 민족자유"라는 문구를 기록한 포스터와 통치국본토와 그 영토
의 지면비교, 인구비례 등에 대한 각종 통계와 도안들이 걸려있었으며 이밖에도
제국주의 타도를 의미한 선전문과 선전화를 순한문으로 쓴 것도 있어 대회의 장
내는 극도로 긴장되었다.[53]

이극로 등 조선대표들은 사전에 〈조선의 문제〉란 문건을 준비하였고, 대
표단을 구성하여 제안을 냈다. 그리고 대회 첫날에는 김법린은 조선인에
대한 일본인의 압박을 탄핵하는 기조연설을 하였다.[54] 분과위원회가 조직

보낼 만큼 되었을 리가 없다. 따라서 여기서 베를린 통신원은 다름 아닌 이극로였을
것이다. 브뤼셀 대회를 마치고 베를린으로 간 후, 이극로가 아마도 조선일보와 동아
일보에 그 대회에 관한 상세한 뉴스를 제공하여, 양대 신문에 일제히 실린 것이리
라.
동아일보 1927.3.22. "「자유전당」「에그멍」궁전 색채다른 만국기! 「사회평등민족
자유」의 표어, 피압민족반제국주의 대회/전후십회의 부분집회 압박사정을 진술, 조
선측회원도 간부로"; 조선일보 1927.3.22. "전세계동지를 규합 연대로 생존권 주장.
구주대전 이후 심해진 열강의 압박 약소민족이 한자리에 모혀 대책강구, 약소민족
대회 실기(寫)본사에 보내온 대회기록 일부"; 조선일보 1927.3.22. "「에그멍」궁전
에 표양하는 망국기. 동양정조를 나타낸 중국과 조선기, 대회식장의 광경"; 조선일
보 1927.3.24. "모든 피압박민족과 모든 피압박계급에게. 부륫셀 반제국주의대회선
언(전6회)"
53 동아일보 1927.3.22.
54 "백이의 서울 부랏셀에서 열릴 피압박민족대회는 작10일부터 개회되었다는데 조
선인대표 김모는 조선인에 대한 일본의 압박에 대하여 탄핵하는 기세를 내였다 하
며"(동아일보, 1927.2.11. "대회벽두에 조선대표 김모가 일본압박을 탄핵, 묵서가
대표는 미국을 탄핵할 터, 국제 반제국주의대회 소식"). 김법린의 보고연설문은
Liga gegen Imperialismus und für nationale Unabhängigkeit, Das Flammenzeichen
vom Palais Egmont : offizielles Protokoll des Kongresses gegen koloniale
Unterdrückung und Imperialismus, Brüssel, 10.-15. Februar 1927에 불어 전문이

되었을 때 이극로는 원동위원회의 정치산업부의 위원이 되었다. 이극로는 조선문제에 대한 안건 채택을 주장하였다. 의장단은 숙의를 거친 뒤, 조선문제에 대한 토의의 가부를 표결하였다. 표결결과 3표 차이로 부결되고 말았다. 이렇게 조선문제가 홀대된 것은, 대회를 주도한 이들에게 주의제는 반영운동이었기 때문이다. 따라서 중국, 인도, 이집트의 문제가 주로 논의되었던 것이다.[55]

2월 14일 최종적으로 결의안이 낭독되었다. 결의안에는 '제국주의의 식민지의 압박에 대항하고 민족 자유를 위한 대연맹'을 창립한다는 것과, 앞으로의 논의는 집행위원회에 일임한다는 것이다. 그 결의안에는 한국대표단의 결의안도 포함되었다. 결의안의 내용은 다음과 같다.

대한의 모든 민족단체들이 만장일치로 결의한 선언들과 만여명이 목숨을 내걸었던 유혈폭동을 통하여 한국(Korea)은 전 세계 앞에서 완전한 독립에 대한 요구를 정당화하였다.

일본정부가 우리의 독립을 승인하지 않는 한 우리는 부득이 일본제국주의에 대한 투쟁을 아주 강력하게 지속하지 않을 수 없다. 우리 민족을 일본의 억압으로부터 해방시키기 위해 우리는 우리가 가진 모든 힘과 수단을 사용할 것이다.

우리의 회담이 오직 민족의 자유와 사회적 평등에 근거할 뿐이라는 확고한 믿음 속에서 우리는 회담에서 다음 사항들을 승인할 것을 요구하는 일이 정당하다고 생각한다.

1. 한국은 일본으로부터 독립한 국가로 간주되어야 한다.

실려있다. (이 책은 브뤼셀대회의 전모를 알려주는 공식보고서인데, 우리나라에는 조준희, "자료소개: 1927 브뤼셀 피압박민족대회 한국관계 사료," 숭실사학, 제25집, 2010.12, 389면 이하에서 처음으로 상세히 소개되고 있다.)

55 이런 진술은 모두 이극로의 증언(고투40년)에 의한 것이다. 그러나 조준희는 Das Flammenzeichen vom Palais Egmont에 의거하여, 2월 14일 대회 폐막일에 조선에 관한 결의안이 채택되었다고 쓰고 있다.(조준희, 2010, 392면)

2. 일본인들이 한국에서 불법으로 탈취한 모든 특권들은 무효이다.[56]

아시아 문제에 대해서는 아세아민족회가 설치되었는데, 거기에는 중국, 인도, 시리아와 함께 조선에서도 1명의 위원이 선임되었다. 조선의 위원으로는 김법린이 피선되었다.[57]

허헌은 브뤼셀 대회에 참가하기로 마음을 먹고 대회 직전에 영국을 떠나 벨기에의 브뤼셀에 도착했다. 이극로(1893년생이니 당시 34세), 황우일(당시 31세), 김법린(1899년생, 당시 28세), 이의경(1899년생, 당시 28세) 등 조선대표로 등록한 이들이 20대 후반에서 30대 초반의 연부역강한 청년들이고 당시 박사학위를 갓 취득했거나 취득 직전이었다. 이들이 조선을 떠난 것은 1920년대 초반이었다. 그에 반해 허헌(1885년생, 당시 42세)은 연배상으로도 훨씬 위일 뿐 아니라, 조선내의 경력상으로 이들 청장년들과는 격이 달랐고, 최근의 조선의 실상을 정확히 전해줄 수 있는 위치에 있었다. 따라서 허헌의 가세가 이들에게 커다란 격려가 되었을 것은 틀림없다. 참석한 사진에서도 그의 중심적 위치는 확인된다.

다만 일부에서 말하듯이, 허헌이 '조선에서 일본제국주의적 정치'라는 연제로 보고연설을 했다[58]고 하는 것은 근거가 없다. 당시의 기사[59]를 정확

---

56 조준희, 2010, 397면. 이 글은 Das Flammenzeichen vom Palais Egmont을 번역한 것이다.

57 이상의 내용은 동아일보 1927.3.22. 및 김광식, 앞의 글 참조

58 허근욱, 민족변호사 허헌, 271면.

59 「벨기에」「부랏셀」에서 식민지압박반대대회 및 「코론느」에서 반제국주의 및 민족독립기성동맹회(民族獨立期成同盟會) 제1회대회가 개최되었는데 동대회는 「코민테른」이 식민지 및 반식민지에 대한 혁명조성의 수단으로써 민족자치 및 일절의 계급과 인종의 평등을 목적으로 개최한 것이다. 동회(同會)에 「유럽」시찰 중이던 재(在)경성 변호사이며 전 신간회 중앙집행위원장이던 허헌 등이 참석하여 「조선에서 일본제국주의적 정치」라는 연제로 보고연설을 하고 조선에서 일인(日人)을 구축하여야 된다는 결의안을 제출하다. 또 「조선」이라고 제목한 인쇄물을 의장(議場)에 배포하다. 동아일보 1927.2.11. "대회벽두에 조선대표가 일본압박을 탄핵," 22면.

히 이해하고 상황적 맥락에 대한 이해를 더하면, 허헌이 보고연설을 했다는 것이 아니라 "허헌 등이 참석하여" 누군가가 보고연설을 했다고 함이 맞을 것이다. 여기서 보고연설은 김법린의 기조연설을 의미하는 것으로 새겨야 할 것이다. 김법린의 1927년 2월 10일 보고연설의 제목과 정확하게 부합하기 때문이다.[60] 국내언론으로서는 김법린, 이극로 등의 인물에 대해서는 전혀 아는 바가 없을 것임으로, "허헌 등"이라고 썼을 것으로 추측된다.

허헌은 이 때 "신문기자의 자격으로 참관"했다고 쓰고 있다.[61] 신문기자의 자격으로 본 회의의 기조연설의 발언권이 주어질 수 없고, 준비의 정도나 외국어의 능력도 김법린이나 이극로에 미칠 수는 없는 것이다. 허헌은 구미여행길에 세가지 자격을 편의적으로 썼다. 그 중 하나는 변호사이고, 다른 하나는 신문기자의 자격이다. 조선을 떠날 때 그는 동아일보 취체역이었으므로, "동아일보 사원의 명함"을 갖고 있었고 이를 적절히 활용했다.[62] 브뤼셀 대회에서도 그는 신문기자의 자격으로 임하였고, 그 대회의 전모를 볼 수 있었을 것이다. 그로서는 대회에 참가한 인물이라든지 그들과 회담한 내용이라든지 그 결의사항 그리고 장내의 광경 등 쓰고 싶은 것이 너무나 많았다. 그러나 그러한 "문자의 활자화는 (일제하에서) 상당한 제한이 있는 것임을 알고 있기에 헛된 노고를 소비할 필요가 없으므로" 문자화하지 못한다고 했다. 하지만 그는 사진과 정보를 갖고 조선에 귀국했으며, 그 내용을 신문과 잡지에 여러 해에 걸쳐 직간접으로 소개하고 있다. 실로 신문기자로서의 소임을 다했다고 할 것이다.

---

60 rapport sur la politique imperialiste coloniale du japon en coree. 그 전문은 조준희, 413~429면에 소개되어 있다.
61 허헌, "신문기자로서 얻은 세가지 인상," 신동아, 제4권 8호, 1934.8, 35~39면.
62 예컨대 애란에서 재판소 방문이나 상원을 방문했을 때 동아일보 사원의 명함을 활용했다고 한다.

허헌의 귀국

•
•
•
•

브뤼셀 대회를 마친 후 허헌은 프랑스, 독일, 폴란드, 러시아, 중국을 여행하였다. 마침내 조선에 귀향한 것이 1927년 5월 10일이다. 바로 그에 대한 인터뷰 기사가 났다.

로국과 미국의 양극단의 발달

금번 여행에 제일 성공하였다고 생각하는 것은 다같이 청년국가인 미국과 로국이 하나는 자본주의국가로 하나는 공산주의국가로 각기 건전한 발달을 하고 있는 것으로 양 극단의 두 나라의 재미있는 대조를 세세히 관찰.

소학교에서도 애란어만 사용

애란은 영국의회와 동등의 의회가 따로 있어 모든 것이 완전한 독립국 같습니다. 소학교의 교과서는 전부 애란말로 써 있으며…

제국주의 대항 약소민의 봉화

지난 2월 10일부터 14일까지 벨기에 브뤼셀에서 개최된 약소민족대회는 백림공산당의 발기로 된 것인데 전세계의 대표가 약 200여 명으로 매우 성황을 이루었는바 결의한 중요사항은 세계자본주의국가의 총본영인 영국의 모든 운동을 저해할 것, 중국혁명은 곧 세계혁명이니까 그것을 도와줄 것, 인도 자바 등의 모든 혁명운동을 도울 것 등인데, 그 결과 사회평등 민족자유라는 표어 아래 반항제

국주의피압박식민지연맹이라는 상설기관
을 파리에 두게 되었습니다. … 일본대표
로 편산잠씨가 왔으며 우리 대표로는 황
우일, 김법린, 이의경, 이극로의 4씨가 나
아가서 각기 열변을 토하였습니다.[63]

귀국한 허헌
동아일보 1927.5.14.

제국주의 국가로서 영국에 대한 비판
적 입장, 부활하는 애란에 대한 동경심,
미국과 소련에 대한 호의적 평가, 약소
민족대회에의 참가의 의의 등을 이 짧
은 기사에서도 엿볼 수 있다. 한편 허정숙은 미국 뉴욕에 체류하고 있다가
1927년 12월에 귀선하게 된다. 콜럼비아 대학에서 공부했다는 기록도 있
으나, 일제의 재판기록을 보면 "공부할 목적으로 갔으나 여행권이 학생으
로 되어 있지 않았기 때문에 그 곳의 학교에 입학하지 못하였고 주로 영어
개인 교수를 받았다"[64]고 한다.

처음에 출발할 때는 몇 년이 걸릴지 모른다고 했으나, 그 말은 그의 진심
이 아니었을 것이다. 지참한 금전의 액수나 행로를 살펴보면, 대략 1년 내
외의 기간을 설정했으며, 반드시 귀국할 각오를 갖고 있었음을 알 수 있다.
1927년 5월 4일 중국 장춘에서 동아일보 지국의 환영을 받고, 그는 "중국
에서 대련, 상해 등지를 여행하고 (조선)공산당사건의 변론을 위해 공판기

63 조선일보 1927.5.14.
64 한민족독립운동사자료집 51(동맹휴교사건 재판기록 3) 중에서 허정자 신문조서(제
2회).
　문 : 그대는 미국으로 간 일이 있었는가.
　답 : 있다. 1926년 5월 부친과 함께 미국으로 가서1927년 12월에 귀선하였다. 부친
　　　은 유럽에 갔다가 나보다 먼저 1927년 6월에 돌아왔다. 미국에는 공부할 목적
　　　으로 갔으나 여행권이 학생으로 되어 있지 않았기 때문에 그 곳의 학교에 입학
　　　하지 못하였고 주로 영어 개인 교수를 받았다.

일 안에는 귀국할 예정"이라고 밝히기도 했다.[65]

허헌은 자신의 세계여행에 대해 "갑갑한 가슴이 얼마큼 시원하였다"[66]고 말하고 있다. 또한 가능한 상세한 여행기를 신문과 잡지에 썼으며, 몇 년이 지나서도 그런 작업을 하는 것을 보면 자신의 여행에 대해 자부심과 필요성을 강하게 느꼈음이 틀림없다. 그 확실한 증거는 다음과 같은 것이다. 1929년 잡지 〈삼천리〉의 창간호에서 각계 인사들에게 다음의 질문을 냈다. "누가 돈 십 만원을 무조건으로 제공한다면 엇더한 일에 쓰겟습니까?" 각인의 답은 매우 다양하다. 그 중에서 허헌의 답은 다음과 같다.

준재(俊才) 수십명을 구미각국에 파유하겟다

나는 그런 돈 십 만원이 내 손에 드러온다면 조선에서 수재라고 일컷는 인물 삼사십명을 뽑아서 영, 미 ,불, 독, 로(露), 이(伊), 애란(愛蘭), 토이기(土耳其), 인도, 서서(瑞西), 첵크, 호주 등 각국에 이삼명식 파견하여 그 나라의 국가나 사회의 제도라든지 인정풍속이라든지 산업상태 국민정신등을 정밀히 조사 연구케 하겟슴니다. 가령 일본에서 토이고(土耳古)가튼 나라에도 매년 유학생을 만히 보냄니다. 일본이 토이기로부터 무엇을 배울 것이 잇서 그리겟슴니까만은 그 나라 독특의 무엇이 잇슴으로 그것을 알려고 그리는 것이외다. 더구나 내가 각국을 도라다니며 본 바에 의하면 노농로서아(勞農露西亞)에서는 매년 우수한 조선소, 기계공장의 기술자 수십명을 영미제국에 파견하고 잇스며 그 밧게 영미독일 등 각국서도 서로 우수한 인물을 뽑아서 저쪽 나라의 문명을 탐색 연구케 합니다. 더구나 우리가치 모든 것이 뒤저잇는 처지에 잇서서는 각국의 문명정도를 정확히 알어둘 필요가 시급이 잇는 동시에 우리 형편도 저쪽에 충분히 알려주어야할 터인즉 그런 인물을 각국에 파송하는 것이 아조 급무인 줄로 알고 그런 돈이 생긴다면 준재파견(俊才派遣)에 다써버릴가 합니다.[67]

---

65 동아일보 1927.5.9.
66 조선일보 1927.5.14.

김법린의 귀국(동아일보 1928.1.16)

황우일의 귀국기사(동아일보 1929.3.25)

이의경(이미륵)의 1927년도 사진
www.mirokli.com

이극로의 귀국기사(동아일보 1928.10.28)

여담으로, 브뤼셀 대회에 조선대표로 참석했던 청년들의 행방은 어떠했던가. 김법린은 1928년 1월에 귀국한다. 이극로는 1928년 10월에 귀국한다. 그리고 황우일은 1929년 3월에 귀국한다. 이들은 모두 독일과 프랑스에서 박사학위를 취득한 준재들이었다. 식민지 조국을 떠난지 거의 8년 이상이 되어, 박사학위를 받고 귀국할 때 조선의 여론은 이들의 귀향 소식을

---

67 허헌, "돈 십만원이 잇다면?-준재(俊才) 수십명을 구미각국에 파견하겠다," 삼천리, 제1호, 1929.6, 2면.

빠짐없이 전하고 조선을 위해 많은 일을 해줄 것을 주문하고 있다. 한편 이의경(이미륵)은 박사학위를 받고 독일에 남아 〈압록강은 흐른다〉와 같은 조선김치냄새 물씬 풍기는 저작을 통해 한국의 실상과 아름다움을 독일어권에 지속적으로 전한다.

제6장

신간회 운동과 변호사들 ─ 사회운동으로, 감옥으로

1927년 2월 15일 신간회라는 사회단체가 탄생했다. 신간회는 "우리는 정치적, 경제적, 사회적 각성을 촉진함, 우리는 단결을 공고히 함, 우리는 일절 기회주의를 부인함"이라는 3대 강령을 내걸고, 기회주의에 속하는 친일파 혹은 자치주의 등을 배제한, 광범한 민족단일당 혹은 협동전선당의 성격을 띠고 있었다. 신간회 출범 이후 민족주의와 사회주의 사이의 항쟁이 완화되고 협동의 기운이 높아졌다. 민족주의 우파가 배제되었기에, 신간회의 방향은 "민족적 좌익사상" 혹은 민족협동전선의 성격을 띠고 있었다. 중앙의 주요간부인 회장(혹은 위원장)은 이상재, 권동진, 허헌, 김병로의 4대까지 이어갔다.[1]

신간회는 민족진영과 사회주의진영의 두 흐름의 합류기관으로 구심적 역할을 하게 되었다. 내면적으로는 조선독립을 목적으로 하고 운동방식도 비타협적으로 한다고 하면서도, 신간회는 공개적이고 합법적인 활동을 지향하였다. 운동을 장기적으로 이끌어가기 위함이었다. 일제가 파악한 대로, 신간회는 각종의 집회에서 시사문제를 정면으로 논의하고, 각처의 지방행정에 간섭하고, 민족의식을 고조시켜 배일적 기운의 양성에 노력했다. 일제의 입장에서 볼 때, 각종 사건이 발생할 경우 신간회가 이를 확대분규화시킨 사례가 많았다.[2]

신간회의 활동이 공개적이고 합법적인 외양을 지향하는 만큼, 변호사들이 참여할 여지가 있었다. 특히 1920년대 초반 이래 항일변론을 통해 허헌과 김병로는 공개적 활동을 할 수 있는 최고의 활동가-명망가 대열에 섰다. 그들은 이미 변론활동을 통해 독립운동가 혹은 사회운동가들과 긴밀한 인간적 유대감을 맺고 있었다. 때문에 전국 규모의 신간회의 운동을 적어도 표면에서 이끌어가기에 적임이었다. 이인의 경우, 열정과 추진력으로

---

1 황강, "신간회해소와 운동선의 망전(望展)," 동광, 제23호, 1931.7.
2 조선총독부 고등법원 검사국 사상부, "朝鮮ニ於ケル思想運動槪觀," 사상월보, 제1권 제2호, 1931.5, 172면.

충분히 신뢰받을만한 위치에 도달해 있었다. 이리하여 3인의 변호사들은 열렬한 법정투쟁에 더하여, 신간회를 중심으로 한 사회운동에 한 축을 담당하게 된다.

아래에서 신간회 활동 전반에서 그들이 담당한 역할과 그것의 민족사적 의미에 대한 설명은 최소한으로 그칠 것이다. 역사학 쪽에서 뛰어난 업적들이 나와 있기 때문이다.[3] 그러나 그런 연구서에서도 허헌, 김병로의 〈법률가적 활동〉의 〈법적 측면〉 및 법사회사적 의미에 대해서는 충분한 접근을 하고 있지 않다. 1920년대 후반기의 주요 재판투쟁과 항일변론에 대해서는 다른 장에서 다루기로 하고, 이하에서는 공판정의 변론활동을 제외한, 사회운동과 융합된 법률운동의 측면을 추출하고자 한다.

첫째, 변호사들의 실지조사활동이다. 소작쟁의, 노동쟁의, 악법에 대한 항쟁 등에서 3인변호사들은 현장에 달려가 조사활동을 하고, 불법을 지적했으며, 대책을 촉구했다. 신간회 지회에서 조사를 요청하고, 현지조사에도 동행함으로써, 변호사의 실지조사는 개인 차원이 아니라 하나의 운동적 성격을 더하게 되었다. 공판투쟁에서 사후변론은 여전히 강도 높게 수행했지만, 이제 분쟁의 과정 속에 직접 뛰어드는 적극성을 더하게 되었다.

둘째, 본격적인 사회운동 그 자체에 관여하는 형태로의 진전이다. 신간회의 활동 자체가 사회운동적 성격이 강하지만, 법조인으로서 활동을 중심으로 하는 한 사회운동가와 똑같은 방식의 활동은 외형상 자제하는 태도를 보여왔다. 그러나 어느 시점을 넘어서면 민족운동의 폭발성은 그러한 단순 관여자의 위치에 머무는 것을 용납하지 않았다. 이리하여 곧바로 민족운동가로의 적극적인 변신을 감행하는 면모가 나타난다.

셋째, 민족운동에 직접적으로 뛰어들게 되면서, 그들의 변호사로서의 활동에도 중대한 타격이 다가왔다. 허헌의 경우 유죄판결을 받으면서 변호사

---

3 이균영, 신간회 연구, 역사비평사, 1993; 신용하, 신간회의 민족운동, 한국독립운동사 연구소, 2007 등.

자격이 박탈되고, 이인과 김병로도 정직처분을 받게 되었다.[4]

　1920년대 후반의 전반적 흐름 속에서, 이 장에서는 신간회 간부로서의 활동, 변호사의 실지조사활동의 내역과 의미, 광주학생사건의 연장선상에서 일어난 민중대회사건 및 사건주역에 대한 재판, 경성에서의 여학생시위 재판, 광주 현지에서의 학생 등에 대한 재판을 다루고자 한다. 법률가로서의 자의식을 분명히 갖고 이루어진 활동과 수난을 정리하려는 것이다.

---

4 징계에 대하여는 장을 바꾸어 논하기로 한다.

신간회 간부로서의 활동
허헌과 김병로

•
•
•
•

허헌과 김병로는 처음부터 신간회 활동에 적극 관여하면서, 신간회를 중심으로 자신의 활동반경을 만들어갔다. 1929년도에 이들의 활동도 절정에 이르렀다. 1929년 1월 20일 신간회 경성지회에서는 회장에 허헌, 부회장에 홍순필을 선출하였다. 같은 해 5월 31일 신간회 경성지회는 대표위원회를 개최하고 복대표에 허헌, 후보에 이원혁을 선출하였다. 1929년 7월 1일 신간회는 2차 전체대표회의(복대표대회)를 개최하였다. 이 대회에서 신간회의 중앙조직을 간사제에서 집행위원제로 개편하고, 중앙집행위원장에 허헌을 선임하였다.

이즈음 허헌은 자신의 본업을 변호사로부터 사회운동으로 궤도수정하려는 각오를 보였다. 그는 1928년말부터 "변호사업을 그만두고 민족적, 사회적인 큰 일에 진력하고 싶은 생각이 불붙는 듯하다"[5]는 포부를 피력했다. 이러한 허헌이 신간회를 실질적으로 이끌어가는 중앙집행위원장에 당선된 것은 자연스러운 일인 듯하다. 실제로 참가자들은 허헌이 "마땅한 인물"이라는데 별 이견이 없었다.[6] 김병로는 중앙집행위원 중의 1인으로 선출

---

5 조선일보 1928.12.23.
6 이균영, 신간회 연구, 178~79면.

되었다.

1929년 7월 1일 복대표대회를 계기로 신간회의 질적 변화가 뚜렷히 감지된다. 일제의 기록에 의하면, "신간회 자체의 행동도 일변하여 적극적 수단으로 각종 사회문제에 용훼(容喙 : 말참견)하여 특히 분쟁을 지원하는 해동으로 나온다든지 혹은 직접 관청의 조치나 시설 방치에 항의하는 등 항상 반항적 행동으로 나온다든지…"[7] 하는 면이 두드러지게 된 것이다. 활동 3개년을 거치면서, 더욱이 1920년대 민족 · 사회운동의 고조에 따라, 민족유일당으로 자임한 신간회로서는 훨씬 적극적으로, 반항적으로 행동하지 않으면 안 될 단계에 이르기도 했다.

신간회의 전국적 확대와 활동역량 강화에 따라, 신간회 내부의 사회주의 진영과 민족진영 사이의 갈등도 표면화되었다. 복대표대회를 통해 개편된 본부의 간부진의 구성이 전자에 경도되어 있음에 반발하자, 집행위원의 선임에 있어서는 민족진영을 대폭 배려하는 인적 구성을 취하였다. 즉 1929년 7월 4일 중앙집행위원회를 열고, 서기장에 황상규, 회계(재무부장)로 김병로, 교육부장에 조병옥 등을 선임하였다.

이렇게 재편된 신간회 본부의 간부들은 다소 '온건화'노선으로부터 비타협적이고 실천적인 노선으로 이행하게 되었다. 사회문제에 직접 뛰어드는 실천적 활동을 본격화한 것이다. 1929년 7월 갑산화전민사건에서 신간회 본부가 직접 실지조사단을 파견하고, 그 조사단의 보고를 토대로 규탄과 항의를 조직화하고 여론화한 것이 그 첫 사례일 것이다. 이어 각처의 쟁의에 대해 조사단파견과 직접적인 간섭을 감행하게 되었다. 그러한 흐름의 절정에 있던 것이 1929년 11월 광주학생들의 항쟁에 대한 현지조사였다. 현지조사에는 신간회의 집행위원장 허헌, 서기장 황상규, 회계 김병로가 광주를 방문조사하고 구속학생 석방에 노력하는 등 실로 신간회 본부의 핵

---

7 이균영, 신간회 연구, 181면.

심이 광주학생사건에 직접 개입하는
양상을 띠었다.

신간회 본부는 지회와 본부에
광주의 실상을 널리 알리고, 조사
를 토대로 민중대회를 소집하려
는 움직임을 본격화했다. 민중
대회는 광주학생운동을 민족적,
민중적 운동으로 전국적으로
확산시켜나가려는 시도였다. 민
중대회는 일제의 일제 사전검거
로 좌절되지만, 신간회의 본부
와 각 지회는 청년총동맹, 근우
회 등과 더불어 1929년 12월부터
1930년 2월에 이르는, 전국적 규모
로의 항쟁확산에 주도적 역할을 하였
다.[8]

신간회 문패와 역대위원장
(위로부터 이상재, 허헌, 김병로의 순)[9]

민중대회와 관련된 간부들의 일
대 검거로 신간회 본부는 심각한 타
격을 받았다. "민중대회"를 준비하던 신간회 지도자들은 예비검속되었고,
허헌 등 신간회의 주역들은 옥고를 치르게 된다. 이 조직을 재정비하여 끌
어갈 책임은 다행히 체포를 면할 수 있었던 김병로의 몫이었다. 김병로는
1930년 1월 신간회의 재정부장 겸 회계에다, 사무부장과 조사부장을 겸직
하였다. 일제가 보기에, 김병로는 다소 온건파 · 합법파의 이미지를 보여주
고 있는 편이었다. 그러나 일제의 탄압이 본격화되고 중앙의 간부들이 대

---

8 이균영, 신간회 연구, 212면.
9 황강, "신간회해소와 운동선의 망전[望展]," 동광, 제23호, 1931.7.

량검거된 상황에서, 전국적 공개단체로서의 신간회의 존속 자체에 위기가 도래한 국면에서, 신간회를 유지해갈 수 있었던 것은 절대적으로 김병로의 공헌이었다. 김병로도 1930년 초의 위기를 잘 극복하고 조직을 발전시켰다고 자평하고 있다.

> 내가 집행위원장 사무를 대행하여, 회의 업무는 침체된 바 없이 지방조직의 확장과 투쟁의 강화로 날로 견실한 진보를 보게 되었으며, 그 익년에 이르러 전국대의원회를 소집하려 하였으나 경무당국이 본회 간부에 대한 형사사건의 미결을 이유로 대의원회의 소집을 불허하므로, 부득이 나는 다른 간부와 일치하여 회세의 진작에 비상한 노력을 경주한 결과, 그 익년, 전국대의원회(복대표제)를 소집할 때에는 지회 수가 138개소에 달하고, 회원이 근 10만 명에 이르렀던 것이다.[10]

이 시기에는 신간회의 재정 자체도 김병로가 자담하다시피 하고 있다.[11] 신간회의 살림살이에 대한 다음 인용을 살펴보자.

> 신간회본부의 경비가 만흔 것은 사실입니다. 그러고 그것이 회원의 회비를 거두어 드리어 지탱하여 갓든 것이 아닌 것도 사실입니다. 그러면 그 돈이 대체 어데에서 나왓느냐 할 것이외다. 여기 대하야 교차점 기수가 조사한 바에 의하면 대

---

10 김병로, "수상단편," 김진배, 276면.
11 김병로 자신의 증언도 그러하다. "광주학생사건 직후에서부터 내가 중앙집행위원장의 직무를 대행한 이후에는 나의 독력으로 경비를 지출하여온 것인 바, 신간회의 경상비는 그다지 다액이 아니었으나, 그 수년간의 실정으로는 해외운동자들의 잠입이 빈번하였으므로 그 연관관계에 소요되는 경비가 적지 아니하였고, 상임위원 중에는 생활의 보조를 하여야 할 사람도 있는 관계로 매월 총 경비로는 다액을 요하였으나 나는 그 수년 동안에 물질관계에 있어서는 남의 원조를 받아본 일이 없고 원조를 요구하여 본 일도 없었던 것이다."(김병로, "수상단편," 김진배, 가인 김병로, 280면)

개는 간부 그 중에도 주석들이 만히 자담하엿다하는데 들니는 말에 전 집행위원장 허헌이 광주사건으로 드러가기까지에 약 4천 원을 썻고 그 뒤를 이는 제2차 집행위원장 김병로 씨가 이럭저럭 6천 원 갓가운 돈을 썻다고 합니다.[12]

이렇듯 허헌과 김병로는 신간회에 소용되는 각종 경비(사무소, 사무비, 인건비, 파견비)를 부담하는데 중심적인 역할을 했다.

이 시기에 신간회의 노선과 관련하여, 김병로가 온건화·합법화로 선회하였다는 평가가 있다. 일제의 기록에서도, 종래의 신간회 운동을 반성하면서 최린 일파가 주장하는 자치운동과 협력하는 합법운동을 주장한다는 언급도 있다.[13] 그러나 온건화노선을 자치운동으로의 변질이나 일제방침에의 추수로 보는 것은 매우 잘못된 것이다. 한편으로는 투쟁의 욕구가 더욱 높아진 각 지역의 운동이 있고, 다른 한편에서는 탄압을 본격화한 일제 사이에 끼어, 신간회 본부는 "공황과 민중대회사건의 실패에 따라 예상되는 대탄압을 선방(先防)"하여 조직역량을 보존하자는 전략적 고려를 하지 않을 수 없었다.[14] 강경파, 사회주의파와 비교하여 온건화·합법화로 보이는 것이지, 자치운동이나 변절파와 전혀 차원을 달리하는 민족운동의 흐름에 속하는 것은 두말할 여지가 없다. 물론 이들의 노선에 대해 "소부르조아 개량주의의 영도"라는 정치적 비판 또한 나름대로 제기될 수 있는 일이었다.[15] 김병로는 1930년 11월 9일 신간회 전체대회를 대행하는 중앙집행위원회를 소집하여, 정식 집행위원장으로 선임되었다. 사실 그 이외에 그 자리를 맡을만한 인사가 없기도 했다.

이 시기 김병로 개인에게도 탄압이 가중되었다. 신간회 비밀결사 혐의

---

12 "교차점," 삼천리, 제17호, 1931.7.
13 이균영, 신간회 연구, 382면.
14 이균영, 위의 책, 397면.
15 이균영, 위의 책, 396면.

로 가택이 수색당하기도 했다(1930년 4월). 나아가 사소한 민사사건 변론사건 과오를 트집잡아 일제는 김병로에 대해 6개월동안 변호사 자격을 정지시켰다(1931년 1월 23일~7월 22일). 그는 신간회에 누를 끼치지 않을까 하여, 정직처분이 내려지자 즉각 중앙집행위원장직 사표를 제출했지만, 그 사표는 반려되었다. 그러나 그런 처분이 그에 대한 평판이나 의기를 일부 꺾는 효과는 없지 않았을 것이다.

이러한 상황에서 신간회의 운명은 해소론의 대두로 거대한 소용돌이에 휩싸이게 된다. 해소론은 주로 청년 사회주의파에 의해 제기되었는데, 외부적으로는 코민테른의 지하운동화 방향으로의 노선수정에 따른 신간회 해소론이었고, 일제는 신간회의 존속에 대해 더 이상 용납하기 어렵다는 입장으로 다가가고 있었다. 계급운동적 관점에서 신간회를 비판하는 쪽의 요지는 다음과 같은 것이었다. 즉, "신간회는 결성된 지 4개년이 넘은 오늘날까지 아무 것도 한 것이 없다. 신간회는 소뿌르조아지의 집성단체이므로, 따라서 대중의 계급적 의식을 말살시키는 것이다."[16]

그가 변호사로서 정직 도중에, 신간회 해소론과 반해소론를 둘러싼 논쟁이 가열되었다. 김병로는 신간회 해소론을 확고하게 반대하는 중심에 있었다. 김병로는, 계급운동자들이 신간회의 운동전선상에서 헤게모니를 전취하려는 것이 근본목적인데, 그 목적이 달성되지 아니함으로 차라리 해소하는 방향으로 이론을 편다고 보았다. 그러나 신간회를 해소한다고 투쟁력을 사실로 나타낼 조직으로 전화할 수 있다고 보지 않았다. 신간회 자체가 "각층 각파의 투쟁요소를 통하여 가지고 진용을 결성한 것"이고, "대중의 당면이익을 위해서 가능한 최대한도의 투쟁"을 하기 위한 조직이니만큼, 그러한 조직은 필요불가결하다는 것이었다. 엄혹한 정세하에서 신간회의 진영을 훨씬 더 강화하는 것을 급선무라고 보았다.

---

16 고영환, "신간해소선후책," 동광, 제23호, 1931.7.

현하 조선의 정세가 각 방면으로 질식된 상태에 잇는 이때에 잇어서 신간회의 과거의 투쟁의 방법과 전술에 결함이 잇다고하면 그 결함을 지적하고 이를 교정하야 더욱 힘잇는 운동으로 전개시킨다면 모르거니와 그나마인들 이미 조직된 힘을 해소한다고 주창하는 것은 그나마 이미 결성된 진용을 교란하며 그나마 조직된 투쟁력을 여지없이 비산시키는 것 밖에 아무 다른 효과가 없을 것이다.

일언이폐지(一言而蔽之)하건대 현재의 신간운동이 조선의 현실과 조선민중의 현재 정세에 잇어서 오로지 해독을 끼치는 물건이라고 하면 이를 해소하여야 할 것이고 다른 어떤 운동으로 전환하야 일층투쟁력을 실현케 할 수 잇거나 없거나 이것을 문(問)할 필요도 없을 것이다. 그러나 어느 계단까지 어느 정도까지 민중의 당면의 이익을 위해서 투쟁의 가능성이 잇다고 인정한다고 하면 今日의 정세 하에서는 이것만큼 이라도 잔루형해(殘壘形骸)까지 스스로 없이하고 훼손하는 것은 하등 의미가 없는 한낯 이론적 유희에 불과한 것이요 도리어 이미 결성된 힘을 분산하야 조선의 전선을 혼란으로 들어가게 하는 것이다.…

그러면 신간회가 해소를 아니하고 적극적으로 운동을 전개한다 하면 앞으로 할 일이 무엇인가. 우리가 입으로 투쟁 투쟁을 말하기는 쉬우나 참 힘잇는 투쟁은 오직 힘잇는 진영에서만 생기는 것이다. 오늘날 신간회의 진영은 아직도 더 결성되고 더 질서화하고 더 공고하게 하는 것이 급선무다. 내부의 결속력이 박약해 가지고는 아무리 투쟁하고 싶드라도 사실 불가능한 것이다. 현재도 그 투쟁의 힘이 잇는 정도까지 에서는 투쟁을 행하고 잇는 것이니 앞으로 내부의 결속이 강대화할수록 투쟁력은 증진될 것이다. 이러한 시기에 잇어서 이론만 가지고 해소를 창(唱)함은 운동의 전선을 궤산(潰散) 분화의 계정(階程)으로 끄을어가는 것이니 도리어 투쟁력을 감소케 할 우려가 잇는 것이다.[17]

신간회의 결함교정과 편달의 의미에서의 해소론은 환영할 바이나, 신간

---

17 김병로, "신간회의 해소론이 대두함에 제(際)하야," 동광, 제18호, 1931.2.

회 자체의 해체를 기도하는 사람은 자발적으로 신간회를 떠나면 해결될 문제라는 것이다. 그러나 전국의 유수한 지회들이 해소론의 입장을 채택함에 따라 전반적 분위기는 존속론에 불리하게 형성되어 갔다.

1931년 5월 15일 신간회 제2회 전체대회가 열렸다. 이는 창립대회 후 처음 열리는 전체회의이자 동시에 해소대회였다. 일제는, "1930년 이래 본부가 합법운동으로 전향하고 각 지회가 찬부 양론으로 대립, 내부통제를 잃은" 신간회를 "조종하는 의미에서 대회를 개최시킴으로써 무언가 얻는 것이 있으리라"는 판단 아래 대회 개최를 허용하였다. 반해소론의 입장을 가진 본부의 간부들은, 이 대회를 통해 해소론을 비판하여 신간회를 안정적으로 존속시키기를 희망했다. 본부의 인사들은 "하등 통제된 행동이 없고 확고한 신념이 없이" 그저 잘되겠지 하는 막연한 믿음만 갖고 안이하게 대처한 반면,[18] 해소론은 매우 조직적으로 움직였다.

제3대 중앙집행위원장인 김병로의 사회로 개회를 선언하고, 임시집행부를 선출하고, 중앙간부진의 선임에 들어갔다. 중앙집행위원장은 강기덕, 그리고 위원들의 선정이 있었다. 본회의로 들어가 제1안건으로 신간회 해소안이 제출되었다. 해소안과 존속안 사이에 "획기적 이론전개와 충분한 토의"가 기대되었으나, 일경은 토론 자체를 봉쇄했다. 해소안에 대한 거수표결의 결과 찬성 43, 반대 3, 기권 30으로 해소안이 가결되었다. 해소론자 중에서는, 신간회와 같은 운동기구를 완전히 철폐하자는 게 아니라 혁신적 재구축을 지향하는 의견도 많았지만, 일제는 기민하게 개입했다. 해소안이 가결되자마자 경찰은 해소된 이상 더 이상 집회가 필요없다며 일체의 집회를 금지함으로써, 해소안의 통과가 곧바로 해체로 귀결되어버린 것이다. 해소는 해체가 아니고, 해소는 "신간회라는 구형태가 다른 신형태로 지양하는 순간에 완성될 것이며 그 때까지는 해소운동이 지속될 것"이라는 입

---

18 황강, "신간회해소와 운동선의 망전," 동광, 제23호, 1931.7.

장이 있었지만, 그러한 실천은 관념상으로 가능하되 실천상으로는 불가능한 것이다. 해소의 가결과 동시에 해체되어버린 것이고, 남은 것은 잔무처리뿐이다.[19] 해소를 즉석에서 가결하여 금후의 신간회의 일체집회 봉쇄의 구실을 지어준 것은 실수 가운데 가장 큰 실수였다고 할 것이다.[20] 또한 다음과 같은 논평을 보자.

> 신간회의 사멸은 자타가 공인하는 바와 같이 타살이 아니라 자살이엇다! 차라리 그것이 만일 타살이나 되엇드면 세인의 이목을 다소간 자극시켯을는지도 모르 겟지마는 그것이 싱거운 자살이엇기 때문에 일막의 희비극이엇다.[21]

즉 타살당했다면 그로 인한 분노가 조선인의 가슴에 사무쳤을 것이고 그것이 민족운동의 새로운 동력이 될 수 있었을 텐데, 자살을 선언하고 보니 일제로서는 손안대고 코푼 격이 된 셈이다. 해소론 이후의 치밀한 대안이 결여된 가운데 해소론만 통과시킴으로써, 결국 해소론은 단일화된 민족운동역량에 엄청난 손실을 초래한 셈이다.[22] 신간회 해소 직후의 한 논평은 다음과 같이 안타까움을 표하고 있다.

> 누구던지 질풍상심자(疾風喪心者)가 아닌 바에는 게딱지만한 움집에서 생활하는 것을 기뻐하지 않을 것과 마찬가지로 이 미지근한 신간운동에는 무슨 만족을 느낄 청년은 별로 없엇을 것이다. 그러나 우리가 이 게딱지만한 움집을 때려부시 어 헐어바리려면 적어도 삼간두옥(三間斗屋)이라도 다시 한 채 건축할만한 예산 을 먼저 세워야 할 것이다. 만일 그러치 아니하고 하등의 준비도 없이 남들은 2,

---

19 김기림, "해소가결전후의 신간회, 5월 15일 어경성전체대회광경," 삼천리, 제16호, 1931.6.
20 황강, 앞의 글.
21 고영환, "신간해소선후책," 동광, 제23호, 1931.7.
22 이균영, 신간회 연구, 561면.

3층 양옥의 문화주택에서 호화로운 생활을 하고 지내는 이때에 창피하게 움집 생활을 하고 잇단 말이냐는 수작으로 기왕의 움짐만 헐어버리고서 남의 집 대문 밖에 잇는 쓰레기통 근처의 신세나 지게 된다고 할 것 같으면 우리는 그 사람의 용맹과 기상을 감탄하는 것보다도 먼저 그의 정신에 이상의 유무를 진찰하여 보려고 하지 아니할 수 없을 것이다.

과거 4, 5년간의 신간운동에 하등의 볼만한 것이나 혹은 자랑할 만한 것이 없은 것만은 누구던지 부인치 못할 사실이다. 그러나 이 점에 관하야는 우리의 객관적 정세가 천하무비(天下無比)로 비상한 것을 간과하여서는 문제의 중심점을 잃은 담론으로 될 것이다. 그뿐만 아니라 과거의 신간회가 우리 사회에 대하야 적극적으로 많은 이익을 주지 못한 대신에 또는 무슨 해독을 크게 끼친 것도 없다고 생각한다. 다만 그것이 우리에게 큰 해독을 끼치지 않는 이상 그나마도 잇는 것은 없는 것보다는 낫다는 이유 하에서 오인(吾人)은 그것을 지지하려고 하엿다. 물론 소위 해소파의 의견에 의하면 신간회는『계급의식을 말살시키는』막대한 해독을 사회에 끼치고 잇다고 주장하나, 신간회가 다른 모든 집회나 결사에 대한 통제적 권능을 가지고 잇든 것이 아닌 이상, 100개의 신간회가 잇드라도 다른 운동이나 혹은 결사에 대하야 추호만한 장해로도 될 까닭이 없은터인즉 그 따위의 의견은 더 문제시할 가치도 없는 것이라고 생각한다.[23]

해방 이후 좌-우의 격돌과 민족분단으로 귀결된 사태악화를 돌이켜볼 때, 좌-우를 포용한 민족단일전선으로서 신간회의 존재가 크게 부각되지 않을 수 없다. 신간회의 존재는 민족진영의 친일화와 계급진영의 급진화에 제동을 걸고, 공동전선으로 묶어내는 구심력을 지니고 있었다. 신간회의 사멸 이후 표면적 활동을 지속해야 했던 민족진영은 보다 타협적으로 퇴행하고, 지하운동 일면으로 매진했던 계급진영은 모진 탄압, 그리고 세력위

---

23 고영환, 위의 글, 24~25면.

축으로 귀결되었다. 조선의 객관적 정세는 좌익민족주의의 결성체의 출현을 불가능하게 했던 것이다.[24] 물론 일제의 탄압정책이 절대적 요인임은 분명하지만, 통합적 역량의 붕괴로 인해 그에 대해 더 이상 대응할 수 없었던 점은 그것대로 아쉬운 것이다.

신간회 해소론에 대한 김병로의 반대론에 대해서는 다음의 기사가 있다.

(김병로) 군은 변호사로 법정에 나서는 외에 신간회 집행위원장으로 단상에 서서 젊은 사회주의자들과 이론투쟁을 한 일도 적지 아니하다. 작년 추(秋)에 신간회 해소문제를 토의하는 신간회대회가 개최되엇을 때는 김병로군은 좌경청년들이 토하는 불같은 이론에 고군분투한 것은 실로 이채를 도두윗다.[25]

김병로의 회고에 따르면, 신간회 활동 4~5년간 신간회의 운영과 강화에 민족주의자와 공산주의자 모두 일치 협조하였고, 하등의 갈등이나 요동이 없었음에도 불구하고, 한번 코민테른의 지령이 있은 후에는 그 태도를 표변하여 이면으로는 도리어 그를 적대시하는 경향이 있어 그의 반대론이나 회유도 하등 효과를 보지 못했다고 한다.[26]

대회에서 해소론이 통과되자 해소반대자의 다수가 비분한 가운데 일제히 퇴장하였다.[27] 기자와의 대담에서, 김병로는 대회에서의 해소가결이 "전 신간 대중의 의사로 보겠느냐" 하는 점에 대해서 해소를 가결한 지회보다 부결한 지회 수가 많고, 또 연구나 보류키로 한 곳도 많다는 점을 들어 "신간 대중으로서는 해소를 해체라고 본다는 것보다도 한 분해작용"으로 애써 폄하하는 모습을 보여주기도 했으나, 이미 엎질러진 물이었다. 김진배

24 김기림, 앞의 글, 1931.7.
25 동허자, "변호사 평판기(1)," 동광, 제31호, 1932.3.
26 김병로, "수상단편," 276~277면.
27 조선일보 1931.5.18.

는 "불난 집에 도적이 드른 것과 같은 민족운동의 최후의 장면에 중앙집행위원장 김병로의 가슴은 찢어지는 듯했다. 한꺼번에 모든 것이 무너지는 듯했다."고 정리하고 있다. 그는 낙담하여 "당분간 모든 것을 관망하고 있겠다"고 애석함을 표하고 있다.[28]

허헌과 김병로의 신간회 활동은 민족운동사에서도 탁월한 것이었고, 개인적으로도 각별한 것이었다. 당시 그들은 진보적 민족주의자 계열에 속한다고 할 수 있으며, 사회주의 계열과 대화가 통하는 열린 지도자였다. 신간회 운동이 활발화됨에 따라 중앙의 집행위원장 직을 이어받으면서 리더십을 발휘하였다. 그 결과 옥고를 치르고 변호사 자격이 정지되는 등의 고초를 겪었다. 신간회는 1931년 중반에 이르러 해소-해체되었지만, 몇 년의 기간동안 그들은 좌-우연대의 소중한 경험을 했고, 양쪽으로부터 인정을 받았다. 해방직후 좌-우 투쟁이 격화되면서도 이들은 좌-우의 편가르기에 힘을 싣기보다는 좌-우합작 쪽에 힘을 더하는 모습을 보여주었다. 김병로의 경우, 단독정부 수립이 아니라 김규식-여운형과 함께 통일국가수립운동인 좌-우운동을 벌였던 것은 결코 우연한 일이 아니었다. 그 때문에 김병로는 민족통일운동의 선구자들 가운데 한 사람으로 평가받고 있다.[29]

---

28 조선일보 1931.5.18. "비해소론자 결성도 필요! 나 개인은 방관할 뿐이다. 전위원장 김병로씨 담"; 김진배, 앞의 책, 86면.

29 김학준, 가인 김병로 평전, 223면. 1948년 정부조각과정에서, 대법원장 인선에서 인사권을 갖고 있던 이승만 대통령은 애초엔 김병로를 대법원장으로 시킬 마음이 없었다고 한다. 이승만이 노진설을 언급하자, 이인은 그를 반대하였다. 이승만이 "그러면 누구를 했으면 좋겠느냐"고 질문하니, 이인은 "물론 김병로지요." 라고 답했다. 그에 대해 "김병로는 김규식 사람인데…"라면서 선뜻 내켜하지 않았다고 한다. 좌우합작운동을 주도한 김규식의 노선에 김병로가 동의하였고, 단독정부에 앞장선 이승만이 이를 내켜하지 않았음을 알 수 있다.(이인, 반세기의 증언, 188~189면)

변호사의 실지조사

내역과 의미

．
．
．
●

변호사의 본령 중 하나는 형사피고인을 위한 법정변론이다. 동시에 변호사는 사실조사의 전문가이기도 하다. 사회문제에 대해 사전조사를 통해 문제를 환기시키고 그 개선책을 촉구하는 것은 변호사의 영역확장이기도 하다. 이러한 실지조사에 적극 개입함으로써 변호사는 하나의 사회운동가, 사회개혁가로서의 역할을 한다.

변호사가 이런 활동을 용이하게 할 수 있는 것은 그의 합법성 지향과 특별한 지위 때문이다. 변호사가 법률활동을 할 때는 합법성의 외관을 띠므로 상대방이 거부할 명분을 찾기 어렵다. 또한 일제하에서 변호사가 갖는 지위상의 이점이 있다. 변호사가 문제지역을 방문할 때, 그 지역의 유관단체는 물론 경찰도 그 방문을 봉쇄하기란 쉽지 않다. 변호사가 기자들을 대동하고 방문할 때는 더욱 거절하기 어렵다. 변호사의 방문 자체가 사회적 주목을 자아내게 되며, 변호사의 접촉 여부, 접촉거절 여부 하나하나가 기사감이 될 수 있다. 일반 사회운동가들에게 허용되지 않는 기관과의 접촉도 변호사에게는 열릴 수 있다. 변호사의 조사전문가로서의 공신력으로 인해, 조사결과를 총독부나 지방경찰에서 마냥 무시하기도 쉽지 않다.

변호사들의 실지조사는 변호사 단독의 작품이 아니다. 운동단체로서의 신간회의 요청이나 하명에 의해 실지조사가 이루어지며, 실제 현장에서도 신간회의 지회 등의 협조를 받는다. 또한 변호사는 조선인변호사협회로부터 '특파'받는 형식을 취할 경우가 적지 않았다. 그래서 변호사 1인이 출동해도, 그 배경에는 신간회라는 영향력이 큰 사회단체, 일제로서도 무시할 수 없는 조선인변호사협회의 후광을 안고 가는 것이다. 따라서 신간회 및 변협의 협조는 실지조사가 가능할 수 있게 하는 배경이 된다. 기자와의 동행은 식민지 조선의 핵심 언론의 영향력과 압력을 동반해서 현지에 간다는 것이 된다. 이 정도의 결합을 통해서만, 비로소 현지조사가 본격적으로 행해질 수 있게 되었다.

변호사의 실지조사는 1930년대에는 거의 찾아볼 수 없다. 1920년대 후반, 즉 사회운동의 절정기인 동시에, 상대적으로 유화국면(소위 문화정치)의 시기 속에서, 변호사로서의 최대치의 역량을 발휘한 것이 일련의 실지조사라 할 수 있다. 신간회의 활동의 일환으로서의 실지조사의 사례는 적지 않다. 실지조사를 할 때 김병로, 이인, 허헌은 신간회 간부라는 지위와 변호사라는 자격을 동시에 활용하여 효과적인 조사를 진행할 수 있었다. 신간회 중앙본부의 민족운동의 일환으로서 평가될 이 실지조사의 사례는 대단히 많다.[30] 아래에서는 변호사의 실지조사가 집중적으로 행해진 몇가지 사례를 들어보기로 한다.

| 갑산화전민사건에 대한 실지조사 |

1920년대 후반에 이르면 조선총독부는 화전정리사업을 추진하면서 화전민들을 주로 화전지대로부터 축출하는 시책을 펴왔다.[31] 그러나 화전민

30 신용하, 신간회의 민족운동, 한국독립운동사연구소, 2007 참조.
31 갑산화전민사건에 대한 개요는 한인섭, "조선총독부에 대한 항의문-김병로 변호사," 민주사회를위한변론, 2009.7.8, 72면 이하에 정리한 것을 토대로 한 것이다.

들은 평지에서 이런저런 사유로 내몰려 화전지대에서 근근이 화전을 하며 연명하는 관계로, 아무런 생존책의 대안없이 화전지대로부터 내몰리는 것을 견딜 수 없었다. 그래서 수동적으로 항의하기도 하고, 그 자리에 버티기도 하는 등의 소극적 저항을 펴왔던 것이다. 전국에서 화전민들이 가장 많은 곳은 함경남도이며, 그 중에서도 갑산과 삼수 지대였다. 이전에 대표적인 오지이자 귀양처로 꼽힌 '삼수갑산'의 임야지대에 내몰려, 화전으로 근근이 생계를 영위하던 화전민들을 총독부는 다시 대책없이 방축(放逐)하려 했다.

그 방축의 한 방법으로 갑산의 삼림을 책임지고 있던 영림서는 대표적인 화전지대인 갑산군 보혜면 대평리의 평평물(瀧瀧谷 : 롱롱곡) 마을의 주민들을 모두 소개(疏開)시키려 했다. 대상 주민들은 모두 1천여 명에 달했다. 이들이 애원하고 소극적으로나마 반항하자 영림서원들은 1929년 6월 중순 경찰을 대동하고 화전민가 몇십호를 불태워버리고 강제 축출시켰다. 가옥이 불타고 기아와 생존의 절대절명의 위기를 겪은 주민들은 대표를 뽑아 총독부에까지 와서 진정하였지만 아무 소득을 거두지 못했다. 대표들은 인근 지역의 청년회에도 호소하고, 경성의 신간회 본부에 와서 호소하였다.

화전민들의 호소에 언론과 사회단체가 즉각 답하였다. 언론에서는 '갑산 화전민의 방축'을 '인도상 중대문제'로 크게 다루었다. 동아일보는 "이것이 사실이라 하면 인민의 생명 재산의 보호를 직책으로 하는 당국자로서 무책임한 행동이라 아니할 수 없다" "법으로 봐도 용서치 못할 행동이다" "구축당하는 화전민의 생활안정의 도(途)를 급속히 강구함도 당국의 책임이오 영림서의 폭거를 엄격히 조사하야 다시 그런 일이 없도록 계도함도 당국의 책임"[32]이라는 강한 논조의 비판을 했다. 그러나 아직 이 논조에는 힘이 실

---

32 동아일보 1929.7.10. "갑산화전민의 방축(放逐) 인도상 중대문제"

리지 못했다. 현지조사를 통한 상세한 내용과 실감을 덜 가진 탓이다. 그래서인지 "이것이 사실이라 하면"이라는, 가정법을 쓰고 있다.

신간회 본부에서는 사건의 진상을 조속히 조사하여 대책을 강구해야 한다는 데 의견을 집약했다.[33] 또한 각 사회단체의 대표 27명은 갑산화전민구축사건 대책강구회(甲山火田民驅逐事件對策講究會)를 조직하고 안재홍 등 27인을 선정하여 진상조사원을 파견키로 결의했다.[34] 그러나 총독부의 대응도 신속했다. 7월 19일 오후에 열릴 예정이던 대책강구회는, 종로서 고등계로부터 "위원회를 금지하는 동시에 금후 회로서의 일체 행동을 금지한다"고 통고받았다. 그 이유인 즉 명칭이 불온하고, 사실이 어떠한지 아직 모른다는 것을 들어, "만일 앞으로 무슨 행동이 있다 하면 단호한 처치를 할 것"이라고 위협하였다. 그리하여 동 위원회에서 실제 조사차로 떠나기로 예정된 인사도 출발하지 못했다.[35]

신간회 본부에서는 일차 신간회 북청지회에 사실진상을 조사토록 지령했지만, 시일이 지연될 우려가 있어서, 전국적으로 여론조성을 하고 대책강구를 긴급히 해야겠다고 판단했다. 그래서 7월 18일 오후 4시에 긴급중앙상무위원회를 열고 이 문제에 대한 구체적 토의를 진행한 다음, 조사위원을 급파하기로 했다. 〈갑산화전민사건 실지조사〉의 책임자는 신간회 총무간사장을 맡고 있던 김병로였다. 그가 경성을 출발한 시각은 당일 오후 10시 55분이었다. 실로 신속하고 비밀리에 이루어진 결정이기에 총독부로서도 위의 대책강구회의 그것처럼 미처 제지할 수 없었던 것 같다.

김병로의 현지조사에는 무려 7인의 동행이 있었다. 동아일보 특파원 박금 기자는 처음부터 김병로와 동행했다. 중외일보 특파원 정인익 기자, 북

---

33 동아일보 1929.7.13. "신간회분기 진상을 조사, 형사고소라도 할터이라고 혜산진영림서원 화전민가 충화사건"
34 동아일보 1929.7.17. "갑산화전민을 영림서에서 방화"
35 동아일보 1929.7.21. "대책강구회 위원회금지, 갑산화전민 구축문제"

청의 김영수와 김광, 갑산에서 동행했던 김은서, 특별히 동행을 신청해왔던 갑산군 운흥면의 청년 한남형 등이었다.[36] 신간회의 간부이자 변호사로서 유명한 김병로 한 사람도 감당하기 쉽지 않은데, 거기다 동아일보·중외일보 기자가 가세하고 보니 지방의 경찰서나 영림서에서 상대하기 쉽지 않았다.

이들이 간 길은 그야말로 첩첩삼림이었다. 18일 밤 경성을 출발하여, 함경남도 북청에서 1박한 뒤, 20일 혜산경찰서장을 회견하여 경찰관의 인가 방화에 관여 여부를 추궁하고, 21일 혜산진을 출발하여 22일 갑산의 현장에 도착하여 주민들을 상대로 실지조사를 하였다.[37] 서울에서 혜산진까지는 열차로, 혜산진에서 목적지까지는 200여 리의 길을 "하루도 비가 개는 날이 없이 수목이 썩어 진흙으로 된 산을 넘고 넘어 쉬지 않고 걸어야 했고, 거기다 경찰과 일본 국경수비대로부터의 신변의 위협과 자연의 위험에까지 힘든 여정을 강행군해야 했다."[38] 이렇게 천신만고 끝에 현장에 이르러 주민들로부터 피해상황을 청취하고 실지조사를 하였다. 다시 고생 끝에 김병로 일행은 27일 밤 8시 30분 경성역에 도착했다. 무려 10일에 걸친 긴 여정이었다.

신간회 본부에서는 바로 다음날인 28일 김병로의 진상조사보고를 들은 후[39] 다음과 같이 결의했다.

---

36 梶村秀樹, "갑산화전민사건(1929년)에 관하여," 淺田喬二 외 7인, 항일농민운동연구, 동녘신서, 1984, 205면.
37 종로경찰서 비밀보고, 269~270면; 한국역사연구회 편, 일제하사회운동사자료총서 4, 고려서림, 1992, 222면.
38 김병로, "연재:수상 단편," 김진배, 가인 김병로, 삼화인쇄주식회사, 1983, 288~294면 참조.
39 경성 종로경찰서장의 비밀보고에 따르면, "신간회 총무간사 김병로는 고의로 소재를 감추고 비밀리에 신간회 본부에서 긴급상무집행위원회를 개최하여 허헌 이하 11명 출석리에, 김병로가 실지시찰의 개황을 보고하고, 결의"를 했다고 한다. 출발부터 도착후 처리까지 신속하고 비밀리에 한 것으로 파악하고 있는 것이다. 思想問題ニ關スル調査書類, 268, 19면.(국회도서관 MF6025, 분류번호 E58; E56; E131; 원

1. 사실조사 진상조사보고서의 작성 발표
1. 29일 하오 8시부터 종로중앙청년회관에서 실지조사 보고연설회를 개최
1. 책임당국자에 대한 대책 및 구제방법은 중앙상무위원회를 열어 발표[40]

신간회 측은 진상조사의 결과를 널리 알리기 위해 여러 방안을 강구했다. 우선 연설회를 준비했으나, 그건 곧바로 종로경찰서에서 금지시켰다. "신간회가 주책없는 말을 하리라고 미리 예측하고 금지하는 것은 아니지만 우리는 우리로서 그 사건의 보고를 가지고 있음으로 그와 반대되는 보고강연을 허락지 않는다"는 궁색한 이유를 들어서 그랬던 것이다.[41] 경찰측은 진상조사의 공개에 대하여는 계속 금지 일변도의 정책을 이어간다.

이 시점에 이르러 언론의 보도가 폭발적으로 증가하였다. 7월 말부터 각 언론은 갑산사건 진상에 대한 보도와 비판적 사설을 경쟁적으로 게재했다. 우선 조선일보는 "사건 발생 이후 제일 먼저 이백여 리의 산길을 도보로써 모든 무시무시한 위험을 무릅쓰고 만목참담한" 현지에 도착하여 진상조사를 한 제1보를 7월 23일에 냈지만, 곧 압수당하고, 실제조사답사기 또한 하루를 연재하고 중단을 강요당했다. 그런데 신간회 조사결과와 기자의 조사 내용이 일치함에 힘입어 7월 30일자에 〈소실가옥〉 피해자의 본적, 성명, 가족, 소실간수를 일일이 적시하였다. 특히 현장에 왔던 영림서원과 순사들 17명의 명단과 소속까지 정확히 제시하였다. 이는 김병로의 조사와 조선일보의 조사를 확인하여 정리한 것으로 보인다. 피해의 전체 규모는 다음과

본문서번호 100-010); 한국역사연구회편, 일제하사회운동사자료총서4, 고려서림, 1992, 221~222면에도 수록되어 있다.
40 앞의 비밀보고, 269면; 조선일보 1929.7.29. "보고연설회와 책임당국에 항의. 조사위원 김병로씨 보고듯고 화전민사건과 신간회 결의"
41 조선일보 1929.7.30. "갑산화전민사건 보고연설도 금지/모호한 리유로 금지하여/작일 종로서에서"

같다.

당시 상황을 수자로 보이면 불에 탄 곳은 평평물과 대송가동 두곳이니 평평물은 6월 16일부터 동 18일까지 삼일동안에 평평물에서 63호가 타고 3호가 파괴되었으며 동 18일부터 19일중까지 대송가동에서 10호가 소실되었으며 파괴가 4호인 바…[42]

동아일보는 이미 갑산사건에 대하여 "갑산화전민의 방축(放逐) 인도상 중대문제"(1929.7.10.)라는 제1면 사설을 기재한 바 있으나, 특파원의 현지조사를 토대로 "다시 갑산화전민사건에 대하야"[43](1929.7.31.) 라는 매우 비중있는 사설을 실었다.[44] 두 사설의 논조는 우선 첫줄부터 확연히 다르다. 전자의 사설에는 "…가 사실이라면…"이라는 가정법을 쓰고 있는데 반해, 후자는 "80여 호의 인민가옥을 소훼하였다는 사건으로 세간을 경악케 한 소위 갑산화전민사건은 본사 특파원의 보고에 의하여 그 진상이 판명되었다. 그 결과는 최초 주민대표의 진정한 바를 확인하였고 따라서 당국의 무사려한 처치를 폭로하였다."고 쓰고 있다. 실로 현지조사의 뒷받침으로 힘있는 논조를 펼 수 있게 된 것이다.

이와 같은 현실문제, 인도상 중요문제에 대하야 공정한 비판과 여론환기의 기회를 방알(防遏)하는 것은 그들의 양심의 여하를 의심치 아니치 못할 태도다. 이러한 금압의 결과는 일층 민중의 의혹과 분노를 증장할 것 뿐이니 실로 유해무익

---

42 조선일보 1929.7.30. "폭포동과 송가동 소실호수만 칠십삼 파괴가옥도 칠호나 된다. 갑산화전민사건상/십칠명의 일행, 현장에 왔든 영림서원과 순사/갑산화전민사건 보고연설도 금지, 종로서에서 사건이 생긴 「평평물」부근"
43 동아일보 1929.7.31. "다시 갑산화전민사건에 대하야"
44 이 사설은 조선사상통신에 그대로 일문으로 번역게재되었다. "再ひ甲山火田民事件に就いて," 조선사상통신, 제1016호, 1929.

한 금압이려니와[45]

중외일보는 정인익 기자가 김병로의 실지조사에 처음부터 동행하여 상세한 보고를 쏟아냈다.

조선일보, 동아일보, 중외일보는 당시의 대표적인 언론이다. 이 모든 언론이 특파원의 현지조사를 토대로 각종 보도를 쏟아냈다. 동아일보는 박금 특파원의 〈갑산화전민충화답사〉를 전11회에 걸쳐 보도했다.[46] 조선일보 역시 7회의 연재를 하기로 예보하고 제1회를 시작했다. 그러나 동아일보의 보도는 막상 현지 피해실태에 대한 부분에 이르러 삭제시켰다. 조선일보의 경우 2회로 연재를 차단했다.[47] 한편 신간회는 연설회와 보고의 배포가 금지되는 가운데에서도, 상무위원회를 열어 다음과 같은 결의를 했다.

1. 갑산화전민사건 대책으로 진상조사보고서를 긴급 발표하고 항의위원으로 김병로, 황상규, 이관용 3인을 선거하여 다음 조항에 대해 총독부에 항의키로 하다.

　　(가) 방화 구축에 대한 질문

　　(나) 피해화전민에 현경지 배려

　　(다) 소실가옥 가구 양식에 대한 손해배상

　　(라) 직접 책임자의 처벌

　　(마) 5백여 만 화전민에 대한 금후 주의

1. 언론압박에 관하야

　　갑산화전민사건 항의위원들에게 일임 항의하기로.[48]

---

45 동아일보 1929.7.31. "다시 갑산화전민사건에 대하야"

46 동아일보 1929.8.2. "평평물을차자, 북국이천리 무색한 승지강산(勝地江山)(제1회, 전10회) (본사특파원 박금 수기)"

47 한홍정, "국경견문기-갑산사건 답사를 마치고(전7회)," 조선일보 1929.8.9~1929.8.19.

갑산사건에 관한 신간회의 공세는 8월 내내 이어졌다. 각종 사회단체, 신간회 지회에서도 갑산사건의 진상을 알리고, 일제를 규탄하는 각종 행동들을 이어갔다. 일제 당국은 다음과 같이 대응했다. 첫째, 언론의 보도를 엄금하는 방침. 갑산화전민사건에 대한 총독부의 언론탄압은 당시의 통례와 비추어보아도 특이할 정도로 빈번했다.[49] 갑산사건이 총독부의 취약점을 직접 건드리는 것인데다, 조선민중이 예민하게 반응했기 때문이다. 둘째, 갑산사건의 진상을 알리는 각종 집회의 무조건적 금지. 종로경찰서 등이 금지사유로 내건 것들이 매우 '모호'하고 '궁색'하다는 비판에 대해서 제대로 답변하지 못했다. 셋째, 총독부에서는 독자적으로 진상을 조사하여 공표했다. 〈갑산사건에 관한 진상조사결과발표〉라는 제하의 발표였다. 이러한 대응은 그야말로 이례적이었다. 발표의 경위에 대하여 당시의 친일신문이었던 매일신보는 다음과 같이 정리하였다.

"함남 갑산군 보혜면 대평리 룽룽곡에서 영림서직원이 경찰관 입회하에 화전모경자에 철퇴를 명하고 그 가옥에 방화하얏다는 풍설이 전하자 소위 피해자의 대표라 자칭하는 자가 본부(本府)에 진정하얏슴으로 총독부에서는 곳 사건의 진상 조사에 착수하야 소할 영림서장 급 현장지휘의 지위에 재한 삼림주사를 본부에 출두케 한 후 종종 당시의 사정을 청취한 바 사실은 모든 풍설과 소위 대표자의 진정과는 전혀 상위한 것을 인정하얏다. 그리하야 작 12일 산림부에서는 이래 (爾來) 월여(月餘)에 긍하야 신중히 조사한 결과를 하기와 여히 발표하얏더라."[50]

거기서 총독부 산림부는 대체로 다음과 같이 정리했다. 첫째, 관헌이 방

---

48 동아일보 1929.8.5. "신간회 본부에서 제7회 상무위원회"; 조선일보 1929.8.8. "책임자 처벌과 손해배상 청구. 당국에 항의하기로 결의, 화전민사건과 신간회대책"
49 梶村秀樹, 앞의 책, 207면.
50 매일신보 1929.8.13. "갑산사건에관한진상조사결과발표"

화 운운은 낭설 · 와전에 불과하다. 둘째, 사실은 주민이 양해후 각자 공가
(空家)에 방화한 것이다. 셋째, 기정방침은 엄연 불변이다.[51]

언론 · 집회의 금압에 더하여 독자적인 진상조사결과까지 발표한 것은,
조선의 사회단체와 언론기관들의 갑산사건에 대한 보도의 홍수와 논의가
분출하는 상황을 도저히 좌시할 수 없었기 때문이었을 것이다. 더욱 독자
적 진상발표라는 극히 예외적인 발표를 취할 수 밖에 없었던 것은, 그만큼
김병로 일행과 언론보도의 구체적이고 풍부한 내용이 가진 파급력에 대응
하지 않을 수 없었던 탓도 있을 것이다.

신간회 본부는 다시 중앙상무집행위원회를 열어 "갑산화전민사건항의
문"을 통과시켰다.[52] 항의문이란 제목을 포함하여 그 내용은 식민지하에서
나올 수 있는 최강도의 항의를 담은 것이다. 신간회라는 단체, 실지조사에
서 나오는 사실의 힘, 사회적 파장, 변호사의 직접적 관여 등이 그러한 수
준의 항의를 가능케 했다. 그 전문은 다음과 같다.

항 의 문

본회는 함남 갑산군 보혜면 대평리 화전민사건에 대하야 7월 18일 본회 중앙집
행위원회 김병로 씨를 사건발생지에 특파하야 별지 조사서와 같은 사건진상을
알게 된 바
당국자의 이러한 잔인한 행동은 인도상 도저히 묵과할 수 없는 일이며
이 사건에 대한 대책강구회를 압박하고 진상의 발표를 방해함에 지(至)하야는
조선인의 생존을 부인하는 것으로 볼 수밖에 없음.
기아에 우는 피해 화전민의 학대받는 생명을 위하야 만곡(萬斛)의 동정을 불감
(不堪)함과 동시에 백여만 화전민의 장래를 상급(想及)할 때 한심과 의분을 금키
난(難)함으로 이에 별지 진상조사서를 첨부하야 당국의 언어도단한 그 처치에

51 매일신보 1929.8.13.
52 동아일보 1929.8.24. "신간회본부 제9회 중앙상무집행위원"

엄중항의하는 동시에 다음 사항의 실행을 요구함.

좌기(左記)

　1. 피해화전민의 현 경작지 보존

　1. 소실가옥, 가구, 양식에 대한 손해배상

　1. 방화구축(放火驅逐)에 대한 직접책임자 처벌

　1. 금후 화전민의 안전보장

1929년 8월 31일

신간회 중앙집행위원장 허헌

조선총독 자작 齊藤實 앞(殿)[53]

당국의 "언어도단한 조치에 엄중항의"라는 문구까지 대담하게 삽입할 수 있었던 것은 바로 구체적이고 상세한 "별지 진상조사서"에 담긴, 부인할 수 없는 현장조사였다. 진상조사서의 제목은 〈갑산군 보혜면 송가동 및 룡룡곡 화전민사건 실황〉이다.[54]

갑산사건의 배경, 경과, 그리고 영향에 대한 상세한 분석은 역사학자에게 미룬다.[55] 여기서는 변호사 김병로의 활동의 의의에 대해 언급해보자.

갑산이라는 변방 중의 변방은 갑산화전민사건을 계기로 서울의 신간회와 곧바로 연결되었다. 신간회는 이 사건을 정확히 파악하여 전국적 여론을 조성하고자 했다. 그러기 위해서는 실지진상조사를 필요로 했다. 그 진상조사에는 변호사가 적임이었다. 언론인의 조사도 물론 중요하다. 그러나 변호사는 상대의 증거탄핵을 염두에 두고 진상조사를 하게 되므로 더욱 철

---

[53] 동아일보 1929.8.24. "신간회본부 제9회 중앙상무집행위원"

[54] 한국역사연구회편, 일제하사회운동사자료총서 4, 고려서림, 1992, 765~770면에 수록.

[55] 필자가 확인한 바 갑산화전민사건에 대한 논문은 위의 梶村秀樹의 논문이 유일하다. 신용하, 신간회의 민족운동, 경인문화사, 2007, 175~179면에서는 "갑산화전민 방화방축사건에 대한 항쟁"이 실려있다.

저히 조사해야 한다는 직업정신과 전문적 역량을 갖고 있다. 또 하나는 일제하의 변호사라는 직책의 힘이다. 변호사란 직책은 일제의 경찰이나 영림서로서도 무시할 수 없는 권위를 갖는 것이며, 검사를 방문하여 따질 수도 있는 것이다. 그 변호사의 직책을 진상규명을 위해 가치있게 활용할 수 있다. 사회운동 및 민족운동에서 변호사의 가치를 가장 잘 발휘한 사안 중의 하나가 바로 이 갑산화전민사건의 진상조사였다.

김병로 개인으로서도 갑산화전민사건은 일생 동안 잊을 수 없는 경험이었다. 그는 대법원장을 마친 뒤 경향신문에 1959년 3월 20일부터 1959년 4월 30일까지 〈수상단편〉을 통해 자신의 일생을 구술하고 있다. 그 중 〈신간회의 조직 및 투쟁〉에서는 장년기의 열렬한 변호사로서, 민족운동의 간부로서의 경험을 생생하게 말하고 있으며, 그 때의 '감투정신을 발휘한 사례' 중에 '백두산 화전민박해사건'에서의 현지조사의 경험을 그야말로 생생하게 증언하고 있다.[56] 김병로 자신으로서도 기억속에 오래 남을만한 사건이었음에 틀림없다.

| 원산총파업에 대한 현지조사 |

1928년 연말부터 시작된 원산총파업은 그 규모와 지속성, 파급효과 면에서 식민지하의 최대의 파업사례로 주목의 대상이 되어 왔다.[57] 1928년 9월 문평제유공장에서 일본인 현장감독이 조선인 노동자를 구타하자 제유공장 노동자들이 항의파업을 일으켰다. 또한 원산의 부두노동자들이 임금인상을 요구했던 바 이것이 받아들여지지 않자 부두에서 하역작업을 거부

---

56 김진배, 앞의 책, 288~294면.

57 강동진, "원산총파업에 대한 고찰," 윤병석외, 한국근대사론 III, 지식산업사, 1977, 237~266면; 김윤환, 한국노동운동사 I, 청사, 1981, 162~176면; 김경일, 한국근대노동사와 노동운동, 문학과지성사, 2004, 301~392면 참조.

했다. 고용주와 원산상업회의소는 노동자들에게 해고조치를 단행했다. 당시 원산에는 원산노동연합회가 노동쟁의 전반을 지도하는 구심체로 있었는데, 이같은 폭력 및 해고 등에 맞서 1929년 1월 22일 산하 노동자들에게 총파업에 돌입할 것을 선언했다. 파업의 기세는 한 때 원산의 모든 공장과 운수기관을 마비시키는 정도에 이르렀다.

물론 일제와 고용주 측은 이를 좌시하지 않았다. 일본경찰은 이런 저런 핑계를 들어 노동지도자들을 검거, 투옥시켰고, 무장군인까지 출동시켜 거의 계엄상태를 야기시켰다. 테러단체들이 파업초기부터 폭력을 휘둘렀고, 어용노조를 만들어 원산노동연합회를 파괴하려 했다. 부두하역작업을 재개하기 위해, 다른 지역으로부터 노동자를 유치하여 대체작업을 시키기도 했다. 그런데 대체작업을 위해 원산에 온 노동자들이 사태의 심각성을 깨닫고 소극적 태도로 돌아설 조짐을 보이자, 고용주측은 그들을 거의 억류하다시피 하면서, 형편없는 대우로 또다른 문제를 야기시켰다.

파업노동자를 격려하는 주위의 성원이 이어졌다. 심지어 일본의 항구도시의 노동자들은 동정파업까지 결행하였다. 변호사들도 이러한 성원의 대열에 나섰다. 경성의 조선인변호사협회는 특히 인천 등지에서 파견되어온 조선인 인부 2백여 명의 인권문제에 주목했다. 원산상업회의소가, 대체작업을 시키기 위해 타지에서 인원을 모집하여 원산노역장으로 데려다가 엄중한 감시하에 일을 시키고, 남이면 토목출장소 창고에 집어넣고 노동자의 일체 자유행동을 구속한 것이 말썽이 된 것이다. 조선인변호사협회는 이 사실을 전해듣고 긴급회의를 열어 협의하고, 이인 변호사를 현지에 특파하였다.[58]

이인은 1929년 2월 3일 오전에 원산에 도착하여, 먼저 원산노동연합회("원산노련")를 방문하여 김경식 위원장에게 사실진상을 청취하고, 원산상

---

58 동아일보 1929.2.3. "변호사단긴급회의 원산에 대표파견 인권유린으로 문데가 된다 하야 인천노동자 문제조사/위문과 동정 각지에서 집중"

업회의소의 대표와 원산경찰서장을 방문하여, 그 책임소재를 묻고 장시간 담판하였다. 그런 다음 문제의 인천노동자들의 숙박소인 토목출장소를 방문하여 그들의 처참한 상황을 살펴본 뒤 4일 아침에 귀경하였다. 그가 조사한 바에 따르면, 인천노동자들은 원산으로 갈 때 파업중의 업무를 시키겠다는 말을 들은 적이 없고, 노역장과 일감도 속였다. 이는 영리유괴죄에 해당한다. 또한 인천노동자의 처참한 광경은 이루 형언할 수 없을 정도였다. 엄동설한인데도 숙소는 널마루로 되어 있고, 방한장비가 극히 불충분하며, 잠자리와 이불도 부족하며, 인도적 차원에서 문제가 심각했다. 더구나 병상자가 오륙명이나 생겨 신음하는 형상은 완연한 지옥생활이었으며, 창고 마룻마닥에 거적을 깔아놓고 잠을 자는 비위생적 환경이었다. 특히 이인은, 노동자 감금문제에 대한 당국의 구구한 변명에도 불구하고, 외출을 금하고 다른 사람들과의 접견을 엄금하여 노동자의 일체 자유행동을 구속하는 것은 사실상 불법감금죄가 아닐 수가 없다는 소감을 밝혔다.[59]

이인은 귀경한 뒤 2월 7일 〈원산노동문제에 대한 조선변호사협회 조사보고에 관한 건〉이란 제목으로 보고했다. 변호사협회는 이 보고를 수리하고, 불법감금 및 사기적 유인의 두 쟁점을 문제시하겠다고 밝혔다. 한창 파업이 진행중인 상태에서, 그 이상의 적극적 개입을 하기는 곤란하였다. 이인의 방문조사는 언론에 크게 보도되었다.

그러나 이 시점은 일제가 파업파괴공작을 본격적으로 착수한 때이므로, 그런 방문조사가 실질적 영향을 미칠 단계는 아니었다고 보여진다. 2월 3일부터 원산청년동맹과 원산노련의 간부들을 검거하고, 2월 7일에는 원산노련의 김경식 위원장을 검거하였다. 시중은 완연히 계엄상태에 빠진 듯했고, 불안과 공포의 기류가 감돌았다. 그러나 노동자들의 단결력도 강고하였다. 일경과 원산상의는 원산노련을 분쇄하고, 함남노동회라는 어용단체

---

59 동아일보 1929.2.5. "비위생적 생활로 병상노동자 속출, 원산노동쟁의 노동자구속 문제와 이인씨담(李仁氏談) 형용에 절한 참경"

를 만들기로 결의하였다. 이런 상황에서 위원장이 검거되니, 파업집행부를 이끌어가기 위해 위원들을 새로이 구성할 필요가 있었다.

이에 원산노련은 "조선법조계에 일찍이 명성이 쟁쟁하던" 김태영 변호사[60]를 위원장 대리로 선임하였다. 이같이 첨예한 파업상황에서, 변호사가 지원자 역할을 넘어 직접 노동자측의 대표로 일한다는 것은 변호사계로서 종전과 차원을 달리하는 형태의 개입이었다. 김태영은 합법적인 지구전을 할 것이며, 고용주 측에 매수된 파괴분자를 박멸하겠다고 다짐했다. 일경의 직접 개입으로, 쟁의는 노사분규의 차원을 넘어서 일종의 민족해방투쟁의 면모를 띠게 되었다.[61] 노동자들의 검거는 계속 이어져 2월말까지 42명이 검거 투옥되었다. 일제는 사무실을 수색하여 각종 노동관련 서류들을 압수하고, 지원단체들의 장부도 압수하는 강경책으로 나갔다. 김태영을 비롯한 몇몇 간부들이 총독부에 직접 항의했으나 아무 소득도 없었다.

강경탄압에도 노동자들이 굴하지 않자, 일제는 아예 치안유지법 위반으로 단속에 나섰다. 원산노련의 강령이 조선노동총동맹의 강령과 같고, 그 마크도 노농러시아 고려공산당을 의미하는 것이므로 인정할 수 없다는 것이다. 어처구니없는 억지였지만 법적 탄압의 빌미를 제공하지 않는 것도 필요했다. 김태영은 당국의 협박을 수용하여 간부를 경질하고 주의강령을 노자협조의 방향으로 수정하는 안을 장시간 토론 끝에 통과시키게 되었다.[62] 일제의 공세에 결국 원산노련은 후퇴하였고, 우여곡절 끝에 원산노련과 어용기구로서의 함남노동회 사이에 물리적 충돌이 생겨났다. 일제는 기

---

60 김태영의 변호사로서의 주요 경력은 다음과 같다. 1921 조선변호사협회 창립총회 의원 중 1인으로 선임. 1924 경성조선인변호사회 부회장으로 선임. 1925 경성조선인변호사회 상무의원 선임. 변론한 주요사건으로는 조선공산당사건(1927년), 제천청년성토사건(1928년), 김해청년연맹사건(1928년), 간도공산당사건(1928년) 등.

61 독립운동사편찬위원회 편, 독립운동사 제10권: 대중투쟁사, 독립유공자사업기금운용위원회, 1978.11, 178면.

62 앞의 책, 180면.

다렸다는 듯이 대량 검거에 나서, 간부 대부분이 투옥되었다. 결국 몇 개월에 걸친 파업투쟁은 노동자측의 패배로 귀결되었다. 김경식 외 수십명의 노동운동가들은 협박폭력죄가 적용되어 징역 5개월 등이 선고되었다.

김태영 변호사의 개입에 대하여는 인색한 평가가 압도적이다. "사회운동에 관심을 가진 사람이기는 하나 실제 노동운동에는 경험이 없는 사람으로서 그의 취임은 확실히 지도부의 약화를 의미하는 것"이었다든가, 투쟁주의적이었고 노동자들로부터 압도적 신뢰를 갖고 있었던 김경식 등의 초기 지도부와 달리 김태영의 노선은 "투쟁의 후퇴"이고 "패배주의"적이었고, 결국에는 노동자측의 패배에 일조했다는 것이다.[63]

주로 노동운동과 사회운동론적 차원에서 나오는 그러한 평가는 일리가 있다. 다만 김태영 개인으로 좁혀보자면, 조선공산당사건 기타 그가 변론했던 사건 및 변론태도를 볼 때 그가 1920년대 후반에 가장 사회운동에 대한 애착을 가진 변호사에 속하는 것은 틀림없다. 그러한 열정과 관심은 마침내 원산총파업의 한 주도적 당사자로 참여하는 데까지 이른다. 그러나 노동자에 대한 열정·애착을 갖는다는 것과 실제 노동운동의 현장지도부가 된다는 것은 차원이 다르다. 현장지도부에서 김태영 변호사를 필요로 했던 것은, 일제의 탄압이 본격화되고 대량 검거의 선풍 속에서 그가 하나의 방패막이로서 역할을 할 수 있지 않을까 하는 기대로부터 비롯되지 않았을까. 그러나 노동세력과 자본가세력의 전면적인 대결국면, 거기다 일제 경찰의 전면적인 탄압의 국면에서는 전면투쟁의 외길 밖에 없는 것이고, 협상과 압박이라는 변호사적 대응의 길은 애당초 배제된 것이었다. 그가 운동가로서의 자질을 갖지 못한 점은 비난받을 수 있으나, 그 개인적 진정성까지 부인받을 정도는 아니라 생각된다.[64] 이 사건에의 개입으로 인해 그

---

63 앞의 책, 178~181면; 강동진, "원산총파업에 대한 고찰," 앞의 책(1977), 237~266면 참조.
64 다음도 아울러 참조. "변호사 김태영이 원산노동연합회 대쟁의 때에 위원장대리로

가 치러야 했던 혹독한 수난(제9장 참조)도 아울러 고려되어야 할 것이다.

| 광주학생운동에 대한 진상조사 |

1929년 말은 광주학생독립운동과 그 여파가 전국을 뒤흔들게 된다. 1929년 10월 30일 일본인 학생들이 조선인 여학생을 희롱하고, 이에 항의하는 조선인들에게 폭행을 가하였다. 평소의 민족감정과 이 사건 처리에서의 차별성에 분개하여, 광주의 조선인 학생들은 11월 3일 대규모의 충돌을 일으켰다. 광주고등보통학교 생도와 일인(日人) 광주중학교 생도가 광주정거장 부근에서 또 다시 충돌, 수백명 양측 학생이 난투하여 수십명의 부상자를 냈다. 경찰에 10여 명이 검거되고 학교는 3일간 휴교되었다.[65] 그런데 그 사건에서 조선인 학생들을 일방적으로 체포하고 탄압하게 되자, 분노가 더욱 격발되었다.

사건발생 다음날인 11월 4일 이 사건은 신간회 광주지부로부터 신간회 본부로 보고되었다. 광주의 청년 장석천이 급거 서울로 달려와 신간회 본부를 내방하여 사건의 동기와 내용을 상세히 알려주었다.[66]

신간회의 대응은 매우 신속했다. 11월 5일에 신간회 본부는 중앙상무집행위원회를 열고 광주학생사건에 관한 건을 결의했다. "광주 송정 장성 각 지회에 지령하여 사건·내객을 조사 보고케 하기로 하다"는 것이다.[67]

그리고 신간회 교육부장이며 서울 지부장이던 조병옥을 광주 현지에 급파했다. 그러나 광주의 소식이 외부에 유출되는 것을 극력 경계한 일제는 그 조사를 막았다. 조병옥은 광주의 문턱인 송정리까지 갔다가 경관에게

출마하여 자기 주머니로부터 쟁의비용 2천여 원을 내어 노앗단 말이 잇다."("야순탐보대(夜巡探報臺)," 삼천리, 제5호, 1930.4)

[65] 동아일보 1929.11.4·5·6·7.

[66] 조병옥, 나의 회고록, 해동, 1986, 104면.

[67] 동아일보 1929.11.7.

쫓겨서 서울로 되돌아와야 했다.[68] 그 시점에 여러 사회단체들도 광주에 조사차 간부들을 광주에 특파했다. 그러나 조선학생회의 이한성(11월 7일), 조선학생과학연구회의 박일(11월 9일), 중앙청년동맹의 부건(11월 11일) 등은 광주학생사건을 조사하러 갔다가 광주경찰에 구속되었다. 경성에서 광주학생사건에 대한 토의를 하는 것조차 금지당했다.[69]

상황이 이렇게 되자 11월 9일 신간회 본부는 긴급간부회의를 열고 광주학생사건의 철저한 조사와 구속된 학생의 석방을 위해 노력하기로 결정하고, 장성·송정·광주 지회에 대하여 긴급조사보고를 지령하였다. 중앙집행위원장 허헌, 서기장 황상규, 회계 김병로로 조사단을 구성했다. 3개 언론사의 정예 언론인이 그들과 동행했다.[70] 위원장 이하 신간회 전체의 명운을 걸고 조사활동에 나서기로 한 셈이며, 법조인과 언론인으로 구성된 조사단은 가히 최강의 조사단이라 할만했다.

11월 10일 오전 조사단이 광주에 도착했을 때 광주역에는 신간회의 4회 지회의 간부들과 동아일보, 조선일보, 중외일보 광주지국 간부 등 약 30여 명이 마중나와 있었고, 그에 대응하여 정사복의 경찰관들이 그들의 동태를 감시하러 나와 있었다. 조사단은 자동차를 대절하여 먼저 광주서중학교의 일본인 교장을 방문하고 사건의 진상을 물어보았다. 일본인 교장은 사실대로 경과를 말해주었고, 교육자로서 일인 학생들이 집단적 폭력을 행사하게끔 내버려둔 것은 훈육을 맡고 있는 자기책임이라고 사과까지 하였다. 다음 조사단은 광주경찰서장을 방문하여 사건의 진상을 들었다. 이미 파악하고 있던 내용과 대동소이하였다. 다만 일인 학생은 전부 석방하고 조선

---

68 김을한, 신문야화:30년대의 기자수첩, 일조각, 1971, 219면; 다만 조병옥의 회고록에는 이 장면을 쓰고 있지 않다.

69 동아일보 1929.11.9.; 동아일보 1929.11.12.; 동아일보 1929.11.13.; 동아일보 1929.11.17.

70 동아일보 김동진, 중외일보 서범석, 조선일보 김을한 기자. (김을한, 앞의 책, 219면)

인 학생들만 구류처분까지 했는가 질문하니, 자기도 그렇게 하는 게 편파적이라고 생각했으나, 검사정의 명령이므로 하는 수 없이 구속하고 있다면서 유감의 뜻을 표했다고 한다. 다음 조사단은 일인 검사정을 방문하여, 왜 조선인 학생만 구류하고 있는가 힐문하였으나, 그 일본인 검사정의 주장으로는 일인 학생은 피상자(被傷者)가 다수이고 조선인 학생은 피상자가 적고 경미하였기 때문에 수사상의 상례로 조선인 학생만 구류처분한 것이지 결코 민족적 차별로써 그런 것은 아니라고 변명하였다. 조사단은 조사결과를 토대로 그 변명이 사실에도 맞지 않고, 법률전문가로서 조리에도 합당하지 않다고 따졌지만, 일본인 검사정은 오히려 강경한 태도를 보이면서 범죄수사상 타인의 간섭을 받을 수 없다며 조사단의 요구를 거부했다.[71]

이렇게 조사단은 만 이틀동안 학교, 경찰, 검찰을 방문하여 조사하고 질책하였다. 광주의 명사인 현준호를 비롯한 지방유지들은 이들을 위해 만찬연회를 베풀어 주었다.[72] 그러나 조사단이 귀경하고 난 뒤 그 유지들을 불러, 그들을 환영한 것은 "그들의 범행을 방조하는 결과가 되므로 앞으로 절대로 그런 일이 없도록 주의하라"고 경고하였다고 한다.[73]

조사단 귀경 다음날부터 일제는 통제를 강화하였다. 광주의 각 학교는 11월 11일부터 개교하였는데, 다음날 광주고보생 약 3백 명과 농고생 250명이 합류하여 가두시위를 감행하고 이에 합류하려 했던 사범생과 여고보생은 교내에서 제지되었다. 12일 시위에서는 격문이 나타났다. 그 내용은 일제의 학원정책을 강도높게 비판하는 것이었다. 이같은 광주학생들의 운동에 대해서는 11월 12일부터 전면적인 보도관제를 하였다. 그러나 신간회와 청년단체들이 제각각, 혹은 이심전심으로, 광주의 소식을 경성과 전국에 전파하였으므로, 12월에 접어들어서는 경향각처에서 광주학생에 호

---

71 조병옥, 나의 회고록, 104~105면.
72 김을한, 신문야화:30년대의 기자수첩, 220면.
73 김병로, 수상단편, 283면; 조병옥, 나의 회고록, 106면.

응하는 움직임이 나타났다. 12월에는 운동의 중심지가 경성으로 옮겨졌다. 12월초에는 각 사립고보를 중심으로 격문이 살포되고, 학교별로 동맹휴학과 가두시위가 지속적으로 진행되었다. "경성부내 공사립 각 중등학교는 모두가 극도로 동요하여 소요는 극에 달했으며 학교 밖으로 뛰쳐나가려는 기세를 보여준 바 많았으며 적이 평온한 학교에 있어서도 도저히 차분하게 수업을 계속할 수 없는 상태였으므로 사립학교의 거의가 휴교할 수 밖에 없는 지경에 이르렀다".[74][75]

이러한 학생운동의 흐름에 호응하기 위해, 신간회 차원에서는 더욱 적극적인 움직임을 모색하지 않을 수 없었다. 학생운동의 물결이 사회운동에 영향을 주고, 사회운동의 구심체였던 신간회도 적극 행동해야 할 상황이 된 것이다. 일제의 표현에 따르면, "비판연설회가 당국의 금지를 당하자 더욱 관헌의 태도에 분개하고, 또 신간회의 면목상 당연히 좌시할 수 없다"[76]는 데 의견을 일치하여 신간회의 간부들은 1929년 12월 중순 민중대회의 소집을 준비하게 된다.[77] 일제로서는 신간회와 학생운동의 결합이야말로 가장 우려스런 사태의 진행이었고, 3·1운동에 유사한 사태의 악화를 초래할 염려가 있으므로, 신간회의 움직임을 사전에 봉쇄하기로 했다. 그에 따라 허헌을 비롯한 신간회 간부들을 대대적으로 검거하고, 나아가 청년단체 및 여성단체 등의 간부들까지 총검거에 들어간 것이다.

한편 12월에 동맹휴교와 겨울휴가에 따라 귀향한 학생들에 의해 광주학생사건의 진상이 전국적으로 퍼져나가게 되었다. 1930년 1월에는 개성의 여러 학교들이 만세를 고창하면서 시위를 벌였다. 경성에서는 1월 15일 이화여전을 비롯한 여자학교들이 대거 시위에 가담하였다. 근우회의 지도를

74 조선총독부경무국, 광주 및 경성 기타 학생사건의 개요, 18~19면.
75 조선총독부 경무국소장 극비문서, 광주학생독립운동자료, 고려대 아세아문제연구소 편역, 1995에서 발췌요약.
76 민중대회사건 예심결정서 중에서 인용(조선일보 1930.8.14.)
77 민중대회의 소집과 활동에 대해서는 이하에서 다루기로 한다.

받은 여학생들이 각 학교에 공작하여 일제시위를 벌였던 것이다. 이로부터 전국 각처의 시위, 맹휴의 수는 이루 헤아릴 수 없는 지경이었다. 감옥은 체포된 학생들과 사회운동 간부들로 가득찼다. 이 경성시위의 핵심에 근우회의 간부로서 허헌의 딸인 허정숙이 중심적인 역할을 한 것으로 일제는 파악하여, 그들을 일제히 체포하였다.

광주학생운동의 전국화와 연관된 형사재판의 상황은 매우 복잡하다. 그 중에서 ① 신간회 간부들의 민중대회사건(1929년 12월), ② 광주운동과 관련된 학생집단의 재판(1930년 2월), 그리고 ③ 허정숙 및 경성여학생 시위사건(1930년 1월)에 대한 재판(1930년 3월)의 순서로 다루고자 한다. ①에서는 허헌 자신과 그 신간회 간부들이 피고가 되었기 때문이기도 하지만, 재판투쟁에서도 여러 양상을 보여주기 때문이다. ②는 전국학생운동의 도화선이기도 하고, 워낙 피고들이 양산되어 이들에 대한 항일변론의 표출 역시 우리의 주요 관심사이기 때문이다. ③의 경우는 허헌과의 관련성도 있지만, 당시 항일변호사의 역량이 결집되는 면모가 뚜렷하기 때문이다.

허헌, 민중대회사건으로 옥고를 치르다

● ● ● ●

| 사건 |

1929년 12월 10일 허헌의 사무소에서 신간회 간부들은 광주학생사건에 대해 신간회 차원의 대책을 위한 회동을 했다. 허헌(신간회 중앙상무집행위원장), 권동진(신간회 검사위원장), 송진우(동아일보 사장), 안재홍(조선일보 부사장), 이시목(중외일보), 손재기(천도교), 신간회 측의 조병옥(신간회 경성지회 상무집행위원장), 홍명희, 이관용, 한용운, 주요한 등 11명이 회동하여, "광주학생사건에 관련하여 관헌의 취한 조치를 비난하고 이를 규탄하기 위하여 연설회 광고에 관한 격문을 인쇄 살포하고 청중을 모아 대로에서 공개 연설회를 열고 계속하여 청중을 거느리고 시위운동을 감행하자"[78]고 하였다. 그 날 결의된 구체적 내용은 다음과 같다.

(1) 민중대회를 개최할 것: 13일 오후 2시를 기하여 광주학생사건 진상발표 대연설회를 경성부내 가장 번화한 거리에서 개최한다.

(2) 연설회 개최 수시간 전 자동차 기타로 삐라 약 2만 매를 살포한다.

(3) 다음 표어로써 민족여론을 환기한다.

---

78 "민중대회 판결문," 독립운동사편찬위원회, 독립운동사자료집 14: 대중투쟁자료집, 독립유공자사업기금운용위원회, 1978, 843면.

-광주사건의 정체를 폭로하라

-구금한 학생을 무조건 석방하라

-경찰의 학교유린을 배격하자

-포악한 경찰정치에 항쟁하자.[79]

구체적 준비계획도 마련되었다. 광고격문의 인쇄물 발포의 책임은 허헌이 지고, 연사 권유는 조병옥이 섭외하고, 청중에 대한 유도는 이원혁이 담당한다. 동아·중외·조선일보는 사건 직후에 2회에 걸쳐 호외를 낸다. 신간회 지방지회는 본부와 동일한 행동을 하도록 지령한다. 그에 따라 조병옥은 연사섭외에 나섰다. 권동진, 허헌, 김항규, 이관용, 홍명희, 조병옥, 이원혁, 한용운, 주요한, 손재기, 김무삼 등이 연사로 나서기로 약속했다. 허헌은 김무삼(김동준)에게 자금 50원을 제공하고 격문의 표어를 지시하였고, 김무삼은 결의문 내용이 포함된 격문을 인쇄했다.

이대로 진행되었다면 3·1운동이나 6·10만세운동에 비견되는 대규모의 시위로 발전했겠지만, 일제는 바로 다음날 이 계획을 탐지하였다. 12월 12일 경기도 경찰부는 홍명희와 김항규를 불러 엄중 경고하였다.[80] 준비위원들은 이 경고에 대해 논의했지만, 이미 시위를 떠난 화살과 같은 형국이 된 지라, 이들은 그대로 결행할 것을 결정했다. 그러자 일경은 일제 검거에 나섰다. 민중대회를 개최하기로 예정된 날인 12월 13일 새벽 6시에 일경은 허헌을 비롯한 20명을 체포했다. 신간회 본부는 수색당하고, 각종 인쇄물이 압수되었다.

허헌이 체포된 뒤 일차검거를 면한 이관용, 홍명희, 조병옥, 김무삼, 이원혁은 이 날 오후 회동했다. 우선 압수된 격문의 내용을 적은 통고문을 작성하여 각 신문과 신간회 각 지회에 배포하기로 했다. 이 날 중으로 이관용,

79 "민중대회 판결문," 843면; 이균영, 신간회연구, 역사비평사, 1996, 209면.
80 이균영, 신간회연구, 209면.

민중대회사건으로 송치되는 피고인들.
상단 우측부터 허헌 홍명희 이관용, 하단 우측부터 이원혁 조병옥 김무삼.
하단은 석방된 5인(김항규 한용운 손재기 권동진 주요한 등).
조선일보 1930.1.8.

홍명희, 조병옥, 이원혁은 체포되었다. 그러나 체포를 면한 김무삼은 통고문을 각처에 배포하였고, 특히 인사동 조선회관에서 관람객 다수에게 '제군은 들으라'고 고함을 지르며 격문 중 20매를 살포하였다. 그 며칠후 김무삼도 체포되었다. 허헌의 체포로부터 김무삼에 이르기까지, 모두 91명이 체포되었다. 일제의 입장으로 보면, "정치에 관하여 누차 반항적 태도를 보여오던" 피고인들이 이 사건에서 "정치에 관한 불온한 언론 동작으로서 치안을 방해"[81]한 것이다.

1929년 12월 24일 경기도 경찰부 고등과 삼륜(三輪) 기밀계주임의 손에 취조를 마치고, 1930년 1월 7일 경성지방법원 검사국으로 송국된 피의자는 권동진, 허헌, 홍명희, 조병옥, 주요한, 한용운, 이관용, 이원혁, 손재기, 김무삼의 10인이었고, 불구속은 4인이었다.[82] 그 중에서 검사는 1931년 1월 6일에 들어 9명을 불기소 처리하고,[83] 6명을 구속상태로 예심에 회부하였다. 이리하여 민중대회 재판의 주역이 된 인사는 허헌, 홍명희, 조병옥, 이관용, 김동준(김무삼), 이원혁의 6인이었다. 검사는 이들을 제령 제7호 위반으로 예심에 회부하였다.[84]

이 피고인들은 모두 조선내의 사회 · 문화 방면에 명망있는 지도적 인사들이고, 신간회의 중추적 인물들인 만큼 내외의 관심이 매우 컸으며, 여론에 미치는 영향이 다대하였다. 때문에 일제로서도 이 사건 취급에 있어, 나름대로 고심하고 또한 정치적 영향을 고려하여 재판에 임한 흔적이 역력하다.

| 적용법령 논란: 제령 위반이냐 보안법 위반이냐 |

다음은 이인 변호사의 회고이다.

이들(민중대회 관련자)이 형을 살고 출옥한 뒤에 나는 만해(한용운)를 안국동 선학원으로 찾아간 일이 있었다. 점심으로 상치쌈을 먹는데 만해가 "원 세상에 육법전

---

81 "민중대회 판결문," 844면.
82 동아일보 1930.1.7.
83 권동진, 한용운, 주요한, 김항규, 손재기 등은 1930년 1월 6일 석방되었다.
84 동아일보 1930.1.7.

서를 읽어가며 독립운동하는 꼴은 처음 보았네" 한다. 무슨 말이냐니까 만해는 "한번 들어보시오" 하면서 이런 말을 했다. 동지들이 모두 경기도경찰부 유치장에 갇혀있을 때인데 競人(허헌)은 육법전서를 차입시켜 열심히 읽더라는 것이다. 그러더니 같은 감방동지들에게 "아무리 보아도 우리가 한 일은 위경죄(지금의 경범)밖에 안되네. 그러니 고작 구류 아니면 과료에 해당할 뿐이요" 했다는 것이다. 만해는 독립을 위해서 저들과 싸우는데 죄의 경중을 따져서 무엇하느냐 생각을 하니 어떻게나 화가 나던지 앞에서 목침을 들어 한 대 쳐주고 싶더라고 했다.[85]

만해의 순정한 심정윤리는 그것대로 훌륭하지만, 허헌의 태도가 중형을 두려워하는 소심아의 태도라고 보는 것도 전혀 옳지 않다. 법률가로서는 유죄냐 무죄냐를 다투어야 하고, 유죄라도 어느 죄명의 유죄냐를 따져야 한다. 속마음으로 독립운동을 하는 것과, 행동으로 나타난 것이 어느 정도냐는 차원이 다른 문제이다. 허헌은 법률가답게 "육법전서"를 열심히 검토하면서 자신은 물론 구속된 다른 동지를 위한 변론의 길을 모색하고 있다. 실제로 이들은 행동 이전에 몇가지 모의를 했고, 행동이란 게 김무삼이 통지문 몇 십장을 배포한 것과 극장에서 소리치며 전단 몇 장을 나누어준 것에 불과하다. 그렇다면, 허헌의 검토는 강력한 법적 근거를 갖고 있는 것이다.

당시 독립운동적 행태에 대해 처벌할 수 있는 법적 근거는 보안법(1907년 제정), 제령 제7호(1919년 제정), 그리고 치안유지법(1925년 제정, 1928년 개정)의 세가지가 있을 수 있다. 그러나 각자의 구성요건을 살펴볼 때, 민중대회 기도사건은 '국체부인, 사유재산 부인'이라는 치안유지법의 목적과 상관없는 일이다. 제령 제7호의 경우 일경으로서는 훨씬 중형에 처할 수 있으므로 적용하고 싶겠으나, 민중대회 기도사건이 과연 '정치의 변혁'이라

---

85 이인, 반세기의 증언, 81면.

고까지 볼 것인가 하는 데 의문이 들 수 있다. 보안법 적용에 관해 살펴볼 때, '정치에 관해 불온한 언동'이라고는 할 수 있을지 모르나, 아직 기수에 달하지 않는 미수나 예비행위를 보안법 제7조 위반으로 처벌할 수 있을까 하는 데 대해서는 부정적 의견이 더 우세한 편이며, 불온한 언동으로 '치안 방해'의 정도에 이르렀는가는 더욱 의문이 들 수 있는 것이다. 때문에 제령 제7호는 물론 보안법에도 해당하기 어렵다는 것이 변호사들의 의문섞인 주장이었다.[86] 허헌의 경우 바깥의 변호사들과는 격리되어 있으나, 법조인으로서 당연히 이같은 결론에 도달한 것이다. 만해의 절대주의적 견해의 관점에서 볼 때 '목침을 들어 한 대 처주고 싶은' 접근도 법률가의 관점에서 보면 리걸 마인드에 따른 당연한 접근이라고 할 수 있다.

보안법 제7조	정치에 관해 불온한 언동…을 함으로써 치안을 방해하는 자는.	50이상의 태형, 10월 이하의 금옥 또는 2년 이하의 징역에 처한다.
제령 제7호 제1조	정치의 변혁을 목적으로 다수공동하여 안녕질서를 방해하거나 또는 방해하려는 자는	10년 이하의 징역 또는 금고에 처한다.

일제도 사실 이 사건의 적용법령에 대해 갈팡질팡하였다. 먼저 경기도경찰부에서는 이 사건의 법적용에 대해 고민을 하다 보안법 위반으로 검찰에 송국하였다. 검사국에서는 취조를 마치고 보안법의 적용 여부를 검토하였

---

86 判決例 : 보안법 제7조에 규정한 치안방해죄가 있다고 하는 데는 정치에 관하여 불온의 언론동작을 행하였는가 또는 타인으로서 불온의 언론동작을 위한 일을 선동교사한 것인가 또는 불온의 언론동작을 하기 때문에 타인을 사용하였는가 또 타인의 행위에 관섭한 행위가 있는 일을 요하는 것은 물론 이러한 행위가 한 지방의 정밀(靜謐)을 해할 정도에 달한 것을 요하는 고로 가령 다중과 함께 이러한 행위를 할 일을 기도하여 동지를 규합하고 또는 준비적 행위를 위하여 그 일이 불온의 언론동작 기타에 해당한 경우라 할지라도 그 행위로서 비밀리에 행하여 한 지방의 정밀(靜謐)을 해할 정도에 달치 안 할 때에는 동조(同條)에 문의(問擬)하여 처벌할 사를 부득함.(1919년 6월 9일 판례)(동아일보 1930.9.7.)

다. 이들의 행위가 과연 보안법의 범죄구성요건에 해당하는가에 대해 고심하여, 이전의 보안법 적용판례와 참고서를 수집하여 그 연구에 부심하였다고 한다.[87] 피의자의 대표가 명성있는 변호사인만큼 그 고민은 더욱 깊었을 것이다. 검사국에서 예심에 회부하면서, 6인만 회부하고 다른 인사들에 대한 기소를 유예한 것도 그러한 고민의 한 산물이었다고 할 수 있다.

이 사건은 그리 까다로운 사건이 아니고, 사실도 거의 밝혀져 있으므로, 예심에 그리 시간이 소요될 것도 아니었다. 그러나 '근래 희유의 대사건'으로 여론의 주목을 받고, 재판의 향배가 또한 시국에 미칠 영향도 있어 그런지, 예심은 종결된다 종결된다고 하면서 막상 종결에까지는 꽤 시일이 소요되었다. 예심에 소요된 기간만도 1년 반이나 되었다. 허헌, 이관용, 홍명희, 김무삼 등 4인은 병세가 위독하여 병감에서 신음해야 했고,[88] 변호사들의 보석 신청에도 아무런 답변이 없었다.[89]

적용법령에 대한 예심판사의 결론은 검사의 그것과 달랐다. 이들의 범행은 '정치의 변혁'을 목적으로 한 행위가 아니라 '정치에 관한 불온한 언론'을 하여 '치안을 방해'한 것으로 보아, 보안법 제7조 위반으로 판정했다.

| 언제나 조선 독립을 희망하고 있는 자들 |

1.

1931년 4월 6일 첫 공판이 열렸다. 공판정에 등장한 피고인들과 법정의 분위기에 대하여 '창랑객(滄浪客)'이 쓴 감상[90]이 인상적이다. 허헌에 관한

---

87 조선일보 1930.1.7.
88 허헌은 둔종(臀腫)과 신경통, 이관용은 기관지가다루, 홍명희는 위장병과 둔종, 김무삼은 늑막염으로 신음하고 있었다. 조선일보 1930.11.26.
89 조선일보 1930.11.26.
90 창랑객, "법정에 선 허헌 홍명희, 민중대회 공판 광경을 보고," 삼천리, 제15호, 1931.5.

부분을 발췌인용해 보자.

허헌과 홍명희와 이관용, 조병옥 등 여섯 사람에 대한 민중대회사건의 제1회 공판은 4월 6일과 9일과 23일의 사흘 동안에 경성지방법원 제4호 법정에서 개정되엇다.

이날은 우박가튼 함박눈이 뿌리고 살을 에이는 이른 봄 찬바람이 방청으로 달려온 신간회 중요인물, 그 가족, 학생 및 사회 운동자들의 피부를 찔넛다. 이 눈개비 속에 옷을 저치어가며 필자도 법정에 흡입되어 용수를 벗는 1년 3개월만의 피고들을 불수 잇섯다.…

오늘 이 법정에 선 허헌은 검거 당시 낭하(廊下)에서 보든 그 건강이 업서 보엿다. 그는 옥중에서 신경쇠약과 비종(脾腫)과 위병으로 고생하엿다는 소식과 가치 안색이 창백미를 띄엇고 광대뼈의 돌출조차 아러볼 만치 살이 빠젓섯다. 거문 두루막이에 싼 육체도 전일(前日)의 비대가 업섯다. 「1504」번이라함은 수만명 피고가 그리하엿든 모양으로 그의 이 「世界의에」 국한된 대명사엇다.

그는 두어 번 머리를 돌니어 그의 딸 허정숙과 최애(最愛)의 안해와 밋든 여러 동무를 스처보고 적막한 우슴을 지으려다가 이루지 못하고 만다.

과거 10년 전 33인 사건 때에는 유명한 공소불수리의 큰 문제를 이르키어 손병희 변호하려 동경에서 전래한 거물 화정장탁(花井卓藏)보다도 수배의 존재가치를 보이든 그가 오늘은 이 「형식」의 인(人)이 되엇다. 그의 가슴엔 그때 이때의 두 시대적 「포인트」를 응시하는 눈이 뜨여 잇슴인가 유심히 명상하는 듯도 하엿다.

변호사협회 회장 보성전문학교장 약 30만 원의 거금을 직업의 보수로 모아 사회에 바처버렷다는 그의 10년 내외간 일신상 전변(轉變)이 미소의 치(値)가 잇든가. 때로는 순간적으로나마 웃기 위한 구순근육 동작이 보였다.

검사로부터 이 사건은 치안을 방해할 염려가 잇다고 방청금지가 되기까지 약 30분간을 나의 안광의 대부분은 그의 응시에 허비되엇다. 누구나 피고인 그의 행동, 사상, 인물을 비판할 자유가 업는 드시 필자 또한 필단(筆端)을 여기에 멈추지 안을 수 업슴을 한으로 안다. …

창랑객은 또한 홍명희에 대해 길게 언급하고 있다. 그 중에서 홍명희의 대하역사소설 〈임꺽정전〉의 옥중집필의 내력에 대해서도 언급하고 있다. 흔히 홍명희가 옥중에서 내내 임꺽정전을 집필하였고, 일제도 그 정도의 집필의 자유를 보장해주었다고 오인되는 경우가 있으나, 실제 사정은 그러하지 아니하다. 임꺽정전은 1928년부터 조선일보에 연재중이었는데, 홍명희가 검거되어 집필이 불가능해지자, 조선일보 측에서 검거 다음날 경찰부 수뇌부를 방문하여 검거중 집필의 허가를 교섭하였다.

> 그 결과 겨우 신문소설만은 허락되어 나는 만년필과 원고지를 차입하엿고 그리고 그 익조(翌朝)에 그야말로 일기가성(一氣呵成)으로 일야중에 된 6회분의 임거정전(林巨正傳) 상편 결미(結尾) 원고를 차저다가 신문에 실은 일이 잇섯다. 이것이 조선에서 옥중작의 첫 기록이리라.[91]

말하자면, 임꺽정전의 상편 마지막 원고 총 6회분의 분량을 신문에 게재한 것이라는 것이다. 옥중집필이긴 하되, 극히 일부의 분량이고, 집필의 시간은 단 하루 동안 허용되었던 것이다.[92] 아마 일경으로서는, 당시 호평리에 연재되고 있던 연재물의 일부를 허용하여, 민중대회 사건으로 인한 독자들의 불만을 달래는 정도의 효과를 기대했을 것 같다.

민중대회사건의 변호사는 이인, 양윤식, 김용무, 이창휘 등 20명에 달했

---

91 창랑객, "법정에 선 허헌 홍명희, 민중대회 공판 광경을 보고," 삼천리, 제15호, 1931.5.

92 조선일보 기사에서도 그런 사정을 적시하고 있다. "연재중인 임거정전은 벽초 홍명희 씨가 금반 사건으로 수감중이므로 부득이 중단하게 되었던 바, 최근에 발표된 2회분도 경기도 경찰부 유치장에서 집필하게 된 것이오며…"(조선일보 1929.12.30. "임거정전에 대하여")

다.[93] 경성 뿐 아니라 지방각처에서도 변호사들이 변호를 자청했다. 첫날 공판에서 이관용에 대한 심리를 마치자 재판장은 곧바로 공개금지를 선언 했다.

2.

1931년 4월 9일 제2회 공판이 진행되어, 피고인신문, 검사구형과 논고, 한국종의 변론까지 이어졌다. 이등(伊藤) 검사는 보안법 위반으로 각 1년 6개월을 구형했다. 논고에서 검사는 기소당시의 제령 제7호를 적용해달라고 주장했다. 피고인이 범행을 결의한 정도이고 행동으로 나아가지 않았으나, 신간회 자체의 설립취지가 조선××(독립)을 목적한 것임으로, 그들의 범행은 제령 제7호에 저촉된다. 따라서 예심종결한 바에 따라 보안법 위반으로 경형을 구형하지만, 재판부가 제령을 적용할 경우에는 좀 더 중형을 가해달라는 것이 논고의 취지였다.[94]

변호사들은 적용법령에 대하여 대논전을 벌였다. 사건의 쟁점이 비교적 간단한 데 20명이 모두 변론에 나서는 것은 재판 지연을 초래한다고 하여, 경성변호사회에서 1인, 지방대표 1인, 일본인대표 1인(松本)의 3인이 대표 변론하는 것으로 낙착되었다.[95]

3.

1931년 4월 14일 판결.

드디어 1년 5개월을 끌어온 민중대회사건 피고인에 대한 판결이 내려졌

93 이인, 양윤식, 이승우, 김용무, 심상필, 이종성, 정구영, 최병석, 김찬영, 손치은, 한국종, 강세형, 한영욱, 권승렬, 이병우, 이창휘, 진직현, 신석정, 松本正寬 등 20인. (조선일보 1931.4.6.) 김병로는 당시 변호사자격이 정지 중에 있으므로, 관여하지 못했다.
94 조선일보 1931.4.11.
95 조선일보 1931.4.17.

다. 모두 유죄판결이었다. 허헌, 홍명희, 이관용의 3인은 검사의 구형과 똑같이 징역 1년 6개월, 조병옥, 이원혁, 김무삼의 3인은 징역 1년 4개월을 선고받았다.[96] 각 피고인에게는 미결구류일수 중 200일을 통산하였다. 거의 1년 가까운 기간의 미결구류 일수는 징역 기간에 산입되지 않은 셈이므로, 실제 총 복역기간은 만2년 2개월 이상이었다.

판결이유의 첫머리는 다음과 같이 시작한다.

"신간회음모판결사건"
사상월보 제1권 제3호, 27면

"피고등은 언제나 조선의 독립을 희망하고 있는 자들로써 피고 허헌은…[97]

판결문을 보면, 재판부는 신간회의 성격에 대하여 다음과 같이 판시하고 있다.

---

96 판결문, 앞의 글, 844면.
97 "신간회음모판결사건," 사상월보, 제1권 제3호, 1931.6.

신간회는 1927년 2월 15일 경성 종로 2정목 중앙기독청년회관에서 피고 이관용
·홍명희의 발기에 의하여 그 해석이 극히 자재한, '아등은 정치적 경제적 각성
을 촉진함' '아등은 단결을 공고히 함' '아등은 기회주의를 일체 부인함'이라는
강령을 내 걸고 조직한 표현단체임에도 불구하고 그 이면 근원에 있어서는 <u>현
정치에 대하여 치열한 불만과 민족자결의 견고한 사상을 품고 활약하고 있었다.</u>
그러나 다수 사회주의 운동자를 회원으로 함에 이르자 그 세력은 점차 강고하여
졌다. 그러나 수차로 동 주의자 검거의 사건이 있어서 이래 재차 민족운동주의
자의 세력이 대두하여 이래 민족적 특수한 입장으로 정치에 관하여 누차 반항적
태도를 보여 오던 바…

이는 검사가 논고한 바, "신간회는 설립취지가 조선독립을 목적"으로 한
것이라는 주장에 대하여, 재판부는 표면상의 목적은 해석이 다양할 수 있
고, 내면에서는 "현정치에 대한 치열한 불만과 민족자결의 견고한 사상"을
품고 있다고 하여 검사의 논고보다는 신간회의 목적을 약간 완화시켜 이해
하고 있다. 일제의 총독정치에 대하여 '불만'과 '반항'은 하지만, 그 자체로
써 독립운동을 직접 추진하는 기관이라는 데 대해서는 유보적 입장을 보여
주고 있는 것이다. 이는 신간회의 활동이 (조선독립이라는 궁극목적을 내면에
가지고 있을 수 있지만) 실제 활동 면에서는 총독정치하의 구체적인 정책에
대하여 반항하는 형태를 취했기 때문이다. 또한 신간회가 처음부터 제령
제7호의 '정치의 변혁'을 목적으로 했다면, 왜 거의 5년간이나 그런 단체를
해산하고 간부를 엄벌하지 않았는가 하는 모순에 빠질 수 있다. 따라서 신
간회 자체가 아니라, 민중대회 기도사건이 '정치에 관해 불온한 언동'을 했
다는 것으로 보안법 위반이라고 판시한 것이다. 보안법 위반이라면 형의
상한이 징역2년이므로, 허헌 등에게 징역 1년 6개월을 선고한 것은 법정형
의 범위 내에서 합법적인 것이긴 하다. 미결구금일수 200일만 통산하게 되
므로, 실제의 총구금기간은 '[195일+1년6개월]〉2년'으로 총 2년이 넘는다.

민중대회피고 출감
좌로부터 김무삼, 홍명희, 허헌, 이원혁, 조병옥, 이관용
조선일보 1932.1.24.

1심판결에 대해 아무도 항소하지 않아 그대로 형이 확정되었다. 이들 6명
은 1932년 1월 22일 가출옥으로 출감했다.[98]

---

98 동아일보 1932.1.24.

광주 학생들에 대한 재판

광주학생운동 관련으로 공판에 넘어간 학생은 전국적으로 3만 명에 달했다. 1930년 초에는 전국 각처에서 광주관련 시위사건 재판들이 넘쳐났다. 먼저 1929년 11월 3일과 11월 12일 광주학생의 시위와 관련되어서 검거되어 공판에 넘겨진 학생들에 대해 변호인단을 꾸리는 일이 시급했다. 사건이 사건인만큼, 변호사들은 이인, 김병로를 위시하여, 20여 명으로 변호인단을 구성하고 준비를 단단히 했다. 변호인들의 열정도 최고조에 달했다. 다음은 이인 변호사의 회고이다.

변호인단은 먼저 광주형무소로 우리 학생들을 찾아가 사건경위를 물었다. 우리와 만나는 학생들은 영어의 몸이면서도 마치 시합을 앞둔 운동선수처럼 의기가 넘치고 왜적을 금방이라도 집어삼킬듯한 기세였다. 이 때 공판에 넘겨갈 학생이 150명이나 되므로 일일이 면회를 하기에는 시간이 너무나 걸렸다. 그래서 나는 전례에 없는 집단면회를 신청했더니 형무관은 아무 것도 모르고 이를 허가했다. 하긴 학생들의 범죄사실이라는 것이 모두 비슷한 것이므로 그 내용을 일괄해서 알아봄이 재빨랐다. 나는 학생들의 말을 다 듣고 물러나오면서 "이 정신, 이 기백을 길이 길이 잊지 맙시다"고 격려했다. 면회를 마치고 나와 형무소 사무실로 들어가니까 일인 형무관이 쫓아와서 따져 묻는다. "아까 이 선생이 이 정신을 잊지 맙시다 했는데 그게 무슨 뜻이오." 내가 말한 것이야 번연한 것이지만 말한마디로 일이 시끄러워질 것이 귀찮아서, 나는 얼른 말을 받아 넘겼다. "우리 속담에, 호랑이에게 물려가도 정신을 차리면 산다고 했소. 내가 한 말은 이 속담을 두고 한 말이오."[99]

1929년 11월 3일과 12일의 학생사건에 대해 1930년 1월 29일 예심종결 결정을 하고, 폭력행위등처벌의 건, 보안법 및 출판법위반으로 광주지방법원에서 첫 공판이 열렸다. 피고는 모두 49명. 공판을 방청하고자 학교관계자, 학부형, 신문기자, 일반인들이 가득 모여들었다. 변호인들은 사건의 기록열람 미필로 연기신청을 했다.[100]

1930년 2월 12일 첫 공판은 49명에 대한 인정신문과 일부 신문을 진행하는 데 그쳤다. 그러나 재판장은 일인 학생이 피해자이고, 조선인 학생이 가해자라는 요지의 신문으로 일관했는데, 학생들은 이를 맞받아쳐서 법정은 긴장하였다.

2월 18일 광주학생사건의 입회를 위해 사건변호사들이 경성을 출발했다. 동행한 인사들은 이인, 이창휘, 김병로, 권승렬, 강세형 변호사 등이다.[101] 2월 19일 다시 공판이 개정되었다. 변호사 13명, 학부형과 학교관계자, 신문기자 등 방청인이 92명을 헤아렸다. 피고 39명 중 16명의 심리를 마치고 오후 7시가 넘어 폐정했다. 심리에 앞서 한 피고가 "우리들은 3개월동안 형무소에 묶이어" 운운하자 재판장은 발언금지를 명했다. 동아일보 기자는 법정내의 촬영을 하다 필름이 압수되어 엄중설득 끝에 방면되기도 했다.[102]

---

99 이인, 반세기의 증언, 78~79면.
100 고려대학교 아세아문제연구소 편역, 광주학생독립운동자료-조선총독부 경무국 소장 극비자료, 1995, 153~154면.
101 광주학생독립운동자료, 161면.
102 광주학생독립운동자료, 162면.

2월 20일에는 변호사 18명 출정, 방청인 약 70여 명. 심리가 진행되었고, 학생들은 자신들의 행동이 일종의 정당방위의 호신용이었음을 역설하였다. 보안법 위반의 구성요건에 관한 재판장의 질문에 대한 학생들의 답변을 일부 인용해본다.

재(판장) : 예심조서 중 이형우의 말을 들으면 피고는 시위운동을 하자고 하였다는데?

노(병주) : 시위운동이 아니라 각산(各散)하여 돌아가는 것은 위험하니까 행렬을 하자고 하였을 뿐입니다.

재 : 그 때에 무엇을 들고 다녔나?

노 : 장작개비를 들고 다녔소.

재 : 보내주기 위하여 열을 지어 돌아다녔다는데 집에 돌아간 사람은 없었다니 무슨 일인가?

노 : 다른 사람의 뜻은 모르나, 나는 다른 사람이 안가므로 같이 다녔소.

재 : 경관에게 해산하라는 말을 들었는가?

노 : 병원 앞에서 손에 든 곤봉을 버리라는 말만 들었소.

재 : 예심조서에 의하면 병원 앞에서 곤봉을 버리라는 말을 듣고 해산 안했다는 것이 씌어 있는데?

노 : 그것은 예심판사가, 냉정히 판단하면 그렇지 않았느냐고 말하기에, 그럴듯도 하다고 한 일은 있소.

재 : 공산주의에 공명하는가?

노 : 학교에서 안 가르친 일이라 모르겠오.(만장이 대소)

재 : 총독정치에 반감이 있는가?

노 : 일찍 생각하여 본 일이 없소.

재 : '독서회'에 참가한 일이 있는가?

노 : 없소.[103]

재판장의 공산주의, 총독정치, 독서회에 대한 질문에는 모두 함정이 들어 있다. 공산주의에의 공명은 치안유지법 위반, 총독정치에 반감이나 독서회 참가는 보안법 위반의 함의를 깔고 한 질문항목들이다. 또한 공판정이라는 환경 속에서, 피고들의 기개를 약화시키고 비굴화시키려는 의도를 가진 질문들이다. 학생들은 그에 대해 대단히 현명하게 답변하였다.

권승렬 변호사는 이러한 재판장의 신문방식에 이의를 제기하였다. 재판장이 자문자답으로 범죄사실을 구성함에 필요한 것만 공술을 허용하고, 공술의 자유를 주지 않는다고 주장했다. 그는 피고들에 대하여 6가지 보충신문을 요구하였으나, 재판장이 이를 거부하자 즉시 퇴장하였다.[104]

심리가 끝난 후 검사의 구형이 있었다. 검사는 김향남(제2회 사건의 주모자)에게 징역 10월, 37명에게는 4개월 내지 8개월을 구형했다. 이창휘, 이인, 김병로 등의 순으로 변호인들의 변론이 밤늦도록 진행되었다. 피고들의 기소사실은 전혀 범죄를 구성하지 않는다는 전제하에 개별 기소조목을 일일이 물어 변론하는 동시에 검사의 논고내용이 부당하다고 논박하였다. 그리고 다시 정책론에 들어가 조선청년의 현상, 학생의 전도에 미칠 영향을 거론하고, 정치적으로나 형사정책적으로나 당연히 무죄를 판결해야 할 것이라고 주장하였다. 또한 재판장의 태도에 대해 길게 문제삼았다.[105]

이인 : "본건은 교육제도의 결함, 일본인의 우월감, 당국의 사건 과대시, 조선인의 경우 어린 학생의 통유성(通有性) 등에서 발단된 것이다. 그 판결은 전 조선 학생사건에 영향을 미칠 것이다. 만약 유죄판결을 내린다면 이는 통치상 구제할 수 없는 화근을 남길 것이다. 피고들은 모두 무죄이다."[106]

---

103 독립운동사편찬위원회 편, 독립운동사자료집 13 : 학생독립운동사자료집, 독립유공자사업기금운용위원회, 244~246면.
104 동아일보 1930.2.22.
105 중외일보 1930.2.22.
106 광주학생독립운동자료, 163면.

김병로는 일정의 비인도성을 조선인으로서 좌시할 수 없음을 밝히고, 자신이 참여한 진상조사를 토대로 검찰당국의 편파성을 지적하여 재판사건이 조작되었음을 강조했다. "이 사건의 조작으로 인하여 전조선에 파급된 수천에 달하는 학생의 희생에 대한 책임은 전적으로 광주 검찰당국이 져야 한다"는 결론으로 장시간의 투쟁적 변론을 했다고 술회하였다.[107]

2월 21일 변호사 10명, 방청인 60여 명. 오전 11시 20분에 개정되었는데, 변호인의 변론이 죽 이어졌다. 변론이 종료된 것은 오후 8시.[108]

2월 26일 판결이 있었다. 공소 및 예심결정의 사실은 대체로 그대로 인정했지만, 적용법조에서 폭력행위 부분은 증거불충분하다고 해서, 상해 및 가택침입, 보안법 및 출판법 위반 등에 의거하여 처단되었다. 징역 8월이 2명, 금고 8월이 2명, 징역 6월이 5명, 금고 6월이 7명, 징역 4월이 8명, 금고 4월이 25명이었다. 징역4월 이하의 33명에 대해서는 집행유예 5년이 부가되었다.[109]

107 김병로, 수상단편, 287면.
108 광주학생독립운동자료, 165면.
109 광주학생독립운동자료, 173면.

허정숙,
경성여학생 만세운동사건으로 처벌되다.

•
•
•
•

다음은 허헌의 부인이 1931년 말에 쓴 글이다.

요사이 나처럼 쓸쓸한 환경에 빠저 잇는 사람은 세상에 둘도 업슬 것 갓습니다. 이런 말이 물논 주관적 언사인 줄은 암니다만은 모-든 것을 남편에게 의뢰하고 지나오든 나로써 불연이 감옥에 그를 보내게 되며, 더욱히 애지중지 하든 딸(정숙)이까지 그- 음침한 감방에서 세월을 보내고 잇스니 엇지 의식주가 뜻에 맛겟습닛가. 그럿타고 남편과 딸에게 그런 일을 하지 말나고 권하고 십지도 안슴니다. 그럿치만 허씨와 정숙이를 니저본 적은 업습니다. 때때로 평범하지 안은 그의 래력이 머리에 떠올나서 다시금 그것을 되푸리 하는 일도 만슴니다.[110]

1931년 당시 허헌이 수감중이었을 뿐 아니라, 딸 허정숙도 수감되어 있었다. 허정숙의 수감사연도 광주학생운동과 연관되어 있었다.

1929년 12월 초에 광주의 사건은 경성으로 옮겨 불이 붙었다. 12월 초에 경성제대, 경성제일고보, 중앙고보, 보성고보, 중동학교, 휘문고보 등에서

---

110 정보영, "남편을 옥중에 보내고," 삼천리, 제3권 제11호, 1931.11.

경성여학생만세사건 재판
조선일보 1930.3.19.

"조선청년학생대중이여 궐기하라"는 격문이 살포되었다. 또한 동맹휴학에
다 가두시위까지 감행하여 경찰관과 충돌하는 사태가 일어났다. 그러한 추
세를 보다 진일보시켜 '민중운동의 횃불'을 올리고자 한 것이 앞서 언급한
신간회의 민중대회 기도였다. 이러한 학생운동의 흐름을 차단하기 위해 일
제는 보도관제, 엄격한 검열에 더하여 휴교를 시키는 등의 극단적 조치를

취했다. 그러나 그럴수록 광주학생사건의 진상이 각지에 전파되었다. 1930년 1월 들어 광주, 개성, 함흥 등지에서 격문살포, 만세시위를 하다 검거되었다.

경성에서는 준엄한 경계와 단속에도 불구하고, 1930년 1월 15일 학생들의 격문살포와 학내시위, 가두시위가 발생했다. 이화여고보, 이화여전, 동덕, 근화, 실천, 배화, 정신, 여자미술, 보육, 태화 등 각 여학교가 중심이 되어 대단한 항쟁이 일어났다. 구호는 '학교는 경찰의 침입에 반대하자' '식민지교육정책을 전폐시키자' 등이 있었고, 참가자들은 '제국주의타도 만세' '약소민족해방 만세' 등의 깃발을 들고 행진했다. 1월 15일부터 1월 20일까지 피검자가 406명에 이르렀고, 그 가운데 135명이 여학생이었다. 1930년의 첫 시점에 경성여학생들의 대대적인 운동이 일어나 사회의 일대 주목을 받게 된다.[111]

경성 여학생들의 시위의 경과와 배후를 추적하던 일경은, 각 학교의 운동학생에 더하여 배후에 근우회라는 여성운동조직이 개입하였음을 확인하고, 근우회의 간부로서 학생들과 연락하고 지시한 인물로 허정숙(허정자)을 확인하였다. 이화여자고보 대표 최복순이 허정숙의 격려와 실행방법상의 조언, 학교별 접촉명단을 얻어가며 각 여학교의 대표학생들을 규합하여, 1월 13일 일제히 행동으로 나갔다는 것이다.

1930년 1월 16일 오후 경기도 경찰부는 허정숙 등 여러 명을 검거하였다.[112] 여학생들을 취조하여, 1월 30일 보안법 제7조 위반으로 관계 피의자 91명 중 34명에 대하여 유죄의견을 첨부, 관할 경성지방법원 검사에게 송치했다.[113] 검사는 취조를 마치고 2월 20일 20여 인을 출옥시키고, 8인을 기

---

111 이상은 『광주학생독립운동자료』에 나와있는 일지를 통해 정리한 것임.
112 중외일보 1930.1.17.
113 광주학생독립운동자료, 305~309면. 일부 관련자(윤옥분, 이순옥)는 치안유지법 위반 혐의도 있으나, 학생운동 그 자체는 보안법위반으로 다루어졌다.

소하였다. 기소된 피고인의 소속을 보면 허정숙은 근우회 본부 서무부장이었고, 이화여자고보 학생 4인(최복순, 김진현, 최윤숙, 임경애)과, 이화여전 1인(이순옥), 경성여자미술학교 1인(박계월), 경성여자상업학교 1인(송계월)이었다.[114]

공판은 1930년 3월 18일 개정되었다. 일련의 학생시위만세사건 중 가장 먼저 열린 공판이었다. 이 공판은 제한적으로 공개되었다. 허정숙에 대하여, 이면에서 학생들을 지도 · 지휘한 게 아니냐는 질문에, 허정숙은 최복순의 요청에 대해 수동적으로 가르쳐 주었을 뿐이라고 답변하였다. 이 날에 이어 3월 19일 심리를 속행하였다. 허정숙(허정자)에 대한 신문 중 일부를 인용하면 다음과 같다.

재(판장) : 피고는 근우회 서무부 위원인가? 동 단체는 무엇하는 단체인가? 근우회 전신인 여성동우회에 참가한 일이 있는가?

허(정자) : 근우회 전신인 여성동우회는 사회주의 연구단체였고 현재 근우회는 조선부인의 지식계발 지위향상을 강령으로 하고 표면에는 계몽운동을 하고 있소.

재 : 근우회의 근본목적은 그런 것이 아니라 부인민족운동단체가 아닌가

허 : 민족운동이라든지 사회운동에는 남녀라든지 부인의 구별이 없소.

재 : 근우회는 일한합병의 정치를 반대하는 단체가 아닌가?

허 : 아직 그런 결의는 한 적이 없소.

재 : 광주학생사건에 대한 피고의 사상은 어떠한가?

허 : 나 자신의 비판으로는 당시 사건관계 학생에 대하여 오직 조선학생에만 엄벌주의 편견에는 매우 부당하다고 생각하고 그에 동정, 아니 조선사람으로서는 무관심할 수는 없었소.

---

[114] 광주학생독립운동자료, 580면.

재 : 이런 기회에 각 여학교와 연락하고 시위운동을 하여 정치적 민족운동을 일
　　으키자는 것이 아닌가? 그리하여 각 학교에 연락분자를 피고가 지도하였
　　지?

허 : 민족운동을 일으키자는 것은 아니었소. 다만 부당한 검거에 구속된 학생을
　　석방케 하기 위하여 표면시위운동도 필요할 것이요.

재 : 피고는 …일제히 시위만세할 것을 지도하였는가

허 : 그 방법을 지도한 일은 없고 격문을 인쇄하고 가두연설을 하지 말자고 하였
　　소. 내가 자진하여 지도한 일은 없소.[115]

　여기서 재판장은 피고인(허정자)의 활동이 '정치적 민족운동'을 했고, 시
위를 구체적으로 "지도"한 게 아닌가 하고 계속 추궁하고 있다. 허정자는
학생들의 요청에 수동적으로 응했을 뿐이며 적극적으로 행동에 나간 일이
없다고 답변하지만, 재판장은 그렇게 가르쳐준 것이 결국 지도한 것이 아
니냐고 정리하고 있다.[116]

검사논고 : 본 사건은 개개인의 행위가 집합하여 성립된 것이 아니라 이들 인물
　　이 일개의 시스템(조직)으로서 한 것이다. 결국 단체행동으로 보지 않
　　을 수 없다. 이번 사건의 수범(首犯)은 허정자, 최복순으로, 허는 공판
　　심리에 있어서도 부인운동과 사회운동에는 남자 부녀의 구별이 없
　　다 하였고, 현재 근우회를 배경으로 하여 조선부인운동의 첨단에 서
　　서 활동한 자이다. 다음에 최복순은 이화여고보 4년생이요 동교 여
　　자기독청년회장으로 가위 전교학생을 지도하는 자이다. 그리하여 허
　　와 최 양인은 양 단체의 주요인물로 그들을 지도하여 운동을 연락한
　　것이라 볼 수 있는 것이다. 그리하여 이같은 단체력의 연락을 취하여

115 조선일보 1930.3.20.
116 광주학생독립운동자료, 582~583면.

지도하고 그 운동을 발기하게 되자 피고인 최윤숙, 김진현이 사건연락행위를 취한 자라 하겠다. … 다음에 이 사건은 표면운동과 이면운동의 두 종류가 있으니, 이면운동의 총지도자격으로는 허정자로 남학생 휘문고보 장홍염과 연락을 취하여 과격사상을 학생간에 양성케 하였고… 표면운동자로는 최복순, 최윤숙, 임경애, 박계월, 송계월 5명이 표면운동에 종사한 것이라 할 수 있다.[117]

이렇게 여학생시위의 전반적인 특성을 정리하고, 특히 표면운동과 이면운동을 구별하여 이면운동의 총지도자로 허정자를 들고 있는 것이다. 그리고 여자들이 이러한 정치적 운동에 가담한 것은 매우 불온당한 일이라고 하고 있다. 다만 허정자에 대하여는, 임원근의 이름을 적시하면서 '훌륭한 사회운동가'로 야유까지 하고 있다.

… 피고인 등은 여자로서 온량정숙한 동양의 부인될 장래 현모양처가 되어 미래사회의 선인계(鮮人界)에 주요인물이 될 사람으로 특히 졸업기를 얼마 아니둔 학생으로서 정치적(허정자는 그 夫 임원근과 같이 훌륭한 사회운동가이겠지만) 의미에 가담하는 것은 매우 불온당한 일이다. 요컨대 평생으로서 적기(赤旗) 혹은 무산계급 혁명만세 등 불온한 계급적 운동에 가담한 것이 무슨 방면으로 보든지 선량한 행위가 아니다. … 온량정숙한 여자로서 이와같은 운동에 가담하여 사태는 드디어 전선적으로 봉기파급하였고 오직 조선내만 아니라 해외각국에까지 이번 조선학생소요사건은 적지 않은 센세이션을 주게 한 바 있는 것이다.[118]

또한 검사는 1930년 1월 이래 이 운동에 가담한 총수가 실로 1천8백여 인이고, 관헌의 손에 검거된 학생이 90여 명이고, 그 중에 8명만 기소한 것

---

117 조선일보 1930.3.20.
118 조선일보 1930.3.20.

임을 밝히고, 대부분을 불기소한 것은 증거가 없어서가 아니라 "일종의 정책"이라고 하였다. 다시 말해 당국의 관대함을 보여주는 정책이라는 뜻이겠다. 그리고 구형에 있어서는 허정숙에게 징역 1년, 최복순에게 징역 10월, 기타 6인에 대해서는 징역 6월을 구형하였다. 그 중 3인에 대해서는 집행유예를 구하였다.

이 사건을 맡은 변호사는 김병로, 한국종, 강세형, 양윤식, 이창휘, 이인의 6인이었다. 허헌이 옥중에 있는데다, 허정숙까지 재판을 받게 되는 안타까운 사정을 실감하는 변호사들로서 이 사건 변론에 모든 논리를 동원하여 "열렬한 무죄변론"[119]을 했다. 그 변론의 요지는 〈공판기록〉의 일부로 남아 있다. 그 요지를 간추려 보자.[120]

먼저 본 사건의 원인(遠因)이 된 광주학생사건에 대한 의견 개진이 있었다. 다름 아니라 1929년 11월 3일 광주에서의 1차항쟁이 있은 후 진상조사차 파견된 김병로는 자신의 조사결과를 토대로 학생들을 옹호했다. "진상조사를 위해 바로 광주에 도착하여 광주경찰서장에게 학생쟁투사건에 대한 경찰관헌의 조치를 물은 바, 경찰서장은 설혹 학생간의 난동이라 할지라도 일단 치안을 해친 이상 일본 조선인의 구별없이 이에 임하여 해산 기타 적절한 조치를 취함은 경찰관으로서 당면직책이라 답했지만…학생충돌쟁투가 있었을 때 광주서는 이에 해산을 명하고 무사히 참가학생을 귀가시켜 사건은 여기서 원만히 낙착했다. 그런데 광주의 검사는 다음날 갑자기 광주서로 가서 형사를 지휘하여 조선인참가학생만을 일제히 체포·검거했다." 그 시점엔 아직 경찰로부터 검찰당국 앞으로 한 조각 보고조차 도착하지 않았는데, 검사는 무슨 근거로 60여 명을 체포·검거하였는가? 광주의 사법관헌은 "꿈이라도 의거하여 검거한 것"이 아닌가 하고 힐책했다. 실제적인 근거 없이 이렇게 차별적인 체포·검거가 대폭발의 도화선이 되었고,

---

119 조선일보 1930.3.20.
120 변론요지는 공판기록, 585~595면 참조.

검사가 바로 그 원인제공자가 아닌가 하고 꾸짖었던 것이다.

경성 여학생들의 봉기의 동기에 대해서도 모든 변호인들이 빠짐없이 다루고 있다.

광주에서 조선인 학생들에 대한 압박과 차별에 분개하여 학생들이 일어난 것은 "자연히 본능적으로 발로한 동정의 의사표시"에 지나지 않는다(김병로).

만일 이런 방식의 동정의 표현이 아닌 직접 관헌과 충돌하는 것과 같은 행동을 할 수는 없는 것이다. 따라서 이들에 대한 실형은 부당하다.(김병로)

학생들이 유언비어를 과신한 나머지 이런 행동을 했다고 하나, 그 말이 맞다고 해도 그 원인은 관헌이 당시 진상보도를 억압했기 때문이다.(강세형)

만세라는 방법은 어떤가? "원래 만세는 감정의 발로이다(한국종)." "동정의 의사표시지만 약자가 취할 수 있는 유일한 길은 만세를 부르는 길밖에 없었다(강세형)." 그리고 과연 학생들의 만세운동은 '정치에 관한 사안'인가? 그렇다고 한다면 보안법 제7조의 구성요건의 한 부분을 충족시키게 될 것이다. 따라서 변호의 한 초점은 '정치에 관한 사안'이 아니라고 해야 했다. "여학생 등이 자연 감정의 발로에서 나온 한 현상이며 하등 정치적으로 관계된 바 없다(이창휘)." 만일 일한합병에 반대한 것에 배태한 것이라 해도 만약 정부의 정치가 옳지 못하면 정정당당히 그 잘못을 논한 것에 지나지 않는다고 변소했다.

보안법이 적용되기 위해서는 "치안을 방해"할 것이 요구된다. 그런데 이러한 여학생들의 행동 때문에 한 지방의 치안이 방해될 정도에 이르렀다고 생각되지 않는다. 따라서 기껏해야 이들의 행동은 미수범으로 다루어질 수 있을 뿐이다. 그런데 보안법 제7조는 미수범 조항이 없다. 따라서 본 건은 처벌될 수 없다(김병로). "여학생들이 빨간 기를 흔들며 만세를 부르고 행진한 것이 무슨 치안에 방해될 것인가(이창휘)." 따라서 치안방해의 사실이 없으므로 처벌할 수 없다는 논리였다.

변호인들은 보안법 자체의 문제점도 짚고 있다. "원래 보안법이란 것은 구한국시대에 제정된 법규로써 이 유물이 오늘 더욱 현존한 것부터 심히 기이하다"는 것이다. 보안법 폐지론을 역설해온 변호사다운 논리이다. "어거지로 동법에 의거 처단하면 본 건 피고인 만에 한하지 않고 누구의 행동도 일체 제한하고 처벌할 수 있는 것과 같은 규정이며 시대에 걸맞는 것도 아니다(김병로)." 사실 "정치에 관하여 불온한 언동을 한 자"는 그물망이 너무 넓어 어떤 행동도 처벌할 수 있는 심히 기이한 규정인 것이다. 법적용에 있어도 무리한 점이 한둘이 아니다. 그렇기에 "본건의 사안은 무리하게 보안법에 사로잡혀 검거. 기소한 것이며 이치에 맞지 않는 억지"이고 "대단치도 않은 소란을 연출한 여학생에 대하여 체면상 불문에 부칠 수도 없어 오만궁리 끝에 여기에 억지로 보안법 7조를 적용한 것(이인)"이라고 비판하고 있다.

변호인들은 검사의 엄벌처벌 원칙에 대해서도 비판하고 있다. 보안법의 법정형에는 "태형"이 포함되어 있는데, 구한국시대에 태형은 여자에게 과한 적이 없다. 따라서 동법의 입법정신은 여자에게 적용될 수 없다(한국종). "피고인은 연약한 여성이라는 점도 고려해야 한다(한국종)." "본건을 사상에 관한 문제로써 취급하려고 엄벌주의로 임함은 도리어 피고인 등에 반발을 일으켜 법이 요구하는 바와 반대의 결과를 초래할 것이다(이인)." 엄벌주의는 부당한데, 여자에 대해서는 더욱 그러하다는 논지이다.

6인의 변호인의 모든 논리적 항변에 대해, 재판부는 여지없이 이를 무시하는 입장으로 일관했다. 1930년 3월 22일 재판장은 피고인 전부를 기립시키고 그들의 행동이 명확히 범죄구성요건에 해당한다는 점을 들어 장시간 설명했다. 모두가 보안법 위반의 유죄판결을 받았다.[121] 허정숙은 징역 1년,

---

121 중외일보 1930.3.23.

최복순은 징역 8월을 선고받았다. 6인은 징역 6월에 집행유예를 모두 받아 석방되었다. 각자에게는 미결구금일수 20일이 통산되었다. 〈공판기록〉에는 피고인 중에는 "감격의 눈물을 흘리는 자"가 있었다고 쓰고 있으나, 그 눈물은 여러 의미로 해석될 수 있을 뿐 감격의 눈물이란 말은 당치 않은 것이다. 아무도 상소하지 않았다.

당시 허정숙의 옥살이는 훨씬 힘든 일이었다. 그녀는 임신상태였고, 임신 6개월에 이르러 산고로 말미암아 1930년 5월 16일 형집행정지로 출옥한다.[122] 아이를 출산하고 만 1년이 지나지 않아 1931년 6월 5일 다시 서대문형무소에 수용되어, 부녀가 다같이 옥살이하는 진기록을 갖게 되었다. 허헌이 출감한 것은 1932년 1월 22일이었는데, 허정숙은 그로부터 2개월이 지나 1932년 3월 18일 형만기로 출감할 수 있었다.[123] 이렇게 부녀는 합법적 활동은 봉쇄된 가운데, 짧은 기간이나마 가정에 복귀할 수 있었다.

122 조선일보 1930.5.17.
123 조선일보 1932.3.19.

제7장

사상사건에 대한 대량검거와 공판투쟁

조선공산당사건(피고 101인)을 맡은 변호사 28인 중 7인은 악명높은 종로경찰서 경관들의 고문사
실을 조사하여 1927년 10월 16일 〈고소장〉을 제출, 대파란을 일으켰다.
앞줄 오른쪽부터 김병로, 김태영, 고옥정웅 변호사, 뒷줄 오른쪽부터 허헌, 이인 변호사.
조선일보 1927.10.18.

조선공산당사건과 변호사들의 공판투쟁

| 머리말 |

1. 공판에 이르기까지의 사건전개

1925년 11월 22일 신의주의 한 음식점에서 일단의 청년들이 다른 실에 있던 손님들을 구타하여 상해를 가하는 사태가 일어났다. 피해자 편에는 신의주의 변호사, 의사, 지역유지들이 포함되어 있었고, 더욱이 신의주경찰서에 근무하는 순사(일본인 1인, 조선인 1인)도 심하게 구타당했다. 사고 다음날 경찰은 폭행을 일으킨 청년들의 당일 거동에서 볼 때 이 사건이 일시적 돌발사건이 아니라고 생각하고, 이들을 붙잡아 강력히 취조했다. 가해자측 청년들이 신만청년회의 회원들임을 밝혀내고, 그 중 김경서의 집에서 〈고려공산청년회〉 중앙집행위원회의 회원자격 자료와 함께 통신문 3통을 발견했다. 그 출처를 확인하니 조선일보 신의주지국 기자 임형관에게서 맡아가지고 있다고 진술했다. 임형관을 조사하니, 그 문건은 경성의 박헌영으로부터 상해로 우송을 의뢰받은 것이라고 했다.[1] 이리하여 경성의 박헌영은 그의 부인 주세죽과 함께 종로경찰서에 검거되었고, 그 직후부터 대대적인 검거선풍이 불기 시작했다. 검거된 이들은 종로경찰서와 신의주경찰

---

[1] 고려공산청년회검거에 관한 건, 1925.11.

서 경찰관으로부터 각기 취조를 받았다. 연행된 자로부터 증거를 수집하기 위해 혹독한 고문이 자행되었다. 냉수나 고춧가루를 탄 뜨거운 물을 입과 코에 들이붓고, 손가락을 묶어 천장에 매달고, 가죽채찍으로 때리고, 의자에 무릎을 꿇어앉힌 다음 막대기로 관절을 때리고 하는 일은 예사였다.[2]

1925년 12월 3일 7인의 고려공산청년회 간부들은 경성으로부터 신의주로 압송되었다. 신의주경찰서에서 사건관계자 일동을 모아서 한꺼번에 취조하려 했던 것이다. 12월 12일 치안유지법 위반, 명예훼손 등으로 박헌영 등 44명이 신의주지방법원 검사국으로 송치되었다. 수사의 첫 초점은 고려공산청년회의 활동 및 관여사실이었으나, 일련의 취조과정에서 박헌영 등이 〈조선공산당〉을 결성한 사실이 드러났다. 1925년 4월 17일 경성에서 창립된 조선공산당은 그제야 비로소 일제에 발각되었고, 그에 따라 사건의 비중은 비할 바 없이 커지게 되었다. 제1차 조선공산당의 책임비서 김재봉 이하 30여 명이 검거되었다.

그해 연말이 되기 전에 박헌영·김재봉 등 조선공산당, 고려공산청년회의 간부들은 경찰 및 검사의 조사를 거쳐, 치안유지법위반, 제령 제7호위반 혐의로 검찰을 거쳐 예심으로 회부되었다. 이들에 대한 예심판사의 조사는 해를 넘겨 한창 진행되었다.

제1차 조선공산당은 이렇게 경찰의 검거와 탄압에 의해 붕괴되었지만, 조선공산당은 강달영을 후계당조직의 책임자로 조직을 재가동할 수 있게 되었다(제2차 조선공산당). 그런데 1926년 4월 25일 순종이 서거하였다. 그로 인한 조선인들의 애도의 분위기가 점증되자, 조선공산당은 권오설을 중심으로 3·1운동과 같은 대규모의 만세시위를 펼치기로 하고 치밀한 준비작업을 진행하였다. 권오설은 천도교측, 조선노농총동맹, 조선학생과학연구회 등 종교인·노동자·학생의 통일전선을 구상하고 역할을 분담하였다.[3]

2 임경석, 이정 박헌영 일대기, 역사비평사, 2004, 106면.
3 김희곤, 권오설 1: 신문기사와 신문·공판조서, 안동독립운동기념관 학예연구실, 푸

그러나 만세시위가 일어나기 직전인 1927년 6월 5일 '불온문서'가 발각되었고, 문서인쇄소를 중심으로 취조하던 경찰은 그 주역인 권오설을 6월 7일 체포했다. 이어 대대적인 공산주의자 검거선풍이 불었다. 강달영 등의 지도부도 모두 체포되었고, 엄청난 고문을 받았다. 이를 제2차 조선공산당 사건이라 한다. 1926년 7월 2일 종로경찰서에서는 이들에 대한 취조를 일단락짓고, 경성지방법원 검사국으로 사건을 송치하였다.

2차공산당사건의 주모자들이 1차사건의 주모자와 긴밀한 인적, 조직적 연관이 있었으므로, "결국은 두 사건을 한 곳에서 심리하는 것이 여러 가지로 편리하다"는 생각에서 일제는 대규모 사건을 처리할 인적-전문적 역량을 갖춘 경성 쪽으로 사건을 집중시키기로 했다. 구체적으로는, "조선총독"이 "신의주 지방법원장"에게 이 사건을 "경성지방법원 예심"에 이송할 것을 "명령"했다. 그에 따라 1926년 7월 12일 "신의주지방법원 예심괘 조선총독부 판사 월미진남(越美眞男)"은 이 사건을 "경성지방법원 예심"으로 이송하였다.[4]

일부 미검거자를 제외한 대다수에 대한 예심종결결정이 내려진 것은 1927년 3월 31일이다. 8월 22일 추가 검거자에 대한 예심종결처분이 내려졌다. 공판 직전까지 검거된 인원은 220여 명이었으며, 공판에 회부된 인원이 101인이었다. 때문에 이 재판을 "101인사건"이라 부르기도 했다.

역대 조선공산당 검거상황[5]

검거일시	검거관서	검거인원	기소인원	비 고
1925.11.22.	신의주서	65명	21명	김재봉, 박헌영 외
1926.6.5.	종로서	176명	94명	강달영, 권오설 외
1927.10.2.	간도총영사관	30명	30명	최원택 외
1928.1.30.	종로서	51명	32명	김준연 외

른역사, 2010, 33~34면.
4 조선일보 1927.9.15. "대공판벽두에 돌발한 피고불법이송문제"
5 경성지방법원검사국사상부, 조선공산당사건, 2면.

1928.4.23/6.17.	신의주서/평양서	88명	36명	이병걸, 이영 외
1928.7.4.	경기도경찰부	262명	109명	김철진 외
1928.9.2.	간도총영사관	85명	62명	김철산 외
1929.3.25.	경기도경찰부	61명	37명	최규섭 외
1929.6.20.	종로서	98명	22명	인정식 외
1930.3.26.	경기도경찰부	74명	19명	김철수 외

공판이 개시된 것은 1927년 9월 13일이었다. 이 때부터 조선의 신문은 조선공산당사건재판의 기사로 가득 채워진다. "천하를 용동한 조선공산당 대공판" "천하의 시청을 집중한 사건"이라 불릴만큼 이 재판은 가히 전조선의 이목을 사로잡았다. "기미(3·1)운동 이후 조선초유의 비밀결사사건"이고, "조선의 3대사건"[6]의 하나로 꼽혔다. 왜 그렇게 불릴 만했을까?

우선 사건 및 관련자의 규모가 압도적이었다. 피고인의 수가 101명에 이르는 사건은 초유의 규모라 할 만했다. 예심종결 당시 99인의 피고인에다가, 공판 이전에 체포된 2인을 더하여 101명이었다. 피고인에 대한 취조기록만도 4만쪽에 달하는 대기록이고, 일본인 재판장이 이 기록을 열람하는데만 4개월이 걸렸다고 한다. 더구나 이 사건은 (1911년 105인 사건처럼) 일제에 의해 억지로 조작된 것[7]이 아니라, 비밀결사로서 일제가 가장 위험시했던 공산주의운동을 직접 목적으로 창립된 것이었다. 피고인들의 면면은, 당시 사회운동과 사상운동의 중심에 있던 신진기예들을 망라했다. 또한 첫 체포에서 공판개시일까지 22개월이나 소요된 것도 유례가 없는 일이었다. 더욱이 수사과정에서 극심한 고문의 소문이 이미 널리 퍼져 있었고, 공판이 개정되기 전에 이미 옥사한 피고인도 있었다. 공판은 1927년 9월 13일부터 시작하여 모두 48회를 거듭하였고, 1928년 2월 13일 판결이 내려졌다. 육체적으로 혹은 정신적으로 중증 질환으로 공판에 임할 수 없어 분리

---

6 1912년 테라우찌 총독 암살음모를 덮씌운 105인 사건, 1919년 3·1운동의 주역인 48인재판과 조선공산당재판을 3대 사건이라 지칭한다. 조선일보 1927.9.14.
7 윤경로, 105인사건과 신민회 연구, 일지사, 2004 참조.

심리해야 했던 피고인도 여럿 있었다. 이 하나하나가 주목할 일이자 안타까움, 충격과 분노 속에 공판을 주시하지 않을 수 없었다.

2. 변호인단의 대응

변호인단도 이 사건의 규모와 중대성에 주목하였다. 이제까지의 어떤 사건보다 최강의 변호인단이 집결하였다. 관여한 변호인은 모두 28인에 달했다. 거기엔 당시의 사상변호에 열성적으로 임했던 변호사들이 총집결하였다. 1920년대 초부터 본격화된 항일변론의 논진들은 지식과 경험, 영향력에서 거의 절정기에 달한 상태에서 이 사건과 대면하게 되었던 것이다.

조선인 변호사 뿐만이 아니었다. 일본 동경에서 탁월하고 영향력이 컸던 변호사들이 경성에 와서 직접 변론을 함께 했으며, 또 일본에서 재판의 경과와 문제점을 널리 전파하였다. 물론 105인사건, 3·1운동사건 등 일련의 사건에서도 일본인 변호사들이 관여했지만, 그런 사건에서 일본인 변호사들은 조선인 변호사와 별개로 변론했던 것이다. 그러나 이 재판에서 보여준 조-일 변호사의 인적 유대감과 조직적 연대는 타의 추종을 불허했다.[8]

변호인들이 연합한 법률전선과 피고인들의 끈질긴 공판투쟁으로 인해, 조선공산당사건의 재판은 시종 집요한 논전의 연속이었다. 변호인들은 당시에 가능했던 법정투쟁의 기법을 총동원했으며, 투쟁의 수위도 한계선상을 넘나드는 수준이었다.

변호인들의 법정투쟁은 그들만의 싸움이 아니었다. 각계의 단체와 민중들로부터 열띤 성원이 답지했고, 그 범위도 조선은 물론 일본과 대만에까지 걸친 것이었다. 공판의 대부분은 비공개로 진행되었음에도 불구하고,

---

8 일본의 노동농민당의 집행위원회에서 古屋 변호사를 특파변호사로 하여 파견하였고, 일본의 자유법조단에서는 布施, 中村의 두 변호사를 파견하였다. (동아일보 1927.9.12. "일본에서 오는 변호사 제군에게") 일본에서 특파된 변호사들은 일본에서도 운동사건, 사상사건의 변론을 선도했던 인사들이고, 조선인의 고통에 대한 연대감과 독립운동에 대한 애정을 갖고 있던 변호사들이었다.

언론은 이 사건에 대해 중계방송 하듯 소상히 보도하고자 애썼다.

조선공산당사건의 결성과 조직 자체는 비밀리에 이루어졌기에, 세인의 주목을 받을 수 없었다. 그러나 공판과정의 각종 파란과 파동으로 인해, 피고인들이 법망에 걸려들기 전보다도 그 후에 끼친 결과가 오히려 많을 정도가 되었다.[9] 공판과정에서 "갖은 파란과 어려운 문제가 뒤를 이어 거듭 일어나서 비밀재판 5개월만에 겨우 판결"에 이르렀다. 판결이 내려진 뒤 "이 사건의 심리는 조선사회에 얼마나 많은 충동을 주었는지" 회고하면서 "역사적 중대시기를 통과"해왔다는 감상이 생겨날 정도였다.

밀실에서 이루어지는 수사와 예심과정과 달리, 공판과정에서는 변호인들이 총력적으로 공판투쟁을 전개함으로써, 이 공판과정을 하나의 "역사적 중대시기"로 느끼도록 만드는 데 성공했다. 따라서 아래에서는 변호인들의 공판투쟁의 내용을 변호인들의 항변과 주장 중심으로 재구성하면서, 그 의미를 추구해보도록 하겠다.

| 절차법적 쟁점 : 관할위반이므로 공소는 기각되어야 한다 |

첫 공판일은 1927년 9월 13일이었다. 가족들과 지인들, 각계 인사들로 이미 공판정과 그 주변에는 사람들이 가득 찼다. 경비경찰은 계엄이나 내린 듯이 삼엄하게 경호를 했다. 공판정에는 변호인으로 김병로, 이승우, 이인, 고옥, 김태영 등 18인의 변호사가 들어섰고, 사법기자(동아, 조선, 중외 기타 18인)이 착석했다. 공판을 개정하자마자, 동경에서 자유법조단의 대표로 출정한 고옥 변호사가 경계가 지나치게 엄중하다고 통론(痛論)하였다. 검사가 공소문을 낭독하였다. 피고인들의 죄명은 치안유지법, 제령, 출판물취체령 등의 위반이라 하였다. 출정한 피고인은 총 94인으로, 7명이 신병 때

---

9 조선일보 1927.11.20. "기피의 영향"

문에 출정할 수 없었다.[10] 피고인들에 대한 긴 호명이 끝나고 재판장이 사실신문을 진행코자 할 때, 김태영 변호사가 일어났다. 박헌영 외 19명(1차 공산당사건 관련자)은 사건이송상 형사절차가 위반되었으니 경성지방법원에서는 공판을 진행할 권한이 없다는 것이다. 즉 관할위반이므로 공소기각의 항변을 제출한 것이다.

좀더 자세히 보면 논지는 대략 이러하다. 즉 제1차공산당사건 관련자(박헌영 외 19인)는 신의주경찰에서 취조를 받고, 신의주 검찰국에서 수사하여, 신의주지방법원 예심판사로부터 취조를 받았다. 그런데 제2차공산당사건이 경성에서 폭로되면서 치안당국은 제1차 사건과 제2차사건을 병합하여 처리하기 위해, 신의주지방법원의 사건을 경성지방법원으로 이송하도록 했다. 그 때 조선총독의 명령으로 작성된 이송명령은 다음과 같은 문안이었다. 문서의 수신처는 '신의주 지방법원장 동 검사정'이었다.

⊙ 法秘 제53호

신의주 지방법원장 동 검사정

기 청에서 예심중인 위의 자에 대한 치안유지법위반사건은 조선총독부재판소령 제8조[11]의 규정에 의하여 경성지방법원장 예심에 이를 이송할 사.

기

피고인 박헌영 외 19명

위 조선총독부 재판소령 제8조에 의하여 명령함

1926년 7월 10일

조선총독 수작 제등실

---

10 양재식, 신철수, 김중부, 백광흠, 조이환, 임정관 등은 폐병, 늑막염, 맹장염, 정신쇠약 등의 악질에 걸려 출정할 수 없었다. (김운정, "공산당공판 인상기," 조선지광, 제71호, 1927.9, 61면).

11 총독부재판소령 제8조: 조선총독은 특별한 필요가 있다고 인(認)할 시는 지방법원에 속한 형사소송사건을 타 지방법원으로써 취급케 할 사(事)를 득(得)함.

이 명령에 따라 신의주지방법원에서 이 사건을 맡고 있던 '예심판사'가 이송조치를 했다.

ⓛ 대정 14년 예제37호

결정

1.치안유지법위반피고 박헌영(외19명)

위 피고사건은 조선총독부 재판소령 제8조에 의한 조선총독의 명령에 의하여 이를 경성지방법원의 예심으로 이송함.

1926년 7월 12일

신의주지방법원예심괘 조선총독부판사 越美眞男

김태영 변호사가 제출한 〈항변서〉의 논지는 다음과 같다. ㉠문건, 즉 총독의 이송명령장은 행정관인 지방법원장, 동 검사정에게 발한 것일 뿐, 예심판사에게 직접 발한 것이 아니다. 그런데 이 사건은 예심판사가 맡고 있으므로, 이송할 권한을 가진 자는 예심판사이지 행정직제상의 장인 법원장/검사정이 아니다. 예심판사는 사법관으로서 어디까지나 독립적으로 권한을 행사하는 것이다. 지방법원장은 그 법원의 행정사무를 정리한 행정관인 반면, 특정한 형사사건에서 그 사건을 맡은 예심판사는 그 사건에 관한 한 그 지방법원을 대표한 독립관청이다. 따라서 예심판사의 사법사무(이송업무도 사법사무의 하나이다)에 대하여 지방법원장은 이를 예심판사에게 지휘감독하거나 간섭할 권한 자체가 없다. 따라서 예심판사가 아닌 법원장/검사정에 내린 명령은 형사소송법상 아무런 효과를 가질 수 없고, 따라서 그 명령은 무효이다. 경성지방법원 예심괘(豫審掛)의 판사는 바로 그 법률상 무효인 결정에 의거하여 사법적 행위를 하고 있는 것이다. 법률적 관점에서 볼 때 사건은 경성이 아니라 아직 신의주에 계류되어 있는 것으로 봐야 한다. 따라서 경성지방법원에서 낸 검사의 공소제기는 무효이므로, 절

차적 요건을 갖추지 못한 이 사건은 마땅히 공소기각판결을 내려야 한다. 이런 취지였다.[12]

이런 항변은 수사기관과 재판소의 여러 실태(失態)가 "변호인들의 예리한 눈"에 발각되어 일대 파란을 일으킨 사례이다.[13] 제2회 공판(1927년 9월 15일)에서 연이어 이 쟁점을 제기하자 재판부도 당황하였으나, 피고인 측에서 공판을 진행해달라는 요구를 제기하여, 이 쟁점은 수면 아래에 가라앉은 형국이 되었다. 재판의 첫 머리부터 일합을 주고 받으면서, 이 재판이 팽팽하게 진행될 것임을 예고해주었다.

| 공판환경상 : "재판 공개하고, 특별방청 금지하라" |

1. 변호인의 항변 : "공개재판 금지는 부당하다"

9월 13일 첫 공판에서 검사는 이 공판을 비공개로 할 것을 재판부에 요구하였다.

이 공판의 사실심리를 일반에게 공개할 때는 공안에 적지 않은 방해가 있을 듯 하니 방청을 금지해달라는 것이었다. 변호사 이인이 반박했다. "치안방해 주장을 하나 사건 전체가 벌써 드러났을 뿐 아니라 그 내용이 그리 크지 않은 것이니 공개를 금지해서 일반사람으로 하여금 사건이 픽 큰 것 같이 놀라게 하는 것보다는 공개하는 게 낫겠다"는 것이었다. 김병로가 가세했다. 이어 고옥 변호사는 공개금지 주장에 대해 반박하면서, 덧붙여 법정의 외부에 대한 삼엄한 경계를 문제삼았다. "오랫동안 감옥에 있어서 여러 피고들의 몸이 비상히 약하여 졌을 터인데 법정안의 경계를 보니 이러한 경계 밑에 과연 피고들이 자유롭게 공술을 할 수 있을지 의심되니, 경계에 대해 재판장의 고려가 있어야 한다"는 취지였다.

---

12 조선일보 1927.9.16. "공소기각 문제, 구체적 항변서 내용"
13 조선일보 1927.9.16. "판정에도 폭풍우 실은 저기압/불법수속, 죄명누락, 방청금지"

사건이 사건인 만큼 형사사법 관계자들은 피고인의 사기를 꺾고 이 사건의 사회적 파장을 축소하기 위해 부심했다. 그리하여 제1회, 제2회 공판에서 △ 외부경계는 거의 계엄 수준으로 엄정하게 하고, △ 일반인들의 방청을 제한하여, 공개재판의 원칙을 저버리고, △ 법정내에 경찰과 간수들을 대거 끌어들여 자리를 차지하도록 했다. 경관들이 다수 들어와 착석하고, 사복경관도 부지기수이고, 헌병대의 대원과 감옥소 경찰서 직원들이 같이 좌정했던 것이다.

더욱이 재판관들의 등 뒤로 소위 특별방청석을 만들어놓고, 거기에 다수의 인사를 앉도록 했다. 그 특별방청석에서는 법무부 관계자, 경성복심법원 및 경성지방법원의 법원장과 검사정, 그리고 경찰간부로서 종로경찰서 서장을 선두로 각서 서장과 경부들의 다수, 그리고 서대문형무소의 소장이 착석하였고, 심지어 헌병대 사령관이 군복을 입은 채로 특별방청석에 들어와 좌정한 것이다. 이러한 특별방청인들은 "재판장의 등 뒤를 누르는 듯한" 위압적 느낌을 주었다.[14]

공개재판의 원칙을 침해하는 이같은 공판정 운영에 대해 변호인들은 강력히 항의했다. 마치 헌병대, 감옥소, 경찰서 등을 옮겨놓은 것 같아 피고인들이 자유롭게 진술할 수 없다는 것이다. 또한 공판의 비공개화는 오히려 많은 의혹만 자아낼 것이므로, 공개를 원칙으로 하고 부득이한 경우에는 금지하되, 그 경우에는 일반방청인과 함께 경관도 다 내보내달라고 주장하였다. 그리하여 변호인들은 다음과 같이 요구사항을 정리했다. 즉 ① 법정내 경관을 퇴정시키고 간수를 내보낼 것, ② 법정밖에 철조망의 철폐, ③ 특별방청에서 일반관리를 전부 퇴정시킬 것, ④ 가족과 신문기자들의 방청을 허락할 것 등이었다.[15]

---

14 조선일보 1927.9.16. "특별방청석엔 관계관리 나열"
15 조선일보 1927.9.16. "廷內 경관 撤退를" "여러 가지로 끝없이 피곤한 피고들에게 많은 경관의 경계는 자유로 공술의 방해"

변호인의 항변에 대해 재판부는 그저 약간의 성의를 보이는 시늉을 했을 뿐이다. 변호인들과 재판부가 절충한 결과 재판장은 다음과 같은 결정을 내렸다.

1. 간수 15명, 간수장 2명을 입정케 하여 경계케 할 사
2. 경찰관은 정사복을 막론하고 입정치 못하게 할 사
3. 철조망의 철폐문제는 중대한 항목이 아님으로 고려할 여지가 있음.
4. 특별방청자는 판검사 이하 직무상 2~3명을 허할 사.
5. 신문기자 및 피고의 친족자의 방청은 허가치 않음.[16]

대략 이 정도로 일시 타협이 성립되었다. 한가지 진전은 특별방청석을 유지하되, 그 방청객의 범위를 사법관계자와 형무소 관계자에 국한시킨 것이다. 재판부는 이 결정에 따라, 일부 인사들에게 특별방청권을 취소시키느라 분망했다. 특히 경찰관계자의 특별방청을 재판부가 금하자, 경찰 측에서 불평하고 억울함을 경무국에 하소연했다는 풍설이 나돌았다. 경찰의 입장에서는 피고들을 체포하는 데 많은 공로가 있고 앞으로도 유사사건에 참고가 될 것인데, 이처럼 경관의 방청까지 금하는 데 대한 자존심의 상처를 받을만 했다. 이 일은 "경찰만능의 오늘날 조선에서 경찰관의 뒤통수를 치고 나오게 된" 초유의 일이므로 경찰의 불만의 수위는 높았으나 다른 타개책을 강구할 수 없었다.[17]

2. 피고인의 항변: 공개재판 않으면 차라리 즉심처결하라

공판공개의 금지는 매우 근본적인 문제였지만, 재판장은 이 점에 대해 완강했다. 재판장이 변호인들의 방청공개 요구에 대하여는 다만 하나의 의

---

16 조선일보 1927.9.17. "변호, 재판측 절충안/간수는 열다섯명만 경계에 종사키로 해"
17 조선일보 1927.9.17. "경찰방청금지로 사법과 경찰반목?"

견으로 듣겠다고 하자, 당장 피고인 측에서 반발이 제기되었다.

갑자기 『재판장! 박헌영으로부터 말한마디 하겠소 하리까?』하는 소리가 나며 박헌영이 일어나니 재판장은 말하라 하매 박헌영은 유창한 일본말로 『나는 피고로서 경계에 대한 감상을 한마디 말하겠소. 경계에 대하야는 우리는 적어도 전 무산계급의 전위분자로 이 공판에 나서게 되었는데, 우리를 다수의 경관으로 이같이 위압하는 것은 전 무산재중을 위압하는 반증이다. 만약 이 경계를 해제하지 않고 일반방청을 허락하지 않을 때에는 우리는 변호사도 필요없고 사실심리도 필요가 없고, 차라리 재판장이 하루나 이틀 동안 너는 너는 징역 얼마, 너는 얼마 하고 즉결언도해주기 바란다. 이것이 나의 요구하는 것이오』라고 말을 마치니, 재판장은 무어라 할 말이 없어 휴정에 들어갔다.[18]

공개재판하지 않으려면 차라리 즉결언도하라는 것은 재판부에 대한 중대한 모욕에 다름 아니다. 그런데도 재판장은 공안방해할 염려가 있어 일반공개를 금지하고 필요한 경우에만 잠시 공개한다고 선언하였다. 그러자 변호인들이 극도로 흥분하여 서로 일어서서 항변하고자 나섰다. 재판장은 "우선 방청자들을 내보낸 후에 말을 하라"고 하니, 김병로가 "변호인이 하는 말을 (재판장이) 들을 필요가 없다고 하면 우리는 전부 퇴정하겠다"고 선언하고 분연히 퇴정하였다. 9월 13일과 9월 15일 제2차에 걸친 공판은 사실심리는 근처에도 못들어가고 재판관과 변호인 간의 치열한 논전만 되풀이된 채 폐정되었다. 앞으로 재판공개금지가 행해지고, 그에 따라 기자들의 참관도 금지된 것이다. 언론에서는 법정중계를 할 수 없게 되었다.

첫 두차례의 논전으로 이미 이 재판의 공개 여부가 뜨거운 관심사로 떠올랐다. 한 언론은 이제까지의 경과를 요약하면서 재판부의 태도를 꾸짖고

---

18 동아일보 1927.9.16.; 조선일보 1927.9.16.

변호인들의 노력을 격려하고 있다.

일본에서 공개한 공산당공판을 조선에서 금지한다는 것도 알 수 없거니와 신문기자의 방청까지 금지하면서 경관에게는 다수의 특별방청권을 발행하야 변호의 강경한 요구로 취소에 분망하였음도 불소한 실태라 할 것이다. 공판정에까지 나서지 못하는 중병자의 보석은 하고로 불허하며 법정의 경계에 철조망까지 둘러야 할 필요는 어느 곳에 있는가?

특히 재판장은 모 문제로 원장과 장시간의 협의를 하였다는 말이 있고 모서장은 특별방청 문제로 법무당국과 교섭한 일이 있다 하며 그로 인한 사법당국과 경찰당국의 반목설까지 전하니 만일 사실이라 하면 더욱 중대문제가 될 것이다. 사법의 독립과 사직의 존경은 내변(奈邊)에 재한가?

… 실태(失態)에 실태를 거듭하야 부주의 불근신을 여지 없이 폭로함을 볼 때에 일언의 충고가 있지 아니할 수 없다. … 그러나 오인은 그의 최후의 공정을 바래는 동시에 인격의 옹호를 위하야 보수를 떠나서 전심전력으로 변호의 노(勞)를 취하고 있는 변호사 제씨의 최후까지의 노력을 바라고 또 믿는 바이다.[19]

3. 피고인의 고초(1) : 박헌영의 정신이상

9월 20일 기자들의 참관이 저지된 가운데 열린 제4회 공판은, 오전 9시 10분부터 개정되었다. 그런데 개정한 지 겨우 15분이 지난 시점에 돌연 재판장을 비롯하여 배석판사와 검사가 법정 밖으로 나와 각각 자기 방에 들어가버렸고, 뒤이어 변호사들이 법정 밖으로 나왔다. 도대체 무슨 일이 갑자기 일어난 것일까.

기자들이 밖에서 관찰한 바에 의하면, "법정 안에서 큰 소리로 통곡하는 소리가 새어나"왔다.[20] 곧이어 "피고 중 박헌영을 여러 간수가 끌고나와 간

---

19 조선일보 1927.9.19. 〈사설〉 "다시 공산당 재판에 대하야"
20 동아일보 1927.9.21.; 조선일보 1927.9.20/호외 1면 "법관일동 퇴정 공판 일시 休止

수휴게소로 들어가고 얼마 지나지 않아 졸도한 염창렬을 간수 여러 사람이 들고 나와 역시 간수휴게소로 들어가 일시 공판진행이 중지"되었다. 11시 10분경에 판사와 검사가 다시 입정하고 박헌영도 입정하여 다시 개정되었는데, "박헌영은 평소 근시안으로 안경을 끼고 있었으나 그날 간수에게 끌리어 나올 때는 안경이 보이지 아니하였"다.

그것으로 끝이 아니었다. 재개정한지 20분밖에 안 되어 또다시 재판장이 퇴정하고 변호사 일동도 전부 나왔다. 정상적인 재판의 진행이 불가능했던 것이다.

9월 22일 재판장은 변호사 중 김찬영 씨를 전화로 청하여 피고중 박헌영이 22일 새벽 2시부터 돌연히 신체에 이상이 생기어 출정치 못하게 되었는데, 박헌영이 돌연히 나오지 아니한 것을 보면 다른 피고들이 오해를 일으키기 쉬우니 잘 양해를 시킨 후 개정하자고 하였다. 변호사들은 즉시 박헌영의 상태를 확인하기 위해 허헌, 김병로, 고옥정웅 그리고 박헌영의 부인 주세죽이 형무소에 가서 박헌영을 면회하였다. 면회한 변호사들은 "내용에 대하여는 변호사의 처지로 도무지 말을 할 수 없은 즉 여러 사람의 추측에 맡긴다"고 하였다. 어떤 "외상" 같은 건 보이지 않는다. 박헌영의 "신체에 이상은 없을 뿐 아니라 무슨 견고한 결심을 가지고 있는 모양인 듯하고, 당분간 출정치 않을 의사를 가지고 있는 듯하다"가 보도할 수 있는 전부였다. 다른 관계자들의 증언과 박헌영 자신의 기록을 토대로 이 날까지의 경과를 정리해보자.

앞서 보았듯이 박헌영은 제2차 공판(9월 15일)에서 공판진행에 대한 불만을 공개적으로 표출한 바 있다. 공산주의자의 목적을 당당하게 진술하고, 엉터리 재판을 할 양이면 즉결처분하라고 신랄하게 비꼰 것이다. 이 공판이 끝난 뒤 박헌영은 "감옥에 돌아와서 심한 고문을 당했다"고 한다. 그

/朴憲永 退廷 廉昌烈 기절"

때까지 당했던 장기구금과 옥살이, 그리고 수사과정에서의 고문에다 공판 직후의 심한 폭행은 그의 정신적 자제력을 한계상황으로 몰아넣었던 것 같다. 그런 정신상태에서 9월 20일 공판이 시작되자마자 박헌영의 광란이 폭발된 것이다. "법정 안에서 큰 소리로 통곡하는 소리"는 바로 박헌영의 소리였다. 그 날 박헌영이 한 행동은 이러했다고 한다.

공판정에서 박헌영이 안경을 벗어 재판정석에 내던지고 진술대 위에 뛰어올라 고함을 쳤다. "재판장, 피고인들 가운데 박순병이 보이지 않는데 웬 일이냐?" "네 사람을 어디 두었느냐? 네 사람을 여기다 함께 내놓고 105명을 공판해라." 그러니까 왜 죽였느냐 그 말이야. 박헌영이 그냥 원판 거기서 뛰고 오다가, 자기 머리 터지고, 시멘트 바닥에… 미쳤어 참말로 미쳤어. 거짓이 아니냐. 그냥 미쳤어.[21]

박헌영이 끌려나올 때 "안경이 보이지 아니하였"던 것은 공판정에서 대소란을 일으키는 과정에서 안경을 집어던진 때문이다. 공판이 진행되면서, 피고인들은 4명의 동지가 보이지 않고, 그 중에서 박순병이 옥사했다는 소식을 알게 되면서 미칠 지경이 되었을 것이다. 열악한 대우와 고문, 공판중의 폭행, 그리고 동지의 옥사 소식이 겹쳐, 박헌영이 아니어도 누군가 정신이상을 초래할 정도의 심리상황이 나올 것은 쉽게 예견될 수 있는 일이었다. 이 광경을 보던 염창렬이 흥분해서 졸도한 것도 나올 수 있는 반응이었다. 그리하여 잠시 흥분이 가라앉은 후 재입정하여 공판을 계속하고자 했으나, 또다시 고래고래 고함을 지르게 되니 더 이상 공판진행이 불가능하게 되었던 것이다.

이후 박헌영은 다른 피고인들과 함께 재판을 받을 수 없는 상태여서 분

---

21 이 광경은 김철수, 박갑동 등의 전문을 재정리한 것이다. (임경석, 이정 박헌영 일대기, 126~128면 참조)

리심리를 하게 되었다. 실제로 조선공산당사건 재판이 끝나기까지, 박헌영에 대한 심리는 지속될 수 없었다. 정신과 의식이 명료치 못한 박헌영에 대하여 변호인들은 거듭 보석을 요청하였다. 10월 10일부터 시작된 변호사들의 보석요청은, 거듭 거부당하다가, 결국 11월 22일 병보석으로 출감하여 병원에 입원하게 되었다. 박헌영의 광태(狂態)는 피고인들이 처한 심신상태의 불안정을 표출한 것인 동시에, 이 사건 재판이 얼마나 험난한 기로를 걸어갈 것인가에 대한 예고편이기도 했다.

4. 변호인의 항변과 사임 : "경관의 필기는 사법권의 침해"

9월 22일 제6회 공판정에서 종로서 경관이 방청하면서 필기한 사건이 있었다. 변호사들은 이를 사법권독립을 침해하는 중대문제로 간주했다. 원래 문제의 경관은 9월 22일 방청필기가 문제가 되자 9월 23일에는 제복이 아니라 사복을 입고 재판관 뒤쪽의 특별방청석에 앉아 필기하였다. 그런데 제2회 공판(9월 15일)시에 재판장이 공판공개를 금지하면서 특별방청석에 경찰관을 앉히지 않겠다고 변호인단에 약속한 바 있었는데도 거듭 경찰의 특별방청을 방관 내지 허용한 것은 재판장의 약속위반일 뿐 아니라 사법부독립의 견지에서 일종의 사법권침해라고 본 것이다. 더욱이 필기한 경관[22]은 사건수사를 직접 담당했던 경관이라 피고인들에게 압박적인 영향을 주어 자유로운 공술을 방해할 수 있다고 보았다. 어떠한 지위의 사람이라도 법관의 권한을 침해할 수 없거늘 하물며 일개 경부보가 법정에 들어와, 그것도 재판장의 뒤에 착석하여, 공판내용을 필기한다는 것은 행정권이 사법권을 침해하는 것이니 사법부독립을 위해 단연코 용서할 수 없다는 것이다.

그에 대해 재판장은 "변호사들이 떠드는 사법권 침해문제는 당연 이상의 당연한 일인 줄 안다. 그러나 장소가 조선이니 모든 것을 묵인하기 바라

---

22 종로경찰서 김면규 경부보.

며 중간에 끼어 곤란을 당하는 재판소 당국자의 고충을 양해해주기 바란다"고 했다.[23] 식민지 조선이란 장소에서 사법권은 총독부와 경찰을 무시할 입장이 되지 못한다는 취지였다. 변호사들은 그러한 재판장의 고충 논리에 더욱 분개하였다. 그리하여 변호인들은 재판소 측에서 태도를 고치기 전에는 절대로 공판정에 출정치 않겠다는 강경한 입장을 표하였다.[24] 변호사들은 이제는 장외에서, 사법권침해 규탄연설을 준비하려는 기세였다.

제7회(9월 27일) 공판에서 재판장은 변호인들의 입정을 요구하였으나, 변호인들은 경관필기문제가 해결되지 않은 채 그대로 입정할 수는 없다고 버텼다. 한명의 변호사들도 법정 안에 들어가지 않았다. 그렇다고 변호사들도 마냥 그대로 버틸 수는 없는 일. 고옥, 김병로 양 변호사를 대표로 뽑아 재판장에게, 문제의 경관을 그대로 방청시킬 것인가에 대한 확답을 달라고 압박했다. 재판장은 창졸간에 답할 수는 없다고 답했다. 한편 검사와 종로경찰서의 삼륜 주임은 이 문제에 대해 장시간의 구수회의를 했다. 재판장의 확답을 받지 못한 채 물러나온 변호사들은 장시간의 논의 끝에 오후 3시반에 이르러 항의의 표시로 개별적으로 사임할 것을 결의하였다.[25]

변호인들은 다음날인 28일 아침부터 경성지방법원장과 복심법원장, 고등법원장, 법무국장, 경무국장, 정무총감대리, 총독사무대리를 두루 방문하고 경찰의 사법권침해에 대하여 장차 어떠한 처치를 하겠는가를 질문하기로 결의했다. 방문할 위원으로는 고옥, 최진, 김병로, 김용무, 허헌, 이인, 정구영, 권승렬, 김태영 등을 선정했다. 경관필기가 경무국장이 명령한 것이냐 아니면 종로경찰서에서 자발적으로 한 행동이냐를 따지고, 그에 따라 관계 경찰간부가 책임을 져야 한다는 것이다.

한편으로 이인, 허헌 변호사는 9월 28일 오전 서대문형무소로 가서 피고

---

23 조선일보 1927.9.25. "장소가 조선이니 묵인하라 (시본 재판장 담)"
24 조선일보 1927.9.25.
25 조선일보 1927.9.28. "각개인 행동으로 총사임을 결의. 변호사 비밀회의 결과"

들을 일일이 역방하고, 이제까지 변호인측과 당국과 교섭의 전말을 보고하고, 변호사의 사임이유를 자세히 설명하였다.

9월 28일 이승우, 김태영, 권승렬, 한국종, 김찬영, 최진, 김용무의 7변호사가 우선 사임원을 경성지방법원장에게 제출하였다.[26] 법원과 검찰에서도 뜻밖의 사태진전에 황망하였다. 재판장으로서는 (변호인의 사법권침해주장을 완전히 무시하는 게 아니라) 경관의 활동으로 인해 피고인의 자유공술이 위압하는 형적이 있다고 인정되면 그 경관을 물리치겠다는 정도의 다소 유보적 의견을 갖고 있었고, 변호인들도 재판장에 대해서는 그런대로 후한 평가를 내리는 입장이었으나, 이렇게 되자 사실상 공판의 계속이 어려워지는 교착상태에 빠지게 된다. 앞으로 재판이 어떻게 흘러갈지 암담한 지경에 이른 것이다.

9월 29일 공판은 개정되었지만 사임한 변호사는 물론이고 모든 변호사들이 변호사휴게실에서 나가지 않았다. 재판장은 피고들을 개별적으로 불러 변호사 없이도 자유로운 공술을 할 수 있다고 하면서 피고인들을 설득했으나, 피고인들은 재판장의 권고에 응하지 않았다.

변호사들은 이렇게 재판장이 피고인들을 따로 단독으로 호출하여 공술을 강요하는 것은 위법이라고 맞섰다.[27] 이 날 정구영, 이인, 심상붕, 강세형, 허헌, 한상억 변호사가 사임함으로써, 사임한 변호사는 모두 13인이 되었다.

사태가 이에 이르자 검사정(檢事正)이 돌연 중재를 자청하여, 변호사들의 사임을 철회하고 재판에 임할 것과 함께 문제의 경관은 자발적으로 법정에 나오지 않겠다는 안을 제안했다. 변호인들은 특별석에 다시는 경관을 앉히지 않겠다는 것과 필기금지를 약속할 것으로 응수했다. 우여곡절 끝에 9월 30일 변호사 요구에 대하여 재판장의 답변이 나왔다. 재판장은 이번에 변

---

26 동아일보 1927.9.29.
27 동아일보 1927.9.30.

호사측이 요구한 사항, 즉 특별방청석으로부터 경관을 퇴정시켜달라는 주장에 대하여, 이후부터는 누구든지 경관의 특별방청은 금지할 것이며, 이미 사임한 변호사는 다시 변호사계를 계출하면 이전처럼 변호사로 받겠다고 언명함으로써 문제의 일부가 겨우 해소되었다.[28] 변호사들로서는 작은 성공을 거둔 셈이었다. 언론에서도 변호사의 특수한 위치에 주목하면서, 여러 제한 속에서도 어느 정도까지 항쟁할 수 있음을 보여준 쾌거로 주목했다.

> 변호사 제씨는 특수한 위치에 서게 되었는 만큼 특수한 발언권을 가지고 있는 터이다. 그들이 이론으로써 판관과 검사를 극복할 때에 그들에게는 아무리 조선에 있어서라도 무리한 압박을 가할 수 없을 것이니 금번의 실례에 취하여 보건대 변호사 제씨가 일정한 제한 내에 있으면서도 민중의 의사를 체(體)하여 어느 정도까지는 항쟁할 수 있다는 것을 표시한 것으로 볼 수 있다. 필경 단연히 결속하여 변호를 거절하게 됨에 완강하던 검사국도 꼬리를 감게 되었으니 이로써 조선에 있어서의 판관들도 행정권의 억압을 벗어난 것을 기뻐할 것이다.[29]

반면 경찰로서는 변호인에 대한 태도가 극히 사나워졌다. 9월 30일 밤 열린 공산당공판 변호사 초대회 석상에서 종로경찰서 고등계형사들이 식장으로 무단히 들어가니, 김태영 변호사 등이 형사가 왜 무례히 들어오느냐고 힐문을 한 것을, 그 형사들은 명예훼손을 당했다며 개인 자격으로 종로경찰서에 명예훼손죄로 고소하는 일까지 있었다. 김태영 변호사가 피고소인으로 종로경찰서에 불려다니며 취조받게 되는 어처구니없는 일까지 일어난 것이다.[30]

---

28 동아일보 1927.10.1.
29 동아일보 1927.10.2. "변호사와 공산당사건"
30 동아일보 1927.10.7.

| 포시진치 변호사의 등장과 제2차 공세 |

1. 공개재판, 신속재판의 요구

그동안 조선의 독립운동가에 대한 변론을 자청해온 일본의 대표적인 변호사 포시진치(布施振治)[31]는 조선공산당사건의 중요성에 특히 주목하고 이 공판에 변호인으로 참여할 것을 준비하고 있었다. 이인 변호사와 사건의 진행경과에 대해 계속 서신을 교환하면서, 정확한 정보를 얻는 한편 소송전략을 숙의하고 있었다. 그러나 그의 조선행은 예정된 공판이 자꾸 지연되면서 계획이 어긋나곤 했다. 그러나 일본에 있으면서도 그는 동경에서 항의서를 내는 등 여론조성에 관여했다. 민권변호사로서 그의 명성은 일본에서 매우 높았으므로, 조선의 변호사들은 포시의 등장이 변호인단에 활력을 더해주고, 조선과 일본에서 여론의 주목을 더욱 높여주는 효과를 기대하고 있었다.

10월 8일 포시진치는 경성에 도착했다. 이제 제1단계의 변론투쟁이 일단락되고, 본안심리에 들어가는 초입을 맞아 포시의 직접 관여는 변호인단의 힘과 사기를 배가시켰고, 여론의 관심도 쏠렸다. 포시 변호사가 경성에 도착하면서 역에서부터 환영단을 맞았고 당일 저녁 환영만찬이 베풀어졌다. 포시의 첫 발언은 이러했다.

"조선공산당 공판은 일부 민중만이 중대시하는 것이 아니라 전 일본의 각계급에서 다 같이 중대시하는 것입니다. 이번에 나의 래경(來京)을 자유법조단 특파라고 하나, (나는) 어느 한 단체의 대표가 아닌 줄로 믿습니다. 공산당공판의 공개금지는 실로 무법하기 짝이 없는 일이며, 사법권침해에 대한 경과도 자세히 들었는데 이를 탄핵함은 정당한 일인 줄 알며, 기회만 있으면 이에 대한 나의 감상을 발표하겠습니다. 공산당공판을 하루 걸러 여는 것은 조선에서만 볼 수 있는

---

31 그의 식민지 조선에 대한 변호사로서의 활동에 대한 최근의 글로는 高史明外, 布施振治と朝鮮, 高麗博物館, 2008; 大石進, 辯護士 布施振治, 西田書店, 2010 참조.

것으로 그 이유는 재판장이 공판조서 정리와 법정(공간확보)문제라고 하나, 이는 정당한 이유라고 볼 수 없으니, 공판조서는 언제든지 공판이 다 마친 후에 정리하는 것이고 법정은 달리 변통하려면 얼마든지 할 수 있는 것이니 아무쪼록 공판을 매일 계속하도록 요구하여 보겠습니다."[32]

포시진치는 '재판의 공개금지'에 대해 특히 문제로 생각하고 있었다. 도착한 지 곧바로 〈공판공개에 대한 감상〉을 장문의 성명서를 통해 발표했다. (아마 일본에서 그 성명서를 준비하고 온 듯하다.) 그 성명서의 전문이 언론에 상세히 보도되었다.

〈공판공개를 절규/포시진치 씨의 성명서〉[33]

공산당사건에 대하야 재판소의 태도에 우선 비난의 제1탄을 던지지 않을 수 없는 것은 공개금지문제이다. 여하히 횡포탄압의 부당검거를 감히 한 공산당사건일지라도 재판소에서 열리는 공판만은 반드시 공개되리라고 누구든지 기대하고 또 믿고 있었으니 참으로 재판은 공개할 것이라는 것이 헌법으로도 명령하여 있는 것이다. 또한 소위 공산당사건의 종래의 재판은 일본의 … 공산당사건의 전부가 공개되고 현재 만주 대련(大連)의 공산당사건의 재판이 공개되어 있는데, 오직 조선공산당사건의 재판만이 그 공개가 금지되어 있는 이유가 있을 리가 없는 까닭이다. 그런데도 불구하고 개정되자마자 공개를 금지한 재판소의 결정은 뭇 사람이 기대한 재판공개의 신념을 끊어버린 점으로나 재판공개의 원칙을 파괴한 점으로 보아 당연히 탄핵을 받지 않으면 안 될 부당한 태도이다. 생각건대 피고들 중에는 검거 이래의 횡포 탄압을 폭로할 백병전장으로서의 공판개정까지 참지 못할 인간으로의 고통을 참고 재판공개의 폭로전에 간신히 생명을 유지한 사람도 있을 터이오. 전조선 일반 민중은 공산당사건 검거의 일망타진에 협

---

32 동아일보 1927.10.10.
33 동아일보 1927.10.12.

위를 받아 소위 공산당사건의 큰 수수께끼를 재판공개의 심리에서 풀려고 하였을 것이다.

다시 우리 변호인으로는 충독정치하의 사법권은 전조선 일반 민중 주시의 공산당사건에 대하여 여하한 재판을 하는가 하는 그 재판법을 민중에게 재판받기 위한 진상천명에 재판공개를 바라던 것이다.

그런데 변호인들이 개정벽두에 제출한 공개요구를 배척하고 금지의 장막을 내려덮은 채로 방금 비밀리에 재판진행을 계속하고자 하는 재판소의 태도는 참으로 피고들의 비분과 일반민중의 원차(怨嗟)와 변호인의 격정을 금치 못한다. 물론 피고들과 변호인은 그 받은 자유와 권리가 허락하는 데까지 그 싸움을 계속하고 있다. 이와 같이 비밀의 법정에서 때때로 귀화(鬼火)를 던진 것은 경찰관침입의 사법권침해의 사건이오, 이에 맑은 빛을 던지는 자는 멀리 들리는 민중의 소리이다.

이와 같이 하여 공산당사건의 재판 … 공개금지의 검은 장막은 전조선 일반민중의 고막을 깨트리어 바로 듣지 못하게 하고 눈동자를 어둡게 하여 신문의 보도까지 읽지 못하게 한다. … 재판소의 공개금지 결정에 구실삼은 안녕질서문란의 염려는 조금도 없다. 이러함에도 불구하고 재판소가 공개를 금지한 것은 무슨 이유일까? … 경찰관헌의 횡포를 공중환시의 공개법정에서 공개되는 것을 두려워한 까닭일 것이다. 그런데 우리의 지난 경험으로 말하면 피고들의 사상을 재판하는 재판장의 사상문답이 너무 빈약하여 위신의 환멸을 무서워하는 까닭은 아닐른지! … 우리는 재판소에 힐문한다. 공산당사건의 재판으로 참으로 전조선 민중의 앞에 정(正)한 자를 보이고자 하는 재판이면 왜 이것을 공개치 않는가. 진리 앞에 밝은 재판을 한다면 왜 공개를 하지 않는가. 우리 변호인과 피고는 이제부터 몇날 몇차례를 계속할 재판에 기회 있는 대로 공개금지 해제요구를 할 것이다.

일본에서는 사상범에 대한 비공개재판을 일러 '암흑재판'이라 칭하곤 했는데, 포시는 일본에서도 여러 공산당관련 재판이 공개리에 진행되고 있음에도 조선에만 유독 비공개하는 이유가 무엇인가 비판하고 있다. 전조선의 일반민중의 귀를 먹게 하고 눈을 멀게 하는 암흑재판을 하지 말고 진리 앞에 당당한 재판을 하라고 촉구하고 있는 것이다.

포시는 또 다른 기고에서 피고인에 대한 장기구금의 문제점을 통박하였다.[34] 체포된 지 만 2년 가까이 장기간의 미결구금을 무제한으로 계속하여 피고인의 건강까지 잃게 하는 것은, 형사소송법상 구류기간 2개월 제한의 원칙을 완전히 유린하고 있다는 것이다. 이렇게 사실심리를 핑계삼아 미결구류를 무제한으로 계속함은 그 자체가 "일개의 형벌이며 제재"이다. 때문에 재판부는 매일개정은 물론 경우에 따라서는 일요일개정을 계속하여 진행의 편의를 요함에도 불구하고 말이 안 되는 이유를 운운하면서 회답을 애매히 하고 심지어 형무소 무도대회를 빌미로 공판을 연기하는 등을 보면서 재판소의 태도가 무성의함을 비판하고 있다. 이렇게 포시진치는 언론을 통하여 비공개재판과 장기구금의 문제점을 사회 속으로 확산시키고 있다.

도착 다음날인 10월 9일 포시는 이인 변호사와 함께 곧바로 형무소를 방문하여, 설병호, 이호, 이석, 강달영, 김약수 등 5인 피고인을 면회하고 공판전략을 수립했다. 제11회 공판(10월 10일)에서 변호사들은 다음의 4개 요구사항을 결의하였다. 포시의 결합과 함께 제2단계의 변론전략을 분명히 잡은 것이다.

1. 공판을 매일 개정할 것.
2. 피고 박헌영을 보석할 것.
3. 병중의 피고 전부를 보석할 것.
4. 속기자를 법정에 입정케 할 것.

---

34 조선일보 1927.10.13. "공산당사건은 언제나 결심될까/변호사 포시진치"

5. 중요 피고에게는 공술서를 자필로 기록하여 제출케 할 것.[35]

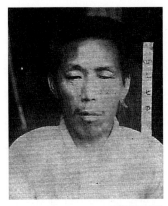
강달영(1926)

이러한 요구들은 〈제2단계〉의 변론 투쟁의 목표를 정리한 것이며, 피고인들의 요구를 체계화한 것이다. 이제 신속한 재판을 하면서, 정확한 기록을 남길 수 있도록 해야겠다는 것이고, 또한 박헌영을 비롯한 병중 피고들을 보석할 것을 주장했다. 박헌영에 대하여는 심신상실상태에 빠져 있다고 보고, 변호사 일동의 명의로 〈박헌영 책부원〉을 제출하기로 했다.

이상을 결의하고 대표로 포시, 이인, 고옥, 한국종의 네 변호사를 선출했다. 재판장은 오후에 회답하겠다고 하면서 오전 11시부터 공판이 개정되었다.

위의 4개요구에 대해 재판장은 휴정시간에 변호사단에 답변했다. 첫째 박헌영 보석은 고려한 후 11일까지 회답하겠다. 둘째, 병중 피고 전부 보석은 개인적으로 출원해야 그에 대해 회답할 수 있다. 셋째, 매일 공판개정은 다음과 같은 이유로 불가능하다. 그 이유로는 (가) 법정의 여유가 없다, (나) 서기의 조서정리가 불가능하다, (다) 형무소 인원관계로 불가능하다는 것이다. 넷째, 속기자입정에 대한 회답은 고려한 후 다시 회답하겠다. 다섯째, 중요피고들로 하여금 자필로 공술서를 제출하게 하라는 것은 재판장 권한 외의 일이니 변호인들이 형무소로 지필을 차입하게 할 수 있다.[36]

이 답변을 보면, 재판장의 권한에 속하는 것에 대하여는 대개 불가의 입장을 표시하였다. 변호사들은 요구 관철 때까지 계속 요구하기로 의견일치

---

35 동아일보 1927.10.11.
36 동아일보 1927.10.12.

를 보았다. 재판장이 제시한 이유는 구실에 지나지 않으므로, 재차 요구하기로 한 것이다.

약간의 진전이 없는 것은 아니었다. 박헌영 보석건에 대해서는 형무소측의 병상보고가 제출될 것이고, 자필공술서는 형무소측에 지필을 차입하여 10명의 피고(이봉수, 임원근, 김재봉, 이준태, 홍증식, 박일병, 강달영, 김약수, 홍덕유, 권오설)들이 자필공술서를 작성하여 제출하기로 되었다.[37]

10월 15일(제14차)에 포시는 조선공산당사건 공판정에서 다시 한번 신속재판과 공개금지의 해제를 촉구하였다.

1. 종래의 개정 방법을 변경하여 공판은 일요일, 축제일이라 하더라도 연일 개정하고 심리의 신속함을 기해 주기 바란다.

㉠ 본건 기록에 의하면 피고 중에는 본건 때문에 2년 이상 구속당하고 있는 자가 있다. 또 누구는 다른 피고 사건 때문에 구속되었다가 그 후 곧이어 본건 때문에 구속당하고 3년 4개월이나 계속 구속되어 있는 자도 있다. 그 결과 가족, 친구 등의 후의와 우정 등에 의해 옥바라지가 있다 하더라도 변호인 스스로 옥창을 직접 본 바에 따르면 운동의 부자유, 생활의 열악함 등 때문에 각 피고인들은 모두 대단히 피로 쇠약해 있다. 피고인 중에는 질병을 앓는 자, 쓰러진 자, 이내 쓰러질 상태에 있는 자, 빈사 상태에 빠져 있는 자 등이 있다. 또 너무나 긴 구속과 심리의 부당함에 분개하여 정신에 이상을 나타내는 자도 있다. 피고인들에게 긴장된 기분으로 기다리는 것이 공판이다. 그러므로 공판에 있어서는 그 긴장된 기분을 이완시키지 않도록 심리를 속행하는 것은 공판 심리의 신속함을 기하는 데 필요할 뿐만 아니라 또 피고인들을 위해서도 유리함과 동시에 긴요한 것이다. 그런데 본건 공판의 경과를 보면 9월 13일 공판 개정 이래 겨우 10여 명의 피고인 신문이 종료되었을 뿐인 상태이고 법정의 분위기는 현저하게 긴장을

---

37 동아일보 1927.10.12.

결여하기에 이르렀다. 피고인의 공술이 극도로 상세한 것과 변호인들의 책임으로 돌릴 사유라는 말을 들을지도 모르지만 본 변호인이 보는 바에 의하면 전술 피고들이 긴장된 기분을 상하게 한 결과라고 믿는 바이다.

ⓛ 본건은 다수의 사건들을 병합시킨 것이니 피고인들의 가족들 중에는 먼 데서 오고 그 재판의 진행 결과 여하를 기다리는 자가 많다는 것은 재판소로서도 추측하기가 어렵지 않을 것이라고 믿는다. 그런 자들은 각자의 가정에 처리할 사항 등이 있어 하루 빨리 본건의 결과를 알고 귀향해야만 할 필요가 있다는 것은 재판관 각자의 가정 상황에 비추어 명료하다고 믿는다. 고로 신속히 본건을 진행함으로써 이 자들로 하여금 하루 빨리 귀향하게 하여 가업에 종사할 수 있도록 처리하기를 바란다.

ⓒ 본건 재판을 위해 기타 다수의 형사 사건의 심리를 중지하고 계신다고 하니 그 때문에 그 사건들의 피고들이 입을 폐와 고통을 고려하여 본건의 신속한 심리를 시도하기를 바란다. 단 이 때문에 심리 내용을 간략하게 하지 않기를 바라는 바이다.

ⓔ 본건은 일반 민중이 얼마나 그 진행에 주목하고 있는지 추지하기가 어렵지 않은 바이다. 하루 빨리 이 건의 종결을 기도하는 것은 재판소로서 당연 가지지 않을 수 없는 성의라고 믿는다. 앞에 서술한 이유에 의해 매일 개정을 요구하는 바이고 이러한 대사건에 있어서 매일 개정하지 않는 사례에 접한 일이 없으므로 연일 개정이 불가능한 이유로 전에 말한 사항은 단 하나도 정당한 이유로 수긍할 수 없는 바이다. 본 요구는 피고 및 변호인들이 모두 함께 열망하는 바이다.

2. 본건의 공개 금지의 해금을 바란다.

치안유지법 위반에 있어서는 오히려 재판소는 피해자의 입장에 있다고 할 수도 있기 때문에 그 재판은 한층 공평 신중함을 기하지 않을 수 없으며 그리하여 사회에 대해 그 죄가 있는 바를 알려야 할 것이다. 그런데 이것의 공개를 금지시키고 사회 민중에게 이것을 알리지 않는다면 혹 죄를 범한 피고인을 신(神)으로 만드는 결과가 될 수도 있다고 위구하는 바이다. 당초 본건의 공개를 금지시키신 것은 공개함에 따라 안녕질서를 어지럽힐 염려가 있다고 해서 검사도 이것을 청구하고 재판소 또한 그것을 요한 것이기는 하지만 과거에 있어서 피고인들의 공술 및 재판장의 신문으로 보면 안녕질서를 해칠 염려가 추호도 존재하지 않는다. 이는 본 변호인이 수회 공판에 입회한 결과 가진 확신이다. 따라서 속히 공개 금지를 해제하는 일에 대해 검사의 반성과 재판소의 고려를 요구하는 바이다.[38]

포시의 주장은 그동안의 공판운영의 방침에 대한 변호인들의 주장을 압축한 것이었다. 검사는 변호인의 주장에 대해 다음과 같은 반론을 폈다. 첫째, 사건진행을 신속히 하는 데 대해서는 물론 이의가 없다. 다만 기록의 정리, 피고인 호송의 관계 등을 고려하여 적당한 결정이 있기를 바란다. 둘째, 공개 금지의 해금에 대해서는 반대한다. 십수 명의 피고인들을 신문한 결과에 비추어 공판의 공개를 금지시킬 필요가 없다고 주장하지만 조선의 현재 인심, 문화 상태를 고려하여 아직 이것을 일반에 공개하는 것은 안녕질서를 해칠 염려가 있다고 사료한다. 공개한다면 다른 피고인들을 신문함에 있어서도 더욱 공안을 해칠 염려가 있다고 믿는다. 요컨대 의연히 공개 금지의 계속이 적당하다고 생각한다는 것이다.

포시 변호인은 검사의 주장에 반론을 폈다. 검사와 반대로, 그는 조선의 문화, 사정 등을 비추어 소위 특별한 취급을 할 필요는 더욱더 없으리라고 믿는 바이다. 검사의 견해는 조선 전반에 통달하지 않은 협소한 견해이다. 널리 전조선의 인심, 세태를 강구, 달관하신다면 그것이 잘못된 견해인 것으로 판명하게 될 것이라고 반박했다.

재판장은 합의상 변호인의 공판 개정에 대한 이의 제기는 이것을 각하

---

38 高允相外九十一名 公判調書(第十四回), 1927.10.15, (治安維持法違反等) 共産主義
運動 : 治安維持法違反被疑事件 (국사편찬위원회)

한다는 결정을 선고했다. 기록 정리의 불능, 법정의 사용 곤란, 형무소의 피고인 호송 곤란, 재판관의 건강 등의 사정을 들어 연일개정은 불가능하다는 것이다. 그리하여 공개금지 해금의 신청에 대해서는 변호인의 의견으로 들어두는 취지를 고지하며 오늘은 이 정도로 심리를 속행하는 뜻을 정하고, 다음 기일을 정했다.[39]

2. 변호인의 면회와 보석청구 및 증거수집

포시진치는 무엇보다 먼저 피고인들과의 면회와 피고인의 의견청취에 역점을 두었다. 그는 도착 다음날(10월 9일) 아침 10시에 이인 변호사와 함께 서대문형무소를 방문했다. 피고 중 설병호, 이호, 이석, 강달영, 김약수 등 5인 피고를 면회했다.[40] 또한 10월 10일에는 변호사들이 지필을 차입하여 피고인들[41]이 자필공술서를 쓰도록 하였다.

10월 12일에는 포시, 고옥, 김병로, 김태영 등 4변호사가 고옥-김태영, 포시-김병로의 2파로 나뉘어, 피고인들(권오설, 이준태, 최규항, 이지택, 홍덕유, 강달영, 송봉우, 이봉수, 전정관, 조동혁, 박헌영, 백광흠, 조이환, 신철수)을 면회하고 사건에 대하여 여러 가지를 청취하였다. 피고인의 자필공술서를 받고 청취한 결과, "일찌기 예상하였던 모종의 새로운 중대사실"이 확실히 드러났다. 변호사들은 한층 더 묘사를 충분히 하여 이 중대문제를 구체화시키기 위해 여러 활동을 전개하기로 하였다.[42]

또한 피고인 중 중태에 빠진 박헌영, 조이환, 신철수, 백광흠의 네 명을 면회하였던 바, 이들의 증상이 극히 위중함을 확인했다. 감옥의사의 진단상으로도 박헌영(심신상실), 조이환(폐결핵), 백광흠(건성늑막염과 폐삼고증 결

---

39 앞의 자료.
40 동아일보 1927.10.11.
41 피고 중 이봉수, 임원근, 김재봉, 이준태, 홍증식, 박일병, 강달영, 김약수, 홍덕유, 권오설.
42 조선일보 1927.10.14.

백광흠(1926)

핵성복막염)의 생명이 위독한 상태에 있음이 확인되었다. 그들의 병상에 대하여 변호사들은 세밀히 조사하고 감옥의의 진단을 확인하였다.

이러한 조사결과와 감옥의사의 진단 결과를 토대로, 10월 13일 오전에 변호인들은 〈책부보석원(責付保釋願)〉을 제출하였다. 이미 제출된 박헌영에 대한 보석원을 포함하면 모두 4명의 피고인에 대한 보석원이 제출된 것이다.

또한 당일 아침 포시, 고옥, 권승렬, 한국종, 이인을 대표로 하여 재판장을 면회하고 중병의 피고인을 보석해줄 것을 요청하였다. "중병의 피고를 보석치 않는 것은 인도적으로 보아서도 결코 용서하지 못할 것이며, 법률로 보아서도 형집행이 불가능한 처지에 빠져 있을 정도인데 그대로 두어서 책임을 어떻게 할 작정이냐"고 맹렬하게 몰아쳤다.[43] 이러한 논란으로 말미암아 공판 자체가 11시 10분이 되어서 비로소 개정될 수 있었다.

변호사들의 맹렬한 노력은 곧바로 일정한 효과를 보았다. 10월 13일 오후 1시반 백광흠에 대한 보석이 허가되었다.

10월 13일 피고인들에 대한 면회를 계속했다. 10월 12일의 면회를 통해 '중대한 결과'를 얻게 되었기 때문이다. 김병로, 김태영, 포시진치, 고옥정웅에 이인 변호사까지 합류하여 보다 세밀한 조사에 들어간 것이다.

10월 14일 오전에 포시, 김병로, 허헌, 고옥 변호사가 형무소로 방문하고, 피고인 13인(독고전, 신철수, 김상주, 김항준, 서정희, 임형관, 송봉우, 박일병, 설병호, 오기섭, 윤윤삼, 박병두 외 1인)을 면회했다. 이로써 며칠 사이에 변호

---

43 동아일보 1927.10.14.

사들이 면회한 피고인은 모두 26인에 달했다. 연일 서대문형무소에 출동하는 변호인의 태도와 관계해서는, "네 변호사는 또 형무소에 출장중"이라며 "안비막개(眼鼻莫開)의 변호인단"이라고 보도하고 있다.[44] 이렇게 눈코 뜰새 없이 분주한 까닭과 관련하여, 언론에서는 '대문제 폭발의 전조'라고 묘사하고 있다.[45]

10월 15일 제14회 공판이 끝나고 변호사들은 회의를 열고 밀의한 결과 '대문제'를 제대로 접근하기로 의견을 모았다. 또한 포시, 고옥 양 변호사는 검사정과 재판장을 방문하여 매일 재판할 것과 병중 피고의 보석을 열렬히 요구했다.

10월 15일 저녁에는 불쌍한 공산당사건의 피고가족을 위하여 〈피고가족위안회〉를 주최했다. 포시, 고옥, 김병로, 허헌, 이인, 김태영의 여섯 변호사가 주최했으며, 천도교, 신간회, 형평사, 청총, 노총, 농총의 대표자들도 참석했다. 피고가족 30명, 각 사회단체 대표, 신문기자 등 합쳐 70여 명에 달했다. 다수경간의 감시중에 감개무량한 정담이 오갔다. 그 중에 제일 노년인 박일병 부친의 답사는, "우리는 비관은 커녕 무산계급을 위한 운동에 수금된 것을 광영으로 알고 배가 부르도록 먹겠다"고 했다고 한다.[46]

3. 소결 : 포시진치의 개입과 변호인단의 활성화

10월 15일 밤 포시진치 변호사는 동경에 긴급한 변호사건의 해결을 지을 필요가 있어 경성을 떠났다. 그는 "변론기일에 임박하여 다시 돌아오겠다"고 하면서 동경에 있는 동안에도 "재판소의 무성의한 공판진행과 중병 피고에 대한 보석문제에 무정한 것, 경찰관헌의 사법권침해문제, 이 문제에 관련된 언론집회의 일체 금지 등 전횡무쌍한 폭압문제에 대하여 일본

---

44 조선일보 1927.10.15.
45 동아일보 1927.10.16.
46 동아일보 1927.10.17.

에 여론을 일으킬 작정"이며, 정부당국에 대하여 "공산당사건의 공판을 중심으로 한 총독정치를 피압박민중 무산계급의 항쟁전에 전개시킬 작정"이라고 언명하였다. 또한 "조선문제는 결코 조선내의 문제에 그치지 않고 일반무산계급민중의 공통적 문제이니 피압박민중의 단결이 굳고 무산계급의 관헌의 폭압을 탄핵하는 용감이 많은 만큼 그 문제는 넓어질 것"이라고 언명하였다.[47]

포시진치가 경성에 머문 것은 10월 8일 야간부터 10월 15일 야간까지로, 불과 1주일이었다. 그러나 이 일주일 사이에 재판의 전개와 변호인의 소송전략에서 하나의 질적 비약이 이룩되었다. 제1단계에 해당하는 시기(9월 13일~9월 30일)가 관할위반, 공판공개, 특별방청 등 절차적이고 재판환경에 관련된 측면이었다면, 제2단계(10월 10일~10월 16일)에서는 보다 사건 및 피고인과 관련된 내용적 측면으로 무게중심이 옮겨졌다. 무엇보다 사건에 대한 접근방법에서 진일보된 면모를 보였다. 포시진치는 도착 다음날부터 구속피고인들을 면회하였고, 그 개별면회를 통해 일부 피고인들의 심각한 질병사실을 구체적으로 알게 되었고, 이를 토대로 보석신청을 했으며, 그 일부에 대해 보석허가까지 얻어낼 수 있었다. 더욱이 면회를 통해 심각한 "중대사실"을 알게 되었으며, 그 사실을 정확히 밝혀내기 위해 면회대상범위를 더욱 확대했다. 그리고 이 조사를 토대로 대파란을 일으킨다. 형사변호사의 기본이 〈피고인과의 면회〉와 〈피고인의 석방을 위한 노력〉 그리고 〈피고인의 인권침해에 대한 법적 항변〉임을 그는 단기간의 변론활동을 통해 확실히 보여주었다. 또한 사상변호사로서 그 사건 재판의 부정의함을 사회적인 여론을 통해 확산시키는 임무에도 충실했다. 또한 피고가족위안회의를 밤까지 개최함으로써, 변호인으로서의 정서적 지원역할까지 다하였다.

---

47 동아일보 1927.10.17.

재판장과 검사정, 형무소를 상대로 짧은 기간 내에 이 정도의 수확을 얻어낼 수 있었던 것은 포시진치의 영향력과 치밀성에 힘입은 것은 틀림없다. 포시진치는 짧은 기간내에, 재판투쟁의 수준을 증폭시키는데 성공적 역할을 하고 경성을 떠나간 것이다. 포시의 도착 이전에, 이 정도의 결과를 자신있게 해낼 수 있으리라는 예상은 누구도 할 수 없었다. 또한 이 시기에 일본변호사(포시, 고옥)와 한국변호사(김병로, 이인, 허헌, 김태영 등)의 긴밀한 협력의 성과가 두드러진다. 그 협력의 결정판은 바로 '문제의 대사건'에 대한 처리였다.

| 문제의 대폭발 : 종로경찰서의 고문경찰관을 고소하다 |

　　'대문제'로 언급되던 일은 10월 16일 오후 그 정체를 드러냈다. 변호사들은 경성지방법원 검사국에게 고소장을 제출했다. 피고들을 취조한 종로경찰서 고등계의 요로경찰을 폭행·능학·독직죄로 고소한 것이다. 고소인의 명의는 권오설, 강달영, 전정관, 홍덕유, 이준태의 5인의 피고인들로, 2차공산당사건으로 종로서에 체포되어 모진 고문을 받았다는 것이다. 이들은 1926년 6월 14일 경찰서 신문실에서 갖은 폭행을 당하여 권오설은 앞니 두 개가 부러지고 여러 중상을 입었다. 피고소인은 주임경부 삼륜화삼랑(三輪和三郎), 경부보 길야등장(吉野藤藏), 김면규(金冕圭), 순사부장 대삼수웅(大森秀雄)의 5인이었다. 이들은 독립운동사에서 가장 악명높은 고문경찰관들이었던 만큼 그들을 고소한다는 것은 대단한 용기를 필요로 하는 일이었고, 나라 전체에 엄청난 충격파를 안겨줄만한 일대 사건이었다. 피고인의 고소대리인은 포시진치, 고옥정웅, 김병로, 이인, 김태영, 허헌, 한국종의 7인이었다.

　　지난 며칠간의 면회와 조사를 통해 변호인들은 고문사실을 확인하고 그를 입증할 증거를 수집하고 다른 피고인들로부터 증언을 구체적으로 확보하는 준비를 마치고, 고소장을 제출했다. 〈고소장〉의 대강은 다음과 같다.

고소장⁴⁸

서대문형무소재감중

　　　고소인 권오설 강달영 전정관 홍덕유 이준태

고소대리인

　　　변호사 포시진치 고옥정웅 김병로 이인 김태영 허헌 한국종

피고소인

　　　경성부종로경찰서근무 三輪和三郎 吉野藤藏 大森秀雄 金冕圭

일. 형법 제195조 폭행능학독직죄의 고소

• 고소의 취지

　1. 피고소인 삼윤화삼랑은 종로경찰서 경부

　1. 피고소인 길야등장은 종로경찰서 경부보

　1. 피고소인 대삼수웅은 종로경찰서 경부보

에 재직하여 형사소송법 제248조의 사법경찰관으로서 고소인등에 대한 치안유지법위반피의사건수사의 직무를 행함에 있어 고소인등에 대하여 형법 제195조⁴⁹에 해당할 폭행능학을 한 범죄행위(범죄사실 참조)가 있다고 확신하고 엄정한 사법권활동의 심리와 처벌을 요구하기 위하여 다음 적확한 사실을 具하여 본 고

---

48 여기서 '고소사실'의 전문은 布施辰治, 植民地關係資料集 第2卷 (朝鮮·臺灣編), 2006, 176~177면에 실려있어 그것을 번역했다. 조선의 언론에서는 상당부분이 '생략'되어 있거나 검열에 걸려 일부가 ×× 식으로 삭제되어 있다.

49 형법 제195조: 재판, 검찰, 경찰의 직무를 행하고 또는 그를 보조하는 자가 그 직무를 행함에 당하여 형사피고인 기타에 폭행 또는 능욕의 행위를 행한 시는 3년이하의 징역 또는 금고에 처함. 법령에 인하여 구금된 자를 간수 또는 호송하는 자가 피구금자에 대하여 폭행 또는 능욕의 행위를 행한 시는 또한 동일함.

소를 제기함

• 고소이유

… 피고소인들은 고소인들에 대하여 형사소송법 제248조에 의한 사법경찰관으로서, 그 직무를 행함에 대하여 동법 제135조 "피고인에게 대하여는 정녕 친절을 그 취지로 하여 그 이익이 될만한 사실을 진술할 기회를 줄 것"이라는 규정에 명백한 것과 같이 적어도 고소인들에 대하여 조폭 불친절한 태도를 계신(戒愼)할 직무의 의무를 가지고 있다.

그럼에도 불구하고 고소인들이 피고소인들의 혐의사실 신문에 대하여 그 진실(전연 자신에 기억없는 진상)을 답변하여 이를 부정하자 불법부당하게도 그 신문사실 긍정의 답변을 강요하기 때문에 전기(前記)와 같이 고소인들에 폭행능학을 가한 피고소인들의 행위와 고소인들의 헌법에서 보장된 인권을 유린하여 형사소송법에서 보장된 피의자의 보호권을 무시하고 다시 사법재판의 공평진실을 그르치게 되는 법률파괴로서 법률상, 인도상 단연히 허(許)치 못할 중대범죄라고 확신하고 이에 본 고소를 제기한다.

조사과정에서 적극적 역할을 한 고옥정웅 변호사는 고소에 즈음하여 다음과 같이 발표하였다.

"이번 공산당사건의 피고들은 거의 전부가 ××**50**을 당하였으나 그 중의 가장 ××을 혹독히 당한 다섯 피고를 들어 우선 고소를 제기한 것이며, 이번 사건 관련 변호사들은 전부가 연명으로써 ××의 고소를 하려 하였으나 그럴 필요가 없기에 변호사단의 대표의 자격으로 우리 일곱사람이 제기한 것입니다."

"그리고 ××에 대해서는 예심판사도 고소하고자 하였으나 그 정도가 그리 심

---

50 여기서 ××는 '고문'을 말한다.

하지 않고 또 반성할 여지가 있기에 아직 보류하였습니다. 그리고 이번 고소문 제는 변호사로서 당연한 의무인줄 압니다."[51]

"종로경찰서 경관이 그와 같은 폭행을 피고에게 가하여 답변을 강요한 것은 헌법에 보장된 인권을 유린하고 형사소송법에 보호된 피의자의 변호권을 무시하고 사법재판의 공평진실을 그릇되게 하는 법률파괴로 법률상으로나 인도상으로 결단코 용서치 못할 중대범죄로 확신하여 이 고소를 제출하게 된 것이다. 이런 일은 자꾸 폭로하여 공평한 비판을 받아야 될 것이다."[52]

"박헌영이 정신이상이 생긴 것도 기실은 이미 죽은 박순병이가 ××으로 인하여 죽었다는 말을 들은 것이 원인이 아닌가 합니다. 어쨌든 우리는 우리의 천직으로서 모든 것을 정의에 호소할 뿐입니다."[53]

한편 고소장 제출의 소임을 다하고, 경성을 떠나 동경으로 향하던 포시 진치 변호사는 다음과 같은 소감을 밝혔다.

"관헌의 횡포가 한량없는 조선에서 피고를 형무소에 쓸어넣은 사법경찰관을 상대로 '폭행능학독직죄'의 고소를 제기한 것은 조선에서 처음 있는 일일지도 알수 없습니다. 그러나 법률이라는 것은 결코 지배계급관헌이 피지배계급인 민중을 취체하거나 탄압하는 데만 편의를 주기 위하여 존재하는 것은 아닙니다. 지배계급인 관헌이나 피지배계급인 민중이나 모두 법률의 앞에는 평등하게 공정한 보호를 받는 동시에 부정한 일이 있으면 처죄(處罪)를 받지 않으면 안 될 것입니다. 그런고로 지배계급인 관헌일지라도 법률에 위반되는 부정한 일이 있으면 당연히 그 제재를 받지 아니하여서는 안 될 것인데, 오히려 지배계급인 관헌의 법률위반은 피지배계급인 민중의 법률위반보다 그 정상이 더욱 중한 것입니다.

51 조선일보 1927.10.17.
52 동아일보 1927.10.17.
53 조선일보 1927.10.17.

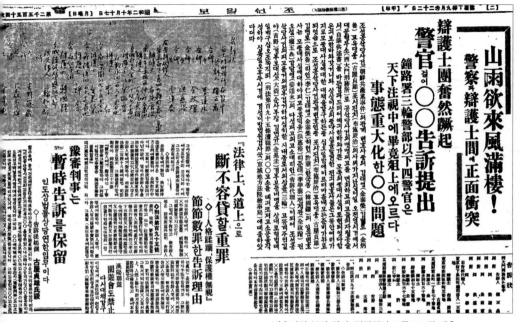

변호사단 분연 궐기, 경관걸어 고문고소장 제출.
조선일보 1927.10.17.

이번에 우리들이 대리인이 되어 공산당사건의 피고들을 취조한 사법경찰관, 그 중에도 극히 더 횡포무쌍한 종로경찰서의 삼륜 길야 대삼 김 등의 경찰관을 상대로 고소한 사실은 그 증거가 역력하여 의심할 것 없는 점으로 보아 당연한 일입니다. 만일 이러한 고소사건이 성립되지 아니한다면 (중략) 법률의 ××를 슬퍼하지 아니할 수가 없습니다. 어제 장미 검사정과 원 경성지방법원장을 방문하고 고소제기에 대한 자세한 사정과 금후의 취조방침에 대한 희망을 자세히 말하였더니, 장미 검사정도 원 지방법원장도 경찰관들 사이에 가끔 그러한 문제가 있다는 말을 듣고 항상 경계하는 터인데, 금번의 공산당사건 피고가 나에게 보낸 사건변호참고서에 ××사실을 하소연한 일이 있는 것도 미리부터 들었은 즉 충분히 신중하고 엄중한 태도를 취하겠다고 하였습니다. 우리들 고소대리인의 요구한 증거까지도 충분히 취조하여주면 반드시 고소가 성립되리라고 믿어 의심치 아니합니다. 우리들은 일반사회와 함께 법률의 위신을 위하여 이 사건의 취조를 감시하여 조선에서 형사재판의 극폐인 ××××경찰관에게 단호한 제재를 내리기 희망해 마지 않습니다.[54]

고소장 제출에 대한 반응은 엄청났다. 언론은 "산우욕래 풍만루(山雨欲來風滿樓)! 경찰과 변호사간에 정면 충돌," "변호사단 분연 궐기," "종로서 삼륜경부 이하 네 경관은 천하 주시중에 필경 도마위에 오르다" 등의 제목을 뽑아 그야말로 대서특필하였다.[55] 이러한 "괄목할 사건의 전개"에 대해 사회적 성원도 빗발같이 답례하였다. 변호사단에 대한 격려문, 당국에 대한 항의문이 이 날을 계기로 훨씬 증폭되었다.

이 고소가 그토록 폭발적인 반응을 불러일으킨 것은 종로경찰서의 특별한 지위에 관련된다. 종로경찰서는 일제의 조선통치를 그대로 상징하는 기관이고, 독립운동사건 사상사건을 다루는 경찰의 총본산이었다. 허다한 애국자와 지식인, 주의자들이 종로 경찰서에서 검거 투옥되었다. 심문에는 무자비한 고문이 필수적이었다. 그 가운데 삼륜(三輪) 경부와 길야(吉野) 경부보는 악질 중의 악질로 악명 높았고, 왠만한 조선인치고 그의 악명을 접하지 않는 사람이 없을 정도였다.[56] 이들을 직접 고소한다는 것은 통상 도저히 예기할 수 없는 사건이었다.

과연 그들은 고소를 당해도 표면상 흔들림이 없는 듯이 보였다. "모든 것은 사실을 조사해본다면 자연히 진상이 밝혀질 것"이란 게 그들의 입장

---

54 조선일보 1927.10.18.
55 조선일보 1927.10.17.; 동아일보 1927.10.18.
56 지중세 역편, 조선사상범검거실화집, 돌베개, 1984에는 삼륜와 길야가 사상범들을 어떻게 체포하고 어떻게 심문했는지에 대한 상세한 경험담이 나온다. 또한 김을한은 당시 조선일보 기자로서 종로서를 출입하였는데, 종로경찰서에 대한 여러 묘사가 나온다. 그가 본 바로는, "미와 경부는 조그만 체구에 상냥한 얼굴을 하였지만 성이 나면 금시에 독사처럼 표변하는 간악한 자였고, 요시노 경부보는 능글능글한 눈에 웃으면 누른 이빨이 내보이는 것이 흡사 능구렁이 같은 자였다."(김을한, 신문야화-30년대의 기자수첩, 일조각, 1971, 128면)

이었다.[57] 또한 종로경찰서장은 "그러한 큰 사건의 피고들이 고문으로 인해 자백한 것으로 말미암아 그와 같은 큰 범죄가 구성되었다는 것은 조금 상식있는 사람으로서는 곧이 듣지 않을 것"이라며 더 이상 말을 회피하기도 했다.[58]

변호인들은 고소장을 정식 제출한 후 경성지방법원 검사정과 법원장을 각각 방문하고 이 고소사건에 대한 증거를 철저히 조사하고 공평한 처치를 해달라고 요구하였던 바(10월 16일), 장미 검사정은 그렇지 아니해도 종래 경찰관들이 형사피의자의 취조를 할 때 가끔 그같은 일이 있다는 말을 들은 일이 있어 그런 일이 없도록 신칙하여 오던 터인즉 신중히 조사하여 공정히 처리하겠다고 언명하였다. 한편 총독부 경무과장은 "고소를 했다는 말을 들었으나 이것이 사실인지 아닌지 알 수 없을 뿐 아니라 사법권이 발동하는 것이니까 재판소의 경과만 볼 뿐 우리는 아직 아무 간섭을 하지 않습니다. 그러나 재판소의 경과를 보아 필요로 인정할 시에는 우리도 감독 책임자로서 조사를 하여보고자 합니다"라는 관망적 태도를 표명했다.[59] 이 고소의 의미에 대해 변호인단은 어떻게 생각했는가? 고옥 변호사의 말을 들어본다.

이번 고소사건은… 보통고소사건과는 대단히 다른 중요성을 지닌 것입니다. 종래 경찰관의 고문사건은 세상에서 가끔 떠들은 일은 있었으나 그 대부분은 유야무야한 속에 장사하여 버렸습니다. 특히 조선에서는 더욱 그러한 까닭에 어떠한 사정이 있더라도 법의 신성을 확보치 아니해서는 안 될 책임과 의무를 가진 검사국은 이런 것을 취조할 때에 공평한 입장에서 가장 엄격한 태도를 갖고 취조를 진행하여 그 결과를 공표해서 일반민중의 의혹을 풀도록 할 책임을 가진 것

---

57 조선일보 1927.10.18. "미와 담"
58 조선일보 1927.10.19. "종로경찰서장 담"
59 조선일보 1927.10.19.

가운데는 고소장 제출하고 나오는 변호사들
상단에는 권오설(좌), 강달영(우), 하단에는 고소당한 삼륜 경부(좌), 길야 경부(우)
동아일보 1927.10.18.

입니다. 그런데 검사정은 본건은 증거 여하가 문제라 하나, 그 증거의 수습은 범죄수사권을 가진 검사의 노력 여하를 기다리는 것이 당연한 일입니다. … 검사는 모름지기 공산당사건을 검거함과 같은 민활한 수사방법으로 스스로 자진하여 본건의 증거수집에 노력하여 본 고소에 대한 태도를 결정해야 할 것입니다.[60]

일본인 변호사들의 성원도 이어졌다. 포시진치 변호사가 일본에 돌아간 직후인 10월 18일 일본노동농민당에서 다시 대표로 가등관일(加藤貫一) 변호사를 특파하였다. 그는 사법권침해문제, 고문문제 등의 진상을 규명하고, 당사자의 태도, 사법당국의 태도는 어떠한가를 자세히 조사하고, 민간의

---

60 조선일보 1927.10.20.

여론과 태도를 듣고, 노동농민당에 보고하고자 했다. 공판에도 될 수 있는 대로 참여하여 변론하기 위해, 도착 다음날인 10월 19일 변호사계를 제출하여 제16회(10월 20일)부터 제19회(10월 27일)까지 공판정에 출정하였다. 역시 짧은 기간에 열성적으로 변론과 기타 활동을 하고 10월 28일 동경으로 돌아갔다.

검사는 과연 이 고소사건에 대해 얼마만한 성의를 갖고 임할 것인가가 주시의 대상이었다. 사건을 맡은 원교 검사는 10월 20일부터 증거보충조서를 얻기 위해 5인의 고소피고인을 상대로 여러번 취조를 했다. 그러나 피고소인(경찰관)에 대하여는 형식적으로 한두번 불러 취조하는데 그쳤다.[61] 어쩌면 식민지의 형사사법을 담당하고 있는 검사와 경찰 사이에 이정도 형식적 취조로 그칠 것은 충분히 예상될 수 있는 것이었다. 변호인들은, 엄정조사를 계속 촉구하였고, 또한 경찰 이외에도 폭행을 한 혐의를 받고 있는 오정 예심판사가 다른 유사사건의 예심을 맡지 못하도록 압박을 가하였다.[62]

고문고소의 또다른 영향은 피고인들의 법정태도에도 미쳤다. 비밀재판이 계속되었기에 법정에서 피고인들의 답변은 일반 언론에 공개되지 않았다. 그러나 당시 작성된 공판조서를 보면, 고소가 제출된 뒤에 변호인들은 피고인에게 고문당한 사실이 있는지 여부를 계속 질문하고 있으며, 피고인들의 고문피해사실을 거리낌없이 진술하고 있음을 볼 수 있다.[63] 그 공판조서 중에서, 고문피해자의 중심인물이었던 권오설의 진술을 예시해서 보기

---

61 조선일보 1927.11.23.

62 피고들을 고문한 형적이 있는 오정 예심판사가, 간도공산당사건의 예심을 맡는 것은 위태한 일이며, 법원장에게 그에 대해 경고문을 보낸다. 이인 변호사는 "검사도 고문은 하지 아니하는데 더군다나 예심판사가 고문을 하였다는 것은 해괴한 일 중에 해괴한 일. 판사가 피고를 고문하였다는 것은 조선에 법원에 설치된 이래 공전절후의 괴변입니다"고 말함. (조선일보 1927.10.23.)

63 高允相外九十一名 公判調書 (治安維持法違反等) 共産主義運動 : 治安維持法違反被疑事件 (국사편찬위원회)에는 고문사실 진술이 매우 상세하다.

로 한다.[64]

재판장은 변호인 김병로의 질문을 요구하므로, 피고인 권오설에게 질문함.

문(재판장) : 경찰에서 고문당한 사실이 있는가? 있다면 그 상세한 내용 및 예심 판사의 신문조서에는 임의로 서명하고 무인(지장)을 찍었는가 아닌가 진술하라.

답(권오설) : 경찰에서 취조받은 것은 여름이었는데 처음에는 학대당하지 않았지 만 1주간 정도 경과되었을 때부터 무엇이든 숨김없이 말하라며 둥 근 의자를 옆으로 눕혀 그 위에 나를 앉혔다. 그 때 길야 경부보는 나의 무릎끝을 발로 찼기 때문에 나는 쓰러져 앞니를 다쳤다. 그 이후 앞니가 끄덕끄덕 움직여 바람이 스치면 통증이 있다. 그 후 웬 일인 지 모르겠지만 동대문서에 연행되었을 때인데 몇시간을 기다려도 저 녁식사를 주지 않기에 요구하니까 종로서로부터 가지고 올 때까지 주지 말라고 하니 결국 다음날까지 식사를 할 수 없었다. 다음날 길 야 경부보가 와서 또 나를 종로서로 연행하여 계단위의 동쪽편 끝방 에서 창유리에 신문지를 펴 거리로부터 실내가 보이지 않게 하고 또 둥근 의자를 옆으로 눕혀 나를 그 위에 앉혀 양손을 목 뒤로 접어 끈 으로 결박했다. 길야 경부보 이외에 5~6명의 경관이 각자 죽도로 나 를 마구마구 구타했다. 다음에는 앉은 다리의 안쪽에 각목 2개를 끼 우고 하루 밤낮을 계속하여 고문했다. 다음날 각목 중 1개는 빼냈지 만 그로 인해 상반신이 붓고 다리는 마비되어 접고 펴고를 제대로 할 수 없었다. 머리는 어지러워 잠을 이룰 수 없었다. 그러자 우두머리 도 별 수 없군 이라 야유하면서 또 구타했다. 그리고 또 다리에 전과

---

64 권오설의 답변은 안동독립운동기념관 학예연구실, 권오설 1, 도서출판 푸른역사, 2010, 552~553면의 번역을 토대로, 〈공판조서〉를 같이 확인하여 약간 다듬은 것이 다.

같이 각목을 끼우고 이틀 밤낮을 계속했다. 그리고 나서 고등과의 아랫방에 집어넣고 1주간 가두어두었다. 조사하는 사이 사이에 부채와 손바닥으로 뺨을 몇백차례나 때렸다. 또 손가락 사이에 부채를 끼워 양 방향에서 꽉 쥐었는데, 이건 얻어맞는 것보다 더 고통스러웠다.

권오설

그런 고문을 받았기 때문에 경찰에서는 묻는 대로 거의 엉터리로 답했다. 마지막으로 검사정, 예심정에 가서도 경찰에서 말한 그대로 진술하라고 말했다.

권오설은 이렇게 경찰에서 당한 고문을 낱낱이 법정에서 진술하고, 경찰의 고문으로 인해 허위진술을 하게 된 경위를 말할 수 있었다. 다른 피고인들도 마찬가지였다. 권오설은, 또한 검사와 예심판사도 경찰과 다름없는 태도를 보였다고 진술하였다.

검사정에 가서는 나이든 검사가 크게 화를 내면서 신문하기에, 다시 참혹한 꼴을 당하면 나만 바보로 보일까봐 묻는 대로 거의 답변했다.
예심판사는 나를 조금 심문하고 난 뒤 조서에 서명날인을 시키고 다시 신문을 시작하면서 종이에 펜으로 써서 서기에게 쓰게 하였다. 그 가운데 틀린 부분이 있어 정정하고 싶다고 말하자 판사는 화를 내면서 정정하고 싶다고 판사가 일일이 정정해주면 5년이고 10년이고 예심에 사건이 걸려있을 것이라고 말하기에 어쩔 수 없이 묻는 대로 답하였다. 예심판사가 종이에 쓴 것을 보여주거나 읽어주거나 한 것은 없다. 본 조서를 보여주거나 읽어준 적은 한번도 없다

금년이 된 뒤 예심판사에게 틀린 점이 있어 정정하고 싶다고 했더니 이 판사는 이제 다시 그런 식으로 말하면 사면에 회부될 것도 회부되지 않을 것이라고 말하면서 받아들여주지 않기에 모든 것을 공판에서 진술하려고 생각하고 있었다.

이와 같이 경찰은 물론, 검사에게도 임의로 진술할 수 없었으며, 더욱이 예심판사마저도 말한 대로 조서에 작성하지도 않고, 조서의 정정요청도 위압적으로 묵살했음을 구체적으로 진술하였다.

한편 고문고소사건에 대해 애매한 태도를 취하고 조사에 열의를 보이지 않은 검사의 태도에 대해 각계에서 불만을 쏟아냈다. 재일본조선노동총동맹은 집행위원회를 열고 검사정에게 엄중한 경고문을 발송하고, 종로경찰서의 고문진상을 상세히 기재한 삐라를 20만 장이나 인쇄하여 내외 각지에 산포한다는 결의를 했다.[65] 일본내 단체들은 검사 뿐 아니라 조선총독 및 일본내각에까지 항의하고자 했다. 동경에 있는 일본노동농민당과 일본노동당은 서로 제휴하여 "전중 수상과 조선총독에게 공동항의"할 것을 성명서로 발표했다.[66] 포시진치 변호사는 일본정부당국에 또다시 항의를 제출했다. 조선총독과 정무총감 경무국장 등이 고문금지와 고문사실을 제대로 조사하지 않고 있음은 광직(曠職, 직무유기)이 아닌가 하고 질타한 것이다. 조선의 변호사들은, 고문조사가 시늉만 내는 형세로 진행되자, 추후 고문사실이 확정되는 대로 제2차, 제3차 고소까지 제기할 것이며, 그 때는 예심판사도 고소대상에 포함시킬 것이라고 압박했다.[67]

그런 와중에 변론의 중심이었던 고옥 변호사가 피습당한 사건이 일어났다. 그는 공산당사건 재판에 관여하면서, 조선의 농민운동이나 사회운동 방면의 다른 것에도 여러 가지 애를 썼다. 전남 하의도에 출장하여 하의도

---

65 동아일보 1927.11.6.
66 조선일보 1927.10.30.; 동아일보 1927.10.30.
67 동아일보 1927.11.1.

사건의 진상을 조사하고 돌아왔는데, 11월 9일 저녁 8시반 고옥 변호사가 투숙한 여관에서 돌연히 토목도급업자의 부하 2명에게 습격당했다. 그 자들은 고옥에게 하의도사건을 조사한 것은 잠잠한 도민을 선동한 것이라고 소리를 지르며 옆에 있는 담뱃재털이를 들어 고옥씨의 이마를 때리고 도주하였다. 이들은 경찰서에 달려가 자수, 경찰은 조사 중이라고 답했다. 이런 종류의 사건에는 종종 어떤 마수가 숨어있는 듯[68] 하지만, 경찰은 사건의 발생원인과 주모자 등에 대한 엄밀한 조사를 진행하지 않았다.

검사는 11월 13일 피고소인들(경찰)을 차례로 검사실에 불러 극비리에 취조를 한 후 돌려보냈다. 이로써 (형식적인) 조사과정이 일단락되었다. 고소장을 제출한 지 정확히 한 달만인 11월 16일 원교 검사는 불기소처분을 내렸다. 그 사유는 고문의 혐의가 없다는 무혐의였다. 증거불충분도 아니고 무혐의의 처분을 내린 데 대해 변호인단은 더욱 분개하여, 즉시항고를 했다.[69] 하지만 결국에는 그 항고마저 기각(12월 8일)됨으로써 고문고소사건은 절차적으로는 종결되었다.

경찰폭력을 근간으로 삼는 식민지 형사사법제도하에서 경관, 그 중에서도 가장 중추적 역할을 했던 종로경찰서의 핵심간부들에 대하여 검사가 기소한다는 것도 생각할 수 없는 것이었을 것이다. 불기소와 항고기각은 그 점에서 당연했다. 그러나 변호사들은, 통상 상상하기 어려운 고소제기를 통해 식민지경찰의 활동에 대해 견제구를 던졌고, 이를 관철하기 위해 결속하여 강력히 대응했다. 조선 전국에서는 물론 일본과 해외에서까지 보여준 엄청난 반향은 이 고소의 중요성을 일깨워주는 동시에, 변호인단의 노력을 더욱 돋보이게 하는 것이었다. 형사사법권을 장악한 권력의 불기소와 항고기각은 식민지권력의 폭압성을 그만큼 두드러지게 드러나게 만들었다. 변호인단의 시도는 제도적-법적으로는 패배했지만, 민중의 마음 속에

---

68 조선일보 1927.11.11.
69 조선일보 1927.11.17.

서 결코 패배한 것이 아니었던 것이다.

| 증거신청 각하와 재판장 기피신청 |

온갖 우여곡절을 겪었던 피고인신문절차가 종료된 것은 11월 12일 제26회 공판이었다. 병중에 있던 다섯 피고인(박헌영, 이재익, 신철수, 조이환, 백광흠), 종적을 감춘 1인(주종건)을 제외한 나머지 피고인 전부에 대한 신문이 종결된 것이다.

변호인단은 40여 명의 관계자들을 증인으로 신청했다. 우선 공산주의의 의의 및 공산주의와 국제 변혁·사유재산제도와의 관계에 대해 감정증인으로 경도제국대학의 저명한 하상조 교수, 증인으로 종로경찰서의 삼륜, 길야, 대삼, 김면규 경찰을 신청했다. 또한 신의주 경찰서의 경찰 1인, 그리고 경성지방법원의 예심판사와 예심서기도 증인으로 신청했다. 예심취조에 입회한 간수 전원도 마찬가지였다.

증인신청의 핵심은 경찰고문의 입증이었다. 신의주, 경성에서의 경찰고문에 대하여 피고소인들, 경찰간부, 의사도 있으며, 신문기자, 사회운동가, 기생 등도 포함되었다. 신청증인은 모두 49명이었다.

그에 대해 재판장은 증인신청을 모두 각하해버렸다(11월 17일). 검사의 고문경관 불기소처분(11월 16일)에 이어, 바로 다음날 재판장이 증인신청을 전부 각하(11월 17일)한 것은 식민지 형사사법 당국들이 이제 무조건 종결시키자는 결의가 섰다는 것을 의미한다. 증거신청이 각하되자 그에 대해 변호인단은 강력히 반발했다. 마침내 그들은 식민지하에서 누구도 시도하지 않았던 카드를 던진다. 공판정을 분연히 퇴정[70]한 변호인단은 재판장에 대한 기피신청을 제기한 것이다. 이로써 공판은 중지되었다.

---

[70] 조선일보 1927.11.18. "기피는 만부득이(萬不得已)"

11월 19일 변호인단은 7인 변호사[71]의 연명으로 〈기피신청이유〉를 정식 제출했다. 아울러 일반사회에 기피신청의 이유를 해설한 장문의 〈성명서〉를 발표하였다.

〈성명서〉[72]

조선공산당사건 공판이 지난 9월 12일에 개정된 이래 우리 변호인은 혹은 사법권의 독립과 법의 신성 확보를 위하여 혹은 법정 내외의 취체에 대하여 혹은 공판공개금지에 대하여 혹은 고문경관의 법정잠입 및 필기사건에 대하여 불굴의 정신으로써 투쟁하여 왔다. 우리들의 주장이 대개 관철되어(공판공개의 요구를 제외하고) 피고들이 비교적 자유롭게 공술할 수 있도록 되어 금일까지 60여 일 동안 피고인의 신문이 진행되어왔다.

그동안 피고인들은 경찰서 및 예심정에서 혹심한 고문에 의하여 무실(無實)의 공술을 하게 된 것이다. 또 공술하지 아니한 것을 조서에 기재한 것이 있음에 대하여 변해한 바 있었고 필경에는 일부 피고인으로부터 고문경찰관에 대한 폭행능학죄의 고소까지 제기하게 되어 입회변호인은 물론 일반세인으로 하여금 본건에 대하여 심각한 의혹을 가지게 하였다.

각 피고인은 전기(前記)의 사정에 의하여 경찰서 및 예심정에 있어서 하등의 유리한 반증을 들 수 없었다. 그들은 공판에 이르러 비로소 그 기회를 얻지 아니하면 아니된다. 재판소로서도 공정한 판결을 내리고자 하는 한에는 그들에게 유리한 반증을 들 기회를 충분히 주어서 사건의 진실한 내용을 발견하는 것으로서 그 당연한 책무로 하지 아니하면 안될 것이다.

어시호 우리 변호인은 경찰서 검사국 예심정 및 공판정에 있어서의 각 공술을 대비하고 또 각 증거를 참작하여 각 피고인과 협의한 후 숙려에 숙려를 거듭하여 범죄의 유무를 결정함에 필요한 증거의 신청을 하였다. 그런데 재판장은 공

---

71 변호사 고옥정웅, 김병로, 김태영, 허헌, 강세형, 정구영, 한국종
72 동아일보 1927.11.20.에 전문 게재

판기록이 아직 완성하지 못하였고 (서정희 외 34명 공판조서 미정리) 따라서 증거결정에 있어서 각 피고인의 공판정에서의 공술의 내용을 아직 명백하게 하지 못하였음에 불구하고 우리 변호인이 신청한 필요한 반증의 전부를 냉정하게 각하하였다. 이와 같이 하는 것은 피고를 위하여 피고의 변소를 주로 하여 사실의 진상을 규명하지 아니하면 아니되는 공판중심주의, 직접심증주의의 직임을 저버리고 사건의 망단(妄斷)을 감행하고자 하는 것이라고 단언할 수 있다. 그것은 경찰서 검사국 예심정의 각기록에 사로잡힌 일종의 예단에 기인함이 아니고 무엇이냐? 이같이 편파한 재판장의 태도에 대하여 우리는 도저히 묵과할 수 없다. 고로 우리들은 그 기피를 신청하게 된 것이다.

우리들이 재판장의 기피를 신청함에 의하여 101명 피고의 철창고초가 늘어지는 것과 같이 되는 것은 사실이다. 그들이 신음하고 있는 참상을 생각할 때 비통의 염을 금할 수 없다. 그러나 그들을 위하여 유리한 반증도 들지 못하고 헛되이 기계적 변론에만 급급하여 우리의 천직을 다하지 못하고 사회적 의의에 있어서 중대한 사건을 가볍게 종료시키게 하는 것은 각 피고인에 대하여서나 또는 일반사회에 대하여서 우리들로서는 차마 할 수 없는 바이다.

11월 19일

조선공산당사건 변호인

고옥정웅 김병로 김태영 허헌 최진 김찬영 강세형 정구영 한국종

조선공산당 관계 변호사단으로부터 경성지방법원장에게 제출한 재판장 기피 신청서 전문[73]은 다음과 같다.

---

73 기피신청서는 동아일보 1927.11.21.~11.24.(전4회)에 전문게재되었다. 조선일보의 경우에도 1927.11.21.~1927.11.23.(전3회)로 게재되었다. 조선일보의 경우에는 약간의 내용이 생략되어 있다.

〈기피신청서〉

1. 피고인 권오설, 강달영, 전정관, 홍덕유, 이준태 외 다수자의 자는 (약간인을 제외함) 공판정에서 경찰에서 한 공술은 진실이 아니요, 전혀 ○○한 고문에 견디다 못하여 ○○○되며 정신 몽롱한 결과로 묻는 대로 대답한 것이라고 극력 변명하였으며, 또 고문에 의한 상처의 흔적을 보이며 재판장의 검진을 구하는 자도 있었다.(구체적 고문의 방법은 각 피고인에 대한 공판조서의 기재에 의하여 명료함) 또 예심의 공술에도 예심판사의 폭행 또는 위하에 공포감을 느끼고 부실하나마 묻는 대로 대답하였다고 변명하였고, 또 재판장으로부터 예심에 피고인의 공술을 지적하여 그 진부(眞否)를 물으매 이것은 전혀 예심판사의 임의로 작성한 것이오, 피고인의 공술한 사실이 아니라고 단언하는 자 불소하였다. 그리고 예심 결정의 범죄사실을 부인하는 자가 다수임에 의하여 구체적 폭행 위하의 방법 및 예심조서 기재사실로 피고인이 공술하지 않지 않은 것이라 하는 부분은 각 피고인에 대한 공판조서에 의하여 명료하다. 변호인은 본건 경찰신문조서 및 예심신문조서를 숙독한 결과 각 피고인의 공술이 전후에 있어서 부실하다고 인정할 모순 저어(齟齬)가 많은 것을 발견하고, 공판정에서 앞서 말한 바와 같은 각 피고인의 공술이 사실의 진상이라고 확신을 얻었으나, 피고인의 공판정에서의 공술과 변호인의 사실의 진상에 관한 확신만으로는 경찰 및 예심에서 이루어진 각 피고인의 불이익한 공술을 뒤집을 자료가 되지 않으며, 경찰 및 예심을 통하여 일건기록중 추호도 피고인의 이익될 반증을 인정할 것이 없는 본건이랴. 이에 변호인은 경찰에서 각 피고인에 대하여 (공판정에서 공술한 바와 같은) 고문을 당하여 부실한 공술을 하였느냐 아니냐, 또 예심에서 각 피고인에 대하여 (그들이 공판정에서 공술한 바와 같은) 폭행 위하로 부실의 공술을 하게 하고 더하여 그들이 공술하지 않은 사실까지 조서에 기재하였느냐의 사실 여부를 알아 사실의 진상을 명백히 하고자, … 종로경찰서 삼윤화삼랑, 길야등장, 김면규, 대삼수웅, 신의주경찰서 모근용부, 경성지방법원 예심판사 오정절장, 예심서기 좌좌목항을 증인으로 신청하였거늘,

재판소는 위와 같은 주요한 쟁점, 즉 범죄의 성부에 관한 분기점이 될 사실에 대하여 일건기록상으로는 추호도 각 피고인의 이익될만한 반증이 없는 본건에 있어서 아직 그에 저촉되는 증거조사가 실시된 것이 없음에도 불구하고 공판정에서 각 피고인의 공술을 고려하지 않고 그 점에 관한 유일한 증거신청을 각하한 것은 벌써 경찰 및 예심조서의 내용에 구애되어 사실의 진상을 규명하거나 직무상 충성을 다하지 않고 각 피고에게 불리한 재판을 할 것을 예단한 것에 다름 아니다. ·· 이것이 변호인이 본건 재판소의 처치는 절대적으로 기피치 않을 수 없는 것이라고 확신하는 바이다.

이어지는 내용은 각 증인을 신청하는 구체적 이유를 열거하고 있다. 예컨대 신청증인의 경찰조서, 예심조서와 공판정에서의 공술이 다를 경우, 피고인에게 불리한 경찰/예심조서의 공술부분의 진실성을 다투기 위한 것임을 하나하나 열거하고 있다. 경찰/예심조서상의 사실이 아닌 불리한 공술내용은 모두 경찰의 고문에 기한 허위자백으로 그 내용의 일부 혹은 전부를 부인하기 위한 반증으로 신청한 것들이다. 경찰/예심조서의 효력을 부인하기 위해서는 경찰 및 예심에서 고문, 폭행, 위하 등의 방법을 썼느냐 않았느냐가 결정적 쟁점이므로, 피의자들을 취조한 경찰 및 예심판사를 증인으로 신청할 수 밖에 없는 것이다.

그런데도 재판소는 공판에 대한 각 피고인의 변소를 충분히 청취하지 않을 뿐 아니라 각 피고인 등의 공판정에서의 공술을 고려하지 않고 예심기록에만 사로잡혀… 각 피고에 대한 필수의 유일한 증거방법을 모두 각하한 것은… 이미 사건의 판결을 예단하고 그 직책을 다하지 못한 부당한 처사라고 단정하지 않을 수 없다.

기피신청재판은 그동안 경성지방법원 민사부 재판장의 주심과 배석판사 2인으로 재판을 진행하여 오던 중 12월 3일 기피신청의 이유가 없다는 이유로 결국 각하되었다.[74] 변호인단은, 피고인에게 미칠 영향, 즉 소송지연으로 인한 피해의 우려 때문에 이 건에 대해 항고하지 않을 방침을 밝혔다. 이로써 기피신청재판 자체는 종결되었지만, 재판부의 판단에 대한 의구심을 객관화하고 증폭시키는 효과를 낳았다.

| 검사구형, 변호인의 변론, 그리고 판결 |

기피신청이 기각된 후 공산당공판은 12월 15일부터 속개되었다. 12월 16일(제30회)과 17일(제31회) 검사의 논고와 구형이 있었다. 변호사의 변론은 12월 17일부터 시작되었다. 변호사의 변론은 연말에 잠시 쉬고 해를 넘기면서까지 계속되어 변론이 끝난 날은 1928년 1월 13일이었다. 총 18회의 기일동안 19인이 최종변론에 참여했다. 고옥정웅과 포시진치는 변론을 위해 잠시 경성에 왔다.[75] 피고인의 최후진술에는 하루가 허용되었다. 비밀재판 하인지라, 이들 변호사들의 변론내용은 정확히 알 수 없다.[76] 피고인의 최후진술도 마찬가지로 어떤 기록도 남아있지 않다.

변호사들의 이 사건에 임한 태도는 그야말로 특기할만한 일이었다. 변호사 28인이 보수 한푼도 없이 공판에만도 거의 4개월에 걸쳐 "침식을 잊고

---

74 조선일보 1927.12.6.
75 조선일보 1927.12.21. "(寫)포시(布施), 고옥(古屋) 양씨 입경"/조선일보 1927.12. 23. "포시씨 퇴경(退京)"
76 다음의 이인 변호사의 소감을 통해 당시 변론내용의 일부를 짐작해볼 수 있을 것이다. "내가 관계한 형사사건 중에 이번 공산당사건처럼 모순당착이 많은 사건은 처음 보았습니다. 현저한 예를 들어 말하면, 공소 중에 피고가 범행하였다는 시일과 장소가 없는 것이 태반이나 됩니다. 1심에서 유죄되는 피고가 있어서 상고까지만 간다면 여지없이 파기될 사건입니다. 그동안 사법권침해문제라든지 증인 전부를 각하한 것이라든지 헤일수 없도록 불쾌한 일이 많았지만 판결의 여하에 따라서 혹은 다소간 그 불유쾌하였던 것을 회복하게 되는지도 모르겠습니다." (조선일보 1928.1.15.)

김재봉(1928)

변론하는 열성"을 보였다.[77] 일본인 변호사의 열정도 상상을 뛰어넘는 것이었다. 고옥 변호사는 사실심리 전과정에 주도적으로 관여했고, 변호인의 최종변론 만을 위해 포시, 고옥 변호사가 다시 경성에 왔다. 통상 한번에 끝날 변론을 무려 18회 동안 계속한 것을 보면, 그야말로 혼신의 힘을 다해 변론했음을 알수 있게 한다. 변호인들의 "결속적 항쟁"은 변호인들이 통상 보이기 마련인 "직업적 소부르조아지의 의식을 떠나" "시종일관 정의를 향한 항쟁"을 수행했다는 평가를 받았다.[78] 변론 종료 직후 각계의 유지들이 '조선공산당사건 변호사위로회'를 개최한 것도 그 감사의 한 표현이었다.[79]

"천하의 이목을 용동했던 조선공산당사건"의 판결은 2월 13일 내려졌다. 김재봉 등 1차공산당사건 관련자들은 '사유재산 부인의 단체결성 및 가입'으로 치안유지법 제1조 위반이고, 2차공산당사건관련자들은 '대중시위를 실행하고 불온유인물을 제작·배포'했으므로, 치안유지법 위반에다 제령 제7호, 출판법 위반이 추가되었다. 양형은 징역 6년(2명)부터 집행유예(2명), 그리고 무죄(12명)까지 다양했다. 무죄판결을 받은 12명과 집행유예자 중 2명은 2월 13일 석방되었다. 미결수로서 판결까지 실제복역일수가 26개월에 이르렀으나, 미결구금기간의 산입을 극히 인색하게 책정하였기에, 곧바로 석방된 자의 수는 이 정도에 불과하였다.

---

77 조선일보 1928.1.15.
78 조선일보 1928.1.16.
79 조선일보 1928.1.15.

	선고연수	인원	인명
징역	6년	2	김재봉, 강달영
上同	5년	1	권오설
上同	4년	6	이준태, 진병기, 유진희, 김약수, 홍증식, 김상주
上同	3년 6월	2	임원근, 전정관
上同	3년	7	독고전, 임형관, 정운해, 신철수, 이봉수, 민창식, 박래원
上同	2년 6월, 6월	1	홍덕유
上同	2년 6월	8	송봉우, 염창렬, 박민영, 이지탁, 김경재, 윤덕병, 노상렬, 장순명
上同	2년	8	김정규, 어수갑, 유연화 ,김명규, 최안섭, 이병립, 도용호, 신명준
上同	1년 6월	12	박태홍, 박일병, 김창준, 정순제, 정진무, 이영민, 배치문, 김유성, 구창회, 황수룡, 김직성, 채규항
上同	1년	33	김항준, 윤윤삼, 김용찬, 이봉수, 강종록, 김기호, 이창수, 박병두, 허영수, 정홍모, 최일, 김재중, 정태중, 정순화, 남해룡, 이승엽, 배성룡, 김연희, 이상훈, 김동부, 이충모, 이은식, 고윤상, 이민행, 조용주, 강균환, 신표성, 조동혁, 조준기, 권오상, 오기섭, 김완근, 이수연
上同	10월	1	백명천
上同	8월, 2년간 집행유예	2	양재식, 이용재
무죄		12	서정희, 설병호, 이규송, 배덕수, 김종신. 박태선. 이호. 이석. 권영규. 한정식. 팽삼진, 문상진
면소		1	김세연
망명		1	주종건
분리		2	박헌영, 조이환
사망		3	박순병(1926.8.25.), 백광흠(1927.12.13.), 박길양(1928.1.19)

판결서의 분량은 대단히 많지만 그 전문이 며칠동안 언론에 연재될 정도로 관심이 집중되었다.[80] 비공개재판 하에서 일반인들은 그 사건의 전모

---

80 "조선공산당 판결서 전문(전14회)" 조선일보 1928.3.4.~1928.3.26.; "조선공산당판결원문" 동아일보 1928.3.6.~1928.3.10.(전5회 연재); 중외일보 1928.3.4.

선고받은 피고들
조선일보 1928.2.14.

를 제대로 파악할 수 없었기 때문에, 비록 많은 부분이 왜곡되어 있지만, 전반적 사정을 알기 위해 이 판결서에 의존할 수밖에 없었던 것이다.

"피고등은 일찍부터 사회운동에 참가하여 그 태반은 본래 공산주의에 공명하고 또는 조선민족주의자에서 공산주의로 전화한 자인데, 모두 널리 우리 조선현대 사회제도에 대하여 심사숙고하지도 않고 헛되이 민족적 편견에 사로잡혀 그 극단만을 나쁘게 보아 그 사회조직에 수많은 심대한 결함이 있어서 점차 필연적으로 조선무산대중의 자멸을 유치하는 중이라 망단하고 종전의 소위 조선민족해방운동에 대하여는 도저히 소기의 목적을 달성하기 불능함을 깨닫고 순수한 민족해방운동과 대립하여 조선민족해방관념에 공산주의사상을 혼화(混和)한 일종의 공산주의운동을 감행함이 더 낫다고 하고 아래아 같은 범행을 한 자로서…"[81]

~1928.3.18.(16회 연재)에 판결 전문이 실렸다.
81 조선일보 1928.3.4.

판결서에 따르면, 제1차, 제2차의 공산당사건 주역들은 "조선민족해방의 관념에 공산주의사상을 혼화"한 것이고, 궁극적 목적은 민족독립이라는 것이다. 장문의 판결서 속에는 피고인의 죄상을 열거하고 있을 뿐이고, 변호인단이 제기한 쟁점에 대해서는 일체 답하고 있지 않다.

판결에 대해 검사는 항소하지 않았다. 피고인들의 대부분도 마찬가지였다. 1심판결을 승복해서라기보다는, "순전히 덮어놓고 벌을 주지 않으면 안 된다"는 관념으로 일관했기 때문이고 항소한다고 사정이 달라질 것 같지 않아서였다. 상소한 이들도 있었다. 5인(정운해, 윤덕병, 박일병, 김연희, 김약수)은 항소했으며, 1인(장순명)은 상고했다.[82]

그러나 항소심이 개정되기 전에 모두들 항소를 취하하여 제1심의 형이 그대로 확정되었다.

판결이 선고된 후 당일 무죄와 집행유예를 받은 14인이 석방되었다. 형무소 앞에는 수많은 인파들이 이들을 맞았고, 경성에서는 〈출옥자위로회〉의 환영연이 베풀어졌으며, 곳곳에 환영회가 열렸다. 마산에서는 출옥한 공산당원에 대해 환영하는 행렬이 이어졌다. 수백 명 시민이 환호하는 속에 각종 단체회기를 선두로 행렬을 벌였으며, 환영회를 진행했다.[83]

| 피고인의 수난과 변호인의 석방 노력 |

형사변호사의 가장 중요한 임무 중의 하나는 피고인에 대한 면회와 석방을 위한 노력이다. 특히 피고인이 거듭된 고문과 열악한 대우, 장기구금으로 신체적 정신적 이상의 징후를 보일 경우 건강상태를 확인하고 보석을 청구하는 것은 반드시 필요하다. 조선공산당사건의 대부분의 피고인들은 엄청난 고문과 혹독한 처우를 받았다. 위에서 〈고문고소장〉을 제출한 고소

82 조선일보 1928.2.29.
83 조선일보 1928.2.20.

인에 국한된 것이 아니라, 전 피고인들이 유사한 상황 속에 놓여 있었기에, 변호인들의 석방 노력은 가열차게 전개되었다. 피고인 중에서 고문과 옥사, 신체이상과 정신 이상이 두드러지게 드러난 것은 다음과 같다.

1.

박순병은 시대일보 기자로 활동 중 1926년 7월 17일 체포되었다. 제2차 공산당사건에 관련해서였다. 경찰에 검거된 후 맹장염이 생기어 치료한다고 해도 낫지 않았으므로 총독부의원에 입원하여 수술을 받았으나 그 수술이 잘못되어 수술후분루라는 다른 병까지 추가되어 더욱 악화되었다. 그는 1926년 8월 25일 만 24세의 젊은 나이로 세상을 떠나고 말았다.[84]

2.

변호사들은 9월 13일 공판개정일부터 중병이 든 피고인들을 위한 보석을 주장하고 신청했다. 이들 중 최초로 보석의 결실을 얻은 것은 백광흠이었다. 10월 13일 그가 보석될 때 그는 이미 중태에 빠져 생명이 조석에 달린 중 촌보를 걷지 못하여 자동차를 타고 병원으로 송치되었다. 병명은 늑막염을 위시하여 복막염, 폐와 심장에도 이상이 생겨 생명이 위태로운 지경이었다.[85] 외모만 봐도 퀭한 눈빛과 수척함이 두드러졌고, 말도 제대로 하지 못했다. 입원한 지 하루 지난 뒤 정신이상증세를 드러내며 손에 닥치는 대로 집어던지고 사람이 가까이에 오면 "너는 경찰의 주구로 우리 동지를 죽이려는 놈이라" "경관의 칼은 우리 목숨을 빼앗는다"는 등의 소리를 높이 지르고, "ㅇㅇㅇㅇ만세" "무산자만세" 등을 고창하고, 이를 진정시키려는 자기 누이를 칼로 찌르려고 하는 등의 이상 증세를 보였다. 주사를 놓고 약을 먹이려 해도 "너희들이 약을 먹여 나를 죽이려 한다"고 거절하였

---

84 조선일보 1926.8.26.
85 조선일보 1927.10.15.

다.[86]

10월 22일에는 병원을 탈출하여 여기저기 돌아다니며 사리에 맞지 않는 말을 함부로 하여 돌아다니는 등의 증세를 보였다.[87] 정다운 고향산천이라 밟아본다고 향리인 부산 동래에 내려갔던 바 병세가 더욱 심하여 1927년 12월 13일 마침내 34세의 일기로 작고했다. 박순병의 희생에 이어 두 번째로 생명을 희생하게 된 것이다.[88]

3.

박길양은 3·1운동 당시부터 민족운동과 사회운동에 투신 중 여러차례 철창생활을 하다가 조선공산당사건에 관여되어, 모진 고문을 받고 중병에 시름하다 1928년 1월 18일 겨우 보석허가가 내려졌으나 보석보증금이 없어 즉시 출감치 못하고 있던 중 바로 다음날 새벽 6시경에 32세를 일기로 서대문형무소에서 옥사했다.[89]

4.

1927년 10월 15일 백광흠에 이어, 조이환도 보석이 허가되었으나 보증금 이백 원이 없어 15일까지 출감되지 못하게 되어, 허헌, 김병로, 이인, 김태영 등 4인의 변호사가 금전을 내어 10월 15일 이인 변호사와 다른 남녀 동지의 환영을 받으며 15일 오후 5시경에 출옥할 수 있었다.[90]

5.

10월 13일 김병로 등 네 변호사가 12일 형무소의 피고를 면회할 때 당가

---

86 동아일보 1927.10.16.
87 조선일보 1927.10.25.
88 조선일보 1927.12.14.
89 동아일보 1928.1.22.; 신한민보 1928.2.16.
90 동아일보 1927.10.17.

다루와 신장병으로 병감에 있는 신철수를 특별히 청하여 만나보았는데, 신철수는 안색이 백랍처럼 초췌하여가지고 "나는 고난에는 능히 이길 기개를 가지고 있으나 신병에는 비관을 합니다"고 쑥 들어간 눈에 눈물을 머금으며, 자신의 병고에 대하여 애원하니, 면담하던 김병로 변호사도 그 서러움에 끌려들어 목이 메어 물어볼 말도 다시 묻지를 못하고 병감으로 돌려보냈다. … 신군은 본래 빈한한 집에 태생하여 그 엄부가 대구에 있으나 자기의 신병이 그렇게 침중하다고 편지하면 없는 가세에 상경하는 여비를 구하노라고 더 큰 고생을 할 터이므로 누구에게 자기 병이 중함을 알리지도 못하고 자기 혼자 아픈 몸을 끌어안고 울고 있었다 한다.[91] 이 말을 들은 변호사들은 비로소 그런 비참한 사정을 알고 즉시 책임부로 보석원을 제출하기로 했다. 변호사들은 신철수에 대해 보석원을 몇차례나 제출했으나, 기각당했다. 그는 유죄판결을 받고 만기출옥을 했다.

6.

박헌영(1933)

가장 극적인 사례는 박헌영의 경우였다. 앞서 정리했듯이, 박헌영은 공판 초기에 정신이상 징후를 보이고, 법정에 다시 서지 못했다. 형무소 의사로부터도 '심신상실'의 진단을 받은 박헌영에 대해 변호사들은 보석을 몇 번이나 신청했다. 그의 병세는 갈수록 악화되어 "정신이 전혀 상실되어 식음을 전폐한 데다, 더구나 독을 마시려고 한 적도 한두번이 아니므로, 형무소에서는 만일을 염려하여 두 손에 쇠

91 동아일보 1927.10.16.

고랑을 채워 경계중"[92]인 지경에 이르렀고, 그 정도가 되어서야 1927년 11월 22일에야 보석으로 출감할 수 있었다. 출감할 때의 그의 모습은 "산산이 찢어진 조선 옷과 초췌한 형용은 차마 바라볼 수 없었을 뿐 아니라 그 부인은 물론 누구를 만나든지 의식이 분명치 못하여 딴소리를 하며 알아보지 못하고 자동차를 탄 후에도 여러 가지 실진자(失眞者)의 가엾은 행동을 하"[93]고, "사람만 보면 무섭다고 도망"치고 "어디가 어디인지를 모르는" 그런 모습이었다. 그의 경성고보 동창생인 시인 심훈은 〈박군의 얼굴〉[94]이란 시를 썼다.

이게 자네의 얼굴인가?
여보게 박군, 이게 정말 자네의 얼굴인가?
알코올 병에 담가논 죽은 사람의 얼굴처럼
마르다 못해 해면같이 부풀어 오른 두 뺨
두개골이 드러나도록 바싹 말라버린 머리털
아아 이것이 과연 자네의 얼굴이던가?

...

눈을 뜬 채 등골을 뽑히고 나서
산송장이 되어 옥문을 나섰구나.

그는 정신 이상이 심하여 여기저기 옮겨다니며 치료와 요양에 힘썼지만, 매우 힘든 상태여서 그에 대한 공판도 무기한 연기된 상태였다. 그러던 차 박헌영에 대한 기사가 돌연 나타났다. 1928년 11월 15일 그는 부인 주세죽과 함께 함경도에서 엄중한 경계망을 돌파, 배를 타고 국경을 넘어간 것으

---

92 조선일보 1927.11.16.
93 중외일보 1927.11.24.
94 "박군의 얼굴," 심훈문학전집, 60~62면(임경석, 앞의 책, 140~41면에서 재인용).

초췌한 백광흠
동아일보 1927.10.15

로 알려졌다. "그는 벌써 고비원주(高飛遠走)하여 로서아 혹은 중국 방면으로 간 듯한 것이 확실하다"고 하나 소식이 묘연해졌으므로, 그를 감시하던 경찰은 엄중한 징계를 받았다고 한다.[95] 박헌영, 주세죽 부부는 러시아로 탈출하여, 모스크바에서 학교를 다니고 조선공산당의 재건활동에 종사한다.[96] 그가 다시 언론에 나타난 것은 1933년 8월이었다. 그는 상해에서 일본영사관 경찰에 체포되어 경성으로 압송되었다. 조선공산당재건운동에의 관여에 대해 재판을 받는 한편으로, 제1차공산당사건에 대해 별도의 재판을 받았다. 이 공판에서도 김병로 변호사가 박헌영을 맡아 변론을 했다.[97] 징역6년의 판결을 받았고, 그가 다시 출소한 것은 1939년 9월에 이르러서였다.

---

95 조선일보 1928.11.15.
96 임경석, 앞의 책, 144~172면에 상세하다.
97 조선일보 1934.12.22.

정신이상으로 보석출옥된 박헌영
동아일보 1927.11.24.

7.

종로경찰서에서 혹독한 고문을 당하여 고문경관을 고소까지 했던 피고인 중 권오설은 징역 6년을 선고받았다. 그의 옥중생활은 맹장염, 신경쇠약, 신장염 등으로 점철되었다. 김재봉도 옥중에서 폐병으로 신음했다. 권오설은 옥중에서 병세가 위중하여 1930년 4월 17일 옥사하고 말았다.[98] 그의 나이 불과 34세의 아까운 젊음이었다.

8.

강달영은 옥중생활에서 병세가 위독하고 정신이상의 징후도 보였으나, 일제는 그를 끝까지 가석방을 시키지 않았다. 1933년 만기출옥한 뒤, 제대로 사회생활을 하지도 못했고, 1942년 병사하였다. 이처럼 일제의 혹독한

---

[98] 조선일보 1930.4.19.

취조는 수많은 청년들을 사망, 옥사, 정신이상, 중병의 상태로 몰아넣었던 것이다.

| 변호사들의 공판투쟁에 대한 사회적 성원 |

조선공산당사건은 이렇게 단지 직접 관계한 변호인, 피고인의 범위를 넘어서, 전조선 그리고 일본에서까지 주요한 관심사가 되었다. 변호인단들의 열렬하고 끈질긴 공판투쟁에 대하여 해내, 해외 각지에서 성원이 답지하기 시작했다. 구체적으로는 변호인단에 대해 〈격려문〉 발송과, 총독부와 사법부, 경찰에 대한 〈항의문〉을 전달하는 움직임이 속출하였다.

첫 움직임은 공판이 시작된 지 1주일이 지난 1927년 9월 19일에 나타난다. 이 사건 공판에 참관하기 위해 일본의 여러 단체들이 입경하였는데, 이들은 동경의 각 단체에서 직접 발송한 격려문을 휴대하고 있었다. 격려문의 내용은 "변호사 일동에 감사하다는 뜻과 더욱 분투하여 달라는 뜻"을 담고 있었다.[99]

그에 이어 국내의 여러 단체들이 변호사들에게 격려문을 발송하였다. 신간회 소속의 지방단체, 그리고 각지의 청년단체들이 앞장을 섰다.[100] 대강을 정리해보면 다음과 같다.

- 남천청년회와 남천로동조합 연합사회단체에서는 감사장과 격려문을 발송 (1927년 9월 22일)
- 신흥청년동맹에서는 지난 26일 오후 8시 집행위원회를 열고, … 공산당사건 공판 방청금지 반대결의와 아울러 공산당사건을 변호하는 변호사 제씨에게 감사의 뜻을 표하는 동시에 격려문을 발송 (1927년 9월 29일)

---

99 조선일보 1927.9.20.
100 신용하, "신간회의 민족운동," 한국독립운동의 역사, 제46권, 214~215면.

- 상주청년회는 공산당공판에 변호를 맡은 재경변호사단에게 격려문을 작성발송 (10월 1일)
- 신태인(新泰仁) 청년. 변호사 격려. (10월 3일)
- 신간회 고령지회 격려문 발송. 변호사 제씨에게 (10월 7일)
- 전남 청년연맹 변호사에게 격려문 (10월 11일)
- 이 단체에서 격려문. 김제노동조합 영일청년회에서 공산당사건 변호사에게 (10월 13일)
- 개성 본정 29 송도청년회로부터 경성지방법원 변호사 제씨귀하로써 내용 좌기와 같은 격려문을 우송하여왔음을 각각 발견함 (10월 13일)
- 옹진청년동맹 격려문 발송. 공산당사건 변호사단에게 (10월 18일)
- 분투하는 변호사단에 빗발같은 격려문. 전도(全道) 각 청년단체에서 (10월 18일)
- 마산청년회 노동연맹 신간지회 등 삼단체연합위원회. 공산당공판변호사에게 격려문 발송, 법정에 항의문 발송 (10월 19일)
- 평강, 임실, 영흥 3곳에서. 공산당사건 변호사단에게 격려문 발송 (10월 19일)
- 병영청년회 변호사 격려 (10월 22일)
- 대구청년동맹에서 공산당사건변호사에게 격려문 발송 (10월 24일)
- 목포 3단체 당국자에 항의. 변호사에 격려문 (10월 25일)
- 영덕기자단 상무간사회. 거(去) 20일 공산당사건 관계변호사에 격려문 발송 (10월 25일)
- 인천청년동맹 인천노동연맹에서조선인변호사와 고옥(古屋) 가등(加藤)에게 감사문과 격려문 (10월 26일)
- 김천청년동맹의 격려문금지, 진주청년회의 격려문발송 (10월 26일)
- 덕원청년동맹 변호사 격려, 당국에는 항의 (10월 28일)
- 황해도 연백기자단 격려문 발송 (10월 30일)
- 전북 옥구군 서수청년회로부터 격려문이 도착 (11월 13일)

• 공산당 공판에 항의 경고 격려. 함흥 노동연맹 (11월 15일)

격려문은 몇 달동안 계속 이어지고 있다. 격려문 보내기가 신간회 차원에서는 하나의 운동방법이 되었고, 여러 지역에서 하나의 사회운동의 표출방법이 되고 있기까지 하다. 표출의 방법은 〈격려문〉, 〈항의문〉, 〈경고문〉 등 여러 방식으로 나타난다.

격려문은 변호사들의 다대한 노력에 대한 감사의 내용을 담고 있다. 예컨대

"(변호사들이) 불굴의 분투를 해주심에 대해 감격하고, 마지막까지 사법의 공정을 꾀하고 동시에 세계대중을 무시하는 약소민족에 대한 차별적 전단에 강력히 항쟁해줄 것을 대중을 대신하여 격려함"(신간회 해주지회, 1927.9.27)[101]

〈경고문〉은 주로 검사나 판사를 향하고 있다.

"원교 검사 앞: 조선공산당사건에 관계자 권오설 이하 5명에 대한 종로서경관 삼륜(三輪) 길야(吉野) 외 3명의 고문 능학 독직사건은 만인주목의 대사건인 바 이 사건의 고소에 대한 처리가 심히 지완(遲緩)함은 일반민중으로 하야금 적지 않은 의아를 불감케 하는 바이다.
아무쪼록 이 사건을 조속히 처리하는 동시에 조금이라도 불공정한 태도를 취치 말기를 이에 경고함"(함흥노동연맹 1927.11.11.)

격려문은 조선 내에 국한된 것이 아니었다. 일본에서 온 내용은 변호사에게 보내는 〈격려문〉 뿐 아니라 총독정치에 대한 〈항의문〉까지 포함하고

---

101 "激勵文郵送ノ件," 京鍾警高秘, 第1116號.

있는 경우가 오히려 일반적이었다. 식민지 모국의 경우 비판의 수위를 더 높일 수 있는 이점을 갖고 있었을지 모른다. 일본거주 조선노동자들, 사회단체들은 보다 정교한 격려와 항의를 보내고 있다.

격려문[102]

조선공산당, 공산청년회 사건 공판이 언어도단의 폭압경계, 공개금지 중에 개정된 이래 이 사건 변호인 여러분들은 용감하게 공판의 공개를 주장하고, 재판장의 급소를 찌르고, 혹은 주장이 통하지 않자 분연히 총퇴정하여 재판관의 간담을 서늘하게 하여 일진일퇴의 선전(善戰) 쾌투(快投)한 일을 만강의 성의로써 감사의 뜻을 표함.

하지만 적의 힘이 강대한 고로 일층 분려(奮勵)해서 조직적 법률 전선을 공고히 하고 통일적 보조로써 변호인 여러분들은 모두 최선의 노력을 다하여 공개금지의 해제를 전취해 멀리 쫓아가 적의 아성에 돌진하여 악법령인 치안유지법 및 제령제7호를 완전히 격파하여 피억압민중의 개방전사인 101인의 무죄의 승리를 완전히 전취해주실 것을 열렬히 희망하며, 변호사 여러분들의 다년 적극적 성원해드릴 것을 서약함.

1927년 9월 25일
일본 가나가와현 재류조선노동자
가나가와현 조선노동조합

일본에서 보낸 〈항의서〉는 훨씬 논조가 강하고, 내용이 더욱 구체적이다. 그 중에서 '경도 주재의 조선인 각 단체'들이 보낸 항의서는 담당판사 뿐 아니라 조선총독, 거기다 일본의 내각총리대신 앞으로 송신되었는데, 가장 포괄적이고 조리있는 주장을 담고 있다.

---

102 京鍾警高秘, 第11274號, 1927년 10월 4일.

항의서[103]

경성지방법원의 조선공산당사건의 공판에 즈음하여 경도 주재의 우리 조선인 각 단체는 엄숙한 태도로써 조선민족의 이름하에 아래와 같이 항의한다.

1) 소위 치안유지법 및 1919년 제령 제7호는 법으로서 성립될만한 어떠한 근거도 갖지 못한 악법이다. 이 악법이야말로 우리의 언론 집회 결사의 자유를 완전히 치탈하고, 점점 더 발전에의 길로 나아가고 있는 우리 민족해방운동을 철저하게 탄압함으로써, 우리 조선 민족을 영구히 제국주의 일본의 노예로서의 질곡에 밀어 넣고 있다. 우리의 경제적 정치적인 극단적 비인간적 상태의 밑바닥으로부터의 해방을 영원히 축출시키려고 하는 것으로, 과거 수많은 우리의 선구자들의 비장한 희생 뿐만 아니라, 지금 또다시 소위 조선공산당 사건을 통해 백여명의 우리의 전사가 실로 이 최악법령의 처참한 희생자가 되고 있다. 이에 우리는 이러한 극한적 악법의 즉시 철폐를 요구한다.

2) 이 사건 검거 이래, 그 신문 중에 고문, 위협, 회유 등등의 모든 음험하고 악랄한 방법을 강구하여 피고들로 하여금 진실한 공술을 할 수 없도록 했을 뿐 아니라, 실로 이러한 고문에 의해, 혹은 죽음에 이르게 하고, 혹은 치명적인 중병에 빠져들도록 한 것이 아니던가! 이는 실로 지배계급이 우리 민족해방운동을 탄압하기 위해서는 민중의 생명을 빼앗는 것마저 아무렇지도 않게 생각하고 있는 참학성의 명백한 표현에 다름 아니며, 우리들은 그에 대해 엄중히 항의한다.

3) 게다가 이 공판이 개시되자 "공안을 해할 우려가 있음"이라고 하는 예의 상투용어를 들고 나와 방청을 금지시켰다. 이러한 방청금지 하에 비밀리에 심리가 진행되는 사실 – 이 사실이야말로 이번 공판의, 그 공판이라는 명목 하에 이루어지고 있는 치안유지법 및 1919년 제령 제7호의 ○○적인 전모와 본

---

103 京城地方法院檢事局思想部, "朝鮮共産黨事件," 황태완 편, 한국민족해방운동사자료집 10권, 1993, 213~214면.

질이 대중의 앞에 여실히 폭로될 것을 두려워한 지배계급의 공포의 자백 이외의 아무 것도 아니다. 이렇게 해놓고 무슨 법의 "공명"이며, 무슨 영(令)의 "정대"를 말하는가! "법률의 신성"은 어디에 있는가?! 우리는 공판 공개의 원칙에 근거하여서 뿐만 아니라, 또한 나아가 우리 2천만 동포의 모든 이목이 한결같이 그에 집중되어 있는바, 이 공판에서 방청을 금지하는 것과 같은 조치는 실로 전 민중의 절실한 요망을 완전히 무시하는 폭거가 된다는 점에 근거하여서도, 이에 대해 엄중히 항의함과 동시에 공판의 절대 공개를 요구한다.

4) 또한 피고인 박헌영 외 19명의 예심에서 신의주 지방법원에서 경성지방법원으로 이송된 것은, 누구라도 아는 바와 같이, 적법한 이송이 아니다. 따라서 경성지방법원의 예심을 거쳐 동 법원의 공판에 넘긴 것은 완전히 적법한 공소제기 없는 예심종결결정이다. 이에 우리는 이 20명에 관한 공소의 즉시기각을 요구한다.

5) 피고 백광흠 군에 대해서는 하등의 죄목도 없음에도 불구하고 1년여의 감방 생활을 강제함은 불법감금이 아니고 무엇이랴? 이 무슨 포학이며 추태란 말인가! 우리는 이러한 인권유린에 대해 철저하게 항의하며, 백군의 즉시 석방을 요구한다.

6) 게다가 공판정 내외 및 경성시 전역에 걸친 유례없는 경계는 일반 민중을 위협할 뿐 아니라, 또한 공판정에서의 피고인 제군의 진실의 공술을 억압하는 것으로, 이렇게 해놓고서 재판의 "공평을 기한다"고 하는 것은 연목구어의 어리석음이 아니고 무엇이랴!

악랄폭○한 고문에 대해 절대 항의한다!

공판의 방청금지에 엄중히 항의하며 그 절대공개를 요구한다!

백광흠 군에 대한 인권유린에 항의하며 군의 즉시 석방을 요구한다!

공판정 내외 및 경성 전역의 전례 없는 경계의 해제를 요구한다!

1927년 9월

신간회 경도지회, 재일본 조선노동총동맹,

경도 조선합동노동조합, 재경도 조선인학우회

내각총리대신 전중의일 앞, 조선총독 제등실 앞,
경성지방법원 판사 시본정평 앞

일본의 자유법조단은 조선공산당사건에 대해 비상한 관심을 갖고, 사법
당국의 태도를 앞장서서 공격하고 있다. 포시, 가등 변호사들이 직접 이 사
건의 변호인으로 뛰어들고 있었고, 일본에서도 유사한 사상사건을 취급하
고 있었던 만큼 이들의 관심은 지극하였다. 자유법조단의 다음 결의문은
당국에 대한 강력한 항의와 변호사들에 대한 격려가 잘 포함되어 있다.

조선공산당사건에 참렬하엿든 동경자유법조단의 포시 씨와 송곡 씨 외 수명의
변호사는 십일 오후 두시부터 자유법조회관에서 임시총회를 열고 다음과 같은
결의를 하였다더라

1. 경성지방법원에서 폭로된 공산당사건에 대한 경찰관으로서 그의 직무를 행
   한 삼륜(三輪) 이하가 피의자에게 가한 불법수단은 사법이 보증하는 인권을 유
   린하고 또한 형사소송법이 보호하는 피의자의 변호권을 무시하고 법을 파괴
   하야 법률, 인도상 용허키 어려운 중대범죄라고 인정함.
2. 담당변호사가 (경관을) 고소한 것은 정당한 조치라고 인정하고 그 (고소사건의)
   장래를 감시하는 동시에 엄정, 신속히 기소처분을 희망함.
3. 피의자에게 대한 당국의 태도를 태만하다고 인정하고 재판소의 반성을 구함.
4. 동사건에 대하야 변호사 여러분이 횡포한 관헌과 싸워서 진실히 그의 사명을
   발휘하였음에 경의를 표하고 겸하야 조선변호사 자유법조단의 조직을 희망
   함.[104]

---

104 조선일보 1927.10.22.

격려문은 일본 뿐 아니라 대만에서도 발송되고 있다.[105] 조선, 일본, 대만에서 분투하는 변호사들에 대한 격려문이 쏟아진 것이다. 가장 어려운 사건이었지만, 변호사들로서는 그만큼의 보람을 느끼지 않을 수 없었고, 힘든 변론을 이끌어가는 데 커다란 격려와 자극이 되었을 것은 틀림없다. 변호사와 민중이 혼연일체로 연대했고, 그 연대의 수준은 조선과 일본, 대만에까지 미쳤던 것이다.

| 변론투쟁의 의미 |

조선공산당사건의 변론투쟁은 일제시대 전체를 통해 하나의 정점이었다고 할 수 있다. 우선 참여변호인의 수가 가장 많았다. 모두 28인의 변호사들이 관여했으며, 그 중에서 10인 이상은 시종 적극적인 역할을 수행했다. 조선 변호사들과 일본 변호사들이 합작하여, 시종 변론을 이끌어간 것도 매우 주목할 만하다. 공판 이전단계부터 조선 변호사들은 일본 변호사들과 긴밀한 연락을 해왔으며, 변론의 방법 및 수위에 대해서도 사전에 치밀한 검토를 거쳐 진행했다.

여러 변호사들이 관여하면 그 중에서 관여의 밀도에서 약간씩의 차이를 보이기 마련이다. 누가 실질적으로 전과정에 주도적으로 참여했을까 하는 질문을 제기할 수 있다. 현재 공판조서는 제1회~제21회까지 공개되어 있는데, 그 공판조서에는 출석변호인의 명단이 나와 있다. 또한 중요한 단계, 즉 사법권침해 항의방문, 고문경관고소, 증인신청, 재판장기피신청 등 변호사의 이름으로 행해진 각종 법적 활동에의 참여도를 두루 검토해보면, 김병로, 허헌, 고옥정웅 3인의 참여도가 완벽하며, 이인, 한국종, 김태영, 권승렬, 가세형, 김용무 등이 주요한 역할을 한 것으로 볼 수 있다. 언론과의 대

---

105 조선일보 1927.10.24.; 동아일보 1927.11.16.

담 등을 정리해보면, 고옥정웅, 포시진치, 김병로, 이인, 김태영의 이름이 가장 빈번히 등장한다. 이를 종합하면, 변론의 주역은 김병로, 허헌, 이인, 김태영 그리고 고옥정웅, 포시진치 등이 가장 주역이라고 할 수 있을 것이다. 조선인 변호사들은 〈형사공동연구회〉의 구성원변호사들이고, 따라서 이 사건은 형사공동연구회의 주도적 개입을 생각해볼 수도 있을 것이다.

1927년(공판회수)	조선공산당사건 출석변호인
9.13(1)	고옥정웅, 삼정여일랑, 좌등결, 무지홍방, 야미린태랑, 이승우, 김태영, 허헌, 장도, 최진, 이인, 김용무, 김병로, 이종하, 김찬영, 정구영, 권승렬, 한상억, 강세형, 이창휘
9.15(2)	고옥정웅, 삼정여일랑, 무지홍방, 강세형, 김태영, 권승렬, 김용무, 한상억, 허헌, 한국종, 이풍구, 최진, 이승우, 김병로, 이인, 정구영, 이창휘, 심상붕
9.20(4)	고옥정웅, 이인, 이희적, 이승우, 김용무, 김병로, 권승렬, 허헌, 한상억, 김찬영, 정구영, 한국종, 김태영, 강세형
9.22(5)	고옥정웅, 삼정여일랑, 이승우, 이인, 김찬영, 김태영, 한국종, 허헌, 한상억, 권승렬, 김병로, 김용무
9.23(6)	고옥정웅, 이인, 이승우, 김병로, 권승렬, 허헌, 최진, 김찬영, 정구영, 한국종, 심상붕
9.27(7)	변호인 출석하지 않음
9.29(8)	변호인 출석하지 않음
10.4(9)	고옥정웅, 이승우, 이인, 김찬영, 정구영, 김병로, 김용무, 허헌, 권승렬, 이창휘, 최진
10.6(10)	고옥정웅, 이인, 이승우, 이창휘, 김용무, 김병로, 권승렬, 허헌, 한상억, 한국종, 김태영, 강세형, 이시구
10.10(11)	포시진치, 고옥정웅, 한국종, 최진, 강세형, 이인, 이창휘, 김병로, 허헌, 김용무, 한상억, 권승렬, 김태영
10.11(12)	포시진치, 고옥정웅, 이인, 이승우, 이창휘, 김용무, 김병로, 권승렬, 허헌, 최진, 한상억, 김찬영, 한국종, 김태영, 강세형
10.13(13)	포시진치, 고옥정웅, 최진, 한국종, 김찬영, 강세형, 이인, 김병로, 허헌, 김용무, 권승렬, 김태영
10.15(14)	포시진치, 고옥정웅, 이인, 이승우, 김병로, 허헌, 최진, 김찬영, 김용무
10.18(15)	고옥정웅, 김병로, 한상억, 허헌, 권승렬, 이창휘, 김태영, 이인, 한국종, 김찬영, 강세형, 김용무, 최진

10.20(16)	고옥정웅, 이인, 이승우, 이창휘, 김용무, 김병로, 권승렬, 허헌, 최진, 한상억, 정구영, 한국종, 김태영, 강세형, 가등관일
10.22(17)	고옥정웅, 김병로, 가등관일, 허헌, 이인, 권승렬, 김태영, 한국종, 한상억, 강세형, 이창휘
10.25(18)	고옥정웅, 이인, 이승우, 이창휘, 김용무, 김병로, 허헌, 강세형, 가등관일
10.27(19)	고옥정웅, 가등관일, 이인, 한상억, 김병로, 허헌, 한국종, 강세형, 김태영, 김찬영
10.29(20)	고옥정웅, 이인, 김용무, 김병로, 권승렬, 허헌, 최진, 김찬영, 한국종, 강세형, 노재승
11.01(21)	고옥정웅, 김병로, 김태영, 김용무, 허헌, 한국종, 강세형, 이인, 권승렬
11.2(22)~ 1928.1.13(47)	공판조서 미확인
사법권침해 항의방문(9.28)	고옥정웅, 최진, 김병로, 김용무, 허헌, 이인, 정구영, 권승렬, 김태영
고문경관고소(10.16)	포시진치, 고옥정웅, 김병로, 이인, 김태영, 허헌, 한국종
증인신청(11.15)	고옥정웅, 김병로, 허헌, 김태영, 이인, 이승우, 한국종, 권승렬, 이창휘
재판장기피신청 (11.17)	고옥정웅, 김태영, 김병로, 한국종, 강세형, 허헌, 정구영
기피신청성명서 (11.19)	고옥정웅, 김병로, 김태영, 허헌, 최진, 김찬영, 강세형, 정구영, 한국종
참여도 (각 출석/서명당 1점으로 계산)	김병로(22), 허헌(22), 이인(20), 한국종(18), 김태영(17), 권승렬(16), 강세형(16), 김용무(15), 최진(12), 이승우(12), 이창휘(11), 한상억(11), 김찬영(11), 정구영(8)
	고옥정웅(22), 포시진치(5), 가등관일(4)

이들 담당변호사들 뿐 아니라, 조선변호사협회 차원에서 여러 개입이 있었다. 1927년 당시 조선변호사협회의 회장은 이승우, 부회장은 김병로였다. 이승우 변호사도 이 사건에 적극성을 보였다. 조선변호사협회에서는 사법권침해탄핵대연설회를 주최하고 선전지를 배포하는 등 이 사건 변론을 음양으로 지원했다. 조선변호사협회에 격려문이 답지하기도 했다.[106] 이렇게 조선인 변호사들, 그리고 변호사협회 차원에서의 지원과 연대 속에

개개의 변론이 이루어진 것이다.

변론투쟁의 수위에 있어서는, 고문경관 고소와 재판장 기피신청에서 보듯, 일제시대 법률가로서 구사할 수 있는 최강의 법률투쟁을 한 재판으로 꼽힐 것이다. 고소장과 기피신청의 내용을 보면, 단지 상징적으로 그런 방법을 택한 것이 아니라, 사전에 면밀한 피고인조사와 법적 검토를 거쳐 제기하는 것을 볼 수 있다. 또한 변론과정에서 변호인들은 피고인에 대한 성실한 면회와 고충의 청취, 중병에 걸린 피고인을 위한 거듭된 보석신청 등을 통해 변호인의 본령이 무엇인지 잘 보여주었다. 또한 변호사 보수를 일체 받지 않음은 물론이고, 보석보증금이 없는 피고인들을 위한 비용까지 만들어주기도 했다. 구속자가족을 위한 위안의 밤을 마련하거나, 구속인가족과 면담하여 격려하는 등 인간적인 배려도 잊지 않았다. 이러한 변호인들의 헌신적 자세는 내외로부터 수많은 격려의 원천이었다.

변론투쟁과 언론의 합작 역시 매우 주목할 만하다. 일제하 어떤 재판도 이 정도의 지면이 할당된 적이 없었다. 언론은 공판 벽두부터 헤드라인에 이 사건 재판을 실었고, '조선천지를 용동한'과 같은 수식어를 통해 사건의 중요성을 부각시켰다. 법정안의 보도가 어려워지자 법정 바깥의 여러 풍경을 전함으로써 재판에 대한 보도를 이어갔다. 옥중에서 중병으로 신음하는 피고인들의 정경에 대한 묘사는 민중들의 심금을 울렸다. 기피신청서, 판결문 등은 전문을 실어 상세한 내용을 전하려고 애썼다. 변호사들의 변론투쟁은 신문을 통해 사회 곳곳으로 전파되었고, 그에 자극받은 민중들은 변호사에 대한 격려와 총독부에 대한 항의로 답하였다. 언로가 극히 제한된 일제하에 총독부나 식민지사법부가 항의문의 전보로 시달린 경우는 거의 없다. 그만큼 변호사들의 열성은 민중들의 열띤 반향을 불러일으켰고, 언론은 매개적 역할을 매우 충실히 수행했다고 할 것이다.

---

106 조선일보 1927.10.22. "전남병영청년회조선변호사협회에 격려문"

1945년 해방 직후부터 격심해진 좌우 대립 속에서 조선공산당사건의 피고인들 중 다수와 이들을 변호했던 변호사들은 각기 길을 달리하고 만다. 박헌영을 두 차례나 변론(1927 · 1934)했던 김병로와 박헌영의 관계가 한 예일 것이다. 그러나 1927~1928년의 시점에서, 그러한 사태는 도저히 예견될 수 없었다. 그 시점에서, 공산주의자와 항일변호사는 일제라는 공동의 적에 맞서, 혼연일체가 되어 최선의 투쟁을 해냈다고 할 것이다.

고려혁명당사건

피고인들의 법정투쟁과 '불온한' 변론

•
•
•
•

| 서론 |

1926년 12월 28일 만주 장춘경찰서의 순사(櫻井由兵衛)는 장춘경찰서장 (峰岸安太郞)에게 〈불심자동행보고(不審者同行報告)〉를 제출했다. 당일 장춘서 삼정목 동아정미소에서 거동수상자를 발견하고 순사가 그의 주소와 씨명을 물음에 반항적으로 말하고, 특히 소지품을 은닉하려고 하여, 그 소지품을 검사했던 바 놀랄 만한 문건이 다수 발견되었다. 〈고려혁명당〉이란이름이 붙은 〈고려혁명당선언서〉가 나왔다. 그 뿐 아니었다. 〈고려혁명당강령〉〈고려혁명당략〉〈고려혁명당규약〉이 나왔고, 개개인들이 서명한 〈맹약〉이 있었다. 고려혁명당은 1926년 2월 26일 당시 만주의 독립운동의 통합을 위해 힘쓰던 양기탁(梁起鐸)을 위시한 6인이 연서한 〈고려혁명당발기록〉〈결당대회결의서〉까지 한꺼번에 압수할 수 있었다. 서류는 언문(조선어)으로 되어 있어 모두를 한꺼번에 해독할 수 없었던 경찰은 모든 소지품을 증거품으로 "일시 제공받고" 그 소지품휴대자를 취조차 경찰서로 동행했다. 그의 이름은 이동락(李東洛)(당 39세)이었다. 그는 이 문건들을 보관하고 있다가 모든 서류와 함께 경찰에 고려혁명당의 전모를 고스란히 노출시키는 뼈아픈 실수를 저지른 것이다.[107]

장춘영사관의 경찰서는 이동락을 취조했다. 이동락에 대한 취조청취서는 1927년 1월 5일과 1월 8일에 작성되었다. 취조결과 이동락은 고려혁명당의 결당과 그 조직에 속함을 자백했다. 체포시점부터 첫 취조청취서를 작성할 때까지 거의 10일이 걸린 것을 보면, 이동락은 끈질기게 버텼고, 경찰은 당시에 보편화되어 있었던 온갖 고문방법을 동원했을 것임이 틀림없다. 그러나 고문 뿐만 아니라 명백한 증거물 앞에서 버티는 데는 한계가 있을 수 밖에 없었을 것이다.

장춘영사관 경찰서장은 만주의 독립운동관련 사건을 취급하던 신의주경찰서, 사상경찰의 총본산이던 경성 종로경찰서 등에 이동락의 체포와 고려혁명당 관련자의 내용을 통보했다. 이리하여 대대적인 검거가 시작되었다. 만주 봉천에서 김봉국(金鳳國)이 체포되었고(1월 8일), 경성에서 송헌(宋憲)이 체포(1월 19일)되었으며, 만주 하얼빈에서 차 모였던 인사들이 한꺼번에 체포(3월 11일)되었다. 체포된 사람들 가운데는 고려혁명당의 책임비서였던 이동구(李東求), 천도교 및 형평사에서 고려혁명당을 조직했거나 가입한 유공삼(柳公三), 이한봉(李漢鳳), 박기돈(朴基敦) 등도 있었다. 고려혁명당 발기인이면서, 만주의 무장독립항쟁의 첨병이었던 정이형(鄭伊衡)(정원흠)과 이원주(李元柱) 등의 체포는 특히나 결정적이었다.

경찰 취조는 신의주경찰서에서 이루어졌고, 검사의 취조도 신의주에서 이루어졌다. 독립운동가들에 대한 취조인 만큼 취조과정은 혹독했지만, 피의자들의 저항도 실로 대단했다. 그러나 경찰과 검사는 (나중에 공판정에서 다툼으로써 드러나지만) 피의자의 진술(공술)을 강작하거나, 위협적인 분위기에서 허위진술을 강요하거나, 공술하지도 않은 내용을 조서에 기입하거나 하였다. 그 경찰 및 검사작성의 조서는 나중에 공판정에서 그 내용을 부인함에도 고스란히 유죄의 증거로 활용되었다. 그리고 예심단계로 넘어가 예

---

107 일경의 입장에서 사건 및 재판에 대한 개요는 高等法院檢事局, 高麗革命黨事件の研究가 상세하다.

심판사로부터 대개 3~5회의 취조를 받았다. 이미 물증이 확보되어 있어서인지, 예심취조기간은 당시의 다른 독립운동사건보다 짧은 편이었다. 예심절차는 1927년 10월 3일 예심이 종결되었고, 15인이 제1심공판에 회부되었다. 첫 공판은 신의주 겨울바람이 살을 에는 연말(1927년 12월 19일) 개정되었다. 제1심 판결이 내려진 것이 1928년 4월 20일이니까 제1심공판은 약 만4개월 지속된 것이다. 제1심판결에 불복하고 상소하여 평양복심법원에서 항소심판결이 내려진 것이 1928년 10월 18일이었다. 15명중 제1심에서 2인이 무죄판결을 받았고, 항소심에서 다시 2인이 더 무죄판결을 받았다.

고려혁명당사건에 대해서는 몇몇 논문 및 전기를 통해 사건의 윤곽과 독립운동사에서의 의의에 대해 알 수 있다.[108] 필자가 주목하고자 하는 것은 고려혁명당사건의 재판과정이다. 피고인들은 매우 열정적으로 공판에 임하였고, 실로 당당하게 자신의 입장을 밝히고 있다. 수사 및 공판과정의 문제점에 대해 날카롭게 문제제기를 했다. 무엇보다 그들은 재판의 '객체'가 되기를 거부하고, 존중받아야 할 존재로서 피고인의 권리를 쟁취하려는 열정을 보여주었다. 피고인들의 적극적 자세와 결합하여 변호인단은 그야말로 최선의 소송투쟁을 했다. 파란이 연속된 소송투쟁을 통해 펼쳐진 법률전선은, 다른 어떤 사건보다 열정적으로 보도한 언론들에 의해 전국으로 파급될 수 있었다.

| 고려혁명당 사건의 개요 |

1926년 3월 29일 만주 길림성내 후호동에서 일군의 독립운동가들이 모

---

[108] 박환, 잊혀진 혁명가 정이형, 새미, 2004; 김정인, "1920년대 중후반 천도교 세력의 민족통일전선운동," 한국사학보, 제11호, 2001; 김창수, "高麗革命黨의 組織과 活動: 1920年代 中國 東北地方에서의 抗日獨立運動," 산운사학, 제4집, 1990; 김창수, 한국민족운동사 연구(개정증보판), 교문사, 1998; 김준엽·김창순, 한국공산주의운동사 4, 청계연구소, 1988 등.

였다. 구한말 이래 애국계몽운동과 독립운동의 정신적 구심점 중의 하나였던 양기탁의 집에서였다. 모인 이들은 모두 11명. 그동안 준비과정을 거쳐 그들은 유일당운동의 연합전선을 형성하기로 하였다. 당명은 고려혁명당으로 정하고, 당일 고려혁명당선언을 발표하고, 강령과 당략을 정했다. 강령은 다음과 같다.

1. 우리들의 인간 실생활의 당면한 적인 모든 계급적 기성제도와 현재 조직을 일체 파괴하고, 물질계와 정신계를 통해서 자유평등의 이성적 신사회를 건설하자.
2. 제국주의와 자본주의에 대한 그 근본적인 반항, 우리들에게 공명하는 각 피압박민족과 결합해서 동일전선에서 일치된 보조를 취하자.[109]

〈강령〉을 언뜻 보면 사회주의 혁명노선을 따르는 것 같지만, 그 주역들의 출신과 노선을 보면 해석을 달리할 수 있을 것이다. 가장 주역에 속하는 인물은 아마도 최동희와 정이형일 것이다. 최동희는 해월 최시형의 아들로, 천도교 혁신파에 속한다. 그는 1910년대에 무장항쟁이 결부된 독립운동을 만주에서 진행하기로 하고 1920년대 당시에는 만주에 거주하고 있었다. 천도교 혁신파는 동학의 종지인 '인내천'을 무한한 자유와 평등을 의미하는 것으로 보았다. 천도교의 관념은 모든 기성적 계급제도를 타파하는 것, 그리고 이상적 신사회를 물질계 뿐 아니라 정신계를 통해서 이룩해야 한다는 점에서 종교적 이상을 강령 속에 투입하고 있다. 이들은 사회주의의 파당성에는 동조하지 않지만, 계급차별을 옹호하는 일체의 제도를 파괴한다는 점, 제국주의와 자본주의에 대한 근본적 반항이라는 점에서 짙은 공명을 느낄 수 있었다.

---

109 박환, 앞의 책, 103면.

정이형(정원흠)은 국내에서 3·1운동에 참여하고 교육계몽운동을 하다가 보다 본격적으로 독립군활동을 하기 위해 1922년 만주로 갔다. 그는 당시 만주에서 가장 실질적인 무장항쟁을 주도하고 있던 오동진의 휘하에서 대한통의부에 소속되어 국내에까지 유격전활동을 펼쳤다. 그는 다물청년단이라는 비밀결사에 가담하여 활동하기도 하다가, 만주의 무장독립운동단체들이 정의부로 통합(1924년 11월)되자 정의부의 군사부에 소속하여 국내진공작전 및 군자금모집활동 등을 전개하였다. 정의부는 상해임시정부에 소속하고 있었는데, 임시정부에서 사실상 가장 강력한 군사조직이었으며, 정이형은 그 선두에서 활약하였다.

정이형은 독립운동 단체의 통일의 필요성을 느껴 최동희와 연락하여 독립운동단체의 통일을 지향할 당을 구상하였다. 또한 만주의 무장독립운동과 국내의 조직을 연결하고자 하였는데, 그 때 최동희는 자신의 영향권 내에 있던 천도교 혁신파와 결합하고자 했다. 그리하여 최동희는 이동구를 1925년 8월 장춘으로 불러 혁명당의 취지를 전했고, 그에 깊이 공감한 이동구는 국내조직과 연결하는 책임을 맡았다. 이동구는 서자 출신으로 천도교 혁신파의 중심인물인 동시에 백정들의 평등지향조직인 형평사에 가입하여 주도적 활동을 하고 있는 중이었다. 이동구는 경성으로 와서 천도교 혁신파의 활동가인 김봉국, 송헌에게 당조직 계획을 알리고, 또다른 일부로부터 위임장을 받았다. 그 위임장이 혁명당 가입을 위한 위임장인지, 다른 용도의 것인지에 대해서는 재판에서 의견이 엇갈리고 있다. 다른 한편 형평사 간부 중 일부에게 혁명당 가입을 알리고 위임장을 받았으며, 형평사의 대표적 인사였던 장지필 등의 가입 여부를 둘러싸고는 재판에서 검사와 피고인 사이에 의견이 치열하게 대립하였다. 기왕의 다른 통일단체들과 달리, 고려혁명당은 만주의 역량있는 무장혁명조직과 국내의 영향력있는 두 단체(천도교, 형평사)를 결합한 전례없는 방식이어서 사건이 드러났을 때 일제당국은 그만큼 긴장하였으며, 조선민중의 관심도 그만큼 고조되었던

고려혁명당사건의 진상 보도
동아일보 1927.11.3.

것이다.

〈선언〉, 〈강령〉과 동시에, 목적달성을 위한 구체적 실천의 방법으로 고려혁명당은 〈당략〉을 제정하였다. "만주를 최선의 전지(戰地)로 삼는다"는 것, "최고간부는 상해에 두고, 동양의 피압박민족과 연락을 취"한다는 것, 그리고 "동양운동의 필요상 제3국제공산당과 합치하는 책략을 취한다"는 것이었다. 만주에서 무장항쟁을 수행하되, 연대망을 위해 상해에 외교중심부를 두어 중국 등 피압박민족과 연락하고 제3인터내셔날과도 연락하겠다는 것이었다. 요컨대 급진적 민족운동단체이지만, 이상적 사회의 실현을 위해 다른 나라의 피압박민족 및 소련과의 협력을 꾀하겠다는 것이다. 실제로 중국국민당의 원조를 추구하기도 하고, 만주를 근거지로 해서 암살·파괴·방화 등 모든 직접행동에 의지하여 조선혁명의 목적을 달성하겠다는 것이다. 창당후 고려혁명당 간부들은 당원의 확보와 조직을 위해 동분서주했다. 만주지역에는 우선 약 100명 정도의 당원을 확보했고, 국내의 천도교 및 형평사와 연락하던 중 초기 조직화 단계에서 그만 체포되어 국내에서 고려혁명당은 뿌리를 내릴 수 없었다.

일제당국이 특히 주목한 것은 고려혁명당의 조직적 특성이었다. 만주의 대표적인 무장독립조직인 정의부와, 국내에서 영향력있는 사회단체인 천도교 일부와 형평사가 결합한 것이다. 비록 단체 차원에서 결합한 것은 아니지만, 이 단체들에 속하는 유력한 간부들이 고려혁명당을 조직하여 북만주 지역에서 단체적 통합을 기하는 것은 대단히 주의를 요하는 것으로 생각했다. 만약 이 관계가 더욱 발전하여 직접 3단체 사이에 결합 교섭이 성립하여 연합하는 데 이르면 만주조선에 걸친 일대사건을 야기할 수 있기 때문이다. 더욱이 그들은 제3국제공산당 및 중국국민당의 후원을 구하고 있음도 문제로 보았다. 과연 그러한 후원이 성사될지는 의문시되지만 종래의 그 단체들의 독자적 입장으로부터 한걸음 더 나아가 공산주의운동에 접근한다든가 혹은 그 금전적 보조를 얻는다고 할 가능성에 대해 주목할 필요가 있었던 것이다.[110]

만주와 국내에서 체포되어 공판에 이른 인사는 모두 15인이었다. 그 중 중심인물은 이동구와 정이형이었다. 이동구는 천도교와 형평사와의 연결을 책임진 책임비서였으며, 정이형은 만주지역의 무장투쟁을 대표하고 있었다. 그들에게 적용한 죄목은 다음과 같았다.

① 고려혁명당의 조직 혹은 가입에 대하여 치안유지법 위반(이동구, 정원흠 포함 14인)

② 정원흠에 대하여는 고려혁명당 조직으로 치안유지법 위반 이외에 몇가지 범

---

110 高等法院檢事局, 高麗革命黨事件の硏究 (天道敎・衡平社・正義部 各員 提携), 京城, 1~2면.

죄혐의가 추가되었다. 제령 제7호(1919년) 위반도 있으며, 살인 · 방화 · 강도 죄도 있다. 평안북도 여해주재소 등에 침입하여 일본순사를 포함하여 여러 명을 죽였고, 군자금의 명목으로 재물을 강탈했다고 하고, 경찰서 등에 불을 질렀다는 혐의로 주로 통의부 및 정의부의 활동과 관련된 책임추궁이었다.

③ 정원흠의 부하로 위의 고려혁명당에는 가입하지 않는 인사에 대하여, 살인 · 강도의 혐의를 쓰고 법정에 나온 인사도 1명 있다.

| 제1심 공판투쟁 : 일시와 쟁점의 정리 |

고려혁명당사건의 제1심 공판은 1927년 12월 19일 개시되었다. 사건내용이 극히 조직적이었을 뿐 아니라 당원의 활동범위가 넓었고, 무장투쟁의 주도자도 포함되어 있어 법정주위는 평북경찰부와 신의주경찰서의 사복경관 다수가 출동하여 법원 내외를 엄중경계를 폈다. 피고인들이 관계한 천도교 및 형평사의 단체로부터 신의주까지 방청을 왔으며, 얼굴이라도 한번 보려는 가족들과, 이 사건 내용을 주목하는 각 방면 인사들이 혹한의 날씨에도 불구하고 이른 아침부터 법원 주위는 일대 혼잡을 이루었다. 개정 장면에 대한 한 기사는 이렇게 분위기를 전하고 있다.

오후 1시가 조금 지나자 열다섯 피고가 조선옷을 입고 깊히 눌러쓴 용수 사이로 갑갑한 듯이 바깥을 내다보면서 여러명 간수들에게 끌리어 법정안으로 들어왔다. 각각 피고석에 자리를 점령하고 간수가 수갑과 용수를 벗김에 같은 형무소에 같은 사건으로 갖히어 일연유여를 서로 대하지 못하던 지기 친우를 감개무량한 낯빛으로 서로서로 마주보고 눈짓으로 잠깐 목례를 한 후 입추의 여지도 없이 된 방청석을 돌아보며 혹은 사랑하는 부모나 자녀를 발견하고 가슴이 아파하는 기색을 보이고 혹은 정다운 친구를 찾아내어 씩씩한 웃음을 소리없이 보내는 등 일종 처참한 극적 광경을 이루었다. 본다 재판장을 선두로 시정, 리 양 배석판사며 본도 검사가 일렬로 들어와서 각각 자리에 앉음에 지금까지 소연하던 법정안은 갑자기 찢어질듯한 긴장을 보이고 장차 들어날 고려혁명당사건의 내용을 경청코저 하였으며 변호사석에는 이 사건을 무료로 변론코저 멀리 경성으로부터 출장한 이인 씨를 비롯하여 신의주변호사 이희적 최창조 씨의 여러 변호사가 열석하였다.[111]

법정 밖에 사람들이 운집하고, 법정안이 입추의 여지 없이 차는 광경은 제1심 공판기일 내내 변함없는 광경이었다. 언론은 작은 지면 내에, 거의 속기록 작성하듯이, 법정장면을 중개하고자 애썼다.

위 기사에서 있듯이, 고려혁명당 사건의 변호인은 현지의 두 변호사(이희적(李熙迪), 최창조(崔昌朝))에다 경성에서 출장온 이인 변호사가 참여했다. 이인 변호사는 무보수변론을 자청하여 출정하였고, 공판이 끝날 때까지 시종 참여하여 변론을 이끌었으며, 제2회부터 김병로 변호사가 가세하여 변론을 주도하였다. 신의주의 변호사들은 구체적 사실관계에서 변론을 뒷받침했다. 다음은 각 공판기일에서 일어난 일을 주요 쟁점에 맞추어 재정리한 것이다. 고려혁명당사건 재판의 〈공판시말기〉가 나타나지 않은 관계로, 여기서 주요 문답은 각 언론기사들을 짜깁기하여 재구성한 것이다.

1. 제1회 공판(1927.12.19)

1) 이동구 : 성명과 경칭에 대한 요구를 수용 않으면 공술을 거부한다

공판은 바로 "개정벽두부터 대파란"이 일었다. 공판절차의 첫 순서는 인정신문인데, 사건의 주역인 이동구로부터 그 주소 씨명을 묻게 되었다. 재판장이 "너 이름은 이동구인가"라고 질문할 때, 이동구는 "자기는 이소로, 이동구가 아니다. 이동구라고 부르지 말고, 이소라고 불러달라"고 요구하

---

111 동아일보 1927.12.20. "철옹성가튼 경계리 고려혁명당공판개정"

였다. 더하여 이동구는 "어찌하여 심문할 때 경어를 쓰지 않느냐"고 항변하였다.[112] 이동구의 이같은 주장은 이미 예심판사와 약속한 것이라고 했다.

고등법원 검사국이 작성한 문건 중에는 〈예심중의 행장〉이란 항목이 나온다. 거기에 피고인 이동구는 예심판사의 제1회, 제2회 심문 때 기소사실에 관한 신문에 대해 일체 답변을 거부하였다고 한다 제3회 신문 때 예심판사는 이동구에 대하여 왜 신문에 대하여 답하지 않느냐고 질문을 받자, 다음 4개의 요구사항을 제출하였다.

- 본명 이동구를 폐하고 금후 이소(而笑)로 칭할 것.
- 어떠한 재판소, 형무소에서도 피고인과 관계관리와는 상호 경어를 쓸 것.
- 어떠한 장소에서도 피고인의 구속을 풀 것.
- 어떤 재판소 형무소에 있어서도 피고인 및 피의자의 요구 또는 청원을 반드시 수용할 것.[113]

이동구는 이 요구를 수용하지 않으면 신문에 답하지 않겠다고 했다. 결국 사건의 주역인 이동구의 공술 없이는 증거수집과 절차진행에 막대한 애로가 조성될 것임으로, 예심판사는 이 요구를 수용하였다. 그에 따라 제5회 신문부터 이동구는 신문에 응하여 진술을 했다. 다만 최종신문에 이르기까지 그는 본명(이동구)의 이름으로 서명날인하는 것을 거부하고, 대신 이소의 이름을 사용했다.

예심판사와의 약속을 근거로 성명과 경어사용에 대한 이동구의 문제제기에 당혹한 재판장은 이동구에 대한 심리를 부득이 중지하고, 다음 김봉

---

112 동아일보 1927.12.20 "피고 이이소 심리에 공술을 거절, 경어를 쓰지 안는다고 분개, 개정벽두에 일파란"
113 高等法院檢事局, 앞의 글.

국의 심리로 옮아가야 했다.

2) 직업은? 독립운동이다.

피고들의 직업을 묻는 재판장의 말에도 파란이 일었다. 정원흠은 『나의 직업은 ○○운동이라』고 답했고, 이원주는 『직업이 배일(排日)이라』고 답했다. 김봉국도 같은 취지로 답변을 하여 장내를 긴장시켰다.[114]

3) 정원흠 : 충분한 진술기회 주지 않으면 일체의 진술을 거부하겠다

정원흠의 혐의는 고려혁명당 결성(치안유지법위반) 이외에, 그와 병합하여 무장독립운동의 과정에서 살인, 강도, 방화의 건이 더욱 문제시되었다. 재판장은 먼저 피고가 조선시국에 불평을 품고 만주 각지로 유랑하며 조선 ○○운동에 열중한 사실, 정의부의 제1중대장이 되었던 사실을 묻자 정원흠은 이를 시인하였다. 다음으로 1924년 피고가 통의부의 대장으로 있을 즈음 만주 홍련자에서 조모라는 사람을 반통의부원이라고 살해한 사실과 1925년 벽동 여해 주재소를 습격하여 일본경관을 총살하고 주재소에 방화를 하며 기타 여러 곳에서 군자금을 모집한 사실이 있는가 심문한즉 피고는 절대로 그런 사실이 있다는 것을 부인하였다. 재판장은 피고가 신의주 경찰서에서 위 사실을 자백했다고 조서에 적혀있다고 하자, 정원흠은 그런 말을 한 적이 없다고 맞섰다. 그에 대해 한 때 정의부에 속해 있던 이창식과 김병룡의 증언에 대한 재판부와 정원흠의 다툼이 있었다.

재 : 이창식이란 그대의 부하가 입증을 하지 아니하였나

정 : 저는 붙들려오고 저의 부하는 귀순하여 왔습니다. 그 부하가 경찰서에서 나더러 죽엿다고 하였으니까 경찰이 내 진술대로 적어주었겠습니까?

---

114 동아일보 1927.12.21.

재 : 경찰조서에는 사실이 있는 것처럼 진술하였음은 어찌한 연고냐

정 : 그는 역시 경찰에서 자기의 변명을 절대 들어주지 않고 기어이 사실이 있다고만 주장함으로 재판소에 넘어와서 변명할 작정으로 그 조서에 그대로 인장만 찍어준 것이요. 내가 사실이 있다고 일일이 공술하지는 아니하였습니다.

정 : 당시 초산 벽동 등 두곳 경찰관 주재소를 습격한 것은 사실 통의부에서 습격한 것이요, 나는 거기 참예치 않았습니다. 그런데 이 습격사건이 끝난지 얼마후에 김병룡 등 본인의 부하가 귀순을 하게 되자 귀순하기에 형편이 좋도록 꾸며댄 것이 사실과 같이 내가 책임을 지게 된 것이외다.[115]

이렇게 그는 모든 사실을 부인하였다.

정원흠의 반박은 두가지 방식으로 요약될 수 있다. 첫째, 살인 방화 등을 증언하는 증인은 한 때 정의부 등에 몸담았지만, 다시 왜적에 "귀순"한 자로서 귀순자들은 "귀순하기에 형편이 좋도록 꾸며댄" 말들에 지나지 않는다. 귀순자들도 실제 현장을 목격한 것이 아니고 전문증언에 불과하다는 주장도 제기한다. 둘째, 재판부가 내세우는 경찰자백은 경찰에서 자기의 변명을 들어주지 않고 (증언자의 증언 등에 의거하여) 사실이 있었다고 억지 주장함으로 재판소에서 다툴 작정으로 조서에 인장만 그대로 찍어준 것이고, 자신은 혐의를 인정한 공술을 한 적이 결코 없다는 것이다.

그러면서 정원흠은 진실을 진술할 기회를 재판부에 얻고자 했다. "자기가 자세한 바를 진술하여 이 사건이 (자신과) 전혀 무근지설임"을 밝히겠다는 것이다. 그러나 재판부는 "장황한 이야기를 허락지" 않고 다른 사실에 대한 신문으로 넘어가자, 정원흠은 진술할 기회를 주지 않는 재판에는 공술하지 못하겠다고 하면서 이후 재판장의 심리에 일체의 진술을 거부하였

---

115 동아일보 1927.12.21. "駐在所襲擊事件과 警官殺害事實審理, 벽두에 正義府鄭元欽심리, 被告는 事實絕對否認"

다. 뒤이어 같은 무장독립운동 계열의 이원주 역시 심리를 거절했다.

4) 이인 변호사 : 피고인의 답변 없이 작성된 공판조서는 문제있다.

결국 재판장은 정원흠의 답변이 없는 가운데, 홀로 심문을 하여 정원흠에 대한 경찰조서, 검찰조서, 예심조서 등의 낭독을 끝내고 잠시 휴정을 선언하였다. 그대로 공판조서가 작성되면, 마치 피고인이 수사조서 및 예심조서에 기재된 사실을 그대로 인정하는 식으로 정리될 가능성이 다분했다. 이인 변호사는 이 점을 지적하면서 항의했다. 그는 피고가 함구불언(진술거부)한 후 두 차례나 일어나 "피고로 하여금 의견진술의 기회를 주어 공판을 충분히 해야 한다"고 항의했다. 또한 "피고의 진술이 있고 없고는 다른 피고에게 직접간접으로 영향을 주어 이 사건의 전도에 있어 중대한 결과를 가져올 것"이라고 주장했다. 이런 상태에서 공판조서가 작성되어버리면 결국 조서에는 혐의사실을 모두 시인하는 것같이 조서가 작성될 것이므로, 이는 매우 부당하다는 것이다. 특히 고려혁명당 관련 부분에 대해서도 다른 피고인에게까지 불리한 영향을 미칠 것이라는 우려였다. 이인 변호사는 피고인이 공술을 거부하는 사유와 상황을 공판조서에 기록해둘 것인가 하고 재판장에게 항의했다.[116]

잇따른 항의에 재판장은 한발 물러섰다. "지금 피고는 다소 생각을 잘못하고 대답을 아니하는 것 같으니" 그러면 "피고에게 불리한 것인즉 심문에 대하여 대답하라"고 말했다. 그에 대해 피고는 "어느 때든지 자기로 하여금 충분한 진술을 줄 때에 답변하겠다" 하고 또다시 충분한 진술기회를 요구했으나, 재판장은 직권으로 이를 불허하였다. 그러나 재판부는 가장 중요한 피고인인 정원흠의 공술을 확보하지 못하였고, 이러한 상황을 공판조서에 올리기도 꺼려져 공판진행에 난감한 상황이 조성되었다.

---

116 동아일보 1927.12.21. "供述 안듯고 斷罪는 不可, 이광경을 긔록해 둘터이냐, 李仁 辯護士 抗議"

5) 국내 피고인 : 수사기관 작성의 조서는 위협적 허위증거

정원흠의 진술거부로 난관에 부닥친 상태에서 송헌, 장지필, 오성환, 조귀용, 홍병기 피고에 대한 사실심리에 들어갔다. 피고인들이 고려혁명당의 목적을 알고 가입했는가 라는 재판장의 신문에, 피고인들은 "전연 그러한 일이 없다"고 전면부인을 했다. 그들은 "작년(1926년) 3월 이동구를 경성에서 만나기는 하였으나 고려혁명당사건에 대해서는 조금도 들은 바 없다"고 주장했다. 다음 이동욱, 서광훈, 박기돈, 유공삼의 4인을 불러세워 고려혁명당 가입여부를 신문했는데, 역시 전면부인의 답변을 했다. 재판장은 "피고인들의 범죄에 대하여는 경찰조서 검사조서 예심조서 등의 증거가 있다"고 지적했다. 수사·예심시에 작성된 조서에는 모두 피고인들이 고려혁명당 가입을 시인했다고 기재되어 있었던 것이다.

피고인들은 경찰에서 만든 조서는 전부 거짓말이니 증거가 될 수 없다고 맞섰다. 그 이유는 첫째, 경찰조서는 피의자들이 하지도 않은 말을 집어넣었으므로 허위조서라는 것이다. 둘째, 경찰에서 혹독한 고문을 받았기에 경찰조서는 강작(强作)되었다는 것이다.[117] 검사조서에서의 사실시인 기재도 검사의 폭력으로 말미암은 것이라는 것이다. 즉 조서는 강작한 것이고, 증거도 허위라는 것이다. 이리하여 수사단계에서의 폭력과 고문사실이 공판정에서 폭로되었으며, 수사조서의 내용의 진정성과 신빙성에 대하여 의문이 던져졌다.

2. 제2회 공판(1928.2.7.)

제2회 공판은 해를 넘겨 1928년 2월 7일에 개정되었다. 영하 28도의 혹한의 추위에 떨어가면서도 여전히 법정은 만원을 이루었다. 이 날은 제1회 때의 이인, 이희적, 최창조 변호사에 더하여 김병로 변호사가 경성에서

---

117 동아일보 1927.12.21. "調書는 强作한 것 證據도 虛僞, 업는사실을 꾸며 내엿다고 天道敎關係被告 供述"

왔다. 변호사 김병로가 "피고 전부에 대한 변호계를 제출하여 15인 피고의 무인을 받자 혹독한 추위에 얼굴이 새파랗게 된 피고들도 적이 안심의 기색을 띠었다"고 기사는 전한다. 담당 검사(본도)는 외지 출장으로 당일 결석하였고, 대신 입회 임 검사가 출정하였다.

1) 김병로 변호사 : 공판정에서 피고인의 수갑을 착용케 하는 것은 불법이다

개정벽두에 재판장은 피고들이 다수일 뿐 아니라 취체상 필요하다는 이유로 피고들의 수갑을 모두 채운 채 두고, 다만 한사람 한사람씩 심문할 때에만 수갑을 풀겠다고 했다. 위에 든 이유 이외에도, 재판부로서는 지난 1회 공판정에서 피고인의 예기(銳氣)를 꺾지 못한 점에 대해 소송지휘상의 대책을 강구할 필요도 있었을 것이고, 더하여 무장독립운동가들의 탈출가능성 혹은 외부로부터의 탈출원조 등의 불안을 생각했을 수도 있다. 그에 대해 김병로는 "공판정에서 피고의 신체를 구속하는 것은 불법"이라고 엄중한 항의를 제출하였다. 피고의 신체를 구속하느니, 그럴 것 같으면 차라리 감시인원을 증원하라고 하였다. 이어 당시 경성에서 진행중이었던 조선공산당사건의 예[118]를 들면서 피고인들의 법정내 신체구속은 불법이라고 맞섰다.

그 주장을 듣고 재판장은 간수에 대하여 피고 전부의 수갑을 끌르라고 명령했다. 그러나 간수는 만일의 일이 있을지 모르니 형무소 측과 의논해 보아야겠다고 하고 전화로 형무소와 협의한 결과 응원간수 4명을 더 불러 오겠다고 되었다. 재판장은 응원간수가 올 동안 휴정을 선언하였다. 잠시 휴정후에 공판은 재개정되었는데, 입회검사가 일어서서 "형무소에 응원간수 4명을 청하였으나 2명밖에 올 수 없다고 하면서, 수갑을 풀고 심리하는 것보다는 공판을 연기해달라"는 의견을 진술하였다. 재판부는 잠시 퇴정하

---

118 당시 진행중이었던 조선공산당사건의 피고인은 모두 100명을 넘었다.

였다가 "간수가 부족하여 위험한 일이 생기면 안 되겠으니 검사의 의견을 들어 (공판을) 연기한다"고 선언하고 퇴정해버렸다.[119]

이렇게 간수 2명이 부족하다는 이유만으로 공판을 연기하는 것은 "재판소의 무성의"라는 비난이 높았다. 이 사건의 피고인들은 벌써 미결상태로 2년이나 끌었을 뿐 아니라, 경성에서 신의주까지 무보수로, 일부로 비용을 들여가며 출석한 변호사들을 괴롭히는 것이며, 이러한 "박약한 이유" 혹은 "우스운 이유"로 공판을 연기하는 것은 참으로 어처구니없는 일이었다. "재판소 당국의 무성의한 태도에 대해서 변호사는 물론 일반이 다같이 분개"하는 것도 당연했다.[120] 이렇게 무리한 공판연기를 한 실제적 이유 중의 하나는 담당검사가 출석치 않은 상태에서 중요한 쟁점에 대해 결정하기 어려웠던 사정도 지적되고 있다.[121]

3. 제3회, 제4회 공판

제2회 공판까지 호칭문제, 진술기회 부여 여부문제, 수갑문제 등으로 본안에 대한 피고인의 진술을 거의 듣지 못한 재판부로서는 일정한 양보를 할 수 밖에 없었던 것 같다. 1928년 3월 9일 제3차 공판이 개정되었다. 재판장은 법정에서 피고인 전원의 수갑을 풀어주는 대신 "간수들의 어마어마한 경계"를 붙였다. 법정 내의 긴장은 더욱 고조되었다. 3차에 이르러 피고의 공술이 본격적으로 행해졌다. 다음날(1928년 3월 10일) 제4차 공판까지 공술이 이어졌다.

1) 이동구 : 언권을 충분히 달라는 전제하에, 재판장과 장시간 공방

첫 심문은 역시 이동구로부터 시작되었다. 이동구는 제1차 공판에서의

---

119 동아일보 1928.2.10. "手甲이 問題되다가 看守不足이라고 又延期"
120 동아일보 1928.2.11. "우스운 이유"
121 조선일보 1928.2.10.

자신의 입장을 먼저 재판장에게 던졌다.

이동구 : 먼저 사실을 심리하기 전에 먼저 의견을 진술할 것이 있다.

재판장 : 이 공판이 세상의 주목을 끌고 또는 개인으로 피고에게 시선이 몰리니
　　　　신중한 태도로서 사실심리에 들어가는 것이 좋다.

이동구 : 그러나 전번 공판 때에도 말했거니와 재판장이 친절 정정히 심문을 한
　　　　다면 역시 나도 친절히 공술을 할 터이요. 만약 하시(下視)적으로 말을
　　　　묻는다면 일절 대답을 아니하겠소.[122]

이렇게 말하고 난 뒤, 자신에게 언권(言權)을 충분히 달라고 강경히 주장
했다. 자기 생각을 제대로 진술할 수 있게 해주면 오히려 심리에 참고가 되
고 심리진행이 빠를 것이라고 주장한 것이다.

재(판장) : 피고는 1925년 8월중에 할빈으로 건너가서 최동희란 사람을 만난 후
　　　　에 고려혁명당 조직을 계획한 일이 있는가.

이(동구): 있소.

재 : 조직계획을 한 것은 순전히 조선을 일본에서 ○○하는 동시에 사유재산제
　　도를 ○○하고 공산주의를 실현코저 하야 형평사원과 만주 정의부와 천도
　　교 중요인물들이 모여서 어디까지든지 목적을 도달하고자 하야 그런 것이
　　겠구면.

이 : 물론이요.

재 : 최동희를 만나기는 어대서.

이 : 장춘 아동려관이었소.

재 : 그 때에 최에게서 고려혁명당조직에 대한 계획의 말과 조선내지에 있는 천

---

122 동아일보 1928.3.11. "層生疊出한 波瀾後 高麗革命黨三回開廷, 第一回公判은 被告
供述拒絕로 中止, 第二回 公判은 看守二名 不足해 閉廷"

도교연합회, 형평사에게도 교섭하여 달라는 말이 있었나?

피 : 있소.

재 : 1926년 3월경에 경성으로 와서 천도교연합회 사무실에서 김봉국, 송헌, 이
　　동락 등 세사람을 만난 후에 고려혁명당 조직의 뜻을 말한 후 같이 일하자
　　고 권유한 일이 있는가.

이 : 김봉국을 만나서 말한 일은 있으되 다른 사람은 보지도 못하엿소.

재 : 그 후 또다시 형평사 본부 간사 장지필, 오성환, 조귀용한테 가서 전기와 같
　　이 권유한 일이 있나.

이 : 장지필이와 조귀용은 만나려다가 만나지 못하고 다만 오성환이만 만나보고
　　말한 일이 있소.

재 : 경운동 천도교 종리원에서 홍병기를 만난 일은 있는가

이 : 없소.

재 : 김봉국, 오성환은 찬성하던가.

이 : 물론 찬성하였소.

재 : 피고는 형평사에 대표로서 길림에 가서 그 당조직에 참례하였다 하니 그것
　　이 형평사 전체에 대표인가 또는 개인 임의로서 간 것인가

피 : 그것은 형평사 중앙본부 서무부 상무간사 오성환에게 말한 것이요. 그 대표
　　위임장에는 형평사 본부 이름을 준 것이요.

이 : 완전히 대표라는 임명을 받은 일은 없소.

재 : 오성환의 말만으로 간다는 것은 좀 미미한 일이라고 안할까.

이 : 중앙본부라는 글씌운 사명장은 받았소.

재 : 김봉국, 이동락이도 피고가 갈 때에 같이 갔지

이 : 같이 갔소.

재 : 그리하야 1926년 3월 23일경에 김봉국과 이동락과 한가지로 길림으로 건너
　　가서 길림성내에 이르러 오동진, 양기탁 외 11인이 규합하여 고려혁명당을
　　조직한 후에 선전 조직 경리 검사 등 4부를 두고 당칙을 제정하고 다시 만

고려혁명당사건, 법정의 대파란
중외일보 1928.3.12.

주일대를 무대로 조선○○을 위하여 싸우는 십여 개의 세포단체를 배치한
후 당원모집을 한 일은 틀림없는가.

이 : 틀림없소.

재 : 목적으로 말하면 조선을 일본에서 ○○하야 사유재산제도를 일체 부인하는
동시 공산주의를 실현하자는 것이지.

이 : 그것이 목적이라 할 수 있으나 재판장이 말한 것은 너무도 충분치 못하오.
자세히 말할까요.

재 : 간단히.

이 : 몇사람의 지위를 높이기 위하여 대중의 자유○○○○○○소수의 이익을 (중
략) 더욱 우리 인내천 신자로서는 더욱 인류평등인 새로운 사회의 실현을 노
력하는 것이요.

(재판장과 피고는 고려혁명당의 목적을 둘러싸고 삼십분동안이나 계속 논란을 벌였다. 재판장은
사유재산제도에 대한 이론, 피고 이동구는 공산주의에 대한 이론을 각각 주장하여 한바탕 토론을

하였다.)

이 : 고려혁명당의 목적은 …(하략. 원문)

재 : 그러면 그 목적을 도달할 수 있으리라고 생각하는가.

이 : 목적을 도달하려는데 있어서의 순로를 말하자면 처지와 환경이 같은 동지
　　와 같이 손을 잡고 단결하여 ○○○민중의 전위가 되어 우리의 ○○○○○
　　○○○목적을 달성할 것이요. (약)하고 한번 웃었다.

재 : 그러면 이 세상은 압박하는 민족 국가가 있고 그 반대로 압박받는 민족과
　　나라가 있다고 아느냐. 압박하는 사람과 압박받는 사람이 있다고 생각하는
　　가.

이 : 그것이야 물론 이 자리에서라도 방금 있는 것이오.

재 : 고려혁명당 내에서도 당칙이 있어서 당원을 압박하는 것이 아닌가.

피 : 이것은 압박이 아니요. 큰일을 하기 위하여 없지 못할 중요한 서로서로의
　　규율이요.

재 : 그러면 압박하는 민족이나 국가도 또다른 대로의 압박을 받는 것이 없을까.

피 : 있을 터이요. 그러기에 우리는 이런 서로서로의 ○○○○○한 현재사회를
　　고치려는 것이요.[123]

　그리고 재판장은 공산주의에 대하여 지루하게도 토론하는 것 같은 문답
이 중복되어 말이 많다가, 이동구는 괴롭게 생각하였던지 '당신 마음대로
이론의 해석을 하오'하고서 심리는 김봉국에게로 넘어갔다.

　이상은 각 신문보도를 결합시켜 재판장과 이동구의 문답을 정리해본 것
이다. 여기서 이동구가 공술의 전제로서 재판장에게 친절, 정정, 존칭, 언권
을 강조한 이유를 짐작할 수 있다. 재판장은 치안유지법의 구성요건에 해
당하는지 여부를 확인하는 데만 관심이 있다. 그래서 고려혁명당의 독립운

---

123 동아일보 1928.3.11; 중외일보 1928.3.12.

동(치안유지법상의 국체부인), 사유재산 부인 등에만 관심이 있다. 그러나 천도교 혁신파에 속하면서 형평사원인 이동구는 고려혁명당을 결성하게 된 자신의 사상을 본격적으로 피력하고자 한다. 조선인으로서 조선독립을 목적으로 하는 것은 당연한 일이며, "인내천 신자로서는 더욱 인류평등인 새로운 사회의 실현을 노력"하는 것인데, 이를 일방적으로 공산주의실현을 목적으로 한 것으로 낙인찍는 것에 대해 부당하다고 본 것이다. 이동구가 반-공산주의라는 것이 아니라, 자신의 행적과 사상의 행로를 통해 고려혁명당의 강령에 있는 바와 같은 내용의 결론으로 이른 데에 대해 장시간의 설명의 필요를 강렬하게 느끼고 있는데, 그러기 위해서는 재판장으로부터 충분한 설명시간 및 존중받지 않고서는 불가능하다고 생각했던 것이다. 예심판사로부터 거듭 확인한 것도, 자신의 처벌 여부에 대한 우려가 아니라 자신의 사상을 정당하게 펼칠 장을 원했다는 느낌이 있다. 다만 거의 1시간 이상에 달했던 그 논쟁이 "중략, 하략"되어버린 것이 무척 아쉽다. 그 부분은 이동구의 사상, 혹은 그와 뜻을 같이한 천도교 혁신파와 형평사의 내용, 그리고 고려혁명당 강령 등을 종합하여 추론해내어야 할 것이다.

2) 김봉국 : 고려혁명당은 7대 병에 걸린 병적 사회를 개조하려는 의사

김봉국도 고려혁명당 가입과 당발기인으로 된 점을 시인하는 데는 주저함이 없었다. 그와 재판장의 논전도 역시 행위의 정당성 여부에 집중되었다.

재 : 분명히 고려혁명당원이지.

김 : 당원일 뿐 아니라 발기인이었소.

재 : 천도교의 대표로 들어갔느냐.

김 : 대표라고 할 수 없으나 대개 의사가 같은 사실임으로 누구든지 불찬성할바는 아니나 만나지 못한 관계로 대표라고 지명을 받은 일은 없소.

재 : 그러면 그 당의 목적은.

피 : 이 사회는 ○○○○○다. 그리하여 민족주의는 다만 그 병의 지엽만을 고치
자는 것이요 ○○○○는 빈혈증에 걸린 이 사회를 고치자는 것이다. 이에
우리 당은 근본적으로 그 병의 근원을 고치고 이 세상의 대자유로의 인류주
의의 사회를 요구하는 것이요.
정치적, 경제적으로 또는 도덕, 예술, 문화 등 7대병에 걸린 이 병적 사회를
개조하려는 목적으로 활동하는 동시에 우리는 이 병을 고치려는 의사가 되
었던 것이요.

재 : 이 사회의 병을 고치자는 것은 좋으나 이 사회에는 나쁜 병만 있는 것이 아
니요. 또는 병을 고치는 데에도 도약과 진찰을 잘 하여야 될 것이 아닌가.

피 : 고려혁명당은 병에 대하여 박사이기 때문에 이 사회의 병을 잘못 진찰할 리
가 만무하오.

재 : 고려혁명당은 모든 병을 고치는 의사로구먼.

김 : 그렇소. 고혁(高革)은 전문박사요.[124]

그 "대담하고도 엄청난 말"은 지리하게 듣던 방청인들을 폭소하게 만들
었다. 7대병에 걸린 병적 사회를 고칠 수 있는 전문박사라는 자부심은 대
단하다.

3) 유공삼, 이동욱 : 고려혁명당에 가입한 일이 없다.

국내 거주 고려혁명당 가입혐의의 피고인들은 고려혁명당의 취지에 가
까운 생각은 갖고 있었으나, 당에 '가입'한 일이 없었음을 제1회 공판에서
와 마찬가지로 거듭 주장하였다.

---

124 동아일보 1928.3.11. "7대병에 걸린 병적 사회 개조/모든 병 고치는 전문박사/피
고 김봉국 공술"

유공삼 : 가입한 일은 없으나 이동구의 말을 듣고 찬성을 하였으며 조선의 민족
　　　주의 사회주의를 통일하여 조선○○을 실현코자 하는 마음만은 가졌으
　　　되 직접 행동을 한 일은 없다.

재판장 : 경찰서에서 말한 일은 있지

유공삼 : 경찰서에서도 전부 부인하였소.

이동욱 : 가입한 일도 없고 하등의 행동한 일도 없음에도 불구하고 경찰서에서
　　　가혹한 취조를 하야 없는 죄를 꾸민 것이다.[125]

정원흠(정이형, 1928)

4) 정의부원 : 정원흠은 공술 거절, 이원주는 일제의 연호를 거부

1차 공판 때 공술을 거절하고, 2차 때는 위험인물이라 하여 간수증원 문제의 발단이 되었던 정원흠은 3차공판에 와서도 공술을 거절하였다. 재판장이 정원흠을 불러 세우자 그는 "우선 할 말이 있다"고 하고 나서 일방적으로 진술을 하고 그 다음 입을 다물었다. 그 진술의 내용은 "…(검열삭제)"되어 알 수가 없다. 1차 때를 미루어보면, 아마도 조직을 배신하고 일제에 귀순한 증인들에 대한 대질신문을 요구했을 것으로 일응 짐작될 수 있다. 그에 대해 재판장도 어떻게 할 수가 없어서 최창조 변호사에게 공술을 권유하도록 했으나, 정원흠의 태도는 한결같았다. "『우리같이 약한 사람은 …로 하라지요. 최선생의 말씀은 고맙습니다만』하고 눈물겨운 말로 거절하고 말았다"[126]고 한다. 근본적으로, 일제의 법정 자체에 대한 거부의사를 분명히 표

125 중외일보 1928.3.12.
126 조선일보 1928.3.11. "나는 약자이니 시키는 대로 당할 뿐이라 하며 함구불언하는

시했다고 해석할 수 있을 것이다.

5) 변호사의 전략 : 증인신청, 분리심리, 현장부재 증명, 고문 폭로

3차, 4차 공판에서 피고인의 공술이 적극 이루어짐에 따라 변호사의 변론도 다채롭게 전개되었다. 피고인의 수가 많고 활동영역도 만주, 경성 등 다양한 만큼 변론의 초점도 피고인에 따라 다르게 채워졌다.

㉠ 가장 초점은 정원흠의 혐의사실, 그 중에서도 살인·강도·방화의 혐의에 대한 변호인의 논박이었다. 이 혐의에 대한 기본증언은, 앞서 정리했듯이, 두 명의 귀순자(김병룡, 양병철)의 증언인데, 변호인들의 주장은 "귀순자의 말을 신용하기 어렵다"는 것이다. 최창조 변호사는 "(귀순자들은) 자기 마음대로 생각나는 대로 무책임하게 고하는 것이 많으니 다시 귀순자였던 김병룡, 양병철 두사람"의 증인이 반드시 필요하다고 증인신청을 했다. 아울러 정원흠은 "정의부 부하들을 시켜 봉천성 환인현 장모의 집을 습격"한 일과 평북 벽동경찰서 여해주재소 등을 부하와 동반 습격하여 일본순사 살해 등을 했다고 되어 있는데, 이 정원흠이 속한 정의부의 군사위원장을 맡고 있던 오동진에게 "정원흠 등에게 그런 명령을 한 사실이 있는가"를 조사할 수 있다고 주장했다. 마침 오동진은 (고려혁명당 건이 아닌) 만주지역에서 수많은 무장투쟁을 지도한 것과 관련된 혐의로 신의주형무소에 갇혀 있었다. 바로 그를 증인으로 조사하자고 제안한 것이다. 김병로 변호사는 "답변을 거절하는 정원흠에게 충분한 증거를 얻기 위하여 멀리 있지도 않은 오동진에게 물어보는 것은 당연"하다며 열렬히 주장했다. 이인 변호사는 "그의 증인심문이 다른 사람에게까지 영향을 미치는 것이니 들어주는 것이 반드시 긴요하다"고 가세했다.[127]

피고 정원흠"이라 제하고 있다.
127 조선일보 1928.3.11. "증인으로 嗚東振 신청. 순사 피해 기타 사실로, 鄭元欽의 관계로"

이 증인신청대로라면 귀순자와 독립운동의 지도자가 동시에 증인으로 서게 될 판이었다. 재판장이 검사에게 의견을 물으니 검사는 "각 관청에서 충분히 조사했다고 믿으니 증인이 소용없고 따라서 (증인신청을) 각하하기 바란다"고 하였다. 재판장은 잠시 휴정을 선언하고, 40분이 지나 공판을 속개했다. 재판장은 다른 증인은 전부 각하하고, 오동진의 증언을 받기로 결정하였다. 증언방법은 재판장이 오동진이 갇혀있는 신의주형무소에 출장하여 조사하기로 하였다.

ⓛ 그와 함께 김병로 변호사는 2차 공판 때부터 "정원흠, 이원주, 방찬문 세사람"에 대하여 분리심리를 해줄 것을 주장하였다. 이들의 혐의는 모두 독립군 군사행동에 관한 것인데, 고려혁명당 사건과 병합하여 처리할 때 여러 문제가 파생될 수 있음을 우려했던 것 같다.[128] 그러나 분리심리의 주장에 대하여는, 재판장은 검사의 의견을 물은 결과 간단히 이를 거부했으므로, 재판장도 변호인의 의견을 일축(一擲)하여 그대로 심리를 진행하게 되었다.[129]

ⓒ 다음 형평사의 지도자들인 조귀용과 장지필의 경우는, 고려혁명당에의 가입 여부가 쟁점이 되었다. 조귀용과 장지필은 아예 이동구와 만난 사실 자체가 없었다는 것이 이동구, 조귀용, 장지필의 공술에서 이미 드러났다. 이인, 이희적 변호사는 선후하여 피고 조귀용과 장지필이 (이동구와 만났다고 하는) 그 시기에 서울에 있지 않았다는 현장부재증명을 위하여 형평사 위원 3인을 증인으로 신청하였다. 그 3인 중에서 조관옥, 김종택 두 사람은

---

128 가령 고려혁명당은 하나의 당조직이고, 고려혁명당과 직결된 군사행동이 문제시되고 있지 않으므로, 고려혁명당 관련 피고인들에 대하여는 살인·강도·방화 등과 관련하지 않고 순전히 당의 조직 및 가입행동의 법위반 여부를 다투는 것이다. 반면 정원흠, 이원주, 방찬문의 경우는, 당활동과는 무관하게, 군사활동의 결과에 대하여 사실관계를 다투는 것이기에, 양자를 분리해야만 피고인의 이익을 위해 더 잘 다툴 수 있다고 본 것 같다.

129 조선일보 1928.3.12. "피고 鄭元欽, 李元柱, 方贊汶 분리 심리는 입회 검사가 반대. 변호사의 요구는 실패"

멀리서 방청와서 현재 법정안에 있으니 곧 불러서 물어주기 바란다고 증인신청을 했다. 그에 대해 재판장은 변호인의 신청을 받아들였다. 조관옥, 김종택 두사람을 증인으로 불러서 김종택만 선서를 시키고 물었던 바 양인은 "(이동구와 만났다고 하는) 동년 봄에는 서울에 없었고 여름경에야 서울에 올라온 줄 안다"고 답하였다.[130] 이러한 증인신청은 나중에 조귀용, 장지필만이 제1심에서 무죄판결을 받게 되는데, 그것은 피고인들의 진술도 그러하거니와 증인신청을 적시에 잘 활용한 변호인의 역량에 힘입은 바가 적지 않다고 생각된다.

ⓔ 이인 변호사는 피고인의 1차공판에서의 공술 중에서 고문 주장에 주목했다. 이동욱 피고인에게 "지난번 공술에서 고문을 받았다고 하니 그 내용을 자세히 물어봐 달라"는 주장에 응하여, 이동욱은 자신이 이동구를 만나 당원 가입에 대해 들었다는 것을 전부 부인했다. 경찰서와 검사국에서도 다 부인했는데, 자기네 마음대로 당원가입했다는 진술을 한 것으로 조작했다는 것이다. 고문한 증거로 그는 법정에서 손을 내어보이고, 검사에게 뺨을 두 번이나 맞았다고 공술을 함에, 재석하였던 검사는 "불온한 얼굴로 웃어버렸고" 그에 대해 "장내에는 말하지 못할 이상한 감상을 표현하게 되었다"고 보도하고 있다.[131]

4. 제5회, 제6회 공판

제5회 공판은 1928년 3월 19일에 개최되었다. 이번 공판에서 결심(結審)을 하려는 때문인지 공판에 대하여는 전례없이 방청을 제한하였고, 그 때문에 법정내에는 불과 20명의 방청객이 있을 뿐이었다. 일반 군중들은 법정 밖에서 기다릴 수 밖에 없었다.

이 공판이 열리기 전에 재판부는 증인 오동진에 대하여 신의주형무소에

---

130 조선일보 1928.3.12.
131 조선일보 1928.3.12.

출장하여 심문을 마쳤다. 오동진은 쟁점이 되어 있는 사실은 정원흠의 소행이 아니라 정의부 제3중대장 김정호의 소위라고 증언했다. 피고 정원흠, 이원주, 방찬문 등 3명에 대한 증인 오동진의 진술은 피고인들에게 유리한 것이므로 이를 채용한다고 선언하고는, 결심(結審)을 선언했다. 절차에 따라 검사의 논고와 구형, 그리고 변호인들의 최종진술이 이어졌다.

1) 검사 : 15명 전원 유죄, 최하 5년징역부터 최고 사형까지 구형
검사의 논고의 요지는 다음과 같았다.

① 이동구 이하 십사명 피고가 고려혁명당을 조직한 사실은 분명하다.
② 장지필, 조귀용, 송헌, 오성환, 홍병기가 이동구에게 준 위임장에 대하여서는 다소의 의문점이 없지 않으나 그 역시 피고에게는 유리한 답변재료로서의 증거물이 없다.
③ 정원흠이 여해주재소를 습격하여 순사 살해한 것도 피고는 여러 가지로 변명하나 피할 수 없는 것이다.
④ 오동진의 증인은 다소 피고에게 유리하였으나 오동진은 피고가 부하인 관계상 유리하도록 변호하였을 것이다.
⑤ 그러므로 예심과 같이 모두를 유죄로 인정한다.

논고를 통해서 우리는 피고인과 변호인들의 주장과 입증이 검사를 매우 수세적으로 몰아넣었음을 알 수 있다. ② 위임장에 대해, 그것이 고려혁명당 가입서인지 다른 목적에서 제공된 것인지에 대해 다소의 의문이 있음을 인정해야 했으며, ③ 귀순자 증언의 신빙성 여부에 대한 다툼과 귀순자 증언을 불채택한 것에 대한 부담을 의식하고 있으며, ④ 오동진 증언도 피고에게 유리하게 작용할 수 있음을 의식할 수 밖에 없었던 것이다.
이러한 논고에 이어, 검사의 구형이유와 구형이 있었다.

이러한 사건들은 특히 오늘에 있어 엄중히 처벌치 않으면 안 될 것이다. 1925년부터 조금 위험사상이 악화되는 경향이 없다가 이같이 대사실이 일어난 것은 묵인치 못할 것이다. … 다만 정신이 있고 노력만 한다면 세상에는 불평불만이 많이 없을 것이다. 일해주는데 압박하는 사람이 어디 있는가? 일본제국도 많은 설비와 계획으로 각 계급에 불만이 없도록 노력하는 중에 있음에도 불구하고 이러한 범행을 한 것은 일층 엄형을 주어야 될 것이다.[132]

검사는 피고 중 4명에게 각 징역 7년, 7명에게 각 징역 5년, 1명에게 사형, 2명에게 징역 10년을 구형했다. 그러한 엄혹한 검사의 구형[133]에 대해 피고들의 반응이 일부 소개되고 있다.

정원흠은 검사가 사형을 구형한다는 말을 듣고 또한번 현실과 제도를 비웃는 듯 빙그레 웃을 뿐 조금도 공포의 기색이 없이 태연자약히 섰는 그의 태도는 너무도 대담하였으며 이에서 일반은 그에 (중략)을 발견할 수 있었다.[134]

2) 변호사의 열렬한 변론과 항쟁
(1) 이인 변호사 : 조선 법조계 초유의 '변론중지'를 당하다

검사의 구형이 끝나자 변호사의 변론이 시작되었다. 첫 테이프를 끊은 이인 변호사는 재판장과 검사에게 하나의 부탁을 먼저 했다. "혹 귀에 거슬리는 말이 있더라도 노하지 말라"는 것이었다. 이렇게 아예 예고를 하고 열렬히 변호를 진행하였더니, 변론 도중에 검사가 벌떡 일어나 변호사의 변론이 지극히 불온하다고 말을 잘랐다.[135] 재판장은 변론을 중지시키고 잠시

---

132 동아일보 1928.3.21. "波瀾重疊後 結審된 高麗革命黨事件, 수갑문데로 공술거절문데로 중첩한 파란격고 십구일결심, 十伍名에 全部有罪 最高死刑 最下伍年"
133 검사의 구형에 대해 한 신문은 "준혹무쌍(峻酷無雙)한 검사구형"으로 비판하고 있다(중외일보 1928.3.21.).
134 조선일보 1928.3.21.

기다려달라고 퇴정하였다가 잠시후에 출정하여 "이인 변호사의 변호는 불온하다"고 인정하고 변호를 중지시켰다. 그 때의 법정분위기를 언론은 다음과 같이 보도하고 있다.

이인 변호사의 변호는 불온하다고 인정하고 변호중지를 결정하였다는 통고를 이인 씨에게 하자 법정은 갑자기 긴장되고 방청석에서는 이 재판장의 선언에 대하여 비난의 수군거리는 소리조차 들리었으나 재판장의 결정이었으므로 하는 수 없이 이인 씨는 착석하고, 이어서 김병로 씨가 일어나 먼저 변호중지까지 하지 아니하면 아니될 이인 씨의 불온당한 변호가 과연 있었든가? 또는 만일 변호중지를 하려면 먼저 주의를 준 뒤에 논조를 고치지 아니하면 중지하는 것이 항례인데 한마디의 주의도 없다가 중지를 결정한 것은 재판장이 너무도 재판도덕을 무시한 것이며 후일 변호사에게 참고가 될른지도 알수 없으니 이인씨의 변호 중 어떠한 점이 불온당한 것이라고 말하여 달라고 요구하였으나 재판장은 그것은 말할 수 없다고 어름어름 피하고 말아 일시 법정은 소란하였는데...[136]

정말로 궁금한 것은 그 변론내용이다. 당시 언론이 변론중지된 변론의 전문을 소개할 수 없었음은 물론이다. 조선일보에는 "『우리는 현대의 (중략) 북만주로 류리하게 되는 현상에 있다』 여기까지 말하였을 적에 재판장은 이씨에게 변론중지를 시켰다"고 한마디를 가까스레 보도했다.[137] 변론의 윤곽은 두가지 자료로부터 재현할 수 있다. 첫째는 고등법원 검사국이 작성한 문건이 있는데, 그 문건 가운데에서 '1심공판중에서의 행장'이란 항목이 있다. 거기에는 이인 변호사의 변론의 요지가 다음과 같이 실려있다.

135 이인, 반세기의 증언, 59면.
136 중외일보 1928.3.21.
137 조선일보 1928.3.21. "臨席한 법관 잠시 밀의. 李仁 씨가 변호권 중지 당하던 전말"

일본은 조선을 위해 동양평화를 위해 일청, 일로전쟁을 했다고 말하지만, 추호도 조선을 위해 동양평화를 한 것이 아니며, 또 일본은 조선을 위해 일한합병을 했다고 말하지만 일한합병을 함에서 이익을 얻은 것은 일본 뿐으로 조선은 하나도 이익을 얻지 못하고, 병합 이래 내지로부터 다수가 조선에 들어온 반면 조선인은 다수 만주에 축출되었다.[138]

이 문건과 조선일보 보도를 같이 검토해보면, 이 문건의 내용이 변론의 대체를 잘 정리한 것으로 보인다. 그러나 이 변론이 불온하기는 해도, 뭔가 그들을 결정적으로 자극시킨 무언가가 빠져있는 느낌이다. 그것을 이인 변호사의 회고록의 관련 부분에서 보충할 수 있다.

먼저 변론을 시작한 내가 『일본은 동양평화를 위한다는 미명(美名) 하에 한국을 합병하였으나 한국에 대한 식민정책은 양두구육(羊頭狗肉)에 흡사…』하는 순간 검사가 벌떡 일어섰다. 이 자는 일본인 차석으로 표독하기로 호가 났고 이름은 모도지마(本島)라고 했는데 내 변론이 지극히 불온하다고 노기등등하게 나온 것이다. 이렇게 되자 혼다(本多公男) 재판장은 나의 변론을 중지시키고 가인(佳人)이 다음 변론을 하라고 했다. 점심후 공판이 재개되자 재판장은 나를 들어오라 해서 동양평화의 미명이니 양두구육이니 한 말의 진의가 무엇이냐고 묻는다. 분통이 터지는 심정대로 하자면 사실대로를 말했을 뿐이다 하고 싶은데 그렇게까지 정면으로 맞서가지고는 오히려 피고들에게 불이익이 될 것 같다. 나는 둔사(遁辭)를 꾸몄다. 『미명이니 양두구육이라고 평하는 자가 혹 있을지 모르나… 이렇게 말하려던 차에 검사가 변론을 방해한 것』이라고 돌려대고 변론의 전체 뜻을 듣지 않고 몇몇 낱말만을 들어 불온하다 함은 부당한 것이라고 오히려 항의한 것이다. 재판장은 한참동안 배석판사와 귓속말을 주고 받더니 이 문제는 이 정

---

138 高等法院檢事局, 앞의 글.

고려혁명당사건, 돌연 변론중지당한 이인 변호사 기사
중외일보 1928.3.21.

도로 한다고 나의 변론계속을 허락했다.[139]

즉 전체 변론의 맥락이 '불온'한 데다가, 결정적으로 자극한 것은 '양두
구육'과 같은 자극적인 단어였던 것으로 짐작할 수 있다.

이렇게 이인 변호사가 변론중지를 당한 상황에서 다음 김병로 변호사가
일어나 어떤 내용을 부당하다고 한 것이냐의 내용문제를 따졌다. 또한 변
호중지를 하려면 먼저 주의를 준 후에도 논조를 고치지 않으면 그 때 변론
중지를 할 것이지 처음부터 곧바로 변론중지를 한 것은 재판도덕을 너무
도 무시한 것이라고 항의했다. 그 재판장 결정에 대하여 당일 김병로 변호
사는 기자에게 "조선법조계에 처음으로 발생한 사실"이며, "상서롭지 못한
전례를 지어낸 재판장이 얼마나 재판도덕을 무시한 것"이냐고 "실로 경박
한 처사"라고 맹비판을 가하고 있다.[140] 이렇게 변론중지사태까지 난 것은,
이인 변호사의 용어선택 및 맥락에서 일본의 침략성을 강하게 비판한 데서
생겨난 것이지만, 맥락적으로 볼 때 고려혁명당사건 재판에서의 파란중첩
한 긴장의 한 폭발이기도 했다고 볼 수 있을 것이다.

---

139 이인, 반세기의 증언, 59면.
140 중외일보 1928.3.21. "변호사의 열렬한 변론과 항쟁, 고려혁명당4회공판"

(2) 김병로 변호사 : 범죄불구성 당연히 무죄

이인 변호사의 변론중지에 대하여 열렬히 항의한 다음, 김병로 변호사는 본격적인 변론에 들어가 대략 다음과 같은 변론을 폈다.

- 본건을 치안유지법위반에 적용한 것은 법리상으로 보아 크게 잘못된 것이다.
- 사건내용으로 보아 피고등의 행위가 결코 범죄를 구성하지 아니함으로 무죄를 주장한다.
- 피고들의 행위는 일본을 대상으로 한 것이 아니라 전세계의 ○○을 달성코자 한 것이다. 가령 전세계 사람을 다 죽이려고 한 사람이 있었다 할지라도 그를 살인미수죄로 벌할 수가 없다. (실제로 불가능하기 때문에) 그와 같이 전세계의 ○○을 성취코저 하던 이들도 벌할 수가 없을 것이다.[141]

이렇게 치안유지법의 해석과 적용에 대하여 "여러가지 묘한 법리"로써 피고들에게 유익한 논변을 하던 도중 돌연 재판장으로부터 별다른 조건 없이 한시간동안 휴정선언이 있었다. (이는 김병로 변호사가 논박했던, 이인 변호사의 변론중지에 대하여 이인 변호사를 불러 변론의 진의를 확인코자 했다. 그 과정에 약 1시간 정도의 휴정이 필요했던 것이다.) 그런 다음 다시 개정하여, 김병로 변호사는 변론을 계속할 수 있었다.

피고들의 환경에 대한 여러 가지 말이 있은 후 사실에 들어가서 선언, 강령에서 나타난 것은 막연하여서 세계를 포함한 것이다. 그런 점으로 보아서도 치안유지법 적용은 근본입법한 정신에 비치되는 것이다.[142]

한 취지를 이야기한 다음, 개별 피고들에 대한 변론에 들어갔다. 대략 다

---

141 동아일보 1928.3.21 "犯罪不構成 當然히 無罪, 辯護士의 主張要旨"
142 조선일보 1928.3.21. "각 변호사 항의 제출. 金炳魯 씨의 예리한 이론"

음과 같은 취지이다.

- 오성환, 송헌, 장지필, 홍병기, 조귀용 등은 이동구, 김봉국 등을 대리로 보내어 조직에 참여케 했다는 것인데, 조직자와 가입자 간의 구별이 없이 치안유지법 제1조를 적용한 것은 부당한 것이며, 이들의 행위는 형법상으로 적용할 조문이 없다고까지 생각된다.
- 정원흠이 1925년 3월 중에 벽동 여해경관주재소를 습격하였다 하나 자기도 부인하였고 증인 오동진도 그 사람이 한 것이 아니라고 함에도 불구하고 일개의 귀순자인 김병룡의 증언을 강빙하는 것이 잘못이다. 더욱 김의 말에 3월 18일에 압록강을 독목주로 건넜다고 하니 지금도 보는 것과 같이 어름 위로 배가 건너올 수 없는 것이다. 이것을 보아도 무책임한 증인의 말인 것을 알 수 있다.[143]

(3) 이인 변호사: 변론 재개 허용

오전중에 변론이 불온당하다고 재판장의 직권으로 중지시킨 이인 변호사에게, 휴정중에 이인 변호사의 의견을 청취하고 김병로 변호사의 변론이 끝난 뒤, 이인 변호사에게 변론의 재개를 허용했다. 이인 변호사는 다음과 같은 취지로, 개별 피고에 대한 변론을 펼쳤다.

- 고려혁명당의 십여 명을 단죄하는데 유일한 증거인 강령 선언의 내용이 치유법을 적용하기 불충분하다.
- 당칙에는 정식 당원이 되기 위한 절차로, 일단 후보로 6개월을 지낼 것을 요한다. 그 때에는 당원의 권리가 없는 것이다.
- 개인으로 들어가서 이동구가 서울온 때에 장지필은 시골에 머물고 있었기에

---

143 조선일보 1928.3.21.

양인은 만남의 기회 자체가 없었다. (장지필의) 인격으로 보더라도 (이러한 공술은) 충분히 존중되어야 할 것이다.

- 홍병기 같은 육십 노인이 무엇을 요할 것이냐? 요컨대 오직 조선인으로서의 생존권을 요하는 것이다.[144]

이렇게 파행을 거듭한 이인 변호사의 변론이 끝나자 시간이 오후 6시에 이르렀다. 결국 오후 내내 이인-김병로-이인의 변론이 이어진 셈이었다. 이희적, 최창조의 변론은 다음 공판기일로 미루어졌다.

(4) 이희적, 최창조 변호사

1928년 4월 6일 제6회 공판이 개정되었다. 오후 1시 10분에 개정된 공판정은 지난번에 이어 변호사의 변론이 이어졌다. 최창조, 이희적 변호사는 한시간여에 걸쳐 피고인에게 유리한 변론을 했다.

(5) 소란 중에 폐정

변호사들의 변론이 끝난 후 주심판사는 피고들에게 무슨 할말이 있거든 하라고 했다.

먼저 김봉국 피고가 일어나 "본건에 대해 나는 인증치 못할 말이 있으니 죄없는 이유를 말하겠소"하자 재판장은 변호인이 피고를 위하여 변론하지 않았는가 하고 반문했다. 이어 이동구가 말을 하고자 하는 등, 각 피고들이 할 말이 많다고 함으로 장내가 자못 혼잡하게 되어, 이에 검사로부터 피고들의 언권을 중지한 바 "피고들은 분노하기를 마지 아니하며 6~7년의 징역이라고 하나 육칠 년 후는 다시 세상에 나올 수 가 있다고 흥분되어 말하더라"고 재판분위기를 전하고 있다. 참으로 파란많았던 고려혁명당사건의

---

144 조선일보 1928.3.21. "중지된 李仁 씨는 일부 허락"

제1심 공판은 "훤화소연(喧譁騷然) 중에 폐정되었다."[145]

5) 제1심 판결(1928.4.20.)

1928년 4월 20일 판결이 내려졌다. 법정에는 "피고의 친척과 지기들로
만원을 이루었으며" "신의주경찰서에서는 정사복경관을 다수 배치하여 엄
중한 경계를 폈다. 재판장은 판결을 선고하였다. 먼저 각 피고를 호명한 뒤
에 각기 사실 유무를 일일이 설명했다. 대략 다음과 같은 취지였다.

- 피고 이동구, 김봉국, 송헌, 이동락, 오성환, 홍병기 등에게 대하여 피고들은 불
  온한 사상을 품고 고려혁명당을 조직한 것은 예심결정서에 쓰이어 있는 것과
  또한 그 사실의 증거가 충분한 것이다.
- 또한 이동욱, 박기돈, 서광훈, 유공삼 등은 이동구 등이 조직한 비밀결사 고려
  혁명당에 가입한 사실을 여러 가지로 변명을 하나 증거가 충분한 관계로 피할
  수 없는 것이며
- 피고인 정원흠은 조선○○을 목적으로 만주에 건너가서 ○○단에 가입하였
  을 뿐 아니라 고려혁명당에 가입하였던 것도 사실이며 더욱이 벽동 여해 경찰
  관 주재소를 습격하여 네 사람을 살해하고 한사람을 상해시킨 후 민가에 방화
  를 한 것도 예심결정서에 있는 바와 같이 증거가 충분하다. 피고 이원주, 방찬
  문 두 사람도 역시 정원흠과 같은 ○○단원으로서 고려혁명당에 가입한 사실
  이 틀리지 않음을 인정하는 바이다. 이와 같이 범죄사실로 어쩔 수 없는 각 피
  고에게 대하여 아래와 같이 언도를 한다는 것이다.[146]

이같은 판결에 대하여 억울하게 생각하는 피고가 있으면 즉시 복심법원

145 조선일보 1928.4.8. "裁判長이 준 言權 檢事中止로 一波瀾"
146 조선일보 1928.4.22. "고려혁명당 언도 최고 무기형. 其次로 8년부터 2년까지 무죄
석방 2명"; 중외일보 1928.4.22. "最高無期로 無罪까지/ 高麗革命黨事件判決"

에 항소하라고 하매, 피고인들은 "어이가 없는 듯이 모두 함구무언"을 하며, 방청석에서도 낙심천만하여 정내의 공기가 무척 긴장되었다. 다른 한편 사형을 구형받았던 정원흠에 대하여는 오히려 "무기로 되었으니 언제든지 철창문밖에 나와 다시한번 만날 날이 있으리라는 예감에 기쁨을 마지 않는 방청객의 얼굴들이 한바탕 무엇을 약속하는 듯한 은근한 침묵을 던졌"다고 보도되고 있다. 대체로 피고인들은 의연하게 판결에 기죽지 않는 당당함을 보였"던 바『공짜로 평양구경이나 하지』"하는 피고들의 냉소를 보냈다.[147]

한편 제1심판결에 조귀용, 장지필의 양인은 무죄판결을 받았다. 형평사의 지도자들인 이들은 이동구가 경성에 왔을 때 경성에 아예 있지 않았다는 피고들의 일치된 주장과 증언들이 일관되어 있어, 법원은 조귀용, 장지필에 대한 공소사실은 "각각 범죄의 증명이 없기에" 무죄의 언도를 했다. 이 양인은 1928년 4월 25일 밤에 출감했다.

| 항소심의 경과 |

1. 피고인들의 항변

제1심 판결에서 유죄를 선고받은 피고는 모두 13인이었다. 그 중 유공삼은 상소권 포기를 해버렸고, 12인은 일단 항소를 제기했다. 그러나 만주의 독립운동가들인 정원흠, 이원주, 방찬문은 항소를 취하하여, 결국 항소심의 심판대상이 된 피고는 모두 8인(이동구, 김봉국, 이동욱, 송헌, 오성환, 서광훈, 홍병기, 박기돈)이었다. 모두 국내활동가들이었다. 항소심은 평양복심법원이었고, 항소심의 변론을 맡은 변호사들은 최정묵, 이희적, 한근조의 3인이었다. 이희적은 제1심 재판에 이어 항소심 변론을 맡았고, 최정묵, 한근조는

---

147 조선일보 1928.4.22.

평양의 대표적인 변호사들이었다. 이들 모두 무료 변론을 했다.

항소심의 공판은 단1회 개정되었다. 1928년 10월 6일 평양복심법원 제1호 법정에서, 재판장은 경, 배석판사는 상야, 국지 양인, 검사는 석천이었다. 역시 방청객은 입추의 여지가 없고, 문 밖까지 방청희망자들이 물밀듯 밀려들었다.

1) 이동구 : 이소라는 성명과 경어를 쟁취하다

항소심재판부는 제1심과 마찬가지로 이동구부터 심리를 개시하였다. 먼저 재판장이 "이동구"라고 불렀으나 대답을 얻지 못하자, 그 성명으로 인한 파란과 공술거절의 사실을 아는 재판장은 곧 리이소(李而笑)라고 불렀으나 이동구는 이에 대답하지 않고, "나는 성(姓)을 떼어버린 사람이니까 그대로 이소(而笑)라고 부르라"고 요구했다. 재판장이 그냥 이소라고 부르자 그 때에야 대답하면서 일어났다. 각종 기록에는 "원래 이동구라고 쓰여있는 즉 이동구라고 부를 때가 있어도 그대로 대답하는 것이 어떠냐"고 재판장이 피고의 양해를 구하였으나, 그는 "이동구가 다시 살아나오는 것은 재미없는 일"이라며 거절하였다. 제1심에서 경어 문제가 큰 쟁점이 되었음을 아는 재판장 및 통역생은 피고들에게 경어를 사용했다고 한다. 집요한 투쟁 끝에 경어로 대우받을 권리를 쟁취한 셈이다. 재판장은 이소의 답변 중에 여러 번 흥분하여 이소에게 주의를 주었고, 심지어 공판을 중지하겠다고까지 했으나, 피고의 태도는 전혀 동요가 없었다. 재판장과 이소 사이에는 다음과 같은 취지의 문답이 오갔다.

재 : 피고는 최동희란 사람의 권유로 오동진, 양기탁 등과 같이 대정14년 8월 길림에서 고려혁명당이란 단체를 조직하였는가.

이 : 그렇다.

재 : 천도교는 종교단체요 형평사는 백정들이 회합하여 평등한 대우를 요구하는

단체이며 정의부는 조선○○을 목적하는 단체인데 어찌하여 각각 다른 목적을 가진 세단체가 서로 연합을 하게 되었는가 그 동기를 말하라.

이 : 그 세단체가 앞으로 일을 하는 계단으로 자연히 그러한 단체를 조직치 아니치 못하게 된다.

재 : 고려혁명당의 목적이 무엇인가.

이 : 고려혁명당은 만주를 근거로 하여 안으로는 기본단체의 단결을 더욱 견실히 하고 밖으로는 고려대중과 같이 ○○ 아래에서 신음하는 세계대중을 세계적으로 규합하여 일조에 기[旗]를 들고 북을 치며 ○○주의를 ○○하려는 것이다.

재 : 이상사회를 건설한다는 것은 어떤 것인가.

이 : 자유평등과 호상부조를 기초로 하는 사회를 만들려는 것이다.

재 : 그러면 로서아와 같이 하려는 것인가.

이 : 로시아는 어떤지 모른다. 우리는 우리의 이상을 실현할 뿐이다.[148]

2) 김봉국: 고려혁명당의 목적·강령은 전세계의 혁명을 위한 것

재 : (김봉국에게) 송헌의 위임장을 가지고 고려혁명당에 가입하였는가.

김 : 당초 위임장은 거기 사용하려던 것은 아니나 그것을 가지고 입당하였다.

재 : 고려혁명당의 목적 강령은 조선○○을 하고 사유재산을 부인하는 것인가

김 : 재판장은 조선○○을 자주 말하지만 우리는 조선○○이 아니라 적어도 세계를 상대로 하는 것이며 조그마한 일본 같은 것만을 상대하여 가지고 조선○○을 말하는 것이 아니다.

재 : 압박을 받는다고 말하는데 누구가 압박을 받는다는 말인가.

김 : 대중이 압박을 받지요.

재 : 누구가 압박을 하는가.

---

148 조선일보 1928.10.8.

김 : 특권계급이 하는 것이요.

이 때 재판장은 증거로 압수하였던 선언서를 보이며 여기 도장을 찍었는가 하매 그렇다 하고 교인 200명은 왜 데려갔는가 하매 조선서 ○○을 당하여 ○○없는 인민을 만주로 다려다가 농사라도 하게 할 생각으로 그리하였다.

재 : 고려혁명당의 목적하는 일이 실현될 줄로 생각하는가.

김 : 나는 ○○○○○합니다. ○○을 받는 민족인 나의 생각으로도 그러하려니와 전세계의 ○○○○○은 모두 ○○줄 압니다. 단지 고려혁명당의 장래는 어떨른지 모르겠지만은 그와 같은 생각은 ○○○○○○할 것이라 말하였다.[149]

2. 검사의 구형

피고들의 죄상이 명백하매 용인할 여지가 없고 그 중 홍병기와 서광훈의 증거가 좀 박약하지마는 피고 8명에게 원심대로 처함이 마땅하다고 극히 간단한 구형을 하였다.

3. 변호사의 변론 : 종교색채 농후 무죄가 당연

항소심 판결에는 15인중 8인만이 항소심에 남았기에, 변론도 무장독립운동에 대하여까지 미칠 필요가 없었다. 8인 중 2인은 공소사실 자체는 시인하면서 강령 등에서 계급타파와 자유평등을 주장하는 것은 일반사조이지 그것이 치안유지법 위반의 범죄는 될 수 없다는 점에 변론이 집중되는 것이었다. 나머지 6인은 고려혁명당 가입사실 자체를 부인하고 있는 형편이므로, 가입사실 여부의 입증의 문제에 변론이 집중될 것이었다. 먼저 첫번째 쟁점, 즉 고려혁명당이 '사유재산 부인'의 공산주의 운동이라면 치안유지법 위반이 될 수 있는데, 변호인들은 그들의 주장이 결코 공산주의적

---

149 조선일보 1928.10.8.

인 것이 아니라고 주장하였다. 경찰이 치안유지법의 틀에 끼워맞추어 피고들을 탄압하려는 것이라는 주장이다.

> 최정묵 : 사실을 시인하는 두 사람으로 볼 지라도 계급타파와 자유평등을 주장하는 것은 일반사조요 범죄가 아니다. 더욱이 그들이 사랑하는 고국을 떠나 외국만주에 표랑하며 이와 같은단체를 조직치 않으면 안 될 내용의 사정은 모두 ○○의 ○○으로 말미암음인 즉 이들은 모두 무죄로 함이 적당하다.
>
> 이희적 : ○○주의와 ○○주의를 타파한다는 강령을 쓴 것은 범죄가 아니다. 半熟 순사들이 죄를 만들은 것이니 당연히 무죄이다.[150]

두 번째, 6인의 고려혁명당 가입은 경찰고문으로 조작된 바에 의거한 것이라는 것이 변론의 주요 논거가 되었다.

> 한근조 : 경찰의 기록은 신용할 수 없는 것이다. 그리고 특수정치를 시행하는 조선의 청년이 현제도에 대하여 불평을 가지는 것은 당연하다

요컨대 변호사들은 ① 사실관계 자체에 대해 도전했고, ② 사실관계가 인정되는 경우(2인)에는 고려혁명당이 "인류애를 표방하는 종교적 색채"로 보아서나 "평화사회 건설, 공존공영을 표방"한 것이어서, 치안유지법을 적용함은 부당하다는 것이었다. 사실의 면에서나 법적용의 면에서 모두 무죄가 당연하다는 무죄변론을 펼쳤던 것이다.

---

150 조선일보 1928.10.8.

4. 피고들: 최후진술의 기회 활용

변호인의 변론이 끝난 후 재판장은 피고들에게 할 말이 없는가 물음에 각 피고들은 적극 의견을 개진했다.

이 소 : ○○와 ○○을 일삼는 이 세상에 있어서 절대의 평화 절대의 평등사회
　　　　　를 실현할 위대한 사명을 들고나온 고려혁명당을 적대시하여 죄를 주
　　　　　겠다는 것은 참으로 알 수 없는 일이라.

김봉국 : 외눈 있는 병신만 사는 동리에 두눈 가진 사람이 가면 병신구실을 한다
　　　　　더니 고려혁명당을 근본적으로 색안경을 쓰고 어떤 사상단체로 본 것
　　　　　이 잘못이다. 적어도 우리의 실현코저 하는 이상은 조선안에 간판을 내
　　　　　놓고도 넉넉히 할 수 있는 것이니 공존공영을 표방하는 오늘에 있어서
　　　　　세계인류애를 표현하고 평등과 ○○을 목적함이 무엇이 죄이냐.[151]

다른 피고들은 자신의 관여사실 없으므로 무죄라는 것을 극력 주장했다.

5. 항소심 판결: 2명 무죄, 6명은 감형

1928년 10월 18일 경 재판장은 피고 8명을 전부 불러세운 후 판결이유서 전문을 낭독하였다. 8명 중 2명은 무죄, 나머지 6명에 대해서는 보다 경미한 형을 선고했다. 재판장은 형의 감경을 한 이유로써는 "피고들을 순전한 사회주의자로 인정하지 않고 다만 조선민족○○운동에 전력을 기울인 것으로 보아서 특히 엄한 벌을 주지 않는 것이다"고 설명했다. 제1심에서는 고려혁명당의 목적을 언급하면서 "조선을 일본제국의 굴레에서 이탈케 하며, 더욱이 사유재산제도를 부인, 공산제도를 실현하기 위한 목적을 갖고…"라고 하여 고려혁명당을 공산당의 조직체인 것처럼 규정하고 있으

---

151 동아일보 1928.10.8 「人類愛 表現 平和社會建設 공존공영을 표방하얏슬 뿐」被告等의 最後陳述(平壤)"

나, 항소심판결에서는 "일본제국의 현존제도를 파괴하여 혁명에 의해 조선 민족을 해방키 위하여 정의부원-천도교도-형평사원을 연결할 공고한 혁명당을 조직"했다고 하여 공산당과 관련이 없는 민족혁명조직체로서 규정하고 있다.[152]

또한 박기돈, 서광훈의 고려혁명당 가입 취지의 공소사실은 "증명이 충분치 아니함으로" 무죄를 선고했다.

제1심 법원에서 장지필, 조귀용은 "범죄의 증명이 없음"의 사유로 무죄가 되었다면, 항소심에서 박기돈, 서광훈은 "증명 불충분"으로 무죄가 되었다. 유죄판결을 받은 피고들의 경우, 피고인들과 변호인들의 적극적인 주장, 즉 고려혁명당을 순전히 치안유지법의 틀로 끼워맞추기가 어느 정도 문제가 있음을 간접적으로 승인한 셈이다. "순전히 사회주의자"로 인정하지 않은 것이다. 고려혁명당의 당명 및 강령을 보면 사회주의나 공산주의 그 자체를 지향하는 인상이 없는 것은 아니나, 그들이 기본적으로 민족주의 세력권 속에 있으며 "자유평등한 이상적 신사회의 건설"을 꿈꾸는 것은 인내천을 바탕으로 한 천도교와 백정해방 및 만민평등을 특히 강조한 형평사의 이상과도 일치하는 것이었다. 피고인과 변호사들의 주장을 받아 결국 이러한 점을 수긍할 수밖에 없었던 것이다.

---

152 실제로 고려혁명당에 대한 기존의 연구들도 고려혁명당이 "민족주의 계열의 독립 운동가에 의해 조직되고 주도된"것으로 보았다. 당헌을 보면 사회주의단체나 공산 주의단체처럼 언뜻 보여질 여지도 있으나, 이는 천도교 혁신파와 형평사가 지향하는 진보적 성격, 즉 일체의 계급지배의 타파와 평등의 강조는 그러한 표현과 유사할 수 있다. 일제의 경찰과 제1심법정은 고려혁명당에 '공산주의' 딱지를 붙이고 있다. 이동구의 법정진술도 그런 점을 보강해주고 있다. 그러나 다른 피고인의 진술 그리고 변호인의 노력에 의해 고려혁명당은 공산계열이 아닌 진보적 민족주의 계열의 독립운동단체였음이 밝혀진 셈이고, 항소심 판결은 이를 받아들인 것이다. 고려혁명당의 성격에 대하여는 김창수, 250~253면. 그리고 이 점을 정확히 밝혀 낸 문헌으로 김준엽·김창순, 한국공산주의운동사 4, 130면 등 참조.

성명	연령*	관련직책	구형	제1심 판결	항소여부	항소심판결(평양복심법원)
이동구 (이소)	43	천도교·형평사에 관련	징7	7		5 (미결구금 2백일통산)
김봉국 (소소)	39	천도교지부 교사	7	6		4 (미결구금 2백일통산)
이동락 (연우)	39		7	6	공소후취하 (확정)	·
이동욱 (소연)	39		7	4		3 (미결구금 2백일통산)
송헌	39	천도교회 연합회 상무간사	5	5		3 (미결구금 2백일통산)
서광훈	28	형평사 청년연맹위원	5	3		무죄
조귀용	38	형평사총연맹 상무간사	5	무죄	판결확정	·
오성환	34	형평사 상무집행위원		4		3 (미결구금 2백일통산)
홍병기	60	천도교 종법사	5	4		2 (미결구금 2백일통산)
박기돈	29	곡류판매원	5	2		무죄
유공삼	32	무직	5	2	상소권포기	·
장지필	44	형평사총연맹위원		무죄	판결확정	·
정원흠 (정이형)	32	통의부·정의부 간부	사형	무기	공소후취하 (확정)	·
이원주	35	통의부 분대장	10	8	상동	·
방찬문	26		10	8	상동	·

* 연령: 1928년 기준

| 감옥생활 : 건강과 생명을 위협하는 형벌 |

고등법원 검사국이 작성한 문건을 보면 김봉국, 이동구의 건강상태는 '건강'이라고 분명히 적혀있다.[154] 그런데 그 뒤 언론기사를 보면, 재판투쟁

---

153 신상은 高麗革命黨事件の硏究, 16~20면을 주로 활용. 재판관련은 당시의 언론보도, 판결문(제1심, 항소심)에 의거함.
154 高麗革命黨事件の硏究, 21~22면.

의 주역들에 대한 비극적 사연이 이어진다.

김봉국 : 징역 4년이 확정되었던 그는 형무소 재감 중 "위독"하다는 기사가 나온
다. 신의주형무소에서 복역 중 신병으로 병감에 수용되었다가, 1931년
1월 5일 만기출옥하였다가, 자택에서 요양 중 그해 4월 20일 돌연 사망
하였다.[155]

이동구 : 사건의 주역이자 명실공히 재판의 주역이었던 그는 5년 징역이 확정
되어 대전형무소에 수용 중 중병에 걸리어 병감에서 신음하여 오다가,
1931년 10월 7일 만기출감하였다. 그는 극도로 수척한 상태로 출영한
동지에게 부축되어 걸어야 했다. 그로부터 정확히 2년이 지난 1933년
10월 7일 48세를 일기로 세상을 떠났다.[156]

이를 보면 그들의 투쟁이 얼마나 육체적 고통을 안겨주었는지가 짐작된
다. 그들의 수사 · 재판투쟁과 옥살이는 그들의 생명을 직접 단축하는 과정
이었던 것이다. 일제하의 수사환경 및 옥중생활이 하나의 자유형이라기보
다 '체형(體刑)'의 수준에 있음을 느끼게 해준다. 그들 뿐 아니라 실로 수많
은 독립운동가들이 옥살이를 통해 중병을 얻고 천수를 다하지 못하고 죽어
간 실례가 적지 않다.

그러나 기적도 없지 않았다. 가장 중형인 무기형을 선고받은 정원흠, 즉
정이형은 일제시대 내내 옥중에서 지내면서 살아남았다. 수사와 재판과정
에서 일제에 도움이 될 어떠한 정보도 제공하지 않고, 제1심재판에서 진술
을 거부하고, 항소심재판은 "항소취하"를 하는 등 가장 적극적인 재판거부
투쟁을 했던 그는 19년간(1927~1945년)의 고단한 옥살이를 이겨내고 마침
내 1945년 8월 17일 대전형무소에서 석방되었다. 석방 당시의 세평은 다음

---

155 조선일보 1931.4.25. "고려○○당원. 金鳳國씨 사망. 성천군 자택에서"
156 조선일보 1933.10.10. "李東求씨 7일 신당리서 서거"

과 같았다.

19년간 세상을 떠난 생활을 하였으므로 외계의 사정에 암흑할 듯이 상각(想覺)되었으나 씨는 견인불발의 강지(剛志)와 극기심을 가졌으며, 원래 근면의 특성의 소지자로서 옥중에서는 비교적 자유스러운 임무를 담당하였던 것만큼 독서와 동지규합에 노력하였고, 더욱 영국포로장교 다수와 동방(同房)에 기거하여 조선 사정을 잘 선전하였고 다수한 실입(室入)동지를 통하여 외계의 사정을 숙지하고 있었다 한다.[157]

그는 〈8·15출옥혁명동지회〉를 결성하여 활동하였고, 남조선과도입법 의원에 참여하여 친일파처리특별법의 제정위원장으로 참여하였다. 좌우합작을 주도하던 김규식의 민족자주연맹에 관여하였으며, 김구, 김규식과 함께 남북협상을 위하여 북행길에 동행하기도 했다. 그는 심장병으로 고생하다가 1956년 순국하였다.[158]

또다른 특이사안도 나온다. 이원주는 신의주형무소에서 복역 중 1931년 "기관지가다르"로 병이 위중하여 형집행정지로 병보석되어 동생 집에서 치료중 그 해 6월 중국 안동현의 한 온천으로 요양하러 간다고 하고 멀리 도주하여 북경, 천진 등을 왕래하며 독립운동의 일선에서 활약했다고 한다.[159] 그는 1935년 6월 23일 평북경찰서에 수용되어 엄중한 취조를 받았고, 다시 옥살이를 해야 했다.[160] 고려혁명당 사건으로 재판받은 이들은 살

---

157 김종범·김동운, 해방전후의 조선진상, 조선정경연구사, 1945; 박환, 134면에서 재인용.

158 박환, 잊혀진 혁명가 정이형, 새미, 2004 참조.

159 동아일보 1935.6.16. "보석중 탈주한 리원주검거 압래, 천진에서 령관경찰에 잡히어, 권총등 무기도 압수(신의주)"

160 동아일보 1935.6.25. "탈주하엿든 리원주 북평에서 평북에 호송, 병으로 형의 집행정지 중 탈주, ○○운동에 재차활동(신의주)"

아서 끝까지, 혹은 죽기까지 투쟁을 멈추지 않았던 점에서 참으로 귀감이 될 만하다.

| 일제하의 법정투쟁의 의미 |

일제의 지배하에서 독립운동은 대체로 비밀리에 전개하며, 특히 혁명운동은 더욱 그러하다. 일제의 촉수에 걸려 체포되고 수사받게 되면 그제야 식민지 조선의 일반대중이 알 수 있는 계기가 생긴다. 처음 검거·체포사실이 언론에 보도되면서 대중은 주목하게 된다. 예심결과가 나오면 비교적 상세하게 그 내역이 알려진다. 그러나 아직 독립운동가들의 목소리는 감옥에 갇혀서 차단된다. 그리고 드디어 공판이 개정된다. 공판은 일단 '공개'하에 진행되고, 방청인들이 법정에 몰려든다. 주요한 사건에서 가끔 비공개재판을 하지만, 언제나 그럴 수 있는 것은 아니다. 재판의 공개화는 재판의 정당화의 한 필수요소로 종종 여겨지기 때문이다.

공판과정에서 독립운동가들은 자기 목소리를 가질 수 있다. 실질적인 규문주의적 심리절차에서 재판장이 수사 및 예심결과를 토대로 심문을 하며, 피고인(독립운동가)들은 수동적으로 예/아니오 등의 답변을 하도록 구조화된다. 그러나 그에 대한 저항이 왕왕 일어난다. 공판정에서의 질문과 답변의 다이나믹한 전개는 그 자체 여론의 폭발적 관심을 불러일으킬 소지를 안고 있다. 모든 사안들이 쟁점화의 가능성을 안고 있다.

고려혁명당사건의 피고인들은 〈공판의 쟁점화〉에 가장 성공한 사례의 하나에 속한다. 인정신문부터 아무도 수동적으로 임하지 않았다. 피고인들은 매 공판마다 소송진행에 일대 파란을 불러일으켰다. 성명을 제대로 불러라, 재판장이 경어를 쓰라, 자신의 직업은 독립운동가 라는 진술은 이미 온갖 고초를 치른 피고인들이 쉽게 할 수 있는 말이 아니었을 것이다. 충분한 진술의 기회를 주지 않으면 아예 진술을 거부하겠다는 고리를 걸어, 그들의 공술이 반드시 필요했던 재판부를 당혹스럽게 했다.

공판의 쟁점화가 이루어지자, 언론의 보도가 더욱 활성화되었다. 우선 언론의 보도량이 폭발적으로 늘었다. 조선, 동아, 중외일보 등에서 고려혁명당 사건에 관한 보도량은 (쟁점화에 그리 성공하지 못한 다른 사건에 비하여) 이례적인 수준에 속한다. 언론은 법정의 보도를 통해 독립운동의 전개를 알릴 수 있게 되었고, 독립운동가들의 기개를 호흡할 수 있도록 해주었다. 또한 보도의 방식도 피고인들의 독특한 주장들을 거의 중개방송 하듯 인용하기도 했다. 다른 한편으로 언론의 보도는 매우 정서적이고 공감적으로 접근했다. 단어와 비유의 선택도 그러했다. 물론 언론은 일제당국에 의해 심하게 통제되었고, 일제하 보도금지의 단어들도 있었다. 그러나 "조선○○"라고 했을 때 "○○"가 무엇인지 모를 독자는 없었을 것이며, "중략" "삭제"된 부분에 대해 추측하는 과정을 통해 독자들을 더욱 사로잡을 수 있었을 것이다.

독립운동사에서 재판은 매우 큰 비중을 차지한다. 첫째, 재판이 없으면 독립운동가들에 대한 수많은 기록들이 만들어질 수 없다. 독립운동을 연구하기 위해서는 ① 재판자료, ② 언론보도, ③ 관련자의 회고, ④ 원래의 활동기록 등이 있을 텐데, 그 중에서 ④는 매우 위험한 일이었다. 이 사건에서도 조직기록을 갖고 있다가 일망타진되었던 것을 생각해보면 기록화는 가능한 꺼리는 일이었다. ③은 매우 임의적이고 소략하다. 예컨대 일제하에서 죽어간 이동구, 김봉국 등은 자신의 회고를 남길 수 없었다. ②는 지하활동, 해외활동에 대해서 접근할 수 없다. 따라서 ②는 관련자의 형사사건화, 특히 재판과정에 매우 의존한다. 결국 ①의 자료는 양적으로 가장 풍부하고, 육하원칙에 입각한 매우 구체적인 기록들이다. 물론 일제의 고문과 조작에 의해 왜곡된 부분이 적지 않지만, 그래도 가장 풍부한 자료원임은 말할 것도 없다. 수많은 독립운동사자료집의 상당부분이 재판자료로 채워지고 있음을 봐도 그 중요성을 알 수 있다. 그러면 〈수사〉 〈예심〉 〈재판)의 진행단계에서, 독립운동가들의 육성과 저항을 이해할 수 있는 가장 좋은 계기가 재판과정이다.

재판투쟁의 효율화는 언론을 통해 대중에게 독립운동을 확산시키는 데 결정적 역할을 한다. 언론도 피고인들의 효과적인 재판투쟁이 없이는 쓸 재료를 얻을 수 없다. 피고인들과 재판부 사이에 호칭 문제, 경어사용 문제, 진술거부 문제, 수갑착용 문제, 활동성격에 대한 논쟁, 알리바이 입증 문제, 증인신청 수용 문제 등의 쟁점이 끊임없이 제기된 사건이라면 기자 앞에는 엄청난 소재가 저절로 보이는 것이다. 독립운동가들의 지하투쟁은, 그들이 피고인이 되어 법정에서 쟁점화시키고, 언론이 이 쟁점을 대중에게 전달함으로써 식민지 민중에게 공감과 분노와 안타까움과 결의로 이어지는 〈확산효과〉를 불러일으킨 점이다. 따라서 〈재판투쟁〉은 독립운동의 주요한 한 장이자 방법으로써 새로이 음미되어야 할 필요가 있다. 고려혁명당사건의 재판투쟁은 그 가장 집약적인 예라고 할 수 있는 것이다.

제8장

해외 지도자의 검거와 재판
— 김창숙 · 여운형 · 안창호의 경우 —

1920년대 중반 이래로 일제는 중국에 대하여 침략의 기세를 서서히 높여갔다. 그에 따라 중국을 주무대로 삼던 독립운동가들의 입지가 좁혀지게 되었으며, 중국 영토에서도 체포 위협도 높아져갔다. 해외의 지도자들이 검거되어 조선내 법정에 서게 되는 사례가 빈발했다. 특히 해외 지도자들은 독립운동의 전반적 흐름을 만들어낸 주역들이기에, 일제는 일단 그들을 경성으로 압송하여 그들의 피의사실 뿐 아니라 독립운동 전반의 흐름을 파악하려 했다.

여기서는 3인의 주요 지도자의 체포로부터 재판에 이르는 일련의 경과를 다루고자 한다. 김창숙, 여운형, 안창호가 그들이다. 김창숙은 1927년, 여운형은 1929년, 안창호는 1932년에 각각 상해에서 체포되었다. 1920년대 및 30년대 초반에 이 셋은 독립운동의 뚜렷한 흐름을 이끌어간 주축들이었다. 그들을 조선내로 압송하여, 일제는 집중적인 취조를 하였고, 그에 따라 상당한 재판기록을 남겼다. 이들의 기록은 독립운동사를 기술할 때도 일차자료로서 중요도가 매우 높다. 비록 강제된 상황이라 해도, 이들의 조선내 출현은 대중의 엄청난 관심을 불러일으켰다. 언론도 충분한 지면을 할애하여 이들의 동정을 보도하고자 했다. 해외의 독립운동 전반에 대해 널리 알리고자 하는 의지를 갖고서였다.

변호사들은 해외 지도자들에 대해 경외감을 갖고 대하였다. 자진해서 변론에 나서겠다는 결의가 충만하였다. 그러나 해외로부터 압송된 이들 지도자들은 스스로를 '포로의 신세'로 생각하고, 변호사의 조력을 받겠다는 것을 거부하는 입장이었다. 그러나 식민지 법정 및 감옥환경에서 변호사의 필요성을 절감한 변호사들은 한사코 이들에 대한 변론을 담당하고자 했다. 따라서 해외 지도자들의 재판에서 이 지도자들과 변호사들이 갖는 관계에 대해서도 주목할 필요가 있다.

	김창숙	여운형	안창호
체포	27.6.14. 상해 공동조계에서 체포	29.7.6. 상해 요동운동장에서 격투끝 피체	1932.4.29. 윤봉길 거사 당일, 상해 불조계 내에서 피체
국내압송 (출-착)	6.16.상해출발 6.18.대구 도착	7.15. 상해출발 7.16. 부산, 경성	6.2. 상해 출발 6.7.인천도착
경찰-검찰	7.12. 검사국 송치	7.29. 검사국에 송치	7.15.검찰에 송치 7.25. 구류만기
기소		7.29. 기소	7.25. 기소
예심	28.8.6.예심종결결정	29.8.8. 예심회부 30.3.11. 예심종결결정	10.26. 예심종결결정
공판	28.10.19. 개정 10.29(2회) 종료	30.4.9. 공판개시, 당일 종료	12.19. 공판개시, 당일 종료
변호인	변호인 절대거절	김병로 이인 김용무 유승렬 이종성 양윤식 등 11인	김병로 김용무 이 인 양윤식 신태악 김지건 등 8인
판결	11.21.구형: 무기징역 11.28. 판결(징역14년), 미결구류 200일 통산	4.26. 판결(징역3년)	12.26. 판결(징역4년), 미결구류 50일 통산
상소여부	항소 거부	30.4.28. 여운형 항소포기 30.5.2. 검사가 치안유지법 불적용에 불복하여 항소 30.6.3.항소심개정 6.10. 항고기각판결	12.27. 항소거부
복역	대구→대전형무소	서대문→대전형무소	서대문→대전형무소
가출옥 여부	29.5.24. 형집행정지 출옥(병세위독), 재투옥 29.9.3. 대전감옥 이감 34.10.27. 형집행정지로 출옥	32.7.26. 대전형무소 가출옥	35.2.10. 대전형무소 가출옥
재옥중 건강	병세위독	치질	위장병, 소화불량

김창숙 재판
변호인을 사절하는 기개

| 김창숙과 유림단사건 |

독립운동사에서 김창숙의 이름은 1919년 3·1운동과 함께 등장한다. 기미독립선언서에 서명한 33인은 천도교, 기독교, 불교 등 3대종교단체의 소속이고, 여기에 유교(유림단) 대표의 성명만 빠져있다. 5백 년 조선 역사의 중심이었던 유림으로서는 부끄럽고 참담하기 짝이 없는 일로 여길 만했다. 이 점을 가장 통절히 느낀 것이 김창숙이었다. 김창숙은 3·1운동 당시 동지들에게 다음과 같은 입장을 피력하였다.

오늘날 우리들이 왜적의 노예가 된 것도 유림의 부패한 까닭이요, 또 오늘 선포한 거족적이며 역사적인 독립선언서에 유림대표가 참가치 못한 것도 우리 유림들에게는 참을 수 없는 수치요, 충격적인 만큼 지금 우리들이 해야 할 일은 대외활동으로서 전국 유림을 총망라하여 독립청원서를 파리평화회의에 제출하여 우리의 독립을 국제여론에 호소하는 것이오. 대내활동에 있어서는 손병희와 손을 잡고 유기적으로 국내운동을 전개하는 것이 당면급무이다.[1]

---

1 독립운동사편찬위원회, 독립운동사 제8권 : 문화투쟁사, 1976, 920면.

김창숙은 영남을 중심으로 전국 유림의 규합에 나섰다. 먼저 영남유림의 종장이라 할 만한 곽종석의 재가를 받았고, 동지를 규합하여 파리강화회의에 보낼 문건을 만들어 서명을 받았다. 김창숙은 이 문건을 갖고 국외로 탈출하여 상해로 갔다. 이 문건은 이미 파리에 파견된 김규식을 통해 공표되었고 그런 연유로 〈파리장서〉라 불리었다.

파리장서의 존재는 국내에서는 사전에 적발되어, 일제는 서명자에 대한 대대적인 검거작업에 돌입하였다. 곽종석은 1919년 4월 18일 구속되어 4월 21일 대구감옥에 수감되었다. 3·1운동에 관련하여 재판받는 인사들이 워낙 많았기에, 재판은 속성으로 이루어졌다. 5월 15일 공판에서 곽종석, 장석영은 징역2년, 송준필은 1년6월, 성대식은 1년의 징역이 언도되었다. 영호남의 수많은 유림들이 이 때 검거되어 처벌받았다.

1심판결을 내리면서 재판관이 곽종석 등에게 '항소할 의향이 있느냐'고 물었을 때, 곽종석은 다음과 같이 결연한 입장을 밝혔다.

나는 우리나라 법에 의한 범죄자가 아니고 너희들에게 포로가 되었으니 나는 항소할 곳이 없다. 한갓 일신상의 사정으로써 구구히 원수에게 용서를 바라고 싶지는 않다. 만일 호소할 곳이 있다면 그것은 하늘이 있을 뿐이다.[2]

6월에 들어서면서 상해에서 발송한 장서가 우편으로 각 향교에 배달되기 시작하였다. 수많은 인사들이 검거되어 재판을 받았다. 곽종석은 형집행중 건강이 악화되어 병보석을 받았고, 병보석 중에 1919년 10월 17일 74세를 일기로 별세하였다.

상해로 건너간 김창숙은 중국을 무대로 시종일관 맹렬하게 독립운동을 전개하였다. 다른 운동가와 다른 것은, 조선 국내와의 유기적 연결망을 기

2 독립운동사편찬위원회, 앞의 책(1976), 927면.

도하고, 군자금 확보 등을 위해 직접 국내에 잠입하여 활동하는 등 적극적 행동을 감행한 것이다. 구체적으로 그는 경상남북도 일대의 유림을 중심으로 군자금을 모아 상해임시정부로 보내고, 그 자금으로 장정들을 모아 군사교련을 시켜 조선과 일본에 침입하여 독립운동을 실행하였다. 이러한 시도는 결국 일제의 감시망을 피할 수 없었다. 이러한 활동 중에서, 1926년에 대규모로 검거된 사건이 1차유림단사건이다.

이 사건으로 검거된 인원은 약 50여 명이고, 그 중에 44명이 대구지방법원 검사국에 송치되었다. 예심을 거쳐 공판에 회부된 인사는 모두 12명[3]이고, 공판 직전에 16명은 면소되었다. 1927년 2월 10일 대구지방법원에서 공판이 개시되었다. 사건관계자가 많은 만큼 예심까지의 기록은 총2만여 장이라는 "공전의 대기록"[4]을 세울 정도로 사건의 규모가 컸다.

제1차유림단사건의 공판에는 조주영, 김완섭, 홍종률, 홍긍식, 변영만, 전영택, 정석규 등 변호사들이 관여했으며, 일본인 변호사도 3명이 관여하여, 공판정에는 모두 10명이 열석하였다. 경북지역의 이름있는 변호사들이 총출동한 셈이었다.[5]

제1차유림단사건의 예심결정서를 통해 이들의 활동상을 정리하면 다음과 같다.[6]

- 송영우, 김하식 양인은 1924년 중에 모두 유학의 목적을 가지고 북경으로 가서 그 때 북경에 있던 김창숙이라는 사람과 서로 알게 되었다.
- 1925년 4월 중에 송영우, 김하식 양인과 당시 북경에 거주하던 이봉로 등은

---

3 송영우(宋永祐 · 25) 김화식(金華植 · 25) 손후익(孫厚翼 · 40) 이종흠(李棕欽 · 27) 이우락(李宇洛 · 47) 김창택(金昌鐸 · 47) 이원태(李源泰 · 42) 이재락(李在洛 · 42) 이영로(李泳魯 · 44) 이봉로(李鳳魯 · 26) 김동식(金東植 · 30) 홍철(洪喆 · 23)
4 동아일보 1927.2.4.
5 동아일보 1927.2.12.
6 예심결정서는 동아일보 1927.2.11.~2.14. "유림단사건 진상"으로 연재되었다.

북경에 모여 김창숙으로부터 과거 조선 민족운동에 실패한 경력과 또 금후의
운동을 도모함에는 종전과 같은 방면으로 하여서는 도저히 목적을 달하기 어
렵겠고 또 우선 조선인들이 생활의 안정을 얻지 못하면 그 목적을 달하기 어
려울 듯 하다는 말을 듣고 그 말에 크게 찬성하였다. 그 후 그들은 여러 번 김
창숙과 민족운동을 도모할 것을 협의했다.

- 구체적 실행방법으로 경상남북도 등지에 있는 김창숙의 친척 고우들로부터
  자금 약 20만 원을 모집하여 그 돈으로써 만주 몽고 지방에 토지를 사고 남북
  만주에 흩어져 있는 조선인 농민들을 모집하여 농업을 경영하여 장래 생활의
  여유를 얻고, 학교를 세우고 군사(軍事)를 교양하며 외국에 유학생도 파견하여
  실력이 충실하게 된 때에는 모든 운동을 진행하기로 하였다.

- 1925년 경성에서 고 곽종석의 문집 발행을 계획하고 삼남의 유림들이 다수히
  경성에 모인 기회를 이용하여, 김창숙이 조선에 들어와 유림단에서 자금을 모
  집할 계획을 세웠다.

- 송영우가 먼저 조선에 들어올 여비를 조달하고 그 자금 모집에 사용하려고 독
  립운동사 책자와 권총 등을 비밀히 수입하기 위하여 국경의 상황을 잘 아는
  이봉하는 상해에 있는 정세호에게서 권총을 가져다가 김창숙 등에게 교부한
  후 자기는 북경에 남아 있어 그곳의 풍설을 조선 안에 있는 동지들에게 통지
  하여 일변 연락을 도모하며 김화식은 당시 김창숙이 가지고 있는 전기 역사와
  권총 등을 가지고 조선 안에 들어와 있다가 김창숙이가 조선에 들어온 다음에
  송영우, 김화식 등은 그의 지휘 아래 자금 모집에 종사하기를 결정하였었다.

- 송영우는 1925년 6월 하순에 조선으로 들어올 때에 중국 만두를 휴대하고 들
  어와 국경 방면의 물품 검사하는 상황을 김화식에게 통지하여 주어 그로 하
  여금 권총 등을 가지고 들어오라고 이른 후, 자기는 고향에 가서 금전을 변통
  하여 북경에 있는 김화식에게 전하도록 했다. 이 자금으로 김화식과 김창숙이
  비밀리에 조선에 들어오도록 했다. 또한 그 해 가을 상당액수의 자금을 확보
  해서 김화식을 통해 김창숙에게 전달했다.

- 김창숙은 1925년 8월 초순에 국내에 잠입하여 경성에 머물렀다. 약간의 자금을 모으긴 했지만, 충분한 액수를 모으지 못했다. 그해 말 김창숙은 대구까지 가서 모금을 독려했고, 송영우 등은 모금작업에 협력했지만, 거절당하거나 소액을 확보하는 데 그쳤다. 독려를 위하여 권총으로 위협하는 경우도 있었다.

1,2차 유림단사건의 중심에는 김창숙이 있었다. 일제의 재판문서에서 김창숙은 '수괴자' 혹은 '두령'으로 정의된다.[7] 그는 핵심인물이었지만, 일경의 감시를 피해 해외로 무사히 빠져나갈 수 있었다. 그럴수록 일경은 김창숙의 체포에 혈안이 되었던 것이다.

| 체포와 엄중한 취조 |

김창숙은, 1927년 6월 14일 상해 공동조계에서 일경에 의해 검거되었다. 당시 그는 상해의 공동조계 내에 있는 공제병원에 입원하여 치질치료와 함께 만성 맹장염으로 치료를 받고 있는 중이었다. 공동조계는 일제의 밀정이 암약하고 있는데다, (프랑스조계와는 달리) 일제의 검거망이 작동하고 있는 지대였다. 김창숙 자신은 조심했지만, 일본밀정의 밀고로 "영국인 경장이 일본 총영사관 형사 6명을 데리고 병실로 돌입"했다. 영국 총영사가 서명한 체포장을 제시하더니 바로 그를 끌어다가 일본영사관내 감옥에 감금시켰다. 그는 곧바로 배에 실려 일본 나가사키로 압송되었다가, 시모노세키를 거쳐, 부산으로 압송되어 왔다. 부산에서부터 수갑을 차고, 대구경찰서에 감금되어, 6월 19일부터 경찰신문을 받게 되었다.[8]

김창숙은 당시의 중대사건이었던 경북의 1·2차유림단사건의 배후책임자로 늘 거론되어 왔고, 나석주의사의 폭탄사건의 배후책임자로 거론되어

---

7 동아일보 1927.4.8.; 동아일보 1927.7.3.
8 동아일보 1927.6.21.; 동아일보 1927.6.22.

왔던 만큼, 그에 대한 엄중한 추궁은 어쩌면 당연히 예상될 수 있는 것이었다. 김창숙에 따르면, 일경은 곧바로 형구(刑具)를 "야단스레 벌여놓고 혹독한 고문을 가했다." 그러나 그는 참으로 의연했다. 다음은 그의 회고록 중의 일부이다.

나는 웃으며 "너희들이 고문을 해서 정보를 얻어내려냐? 나는 비록 고문으로 죽는 한이 있더라도 결코 함부로 말하지 않을 것이다" 하고 종이와 붓을 달라 하여 시 일절을 써주었다.

조국의 광복을 도모한 지 십년에
가정도 생명도 신경쓰지 않았노라
뇌락한 일생은 백일하에 분명하거늘
고문을 야단스럽게 할 필요가 무엇이뇨.

일인 고등과장 성부문오란 자는 … 나에게 절을 하며 말했다.
"나는 비록 일본사람이지만 선생의 대의에 절하지 않을 수 없습니다. 선생은 이미 생명과 가정을 돌보지 않기로 했으니 실로 고문으로는 지키는 바를 빼앗을 수 없는 줄 알겠습니다. 그러나 조사하자면 형벌을 쓰게 되는 것도 사세에 따라 간혹 면하기 어려울 것입니다."
그 후로 나를 선생이라 부르고 고문도 약간 완화되었다.[9]

김창숙은 경북 경찰부에서 25일 동안 엄중한 취조를 받았다. 유림단사건과의 관계를 취조하기 위해, 경북도내 이름난 유림이란 유림은 거의 다 불러다가 취조를 받았다. 1927년 7월초 그는 수천장의 일건기록과 함께 대

---

9 심산사상연구회, 김창숙문존, 성균관대학교출판부, 2001, 352면.

구지방법원 검사국으로 송치되었다.[10] 검사국에서는 특히 나석주 의사와의 관련성에 대해 집중적으로 조사받았다. 나석주는 경성에서 백주에 폭탄과 권총을 갖고 동척과 식산은행을 파괴하고는 경찰과 대치 끝에 자결했으며, 경찰로서는 나석주의 배후에 누가 있는지 제대로 알 수 없었다. 김창숙에 대한 취조 끝에 일경은 그가 나석주의 거사에 필요한 자금을 제공한 사실을 파악할 수 있었다.[11]

김창숙에 대한 예심이 종결된 것은 그가 체포된지 만 1년 2개월이 지나서였다. 예심결정서(1928년 8월 6일)에 나타난 김창숙의 행위는 다음과 같이 요약될 수 있다.[12]

1. 상해임시정부 결사를 조직하고 국회의원이 되었다.
2. 손문의 광동정부의 인사들과 회합하여 조선독립운동자금의 원조를 받을 수 있도록 하였다.
3. 〈천고〉〈사민일보〉 등 독립운동관련 잡지를 발간 배포했다.
4. 독립군 군사조직인 〈서로군정서〉 군사선전위원장에 추대되는 등 군사행동을 지도하였다.
5. 만몽지역에 황무지를 개척하여 무관학교를 설립하고자, 군자금을 모집하기도 하였다.
6. 이를 위해 다른 동지와 함께 김창숙이 직접 입경(1925년 8월)하여, 경상도의 부호 및 유림의 인사들과 직접 혹은 간접으로 면회하여 자금을 구하였다. 다만 몇 개월간 독립자금 모집에 노력하여도 1만 원에 미치지 못했다.
7. 충분한 자금확보가 되지 않자, 통상수단으로는 그 목적을 달성키 어려움을 알고, 평소 의열단과 교유해온 김창숙은 3천 5백 원을 의열단에게 제공하여, 의

---

10 동아일보 1927.7.10.
11 동아일보 1927.4.8.
12 예심결정서는 동아일보 1927.2.11.~2.14. "유림단사건 진상" 참조.

열단의 목적수행을 함과 동시에 자금제공을 불긍(不肯)하는 부호도 암살하기를 의뢰하였다. 그러나 이러한 기도는 유림단사건이 적발되어 유림의 동지들이 계속 검거되고 있었기에 중단하기로 하였다.

8. 의열단의 단원들에게 자금을 제공하여, 권총과 실탄을 구입하도록 하였다. 의열단원 나석주와 면회하여, 나석주가 김창숙으로부터 물질적 원조를 얻음으로써 동 단원 이승춘(李承春)과 함께 생명을 바쳐서라도 평소 목적하는 바를 결행하게 되었다는 취지를 진술함에 대하여 성공을 빈다는 뜻으로 답하여 그들을 격려하였다.

9. 나석주는 수류예화폭탄, 권총 및 실탄을 휴대하고, 인천항에 상륙, 경성부내에 잠입하여 조선식산은행 사무소에 침입하여 폭탄 1개를 사무실내에 투척하고, 동양척식회사에 재차 침입하여 권총을 들고 7명을 살상한 다음, 인근의 동척 경성지점 사무실에 침입하여 권총으로 여러명을 저격하고 폭탄을 투척하였다. 김창숙은 이러한 나석주의 주거침입, 폭탄사용, 살인의 범행을 방조하였다.

| 변호사를 사절함 |

김창숙의 명성이 높았던 만큼, 그에 대한 변론을 희망하는 변호사들이 있을 것은 당연했다. 경성에서 김용무, 대구에서 손치은 변호사가 옥중을 방문하여 변호사위임서에 승인해달라고 했다. 김창숙은 이를 준열하게 거절하면서, 〈변호사를 사절함〉이란 한시로 자신의 뜻을 명확히 했다.

병든 이 몸은 구차히 살기를 구하지 않았는데
어찌 알았으리, 달성의 옥에 누워 신음하고 있을 줄.
풍진 세상 실컷 맛보아 이가 시린데
야단법석 떠는 인심이 뼛골까지 오싹하게 하네.

포로 신세의 광태(狂態)를 어찌 욕되다 이르리오.

바른 도리 얻어야 죽음도 영광인줄 알리라.

그대들의 구구한 변호를 사양하니

병든 이 몸은 구차히 살기를 구하지 않노라.[13]

이렇게 굳센 절의로 변호사를 거부하였다. 가족과 친지의 거듭된 요청에도 그의 뜻은 한결같았다. 대구의 김완섭 변호사는 세 번이나 면회를 와서 변론할 것을 요청하였다. 김완섭 변호사와의 문답이다.

"군은 무엇 때문에 자꾸 와서 사람을 괴롭히는가?"

"선생께서 (변호사를) 거절하시는 본의를 듣고자 합니다."

"아마 손(치은)과 김(용무)에게 써준 시에서 다 말하였는데 하필 또 그밖의 본의를 알려 하는가?"

"감히 그 진의의 소재를 듣고자 하오니 듣지 못하면 물러가지 않겠습니다."

"군이 꼭 듣고 싶은가? … 내가 변호를 거절하는 것은 엄중한 대의이다. 나는 대한 사람으로 일본 법률을 부인하는 사람이다. 일본 법률을 부인하면서 만약 일본 법률론자에게 변호를 위탁한다면 얼마나 대의에 모순되는 일인가? 군이나 손과 김은 마찬가지로 일본법률론자이다. 일본 법률로 대한인 김창숙을 변호하려면 자격이 갖추어지지 않은 것이다. 자격이 갖추어지지 않았으면서 억지로 변호하려는 것은 법률의 이론으로 또한 성립될 수 없을 것이다. 군이 무슨 말로 나를 변호하겠는가? 나는 포로다. 포로로서 구차하게 살려고 하는 것은 치욕이다. 정말 내 지조를 바꾸어 남에게 변호를 위탁하여 살기를 구하고 싶지 않다."[14]

변호사의 의뢰를 처음부터 절대거절한 사실은 당시 언론에도 크게 보도

---

13 심산사상연구회, 김창숙문존, 355면.
14 심산사상연구회, 앞의 책, 358면.

되었다.[15] 물론 일제하에서 많은 지사들이 변호사의 도움을 거부 내지 사양하였다. 적에게 사로잡힌 포로로서 변호인을 둔다는 것은 적에게 구걸이나 애원하는 것처럼 여겨졌기 때문일 것이다. 김창숙은 그보다 나아가, 재판거부의 사유를 명료하게 제시한다. 일본법정에서, 일본법률에 따라, 일본법률론자들의 변호받는 것을 심정적으로 용납할 수 없었던 것이다. 일제하에서 아마 이보다 더 강력하고 분명하게 재판거부의 사유를 밝힌 것은 달리 없다.

| 공판 |

1928년 10월 19일 김창숙과 그 공범에 해당하는 정수기(鄭守基)에 대한 공판이 개시되었다. 공판일자 자체를 비밀로 붙였기에, 방청객은 가족 몇 명밖에 없었다. 김창숙 본인은 절대 거절했지만, 부인 이름으로 변호사 한 명을 간신히 댔다. 하지만, 그 변호사는 당일 출정치 않았다.[16]

김창숙은 워낙 오랫동안 병으로 감방에서 신음한 나머지 창백한 얼굴로 간수의 호위를 받아 천천히 법정 안으로 걸어 들어가 앉았다. 걸상에 기대인지 5분쯤 되어 재판장으로부터 호명을 받고는, 피고석에 가서 앉아서 대답을 했다. 재판장이 설 수 없느냐 한 즉 체포 당시부터 병으로 설 수 없다 하여 앉아서 대답을 허용했다.

인정신문 도중에 재판장이 "직업은 무직인가" 라는 질문에, 김창숙은 "나의 직업은 조선○○이요"하고 목소리를 높였다. "민적은 성주군 대가면 칠봉리인가?" 라는 질문에는 "민적이 어디 있는지 나는 모르오"라 답변. 직업은 조선독립. 일제가 부여한 민적은 기억에도 두지 않는다. 실로 당당

---

15 동아일보 1928.8.27. "공판기 묘연(公判期 杳然), 변호도 거절, 면회신청이 여간 만치 안허, 옥중의 김창숙근황"
16 동아일보 1928.10.21.

한 답변이었다. 공범 정수기에 대한 인정신문까지 끝난 뒤, 재판장은 곧바로 폐정하였다. 공판을 개시한지 5분 만에 폐정해버린 것이다.[17]

속행 공판은 10월 29일 개정되었다. 이 공판일자도 갑작스레 정해져서, 방청인은 가족과 친척을 포함하여 100명 내외가 개정을 기다렸다. 경북과 대구경찰서의 십수명의 경찰이 엄중하게 경계하는 가운데 개정되었다. 안녕질서를 문란케 할 염려가 있다고 하여 방청객의 신체를 일일이 검사한 후 법정에 들였는데, 재판장은 비밀에 붙였던 공판기일이 일반인에게 알려졌으므로 즉시 공판의 일반방청을 금지한다는 뜻을 선언했다. 그렇게 되니 공판이 열린지 불과 2분만에 일반방청객들이 법정에서 쫓겨나가자, 가족과 친척들도 항의의 뜻으로 눈물을 흘리며 퇴정하였다.[18] 방청석에는 경북 경찰부 고등형사와 대구서 고등계형사 단 3명만 앉게 되었다.

방청객은 없어도 공판은 속개되었다. 재판장은 피고인에게 전부 경어로 심리했다. 변호사는 이우익씨가 참석했다. 변호사는 오후에 가족의 방청을 허락할 것을 요청했고, 그것이 받아들여져 김창숙의 부인, 아들 등 5인의 방청이 허락되었다.[19]

제2회 공판은 11월 21일 개정되었다. 재판장은 가족의 특별방청마저 다시 취소시켰다. 법정에는 변호사와 피고, 간수뿐이었다. 경계는 극히 엄중하였다. 이 날 사실심리를 마치고 검사의 구형과 변호사의 변론이 있었다. 구형은 김창숙에게 무기징역, 정수기에게 3년 징역이었다. 변호사의 변론은 매우 짧았던 것으로 보인다.[20]

선고공판은 1928년 11월 28일에 열렸고 금천 재판장은 판결을 선고했다. 김창숙에 대하여는 징역 14년, 정수기에 대하여는 징역 2년 6월이 선고

17 동아일보 1928.10.21.
18 동아일보 1928.10.30.
19 동아일보 1928.10.31.
20 동아일보 1928.11.22.

되었다. 미결구류일수는 각 200일씩 통산키로 하였다.[21]

형량은 구형보다는 낮았지만, 이례적이라 할 정도로 중형이었다. 첫째, 일본 법원이 보기에, 김창숙의 범죄는 국내에 잠입까지 하여 독립운동자금을 조직적으로 확보했다는 점에서 큰 범죄에 속하는 것이다. 둘째, 의열단의 수뇌부로서 나석주의 폭탄거사자금을 제공한 것은 매우 중하게 처벌하지 않을 수 없었다. 셋째, 그의 소송태도였다. 이미 옥중에서 변호사를 사절할 때, 김완섭 변호사는 김창숙의 "격렬한 논조"가 "재판에 크게 불리"할 것을 우려한 바 있다.[22] 수사와 예심, 그리고 공판에서 비타협적으로 시종일관한 꼿꼿한 절개는 감탄을 자아낼만도 했지만, 그런 태도는 양형에서 매우 불리했을 것임에 틀림없다.

| 판결문을 통해서 본 김창숙의 행적 |

판결문[23]에 죄상으로 열거된 행위는 다음과 같이 요약될 수 있다. 예심결정서와 거의 동일하다.

> 김창숙은 조선의 독립을 목적으로 하여, 다음과 같은 죄를 저질렀다.
>
> 1. 대한민국 임시정부라는 결사를 조직하고 그 국회의원이 되어 중국 광동정부
>   의 인사들에게 조선독립자금을 모집하였다(1919~1920년).
> 2. 만주에서 군사조직인 서로군정서(西路軍政署)의 군사선전위원장에, 북만주에서
>   주만독립군의 군사고문을 했다(1923~1924년)

---

21 동아일보 1928.11.29.
22 심산사상연구회, 앞의 책, 358면.
23 소화3년 형공 제956,957호 (1928.10.28). 판결문 원본은 공훈전자사료관 원문정
   보 참조.(http://e-gonghun.mpva.go.kr/portal/web/book/book_pdf_view.jsp?lm_
   sHisCode=PV_PG&lm_sBookCode=0001&lm_sItemCode=004.067.00016&lm_
   sSrchYear=&keyword=)

3. 북경에서 조선독립선언서를 각지에 발송하고, "천고(天鼓)"라는 독립운동잡지를 만들어 배포하였다. 상해에서는 〈사민일보(四民日報)〉를 만들어 각지에 배포하였다(1921년). 또한 북경에서 〈도보〉를 만들어 배포했다(1925년).

4. 만몽의 황무지를 개척하여 무관학교를 건설하고 둔전병제(屯田兵制)를 실시하여 다수 조선인동지를 양성하기 위해 군자금모집을 꾀하였다. 동지들 중 일부를 국내로 보내 자금모집을 하고, 김창숙 자신도 밀입국하여 경성과 대구 등지에서 자금모집을 하였다(1925년 8월~1926년 3월). 이러한 자금모집은 주로 경상도의 유림을 통해 확보했는데, 결국 그것이 탄로나 제1차, 제2차의 유림단 사건을 불러일으켰다. 유림단사건의 수뇌에 해당하는 김창숙은 중국으로 탈출하는 데 성공했고, 다른 인사들은 처벌받았다.

5. 국내에서 확보한 군자금이 만몽황무지 개척자금으로는 현저히 역부족이어서, 직접행동을 통해 국내운동을 자극시키기로 결심하고 그 자금을 의열단에게 제공하여 나석주로 하여금 입선케 하여, 경성에서 동양척식회사와 식산은행을 폭파하고 다수의 인명을 살상토록 하였다(1926년 12월 28일).

그에 대한 적용법령은 다음과 같다. 김창숙은 나석주 사건으로 인하여 폭발물 취체규칙 위반, 살인, 제령 제7호 위반으로 인정되었다. 안녕질서방해의 점은 제령 제7호 제1조 위반이다. 유림단 사건에서 수하에게 권총을 수입, 소지케 한 점 등은 총포화약류취체령 시행규칙 제19조, 제50조 위반이다. 주거침입, 폭발물사용, 살인, 동미수의 점은 형법 제130조 폭발물취체규칙 제1조에 해당한다. 그런데 주거침입은 폭발물사용, 살인 및 살인미수의 행위의 수단인 관계로 후자에 흡수된다. 중한 폭발물사용죄의 소정의 형 중 무기징역형을 선택하고, 종범(나석주 주범, 김창숙 종범)이므로 법률상 감경하여, 징역 14년에 처한다는 것이다.

| 항소거부와 옥살이 |

이례적인 중형에 가족과 지인들은 항소할 것을 간권(懇勸)하였지만, 김창숙은 듣지 않았다. "변호도 거절한 사람인데 하물며 항소를 하겠느냐"는 자세였다.[24] 그는 곧바로 대전형무소로 이감 복역하게 되었다.

그의 의지와 무관하게 건강은 심각히 악화되었다. 상해에서 체포될 때 이미 지병이 있었고, 고문을 받은 이래 병이 더욱 악화하여 두 다리의 마비로 진작부터 앉은뱅이가 되었다. 법정에서도 일어서서 재판을 받을 수 없었다. 감옥의사는 "이런 중환자를 이감시키기에 급급하니 너무도 가혹하다"고 할 지경이었다. 형집행을 받은 지 6개월 정도 되어 그는 병이 위중해서 형집행정지의 명목으로 출옥하였다.[25] 치료를 받는다고 하나 위독함이 조석간에 달릴 정도였지만, 출옥한 지 한 달이 지나 돌연 다시 대구형무소에 구금하고, 다시 대전형무소로 이감시켰다. 이토록 건강이 위태로우면서도, 그의 감옥내에서 꼿꼿한 기개는 조금도 흐트러짐이 없었다.

한번은 신임 전옥(형무소장)이 병감을 순시하면서, 모두 일어나 경례하도록 하였다. 김창숙은 "옥에 들어온지 이미 6, 7년이 지났지만 옥리를 보고 머리 한번 숙여본 적이 없다"면서 이를 거부하였다. 절이란 경의를 표하는 것인데, 그들에게 절하지 않는 것은 "독립운동의 정신을 고수"하려는 것이라고 입장을 밝혔다. 그러면서 시 한 수를 지었다.

7년 세월 죄수로 몸져 누웠으나
나의 본 자세를 지킴은 나쁘지 않으리라
머리를 조아리고 무릎을 꿇으라니 어찌 차마 말하랴
분통의 눈물이 창자를 찢는구나.[26]

---

24 심산사상연구회, 앞의 책, 358면.
25 동아일보 1929.5.24.
26 심산사상연구회, 앞의 책, 361면.

또한 그를 회유하려고 일본공산당 수뇌들의 전향성명서를 보여주고, 최
남선의 〈일선융화론〉을 보여주면서 감상을 써줄 것을 강권했다. 그는 최남
선의 글은 "일본에 붙은 반역자가 미친 소리로 시끄럽게 짖어댄 흉서"라고
통박하면서, 다음과 같은 시를 썼다.

기미년 독립을 선언하는 날
의로운 외침이 육대주에 진동터니
굶주린 개 원식을 위해 짖는도다
양의사의 비수를 들 사람 어찌 다시 없으랴.[27]

여기서 원식은 '민원식'이고, 양의사는 '양근환'을 말한다. 친일파 민원
식이 식민지영속화를 전제로 한 참정권운동을 벌이다 그에 격분한 양근환
이 민원식을 비수로 찔러죽인 거사를 빗대어, 전향한 최남선에게 그런 비
극을 경고한 것이다. 내용과 시어가 핍진하여 당시 옥중에 널리 퍼졌다고
한다.

김창숙이 대전형무소에 있을 때(1928년 12월~1929년 5월; 1929년 9월~1934
년 10월) 여운형, 안창호와 함께 대전형무소에서 복역하던 시기가 있었다.
물론 3자간의 접촉은 불가능하였다. 김창숙은 한 시를 지어 이를 기억했다.

앵두꽃 핀 창살 옆에-안창호와 여운형에게
앵두꽃 핀 창살 옆에
서리처럼 비치는 달빛
문득 이 광노(狂老)
감상을 일으키네

27 심산사상연구회, 앞의 책, 364면.

벽 하나 사이에 있는 친구

한 세상이 막힌 것 같으니

누구를 대하여

이 심회를 기울이리.[28]

김창숙은 병이 다시 위독하게 되어, 1934년 10월 27일, 형집행정지로 출
옥하였다. 출옥후에도 일경의 계속적인 감시로 대외적 접촉도 거의 불가능
했고, 게다가 질병의 완치도 어려웠다. 두 다리는 제대로 쓰지 못하는 앉은
뱅이가 되어, 스스로를 앉은뱅이 늙은이라 하여 벽옹(躄翁)을 호로 삼게 되
었다. 창씨개명의 강요도 뿌리쳤다. 요컨대 유학의 대의명분을 바탕으로
삼되, 시종일관 독립운동을 행한 순정 민족주의자로서의 그의 면모는 식민
지시기 내내 한치의 흐트러짐이 없었다.

28 심산사상연구회, 앞의 책, 16면.

여운형 재판
논전을 마다않는 의연함

여운형, 그는 현대조선에 있어서 가장 존재가 큰 인물의 하나이다. 당당한 체구에 한없이 용솟음치는 열성과 정력은, 최근 10년간 혁명의 도시 상해를 근거지로 구주대전 이후의 1919년 파리강화회의에 조선대표로서 김규식 박사를 파견함과 동시에 장덕수씨를 조선 내지에 파견하여 조선○○운동을 획책한 것을 비롯하여 안으로는 조선○○운동에 피와 땀을 흘리면서…[29]

일찍 남다른 뜻을 품고 일신을 조선독립운동에 바쳐 해외풍상 십오륙년동안을 중국의 넓은 천지를 무대로 활동을 계속하여 안으로는 기미년 이래 조선민족운동에 비상한 충동을 주고 밖으로 어지러운 극동정국에 적지 아니한 파문을 일으킨 당대의 풍운아 여운형…에 대하여 법정심판의 날은 금9일로 닥쳐왔다.[30]

여운형은 1929년 7월 6일 상해에서 돌연히 일경에 체포된다. 그가 상해의 영국의 관할에 속하는 공동조계에서 야구시합을 구경하다가 일본 영사관원에 검거된 것이다. 검거는 순순히 이루어지지 않았다. 운동선수로 다

---

29 정진석편, 일제시대 민족지 압수기사모음I, LG상남언론재단, 1998, 630면(원문은 중외일보 1930.3.11.).
30 동아일보 1930.4.10.

져진 몸매를 갖고 있었던 그는 체포에 반항하며 격투를 벌였다. 관람객들이 함께 몰려들어 대소동이 벌어졌고, 그 틈을 이용하여 그는 일본관헌의 손을 벗어나 피신하려 한 것을 공동조계의 영국순사가 잡아서 먼저 조계의 공무국으로 압송하였다가 그를 일본영사관으로 넘겨주었다.

상해에서 여운형의 행적은 다른 독립운동가보다 훨씬 활달한 편이었다. 그의 존재는 1920년대 초부터 일본 정계와 언론에도 널리 알려져 있었으며, 중국에서 복단대학의 체육코치 자리를 갖고 있었고, 중국인 국적의 여권도 소지하고 있었던 것이다. 심지어 일본의 영사관과도 나름대로 접촉을 유지하고 있었다. 다른 독립운동가와 달리, 그는 공개적이고 폭넓은 만남을 통해 나름대로의 공간을 확보하고 있었기에, 프랑스 조계를 벗어나서도 자신의 신변에 직접 위협이 닥쳐오리라고 예상하지는 않았던 것이다.[31]

그런데 왜 이런 일이 발생했을까. 일본영사관에서는 이미 여운형의 체포지령을 내려놓고 있는 상태였는데, 그는 프랑스 조계 밖에서는 안전한 처지가 아님을 몰랐다. 더욱이 공동조계를 관할하고 있던 영국영사관은 여운형의 최근 언행을 듣고, 더 이상 묵과하지 않겠다는 자세를 취하게 되었다. 여운형은 그 해 초 남양 방면으로 실업에 종사할까 하면서 필리핀과 싱가폴을 방문했는데, 마닐라에서는 "아세아 피압박 모든 민족은 각자의 민족해방을 위하여 굳게 단결하여 공동투쟁을 전개함으로써 구미제국주의를 아세아 전역에서 구축해야 하며, 아세아의 평화를 영구히 보존하기 위해서는 … 우선 필리핀이 미국의 지배에서 벗어나 독립해야 한다"고 열변을 토하였다.[32] 또한 싱가포르에 가서, 영국제국주의를 공격하는 연설을 했다가 그 곳에서 축출명령을 받아, 상해로 돌아왔던 것이다. 이러한 언행은 상해의 영국영사관에서 인지하고 있었을 것이다. 따라서 영국은 여운형을 보호할 조치를 취할 필요를 느끼지 않았고, 일본과 결탁하여 성가신 외국인을

---

31 이정식, 여운형-시대와 사상을 초월한 융화주의자, 서울대출판부, 2008, 405면.
32 이정식, 앞의 책, 403면.

축출하는 데 협력한 것이다.[33]

중국 정부 교섭서(交涉署)에서는 여운형의 인도를 요구하였다. 여운형은 정치범이라는 점, 여운형은 중국에 귀화했다는 점을 이유로 들어, 여운형을 중국관헌에게 넘겨달라는 정식항의를 일본 영사관에 제출했다. 그에 대해 일본관헌은 체포장소가 (중국의 법적 관할 아닌) 조계 안이라는 점, 일본국적법을 조선인에 대해서는 행사하지 않는다는 점 등을 들어 여운형의 인도를 거절했다.[34] 당시 일본인은 "자기의 지망(志望)에 의하여 외국 국적을 취득한 자는 일본국적을 상실한다"(국적법 제20조)고 하면서도, 조선인에 대해서는 "한국국민은 외국국적을 취득하더라도 한국국적을 상실치 않는다"는 구한국시대의 법령을 그대로 적용하고 있었다. 따라서 조선인은 외국에 귀화하여도 일본정부는 그 귀화권을 인정하지 않는 것이 조선인에 대한 법적 취급이었다.[35]

여운형의 체포에 대한 항의는 그밖의 여러 차원에서 제기되었다. 독일 베를린에 본부를 둔 반제국주의연맹에서는 "영국관헌이 여운형과 같은 정치범을 체포 인도한 것이 국제법상으로 보아 위법"이라 하여 각국에 산재한 연맹의 지부에 격문을 발하여, 영국관헌의 불법행위에 대한 반항적 시위운동을 단행할 것을 공표하기도 했다.[36]

여운형은 10일 가까이 상해에서 취조를 받았고, 7월 15일 상해를 출발하여 일본 나가사키(長崎)로 호송되었고, 16일 나가사키를 출발하여 17일 부산에 상륙, 곧바로 열차로 경성으로 호송되었다.

---

33 동아일보 1929.7.25. "비도연설중 영관헌에 買怨 동양은 동양인의 것이라는데 반감 다라나는 여운형을 영순경이 잡아 여운형피체일삽화"
34 동아일보 1929.7.14. "중국측이 정식항의, 여운형 인도요구, 이에 대하야 일본측에서는 국적법을 방패로 거절?"
35 그 문제점에 대한 상세한 검토는 이인, "조선인의 국적문제," 별건곤, 제32호, 1930.9 참조.
36 동아일보 1929.11.15.

| 여운형의 체포-귀국과 여론의 반향 |

체포, 압송되면서 여운형 본인이 비분의 눈물을 흘린 것은 당연하겠지만, 그의 귀국은 조선의 여론에 엄청난 반향을 불러일으켰다. 조선일보, 동아일보, 중외일보 등 각 신문은 여운형과의 인터뷰를 먼저 성사시키기 위해 치열한 경쟁을 벌였다. 여운형의 존재는 식민지 조선인에게 특별한 의미를 지닌 것이었다. 한 기자의 회고담을 보자.

나는 여운형 사건의 호외를 그전부터 계획하고 잇섯다. 사건은 여운형이란 일개의 인물로서도 크거니와 그 인물을 통하여 우리가 잇때까지 공개 못해 본 중대 사실을 만 천하 독자에게 알리우겟다는 생각이 잇섯다. 즉 기미운동 이후 해내 해외에서 생기는 독립운동의 종종 상(相)은 단편적으로 만히 전하여 온 바도 잇스나 상해를 중심으로 한 ○○운동의 첫 계획으로부터 가정부(假政府)가 성립되고 또 창조파와 개조파의 알력이 생기기까지 조선공산당의 조직 전 노령(露領) 이동휘파의 활동이며 막사과(莫斯科)(모스크바)의 원동약소민족대회, 그 다음 조선공산당 조직 후 제3국제당과의 연락과정 등이 체계 잇게 나타나지 못하엿섯다. 이러한 큰 무대의 음즉임을 여운형을 통하여 넉넉히 말할 수 잇섯다. 그 뿐이랴. 呂가 무대의 표리에서 활동하는 외에 중국국민혁명의 배후에서 당시 남방정부의 고문으로 괴완(怪腕)을 휘둘으든 로인 「보로딘」과 어깨를 가치하야 활동하든 것 등 실로 그 활동을 극동국제정국의 측면을 말하는 것이라 안을 수 업다.[37]

다시말해 여운형이란 개인의 활동상 자체가 거대하거니와, 그가 관여하지 않은 운동이 없을 정도이므로, 그에 대한 기사화를 통해 "큰 무대의 움직임" 즉 해외 독립운동 전반을 여운형 기사를 통해 넉넉히 말할 수 있으리란 기대 때문이었다. 또한 극동의 국제정세의 여러 측면을 말할 수도 있

---

37 홍종인, "여운형 사건과 검사와 나 -예심결정서 엇으려 쓰레기통에-," 삼천리, 제3권 제10호, 1931.10.

는 가장 적절한 인물이었다. 그 때문에 취재경쟁은 매우 뜨거웠던 것이다. 다음의 기사는 너무나 생생하게 그 상황을 전해주기에 많은 분량을 소개하기로 한다.

결국은 동월××일에 경성으로 호송해 오는 것이 판명되어 경성의 각 신문사 기자 십수명(그 중에는 5, 6명의 일본문 신문기자도 잇다)은 각각 사진반을 대동하고 그 날 오후 4시 경성역발 대전행 렬차로 우선 수원까지 마중을 나가게 되엇다.

수원에 도착되기는 그 날 오후 여섯 점이 조곰 지난 어스레한 황혼이엿는데 「푸랫트홈」에 나리여 보니 저 편 궤도에는 벌서 여운형을 실은 북행특급렬차가 우리들 기다리고 잇는드시 몽몽한 거문 연기를 토하며 푸-푸-소리를 내이고 잇섯다.

비조(飛鳥)와 가치 특급열차에 뛰여올은 우리들은 마치 먹을 것을 찾는 독수리 모양으로 왼차을 뒤지기 시작하엿다. 1등에서 2등으로-2등에서 3등으로-그러나 꼭 잇서야 할 그의 모양은 도모지 보이지를 안는다.

이상! 하다라는 생각을 하며 무심히 3등 침대차 안을 드려다 보니 흡사히 거림 속에 잇는 사람과 가치 여운형의 얼골이 유리창을 통하야 언듯 눈에 들어 온다.

올치 되엇구나! 라는 생각으로 선듯 문을 열고 드러서니 좁은 3등침대 한 구석에는 보기 좃케 난 「카이젤」 수염에 이마가 쇠원하게 넓고 눈이 두리두리하고 얼골빗이 조곰 검고 기골이 장대한 양복신사 한 사람을 중심으로 그의 바른 편에는 낫익은 경찰부의 경부가 안저 잇고 왼편에는 S형사가 안저잇는데 가운데 안저잇는 장대한 이가 여운형임은 한 번 보아서 능히 알 수가 잇섯다.

그들이 안즌 바로 그 뒤 「뻰취」부근에는 부산까지 영접나간 여운홍씨의 전가족이 혹은, 안고 혹은 서 잇는데 20여 년만에 철쇄를 차고 고국에 돌아오는 친지(親知)를 맛나는 일희일우에 누구나 다 눈이 벌거케 충혈이 되어 잇는 듯 하얏다.

우선 여운홍씨에게 젓인사를 한 우리는 호송경관의 호의도 절대로 달은 이야기는 다시 안켓다는 약속으로 여운형과 첫 인사를 교환하게 되어 각기 명함을 내어주며 『먼 여행에 얼마나 고단하냐.』라고 무르니 그는 커다런 두 눈에 가벼운 미소를 띄우며 무언중에 사의를 표하야 『무어 아무러치도 안타.』라고 커다런 손을 내여밀며 일일히 힘 긋세인 악수를 하여 주엇다.

그리고 그는 종시침묵일관으로 말업시 획획획 지내가는 창외의 고국산천을 내여다 보다가는 잇다금식 『큰아버지! 큰아버지!』하고 따르는 아즉 세상을 몰으는 금년 닐곱살 될 나어린 조카들의 머리를 무심히 쓰다드며 주기도 하는데 언뜻 보아서는 도모지 희노애락간의 이러타는 표정을 차저내일 수가 업섯스나 그의 쇠원하고 커다런 두 눈 속에는 어듸인지 감개무량한 회포가 떠도는 듯도 십헛다.

그러치 안어도 협착한 삼등침대는 15, 6명이나 되는 벌떼가튼 신문기자들도 인하야 더한층 좁게된 데다가 보기실토록 실컨 보다가도 그 사람이 좀 색달은 사랑이라면 다시 더 보고십흔 것이 사람의 상정이라 한 종일을 한 차를 타고 오면서도 누가누구인 줄을 잘 몰랏다가 신문기자들의 수선으로 비로소 여운형이 잡혀 오는 줄을 알게 된 다른 여객들이 여운형이야 저이가? 하고 일제히 나도 나도 몰려 나오는 바람에 삼등침대 차내는 말할 수 업시 그야말로 문자그대로 대혼란을 이루웟섯다.

나는 이틈을 타서 그의 계씨(季氏)를 통하야 대략 다음과 가튼 문답을 여운형과 교환할 수 잇섯다.

나 : 『당국의 말을 들으면 조선××당 사건에도 당신이 관계가 잇다고 추측이 구구한데 사실은 엇더합니까?』

呂 : 『최근 5년간은 전부 중국혁명완성에 노력하엿고 딸아서 손문(孫文)의 연아연공정책(聯俄聯共政策)에 의하야 다소 ××당사건예는 관계가 잇섯스나 조선××당 사건예는 관계가 업섯소.』

나 : 『중국의 극좌파와 깁흔 관계가 잇는 까닭에 장개석(蔣介石)일파의 국민당의 중요간부가 당신을 실혀(싫어)한다는 말이 잇드군요.』

呂 : 『내가 중국국민당의 극좌파의 수령이라 한 왕조명(王兆銘)의 고문으로 잇스

니까 혹시 그런 말이 낫는지도 알 수 업스나 그러타고 현 국민정부의 간부 급들이 그러케 나를 실혀하리라고는 생각지 안소. 그 증거로는? …』

나 :『무슨 증거가 잇나요.』

呂 :『내가 지난번에 남양을 시찰하고 돌아온 후 미국인이나 영국인과 가튼 자본 주의국가의 대표라 할 수 잇는 백인종들이 남양일대의 약소민족을 하고 하 는 것을 본 결과 금년 가을쯤 남양에서 아세아 (中略-원문) 회(會)와 가튼 것 을 개최해 불 생각이 잇섯는데 엇지 알엇는지 이 소식을 듯고 장개석이가 사람을 보내어 그 계획을 공동으로 하자는 제의까지 잇섯스나 왕조명과의 관계로 즉답을 피할 고려한 뒤 이와가치 되엿소.』

나 :『비율빈(比律賓)에서는 려행권을 다 빼아겻다지오.』

呂 :『비율빈서는 약일주일 체재중에 전후 4차의 연설을 한 바 그 내용이 미국관 헌의 기휘(忌諱)에 저촉되엇다하야 려행권을 빼아긴 일이 잇소.』

나 :『무슨 연설이엿기에 미국관헌의 감정을 삿나요.』

呂 :『…중략-원문…』

나 :『당신이 상해에서 피착(被捉)된데 대하야 중국측에서 항의를 하엿다는 말이 잇는데 누가 하엿슬까요?』

呂 :『지금 초문이 올시다. 중국측에서 사실 하엿다면 왕조명이가 하엿겟지요.』

나 :『상해에 잇는 가족은 엇더케 하시렴니까.』

呂 :『운홍(계씨)이가 가서 다려 오겟다하나 나는 당분간 거기 두어 불까 하오. 산 사람이 설마 굶머 죽기야 하겟조.』

나 :『상해에서 피착되든 당시의 광경을 좀…(이 때에 호송경관의 제지로 부자유한 문답 이나마 더 계속치를 못하엿슴)

경성역에서 나리면 마중 나온 군중이 만을까바 호송경관은 미리 용산역에서 나 리기로 작정한 모양으로 열차가 용산역에 닷자마다 그들은 벌서 나릴 준비를 하 기 시작하엿다.

여운형은 묵묵태산(默默泰山)과 가치 무거웁게 안저 잇든 장대한 몸을 이르키며

한 손에는 그의 부인이 상해일본영사관으로 차입해 주엇다는 검정 측렁크를 선뜻 들고 체포될 때 분실하엿다 하야 머리에는 여전히 모자도 안쓴 채 무거운 거름을『푸랫트홈』으로 옮겨 노왓다.

한 거름… 두 거름… 여기서야 비로소 거운들편드시 각 신문사 사진반의「마구네슌」터프리는 소리가 일제히 요란케 나는데

『여운형은 상상하는 바와 가치 참 큰 사람이거든! 그저 엽혜만 가 잇서도 일종의 위압을 늑긴단 말이야!』

라고 엽혜 나란이 서서 呂의 뒤를 따러나오든 B라는 일본문 신문기자까지 이러케 중얼거리며 함을 마지 안는다.

「사스가니 에라이.」(과연 대단하군 : 필자)

라는 말은 그 날에 그들이 바든 공통된 인상이엿다.

정차장 구내를 버서나서 밧게는 벌서 경찰부의 제2호 자동차와 T경부가 미리부터 여운형을 기다리고 잇다가 呂가 박그로(밖으로) 나오기까지 즉시 자동차에 실어가지고 경성시내로 자최를 감초아 버렷다. 이날 경성역에 마중 나왓던 여(呂)의 다수한 지기친척들은 과연 감짝가티 헛물을 켜고 말엇다.[38]

| 검사와의 논전 |

7월 17일 야간에 경성에 도착한 직후부터 여운형에 대한 경찰의 취조가 시작되었다. 경찰심리를 10여 일을 하고, 7월 29일 그는 경성지방법원 검사국으로 송국되었다.[39] 지방법원의 중야(中野) 검사와 고등법원의 이등(伊藤) 검사가 같이 붙어 교대로 취조를 계속했다. 고등법원 검사가 끼어든 것은 매우 예외적인데, 내란죄에 관련된 혐의를 추궁할 수 있을까 해서 관여한 것으로 생각된다.

---

38 김을한, "열차중의 여운형," 삼천리, 제6호, 1930.5, 36~39면.
39 동아일보 1929.8.2.

여운형은 헤아릴 수 없을 정도로 여러차례 집중적인 취조를 받았다. 다만 그는 독립운동가들이 당하게 마련인 심한 고문을 받지는 않았다. 이미 상해의 일본영사관에서 취조를 받았을 때, 일본 형사와 일차 접전한 바 있다. 이만규는 이렇게 소개한다.[40]

상해 일본영사관에서 율본(栗本) 형사가 취조를 할 때 내지와 연락관계를 묻는데 연락이 없다고 하였더니 형사가 "부인하면 고문을 하겠다"고 하였다. 몽양은 "고문은 네 자유니 마음대로 하라"하고 다음부터는 일절 입을 다물고 두 시간 취조에 한마디도 대답을 아니하였다. 형사는 할 수 없이 영사에게 보고를 하였다. 영사가 몽양을 불러가지고 "왜 취조에 응치 않느냐?"고 물었다. 몽양은 "나는 혁명가다. 있으면 있다고 없으면 없다고 할 것 뿐이다. 그런데 형사가 처음부터 고문을 하여 없는 일도 맹근다 하기에 맹글기를 기다렸다"고 하였다. 영사는 "귀의(貴意)를 존중히 하겠으니 응답하라"고 하였다.

여운형의 의연한 면모가 돋보이는 대목이다. 경기도 경찰부에서 여운형은, 대답을 하면서도 한 명의 증인도 대지 않았다고 한다. 사상전문검사인 이등헌랑(伊藤憲郎)과는 상당한 투쟁을 하였다. 여운형은 국제정세에 대한 이해나, 사상적 지식에나 검사를 압도하였다. 검사 자신이 이 취조장을 일종의 토론승부장처럼 여겼다는데, 여운형도 이 점에 대해 질 이유가 없었다. 오히려 여운형은 자신의 활동에 대해 호쾌하게, 약간은 자랑처럼 진술하였다. 검사와의 논전의 상황에 대한 이만규의 전언이 흥미있다.

이등은 가끔 몽양에게 견모(見侮)를 당하였다. 한번은 몽양이 잠깐 착각이 들어 계급투쟁의 저자 독일인(Kautsky)의 스펠을 물을 때에 Ka를 Ga로 대답하였더니

40 이만규, 여운형투쟁사, 총문각, 1946, 108면.

검사는 큰 승리나 얻은 할 듯이 좋아했다는 에피소드도 있다.

검사가 원적을 물을 대에 "상해"고 답하고, 현주소를 물을 때에 "현저정 101번지(형무소)라"고 하였더니 검사가 조소한다고 노하였다. 몽양은 정색하고 "집 떠난지가 20년이니 호적지가 어찌 되었는지 모르겠고, 잡혀서 곧 옥중으로 들어갔으니 다른 현주소가 없지 않은가" 반문하니 검사가 함구하고 말았다.[41]

독립운동에 대한 입장을 묻는 데 대해서도 여운형은 거침이 없었다. "일본은 조선민족으로부터 착취를 위한 정치만을 하고 있는 것이니 조선민족은 살기위해서 부득이 독립하지 않으면 안 될 것이다. 저 노방에 피로곤비한 민중을 보라. 빈부가 문제가 아니라 어떻게 먹느냐가 절박한…"이라고 하면서 맞섰다. 앞으로 "합법적으로 역시 민족해방운동에 정진"하려 하고, 그것도 용인되지 않으면 향리로 돌아가 호미를 잡겠다고 했다.

| 예심 |

중야 검사(지방법원)와 이등 검사(고등법원)가 교대로 취조했던 여운형 사건은 1929년 8월 8일 최종취조를 마치고 검사가 기소했다. 기소한 죄명은 제령 제7호 위반 및 치안유지법 위반이었다. 제령 위반에 해당하는 행위는 대한민국 임시정부의 조직, 의정원조직에서 산파역을 했다는 점, 그리고 조선독립운동을 적극 원조하거나 직접 활동한 점을 들었다. 치안유지법 위반은 제1차 조선공산당운동의 주요 인물들과 연락을 취하고, 음양으로 원조하여 제3국제공산당(코민테른)과의 인적 연락을 취해주었다는 것이다.

예심판사 오정(伍井) 판사는 철저히 조사하면서도, 다른 한편으로 몽양을 회유하려고 했다. 과거의 일이 잘못되었다는 입장을 보여주면 면소해주

---

41 이만규, 여운형투쟁사, 110면.

겠다는 제안까지 했다. 몽양은 정색을 하고 "기소는 당연하다. 법제도 그러하고 자신도 그러하다"고 응수했다. 검사(이등)와 예심판사(오정)가 여운형에 대해 남긴 인터뷰 기사를 보면, 여운형에 대해 받은 인상을 짐작할 수 있다.

> 이등 검사 : 인물은 진실하고 학구적인 태도를 가지고 있었는데 신문이 조금이
> 라도 미상한 점이 있으면 답변치를 않고 또 알지 못하는 것을 물으면 오
> 히려 사정을 알고저 묻는데 특히 계수(計數)에 경청하는 태도가 있었는
> 것이 주목되었습니다. 그의 취조로 근래 조선인의 사상의 변화, 조선 최
> 근사의 이면을 알 수 있어 어떤 연구의 재료도 다소 얻었다고 말할수도
> 있습니다. 인물은 또 세계적 색채를 갖고 사회의 어떤 무엇을 확실히 인
> 식한 바 있음을 볼 수 있었습니다.[42]
> 오정 예심판사 : 취조하는 동안의 태도를 보면, 결코 작은 일에 구애치 않고 있
> 는 마음을 그대로 하고 하고, 싶은 말을 다 말하며 끝끝내 말하는데 대
> 단히 진실한 사람이라고 말하겠습니다. 취조결과로 보아 조선의 사상
> 운동과 최근 조선역사에 대하여 아직 모르던 바를 알게 된 바도 많습니
> 다. 인물은 항상 세계적으로 관찰을 하고 있는 이만큼 생각하는 바도 독
> 특한 바가 있었습니다. 예심판사로 최초로 당하여본 인물이요 금후에도
> 다시 그런 인물을 예심정에서 대할 수 없을 듯 합니다.[43]

검사와 예심판사의 몽양에 대한 인상은 거의 일치한다. 먼저 진실한 사람이고, 탐구적이라는 점. 하고 싶은 말을 마음껏 다하고, 작은 일에 구애치 않는 사람이라는 점. 세계적인 수준에서 사고하고, 자기의 독특한 생각을 펼치기도 한다는 점. 검사와 판사 모두 조선의 사상운동의 추이는 물론 조

---

42 중외일보 1930.3.12.
43 중외일보 1930.3.12.

선의 최근세사에 대한 정확한 지식을 얻게 되었다는 점을 지적한다. 금후에도 다시 대할 수 없을 정도의 인물이라는 데 공감하고 있다. 검사와 예심판사의 조서를 정독한 이정식 교수는, 마치 "일제당국이 우리를 대신해서 면담 또는 인터뷰를 해준 것"이라는 인상을 받았다고 하면서, "피의자 여운형은 관헌들과의 대화를 즐겼다"고 평하고 있다.[44] 즐겼다는 말까지는 어폐가 있지만, 절대로 기죽지 않으면서, 민족운동 전반에 걸쳐 풍부한 이야기를 펼쳐나간 것은 틀림없고, 그 면에서 다른 독립운동가들과는 전혀 다른 호방한 면모를 느끼게 한다. 그러면서도 그는 구체적 정보를 제공하지는 않았다. 오정 판사가 예심을 끝내면서 여운형이라는 인간에 대해 인격자로 곳곳에 추장(推奬)하였다고 한다.[45]

예심이 종결된 날은 1930년 3월 11일이었다. 세간의 관심에 부응하여 예심결정서의 전문이 각 신문에 실렸다. 피고(여운형)는 1914년 중국에 건너가서 "일한병합은 동양의 평화를 교란하고 조선민족의 복리를 장애하는 것이라고 망신(妄信)하고 이래(爾來) 조선을 일본제국으로부터 독립케 할 기도의 범의를 계속하여 좌기(左記) 범행을 감행하게 되어 안녕질서를 방해하였다"는 것이다. 구체적인 행위로서는, ① 신한청년단의 조직과 활동, ② 상해임시정부의 조직, 의정원의 설치, 외무부 취임 및 임시의정원의 조직과 활동, 이후 각종 독립운동에 주도적 관여, ③ 공산당 입당, ④ 한국노병회의 조직에 관여를 들었다. 보다 구체적으로 살펴보면 다음과 같다.[46]

① 신한청년단 관련 : 1918년 8월경 상해에서 신한청년단을 조직하고, 교제부의 이사로 취임. 파리의 만국평화회의에 한국독립에 관한 청원서를, 중국에 온 미국의 사절 크레인에게 교부하고, 김규식을 파리에 파견하고, 영문잡지를

---

44 이정식, 앞의 책, 408면.
45 이만규, 여운형투쟁사, 111면.
46 가령 동아일보 1930.3.12. 이하; 중외일보 1930.3.13. 이하.

예심결정을 계기로 쏟아진 여운형 기사
동아일보 1930.3.12.

발간하여 세계에 조선의 상황을 알리고자 했다. 3·1운동의 발발과 세계적 확산에 주도적으로 관여했다는 것이다.

② 임시정부 관련 : 1919년 3·1운동(일본은 "만세소요"라 함)이 치열해지자 그해 4월 상해에 임시정부를 조직하고 선내와 호응하여 조선의 독립을 달성하고자, 임시의회와 임시정부를 조직하는데 처음부터 적극 관여하고, 외무부위원장에 취임하고, 상해의 프랑스 영사를 방문하여 보호를 청원하였다. 1920년 8월 동양시찰을 하는 미국의 의원단과 회견하여, 미국정부에 조선의 독립을 원조하여 주도록 권유하였다. 1923년에는 국민대표대회를 개최하여 임시정부의 분요를 일소하고 전심하여 조선독립운동에 주력하도록 노력했고, 1923

년 7월 한국독립촉진회를 조직하였다. 1926년 안창호와 함께 임시정부의 재정난을 구조하고자 임시정부경제후원회를 조직하여 원조금을 징수하여 임시정부에 헌금하였다.

③ 1920년 5월 상해에서 고려공산당에 입당하여, 공산주의 선전을 위해 공산당 선언 등을 번역 인쇄하여 배포했다. 공산당 내의 알력이 심한 중에 여운형은 이르쿠츠크파에 속하여 그 상해지부의 일원이 되었다. 1923년 고려공산당은 해당되었으나, 그 때까지 목적(조선을 일본으로부터 독립케 하고, 조선에서 사유재산제도를 부인하고 공산제도를 실현케 할 목적)의 달성을 위해 분주하였다.

④ 1922년 상해에서 향후 10년 이내에 1만 명 이상의 노병을 양성하여 조선독립을 도모할 목적으로 한국노병회(韓國勞兵會)를 조직하고, 교육부장에 취임하여 그 목적의 관철을 위하여 노력하였다.

⑤ 1925년 경성에서 비밀리에 조선공산당이 결성되었고, 그 조선공산당은 제3국제공산당에 그 승인을 구하기 위해 조봉암을 상해로 파견하였다. 여운형은 조봉암이 그러한 사명을 띠고 온 줄을 알면서, 조봉암을 상해주재 러시아 부영사 웨떼에게 소개하여, 여권의 교부 기타 도항의 편의를 제공함으로써 조봉암이 그의 사명을 다할 수 있도록 하여 조선공산당 조직의 방조를 행하였다.

이러한 활동 이외에도, 여운형의 가장 유명한 활동 중의 하나는 일본 동경에 직접 가서 정치인들을 만나 조선독립의 필요를 역설하는 회담 및 연설을 한 것이다.[47] 이같이 그의 활동은 실로 다방면에 걸치며, 장소도 상해와 만주, 러시아, 남방(필리핀 등)에까지 폭넓게 뻗어있다. 일본도 이미 여운형의 행적에 대한 많은 자료를 축적해놓고 있었지만, 여운형에 대한 취조를 통해 독립운동사에 대한 전반적 맥락을 파악할 수 있었던 것으로 보인다. 여운형 역시 독립운동에 대한 자부심을 갖고 자신의 활동상을 당당

---

47 강덕상, 여운형평전 1, 역사비평사, 2007, 355면 이하에서 더할 나위 없이 상세하게 정리하고 있다.

하게 말하고 있다. 이상 ①~④는 모두 제령 제7호 위반으로 처단할 범죄이고, 각 항목은 전체적으로 연속범(연속한 수개의 행위로 동일한 죄명에 저촉할 때는 연속범으로 일죄로 처단한다)으로 1개의 연속적 일죄로 처단된다.

중요한 법적 쟁점으로 떠오른 것은 ⑤의 행위가 치안유지법 위반이 되는가 하는 점이다. 검사는 구 치안유지법(1925년) 위반으로 보았으나, 예심판사는 그 행위에 대하여 다음과 같이 견해를 정리했다.

(여운형은) 조선공산당 조직의 방조를 위하였다. 지(旨)의 점에 대하여는 요컨대 제3국제공산당의 승인을 득하는 행위는 조선공산당의 조직행위 그 자체라고 해석하기 보다도 차라리 조선공산당의 목적 수행을 위하여 한 일 행위라고 간주하는 것이 타당하다. 그리하여 조봉암이가 제3국제공산당으로부터 그의 승인을 득한 것은 구치안유지법 시행할 당시에 속한 것은 일건기록에 의하여 명료하다. 그런데 구 치안유지법하에 있어서는 그 같은 행위에 대하여 과할 죄조(罪條)가 없는 것은 구 치안유지법 제1조 제2조와 현행 치안유지법 제1조 제2조와를 비교대조하면 석연(釋然)하다. 과연 그러면 피고는 위와 같이 그 행위를 방조하였다 할지라도 죄를 구성할 것이 아닌 것을 말할 것도 없는 것임으로 형사소송법 제313조에 칙(則)하여 면소를 언도할 것이라고 한다. 의하여 주문과 여(如)히 결정함.[48]

⑤의 행위에 대한 치안유지법 적용 여부에 대하여, 검사와 예심판사의 의견은 이처럼 상이했다. 검사는 예심판사의 면소결정에 대하여 불복의 입장을 밝혔다. 다만 불복의 방법으로 항고를 제기하지는 않고(그 이유는 피고의 미결구류기간이 길어지는 점을 들었다), 공판과정에서 치안유지법 적용을 주장하기로 방침을 세웠다. 이렇게 하여 치안유지법 적용 여부는 최대의 쟁

---

48 동아일보 1930.3.13.~14.

법령 조항	본 문
제령 제7호 제1조	정치의 변혁을 목적으로 하여 다수 공동하여 안녕 질서를 방해하거나 또는 방해하려고 한 자는 10년 이하의 징역 또는 금고에 처한다.
치안유지법 (1925)	제1조 국체를 변혁하거나 사유재산제도를 부인할 목적으로 결사를 조직하거나 또는 사정을 알고 결사에 가입한 자는 10년 이하의 징역에 처한다. 제2조 전조 제1항의 목적으로 그 목적이 되는 사항의 실행에 관하여 협의를 한 자는 7년 이하의 징역 또는 금고에 처한다. 제5조 제1조 제1항 및 전3조의 죄를 범할 목적으로 금품 기타 재산상의 이익을 공여하거나 그 신청 또는 약속을 한 자는 5년이하의 징역 또는 금고에 처한다.
치안유지법 (1928)	제1조 국체를 변혁할 목적으로 결사를 조직한 자, 또는 결사의 조직원, 기타 지도자의 임무에 종사한 자는 사형 또는 무기 혹은 5년 이상의 징역 혹은 금고에 처한다. 사정을 알고 결사에 가입한 자, 또는 결사의 목적수행을 위한 행위를 한 자는 2년 이상의 유기징역 또는 금고에 처한다.… 제2조 전조 제1항 또는 제2항의 목적으로 그 목적이 되는 사항의 실행에 관하여 협의를 한 자는 7년이하의 징역 또는 금고에 처한다.

점으로 남았다.

예심종결과 함께 예심결정서가 공표되면, 그 결정서에 나타난 내용을 토대로 기사화가 가능해진다. 각 언론은 이 기회에 여운형의 활약 및 그를 통해서 본 독립운동사 전반을 대중들에게 알릴 수 있게 되는 만큼 기자들은 언제 예심결정이 나는지, 거기에 담길 내용이 무엇인지 촉각을 곤두세웠다. 이 건을 특종했다고 자부하는 홍종인 기자의 글을 빌어 경과를 살펴보자.[49]

여운형 사건의 내용은 그 전에도 어느 정도까지 다소는 짐작하여 왓섯스나 예심결정서의 내용으로 나타날 ○○조서를 손에 너엇슬 때 나는 혼자 흥분하야 작약(雀躍)햇다. 올타. 이것은 호외이다. 세상이 한 번 놀래이게 감쪽가치 이 사실

---

49 홍종인, "명탐정과 신문기자 경쟁기," 삼천리, 제3권 제10호, 1931.10.

을 내노아야 한다는 생각이 가슴에 무럭무럭 불낄가텃다. … 호외를 엇떠케 하면 만일의 정도를 넘지 안게 순조로히 시외 배달을 하게 하느냐 하는 생각이엇섯다. …

호외는 상당히 자세한 것이엇다. 전 항의 니야기는 물론 그가 원경(原敬)내각 때 동경 갓던 니야기며 사진은 「보로된」이며 상해 가정부(假政府)의 중추인물 안도산, 이동휘, 김규식 등 8, 9매에 상해 부두 사진까지 너어 여유작작한 품을 뵈엿다. 그러나 시내는 다 무사히 돌랏섯스나 한 번 압수에 한 번 삭제처분을 당하야 지방에 가는 것은 제 3호외로 인물사진과 중요한 기사 몃 토막은 부득이 깍기웟섯다. 우선 호외는 성공이엇다.

그 호외의 전문은 지금 볼 수 있다.[50] 분량도 방대하다.[51] 예심결정서 뿐 아니라 신문조서의 분량도 방대하기 때문에, 그를 통해 독립운동 전체의 이면사를 두루 파악할 수 있게 되는 것이다. 중외일보 호외의 대제목은 "현대 조선의 일대 풍운아, 여운형의 예심, 금일로써 드디어 종결, 극동 정국의 측면사"라고 하여, 여운형의 행적과 독립운동의 전개를 매우 상세하게 기재하였다.[52] 신문조서에 이어, 예심결정서를 손에 넣어야 특종의 선수를 얻을 수 있는데, 홍종인은 예심결정서를 확보하는 과정을 다음과 같이 쓰고 있다.

기자의 활동으로는 다시 중요한 것이 남엇다. 예심결정서를 손에 넛는 것이다. 그만한 대사건, 대인물에 예심에서는 어느 정도의 사실을 인정했는가. 이것이 사건을 좌우하는 요점이 되는 것이다. 호외에 실패라면 실패 당한 편인 동아와

---

50 이 글의 전문은 정진석편, 일제시대 민족지 압수기사모음I, 630~636면 참조. (중외일보 1930.3.11.)
51 중외일보 1930.3.12. 여운형사건으로 본보 호외 삼회 발행 당국에 압수되어 재발행.
52 중외일보 1930.3.11.(정진석 편, 앞의 책, 630~636면)

조선에서도 최후의 일전을 예심결정서 먼저 엇기에 착안 안을 수 업섯다. 피고가 여러 사람이면 문제 업시 종래의 방법대로 형무소에 가서 피고에게 무난히 어들 수도 잇스나 피고가 단 한명이 되고 보니 3사에서 쟁탈전을 글자대로 하게 되지 안을 수 업섯다. 동아에서는 그 아츰 즉시로 결정서가 도달되기도 전에 결정서 취하원을 접수식히고 「이것만은 내해다」하고 빗치고 잇섯다. 형무소에 가서까지 추하게 싸움가튼 경쟁은 하고십지 안엇다. 재판소 구내에서 엇덧케 해서던지 그날로 결정서를 손에 너허 보겟다는 생각을 가지고 이방 저방으로 속이 들떠서 돌아가고 잇섯다. … 이 모양으로 전신은 그 예심결정서 한 벌을 두고 열이 올라서 저마다 눈이 벌개 돌아가고 잇섯다. 그러고 잇슬 때 시간은 두 시가 갓가왓다. 석간 막음 시간도 거이 다 되여서 우연히 제1 예심실 압헤 섯슬때 문을 열고 나오는 급사에게 예심실 서기가 「이게 거 웬 오자 투성이냐?」고 꾸짓듯이 일르는 것이 귀에 명확이 머물러젓다. 급사는 서기과 서무에 잇는 급사이엇다. 여기서 판결문이며 결정서의 「타이푸라잇」도 하고 등사도 한다. 呂의 결정서는 「타이푸라잇」으로 한 등사물이엇다. 「오자 투성이…? 올타 어제 베낀 결정서 말이다」고 머리를 두다리는 듯이 생각이 들엇다. 곳 급사의 뒤를 딸어라 어름어름 등사 원지(原紙)를 어데다 버렷나고 물엇다. 그는 정정(廷丁)이 다 소제(掃除)해다가 청결통에 버렷으리라 한다. 청결통 한 일이나 되는 연와제(煉瓦製)의 청결통에는 중(中)쯤 올라오도록 안 들어잇는 것이 업섯다. 악취가 코를 쏜다. 그러나 요만한 악취 쯤이야.… 사람 안 보는 틈을 타서 통 안에 뛰여들엇다. 새 양복도 문제 안이엇다. 거긔서 남이 볼사라 머리도 못들고 밋까지 들추고 들추는 약 30분간 동안 원지가 몃 장 나와스나 결정서 원지만을 좀처럼 안 나오더니 내중에 나오기는 나왓다. 그러나 다섯 장 중에 중요한 첫 장과 중간 장이 암만해도 안 나왓다. 시간이 촉급하여 하는 수 업시 나왓다. 그러고 나와서 최후의 수단 한 가지를 다시 택하엿다. 전부터 갓갑게 니야기 하든 ×국사에게 검은 묵에 저즌 원지를 내노앗다. 그는 그게 머냐고 보더니 깜작 놀래이며 그러면 성공이 안이냐고 한다. 그러나 두 장이 업서 엇절 수 업다. 내가 가진 원지(原紙)로 만일의 증거를 삼을 터이니 그 결정서의 일부만 뵈여 달라고 졸라 보앗다. 그러나 종시 안 들엇다. 들아와 어느 정도까지 서두의 결정서를 내손으로 만들어 「예심결정 서 전문 기일(其一)」이라고 그날 석간에 너어 노앗다. 오정(伍井)판사의 결정서는 꼭 한 식임으로 어느 정도까지 틀림업시 본대로 만들 수 잇섯다.[53]

기자의 특종을 향한 경쟁과 성취감을 읽을 수 있거니와, 그 특종을 요구 하는 민중의 기다림도 그만큼 큰 것이었다.

| 공판과 변론 |

여운형이 가진 위상에 걸맞게 변호인들이 자진해서 변론에 뛰어들 것은 분명했다. 예심에 회부되자 김병로, 김태영, 허헌, 이인, 이창휘, 한상억 등 이 각각 변호계를 제출하였다.[54] 여운형은 원래 건강체질이고 운동을 좋아 하였으나, 체포 당시의 격투로 인한 부상과 옥중 건강악화로 고생하였다. 이인, 김병로 변호사가 면회를 통해 밖으로 소식을 알렸다. 공판을 맞아 변 호인의 수는 더욱 늘어났다. 자진해서 변론하겠다고 하는 변호사가 20인에 달했고,[55] 첫 공판정에 열석한 변호사는 김용무, 김병로, 권승렬, 이창휘, 강 세형, 한국종, 양윤식, 이종성, 송영상의 9인이었다.[56] 공판 시점에 허헌은 이미 옥중에 있었기에 변호를 할 수 없었고, 이인의 경우 당시의 다른 사건 들로 눈코 뜰새없이 바쁜 중이었다. 하지만 1930년 시점에 항일변호사들 이 거의 집결한 형세를 보였다.

---

53 홍종인 · 김과백 · 박윤석, "명탐정과 신문기자 경쟁기," 삼천리, 제3권 제10호, 1931.10.
54 동아일보 1929.8.12. "변호사4씨 변호계제출, 여운형사건에 이인 김병로 허헌 이창 휘씨등"; 중외일보 1929.9.9. "각 중대사건 담임변호인"
55 이만규, 여운형투쟁사, 112면.
56 동아일보 1930.4.10. "변호사 9씨가 자진하여 변호 담당"

여운형 공판
동아일보 1920.4.10.

　　1930년 4월 10일 천하의 이목이 집중된 가운데 여운형에 대한 공판이 개정되었다. 식전부터 방청객으로 대혼잡을 빚었다. 여운형은 건강이 좋지 못해 의자에 앉은 채 진술하였다. 인정신문과 독립운동 이전의 행적에 대한 진술은 공개리에 행해졌지만, 본격적인 사실심리는 방청을 금지하고 비밀리에 진행하였다. 처와 자녀, 늙은 고모 등 가족과 가까운 친지에게만 방

청이 허용되었다. 대신 특별방청석에는 복심법원장을 비롯하여, 경성지방
법원장, 고등법원 검사들 이하 경성재판소 판검사들이 열석하였다.[57]

여운형은 옥중에 있는 동안 치질과 신경통으로 오랫동안 신음했다. 심지
어 치질은 수술까지 받았으나 완쾌되지 못하고, 신경통까지 심하여져서 왼
편 몸은 감각마저 둔해졌다.[58]

공판중에 재판장이 "피고는 지나 애국자더군"하고 약간 비꼬는 듯이 질
문하자, 여운형은 답하였다.

> 나의 반생의 전성시대를 조국에서 쫓겨나가 중국에서 보냈다. 학업이나 사업이
> 나 다 중국서 겪었고 친구가 거기 많고 강산이 익었다. 지금도 눈을 감으면 양자
> 강 흐르는 물결이 눈앞에 보이고 있다. 내가 어찌 중국을 잊을 것인가! 나는 조
> 선을 사랑하고 다음으로 중국을 사랑하노라.[59]

이 말을 할 때 그 어조가 어찌도 비장하고 강개하였던지 재판장으로부
터 방청까지 만좌가 다 울었다고 한다. 몽양 자신도 눈물을 씻고 한참 침
묵하였다. 김용무 변호사가 "그날 법정에서 한 말은 참으로 웅변이었다"고
회고한 바 있다.

공판은 당일 오전, 오후로 하여 종결되었다. 검사의 논고가 있었다. 검사
는 예심판사와 달리, 다음과 같이 정리했다. 첫째, 신한청년당, 임시정부,
고려공산당, 노병회(勞兵會) 관련 단체행동은 치안방해로 제령 제7호 위반
에 해당한다. 둘째, 임시정부와 노병회 관련 단체행동은 계속범으로 치안
유지법 위반으로 인정된다고 봐야 한다. 셋째, 조선공산당의 방조를 한 것
은 사실이다. 다만, 그에 대한 예심결정의 판단에 대해서는 어쩔 수 없다고

---

57 동아일보 1930.4.10.
58 중외일보 1930.4.10.
59 이만규, 여운형투쟁사, 112면.

본다. 이렇게 제령 제7호 위반과 치안유지법 위반(1928년 개정치안유지법)으로 논고하였다. 그리고 징역5년을 구형했다.

변호인들은 검사와 판이한 해석론을 전개했다. 김용무, 이창휘 변호사가 정상론, 정책론 또는 법률해석을 둘러싼 법리론 등으로 열렬한 변론을 했다. 마지막으로 여운형의 최후진술이 있었다. 시간관계도 있고, 피고인의 희망도 있고 해서, 그 밖의 많은 변호사들의 변론을 계속하지 않도록 한 점[60]은 아쉬운 대목이다. 변호인의 변론기록이 남아있지 않은 것은 아쉬움을 더한다.

1930년 4월 26일 제1심 판결이 내려졌다.[61] 판결은 예심결정과 마찬가지로, 4개의 주된 사실 – 즉 ① 신한청년단, ② 임시정부 관여(1919년~1923년), 임시정부를 위한 헌금(1926년) ③ 고려공산당 입당, ④ 노병회조직 – 을 피고인의 자백에 의해 명백하다고 판시했다. 이 행위들은 일련의 연속선상에 있으므로 사실의 증명은 충분하다는 것이다. 법적용과 관련해서, 위 각 행위들은 범죄시에는 제령 제7호 제1조 위반인데, 각 행위는 연속범으로 1개 범죄로 총괄될 수 있다. 중간법으로는 구치안유지법 제1조 제1항에 해당하며, 현행법상으로는 치안유지법(1928년) 제1조 제1항에 해당한다. 범행후 법률에 의해 형의 변경이 있는 경우에는 경미한 형을 선택하게 되는데, 범죄시와 중간시에 법정형이 동일하다. 그 경우 범죄시법 원칙에 따르게 되는데, 결국 여운형의 일체 행위는 제령 제7호 제1조 제1항 위반으로 처단된다. 그 형기 범위 내에서 피고는 징역3년에 처하고, 미결구금일수중 150일을 본형에 산입한다.

한편 쟁점이 된 조선공산당의 코민테른과의 연계 방조의 행위는 조직행위 자체가 아니라 방조행위인데, 그 행위는 앞서 인정한 범죄사실과 병합죄의 관계가 있으므로 형소법 제364조에 따라 공소기각하기로 한다. 이 부

---

60 동아일보 1930.4.11.
61 판결문 전문은 중외일보 1930.5.4. "여운형 판결내용" 참조.

분에 대하여는, 제1심판결은 예심결정과도 다르고(처벌될 범죄사실은 인정하여, '면소'가 아니라 '공소기각'을 선택), 검사의 논고와도 다르다(검사는 치안유지법 위반을 주장했으나, 판결은 치안유지법위반을 택하지 아니하였다).

| 항소와 상고 |

판결에 대해 여운형은 항소를 포기했다. 체형[62]은 각오한 지 오래라는 것이다. 전방면에 걸친 그의 폭넓은 독립운동 활동상을 생각해보면, 당시 분위기에서 3년은 장기형이라고 할 수도 없는 일이었다. 검사는 항소했다. 치안유지법 위반의 적용을 받아야겠다는 것이다. 항소심인 경성복심법원의 공판은 1930년 6월 3일 한 차례 열리고 결심되었다. 판결은 1930년 6월 9일 이례적일 정도로 신속하게 나왔다. 형량은 동일하나, 검사의 항소가 이유있다는 것으로 원심판결을 일부 파기한 것이다. 법리 부분을 정리하면 다음과 같다.[63]

㉠ 대한민국 임시정부에 금품을 공여한 행위(1926년)는 치안유지법(1925년) 발효 이후의 행위이므로 치안유지법 제5조[64]에 해당한다는 것이다. 항소심은 치안유지법 위반에 명백히 해당한다고 본 사실을 별도로 추출해냈다.

㉡ 대부분의 행위(①~④)는 치안유지법 위반에 해당될 수도 있으나, 경미한 범죄 시법을 적용하여 제령 제7호 위반으로 함이 타당하다. 이는 원심과 같다.

---

62 당시엔 집행유예 없는 징역형을 '체형'이라 흔히 불렀다.
63 항소심 판결 원문은 공훈전자사료관에 있다.(http://e-gonghun.mpva.go.kr/portal/web/book/book_pdf_view.jsp?lm_sHisCode=PV_PG&lm_sBookCode=0001&lm_sItemCode=004.026.00023&lm_sSrchYear=&keyword=%EC%97%AC%EC%9A%B4%ED%98%95)
64 제5조 제1조 제1항 및 전3조의 죄를 범할 목적으로 금품 기타 재산상의 이익을 공여…한 자는 5년 이하의 징역 또는 금고에 처한다.

㉠과 ㉡의 행위 역시 동일목적 하의 연속행위로서 연속범으로 함이 타당하다. 결과적으로 적용법조는 제령 제7호 제1조 제1항의 일죄로 처단한다.

여운형 재판에서 적용법조와 관련하여 여러 언급이 있다. 독립운동에 대해 치안유지법을 적용한 첫 판결례[65]라는 언급은 오도될 가능성이 있다. 치안유지법 적용사례는 1925년부터 나타나며, 사회주의적 경향을 띤 독립운동에는 빈번히 적용되었다. 임시정부 지원활동이 치안유지법 위반이 된다고 본 항소심의 판결도 첫 사례라 보기 어렵다. 이 활동은 치안유지법 공포 이후의 행위이기에 제령이 아닌 치안유지법이 적용된 것이다. 상해임시정부는 일본의 입장에서는 당연히 '국체의 부인'에 해당하는 조직이므로, 그와 관련된 활동에 치안유지법이 적용되는 것은 이상하지 않다.

오히려 예심 및 1심, 항소심판결에서 주목하고 싶은 것은 제령 제7호의 '정치의 변혁'과 치안유지법상의 '국체의 변혁'을 동일시하고 있다는 점이다. 여운형의 제반 행위(①~④)는 제령위반이기도 하고 치안유지법이란 신법이 적용될 수도 있다고 본다. 따라서 식민지하에서는 별달리 치안유지법이 필요없을 정도로 이미 통제형법이 완비되어 있는 상태였다고 할 수 있다. 다만 치안유지법은 다른 법령보다 형기가 높고, 개정치안유지법은 더더욱 높다는 사실을 여운형 판결을 통해 확인할 수 있다.

| 옥살이 3년에 병쟁이 |

여운형은 징역3년을 선고받고, 서대문형무소에서 대전형무소로 이감되었다. 처음에 그도 괴롭고 힘든 심정이었음을 토로한다.

---

65 이만규, 여운형투쟁사, 113면.

영어의 몸이 된다는 것은 나같이 성미 급한 사람에게는 참으로 괴로운 일이다. 첫 주일 동안은 밥 한술 떠넣을 수가 없었다. 기가 막히고 안타까와서 심화만 나서 혼났다.[66]

여운형
서대문형무소에서 (1930.6.13.)

당시에 감옥생활은 건강에 직접적인 위협을 주었다. 병사하거나 옥사한 이들이 적지 않았던 것을 봐도 알 수 있는 것이다. 여운형도 적지 않은 고생을 했다.

대전형무소에서 그는 날마다 감방에 앉아 어망을 엮는 그물뜨기 일을 했다. 소화불량증으로 고생하고, 쇠약한 모습으로 지냈다.

감옥소 덕에 얻은 병이 다섯 가지이다. 맨처음 상해서 잡힐 적에 운동장에서 경관과 격투하다가 귀를 몹시 얻어맞았는데 그 때 고막이 상하여 한편 귀는 아주 병신이 되고 말았다. 그 다음에는 옥에서 주는 조밥을 먹다가 돌을 깨물어서 이 한 개가 고만 부스러지고 말았다. … 소화불량은 대단하다. 얼굴이 이처럼 수척해지고 늙어졌으며 나왔던 배가 쑥 기어들어간 것이 모두 그 때문이 아닌가 한다. … 옥에 갇힌 지 며칠 못가서 신경통이 격렬히 일어났다. 그 통에 머리와 수염이 이렇게 하얗게 쇠어버렸다. 들어간 지 6개월 이내에 이처럼 쇠어버린 것이다. 신경관계인지 불면증도 대단하였다. 출옥 이후에도 별로 차도가 있는 것 같지 않다. 여전히 잠을 이루기가 참으로 힘이 든다. 그리고 마지막으로 감옥 안에서는 누구나 앓게 되는 치질에 걸리어 퍽 고생하였다. 네 번이나 수술을 했는데

---

66 주요섭, "여운형 옥중기," 신동아, 1932.9(몽양여운형전집 2, 한울, 1993, 191면).

그것은 완치된 모양이다. 그러고 보니 옥살이 3년에 나는 병쟁이가 되어버린 셈이다. 청년은 몰라도 성장기를 지난 중노급 사람은 옥에 갇히면 참으로 속히 늙어버리는 모양이다.[67]

그러나 그가 우울하고 절망적으로 감옥생활을 한 것은 아니다. 감옥을 심신단련을 위한 수련장으로 여기고, 수형기간을 수양의 기간으로 여기며 지냈다. 여러 가지 불편과 불평을 극복하면서 항상 명랑하고 쾌활하게 지낼 수 있어, 간수나 다른 직원들의 존경을 받기까지 하였다. 어떤 일인 간수는 "내가 7년간을 간수로 있는 동안 수많은 정치범을 대해 왔지만 여운형같이 고상한 인격자는 처음 보았다. 모두가 분노와 번뇌와 불평으로 지내는데 선생은 항상 명랑 화평한 기운으로 지나니 퍽 이상스럽게 생각된다"고 말했다 한다. 그에 대해 몽양은 "나의 한 일이 양심적이고 자각적이므로 남을 원망하지 않고 나를 후회하지 않는다. 스스로 기쁠 뿐이니 불평이 있을 까닭이 없다"[68]고 답하였다 한다.

어떠한 고난 속에서도 씩씩하고 쾌활하게 적응하는 것은 여운형다운 면모이기도 하다. 누구와도 격의없이 어울리는 사교적 품성이 몸에 배인데다, 누구에 대해서든 기본적인 존중감을 갖고 대하였기 때문이다. 대전형무소는 서대문형무소보다 처우가 그나마 나았다고 한다. 전옥(형무소장)도 일본인 관리치고는 온후한 편이었다. 동생 여운홍에 따르면, 면회를 가면 전옥의 방으로 안내한 후 형님(여운형)과 자유롭게 담화할 기회를 제공하는 특전을 주기도 하였다고 한다. 여운형의 모범적 생활과 어울리는 성품의 반영일 것이다. 다만, 이러한 모습이 다른 관점에서는 비판되어질 수 있을 것이다. 꿋꿋한 기개로 일관했던 김창숙은 다음과 같은 증언을 남기고 있다.

---

67 주요섭, 앞의 글. (몽양여운형전집 2, 한울, 1993, 191면)
68 이만규, 여운형투쟁사, 114면.

전에 안도산 및 여운형이 모두 서대문형무소서 이 곳(대전형무소)으로 옮겨왔었다. 여는 옥리를 보면 반드시 머리가 땅에 닿도록 절을 하고, 안도 감방규칙을 잘 지키는 것으로 소문이 나서, 여는 상표를 세 개 타고 안은 두 개 타서 모두 가출옥의 특전을 받았다. 간수는 내가 고통받는 것을 딱하게 여겨 종종 안과 여의 일을 들어 회유하였으나, 나는 웃으며 "그는 그고 나는 나다"라고 대답하였다.[69]

김창숙 선생의 기개는 매우 존경받아야 할 태도이겠지만, 형무소라는 전체주의적 수용공간에서 개인의 적응에는 여러 방식이 있기 마련이다. 여운형이 "상표를 세 개 타"는 것은 그의 일상적 부지런함과 타인과의 적극적 관계맺음을 통해 타인까지 감복시키는 긍정적 태도에 기인한 바가 클 것이다. 그는 심지어 1920년엔 일본 동경까지 직접 가서 조선독립의 필요성을 일본 언론, 지식인, 정치인에게 설파하고 다시 상해로 돌아올 정도의 자신감을 갖고 돌파구를 여는 인물이었기 때문이다.

그런 여운형이기에, 그는 자신에게 강제된 그물뜨기 작업에도 나름 의미를 부여하였다. 동생 여운홍에게 보낸 편지에서 그는 『임연선어 불약퇴이결망(臨淵羨魚 不若退而結網)』이란 맹자의 일구(一句)를 써보내어, 그 의미에 대해 화제가 되었다.[70] "물가에서 고기를 부러워하는 것보다는 물러나 그물을 짜는 것이 낫다"는 내용은, 독립을 바란다면 그대로 앉아 독립만을 부르짖을 것이 아니라 독립을 쟁취하기 위한 적극적 준비를 해야 한다는 취지로 이해되었다.

옥중에 있을 때도 그는 전혀 잊혀진 인물이 아니었다. 예컨대 "철창리의 거물들"을 소개한 한 잡지에서도 그는 가장 비중깊게 다루어지고 있다.[71] "동서고금인물좌담회"에서는 현대의 인물을 자유분방하게 언급하고 있는

---

69 심산사상연구회, 김창숙문존, 361~362면.
70 "철창리의 거물들," 동광, 제21호, 1931.5.
71 "철창리의 거물들," 동광, 제21호, 1931.5.

제8장 해외 지도자의 검거와 재판   483

데, 김병로의 다음 언급이 주목을 끈다.

주요한 : 현대의 인물을 말슴하여 주십시오. …

김병로 : 내외사람을 물론하고 계별(系別)할 것 없이 나는 소질로나 경험으로나
여운형이 제일이라고 보앗습니다.

일동 : 그러나 …

류광렬 : 김준연(金俊淵)이가 날른지도 모를걸?

김병로 : 여운형이 아니면 누구가 잇습니까?

박찬희 : 중국에서는 햇는지 모르나 조선서야 …

김병로 : 그러면 치안유지법으로 감옥에서 오래 들어가잇는 사람을 처야지오.…

주요한 : 외교인물로는 누굴까요?

이용설 : 여운형이겟지오.

김병로 : 나는 이러케 알아요. 감옥생활에서 그의 인격과 언어의 조리라던가 체
격이라던가를 보고 여운형 이상은 보지 못 하엿다고.

차상찬 : 법정에서는 할 수 없으니 누구나 버티는 수밖에 잇어요? 법정에서만 보
고야 압니까(웃으면서).

김병로 : 다른 사람은 버티지도 못하니. 나 본 중에는 여운형하고 채(蔡)그리고리
가 제일 인상에 남앗습니다.

여운형의 변호사이긴 해도, 김병로의 여운형에 대한 격찬이 이례적일 정
도다. 소질로나 경험으로나 제일이라고 보고 있는 것이다. 외교인물로도
최고의 인물이라는 이용설의 찬사에, 김병로는 "감옥생활"에서도 인격, 언
어의 조리, 체격 면에서 여운형 이상은 없다고 단언하고 있는 것이다. 수많
은 사상범, 정치범의 변론을 맡아 그들을 직접 대면할 기회를 수없이 가졌
던 김병로의 평은 매우 인상적이다. 체포와 압송 당시부터 여운형은 단연
화제의 초점이었으며, 심지어 수형생활을 할 때에도 사회에서 그에 대한

기대치는 더욱 높아만 갔던 것이다.

1932년 7월 28일 여운형은 만기 4개월을 앞두고 가출옥했다. 가출옥 때 몰려온 기자들에게 다음과 같은 소감을 밝혔다.

감옥에서는 그물뜨기와 조히긔구(종이기구) 만드는 것을 해서 아주 익숙하게 잘 합니다. 건강은 얼마전 빈혈증으로 말미암아 졸도한 일이 있었으나 지금은 소화도 잘 되고 해서 관계치 않습니다. 감상이란 것은 아무 것도 없고 다만 앞으로 무엇을 해야 할지가 근심됩니다. 처음 조선으로 올 때에는 잡혀오는 몸으로 징역할 생각을 하야 아무러한 근심도 없더니 지금 와서는 픽으나 앞일이 근심됩니다. 조선에는 19년 동안이나 있지 않아 모든 것이 서투릅니다. 지금 가족들도 모두 조선에 와 있으니까 다시 해외로 나갈 것 같지는 않습니다.[72]

이제부터 국내에서 여운형의 활동이 개막될 것이었다. 석방 직후 그에 대한 기사가 쏟아져 나왔고, 그는 거의 '민족의 영웅'의 취급을 받았다. 석방된 지 반년 정도 지난 1933년 2월 16일 그는 조선중앙일보 사장으로 취임하여 일약 3대언론사 중의 하나의 사장이 된다. 신문사 사장으로 경영적 성과도 뛰어났고, 스스로 기행문도 발표하고 전국을 순방하면서 강연을 하고 다녔다. 상해에서도 그의 별명은 '무사분주'였는데, 1935년 정도에 그는 '다사분주'한 '감초사장'이었던 것이다.[73] 조선중앙일보는 (동아일보보다 앞서) 손기정 선수의 가슴에서 일장기를 말살시켜버린 사건을 일으켰고, 그 것이 문제되자 자진폐간을 했고, 그로써 여운형의 사장 자리도 끝났다. 그처럼 여운형은 1929년 이전에는 해외에서 독립운동의 선두에 섰고, 1932년 이후에는 국내에서 독립운동과 문화운동의 중심이 되었던 것이다.

---

72 동아일보 1932.7.28. "철창 삼년 만에 여운형출옥, 만긔 4개월 두고 가출옥, 작일대 전감옥에서"
73 그에 대해서는 이정식, 여운형, 422면 이하에 상세하다.

안창호 재판
국사적 풍도 갖춘 인격

．
．
．
●

| 윤봉길의 의거와 안창호의 체포 |

안창호는 일생동안 독립운동에 매진하였고, 독립운동의 중추적 인물로 추앙받았다. 그는 1910년 초 한국을 떠나 미국과 중국을 중심으로 활동하였다. 1919년 5월에는 상해에 도착하여 대한민국임시정부의 설립을 실질적으로 주도하였다. 1923년에는 국내외 정국변화와 임시정부의 내분을 수습하기 위해 국민대표회의 소집에 적극 가담하여, 독립운동의 통일과 임시정부의 개조에 진력하였으나 창조파와 개조파의 치열한 갈등으로 대표회의는 결렬되었다. 미국에서 흥사단을 창립(1913년)하였고, 중국 상해에 그지부로 원동위원부(遠東委員部)를 두어, 흥사단운동을 미국, 중국, 시베리아에까지 넓혔다.

1926년부터는 분산된 독립운동단체를 통합하기 위하여 길림과 북경 등을 순회하면서 민족유일당운동을 전개하던 중 1927년에는 길림에서 중국관헌에 의해 감금되어 일제의 마수에 넘어갈 뻔 했으나 여러 압력으로 석방될 수 있었다. 민족주의 진영의 지도자들을 중심으로 한 일련의 통합운동은 1930년에 성과를 보아 상해에서 한국독립당이 결성되었다.

그의 활약은 국내에도 상당한 영향을 미쳤다. 이광수, 주요한 등은 해외에서 안창호를 여러 차례 만났고, 그들을 통해서도 안창호의 존재와 활약은 더욱 널리 알려졌다. 해외에서 활약한 독립운동가 중에서 국내에도 가장 널리 알려진 인사의 한 분이었다.

1932년 4월 29일 오전 윤봉길의 거사가 있었다. 윤봉길은 상해 홍구공원(虹口公園)에서 일본의 경축일에 폭탄을 터뜨려 시라카와 대장 등 다수의 일본인을 살상했다. 윤봉길은 현행범으로 즉시 체포되었고, 곧바로 일경의 대대적인 검거가 시작되었다.

매우 당혹스런 일 중의 하나는 프랑스관헌의 태도였다. 1919년 이래 임시정부는 프랑스 조계내에 자리잡았다. 프랑스는 한국인들을 법적으로 보호하자는 입장이었다. 일본관헌이 한국의 정치망명객들을 강도, 살인범, 사기취재자로 몰아서 해외의 범죄로 체포장을 발부한 후 프랑스관헌에게 체포협조를 청구함이 수차 있었으나 프랑스관헌들은 이러한 청구를 단호히 거절하였다. 예컨대 일본관헌이 1922년 김구를 살인 강도범으로 무고한 뒤 프랑스관헌들과 함께 김씨의 주택을 급습하고 김구를 체포하였으나, 프랑스관헌은 즉시 일인의 간계를 간파하고 일인의 요구를 거절하는 동시에 김구를 석방하였다. 이같이 1932년 이전까지 프랑스관헌들의 한인에 대한 보호는 주도면밀하였다. 때문에 제국주의 세력하에 안식처가 없던 한국의 독립운동자들에게는 프랑스 관민들이 다시없는 고마운 지주였다.[74]

그런데 홍구사건 이후 프랑스인들의 태도는 이전과 완전히 달라졌다. 이번에는 한국독립운동자 전부를 체포하기로 작정한 일본관헌들의 체포기도에 대하여 프랑스관헌들은 협조를 쾌락하였을 뿐 아니라 솔선 자진하여 한인의 체포까지 나선 것이다. 그 중에서 프랑스 정탐 1인이 중국형사 3~4인을 대동하고 이유필(李裕弼)의 댁을 급습하였다. 이유필은 민단장이며, 수년간 민족운동의 주요인사임을 잘 알면서도 그리한 것이다.[75]

---

74 신한민보 1932.9.1. "홍구안 전후에 상해한인의 형형"
75 신한민보 1932.9.1.

안창호는 김구로부터 사전에 피신하라는 연락을 받았으나, 당일 오후 상해 대한인 교민단장 이유필을 방문하러 갔다.[76] 이유필의 귀가를 기다리던 경찰들은 그를 체포하였다. 압송하여 조사해본 즉 의외에 안창호라는 거물임을 확인하였다.[77] 거사 직후 검거된 인원은 모두 11명에 달했으나, 독립운동에 관여한 대부분의 거물들은 검거의 화를 피했다.

| 안창호 체포에 따른 법적 쟁점 |

윤봉길의 거사는 당장 중국의 여론에 엄청난 반향을 불러일으켰다. 중국 언론의 논조는 대체로 매우 호의적이었다. 아울러 안창호 등의 피체(被逮)에 대하여도 안타까움을 곁들여 보도하였다. 국내언론에도 안창호의 피체는 크게 다루어졌다. 그는 윤봉길 사건의 직접 관련자가 아닐 뿐더러, 그는 그를 아는 모든 이들로부터 높이 평가받고 있었기 때문이다. 또한 그동안 프랑스조계지역에서 안전하다고 여겨졌던 한국인 망명객들을 무차별 체포한 프랑스경찰에 대한 비난도 높았다. 다음은 중국의 한 신문의 기사이다.

프랑스 경찰의 도움으로 한국인들의 집과 회합장소들이 습격당했고 이곳으로 망명하여 수 년 간 안전했었던 모든 정치적 망명자들이 체포당하고 있고 일본인들에게 넘겨지고 있습니다. 그를 아는 모든 이들로부터 높이 평가받는 C. H. 안 (Ahn)은 일본인들에게 잡혔던 수천의 중국인들의 운명에 대항하기 위해서 홍구

---

76 김구에 따르면, 이유필은 "민족운동자로서 당시 교민단 단장의 직을 가지고 있었을 뿐 그 외에는 전혀 별 거동이 없었다. 만일 조국의 혁명을 위하여 노력한 것이 죄라고 한다면 이씨도 당연히 이 죄를 면치 못할 사람이지만 폭탄사건과는 하등의 관계도 없었고 더욱이 법조계(프랑스조계) 경찰에게 직접 체포를 받을 아무런 이유도 없었다." 상해폭탄사건후의 백색공포(안창호선생의 수난, 안창호씨의 해괴한 체포, 안창호씨의 운명여하)(김구, 도왜실기(屠倭實記))
77 태평양주보 1932.6.1. "안창호선생의 체포경로"

공원에서 체포당했습니다. 언론은 "일본 당국은 안(Ahn)이 홍구공원사건과 가령 있다손 치더라도 거의 관련이 없다고 믿고 있다"고 보도했습니다. 그러나 그를 잡을 좋은 기회였으므로 그를 체포한 것입니다. 한국인이면 그가 한국인이며 프랑스인 거류지에서는 안전하다는 것을 모르는 이는 없습니다.[78]

여하튼 안(Ahn)이 홍구공원 폭탄사건에 직접 혹은 간접적으로 관련되었다는 의혹 아래 일본 군당국에 의해 체포되어 현재 억류 중이라는 것은 확실합니다. 그가 홍구공원 폭탄사건에 관련되었는지 아닌지는 그 문제에 대한 공식적인 진술이 없으므로 확인되지는 않고 있습니다. 그러나 중국과 일본 또한 미국을 대표하는 사절단의 참석하에 이 문제가 여러 번 논의되었던 국제적인 회의에 안(Ahn)이 참여해 왔고 오랫동안 그가 한국 독립의 지지자로 알려져 왔기 때문에 안(Ahn) 사건은 중요합니다.[79]

프랑스조계에서의 체포는 더 이상 프랑스조계가 한인들이 안전하게 머물 수 없는 곳임을 의미한다. 실제로 임시정부의 인사들과 운동가들은 그때부터 쫓기는 신세가 되었다. 하지만 "일본에 대해 극도의 적개심을 가진 중국 상해는 윤의사의 의거에 대해 열렬한 동정과 원조를 주었다. 장개석 남경정부(南京政府)는 김구에게 군사훈련과정을 지원하는 등의 도움을 아끼지 않았다."[80]

안창호 피체와 관련하여 당장 떠오른 법적 쟁점은 다음과 같다. 첫째, 프랑스조계 당국이 안창호를 체포하여 일인에게 인도한 것은 국제법례를 위반한 것이라는 점이다. 이 점에 대하여 많은 항의가 제기되었다. 안창호의 미국인변호사는 안창호가 식민지 직전에 조선반도를 떠났기 때문에 "일본 당국에 등록된 적이 결코 없는 한국인"이라는 사실, 그가 윤봉길 폭발사건

---

78 The China Weekly Review, May 14, 1932.(독립기념관, 독립운동가 자료 중)
79 앞의 글 참조.
80 신한민보 1936.4.29. "4.29사건의 영향"

과 연루되어 있지 않다는 점을 역설했다. 중국 외무부는 프랑스 총영사에게 강력히 항의하였다. 항의의 다른 이유는 안창호가 귀화한 중국시민(이라고 주장)했기 때문이다. 안창호에 대한 재판관할이 중국이나 프랑스에 있지, 일본에 있지 않다는 것이다. 임시정부 구미위원부에서도 "상해 프랑스조계에 거류하는 한인들은 반드시 프랑스정부의 완전한 보호를 받아야 하며, 체포된 한인을 석방하여 프랑스조계로 돌아오도록 (프랑스정부는 일본정부에) 요구하여야 한다"고 주장했다.[81] 그 항의는 어떤 의미있는 결과를 초래하지는 못했지만, 프랑스와 일본이 어느 정도는 곤경에 처한 점은 분명하다. 일본은 다음과 같이 그 입장을 정리하였다.

그러나 당 (영사)관으로서는 그 체포수속에 관하여는 영장은 불관헌(佛官憲)의 요구에 의해 각 신병 인도를 받기 전에 송부한 것이며 그 체포는 불관헌의 협력에 의하였던 것이므로 별로 문제로 하지 않으며 또 안창호는 晏彰昊라는 명의의 민국(民國) 십이년[82] 칠월 중국정부 내무부가 발급한 중국에 귀화한 증서를 소지하나 한편 한국 국적을 이탈해 있지 않으므로 당연 한국인으로 처치하기로 하고 중국 변호사 기타의 조회에 대하여는 일본 신민된 신분을 상실한 자가 아니라는 뜻으로 응수하였다.[83]

즉 안창호는 중국귀화증서를 갖고 있지만, 한국국적을 이탈하는 조치가 없었으므로 당연히 한국인으로 처치할 수 있다는 것이다.

둘째, 그러한 체포가 그런대로 정당화되려면, 안창호가 "홍구공원 폭탄사건에 직접 관련"되어 있다는 분명한 혐의가 있어야 한다. 처음부터 홍구

---

81 태평양주보 1932.6.1. "상해에서 체포한인 석방을 법국대사(法國)에게 요구한 구미위원부 공문"
82 (중화) "민국"의 기원년은 1911년이며, '민국 12년'은 1923년이다.
83 "홍구공원폭탄사건범인의 연루혐의한인의 심문 전말(1932년 6월 4일자로 재상해 총영사가 외무대신에 보고한 요지)," 한국민족운동사료(중국편), 9-AH0807-000.

폭탄사건 관련에 대한 근거를 확보하지 못하였기에, 일본영사관은 12명 모두에 대해 "무계(無屆) 거주의 이유에 의해 관령(館令) 위반으로 우선 구류 각 이십구일에 처"[84]하여, 그 구류기간을 이용하여 폭탄사건 및 기타 독립운동 관여를 추궁하는 편법을 취하였다. 1개월 동안 집중신문을 한 끝에, 일제의 처리결과는 다음과 같았다.

1. 12명 중 5명은 폭탄사건에 전연 관여하지 않은 자로 인정되어, 5월 14일 가출옥으로 석방함.
2. 남은 7명중 4명도 폭탄사건에 관계가 없고, 이 "흉행계획(兇行計劃)"에 관하여도 아는 바가 없는 것으로 인정되었으므로 5월 29일 구류만기를 기다려 방면.
3. 남은 3명(안창호, 장현근, 김덕근)의 3명 역시 폭탄사건 범인과의 관계가 없는 것으로 인정.[85]

그러나 일제는, 폭탄사건과 관련이 없다고 해도, 이 독립운동의 거물을 풀어줄 마음이 전혀 없었다. 상해총영사관 경찰은 안창호의 혐의점을 다음과 같이 정리하였다.

안창호는 이미 약 삼십 년 전부터 한국독립운동에 종사하여 그 후 미국에서 1914년 한국독립운동을 할 인물양성을 목적으로 흥사단을 조직하여 스스로 단장이 되어 활동하고, 그후 1919년 5월 상해로 와서 임시정부 내무총장이 되었는데 당시 국무총리 이승만이 미국에 있었으므로 그 대리가 되었고 이어 노동국총판 등을 담임하여 독립운동에 활약하고 계속 운동중 최근에 있어서는 지난 연말 일중사건에 휘말리어 조직한 임시정부 외교위원회 및 경제후원회의 위원장이었다. 또 한국독립당 집행위원으로 활동하며 또 지난해 11월 중 광동으로부터 내호한

84 앞의 자료.
85 앞의 자료.

한인 왕억(王億)이라 칭하는 권국빈(權國彬)과 모의하여 중국측과 연락한 혐의가 있는 대일전선통일동맹계획안이란 과격운동을 기도하고 활동 중인 자이다.[86]

(안창호는) 이미 약 삼십년간 시종일관하여 전 한국민족은 일본의 기반(羈絆)으로부터 이탈하여 국토와 주권을 광복하여 완전한 독립국가를 건설하려고 하는 목적하에 활동하고 있었던 자이다.[87]

혐의점 모두가 임시정부 관련 활동이거나 아직 조직되지 않은 안에 대한 것이다. 이런 혐의점이라면 프랑스조계가 안창호의 체포에 협력한 사실이 더욱 문제가 아닐 수 없다. 그러나 일제는 치안유지법이 공포된 1925년 이후의 안창호의 독립운동 관여사실을 들어 치안유지법 위반으로 처벌하고자 했다. 중국 영토내의 활동에 대해 치안유지법 적용이 타당한가 하는 일각의 의문점에 대비하여, 일제는 자신들이 처리가 용이한 조선국내로 이송하고자 했다. 이리하여 상해와 경성의 관련기관들은 분주히 연락을 취하였다. 안창호는 장현근(張鉉瑾), 김덕근(金德根) 등 2명의 청년 독립운동가들과 함께, 종래의 관행에 의하여 모두 한국에서 심리하는 것이 득책이라 인정하였던 것이다. 상해총영사관은, 경성지방법원 소속 검사가 구인장을 발부하여 전보로 보내도록 촉탁하였다.[88]

안창호 역시 냉엄한 현실을 직시하고 있었다. 다음은 영사관에 구류되어 있던 안창호가 미국에 있던 처(이혜련)에게 보낸 서신 중의 일부이다.

(아내에게) 내가 일평생에 당신에게 위로와 기쁨을 준 것이 없었고 이제 느지막에 와서 근심과 슬픔의 재료를 주게 되오니 당신을 대하여 미안함이 끝이 없습니

86 한국민족운동사료(중국편), 앞의 자료.
87 한국민족운동사료(중국편), "안창호등의 재류금지(1932년 6월 4일자로 재상해총영사가 외무대신에 보고한 요지)"
88 앞의 자료.

다. 당신뿐 아니라 당신 이외에 나를 위하여 우려하는 여러분을 향하여 더욱 미안합니다. 그러나 과도히 근심하지 마소서. 나와 같은 길에서 걸어가다가 나보다 먼저 철창 밑에서 고생한 사람이 얼마입니까. 이제 내가 이만한 고생을 받는다고 특별히 슬퍼하고 한할 것이 무엇입니까. 다만 나의 과거를 돌아보건대 무엇을 한다는 것이 모두 위명(僞名)뿐이었고 실제로는 아무것도 이룬 것이 없이 공연히 여러 사람에게 근심만 끼치게 되었으니 이것을 위하여는 스스로 부끄러워하고 스스로 책망함을 마지아니합니다. 그러나 당신은 당신의 남편이 살인이나 강도범으로 이 경우에 처하지 아니한 것만을 생각하고 스스로 위로하심을 바라옵니다. (아들)필립의 부탁을 받고 와서 방문하는 미국 영사도 만나보았고 당신의 단식하지 말라고 권고한 전보도 받았습니다. 그 전보를 받고 당신의 지극한 사랑을 비상히 느꼈습니다. 당신의 부탁이 없더라도 내가 그러한 이치 어기는 행동을 할 뜻이 없는 바이고 당신의 부탁을 또 존중히 할 터이니 조금도 염려하지 마시오. 앞으로 내 자신에 관한 모든 것을 자연에 맡기고 스스로 안심 양기를 공부하여 이 시간으로써 휴양하는 시간을 지으려고 합니다. 장차 조선에 돌아가서는 어떠한 형편을 당할는지 모르거니와 이곳에 온 후에는 한 번도 체형을 받은 일이 없었을 뿐더러 무례한 말도 들은 일이 없었고 도리어 너그러운 대접을 받았습니다. 이곳에서 특별히 치과의사를 청하여 이를 고쳐주었고 담배도 특별히 허락하여서 하루 세 번씩 식후에 담배를 피웠습니다. 그 밖에도 편의를 주옵니다. 음식과 거처가 다 내게는 부족하다고 할 수 없습니다. 이곳 간수들이 다 친절히 대접하며 동정합니다. 이즈음에 내가 날마다 지내는 과정은 대개 아침마다 세수하고 방을 소제(掃除)한 후에 이십분 동안 동맹운동을 하고 삼십분씩 세 번 정좌하고 그 나머지는 독서와 실내 산보 등으로 시간을 보냅니다. 이 앞으로도 나의 지내는 형편을 정직하게 기록하여 보낼 터이니 신문상이나 바깥소문을 듣고 놀라지 마시오.[89]

---

89 안창호가 이혜련에게 보낸 옥중편지(1932.5.27.) (독립기념관 자료번호: 1-A00029-027)

나의 사랑하는 안해 혜련

내가 일평생에 당신에게 위로와 깃붐을 준 것이 업섯고 이제는
즉막에 와서 근심과 슬픔에 재료를 주게 되노나 당신을 대하여
미안한 이 뜻이 업습니다 당신 뿐아니라 당신 이외에 나를 위하여
우려 하는 여러분을 향하여 더욱 미안함 니다 그러나 과도히
근심 허지 마소서 나왓햇든 길에서 거러가다가 너보다 먼저
헐벗 밋혜서 고생한 사람이 얼마 입니가 이제 내가 이맛고생을
밧는다고 특별히 슬퍼 하고 한 한것에 뭇엇입니가 다만 나와
과 거를 도라보건대 무엇을 한 단것이 모다 뒤 병뿐이엇고
실로 능아모 것도 일운 것이 업시 공변히 여러 사람에게 근심
만 섯치게 떠엇스나 이것을 위하여는 소소로 붓그러워하고
로책망함을 마지아니 합니다 그러나 당신은 당신의 남편이
살인 이나 강도 법으로 이 경우에 쳐하지 아니 한 것 만을 생각
하고 소소로 위로 하심을 바라옵니다 펼렴의 부탁을 밧고 왓서

(처제에게) 나로 인하여 근심을 많이 하는 줄 압니다. 과히 염려 마시오. 미국 율사를 보낸 고로 어제 만났습니다마는 그런 일을 다 그만두시오. 내가 이미 이곳에 들어 온 이상에 무슨 방법으로든지 속히 나갈 수가 없고 조선에 돌아가서 끝이 날 줄로 압니다. 그런즉 밖에서 무익한 수고를 하지 마시오. 내 자신에 관한 것은 자연에 맡기고 스스로 안심을 공부하려 합니다. 아직 악형을 받은 일이 없고 대접을 너그러이 합니다. 음식도 좋고 자는 처소도 정합니다. 내가 윤봉길이나 이봉창 사건에 도무지 관계가 없으니 큰 위험은 없을 것입니다. 밖에서 안심들 하라고 하시오.

이무상 씨한테 이(齒) 고친 값이 얼마인지 알아보고 우선 얼마든지 힘이 미치는 대로 상해에서 돈을 변통하여 물어주고 미주 본집에 기별하여 다 물어주게 하시오. 이 안에서 돈을 쓸 데가 별로 없으니 돈을 보내지 말고 음식도 보내지 마시오. 이곳에서 내게 담배 피우는 것은 특별히 허락하였으니 담배나 금하기 전까지 보내 주시오. … 미주에 편지하여 누구든지 나를 위하여 오지 말라고 하시오. 미주에 위로하는 편지를 잘하여 보내시오.[90]

자신이 체포된 이상 무슨 방법을 쓰든지 풀려날 수 없고, 조선으로 압송될 것이라는 점을 분명히 알고 있다. 그러면서 "자신에 관한 것은 자연에 맡기고" 스스로 마음을 다스리도록 노력하겠다는 것이다. 자신을 위하는 사람들에 대한 배려하는 마음도 자상하다.

이런 곡절 끝에, 영사관은 안창호를 포함한 3인을 조선으로 압송하였던 것이다. 3인에 대하여는 앞으로 3년간 상해의 "안녕을 해할 우려가 있는 것으로 인정하고 … 앞으로 3년간 중국에 재류하는 것을 금지하였다"는 점을 분명히 했다.

---

90 안창호가 이인실에게 보낸 서신(1932.5.24.) (독립기념관 자료번호: 1-A00029-026)

| 경성으로의 압송, 수사와 예심 |

1932년 6월 2일 안창호 등 3인은 상해에서 경안환에 태워졌다. 상해 부두 일대에는 삼엄한 경비가 펼쳐졌다. 그들은 6월 7일 인천에 도착하여, 즉시 경기도 경찰부 자동차에 태워져 경성지방법원 검사국에 구치되었다. 안창호가 한반도를 떠난 게 1910년이니, 실로 23년만의 귀국이었다. 〈거국가〉를 부르며 떠난 그는 이제 백발이 드믓드믓하게 늙은 채, 수금의 몸으로 고국땅을 밟게 된 것이다. 도착하는 장면을 언론은 이렇게 쓰고 있다.

> 도산을 태운 경안환(2,091톤)은 7일 오전 7시경에 천축항 압문(閘門) 밖에 도착되어 수상 경찰서 경비선을 타고 들어간 경기도 경찰부 삼륜(三輪) 경부와 인천서 고등계 고촌(高村) 경부 외 수명의 경관과 상해 총영사관 경관에게 호위되어 경비선으로 수상서 잔교(棧橋)에 상륙하여 잔교 아래 세워 두었던 경기도 경찰부 경 7백호 차에 합승되어 일로 경인가도를 서편으로 서편으로 질주하였다.
>
> 경안환이 도착하는 부두에는 날이 채 밝기 전인 오전 오시 반경부터 전날 밤에 미리 인천에 와서 밤을 새운 그 친형, 친매 등을 비롯하여 친척지기 등 삼십여 명이 모여 옅게 덮인 안개 속으로 회색 중절모를 쓰고 검은 세비로를 입고 까만 윗수염을 곱게 다스린 노년신사가 경비선 선실로부터 나타나자 멀리 바라보던 그 매씨 안신호(安信浩) 씨, 그 질녀 안맥결(安麥結) 양은 두 눈에 눈물이 어리어 차마 정시를 하지 못하는 듯하였다.
>
> 무언의 묵례만도 극히 짧은 순간 그는 어느덧 경관의 인도대로 우비 깊이 씌운 경7○○호 안으로 사라지니 홍진을 차며 달아나는 자동차의 뒷모양을 바라보던 그 형님 안치호(安致浩)(62) 씨도 수건으로 눈물을 씻으며 돌아섰다.[91]

언론은 도산의 강제귀국을 계기로 보도를 쏟아냈다. 먼저 안창호의 체포

---

91 동아일보 1932.6.8. "해외풍상 23년 유설(縲絏)로 고토밟는 안창호"

경위를 소개하면서 윤봉길 의거를 자연스럽게 상세히 소개했다. 도산이 피체된 이유필의 집에 가게 된 이유를 소개하면서, 그가 9세 소년과의 약속을 지키려 갔다고 체포되었음을 쓰면서 그가 어린이와의 약속까지 중시하는 인격자임을 은근히 부각시켰다.[92] 이어 인천에 마중 나온 사람은 가족들을 포함하여, 조만식(曹晩植), 김동원(金東元), 허헌(許憲), 이덕환(李德煥), 김성업(金性業), 김병연(金炳淵) 씨 등 삼십여 명이었다. 경찰은 도산 친척 이외의 출영인은 잔고 가까이 하지를 못하게 하였다. 이렇게 그가 얼마나 거물인지를 간접적으로 보여주려 애썼다.

안창호는 경성지방법원 검사의 구인영장에 의해 상해에서 경성으로 압송되는 절차를 밟았다. 안창호 등은 현행범이 아닌 까닭에 (현행범에게 적용될 수 있는) 구류장이 아니라, 검사가 발부한 구인장에 의한 압송이었다. 6월 7일 오전 9시에 경성지방법원 구류장에 수용되어 검사국의 좌좌목 검사의 신문을 받고, 형사소송법 제89조[93]에 의해 일단 석방되었다. 검사의 신문을 마친 다음에는 검사가 발부한 구인장의 효력은 소멸되기 때문이다. 그러나 이는 법적 형식일 뿐, 경기도 경찰부에서 그의 신병을 바로 확보하여 경기도경찰부 유치장에 유치되었다. 다음날부터 삼륜 경부의 담임으로 경기도경 경찰부 사찰계에서 본격적인 취조를 진행하였다.[94] 그들은 안창

---

92 동아일보 1932.6.8. "어린이와 약속을 지키려다 피착(被捉)/도산의 집은 선종로(善鍾路)인데 체포되던 이유필 집까지는 약 二리가량 상거라고 한다. 이유필 집에 가게 된 까닭은 그 전날밤 이유필의 아들 이만영(李晩榮)(9)이란 소년이 도산을 찾아가 5월 1일의 어린이날 기념식에 쓸 비용의 연조를 청하였던 바 도산은 마침 돈을 가진 것이 없어서 내일 그 집으로 전해주마고 약조하고 어린이와의 약속을 어길수 없다하여 연조할 돈을 가지고 오후 1시경 그 집을 찾아갔더니 이유필은 없고 그집에 혼자 앉아서 신문을 보고 있을 때에 돌연 경관대가 달려들어 체포한 것이라고 한다."

93 형사소송법 제89조 구인한 피고인을 재판소에 인치한 시(時)로부터 48시간 내에 차(此)를 신문할 것이다. 그 시간 내에 구류장을 발(發)치 않는 시(時)는 피고인을 석방할 것이다.

94 동아일보 1932.6.9. "검사국에선 석방형식, 경무부재차구금"

호에 대한 30여 년간의 행적 전체에 대한 본격적 조사를 진행하였다. 경찰의 취조는 6월 8일부터 6월 17일까지 6차례에 걸쳐 이루어졌고, 7월 4일에 취조를 일단락했다. 경찰 사진반은 안창호에 대한 사진을 찍어 수형자기록을 만들었다.

그는 7월 15일 검사국으로 송치되었다. 19일부터 25일까지 좌좌목 사상 검사가 형무소에 출장하여 취조하였다.[95] 7월 25일 구류만기와 동시에 안창호는 치안유지법 위반으로 기소되어 경성지방법원 예심에 회부되었다. 안창호와 같이 연행되어 왔던 두 청년은 기소유예처분을 받아 7월 26일 석방되었다. 그들을 처벌할만한 혐의가 없었던 것이다.[96] 이렇게 취조받는 동안 안창호의 건강은 매우 악화되었다. 안창호의 국내 대리인격이었던 주요한의 서신을 통해 그 편린을 엿볼 수 있다.

산옹(山翁)(도산 옹의 약칭, 필자)의 일은 전번 통기(通寄)한 것과 같이 경기도 경찰부에서 취조 중이온 데 이미 취조는 다 끝났사오나 검사국에서 요사이 다른 사건으로 분주하므로 송국(送局)을 하지 못하고 래(來) 15일 경에 송국되겠습니다. 송국되면 검사는 십일 이내로 유무죄를 결정하옴으로 래 25일 경에는 결정이 내리겠습니다. 산옹은 중국서 입치(入齒)한 것이 다시 상하였으므로 이곳 함석태(咸錫泰) 의사에게 치료를 받고 있는 바 함(咸)의사는 자진하여 보수 없이 치료하고 있습니다. 산옹은 매씨(妹氏)와 기타 친족들이 일전(日前) 상경하여 약 2시간가량 경관 입회 하에서 면회하였습니다.[97]

---

95 동아일보 1932.7.20. "검사가 출장 안창호취조"

96 장현근과 김덕근은 기소유예처분을 받아 7월 26일 석방되었다. (동아일보 1932.7.26.) 이와 같이 3인 모두에게 중죄의 혐의를 걸만한 사안이 거의 없었던 것이다. 안창호가 독립운동선상에서 가진 무게감 때문에 국내에 압송했다고 볼 수 있을 것이다.

97 주요한이 흥사단에 보낸 편지 (1932.7.7.) (자료: 독립기념관)

예심에 회부된 뒤 서대문형무소에 수용중인 안창호를 김병로, 이인 변호사가 면회하였다. 그들이 각각 확인한 바에 따르면, 안창호는 "신경통과 소화 불량으로 안면(安眠)을 하지 못하여 신체가 매우 쇠약하였다"고 한다. 감방에서는 매일 감옥 의사의 진찰과 시약을 받는 중이나 원래 노구이므로 매우 염려된다고 한다.[98] 그에 따라 김병로는 안창호에 대한 보석원을 경성 지방법원 예심계에 제출했지만, 8월 8일 그 보석원은 불허되었다.

이미 예심과정은 구속기간의 무기한 연장의 수단으로 악용되고 있었기에, 안창호의 구금도 적어도 1년 이상 걸릴 것으로 예상되었다. 역시 주요한의 서신이다.

저간(這間) 제우(諸友)의 신혼(身魂)이 건재하시옵니까? A 선생(안창호를 지칭, 필자) 은 지난 칠월 십오일에 검사국으로 송치되었다가 동 십오일에 검사의 기소장에 의하여 치안유지법 위반으로 기소되어 경성 지방법원 예심계에 예심으로 넘어 가셨습니다. 예심의 기간은 삼개월이나 예심판사가 필요하다고 인정할 때는 몇 회라도 연장을 할 수가 있습니다. 보통 정치범의 예심은 일년 이상 이년 가량 걸리는 법인 즉 A 선생의 그것도 적어도 십이개월은 걸릴 것을 예상할 수밖에 없습니다.[99]

| "변론 사절한다"는 피고인과 "자진변호" 희망하는 변호사들 |

변호사들은 안창호의 변호를 다투어 신청하였다. 그러나 안창호는 변호인의 도움을 받기를 거절하였다. 안창호에 대한 옥중면회를 자주 했던 주요한의 서신을 보면 그런 면이 뚜렷이 나타난다.

---

98 동아일보 1932.7.31. "예심의 안창호 감옥에서 신음"
99 주요한이 보낸 편지 (1932.7.26.) (자료: 독립기념관)

변호사에 대해서는 예심으로 넘어간 뒤에라야 의탁을 하는 법인데 도(島)씨(도산을 지칭, 필자)가 가족 면회 시에 천번만번 부탁이 음식을 차입하지 말라는 것과 변호사 고빙(雇聘) 말라는 것인 즉 아마 외부에서 변호사를 위임하더라도 본인이 절대로 승낙을 아니할 줄로 생각이오며 또 이곳 일류 변호사들 중에서 벌써 자진하여 무료로 변호하겠다는 사람이 여러 사람 있사오며 그밖에 우리 동지들 중에도 변호사가 있고 기타에도 자진 무료 변호할 사람이 다수될 듯한 즉 우리가 그들을 위로 또는 사례하는 연회나 선물 같은 것은 할 필요가 있으되 그밖에 특히 유료변호사를 고빙할 필요는 절대로 없겠사오니 그리 조량(照諒)하시기를 바랍니다. 그밖에 의복과 음식의 차입에 대하여서도 이곳 있는 동우(同友)들뿐 아니라 일반 사회적으로 향응이 많이 있음에 조금도 염려할 것이 없습니다. 이곳서는 이광수(李光洙), 오익은(嗚翊殷), 주요한(朱耀翰) 세 사람이 맡아서 모든 돈에 대한 출납을 하기로 생각이오며 아직은 그리 많은 돈이 들 것이 없고 만일에 예심을 넘어가게 되면 그때부터 식사에 관한 돈이 들 터인 즉 그때에 다시 통기(通奇) 드리겠사오나 하여간 아직 일이 어떻게 전개될는지 모르는 형편이오니 아직 돈을 거두시는 대로 적립해 두시는 것이 좋을 듯합니다. 가령 도씨 출옥 이후에 생활하시는 것도 준비해둘 필요가 있지 아니합니까?[100]

이와 같이 안창호는 사식차입을 하지 말 것과 함께 변호사를 고빙하지 말라는 것을 "천번만번 부탁"하고 있다. 다른 동포 재소자에 비해 어떤 특권적 대우를 받지 않겠다는 자세로 임한 것으로 생각된다. 변호사를 대지 말라는 것은, 해외의 독립운동가로서 "숙원인 민족과업을 성취 못하고 적에게 사로잡힌 몸이 민족을 대할 면목조차 없다. 무슨 구구한 변론이 필요하겠느냐"[101]는 취지에서였다.

그러나 항일변론을 지속해온 변호사들로서는 안창호를 변론하지 않는

---

100 주요한이 흥사단에 보낸 편지 (1932.6.22.) (자료: 독립기념관)
101 이인, 반세기의 증언, 111면.

것 역시 참을 수 없는 일이었다. 김병로는 "안창호 선생의 사건을 자진하여 변호하기로 지원"하고 옥중에서 그를 면회하였다. 김병로는 안창호에게 변호사를 댈 것을 권면하였다. 김병로 뿐 아니라, 여러 변호사들이 자진하여 변론하겠다고 앞다투어 나선 것이다.

금일 차지(此地)의 변호사 김병로 씨가 A 선생의 사건을 자진하여 변호하기로 지원을 하시고 그를 옥중에서 제1차로 면회하였습니다. 앞으로 자주 면회할 기회가 있을 듯합니다. 그런데 A 선생은 변호사를 대기를 목하(目下) 절대 거절하시는 고로 특히 김씨로부터 거기 대해서 권면을 하셨으나 앞으로 태도를 어떻게 고치실는지 보아야 알겠습니다. 그리고 변호인은 김씨 외에도 여러 사람이 자진하여 무보수로 변호코자 하는 이가 있은 즉 특별히 부탁할 필요는 없겠습니다. 또 외국이나 일본서 변호인을 고빙해 올 필요도 절대로 없습니다.[102]

김병로는 변호사로서 면회를 통해 안창호와 대화를 하고, 근황을 외부에 알리는 역할을 했다. 또한 건강상태를 확인하고, 건강악화를 이유로 보석을 신청하기도 했다.[103] 안창호는 공판이 개시되기 직전까지 변호사선임을 거절하였다. 그러나 2년이상 징역형의 중요 피고인의 공판에는 변호사없이 개정하지 못하는 규정에 따르면, 관선 변호사를 선정하는 형식을 갖추어야 하는 문제가 있었다.[104]

변호인의 존재는 실상 여러모로 필요했다. 옥내외 상황의 연락도 필요하고, 건강상태를 확인하고, 심리적 안정감을 위한 면회도 필요하다. 이인의

---

102 주요한이 보낸 편지 (1932.7.26.) (자료: 독립기념관)
103 "산옹은 서대문 형무소에 그냥 계신데 건강은 크게 염려할 것은 없사오며 전일 변호사 김병로 씨를 통하여 보석원을 제출했사오나 불허가가 되었습니다."(주요한이 보낸 편지, 1932.8.19.)
104 조선일보 1932.12.9. "변호를 거절하야 관선변호선임, 래 19일 경성서 개정되는 안창호 1회판"; 중앙일보 1932.12.9. "도산 안창호 변호를 거절"

회고는 다음과 같다.

그의 뜻이 이러함에(변호인 거절. 필자), 모두 변호인될 것을 단념하고 돌아왔다. 그로부터 한 열흘 지났을까. 뜻밖에도 '잠깐 상의할 것이 있으니 면회오시오'는 전보를 받았다. 나는 혹시 신환(身患)이라도 나셨나 하고 급히 찾아갔더니 법정변론은 필요없으나 옥내외 연락할 사람이 필요하므로 나를 변호인으로 선임하겠다 하신다.[105]

변호인들의 지극한 정성, 친지들의 권유, 변호사를 필요적 요건으로 하는 규정 등 여러 가지 관계로 변호인들은 옥내외 연락의 담당, 최소한의 법정변론 등의 역할만 하기로 하고 변호인계를 제출하였다. 법정에 출정한 안창호의 변호인은 김병로, 김용무, 이인, 양윤식, 신태악 그리고 평양의 김지건 등 모두 8인이었다.[106]

| 예심조서와 예심종결결정 |

안창호에 대한 수사기록은 남아있지 않으나, 예심과정은 기록으로 남아 있다. 증촌문웅은 1932년 9월 5일 제1차 신문을 개시했으며, 10월 19일까지 총10회에 이르도록 예심을 진행하였다. 10월 26일 예심종결결정을 내린다. 주문은 물론 "본 건을 경성지방법원의 공판에 부친다"는 것이었다. 예심의 기록은 "안창호신문조서"로 상세하게 되어 있다.[107]

이 신문과정을 통해 일제는 안창호라는 개인의 전반적 활동궤적을 파악

---

105 이인, 반세기의 증언, 111면.
106 중앙일보 1932.12.19. "19일 오전부터 도산 안창호 공판"; 동아일보 1932.12.20. "도산안창호공판 금조(今朝) 제4호 법정에서 개정"
107 조선사상운동조사자료, 안창호신문조서, 1932.9.5.~10.19.

함과 함께, 구한말로부터 1932년까지 수십년간의 반일독립운동의 전반과 세부를 파악하고 있다. 일제는 이미 치밀한 정보를 구축해놓고 있었기 때문에 상세한 신문이 가능했다. 안창호는 신문과정에서 새로운 정보를 제공하기보다는, 이미 파악된 정보를 기초로 한 질문에 대하여 확인성 답변 및 배경설명을 하는 형태로 답변하고 있다. 이 신문조서는 안창호 개인에 관한 사실을 이해하는 데 도움이 될 뿐 아니라 독립운동사 연구에도 귀중한 자료로서의 의미를 갖고 있다.

법률적으로는 공소시효의 범위내에 속하는 사건들에 대해 혐의점을 집중하지 않을 수 없다. 예심종결결정에 따르면 안창호의 혐의점은 3가지로 집중되었다.[108]

1. 임시정부 경제후원회 창설에 관여하는 등 임시정부에 자금공여

1926년 안창호가 상해로 돌아왔을 때 임시정부는 재정상 극도로 궁핍한 상태에 직면해있었다. 그 위급한 상황을 구제하기 위해 동지 홍진(洪震), 여운형, 최창식(崔昌植) 등이 모여 동년 7월 중에 상해 프랑스조계 기독교 예배당 3.1당에서 이 지역에 거주하는 조선인 100여 명을 초대하였고, 피고인은 임시정부 경제후원회 창설의 취지를 연설하였다. 동회의 조직을 제안하고 의견의 만장 일치를 본 후에 태희창(泰熙昌)을 회장으로 추천하고 간사 및 서기를 정하였다. 기구를 정비하고 동 회를 조직하여 즉석에서 회원으로부터 의무금 총 200엔을 모아 임시정부의 재무위원에게 교부하였다. 임시정부의 목적 수행을 위하여 하는 행위를 지속하였다.

2. 한국독립당 조직에 관여

임시정부가 쇠락하자 임시정부의 배경으로 새로운 정당의 조직을 계획

---

108 안창호에 대한 예심종결결정(결정일은 1932.10.25), 원문은 "安昌浩に對する豫審終結決定," 사상월보, 제2권 제8호, 1932.11, 55~70면.

한 일군의 민족주의자들이 있었다. 1929년 4월 임시정부 사무실에서, 이동녕(李東寧), 이시영(李始榮), 김구(金九), 조소앙(趙素昻), 김철(金澈), 조완구(趙琓九), 이유필(李裕弼), 최석순(崔錫淳), 김붕준(金鵬濬), 윤기섭(尹琦燮), 옥성빈(玉成彬), 정태희(鄭泰熙), 안공근(安恭根), 김갑(金甲), 박찬익(朴贊翊) 및 피고인 등이 모여 협의하였고, 조선의 독립을 완성하여 민주공화국을 만드는 것을 목적으로 하는 결사 한국독립당을 조직하였다. 조소앙, 조완구 및 피고인은 선출되어 당헌기초위원이 되었고, 그 후 1개월만에 앞서 설명한 임시정부 사무소에서 동지들과 다시 만나 당헌기초위원의 기안에 관한 "일본제국주의 침탈세력을 배격하고, 국토와 국헌을 완전히 탈환하여 정치, 경제의 균등을 기본으로 하는 민주공화국을 건설하고 국가와 국가 민족과 민족이 평등한 지위에 입각하여 공존, 공영하는 세계를 실현하는 데 노력하는 것을 목적으로 한다. 1. 당 안에 이사회, 감사회라는 기관을 설치하고, 이사회에서는 이사장, 총무부, 재무부, 조사부, 연구부, 선전부를 두며, 감사회는 감사원 3인을 둔다. 1. 당원은 조선인으로 하고 이 당의 목적에 찬성하는 자는 누구를 막론하고 가입할 수 있다. 1. 이사회에서는 통상회, 임시회가 있고, 통상회는 매월 두번째 토요일에 개최하며 임시회 및 감사회는 수시로 개최하여야 한다"라는 취지의 초안을 가결하여 당헌을 정비하였다. 피고인이 선출되어 이사에 취임하였고, 1931년 9월경까지 그 지위를 유지하며 활동하였다.

3. 대일전선통일동맹의 조직(미수)

1931년 중국 만주에서 소위 만보산(萬寶山)사건이 발발하여, 조선과 만주에서 조선인과 중국인 사이의 감정이 악화되었다. 중국인의 반한감정을 누그러뜨리고 중국인의 항일사상을 고취하기 위해 중국 강소성(江蘇省) 교민단의 주최로 한인각단체연합회가 조직되었다. 안창호는 이 연합회에 출석하였고, 기자들에게 항일선전연설을 하였다. 항일사상의 고취를 내용으로 하는 격문을 작성하여 국민당 등 유력한 단체에 배포하였다. 1931년 11월에는 권국빈의 제안에 따라 민족주의자를 규합하기 위해 대일전선통일동맹의 결성을 위해 노력하였지만, 결사조직의 목적을 달성하는 데까지 이르지는 못했다.

예심판사에 따르면, "1. 임시정부 경제후원회 창설에 관여하는 등 임시정부에 자금공여"의 행위는 (구)치안유지법 제5조에 해당하고, (현)치안유지법 제1조 제1항 후단에 해당한다. 범죄시와 재판시 형의 변경이 있으면 경미한 쪽의 법률을 적용하게 되므로, 경미한 구법의 형에 따라 처단되어야 한다. "2. 한국독립당 조직에 관여"의 행위는 1929년의 일이므로 (현)치안유지법 제2조 제1항 전단의 결사조직의 소행이 된다. "3. 대일전선통일동맹의 조직(미수)"의 행위는 (현)치안유지법 제1조 제1항 전단 제3항에 해당한다. "2와 3"은 연속범이고 "2, 3과 1"은 병합죄가 된다. 세 행위 모두 치안유지법에 따라 규율된다.

상해의 영사관, 검사, 예심판사가 수십차례 신문하여 얻은 결과물을 보면, 안창호에 대한 '기소유예' 의견이 제기될 만도 했다. 시종 독립운동을 한 것은 명백하지만, 공소시효 범위내의 행위 속에는 어떤 무장폭력적 요소도 없고, 치안유지법의 일차대상인 공산주의 · 무정부주의와 연결시킬 근거도 없었다. "독립운동"을 위한 모금 및 단체결성을 처벌하겠다면 당연히 그 범위에 속하지만, 위의 "1, 2, 3"의 행위만으로는 처벌의 당위성을 역설하기에 미흡한 느낌이 들지 않을 수 없다. 그래서 예심판사도 "적용 법률은 예심 결정에 있어서 치안유지법 신구(新舊)를 모두 적용했으나 장차 공판에 있어서 어찌될런지 예단할 수 없는 것이다"[109]고 언급하는 실정이다.

---

[109] 동아일보 1932.10.28. "안창호 공판회부 산하재판장담임 공판은 래월 하순경"

| 공판 및 판결 |

공판은 1932년 12월 19일 오전 10시 반부터 종일 개정되었다. 상해에서 검거된 지 8개월 만이고, 조선으로 압송된지 만 6개월이 지나서였다. 물론 지체된 것이지만, 당시 관행과 비교해볼 때 예심과정은 그리 긴 기간이 아니었다고 볼 수 있을 것이다. 그가 법정에 들어서기까지의 모습을 한번 음미해보자.

오전 십시 삼십분이 되자 산하(山下) 재판장을 선두로 유원(柳原), 천기(川崎) 양 배석 판사 좌좌목(佐左木) 검사, 서기, 통역 등이 순서로 착석하고 그 뒤를 이어 특별 방청으로 죽내(竹內) 경기도 경찰부장, 삼륜(三輪) 수사계 주임, 복부(服部) 서대문 서장 등 7인의 착석이 있은 후 다음에 길야 경부의 지휘로 일반 방청객의 입정이 있었는바 먼저 도산의 가족 박치선(朴致善) 외 6씨를 지명입정시키고 그 뒤로 일반 방청객의 입정이 질서정연하게 있었다.

변호사석에는 평양의 김지건 씨를 비롯하여 김병로, 양윤식, 김용무, 신태악, 이인 등 6씨가 열석하여 이로써 법정 안 공기는 피고 도산 안창호의 출정을 앞에 두고 찢어질 듯한 긴장 속에 파묻혔다.

10시 41분경 입구의 문이 열리며 게다를 끌고 용수를 쓴 피고 안창호가 간수 두 명에게 호위되어 법정안에 발을 들여 놓았는데, 용수를 벗은 피고의 안색은 예상 외로 건강한 혈색을 보여 주었다. 공판은 처음 피고의 신분, 다음에 범죄 사실에 들어가 심리가 진행되었는바 피고는 침착한 태도로 재판장의 심문에 일일이 자세한 답변을 하였다. 동 11시 30분경 재판장으로부터 앞으로의 심문은 치안에 방해될 우려가 있다는 이유로 피고의 가족 7인만 세워놓고 그외 일반 방청을 금지한다고 선언을 하였는데…[110]

---

[110] 중앙일보 1932.12.20. "도산 안창호의 공판외"

재판은 사실심리에 들어가기 전 인정신문과 교육 등에 대한 간단한 신문을 하고, 이어 공소사실에 대한 간단한 요점식 질문을 했다. 1시간이 채 되지 않았을 때 재판장은 본건심리가 치안을 방해할 염려가 있다고 하여 방청금지를 선언하고, 특별히 친족 7명에 대해서만 특별방청을 시킨 채 비밀심리를 하였다.[111] 1시간여의 점심시간을 가진 다음, 오후 2시에 공판을 재개하였다. 역시 비밀리에였다. 오후 5시 40분에 이르러 피고인의 진술이 끝났다.

피고의 진술이 끝나 좌좌목 검사로부터 4년의 징역을 구형이 있은 후 즉시 합의를 하고 휴정한 지 10분 만에 변호사 제씨의 변론에 들어가 동 5시 40분에 변호사 이인 씨로부터 신태악, 김용무, 김병로, 양윤식 씨 등이 순서로 일어나 간단한 변호를 하고 6시 40분에 결심(結審)을 보게 되어 폐정하였는데 판결 언도는 오는 26일이라 한다.[112]

이같이 변론에 소요된 시간은 60분에 불과했다. 변론 자체를 원치 않았던 도산의 입장도 반영되었을 것이고, 주요사실에 대해 다툼의 여지가 없기 때문이기도 했을 것이다. 도산의 법정태도는 어떠했던가. 공판조서가 남아있지 않다. 다음은 이인의 회고이다.

법정에 선 도산은 의연하고 근엄하여 일호의 궁색함이 없었다. 재판장이 묻는 말에는 간략한 대답 뿐 구구한 변해(辯解)가 없으니 일본 재판관들도 과연 안창호는 다르다, 국사적(國土的) 풍도가 있다 하여 감탄하는 빛이 역력하였다. 재판장이 "이등박문이 피고에게 외국에 가서 시찰하기를 권한 일이 있다고 하는데 왜 거부하였소"라고 묻자, 선생은 "이등은 일본인이 아니었소?"하고 한마디로

111 동아일보 1932.12.20. "도산안창호공판 금조(今朝) 제4호 법정에서 개정"
112 동아일보 1932.12.20. "비밀리공판속행 당일결심사년구형"

대답하였다.[113]

단 1회의 공판으로 결심이 되고, 1주일 후인 1932년 12월 26일 안창호에
대한 판결이 선고되었다. 새벽부터 모여든 방청객들이 2백여 명에 달하여
정사복경관이 엄중경계를 하였다. 이날 방청에는 중국 국민당 간부 수명이
섞여 있어 이채를 발하였다.[114]

판결의 주문은 다음과 같다. "피고인을 징역 4년에 처한다. 미결 구류 일
수 중 50일을 상기의 이 형에 산입한다."

형량은 검사의 구형과 똑같이 징역4년이었다. 미결구금일수는 4월 27일
체포로부터 계산하면 만 8개월에 걸친 기간이었으나, 불과 50일만 형기에
산입하였다. 양형의 측면에서는, 재판장은 "태도와 연령을 고려하여 작량
감경한 것"이라 언급하였다. 즉 치안유지법의 법정형이 높지만, 경찰에서
부터 공판정까지의 태도가 점잖았다는 사실과 55세라는 연령을 감안하여
비교적 관대한 형을 선고한다는 취지였다.[115] 여운형과 비교하자면, 여운형
의 공소사실은 1918년부터 1926년까지의 사실이기 때문에 제령위반과 치
안유지법(1925) 위반에 해당하여 징역 3년이 선고되었으나, 안창호의 경
우 치안유지법개정법(1928년)이 적용되었기에 더 가중될 수 밖에 없었다.

판결을 받은 안창호는 방청석을 돌아보고 일반인과 친지에 대해 미소와
목례로 감사한 뜻을 표하였다. 퇴정 직전에 김용무 변호사가 일어나 "항소
를 어떻게 하시겠습니까" 하고 물었다. 안창호는 얼굴에 미소를 띠고 "지
금 말 못하겠소. 가족들과 의논해보겠소"하고 방청석을 휘둘러보다가 간수
들에 끌려 퇴정하였다.[116]

113 이인, 반세기의 증언, 112면.
114 동아일보 1932.12.27. "도산안창호판결 구형대로 4년언도"
115 동아일보 1932.12.27.
116 중앙일보 1932.12.27. "도산안창호에게 구형대로 4년언도"

판결문을 보면, 판결이유의 기조는 예심종결결정과 같고, 표현 및 분량도 마찬가지다.[117] 안창호의 약력을 죽 언급한 뒤에, "순수한 민족운동의 입장에서 조선독립운동의 통일을 기하여야 한다고 생각한 피고인"은 다음과 같은 몇가지 활동을 했다고 적시하고 있다. 예심종결처분과 비교해보면 약간의 차이가 있다.

첫째, 임시정부에 자금공여(예심종결결정 1)는 (구)치안유지법 제5조에 해당하는 바, 이 행위는 공소시효기간(형사소송법 제281조 제4호)이 완성되었다고 판시하였다. 따라서 이 부분은 면소판결(형사소송

판결받고 형무소로 돌아가는 안창호(상)와 줄선 방청객들(하)
동아일보 1932.12.27.

---

117 "상해 가정부 안창호 사건 판결(확정)," 사상월보, 제2권 제11호, 1933.2, 12~18면.

법 제363조 제4호)을 내렸다.

둘째, 한국독립당 조직에 관여(예심종결결정 2)하였고, 이 당의 이사로 취임하여 목적수행을 위한 다양한 활동을 하였음을 인정하였다.

셋째, 대일전선통일동맹(예심종결결정 3)의 미수를 인정하였다.

그리고 2와 3은 연속범에 관한 법리를 적용한다. 요컨대 한국독립당(기수), 대일전선통일동맹(미수) 밖에 처벌할 행위를 찾을 수 없었던 것이다. 자금공여부분(1)에 관한 유죄의견(예심판사)이 기각되고 면소판결을 받게 된 데는, 변호인들의 변론이 주효했는지 여부는 자료가 없어 판단을 유보하고자 한다.

| 항소할 의향은 없다 |

12월 27일 김용무 변호사는 서대문형무소로 가서 안창호를 면회하였다. 안창호의 항소 여부에 대한 결심을 알기 위해서였다. 안창호는 김 변호사에게 대하여 이같이 말하였다고 한다.

『죄의 경중은 물론하고 항소할 의향은 없소. 판결받는 즉시에 항소권 포기를 언명치 아니한 것은 나를 위하여 애쓰시는 변호사 여러분에게 미리 의향을 말하여 양해를 구하는 것이 정당한 줄 안 까닭이오. … 이번 나를 위하여 여러 가지로 동정하여 주신 친지와 동포 여러분께는 깊이 감사함을 드리고 또 내게 관해서는 안심하기를 바란다고 해주시오.』

하여 김 변호사에게 이 말을 일반 친지와 동포에게 전해 달라는 부탁을 하고, 도산은 경찰부로부터 검사국과 예심과 공판을 거쳐 감옥에 가기까지에 관헌들의 동정적인 호의를 감사한다 하고, 최후로 건강에 대하여서는 허리에 신경통이 있어 기거가 어려우나 만나 이야기하는 동안에는 항상 유쾌한 웃음을 보이더라고 한다.

또 작일(12.26) 그를 형무소에 방문한 신태악 변호사에게 대하여는 유머있는 어조로, 『삼십 년 ○○운동이 겨우 사 년 징역밖에 남은 것이 없소』하고 대소하였다고 한다.[118]

안창호의 인격의 면모를 잘 볼 수 있는 대목이다. 처음부터 그는 변호인의 도움도 필요없다고 여겼다. 적에게 사로잡힌 포로로서 무슨 구구한 변명이 필요하겠느냐는 취지였다. 그가 변호인들의 선임을 받아들인 건 변호인들의 지성과 주위의 요청에 따른 수동적 수용이었을 뿐이다. 변호인들과 적극적으로 공판투쟁을 하려고 했다면, 공판기일이 단 하루로 끝났을 리도 없었을 것이다. 이렇듯 일제와의 비타협적 투쟁의 원칙을 견지했지만, 그는 언제나 온화한 인격자였다. 그러기에 심지어 일제 "관헌들의 동정적 호의에 대한 감사"를 표할 정도로 도량이 넓었다. 그 때문에 그를 대한 검사, 예심판사, 재판장은 한결같이 그의 고매한 인품에 대한 존경을 표하였다. 한 민족의 지도자로서 그가 보인 '국사적 풍도'는 개별 쟁점 하나하나에 대한 치열한 논쟁이 아니라, 인정할 것 인정하고 그러면서도 독립운동의 대의와 자신의 의지를 표현하였다. "30년 독립운동에 겨우 4년 징역이냐" 하는 유머는 인격적 수양이 바탕이 된 위에서 나올 수 있는 것이다.

항소권 포기는 변호인 거절과 같은 맥락에서 이해될 수 있다. 기소야 자신의 의지가 아니지만, 항소는 자신의 의지가 개입된다. 물론 항소심을 재판투쟁의 장으로 활용하는 적극적 투쟁의 사례도 필자가 여럿 소개했지만, 안창호의 입장에서는 그런 것은 구차한 일로 여겼음직하다. 변호인들의 의견을 존중하는 바탕위에서 부드럽게 포기하는 방식도 도산의 인격의 발로라 함직하다.

---

118 동아일보 1932.12.28. "도산안창호 공소권(控訴權)포기"

| 복역과 가출옥, 재수감과 사망 |

도산은 서대문형무소에서 복역하다가 1933년 2월 대전형무소로 이감되어 복역하던 중 1934년 2월 은사로 1년이 감형되어 1935년 11월 만기출옥 예정이었는데, 1935년 2월 10일 2년반만에 대전형무소에서 가출옥하였다.[119]

도산의 옥중생활은 어떠했을까. 가출옥하면서, 그를 출영나간 기자에게 다음과 같이 언급했다.

몇 해 동안 형무소 생활을 하다가 이렇게 나오고 보니 제일 반가운 것은 여러분과 낯을 대하는 것이올시다. 옥중에 있을 때에는 소화 불량으로 매우 곤란을 받았기 때문에 앞으로는 우선 심신정양에 힘쓰겠습니다. 감옥에 있을 때에는 여러 가지 일을 배웠습니다. 지함(紙函)도 만들어 보았고 그물도 떠보았고 그밖에 여러 가지 일을 해 보았지요 … 앞으로 무엇을 경륜하느냐구요? 그것은 무엇이라고 말씀드릴 수 없습니다. 아직 자유로운 몸도 못 되었거니와 앞에 일을 경홀히 단정해 말씀할 수도 없는 일입니다. 당분간 심신수양에 전심하여 보겠습니다.[120]

가출옥하면서 그는 대전에서 기차를 타고 경성으로 갔다. 그가 경성역에 도착하자 역두에는 언론계, 실업계 기타 각 방면 유지들의 출영이 있었다. 안창호는 고동색 두루마기에 로이드 안경을 쓰고 감개무량한 표정으로 각 방면 인사들과 굳은 악수를 교환했다.[121] 경성에서 1박하고, 다음날에는 평양으로 향했다. 평양의 유지들은 황주까지 마중을 나가 그를 맞았고, 평양역에는 수많은 인파가 그를 환영했다.[122] 그는 병세가 심해 요양을 위해,

---

119 조선일보 1935.2.11. "도산안창호 금일 대전서 가출옥"
120 조선중앙일보 1935.2.12. "안도산 가출옥"
121 조선중앙일보 1935.2.12.
122 조선중앙일보 1935.2.12.

안창호, 출옥하여 평양 도착, 환영하는 군중.
동아일보 1935.2.13.

지방을 순회한 후 평안남도 대보산 송태산장에 은거했다. 그러나 그는 은
퇴하지 않았다. 그를 찾아오는 사람도 많았고, 그의 역량을 동우회의 활성
화에 힘을 보탰다. 자아혁신운동을 역설하고, 동우회운동을 진작하기 위한
노력을 했다.

1937년 6월 28일 안창호는 동우회사건으로 일경에 체포되었다. 11월 1
일 서대문형무소에 수감되었다. 1937년 12월 24일 위장병 및 폐결핵 증세
로 보석출감했다.

1938년 3월 10일 자정에 경성제국대학 부속병원에서 심중한 위장병 및
폐결핵증세로 서거하였다. 향년 61세. 장지는 생전의 유언에 따라 평안남

도 대동군 대보산의 사유묘지로 설정했다가 양주군 망우리 공동묘지에 묻혔다. 장례절차도 일제의 압력과 간섭으로 축소되었다. 조문객의 명단까지 일제는 다 파악했으며, 장례절차도 최소화하도록 압력을 가했다. 조문객은 조만식 등 60여 명(변호사는 김병로, 김용무 양인 포함)이었고, 장례식은 기독교식 고별례로 했다. 장지까지의 고별행렬은 가족에 한해 허락되었다. 안창호의 형 안치호는 동생의 모습을 영구히 보존하기 위해 데드마스크를 제작, 장례행렬에 참여하려 했으나 그것도 당국의 저지로 동대문경찰서에 보관시켰다. 그의 서거에 대해 일제는 신경을 곤두세워 반응을 탐지하였다.[123]

| 법정기록을 통해서 본 안창호 |

안창호의 사상적 지향점은 어디일까. 예심판사의 질문에 그는 다음과 같이 답변하고 있다.

문 : 공산주의를 연구한 일이 있는가?

답 : 아니오. 연구한 적은 없습니다. 피고인은 민족주의자 중의 한 사람이고, 일반적으로 공산주의자가 주장하는 공산주의란 개인이 평등한 생활을 영위하기 위한 사회건설을 목적으로 하며, 이를 위하여 재산의 사유를 인정하지 않고 계급제도를 폐지하여 무산자의 독재 정치를 희망하고 있습니다. 또한 공산주의자는 경제문제만 해결되면 정치문제 기타 모든 문제는 자연히 해결된다고 주장하지만, 우리 민족주의자는 약소민족의 독립과 향상을 목적으로 하며 계급제도와 재산의 사유를 부인하지 않고 또한 무산자의 독재 정치를 희망하지 않으며 민주정치를 희망하고 있습니다. 또한 독립과 함께 그

---

123 정치 요시찰인 사망에 관한 건(경종경고비(京鍾警高秘) 제1070호), 1938.3, 312면 등.

외 모든 문제도 해결하지 않으면 안 된다고 생각하고 있기 때문에 공산주의 사상과는 차이가 있고 따라서 공산주의에 동조하지 않습니다.

문 : 그들이 주장하는 민족주의란 무엇인가?

답 : 약소민족의 해방을 도모하는데 노력하는 것이 민족주의입니다. 단순히 약소민족의 독립을 도모하는데 그치지 않고, 이미 독립한 민족은 향상 발전하도록 노력하는 것입니다. 민족주의를 포기하면 그 민족은 멸망할 수밖에 없습니다.[124]

안창호의 활동궤적을 통해 볼 때 이러한 진술은 틀리지 않다. 그는 약소민족으로서의 조선의 해방을 도모하는 데 평생을 바쳤다. 다만 그는 통합을 역설한 운동가로서의 면모가 확고하였다. 임시정부의 조직도 그가 상해에 도착하여 주도함으로써 비로소 확고한 기반을 갖추게 되었고, 1923년의 국민대표대회의 조직도 그가 한 중심이 됨으로써 개최될 수 있었다. 이후에도 그는 좌-우의 통합을 위한 노력, 각 정파의 일치를 위한 노력을 계속하였다. 하지만 그 개인의 입각점은 민족주의에 틀림없다고 할 것이다.

다음 조선독립운동의 성패와 전망에 대한 그의 진술이 돋보인다. 예심판사가 "계획대로 조선독립운동에서 실적을 올리지 못한 것으로 판단되는데, 이 점에 대하여 어떻게 생각하는가"하고 질문하였다. 그는 "과거 30년간 피고인이 해 온 운동의 상황을 돌이켜 보면, 그 실적이 좀처럼 보이지 않았고 조선민족을 기만한 것 같아 괴로운 심정"이라 답한다. 실적이 나타나지 않은 원인으로 "직접 운동함에 있어 실의(實意)가 없었던 것과 세계의 대세가 조선의 독립에 적당한 시기가 아닌 것"이라고 답한다.[125] 최종신문에서 예심판사와 안창호 간에 다음과 같은 문답이 진행되었다.

---

124 조선사상운동조사자료, "안창호 신문조서(제9회)," 1932.9.26.
125 조선사상운동조사자료, "안창호 신문조서(제9회)," 1932.9.26.

문 : 피고인은 장차 조선의 독립을 위하여 계속하여 운동을 할 생각인가?

답 : 네. 앞으로도 조선의 독립을 위하여 있는 힘을 다하여 운동을 할 생각입니다.

문 : 피고인의 연내의 목적인 실력양성은 해외에서 할 필요 없이 조선 안에서도 충분히 할 수 있다고 생각하는데 이 점에 대하여 어떻게 생각하는가?

답 : 조선의 독립은 단시일 내에 할 수 있는 것이 아니기 때문에 피고인은 연내의 목적인 실력양성에 노력할 생각입니다. 본 건에 대한 처분을 받은 후 향후 해외에서 이를 실행할 생각이고, 조선 안에서 실행할 것인지도 결정할 것입니다.[126]

이것이 체포, 이송, 투옥, 거듭된 신문의 말미에 등장하는 문답이다. 앞으로 조선독립을 위해 있는 힘을 다해 운동하겠다는 그의 답변은 실로 당당하다. 현상황은 괴롭지만, 그럼에도 지속적으로 조선민족의 실력양성과 조선독립을 위해 흔들림없이 노력하겠다는 자세. 안창호에 대한 예심취조를 담당한 증촌 예심판사의 소감은 다음과 같았다.

"안창호는 세상이 인정하는 만큼 취조에 대한 답변도 확확 잘 이야기하였다. 이(齒)는 두 번이나 치료하여 지금은 아주 완쾌하고 보기에 그렇게 쇠약하지 않다."[127]

안창호에 대한 변론을 하고 그 뒤에도 여러번 도산을 옥중에서, 사회에서, 법정에서 만났던 김병로의 도산의 인간성에 대한 회고를 모아보면 다음과 같다.

126 조선사상운동조사자료, "안창호 신문조서(제10회)," 1932.10.19.
127 동아일보 1932.10.28. "안창호공판회부 산하재판장담임 공판은 래월하순경"

(좌)는 1932.7.4. 경기도 형사과에서 촬영
(우)는 1937.11.10.
서대문형무소에서 촬영. 혹독한 문초로 극히 노쇠하고 병약해진 모습이다.

선생은 그 후 일본 경관에 피검되어 오셨는데 자주 찾아 뵈었습니다. 얼마나 고
통스러우냐 물으면 「나야 뭐 괜찮은데」하시고, 무엇보다 밖에 있는 동포를 걱정
하셨지요. 이성을 잃지 않고 자각하여 살아 나가기 바라면서… 무엇보다 조선사
람(그 당시의 말)으로서의 자각이라는 것을 늘 말씀하셨습니다. 공판 때에도 조금
도 변치 않는 엄연한 태도를 취하셨습니다. 동우회 사건으로 재차 피검 당하셨
을 때도 그랬었지요. … 참 그 분은 다정다감하시고 세심한 분이셨습니다. 감옥
에서 나오신 후 자주 화계사나 미륵동 같은 데 교회관계 분이나 조만식, 백관수,
인촌 (김성수) 같은 분과 함께 가셨습니다. 나도 같이 갔었지만 늘 한적한 곳을 좋
아하셨습니다. 이야기 하시기를 좋아하셨지만 자기가 잘했다든지 어떤 일을 과
장한다든지 또는 남을 비난하시는 일 같은 것은 전혀 없었습니다. 다만 국내외
의 동포들의 형편을 염려하시며 통합해야 한다는 말씀이 주(主)였지요. … 그분
은 언어와 행동이 조금도 그릇된 점이 없는 분입니다. 남을 포섭하는 힘도 많으
시고 거짓을 모르시고 남을 평가한다든가 편파적으로 생각하고 행한다든가 하
는 것과는 아주 거리가 먼 분이에요.[128]

---

[128] "도산을 말한다(좌담)," 새벽, 1960.11, 32면 이하에서 김병로의 언급 발췌.

인간적으로 다감하고 세심하고, 자기자랑이나 남의 비난을 전혀 하지 않았으며, 거짓을 모르고, 동포를 걱정하는 인물, 그를 적대시하는 일본관헌의 존경까지 끌어내는 감화를 가진 인물이 김병로가 겪은 도산의 모습이었다. 해방후 민족구성원간의 분열이 격화되어갈 때, 분열적 심성이 아니라 통합적 지혜와 인격을 갖춘 인물이 무엇보다 아쉬웠을 때, 도산의 부재를 안타까워한 분이 한둘이 아니었던 것이다.

제9장

수난 : 변호사의 등록취소 및 정직처분

3인 변호사의 '변호사'로서의 수난은 1929년 말부터 시작된다. 허헌이 민중대회사건으로 투옥되고, 유죄판결을 받음으로서 변호사등록이 취소된다. 이인은 정직6개월을 선고받고 1930년 5월 5일부터 1930년 11월 5일까지 변호사활동을 할 수 없게 되었다. 김병로의 경우, 변호사정직 6개월에 처해져서, 1931년 1월 23일부터 1931년 7월 23일의 기간동안 변호사활동이 불가능해졌다. 이 시기는 시국사건, 사상사건이 가장 폭주했던 시기인데, 그만큼 사상변호사의 역할이 절대적으로 필요했다. 그러나 그러한 필요성 만큼이나, 일제는 이들의 활동을 봉쇄하고자 했던 것이다.

　　일제가 내건 무기의 하나가 변호사징계제도였다. "변호사의 품위 및 신용을 유지해야 한다"는 변호사윤리에 관한 규정을 위배했다고 하여 각종 징계권을 발동한 것이다. 변호사의 징계처분권은 조선총독에게 일임되어 있었던 만큼 사소한 꼬투리라도 잡으면 곧바로 징계하는 데 어려움이 없었다. 징계절차에서 적법절차 같은 것은 전혀 없었다. 따라서 시국사건수가 가장 폭주했던 1930~1931년의 기간동안 허헌은 구속으로 사건수임이 불가능했으며, 이인과 김병로는 각각 6개월간의 정직을 받았다.

	주요활동	징계사유	징계내용	자료
허헌	신간회 중앙집행위원장	민중대회 관련으로 징역 1년6월 (보안법 위반)	1931.4.25. 변호사등록취소	조선총독 부관보 1931.5.28.
김태영	원산총파업 위원장대리	토지사기관련 공범으로 피소되어 징역 1년 (수뢰,독직죄)	1931.5.9. 변호사등록취소	조선총독 부관보 1931.5.28.
이인	경성조선인 변호사회 간부	수원고농사건에서 법정 변론이 불온하다는 이유	1930.5.5. 정직 6월에 처함	조선총독 부관보 1930.5.9.
김병로	신간회 간부 (회계, 중앙집행위원장)	민사소송사건에서 피고 측(82인) 중의 일부가 타인의 위임장을 위조, 행사한 점을 방조했다는 혐의	1931.1.23. 정직 6월에 처함	조선총독 부관보 1931.1.29.

이 중 허헌의 징계사유는 법률상 당연(?)한 것이다. 이인과 김병로의 징계의 사유와 그 배후의 동기는 보다 구체적으로 살펴볼 필요가 있다. 아울러 항일변론의 주역 중의 한명이었던 김태영에 대한 징계를 같이 살펴봄으로써, 이 시기의 변호사 징계의 성격에 대한 이해를 더할 수 있을 것이다.

1929년 말 광주학생독립사건 직후에는 전국적으로 사건이 폭증하여 1930년 초에는 재판사건이 넘쳐났다. 3인의 변호사들도 바빠져야 할 것이었다. 그러나 허헌 변호사는 신간회의 민중대회 사건의 주역으로, 그 자신의 피고로 옥중에 수감되어 있는 처지였고, 김병로는 허헌의 뒤를 이어 신간회를 간신히 떠받치고 있던 처지였다. 따라서 사건은 이인 변호사에게 훨씬 집중되었다. 당시의 표현을 인용하자면 이인은 "근래 조선에서 홍수와 같이 쏟아지는 각종 정치와 사상에 관한 형사사건 피고를 위하여 전선 각지를 편력하며 자신하여 변론의 임무를 맡아 분망"[1]했던 것이다. 반대로 그들과 대립했던 일제의 사상검사진들도 신경이 곤두섰을 것도 당연하다.

그런 이인 변호사에게 돌연 1930년 5월 5일부로 변호사징계처분이 내려졌다. 변호사 정직 6개월이었다. 정직처분을 내린 조선총독부 관보를 인용해보자.

---

1 중외일보 1930.5.8. "사상변론 불온이유 이인변호사에 정직처분"

변호사 징계

경성지방법원 소속 변호사 이인은 소화 5년 5월 5일 아래와 같이 처분되었다.

경성부 청진동 175번지

경성지방법원 소속 변호사 이 인

위 사람은 경성 조선인 변호사 회원이든 바 1930년 3월 5일 경성지방법원 제4호 법정에서 공개개정된 피고 김찬도, 권영선에 대한 보안법 위반 피고사건에 대하야 피고의 변호인으로 변론함에 제하야 『본건 보안법 위반의 사건은 사안이 극히 경미함으로 비밀결사 개척사 사건이 없을 것 같으면 검사는 기소함에 지(至)하지 않았으리라 사(思)한다』라고 술(述)하고 차(次)에 『조선인이 (이하 430자 생략)(기자 주=생략의 부분은 조선의 정세 등을 술한 것) 특히 본건과 여(如)한 사안은 조선에서 일상 빈번이 일어나는 일이 있어 처벌한다 하여도 경찰범처벌규칙을 적용할 정도의 것이다. 검사의 구형 1년6월은 극히 매혹(邁酷)하다 운운』이라는 취지를 술하여써 범죄를 곡비(曲庇)하고 피고 모의 소위를 상양(賞揚)하는 동시에 정치에 관하야 불온의 언동을 한 것이다. 이상의 소위는 변호사의 변론으로서는 심히 불근신(不謹愼)하야 그 품위 및 신용을 실추한 것이라 할 바로 경성조선인 변호사회 공칙(公則) 제45조 『회원 및 객원은 변호사된 품위 및 신용을 보지(保持)할 것』이라는 규정에 위반된다 내하야 변호사규칙 제26조 및 제27조의 규정에 의하야 정직 6월에 처함.[2]

즉, 이인 변호사는 수원고농사건에서 "심히 불근신한 변론"을 하여 변호사의 "품위와 신용을 실추"시켰다는 것이다. 그것은 조선인변호사회 규칙 제45조에서 규정된 바 "변호사된 품위 및 신용을 보지할 것"이라는 규정을 위반하여, 변호사규칙 제26조 및 제27조의 규정에 따라 정직처분을 내린다는 것이다. 정직처분 결정서는 5월 6일 이인 변호사에게 송달되었다. 일

---

2 조선총독부관보 제1002호 (1930년 5월 9일, 90면).

제하에서 변호사가 변론내용으로 징계처분을 받기는 첫 사례라 했다.[3]

불온한 변론으로 문제시된 사건은 수원고등농림학교(수원고농)의 비밀결사사건이었다. 수원고농 학생들은 수원시내에서 야학을 하고, 인근 농촌지역에서 농민야학을 운영하였다. 순번을 정해 야학교사를 하고, 야학생들에게 민족의식을 불어넣곤 했다. 1927년에는 건아단(健兒團)이란 결사를 만들어 농민대중을 개발시켜 신조선을 건설하자는 데 뜻을 모았다. 1928년에는 학교 내에 계림농흥사(鷄林農興社)라는 비밀결사를 만들었고, 그 해 여름방학을 맞아 조선개척사를 조직키로 했다고 한다. 조선개척사는 "자기들의 전문한 지식을 기초로 조선의 광대한 미간지를 이용하여 다수의 농민대중을 모아 일대 결사를 일으키자"는 취지의 조직이었다.[4] 이같은 사실은 1928년 9월 14일 수원경찰서에서 학생 중 11명을 잡아들여 취조하면서 정리한 것이다. 아마도 학생들이 야학과 농민야학을 하면서 계몽적 동아리를 만들어 활동하던 것을, 일제는 "비밀"결사라는 대형 "조직사건"으로 비약시킨 것이다.

학교당국은 학내의 일체의 결사와 단체의 해산을 명하고, 검속자 11명 중 5명을 퇴학처분, 6명에게 무기정학처분을 내렸다. 그에 반발하여 조선인 학생 46명은 연명날인하여 퇴학계를 제출하고 귀향해 버렸다. 학교 당국은 귀향 학생들에게 복교를 종용하다가, 2명을 방교처분, 4명에게 제적처분을 내렸다.[5] 당시 수원고농의 기숙사에는 "사람의 그림자도 없이 쓸쓸

---

3 다만 일본에서도 (조선독립을 위한 변론에도 정열을 쏟았던) 포시진치(布施辰治) 변호사도 일본 공소원(控訴院)에 징계재판에 회부되어 있는 중이었다. 양국 모두 초유의 변호사 징계 건으로 "비상한 충동"을 일으키고 있었다.

4 "전 조선농민층 망라/중대 계획 중 발각/농촌야학 세워 독립사상 고취/전 조선농민에게 독립사상을 선전하여 가지고 조선독립운동을 일으키려다가 발각된 사실/수원고농교사건 진상," 동아일보 1928.9.16., 독립운동사편찬위 편, 독립운동사자료집 12: 학생독립운동사자료집, 544~547면. "비밀결사조직 후 이면 활동 3개 성상/ 조선 초유의 학생결사사건/ 조선개척사라는 비밀결사를 조직해 가지고 농민에게 독립사상 고취하던 사건 전후 전말/ 수원고농사건 전말," 동아일보 1928.9.18, 위 책(1983), 547~552면.

하여 수원의 가을은 오직 고농에만 온 듯"한 지경이 되었다.[6]

구속된 11명의 학생들에 대한 공판이 개정된 때는 1930년 3월 6일이었다. 공판이 개시되기까지 그들은 무려 1년 6개월(1928년 9월 14일~1930년 3월 6일) 동안 미결상태로 구금되어 있었던 것이다. 미결구금기간동안의 절차 진행은 다음과 같았다. 첫째, 수원경찰서는 1928년 9월 14일 검속하여 바로 다음날 경성지방법원 검사국으로 송치했다. 검사의 수사가 끝난 뒤, 검사는 9월 25일에 경성지방법원으로 이송하였다. 일제하에서는 검사의 기소가 이루어진 뒤 예심판사가 사건의 전모를 조사하여 적용법령을 정리했다. 예심에 소요된 기간은 무려 1년 5개월이었다.(1928년 9월 25일~1930년 2월 21일)

처음 경찰수사에서는 김찬도(金燦道), 권영선(權寧善) 2명은 치안유지법 위반 및 보안법 위반으로, 나머지 9명은 보안법 위반으로 취조하였다. 검사의 기소도 마찬가지였다. 그런데 예심종결처분에 따르면, 치안유지법에 대한 언급은 아예 없고, 김찬도, 권영선 2명의 학생들에 대해서만 보안법 위반으로 재판에 회부하였다. 나머지 9명의 학생들은 면소처분으로 다음날 출옥했다.[7]

수원고농사건에서 경찰이 '비밀결사'의 조직을 계속 강조한 것은 치안유지법 위반으로 몰아가고자 했기 때문이다. 그러나 학생들의 야학활동을 비밀결사의 조직으로 몰아간 것에 대한 무리도 상당했던 것 같다. 비밀결사 부분은 예심종결처분에서 증거불충분으로 면소처리되었다. 다만 2명에

---

5 동아일보 1928.9.22.
6 동아일보 1928.10.3.
7 "조선개척사 사건, 금일로써 예심 결정, 이십일 경성법원에서 3년간 예심에 있던 사건 예심 결정, 수원고 농생 비밀결사/기숙사를 수색, 결사 발각의 동기, 김해 경찰의 조회를 받고 암시를 얻은 수원경찰이, 조선개척사의 발로/실제 운동을 목적, 건아단 조직, 농촌계발에 목표를 두고, 결사사건의 경로/탄압을 뚫고 의연히 활동, 남조선에 순회강연, 동경유학생과 악수/치유법과는 무관, 보안법으로 회부," 중외일보 1930.2.21.

대해서만 보안법 위반으로 처리하였다. 보안법 제7조는 "정치에 관하여 불온의 언론과 동작…"을 하여 "치안을 방해한 자"를 2년 이하의 징역에 처하도록 규정하고 있었다. 치안유지법과 비교해 볼 때, 보안법 위반으로 되면 법정형이 대폭 낮아지게 된다.

보안법 적용의 사유로 끌어댄 것은 "야학 아동들에게 불온한 작문을 전람케 했다"[8]는 것이다. 학생들은 일찍부터 흥농사(興農社)를 조직하여 계몽과 문맹퇴치작업을 벌여왔다. 그 활동이 궤도에 이르자 학교 안에서 농산물 품평회를 겸한 학예회를 여는 데 여기 출품한 습자 작품 중에 민족, 자유, 독립 등의 문자가 포함되어 있었다.[9] 그러한 글자가 들어간 것을 야학생들에게 전람시켰다는 것을 보안법 위반 혐의로 걸었던 것이다.

이인 변호사는 단순한 야학 활동을 중대한 비밀결사 사건으로 조작했음을 우선 통박하였다. 보안법 위반의 사건내용은 '사안이 극히 경미'하고, 비밀결사 사건 운운이 없었다면 아예 검사가 기소하지 않았을 정도의 것이라고 주장하였다. 습자 작품 정도의 사안은 '조선에서 일상 빈번이 일어나는 일'이어서 처벌하더라도 경범죄 정도에 불과할 뿐이라는 것이다. 1930년 3월 6일 경성지방법원에서 검사는 김찬도, 권영선 두 피고에게 각 징역 1년 6개월을 구형하였는데, 이 정도의 경미사안에 대하여 1년 6개월을 구형하는 것은 지극히 지나치고 혹독하다고 주장하였다.

이 정도의 통박과 변론은 일제의 법정에서 드문 일이 아니었다. 그런데 변호사의 변론이 "범죄를 곡비(曲庇)하고 피고 모의 소위를 상양(賞揚)하는 동시에 정치에 관하야 불온의 언동을 한 것"으로 징계사유가 된다고 될만한 내용은 무엇일까.

그 내용은 위의 관보에 "조선인이(이하 430자 생략)"이라는 언급과 관계된 것이다. 〈중외일보〉 기사는 그 생략의 부분은 '조선의 정세 등을 술한

<hr>

8 중외일보 1930.5.10.
9 이인, 반세기의 증언, 84면.

것'[10]이라고 주를 달고 있지만, 그 변론의 내용이 무엇인지 나와 있지 않다. 그 생략된 '430자'를 복원해내야 징계를 불러일으킬만한 것인지 판단할 수 있을 것이다.

다행히 이인 변호사는 그의 자서전에 그 내용의 요지를 적고 있다. 변론의, 내용은 무죄를 역설하는 것이었다.

동양의 평화를 위해서는 한·중·일 3국이 정립하여 상호간의 발달을 도모하고 나아가서는 인류문화복지에 공동참여한다는 것이 한·일 합방 때 일본이 표방한 취지가 아니냐. 그런데 이제 와서 한민족을 노예시하고 차별하니 일본에 대한 감정이 악화함은 오히려 당연한 결과이다. 양부모의 학대에 견디지 못할 지경이면 양자는 친부모를 그리워할 것이요, 그리하여 친가의 옛 일을 다시 생각함은 인지상정이다. 일본의 식민정책은 이와 같은 잘못을 저지르고 있는 것이 아니고 무엇이냐…

인간이란 원래 굶주리면 식물(食物)을 찾고 결박되었을 때는 자유와 독립, 해방을 요구하는 것이다. 이것이 바로 인간의 본능이니 학생들이 자유를 갈망하는 것은 이 본능에 의한 양심적 발로이고 역사적 필연이라 할 것이다.[11]

이러한 논지는 앞서 이인의 청년기에 발표한 글의 논지와도 일관된다.[12] 친부모와 양부모의 비유를 들어 일제의 식민정책의 잘못을 통박하고, 자유를 갈망함은 인간의 본연이란 천부인권론을 역설함으로써, 일제의 판검사의 비위를 심히 거슬리게 했던 것이다.

수원고농 사건은 1930년 3월 10일 김찬도, 권영선에게 징역 10월, 집행

---

10 이인 변호사 정직이유서, 법조계의 첫 기록 지은, 당국탄압의 이유/수원고농학생 변론이 불온, 제령 제12호를 적용하여 조선 법조계 초유.
11 이인, 반세기의 증언, 1974, 84면; 중외일보 1930.5.10.
12 본서 제2장에 소개된 이인의 〈일대제국〉에 쓴 글.

유예 3년이 선고되는 것으로 종결되었다. 그러나 실제로 이들이 옥살이한 기간은 1년 6개월(1928년 9월 14일~1930년 3월 10일)로, 선고된 형보다 이미 더 장기간을 복역했다. 뒤이어 이인 변호사의 변론을 끝내 문제삼았다. 피고인의 입장을 이해하고 피고인의 입장에서 펼치는 변론은 반대편 쪽에서 눈에 가시 같을 수 있다. 결국 조선총독의 이름으로, 그 해 5월 5일 변호사 정직처분이 내려진 것이다.

그 정직처분은 조선에서 처음 있는 일이고, 앞으로 변호사의 변론을 문제삼는 전례가 생기면 변호활동에 큰 위협이 될 것이므로 여론이 끓었다. 하지만 식민지의 현실에서 그것을 본격적으로 문제삼아 투쟁할 여건은 되지 못하였다.

이인 변호사가 변호사 활동을 재개한 것은 그 해 11월 5일부터이다. 〈동아일보〉는 다음과 같이 소식을 전하고 있다.

이인 변호사 정직을 해제[13]

수원고농사건의 변론이 불온하얏다는 리유로 금년 5월 5일부로써 만 6개월 동안 변호사직무집행정지의 처분을 받고 있던 시내 청진동에 사무소를 둔 리인 변호사는 금 4일이 집행정지의 만료일임으로 명 5일부터는 여전히 변호사 사무를 보게 되었다.

이인은 이 징계사건으로 전혀 위축되지 않았다. 변론이 가능해지자마자, 그를 기다리고 있는 사건의 홍수 속으로 뛰어들었다. 1930년대의 사상사건을 주도적으로 변론해간 이는 오히려 이인 변호사였다.

---

13 동아일보 1930.11.5.

김병로에 대한 정직처분

1930년을 전후한 시점에 김병로의 변호사로서의 명운은 임계치에 있었다. 변호사로서 맹활약하면서 사상사건의 전면에 언제나 뛰어들었고, 신간회의 활동 그 중에서도 조사활동을 통해 총독부와 직접 대결했다. 민중대회사건에서 그도 체포되었다가 다음날 풀려난 것은 다행이라면 다행이었다. 1930년 4월 경에서는 신간회 비밀결사사건의 혐의로 가택이 수색당했다. 총독부 전체 차원에서 신간회 총검거를 계획하기도 했다. 거듭된 위험 속에서도 그는 감옥에 가지는 않았다. 그의 회고를 보면 다음과 같이 술회하고 있다.

근자에 신문, 잡지 기자들이 나에게 옥중투쟁의 경력을 묻는 이가 있었으나, 나는 옥중에 잇는 사람을 위하여 투쟁한 일은 있었으나, 나 자신은 옥중생활의 체험은 없다는 것을 말하였기 때문이다. 그리하여 내가 생각하기로는 옥중생활도 역시 기수(氣數)인가 하는 의문이 없지 아니하여… 나의 과거를 스스로 회상하여 볼 때, 미미하게나마 나는 마땅히 행할 길을 걸었을 뿐이고, 나에게 닥쳐올 고난에는 그다지 관심이 없었으나 결과적으로 보아서 큰 고난에 봉착되지 아니하였다는 것은 우연한 것인지 본연적 기수인지 알려고도 하지 아니하였다.[14]

즉 감옥은 그의 근처에서 배회했으나, 그를 감옥에 데리고 가게 하지는 못했다는 것이다. 그러나 그를 박해하려는 당국의 기도는 멈추지 않았다. 그 중 하나가 위의 징계처분의 사유가 된 의뢰인 위임장의 위조 및 동행사의 혐의였다. 그런데 이 사건에 대해서는 김병로 자신도 특별한 언급을 하지 않고 있으며, 다른 글에서도 그런 언급이 없다.[15] 우선 총독부관보에 나온 사유 밖에 없어 이 사건의 진상을 속단할 수는 없다. 징계이유를 인용해 보자.

변호사 징계[16]

경성부 서대문정 1정목 153번지

경성지방법원소속 변호사 김병로

위 사람은 경성조선인변호사회 회원으로서 변호사사무에 종사중 1929년 8월 조응환, 한인교 등의 알선에 의해 경성지방법원 1929년 民제2850호 원고 장학순, 피고 조응환 외 81명 사이의 보수금청구 민사소송사건에서 피고측의 소송대리인으로 일하던 중 피고중 김응준, 김기봉, 김홍준, 백호종의 4명은 김병로에 대하여 소송대리를 위임하지 않음으로 김병로는 수차 조응환 등에 대하여 위 김응준 등에 있어서 다른 피고와 마찬가지로 자기에게 소송대리를 위임하면 동인 등을 위한 이익이라는 취지로 말하고, 1930년 2월 18일 경성부 황금정 1정목 70번지의 동 변호사사무소에서 역시 마찬가지로 권유한 바 있고, 조응환, 한인교는 전기 4명의 인장을 동의없이 멋대로 제작함으로써 위임장을 작성할 것을 착상

---

14 김병로, "수상단편," 304~310면.
15 김병로의 "수상단편"에서 그에 대한 언급이 전혀 없고, 김병로가 쓴 어떤 글에서도 그에 대한 언급이 없다. 김진배의 전기의 연표에서는 "1934년 변호사 자격정지"란 언급만 있다. 김학준의 전기에서는 "막상 공판(민중대회)이 시작되었을 때는 가인은 정직 상태에 있어서 변론에 나설 수 없었다"는 언급만 있고, 정직의 사유에 대한 언급이 없다.(김학준, 김병로평전, 486면)
16 조선총독부 관보 제1218호, 1931.1.29.

하고 동일 같은 동소에서 김병로에 대하여 그 형사상의 책임 여하를 질문한 즉, 김병로는 위 소위로써 위임장위조로는 될 수 없고 오로지 김응준 등의 이익을 위해 하는 것인 까닭에 처벌될 우려는 없다는 취지로 답하여 암암리에 그 결행을 종용하는 바 있던 까닭에, 조응환, 한인교 등은 공모하여 전기 김응준 등 4명의 위임장위조를 결의하는 정을 알지 못하는 인각사 김정표로 하여금 위 김응준 외 3인의 인장을 조각시켜 다음날인 2월 19일 그 위조인과를 김병로사무소에 휴대하여 즉시 동소에서 김병로의 사무원 백원신으로 하여금 그 인장을 사용하여 김응준 등 4명 및 기타 1명 연서 명의의 김병로에 대하여 전기 민사소송사건의 위임장을 작성하게 하여 그것을 백원신에게 교부함에 이른 것이다. 김병로는 앞서와 같이 조응환 등의 결의를 확고히 하여 동인 등의 범행을 방조하고 또 그 위조위임장인 정을 알지 못한 사무원 백원신으로 하여금 그것을 경성지방법원에 제출행사하도록 한 것이 되었다. 전기 민사소송사건은 1930년 3월 12일 피고 전원 패소의 제1심판결선고가 있었고, 김응준 등은 그것을 알지 못하여 물론 항소의 신립도 하지 못하였고, 김병로도 역시 하등의 조치도 강구하지 않아 당해 판결은 김응준 등에 대해 그 확정됨으로써 원고 장학순은 1930년 5월 9일 김응준 소유의 동산 및 부동산에 대하여 강제집행을 함에 이르러 김응준은 동년 6월 조응환등에 대하여 문서위조, 행사, 사기의 고소를 함과 동시에 경성지방법원에 재심의 소를 제기했지만, 그 후 동년 11월 김병로는 장학순에 대하여 금 2천 원을 제공하여 김응준에 대한 차압을 해제하게 하고 또 김응준은 전기 고소 및 재심을 취하한다.

위 사실에 붙여 경성지방법원검사국에서 수사의 결과 김병로는 전기 범죄의 혐의 있는 것으로 인정되어 1930년 11월 29일 기소유예의 처분에 부(附)되었던 것이다.

이상의 소위는 변호사로서 그 품위 및 신용을 실추시킨 것 심한 것으로 되어 경성조선인변호사회 회칙 제45조, "회원 및 객원은 변호사로서의 품위 및 신용을 유지해야 한다는 규정에 위반하고, 변호사규칙 제26조 및 제27조의 규정에 의하여 정직 6월에 처함.

징계사유에 나온 것을 봐도, 김병로가 변호사로서 어떤 이권을 얻기 위해 위임장위조를 주도했다고 되어 있지는 않다. 82명이나 되는 소송의뢰인 중 일부(4명)가 위임장을 제출하지 않았을 때, 변호사로서 사건의뢰를 주도하는 인사에게 위임장을 온전히 갖추도록 권고하는 것은 당연하며, 주도자들이 위임장을 만들어서 내도 좋으냐고 물을 때 추정적 동의를 예상하여 당사자의 이익을 위한 것이니 별 문제 없지 않겠느냐고 답할 수 있을 법하다. (물론 개인별 동의가 필수적이라고 분명히 말해주어야 했을 것이다) 적어도 김병로가 위임장작성에서 위조/행사를 공모했거나 사주했던 점은 분명히 아니고, 군이 따지자면 약간의 불찰이 없지 않았다고 볼 것이다. 둘째, 그는 사건의 의뢰인이 아닌 자들이 패소하여 강제집행 등의 불이익을 받을 때, 차압을 막기 위하여 자신의 비용을 제공하면서 고소 및 재심을 취하하도록 했다. 그것도 2천 원이란 적지 않은 돈으로 강제집행을 막도록 한 것이다. 자신이 피고소인이 된 것도 아닌데도, 피고들이 부담할 몫까지 변호사인 그가 부담한 셈이다. 그 점에서 금전 문제에 아주 깨끗하다는 그의 정평이 틀리지 않음이 확인된다. 따라서 전-후 처리를 종합하면, 그가 변호사의 품위 및 신용을 훼손했다는 징계사유는 너무나 지나친 처사가 아닐 수 없다. 그러나 징계 여부는 오직 총독의 소관이므로, 이 사안에서 김병로가 위임장위조를 '방조'한 정도로 곧바로 6개월 정직이라는 강력한 징계처분을 내린 것이다.

김병로가 우려한 것 중의 하나는 이 사건으로 인해 신간회에 누를 끼치지 않을까 하는 것이었다. 그래서 그는 정직처분이 내려지자, 곧 신간회 중앙집행위원장직에 사표를 제출했다.[17] 그에 대해 신간회 중앙집행위원회에

---

17 동아일보 1931.1.30. "위원장 사직이유는 변호사정권(停權)으로, 신간회에 루가 미칠까봐, 신간회중앙의장 김병로씨"

서는 사표를 반려했다.

그 정직기간 동안 그는 휴식한 게 아니라, 오히려 한참 더 바빴다. 민중대회사건의 재판이 1931년 4월로 다가오자 뒤에서 적극 도왔다. 특히 1931년 5월에는 신간회 해소를 쟁점으로 한 신간회 전체대회가 열렸다. 그는 신간회 해소를 반대하는 토론을 전심전력으로 주창했으나, 그의 의지와 달리 신간회는 해소의 결의로 그 종막을 고하고 말았다.

7월 23일 정직처분이 풀리면서, 그는 또한 쉼없이 사건에 뛰어들었다. 제3차 간도공산당사건 관련자들을 변론한다. 정직은 잠시 그의 법정변호사 역할을 멈추게 할 수는 있어도, 그의 법률가적·사회적 역할을 멈추게 할 수는 없었음이 명백하다.

김태영에 대한 자격박탈

이 시기동안 변호사징계를 받았던 이들 중에는 김태영 변호사도 있었다. 앞서 보았듯이, 그는 조선공산당사건에서 변론을 주도했으며, 원산총파업 시에 위원장대리로서 깊이 관여했다. 원산총파업에의 개입 이후, 그 자신 이 치러야 했던 대가도 혹독했다. 총파업이 종결된 지 채 1년이 지나지 않 아, 그는 뜻밖의 사건으로 뉴스를 장식한다. 1930년 1월 22일 그는 종로경 찰서에 연행되었는데, 그 혐의는 토지사기의 공범으로서였다.[18] 부동산 거 래에서 어느 한쪽의 사건의뢰를 맡아 "피고인들과 함께 여러 가지 수단을 부리다가 사실이 발각"되었다는 것이다. 혐의의 개요는 다음과 같다.

서병설이 민봉선에게 5만여 원어치 땅을 팔고도 그 땅을 다시 빼앗고자 김태영 변호사와 공모하고 민봉선을 걸어 소유권등기말소신청을 경성지방법원에 제출 하고, 그 재판기일이 임박하여 궐석판결로 승소하고자 경성지방법원 집달리와 사무취급 최용태를 꾀어 요리를 먹이고 또 돈 백원을 주어 재판소로부터 나오는

---

18 중외일보 1930.1.22. "김태영 변호사 종로서에 유치, 내용은 아직 알 수 없어"; 중외 일보 1930.1.24. "김변호사 연좌한 사기사건 송국, 23일에 보냈는데 관계자 모두 6 명"; 동아일보 1930.1.24. "오만원토지 사기타가 미수, 범인 여섯명 검사국에, 김태 영 변호사 등 송국"

공판기일통지서를 민봉선에게 배달치 않게 했다. 민봉선은 그런 줄 모르고 있다가 이의신립 기한이 그치는 바로 전날에 비로소 탐지하고 급히 종로서에 고소를 제기하여 5만원어치 토지를 빼앗기지 않게 된 것이다.[19]

김태영은 다른 피고들과 함께 사기미수와 독직죄로 예심에 회부되었다. 그가 공판에 회부된 것은 경찰서에 검거된지 만1년이 지난 1931년 1월 27일에 이르러서였다. 김용무, 심상봉, 권승렬 변호사가 사건을 맡았다. 1931년 5월 8일 김태영에게는 징역1년, 미결 230일 통산을 선고했다. 그 공소사실 중 사기와 횡령은 무죄로 되고, 수회(收賄)와 독직만 범죄로 인정했다.[20] 그는 형기를 마치고 출옥한 뒤, 공갈 및 사기사건으로 또한차례 검거되었다. 모두 법조비리에 속하는 사안들이다.[21]

기록도 증언도 더 이상 없는 상태에서 김태영의 죄과를 논평하기엔 적절치 않다. 다만 1930년에 돌발적으로 나온 사건이고, 사기라 하더라도 미수에 그쳤으며, 판결상으로는 사기죄 부분도 무죄가 되었다. 처음에 문제삼은 사기 부분은 아예 범죄구성사실도 되지 못했다. 사건 자체는 간단한 것인데, 공판개시까지 근 1년을 끌었다. 변호사로서 어떤 수단을 부렸다고 해서 현직 변호사를 검거부터 하는 것도 극히 이례적이다. 결국 이 재판은 문제사실의 진위 여부를 떠나, 김태영에 대한 보복사정, 표적사정의 혐의가 짙다.

1930년 전후한 시기엔, 일제가 불온시한 변호사들에게 대해 직접 공격하여, 그들의 활동을 꺾어버리겠다는 기도가 노골화된다. 허헌과 김태영이 같은 일자의 관보에 나란히 변호사등록취소의 처분을 당하고 있음도 시사

19 동아일보 1930.1.24.
20 동아일보 1931.5.11. "前변호사 김태영 징역 1년판결, 구류통산 이백삼십일, 수회독직만 범죄구성"
21 동아일보 1933.11.8. "前변호사 김태영씨 등 공갈죄로 송국 전후육천원편취"

적이다. 일제는 원산총파업에 직접 개입한 변호사 김태영을 더 이상 용납
할 수 없었던 것으로 짐작된다.

허헌의 변호사자격 박탈

．
．
．
．

　1929년 12월부터 1932년 사이는 일제하에서 사상사건, 운동사건들이
가장 폭주했던 시기였다. 그만큼 "사상변호사"로 알려진 변호사들은 눈코
뜰새없이 바빠야 했다. 그 중에서 좌장격에 해당하던 허헌은 이 시기에 전
혀 변호사로서 활동할 수 없었다. 그 자신이 검거, 구속되었고, 또한 수형
생활을 해야 했기 때문이다. 유죄판결을 받고 징역형으로 복역해야 했으
므로, 허헌은 더 이상 변호사로서 법정에 설 수 없었다. 구체적으로 보면,
1931년 4월 25일 허헌의 변호사등록이 취소되었다.[22]

　가출옥을 한 뒤 "변호사의 복권도 머지 않았고, 아마 다시 법조계에 나
서리란 관측도 있다"[23]는 기사도 있으나, 더 이상 일제는 그에게 변호사의
자격을 허여하지 않았다. 이로써 조선민족은 탁월하고 지도력 있는 변호사
한명을 잃게 되었다. 그는 1930년대의 한 유행이기도 한, 광업경영에 나서
생활을 영위했다. 다만 식민지 "조선에서 민중의 지도자로 자타가 공인"[24]
하는 그 위치는 그로 인해 낮아지지는 않았을 것이다.

---

22 조선총독부관보 1935.5.28.
23 "출두거두의 그후, 제일・이차 공산당사건의 수뇌자, 민중운동자대회사건의 수뇌
　자," 삼천리, 제6권 제5호, 1934.5.
24 류광렬・황석우, "등장한 2인물," 삼천리, 제4권 제8호, 1932.8.

제10장

일제말기의 3인 변호사
- 옥살이의 수난과 지조 -

1936년 베를린 올림픽의 마라톤에서 손기정의 우승 소식은 식민지 조선에도 엄청난 감격의 폭풍을 불러 일으켰다. 조선인들의 과열 증상은 언론에도 영향을 미치지 않을 수 없었다. 조선중앙일보와 동아일보 기자들은 손기정의 우승사진에서 일장기를 말소하는 사진을 내보냈다. 그런 사진조작은 곧바로 탄로가 났고, 기자들은 혹독한 문초를 받았다. 조선중앙일보는 자진폐간을 강요당했으며, 동아일보에는 무기한 정간조치(停刊措置)를 내렸다. 실로 179일간의 정간이었고, 언론사의 사세에도 심대한 악영향을 끼쳤다.

손기정 사진을 둘러싼 이러한 파고는 실상 일제의 입장에서 식민정책의 방향을 바꾸는 한 단초였을 뿐이다. 정책기조의 전환은 1936년 8월 5일 남차랑(南次郎:1874~1955)의 조선총독의 주임과 함께 본격화되었다. 그 시점은 만주사변, 상해점령에 이어 본격적인 중국침략이 사실상 진행되고 있는 시점이었다. 그들 일제 침략자들에게, 식민지 조선은 이제 만주와 중국병탄을 위한 후방기지로서의 역할이 요청되었다. 그러기 위해서는 조선인에 대한 인적·물적 수탈이 전면화되어야 했다. 조선인에게 최소한의 자기의견을 허용할 여력이 없었다. 내선일체의 기치 하에, 국어(일본어)를 상용하도록 하고, 신사참배(神社參拜), 궁성요배(宮城遙拜)를 강요하고, 창씨개명을 강요했다. 모든 조선적인 것은 사멸되어야 할 것이었다. 전 조선인을 '황국신민화'하는 황민화정책이 정책기조로 확고히 자리잡았고, 그것을 일체의 타협이나 양보 없이 강행했던 것이다. 나아가 태평양전쟁의 개막 이후에는 문자 그대로 전시체제로 편입되고, 전쟁체제를 위한 노동력수탈과 징병자원의 확보, 모든 경제자원들의 총동원체제로 이행하게 되었다.

이러한 일제정책의 전환 하에 식민지 조선내의 항일적 움직임은 위축되고 종내는 표면적으로는 사멸되었다. 항일의 뜻을 꺾지 않으면서도 표면의 활동을 해야 했던 언론, 교육, 문화, 종교계의 경우 그 기세를 꺾고 협력하든지 아니면 고문과 옥살이의 위협하에 전향을 강요당했다. 일부 개인은 전향강요에 저항했지만, 제도권 분야에서는 적극적 저항은 거의 불가능했고, 타협의 여지도 주어지지 않았다. 결국 그나마 합법적 활동여지를 갖고 있었던 민족진영계열에서 일제에의 협력 내지 전향의 기류를 거스르지 못했다. 다른 한편 좌익계열의 경우에는 거듭된 탄압으로 위축과 사멸의 도상에 있었고, 일부는 전향하고 극히 일부는 비전향과 잠행 속에 들어갔다. 어느 쪽이든, 조직과 운동의 확장은 전혀 기대할 수 없는 일이었다. 일제에의 협력을 하지 않고자 할 경우, 개인적인 차원에서의 대응은 옥살이나 완전한 은둔의 길 밖에 없는 듯이 보였다.

이 시기 3인의 변호사들은 어떻게 법률가적 활동을 할 수 있었던 것인가. 항일적 성격을 띤 변론활동은 1941년에 이르면 제도적으로 봉쇄되지만, 그 직전까지는 일련의 법정변론을 강력하게 펼치고 있음이 주목된다. 1941년 이후에는, 그들의 삶 자체가 순탄치 않았다. 항일의 대의를 포기하지 않은 채, 그들 역시 일제말기의 민족의 수난에 함께 했던 것이다.

사상사건 지정변호사제

●
●
●
●

김병로 변호사는 1932년 이래 은거상태에 들어갔다는 회고를 한 바 있지만, 그것은 오류 혹은 지나친 겸손의 탓이고, 실제로는 왕성한 활동을 수행했음을 자료들은 보여주고 있다. 그런데 자료정리를 해보면, 1936년 이후에 신문이나 잡지 등에 그들의 이름을 찾아보기 쉽지 않다. 활동이 있었는데도 이름이 나오지 않음은 어쩐 일인가 무척 궁금하다.

먼저 김병로의 회고이다. 그에 따르면 "1936년께 우리 공동연구회 회원에 대하여 변호권을 제한한 바 있었으니, 즉 총독부당국이 지정한 변호사 외에는 사상에 관련된 사건의 변호를 담당하지 못한다는 것인바, 우리 회원 중에는 한사람도 그 지정을 받을 수 없었다"[1]고 한다.

여기서 "총독부의 지정한 변호사 이외에는 사상에 관련된 사건의 변호를 담당하지 못한다"는 근거는 무엇인가, 사실상의 제약인가 법적 제약인가를 자료로써 검토할 필요가 있다. 먼저 다음의 1941년의 조선총독부 고시를 보자.[2]

---

1 김진배, 가인 김병로, 268면.
2 國防保安法第29條及治安維持法第29條ノ規定ニ依ル辯護士左ノ通指定ス (조선총독부고시 제1141호, 1941.7.30.)

1941년	1943년
경성변호사회 20인	경성변호사회 6인
대전변호사회 3인	-
함흥변호사회 5인	함흥변호사회 4인
청진변호사회 3인	-
평양변호사회 8인	평양변호사회 1인
신의주변호사회 2인	신의주변호사회 2인
해주변호사회 2인	해주변호사회 2인
대구변호사회 8인	대구변호사회 3인
부산변호사회 7인	부산변호사회 2인
광주변호사회 6인	광주변호사회 1인
전주변호사회 4인	전주변호사회 1인
합계 68인	합계 22인

조선총독부 고시 제1141호

국방보안법 제29조 및 치안유지법 제29조의 규정에 따른 변호사를 다음과 같이 통지정(通指定)함.

1941년 7월 30일

조선총독 남차랑

그리고 지정변호사의 이름이 나열되어 있다. 1941년과 1943년에 지정변호사의 수를 비교하면 다음과 같다.[3] 처음에 지정할 때는 그래도 변호사의 수를 비교적 많게 했으나, 1943년에 이르면 변호사수가 현격히 줄어든다.[4]

이 고시는 국방보안법 및 치안유지법 위반사건을 맡을 수 있는 변호사

---

[3] 여기서는 편의상 담당변호사의 수를 썼지만, 관보에는 한명 한명의 성명이 나열되어 있다. 이 중 조선인변호사는 전체를 통틀어 극소수에 불과하다. 1943년의 경우는, 國防保安法第29條及治安維持法第29條ノ規定ニ依ル辯護士左ノ通指定ス(조선총독부 고시 제1358호, 1943.11.25.)

[4] 신의주변호사회 소속 이희적 변호사는 1941년 7월에 지정되었으나, 1942년 1월 15일자로 그 지정을 취소한다는 고시가 내려지고 있는 것이 이채롭다.

를 사전에 지명 통지하는 것이다. 물론 김병로, 이인과 같은 사상변호사들을 총독부에서 포함시킬 리가 없다. 다시 말해 김병로, 이인 등은 치안유지법 사건을 원천적으로 맡을 수 없게 되어버린 것이다.

그 법률적 근거는 1941년의 치안유지법개정이다. 치안유지법(1941년 개정)[5]에는 변호사의 선임, 인원, 소송서류의 등사 등에 대하여 특례규정을 신설하였다. 그동안 치안유지법 적용을 둘러싸고 변호인들의 법정투쟁과 그 영향을 누누이 실감했기에, 아예 치안유지법 전문의 사상변호사들이 사건에 개입할 여지를 원천적으로 차단해버리고자 한 것이다. 문제의 조문은 다음과 같다.

치안유지법(1941)

제29조 변호인은 사법대신[6]이 미리 지정한 변호인 변호사 중에서 선임해야 한다. 단 형사소송법 제40조 제2항의 규정을 방해하지 않는다.

제30조 변호인의 수는 피고인 1인에 대해서 2인을 초과할 수 없다. 변호인의 선임은 최초에 정한 공판기일에 관련된 소환장의 송달을 받은 날부터 10일이 경과했을 때는 할 수 없다.

제31조 변호인은 소송에 관한 서류의 등사를 하려고 할 때에는 재판장 또는 예심판사의 허가를 받아야 한다.

즉 특정한 변호사만 치안유지법 사건을 맡을 수 있게 하며, 담당변호사의 수도 제한하여 여론형성적 효과를 봉쇄하였다. 변호인의 지위는 서류등사에도 판사의 허가를 받아야 하는 존재로 격하되었다. 이렇듯 개정치안유

---

5 개정 1941년 3월 8일, 법률 제54호.
6 동 치안유지법 제38조에서 조선에 적용할 때의 원칙이 있다. 그 조문에 따르면 "조선에서는 본장 중 사법대신에는 조선총독…으로 한다"고 규정한다. 즉 조선총독이 치안유지법 재판의 변호인을 특정한다는 것이다.

지법 이후에는 법률의 규정 및 그 법에 따른 조선총독의 고시(1941년 7월 30일 이후에 적용됨)에 따라 김병로, 이인 등은 법적으로 치안유지법 사건을 맡을 수 없게 된 셈이다.

그 이전에는 어떠했을까. 사실상의 제약은 매우 컸겠지만, 법적 제약까지 있었다고 보이지는 않는다. 다만 남차랑 총독의 부임 이래 시정방침이 내선일체의 동화정책으로 전환되었으므로, 치안유지법 등의 사상사건의 변론에 여러 종류의 탄압이 가해졌고, 따라서 일본인 관선변호사가 사건담당을 주도하는 식으로 변해갔을 것을 짐작할 수 있다.[7]

---

[7] 수양동우회 사건의 상고심의 경우를 보면 일본인 변호사들이 오히려 주역을 하는 것으로도 알 수 있다.

변호사회를 통한 통제

다음 변호사협회를 통한 통제를 볼 수 있다. 이인의 회고에 따르면, "그 뒤 변호사협회는 단체행동을 금지하는 새 총독 미나미의 탄압으로 1936년부터 유야무야가 되고 말았다."[8]고 한다. 당시의 자료를 통해 보면 다음과 같다.

1930년대 후반의 변호사단체에 대한 당국의 통제의 기도는 변호사회의 통합이었다. 먼저 전선변호사협회(全鮮辯護士協會)로의 통합이 1937년에 이루어진다. 총독부 측의 종용이 있었고, 시국의 변화에 따라 독립성을 유지하기 매우 어렵게 된 조선변호사회의 일부에서도 일본인변호사와의 통합을 통해 탈출구를 찾자는 기류도 없지 않았다고 한다.

좋게 해석하자면 "종래에는 (변호사회가) 너무 분산적이어서 사법계에 미치는 영향이 다소 미약하였으나 이번에 종합단체가 성립됨에 따라 조선사법계의 명랑화를 도모하는 유력한 단체가 될 것"[9]이라는 기대가 나올 수 있을지 모른다. 표방한 목적에도 "조선사법계의 신 명랑화"가 들어 있다. 그러나 조선인의 독자적인 변호사단체가 사라짐으로써 조선인들의 주장과

---

8 이인, 반세기의 증언, 76면.
9 조선일보 1937.11.17. "전조선변호사 협회 출현 재야법조단 총망라. 래(來)21일에 창립 총회 개최, 사법계의 명랑화 기도"

권익을 대변하는 독자성을 상실하게 될 것임은 너무도 당연하였다. 이 단체의 통합을 통해 그래도 자율적 목소리를 낼 수 있는 드문 전문조직으로서의 조선인만의 변호사회는 일제말기까지 실종되고 말았던 것이다.

다음 경성에서의 변호사단체의 통합의 움직임을 보자. 경성에는 종래 경성변호사회와 제일경성변호사회가 분립되어 있었다. 전자는 일본인 변호사들이고, 후자는 조선인변호사로 구성되어 있었다. 남차랑 총독은 내선일체와 황국신민정책을 가속화하는 시점에 이러한 내지인/조선인으로 분립된 것을 용납하지 않으려 했으며, 특히 조선인변호사 단체의 주장을 꺾고자 했다. 그래서 두 변호사회를 통합하고자 했다. 시국의 압력으로 통합하되 양측의 호혜주의로 변호사들의 단합을 도모하자는 변호사 내부의 기류도 작용하여, 1938년 6월에 이르러 단일회인 〈경성변호사회(京城辯護士會)〉로 통합되었다.

내선변호사 단일기관합류 경성변호사회조직

법조계에도 내선일체의 깃발이 휘날리게 되어 경성에 있던 내선인 각각의 변호사회는 이번 그 조직을 변경하여 한 단체가 되는 경성변호사회를 조직하기로 하였다. 종래 조선인변호사회는 경성제1변호사회라 하였고 내지인은 경성제2변호사회라 하였으며 각각 다른 분야에서 법조계에 활약을 하여 왔는데 이번 총독부에서 개최된 사법관회의를 기회로 하여 종래의 관념을 버리고 이번에 합치하여 230여명 변호사가 내선일체의 관념을 고조해가지고 국가사회를 위해서 사법계에 활약하기로 되었다. 이번 새로운 경성변호사회는 조선변호사령에 의하여 정식으로 작25일에 조직신청을 하였는바 총독부로부터 26일 인가를 받게 되었다.[10]

---

10 매일신보 1938.10.27. "내선변호사 단일기관합류 경성변호사회조직"

총독부 당국으로서는 조선변호사와 일본변호사의 다른 조직을 통합함으로써 조선변호사들의 기개를 눌러버리는 효과를 기도했고, 내선일체의 비상시국의 압박 속에서 소기의 성과를 거두고자 했다. 총독부 당국의 기쁨과 바람은 다음에 잘 나타나 있다.

내선인 각별의 2개의 변호사회가 해산하고 경히 혼연일체를 위한 경성변호사회의 설립을 보기에 지(至)한 것은 조선통치의 대방침에 부하는 시의에 적(適)한 기도로써 실로 경하에 불감하는 바이다. 자에 그 기쁨을 나누는 동시에 만강의 축의를 표하는 바이다.

반도통치상 사법부가 점하는 지위의 중요성은 금에 경히 췌언을 불요하는 바인데 사법의 직책수행상 재야법조의 협력은 중대한 역할을 가지고 있는 것으로 이 점에 감하야 1936년 4월 조선변호사령을 제정하고 변호사회의 조직정비 권한강화 내지 지위향상을 도모한 것이다. … 때마침 비상시국하에 있어서 내선일체로되어 총후지원에 만전을 다하여서 장기전하에 있어서 체제를 정서할 추(秋)에 제하야 내선일체를 여실히 구현하는 강력한 재야법조의 단결의 실현을 보기에 지(至)한 것은 실로 반도사법사상에 있어서 일대쾌거라고 하지 않을 수 없다.[11]

실제로 경성변호사회의 회장부터 주요한 직위를 일본인들이 차지하는 것부터, 조선인의 주장을 대변하는 목소리를 찾아보기 어렵다. 그러나 재야법조인으로서의 기개까지 처음부터 꺾인 것은 아니었다. 바로 다음해에 경성변호사회의 한 결의가 그것을 보여준다.

행정집행법 이용과 구류갱신을 반대/작일 경성변호사회에서 결의/당국에 건의할 예정

---

11 매일신보 1938.10.27. "내선일체를 구현한 경성변호사회설립 궁본(宮本) 법무국장 담화"

인권유린은 법률문화의 모욕이라 하야 인권옹호를 부르짓고 궐기하여 실천운동에 나온 동경3변호사회에 합류하여 경성변호사회에서도 (1939년 2월) 9일 오후 3시부터 경성지방법원 구내에 있는 변호사실에서 임시총회를 열고 적미(赤眉) 회장 이하 48명이 출석하야 협의한 결과 다음과 같은 요지의 건의안을 결의하고 적미(赤眉) 회장, 윤상원, 환산 두 부의장과 서광설 상의원장을 건의위원으로 선출하고 4시 10분쯤 폐회하였는데, 동일 중에 전기 위원은 남(南) 총독, 삼교(三橋) 경무부장, 궁본(宮本) 법무국장, 증영(增永) 고등법원검사장을 방문하고 결의하기로 되었다.

1. 행정집행법의 보호검속을 범죄수사에 이용하여 함부로 인민을 검속하고 게다가 검속기간을 몇 번씩 되풀이하는 것은 법률의 남용으로서 인권을 유린하는 것이니 앞으로 이것을 근절할 것.

2. 피의자에게 자백을 강요하고 또는 폭행까지 하는 것은 그 자체가 벌써 범죄행위이니 이것을 일소할 것.

3. 구류기간은 원칙으로 2개월이요 특별히 구류를 계속할 필요가 있을 때에만 이것을 갱신할 수 있는 것인데 이 특례가 상례가 되어 있는 것은 유감이다.[12]

이 결의는 동경3변호사회의 결의문으로부터 촉발된 것이다. 동경3변호사회에서는 '행정집행법'의 남용에 초점을 두었다. 행정집행법 제1조를 보면 "행정관청은 술취한 사람, 미친 사람, 자살하려는 사람, 기타 구호를 요하는 자나 폭행 투쟁 기타 공안을 해할 염려가 있는 자에 대하여 필요한 검속을 할 수 있다. 그러나 검속은 다음날 해가 진 후까지 계속은 못한다"고 되어 있다. 일본의 변호사회는 이 검속규정의 남용을 문제삼았다. 사법당국이 행정집행법상의 보호검속을 범죄수사에 남용하여 부당한 검속을 하는 것은 헌법위반이고 인권유린이라고 보고 결의문을 작성하여 평소(平沼)

---

12 매일신보 1939.2.10. "행정집행법이용과 구류갱신을 반대 작일 경성변호사회에서 결의 당국에 건의할 예정"

수상에게 수교까지 했다.[13] 조선인 변호사들도 이러한 움직임에 즉각 호응하였다. 1939년 1월 21일 조선변호사협회 상무이사회와 경성변호사회 상의원회의 합석회가 "혜성과 같이" 열렸다. 인권유린의 근절을 절규하고 철저한 대책을 강구하자는 것이었다. "2시간에 걸쳐 전회원이 격분, 끝까지 긴장리에 신중한 토의를 거듭"하였다. 그 결과 다음과 같은 격문을 전조선 각지의 변호사들에게 발송하면서 그동안의 인권침해 실체를 수집케 하기로 결의하였던 것이다. 당일(1939년 1월 21일) 경성변호사회의 토의요지는 다음과 같다.

- 경성변호사회 상의원회 결의요지
1. 행정집행령 남용에 의한 인권유린에 관한 건
   2월 4일 임시총회를 개최코 건의하야 철저 적의한 방책을 강구 수립케할 사
1. 검사장은 변호사징계 신립 전에 변호사회에 의견을 구하도록 당국에 요망할 사.
- 조선변호사협회 상임이사회 결의요지
1. 행정집행령 제1조 위반실례 모집건
   전조선 각지 변호대회에 격하는 동시에 그 실례를 각 협회원이 수집케 할 사[14]

경성변호사회는 임시총회를 개최하기로 하고, 조선변호사협회는 전조선의 변호사 회원들에게 행정집행법 남용의 실례를 수집하기로 만장일치

---

13 동아일보 1939.1.20. "인권유린철폐문제 경성변호사회도 합류"
14 동아일보 1939.1.22. "인권옹호의 거화(炬火)! 행정집행령남용막심 헌법위법에 중의궐기(衆議蹶起) 조선변호사협회와 경성변호사회합석 위반실례를 적극수집/입법정신은 국민보호 시급적절한 대책강구/총독부에도 진정, 변호사 이홍종(李弘鍾) 씨 담/경성변호사회의 토의요지"

"폭탄적 결의"[15]를 한 것이다. 조선변호사협회는 1월 25일 〈통첩문〉을 회원들에게 발송하였다. 통첩문의 내용은 다음과 같다.

행정집행령 제1조 남용방알(濫用防遏)운동에 관한 건

경찰관이 범죄수사에 당하야 행정집행령 제1조를 남용하여 피의자를 부당구속을 하는 것은 작금 누구나 아는 사실이다. 이에 인권옹호를 사명으로 하는 우리 재야법조에서는 단연코 묵과할 것이 아니므로 작년 본회 총회에서도 방알책을 당국에 요망키로 결의하고 그 이유도 작년 12월 기관지 법정신문에 공표한 바이었던 바 마침 동경의 3변호사회에서도 본건에 대하여 분기하였다고 신문지상으로 보았으므로 이 기회에 본회는 동경변호사회와도 연락하여 특히 본 문제의 해결에 매진코저 불원 총독부당국을 방문할 복안이다.

이어 본 운동에 유력한 지원이 되게 남용의 실례를 수집키로 하였으니 각 위에서도 충분 양해하여 실례를 아는 대로 가급적 구체적으로 구속된 자 인명 건명 구속기간 등을 오는 3월 3일까지 도착토록 통보하여 주기를 바란다.

1939년 1월 24일

조선변호사협회[16]

일본과 달랐던 것은, 피의자에 대한 자백강요, 폭행, 구류갱신 등의 식민지경찰이 자행하는 악습까지 끼워서 제기한 것이다. 그러나 앞에서 제시한 1939년 2월 9일자 〈건의안〉은 일본과 다른 점이 여럿 눈에 띈다.

첫째, 보호검속이 일본에서보다 훨씬 빈번했고, 또 기간도 늘어났다. 일본의 행정집행법상으로는 다음날 해지기 전까지 보호검속의 효력이 있었지만, 조선에서는 행정관청이 조선형사령에 따르므로 그 검속기간은 3일

---

15 동아일보 1939.1.26. 표현.
16 동아일보 1939.1.26. "인권유린의 실례통보를 각지변호사단에 비격(飛檄) 조선변호사협회와 경성변호사회에서 법무당국에 진정재료로"

동안 가능했다. 그런 점에 대해 언론에서는 다음과 같이 문제점을 지적하고 있다.

> 그런데 실정은 범죄용의자를 취조하는 경찰서에서 사흘씩 수십차례로 검속을 되풀이하여 나중의 열흘 이내 기간은 법적으로 지장이 없으므로 유치를 시켰다가 또다시 열흘 동안 구류기간 중에 기소, 또는 불기소가 된다. 이상 검속기간을 되풀이하는 것은 "헌법 제2장 「신민 권리의무」 제23조 일본신민은 법률에 의하지 않고 체포, 감금, 심문, 처벌을 받는 일은 없다."는 데 비추어 불법감금이니 이것은 곧 위법이요 인권유린이라는 것이다.[17]

나중에 처형을 받게 될 자라도 수개월 내지 일년 이상을 검속되는 것은 인권유린도 심한 것이지만 기소여부도 확실치 않은 사람을 오랫동안 검속하는 것은 법치국 국민으로서의 권리가 전연 무시된 것이다. 더욱이 조선형사령에 의하여 이러한 폐해가 훨씬 잦아지는데 심각함이 더해지는 것이다. 따라서 이 문제를 더욱 심각히 제기할 필요가 있었던 것이다.

둘째, 자백강요와 폭행, 그리고 장기구금을 추가했다. 일본에서도 이러한 문제가 적지 않았지만, 식민지 조선의 경우 형사사건에서 고문과 폭행, 자백 강요와 증거조작, 그리고 장기구금은 일상화된 현실이었다. 이 문제는 변호사회에서도 자주 문제삼았지만, 일본변호사들의 문제제기의 시류에 맞추어 또 한번 정교하게 주장을 편 것이다. 일본에서 제기된 문제에다가 조선내의 더욱 심각한 문제까지 추가하여 제기함으로써 아직 조선의 변호사집단의 기개가 여전함을 보여준 것이다. 물론 일인변호사까지 함께 한 것이므로, 재야법조의 야성을 재확인한 측면도 무시하지 못할 것이다.

1937년 통합된 〈조선변호사협회〉도 인권옹호를 위한 활동을 완전히 멈

---

17 조선일보 1939.1.21. "'예증(例證)' 검속 되풀이 「신민권리의무상」 위법. 인권 옹호에 조선 변호사 협회 호응"

추었던 것은 아니다. 1939년 10월 23일 정기총회를 개최하여, 다음과 같은
사항을 만장일치로 가결하였다.

1. 변호인에 대한 예심청구서 열람허가를 완화하도록 당국에 요망할 것.
2. 조선인사조정령 제12조를 개정하여 변호사가 당사자의 대리인 되는 경우에
   는 허가를 요하지 않도록 당국에 건의할 것.[18]

그리고 "인권옹호상 절대 시급하고도 긴요한 소원 및 행정재판제도의
설치, 출판법규의 개정 및 통일, 차가차지법(借家借地法)의 설정 등 20여 항
중 겨우 가사심판에 대한 인사조정령만 실시되었을 뿐, 기타 사항은 실시
되지 않아 유감천만"이라는 의견을 표명하였다.[19] 구체적인 실현방법에 대
해서는 신중을 기하기 위하여 새로 선정된 30여 명의 이사회에 일임하고
폐회하였다.[20]

그러한 총회의 의결을 이어받아 이사회가 1939년 12월 11일 개최되었
다. 이사회에서는 법무당국에 대하여 내년 1월부터 인권옹호를 위한 법률
의 개정실시 등 다음의 11개 조목의 건의사항을 의결하였다. 특히 이번 건
의사항의 결정에서 있어서는 종래의 건의들이 거의 실시되지 못함에 비추
어 "이제부터는 건의제일주의를 버리고 법무당국에 대하여 건의사항의 실
시를 볼 때까지 꾸준히 운동을 계속하기를 만장일치로 가결"하였다. 이사
들의 결의의 강도를 엿볼 수 있는 대목이다. 〈건의사항〉은 다음과 같다.

1. 소원(訴願) 및 행정재판의 제도를 설치할 것.

---

18 조선일보 1939.10.24. "변호사 협회 정총. 예심청구서의 열람 완화와 인사 조정령
   개정 요망"
19 대한변호사협회, 대한변협50년사, 2002, 64~65면.
20 조선일보 1939.10.24.

이미 내지(일본)에서는 이 제도가 실시되어 있는데, 예를 들면 세무에 있어서 당국의 처치가 부당하다 생각할 때에는 소원법(訴願法)에 의해서 법의 재단을 바랄 수 있으며 토지수용령 등 행정처분에 대하여 부당하다 여길 때에는 행정법에 의해서 법의 재가를 바랄 수 있다. 이런 제도가 하루바삐 조선에 설치되어 인민의 소유권을 옹호해 달라는 것이다.

2. 조선인에 대하여 국적법의 실시를 촉진시킬 것.

조선인은 특별법에 의해서 다스려지기 때문에 맘대로 국적을 변경하지 못하여 예를 들면 만주에 이주하여 만주국인이 되려 해도 이것이 불허되는 관계로 입는 손해가 여간 크지 않다. (예컨대 토지를 소유하려 해도 외국인이므로 소유가 불가하다) 이미 내지인(일본인)에 있어서는 실시되고 있는 것이니 조선인에게도 실시함이 타당하다는 것이다.

3. 사상범죄 취체법(取締法)을 통일시킬 것.

사상범죄에 대한 법규는 중복된 곳이 많아 소위 일행수죄의 점이 많고 또 한 행위라도 이 법에서는 죄가 가볍고 저 법에서는 죄가 무거운 등 통일을 잃은 점이 적지 않으니 이를 통일시켜라는 것이다.

4. 건물보호, 차지차가법을 조선에 시행할 것.

이는 소위 소유권제한을 바라는 것으로 없는 사람의 생활을 보장하자는 것이 이 법의 주요한 목적인데, 요즈음같이 주택난이 심한 때에는 이 법이 필요하다. 이 법도 내지(일본)에서는 이미 시행되고 있다.

5. 소년심판에 대하여 특별기관을 설치할 것.

미성년의 범죄처벌에는 특히 주의할 바가 많으므로 내지와 같이 특별기관을 두어 심판을 하도록 해달라는 것이다.

6. 검사사무취급, 사법경찰관사무취급제도를 전폐할 것.

조선에서는 아직도 전임검사가 없는 곳에서는 감독서기나 경찰서장이 검사사무를 취급하고 또 경부보 이상의 경찰관이 없는 곳에서는 순사가 그 사무를 취급하는데 이 제도에는 인민의 권익을 위하여 재미없는 점이 적지 아니하니 그 제도를 폐지하도록 하자는 것이다.

7. 예심판사를 증원하여 예심의 심리를 일층 신속히 할 것.

본래 어떤 사건이건 3개월 안에 처리하도록 정해 있으나 예심을 여러번 갱신하여 몇해씩 사건처리를 끌고 있는 현상인데 이는 인권을 유린하는 것이므로 예심판사를 늘려 빨리 사건을 처리토록 하라는 것이다.

8. 법령개폐에 대하여서는 각 변호사회에 자문하고 법령개폐에 대한 위원을 설치할 때에는 변호사를 위원으로 가(加)할 것. (설명생략)

9. 예심청구서의 변호사열람을 관대히 하도록 할 것.

때로 예심청구서를 변호사에게 안 보여주는 경우가 있는데 이같은 밀행주의 때문에 변호사가 피고인의 억울한 사정을 잘 조사하려 해도 그 목적을 달하지 못하던 경우가 있으니 항상 변호사의 열람을 관대히 하여 인권의 권익을 옹호토록 해달라는 것이다. (이하 생략)[21]

요컨대 식민지에 대한 차별적 법적용, 그 가운데서도 인권침해의 요소가 많은 부분의 개선에 집중하고 있다. 총회에서는 비교적 간단한 부분, 즉 예심청구서 열람과 가사조정사건에서 변호사의 참여범위 확대 정도에 대한 온건개선을 지향한 데 반해, 12월의 이사회에서는 그동안 인권옹호적 측면에서 문제시된 사항을 망라하여, 종합적 개선을 추구하고 있다. 다만 그 방법에 있어서는 1920년대 말 조선변호사회와 같은 강한 주장을 펼치기는 어려운 객관적 사정을 감안하여, 보다 온건한 기조를 견지하려고 하고 있다.

아마 이 〈건의서〉는 현재 찾아볼 수 있는 건의서 중 가장 최근의 것이다. 1940년 이후에는 그러한 건의서가 나타나지 않는다. 그 점에서 이 건의서의 존재는 일제하 조선의 변호사들(그리고 조선에 있는 일본인 변호사)들의 문

---

21 조선일보 1939.12.13. "인권옹호를 위시한 "11항목"을 건의. 조선 변호사 협회『행사적』결의"

제의식과 실현가능한 주장의 경계치를 엿볼 수 있는 것이라 하겠다.

이 시기 조선변호사협회나 경성변호사회의 임원 중에서 김병로의 이름은 거의 등장하지 않는다. 이미 변호사회의 간부를 두루 역임한 때문일 것이다. 다만 오늘날의 가사조정위원에 해당하는 인사조정위원으로 선임되었다는 기사가 하나 있을 뿐이다.[22] 이인 변호사의 경우 다음과 같은 직책을 가진 것으로 보도되고 있다.

1938년 제일경성변호사회 상의원 12인 중 1인

1938년 경성변호사회(일본·조선변호사 통합) 23인 중 1인

1939년 경성변호사회 상의원 23인 중 1인

1940년 경성변호사회 평의원 24인(12명은 조선인, 12명은 내지인) 중 1인[23]

이 시기 변호사들에 대한 직접적인 탄압의 예로는 소위 총독정치비방사건이 있다. 함경남도 함흥에서 변호사로 활동하던 신태익(申泰益)은 1939년 5월 28일 일본의 전국경제조사시찰단 일행이 함흥에 왔을 때 관내 유지들과 함께 환영회를 개최했다. 그 자리에서 그는 내선인의 차별대우문제를 논하고, 총독이 강제하는 내선일체는 하나의 이상에 불과하다고 일제의 내선일체와 황민화정책을 공박하였다.[24] 그는 곧바로 체포되었고, 환영회의 주최자인 부윤(府尹)과 경찰부장, 산업부장, 내무부장 등 3부장 등은 계고 또는 견책처분을 받았다.

신태익에 대한 재판은 속전속결로 진행되었다. 1939년 7월 3일 1심에서 그는 보안법 위반으로 징역1년 구형에, 징역1년을 선고받았다. 신태익

---

22 매일신보 1939.8.11. "인사조정위원-삼십칠명결정 (오늘날 가사조정위원)"

23 조선일보 1940.4.14. "경성변호사회 작일총회서 역원 개선"

24 신태익의 발언내용은 조선총독부 고등법원 검사국 사상부, "朝鮮思想事件豫審終結決定並判決 辯護士の總督政治誹謗事件," 사상휘보, 제20호, 1939.8.

은 항소하였다. 항소심 판결도 신속하게 내려졌다 1939년 7월 25일 징역8월이 선고되었다.[25] 조선고등법원에 상고했지만 상고는 기각되었다. 당연히 변호사자격은 박탈되었다. 옥살이는 그것으로 그치지 않았다. 신태익은 1943년 12일 다시 일제의 정책을 비판하였다가, 이번에는 육해군형법 위반으로 징역8월을 선고 받았다.[26] 변호사의 말 몇마디로 변호사가 곧바로 실형까지 살게 되는 엄혹한 시대임을 신태익의 수난은 여실히 보여준다.

---

25 동아일보 1939.7.26. "함흥의 설화사건(舌禍事件) 징역8개월 판결, 신태익 변호사 보안법위반으로"
26 동아일보 1949.3.29. 이러한 수난으로 인해 그는 후일 반민특위의 제1부 재판장을 맡았다.

동우회 사건

이광수 등의 전향과 무죄

1937년에 시작된 동우회-흥사단(1937년 6월 7일~1941년 11월 17일)에 대한 탄압은 일제하 형사재판 중에서 대규모의 피고인이 관여된 최후의 사건이었다. 김병로와 이인으로서도 법정투쟁의 대미를 장식하는 사건이었다고 할 수 있다. 동우회 사건의 계기를 일제는 다음과 같이 적고 있다.

> 민족운동단체인 수양동우회(修養同友會)의 정체가 발각되어 간부들이 종로경찰서에 검거되다. 동사건의 발단은 전월에 기독교청년면려회가 금주운동을 전개하기 위하여 전국 35개 지부에 발송한 통고문의 내용에 민족운동의 색채가 있다하여 면려회본부의 간부가 검거되어 취조 중 수양동우회의 정체가 발각되었으며 또한 미국선교부에서 조선장로교 교육부 총무 정인과(鄭仁果)에게 송부되어 온 거액의 자금내용을 수상히 여긴 종로경찰서가 이를 계기로 금일 이광수(李光洙) 주요한(朱耀翰) 박현환(朴玄環) 김윤경(金允經) 신윤국(申允國) 한승인(韓昇寅) 등을 검거하다.[27]

---

27 동아일보 1937.6.9.; 조선일보 1937.6.8.; 조선총독부경무국 편, 最近に於ける朝鮮治安狀況, 372면.

일경은 동우회와 흥사단에 관여한 회원 150여 명을 잡아가두고 야만적 고문으로 사건을 조작했다. 중일전쟁의 선포를 전후하여 한반도를 전쟁분위기로 몰고 후방치안의 확보를 위해 종래의 민족운동 계열에서 영향력이 있던 비교적 온건한 동우회에 대해서도 엄청난 억압을 자행하여 내선일체와 전쟁협력을 강요했던 것이다.

수사와 예심에 만2년이 걸렸다. 제1심 공판이 개시된 것은 1939년 10월 3일이었다. 그러나 사흘 동안에 걸친 열띤 변론을 거쳐 그해 12월 8일에 판사는 증거불충분을 이유로 41명 전부에게 무죄판결을 내렸다. 검사는 항소하였다. 다음 해인 1940년 7월 1일부터 항소심공판(경성복심법원)이 열려 11회 개정으로 심문과 공판과 변론이 진행된 끝에, 8월 11일 유죄판결을 내렸다. 이광수 징역 5년을 필두로, 징역 4년 4명, 징역 3년 4명, 징역 2년 6월 1명, 징역 2년 7명 (이상 실형이 모두 17인), 나머지 24명은 징역 2년 집행유예 3년으로 일률적인 형을 선고했다.

이번에는 피고측이 상고하였다. 최종심인 경성고등법원은 1941년 5월 22일에 개정하였다. 상고심의 변호사는 모두 13인을 헤아리는데, 김병로, 이인은 그 중심이었다.[28] 변호인들은 "인격수양과 단결이 규약에나 실행에나 뚜렷한 목적임에도 불구하고 그것이 무엇하려고 함이냐고 추궁하되 온갖 고문과 갖은 수단으로 받은 자백을 범죄사실의 재료로 삼아서 목적의 목적을 처벌하려 한 원판결은 중대한 위법이다"는 취지로 변론하였다.

1941년 11월 17일 최종판결이 선고되었다. 상고한 피고인 36인 전원에게 무죄판결을 선고, 확정지었던 것이다.[29] 법은 행동의 잘못을 처벌하는

---

28 동우회 사건 제3심(경성고등법원)의 변호인단은 다음과 같다. 총 13인이다. 영목의남(鈴木義男), 영견웅장(永見雄藏), 대재명(大宰明), 협철일(脇鐵一), 환상경이랑(丸山敬二郎), 길전평치랑(吉田平治郎), 오촌승우(梧村升雨), 이인(李仁), 김병로(金炳魯), 홍순엽(洪淳曄), 안성기(安城基), 김익진(金翼鎭), 정재원(鄭在元) (매일신문 1941.10.7.)

29 매일신보 1941.10.3 · 4 · 7 · 8 · 10 · 11.9 · 18; 소화15년(1940년) 형상(刑上) 제102 내지 104호 판결문

수양동우회사건의 2심 언도 공판 내용(1940.8.21. 경성복심)

징역 5년	이광수(李光洙)
징역 4년	김종진(金鍾眞), 박현환(朴賢煥), 김윤경(金允經), 주요한(朱耀翰)
징역 3년	김동원(金東元), 김병연(金炳淵), 조명식(趙明植), 김성업(金性業)
징역 2년 6월	조병옥(趙炳玉)
징역 2년	오봉빈(嗚鳳彬), 송창근(宋昌根), 최능진(崔能珍), 백영엽(白永燁), 조종완(趙鍾完), 김봉성(金鳳成), 김찬종(金燦鍾)
징역 2년 집행유예 3년	정인과(鄭仁果), 장리욱(張利郁), 이윤재(李允宰), 이용설(李容卨), 유기준(劉基俊), 이영학(李英學), 김선량(金善亮), 신윤국(申允局(申鉉謀)), 김항복(金恒福), 석봉연(石鳳鍊), 문명훤(文明烜), 주현칙(朱賢則), 오정은(嗚正殷), 김하현(金夏鉉), 오익은(嗚翊殷), 한승곤(韓承坤), 김배혁(金培赫), 백응현(白應賢), 한승인(韓承寅), 허용성(許龍成), 오정수(嗚楨洙), 이원규(李元奎(李大偉)), 김용장(金庸壯), 오경숙(嗚敬淑)

것이지 마음을 처벌할 수는 없다, 어느 피압박민족에나 마음 속에 독립과 자유를 원하는 마음은 있겠지만 마음만으로 처벌할 수는 없다는 취지였다.[30]

피고인들에게 절대 유리한 이러한 판결은 변호사의 힘을 빌지 않고는 될 수 없는 일이다. 피고인 중 한 사람이었던 김윤경은 다음과 같이 회고하고 있다.

5년이란 긴 세월에 걸친 이 사건을 법이론적으로 변호한 변호사들의 덕택이라 아니할 수 없다. 그러하나 이 사건의 피고들은 5년이란 긴 세월동안 실직하게 되었으니 자기 생활고에 허덕이게 되는 형편에 변호비를 낼 힘은 없었다. 이런 큰 사건에 본인이 변호인을 세우지 못할 때에는 관선 변호사를 세워주거나 변호사가 무료로 자진하여 변호하여 주게 되는 것이다. 그러한데 일본 사람들은 변

---

30 동우회 사건에는 여러 회고가 있다. 그중에서 김윤경, "여기 일제의 잔학상이! 김병로 선생의 부음을 듣고 동우회사건을 회상한다," 사상계, 제131호, 1964.3, 46~53 면.

이광수
서대문형무소에서 (1937.8.23.)

호보수를 받고 나오는 것이지마는 김병로, 이인 이하 우리나라 사람 변호사는 대개 무료로 변호한 것이다. 애국운동을 돕기 위함이다.[31]

5년이나 긴 세월 동안 인내하면서 다툰 피고인들도 그러하지만, 변호사로서 열정과 치밀성을 갖고 사실론과 법리론을 펼쳐 무죄판결을 받아낸 것은 대단한 것이라 하지 않을 수 없다.

무죄판결을 받았다고 해도 일제의 치안당국의 의도가 실패한 것은 전혀 아니다. 이 사건의 피고인들은 무죄판결을 받기까지 갖가지 악형과 고문을 견뎌야 했으며, 4년 이상을 옥살이를 해야만 했다. 그 과정에서 악형과 고문의 후유증으로 인해 안창호, 최윤호, 이기윤 세 분이 목숨을 잃었고, 김성업은 언어장애의 불구자가 되었다. 그 점에서 무죄판결은 실질적인 유죄판결을 거쳐온 뒤에 주어지는 한가닥의 위로제였을 뿐이다. 일제의 경찰은 무죄판결을 유죄판결과 달리 취급하지도 않았다.[32]

더욱이 이 사건 관계자들, 특히 주역인 이광수 등이 내선일체에의 협조를 다짐하고, 그럼으로써 민족운동 계열의 움직임이 급속히 친일화하는 계기를 만들어냈다는 점에서 일제의 형사소추는 충분한 효과를 거둔 셈이었다. 그러면서도 무죄판결로 귀결됨으로써, 일제 사법부는 그래도 독립된

---

31 김윤경, 앞의 글, 52~53면.
32 "우리가 마지막 3심에 가서는 무죄가 언도되어 결국 형무소에서 석방되어 나왔다. 그러나 왜경은 자기네들이 패망한 때까지 특수범이라고 하여 소위 대화숙(大和塾) 명부에 올려놓고 자유를 구속했다." 장리욱, "나의 옥중투쟁," 국민보, 1959.2(3458호).

위치에서 판단한다는 홍보효과를 거둘수 있기에 무죄판결이 마냥 통치자들에게 불리한 것만도 아니었다.

그러나 어떤 시대든, 자신들의 피고인, 그것도 완전히 억울한 피고인들을 위해 최선의 노력을 경주하여 무죄판결까지 끌어낸 변호사들의 그 기개와 집념은 그것대로 충분히 상찬받을만한 것이었다고 평가할 수 있을 것이다.

태평양전쟁하의 단파방송사건

허헌의 투옥

•
•
•
•

| 1 |

일제는 태평양전쟁을 일으켜 초기엔 승승장구하였으나, 1942년 하반기부터 전황이 역전되기 시작했다. 이 전황의 흐름을 제대로 아는 것은 앞으로의 조선정세를 예견하기 위해서도 민족운동의 방향을 설정하기 위해서도 반드시 필요했다. 그러나 일제는 전쟁기에 돌입하면서 조선어신문을 폐간[33]시켜 "후반안정"을 위한 정보차단을 시도했다. 엄격한 보도관제를 실시하고, 일본의 공식발표 이외의 어떤 정보도 유입되지 않도록 철통같은 경계망을 폈다. 이런 상황에서 수많은 조선의 민중들은 물론 식자층도 일본의 승승장구의 소식을 믿을 수 밖에 없었다. 전쟁협력을 끌어내기 위한 일본의 강압에 굴복하고 전향했던 많은 식자층과 지도자들도 정확한 정세 파악을 할 수 있는 정보원이 있었다면, 특히 일제가 연합군에 의해 밀려나는 상황에서, 전향과 굴절의 자세를 적어도 적극적으로 취하지는 않았을 것이다.

해외로부터의 정보의 유입을 강력히 통제할수록 제대로 된 정보를 알려고 하는 욕구는 더욱 커지는 법. 철저한 봉쇄 속에서도 하나의 틈새가 있었

다. 그것은 단파라디오였다. 단파라디오
를 통해 미국과 중국의 소식을 듣고, 중
경임시정부의 조선어 방송과 미국의 소
리 방송에서 조선어방송(이승만이 주도)을
청취할 수 있었던 것이다. 그러나 단파라
디오는 조선내에서 매우 희귀했다. 조선
에 와 있던 미국인 선교사들이 갖고 있
는 단파라디오가 있었는데, 홍익범(洪翼
範)이 몰래 빌려다 듣고 세계정세를 가까
이 있는 송남헌(宋南憲) 기타 지인들에게

민중대회사건의 허헌(1930).

조심스럽게 알려주었다. 홍익범은 일본군 대본영의 전황발표와 다른 보도
를 청취하게 되면 〈청진동 합동변호사사무실〉에 들러, 허헌, 김병로, 이인
등의 지도자들에게 알려주었다.

1932년부터 김병로와 이인은 청진동 합동변호사사무실을 차려서 계속
운영해오고 있었다. 2층 사무실에는 늘 사람들로 붐볐는데, 민족지사들의
일상적인 회합장소로 늘 쓰여졌다. 변호사 자격은 박탈당했지만, 허헌은
대동광업주식회사의 중역일을 보면서도 매일 같이 청진동 사무실에 들르
곤 했다.[34] 조병옥, 송진우, 윤보선, 안재홍, 박찬희 등도 거의 매일 드나들
다시피 했다.[35] 한마디로 청진동사무실은 경성에 머물며 일제에 협력하지
않고 버텨내던 민족지사들의 사랑채 역할을 톡톡히 한 것이다. 또한 이들
은 정확한 정보를 갖고 있었기에 간고한 시기를 버텨낼 수 있는 여력을 갖
고 있었던 셈이다.

그런데 태평양전쟁이 전개되면서 1942년 일제는 단파방송 청취금지령
을 내리고 단파수신기를 모두 등록하게 했으며, 나중에는 단파수신기를 모

---

34 송남헌 증언을 허근욱이 정리. 허근욱, 민족변호사 허헌, 지혜네, 2001, 322~323면.
35 심지연, 송남헌회고록, 한울, 2000, 39면.

두 압수했다.[36] 그리고 외국인 선교사들을 추방하면서, 선교사들이 외부소식을 전해들을 수 있던 유일한 도구인 단파라디오를 갖고 나가버렸다. 또 다른 단파라디오의 존재를 수소문하던 끝에 송남헌은 경성방송국의 조선인 기술자들이 단파라디오를 조립하여 방송을 듣고 있음을 알게 되어, 경성방송국의 지인인 양제현과 접촉하여, 기술자들에게 부탁하여 방송을 청취할 수 있게 되었다. 당시 경성방송국에서는 기술자들이 조립한 라디오 이외에도 선교사들로부터 압수한 단파수신기를 방송국에서 쓸 수 있도록 했기 때문에, 숙직하던 아나운서나 기술자들은 이를 통해 VOA(미국의 소리) 와 중경임시정부에서 송출하는 방송을 들을 수 있었다. VOA에서는 이승만의 연설이 자주 방송되었고, 중경방송에서는 임시정부의 활동상황과 광복군의 전과를 알려주면서, 일본의 패망이 가까워왔음을 알려주었다.

양제현은 입수되는 해외정보를 송남헌과 홍익범에게 알려주었으며, 송남헌, 홍익범은 이를 청진동 사무실로 전달했다. 그 해외소식의 정보가치가 큰 만큼이나 결국엔 널리 파급될 수 밖에 없는 일이었다.

일제로서는 엄격한 보도통제에도 불구하고 일본군에 불리한 소식이 경성 이곳 저곳에 들리게 되니 그 소문의 출처를 알기 위해 총력을 기울였다. 첫 타격은 1942년 12월 24일 경성방송국에 가해졌다. 방송국의 직원들이 하나둘 체포되어 문초받았다. 연행된 기술자와 아나운서는 40여 명에 달했다. 고등계형사들이 직원들을 혹독하게 매질하고 고문한 끝에, 외부의 배후인물의 자백을 받아냈다. 1943년 3월 25일 홍익범을 연행하고, 곧 이어 송남헌을 연행했다. 그리고 배후의 거물로 허헌을 연행했다. 홍익범과 송남헌은 혹독한 문초와 엄청난 고문에도 불구하고 단지 허헌 한명만의 이름을 댔다. 허헌은 김병로, 이인, 송진우 등 어떤 사람의 이름도 불지 않았고, 자신의 책임으로 모든 것을 돌렸다. (이인은 이미 조선어학회 사건으로 수감중

---

36 한국방송사편찬위원회, 한국방송사, 한국방송공사, 1977, 55~56면; 허근욱, 민족변호사 허헌, 323면.

이었다.)[37]

　피고인들이 받은 수난은 참으로 혹독했다. 홍익범이 고문의 후유증으로 사경에 빠져 얼마후 병사했다. 이 단파방송 사건으로 인해 옥사한 사람은 문석준(文錫俊), 이이덕(李二德), 경기현, 김안방 등 5인에 달했다. 그런 가운데서도, 홍익범, 송남헌은 허헌의 이름만 댔고, 허헌은 자기 선에서 모든 것을 막아냄으로써, 수많은 민족지사들, 특히 민족진영계열의 지도자들의 신병을 지켜냈던 것이다.

　단파방송 청취가 조직적인 데다, 그 파급효과가 컸던 만큼, 일제는 대규모의 검거를 했을 뿐 아니라 고문도 모질기 짝이 없었다. 종로경찰서의 그 악명높은 삼륜은 여전히 책임자로 있었고, 그 밑에 제가칠랑(齊賀七郎) 역시 악독한 고문으로 악명을 떨치고 있었다.[38] 송남헌과 허헌에 가해진 고문에 대하여 살펴보자.

　　송남헌 : 사찰과 형사에 잡히면 누구를 불문하고 모진 고문을 받았는데, 그 중
　　　　에서도 비행기고문과 물고문이 가장 고통스러운 것이었다. 비행기고문이
　　　　란 한밤중에 불러내다가 양팔을 뒤로 묶어서 포승줄로 천장에 매달아 공중
　　　　에 띄워놓는 것으로 몸이 공중으로 들리는 순간 소스라치게 까무라쳐 정신
　　　　을 잃고 만다. 얼굴이 시퍼렇게 되어 초죽음이 되면 끌어다가 던지다시피
　　　　유치장안에 처넣었다. 그러다가 정신을 차리면 다시 끌어내 물고문을 했다.
　　　　수건을 물에 축여 얼굴에 덮고 양동이의 물을 코에 집어넣었다. 폭포수처
　　　　럼 내려오는 물이 코로 들어가면 뒷골이 깨지는 것처럼 아파 도저히 참을
　　　　수 없는 상태가 되고 만다. 이 정도면 차라리 죽는 게 낫겠다는 생각이 수

---

37 유병은, 단파방송 연락운동, KBS문화사업단, 1991, 291~293면.
38 삼륜은 해방직후 재빨리 일본으로 도망쳤으나, 제가는 의열단원 김성수의 손에 피살당했다고 한다. (심지연, 송남헌회고록, 45면)

십번도 들어 저들이 원하는 대로 말을 하지 않을 수 없었다.[39]

허헌 : 사이가 시치로오(齊賀七郎) 형사는 부하를 시켜 허헌의 팔을 뒤로 묶은 다음 천장아래 장치된 쇠줄을 매달고는 발을 횡포하게 차기 시작했다. 허헌은 온몸이 비틀리며 발이 빠져나가는 것 같았다. 그의 나이 이제 만58세로 접어들었으니 물고문이며 혹독한 매질은 이겨내기가 어려웠다. … 한번은 조선인 형사가 취조하다가 고문하려고 허헌의 팔을 움켜잡았다. 바로 이 때엿다. 허헌은 날쌔게 형사의 아랫도리를 꽉 움켜잡았다. … 허헌은 노한 말투로 호령했다. "이놈! 너도 조선사람이란 말이냐?" "어이쿠우 선생님, 다시는 이런 짓 안하겠습니다." 그후로 그 조선인형사는 다시는 허헌을 고문하지 않았다. 이렇듯 3월부터 6월까지 3개월여 동안 취조와 고문을 겪은 그들은 6월 초순 검찰청으로 송청되었다. … 허헌은 고문후유증으로 위장병과 기관지염 그리고 신장병에 시달리고 있었다.[40]

| 2 |

1943년 8월 공판이 개정되었다. 민족지 계열의 언론이 다 폐간되어버렸기에, 이런 사실을 보도해줄 조선어 신문은 더 이상 존재하지 않았다. 개정 직후 판사는 공안을 해할 우려가 있다면서 가족을 포함한 일체의 방청객을 퇴장시켰다. 공개공판을 하게 되면, 전황소식이 법정에서 세밀하게 거론될 것이고, 그러면 소문은 날개를 달고 더욱 퍼질 것을 특히 우려했기 때문이었다.[41]

단파방송 청취사건의 관련자들은 조선임시보안령, 무선전신전화법, 사

---

39 심지연, 송남헌회고록, 45면.
40 허근욱 증언(출옥후 부친으로부터 직접 들은 이야기). 허근욱, 민족변호사 허헌, 330면.
41 심지연, 송남헌회고록, 42~43면.

설방송용전화법, 육군형법, 해군형법, 보안법, 치안유지법 등으로 기소되었다. 1943년 11월 1일 경성지방법원에서 허헌은 육해군형법 위반, 조선임시보안령(1941년 12월 26일)위반으로 징역 1년을 선고받았다. 허헌은 상소권을 포기하였다.[42]

| 3 |

옥살이가 늘 지옥행이었던 것은 아니다. 오히려 지옥적 상황일수록 인간적 재미를 만들어내는 게 인간공동체이기도 하다. 송남헌은 흥미있는 일화를 전해주고 있다.

> 유치장에서 일요일에는 허헌이 아나운서들에게 축구중계방송을 시켰다. 당시 경성방송국의 아나운서들도 단파방송사건으로 상당수가 들어왔기 때문에 각 방마다 수용되어 있는 이들 아나운서들에게 심심풀이로 축구중계를 해보도록 했던 것이다. 그러면 아나운서들은 정말로 축구경기가 벌어진 것처럼 저마다 신명이 나서 중계를 해대어 모처럼 휴일의 무료함을 풀어주었다. … 노름하던 사람들이 모두 경찰서 유치장으로 붙들려왔다. 돈이 많은 이들은 사식으로 화신 뒤편에 있는 이문설농탕집에 설농탕을 주문하여 먹었다. 이를 보고 허헌이 자네들만 먹느냐고 하자, 이들은 하는 수 없이 유치장에 있던 사람 모두에게 설농탕을 넣어주도록 했다. 그래서 식사 때는 설농탕집에서 양동이로 설농탕을 배달하여, 며칠간 콩밥 대신 구수한 설농탕으로 배를 채운 적도 있었다.[43]

허헌은 감방 안에서 건강이 점점 악화되어, 병감으로 옮겨졌다가 1945년 4월말 병보석으로 출감했다. 만2년 1개월 동안의 옥살이로 그의 건강은

---

42 상소권포기신립서.
43 심지연, 송남헌회고록, 46~47면.

악화될 대로 악화되어 있었던 것이다.[44] 일제하에서 그는 두 차례의 옥고를 치르고, 변호사라는 자격은 물론, 건강마저 위태로운 채 다가올 해방을 기다리고 있었던 것이다.

---

44 허근욱, 민족변호사 허헌, 331면.

김병로의 은둔과 지조

김병로는 일제말기 변호사활동을 접는다. 더 이상 사상변론을 할 수도 없고, 사회활동도 불가능한 상태에서, 지도자들에게 가해져오는 회유와 전향의 압력에 대응하여 그는 서울에서 조금 떨어진 경기도 양주군 노해면 창동에 은거하는 길을 택한다. "절망적인 암흑시대 속에서도 일제에 대한 어떠한 협력을 일체 거부한 인사"의 모범으로 자리잡은 것이다.[45] 그러나

마냥 낙향하고 은둔해 있었던 것은 아니다. 창동에서 직접 농사를 지으면서 식량 자급을 하고, 금주와 금연을 단행하는 등 절검의 생활을 지켜나갔다. 또한 많은 인사들에게 도움을 제공하였다. 나아가 이인, 송진우, 정인보, 홍명희 등과 민족의 장래를 걱정하고, 허헌과 단파방송 기타해외소식을 제대로 알고 마음의 자세를 굳건히 할 수 있었다. 은거해 있지만, 세상의 흐름을 두루 파악하면서, 일제의 패

민중대회사건의 홍명희(1930)

---

45 김학준, 가인 김병로 평전, 242면 이하에 상세하다.

망을 기다리고 있었던 것이다. 굳은 지조와 함께 정확한 객관적 정보를 확보함으로써 변절이나 전향의 어떤 핍박에 대항하여 확고한 자세를 유지할 수 있었던 것이다.

조선어학회사건
이인 투옥과 자격박탈

| 일제검거된 33인의 조선어학회원 |

1942년 12월 23일 이인 변호사는 돌연 경성에서 검거되었다. 조선어학회(朝鮮語學會)에 관여한 혐의에서였다. 그 날 검거된 인원은 총 8인이었는데, 이는 조선어학회사건 관련자중 제4차 검거에 해당한다. 제1차로는 1942년 9월 정태진(丁泰鎭)의 검거로부터 시작하여, 10월 1일 이극로(李克魯), 장지영(張志暎), 한징(韓澄), 이윤재(李允宰), 김윤경(金允經), 최현배(崔鉉培), 이희승(李熙昇), 이중화(李仲和) 등 조선어학회의 주역들이 검거되었다. 10월 21일 이우식(李祐植) 등 7인이 검거되었다. 이렇게 정태진으로부터 사건의 단서를 만들고, 이극로 등으로부터 본격적인 취조를 했으며, 점차 그 범위를 넓혀 제4차에 이르러서는 조선어학회를 외부로부터 지원했던 인사들까지 모조리 검거한 것이다.

한글학자가 아닌 인사 중에서 특이한 것은 이인 변호사이다. 그는 원래 다방면의 일에 관계하여 살았는데, 아마도 "민족의 일원으로 책무를 다해야겠다는 신념"의 발로에서였다.[46] 어느 잡지에서 비평한 대로 이인은

---

46 이인, 반세기의 증언, 119면.

1930년대에 그야말로 "선의의 호사객"이었던 것이다. 그 중에서도 이인이 역점을 두었던 것은 조선어학회에의 관여였다. 조선어학회에서는, 우리의 말과 글과 얼을 "三ㄹ"로 지칭하여, 이를 지켜야 한다는 사명감을 갖고 사전편찬작업, 한글맞춤법통일안, 외래어표기법 등을 차근차근 진행하였다. 그 중에서 이인은 조선어학회의 자매기관이라 할만한 '조선기념도서출판관(朝鮮紀念圖書出版館)'을 발기하는데 앞장을 섰다. 고래로 우리나라는 허례를 숭상하여 관혼상제에 지나친 비용을 쓰고 있으므로, 이것을 간소화하여 절약된 비용으로 민족적인 기념이 될만한 훌륭한 저작물을 간행하자는 취지였다.[47] 그러한 운동은 허례허식을 없애는데 도움이 되고 학자들의 좋은 글들이 빛을 볼 수 있으니 여러모로 좋지 않겠느냐는 취지였다. 기념도서출판관은 독지가의 기부를 받아, 김윤경의 '조선문자 급 어학사(朝鮮文字及語學史)'를 출판하고, 동화집 '날아다니는 사람'(노양근 저)을 출판하여 호평을 받았다. 이인은 개인적으로, 양친의 회갑을 위해 마련했던 비용을 내어 이 도서출판의 밑거름이 되게 했다. 또한 학자들이 연구에 전념하고 도서를 모을 수 있도록 양사관(養士館)을 설립하자는 발기를 하여 후원자를 모집하였으나, 일제는 양사관 설립인가를 해주지 않아 목적을 달성할 수는 없었다.[48] 이 정도가 공식적으로 확인되고 문제시되는 이인의 조선어학회 관련 행적이었다. 도저히 문제가 될 수 없는 사건도, 일제말에는 심각한 형사문제로 비화되곤 했는데, 이 사건은 그 정점을 이루는 것이라 할 수 있을 것이다.

조선어학회는 모든 활동을 공개적으로 해왔다. 모든 출판물은 총독부의 검열을 받았다. 개개인들의 경력으로 볼 때 독립운동에 직접적으로 적극적으로 참여한 인사들도 적지 않으나, 일단 조선어학회의 회원이 되고 간부

---

47 이희승, "조선어학회사건," 일석 이희승전집 2, 서울대학교출판부, 2000, 476~477면.

48 이인, 반세기의 증언, 121~122면.

가 된 학자들은 독립운동과 거리를 유지한 채, 오직 한글의 학술화와 대중화에 전력을 쏟는 게 하나의 불문의 행동수칙이었다. 그들은 한글의 학술화와 대중화가 다른 어떤 사업보다도 중요하다고 생각했으므로, 그러한 본래 목적을 달성하기 위해 장애가 될만한 것을 의식적으로 피했던 것이다. 일제로서도, 이들의 현재적 잠재적 영향력에 주목하면서도, 그 어떤 꼬투리를 잡을 수 없었다.[49] 적어도 경성의 경찰부는 조선어학회의 동태를 감시하면서도, 그것을 하나의 순수한 학술단체로서 성격짓고 있었던 것이다.

꼬투리는 전혀 예기치 않은 곳에서 나왔다. 일제는 1938년부터 '조선어교육의 폐지'와 '일어상용'을 강요하였다. 1940년에 이르면 동아일보, 조선일보 등 조선어로 내는 민족지 계열의 신문을 폐간시켰다. 이들 신문은 일제말에 이르면 일제의 황민화시책에 최소한도라도 부응하는 시늉을 내어 명맥을 유지해왔으나, 일제는 이러한 소극적 협력도 무용하다고 보고 내선일체(內鮮一體)와 국민총동원의 전시체제를 구축한 것이다. 함경남도의 홍원경찰서는 영생고등여학교(永生高等女學校)의 어느 여학생의 일기장에서 '국어를 상용하는 자를 처벌하였다'는 구절을 발견하고, 이 때 국어는 일본어이니 일본어 상용을 처벌하였다면 반국가행위가 아닌가 하고 추궁했다. 영생고녀의 정태진, 김학준(金學俊) 두 선생이 그들의 촉수에 걸려들었다. 정태진은 당시 가정형편으로 영생고녀를 고만두고, 경성에 와서 조선어학회의 조선어사전의 편집을 맡아보고 있었다. 1942년 9월 5일 정태진을 연행한 홍원경찰서는 그에게 죄를 뒤집어씌우기 위해 온갖 고문과 악형을 가

---

49 다음은 정인승의 회고이다. "조선어학회 회원은 항상 요시찰 인물로 왜경의 날카로운 감시를 받고 있었기 때문에 표면적으로는 최대한 조선총독부에 협조하는 듯한 인상을 주도록 애써온 것도 사실이었다. 강제로 실시되던 신사참배 국방헌금 근로봉사도 나오라고 하면 빠지지 않고 나갔다.…(한상룡, 최린같은) 친일거두와 경찰관계 그리고 총독부에 대한 교섭으로 일본놈들은 우리 한글학자들이 사전편찬을 하고 있다는 사실을 빤히 알고도 "저희들이 해도 무슨 큰 일을 하겠느냐"고 그냥 묻어두고 있던 실정이었다." 정인승, "조선어학회사건," 한말연구학회, 건재 정인승 전집 6, 박이정, 1997, 13~14면.

하였다. 결국 강요에 못이겨 정태진은 그들의 요구대로 자백서를 썼다. 조선어학회가 민족주의자의 단체라는 조목을 포함하여, 대소 1백여 종의 조목을 열거한 허위자백서를 쓴 것이다. 한달동안의 혹독한 문초 끝에 얻은 그 허위자백을 토대로, 홍원경찰서는 조선어학회의 간부와 학자들에 대한 대대적인 검거에 나선 것이다. 조선어학회 관련의 피고인은 모두 33명이고, 그 중 구속된 인사만 모두 29인이었다.[50]

| 고문과 조작, 그리고 예심의 지연 |

조선어학회 관련자들은 모두 처음부터 혹독한 고문속에 문초를 당했다. 그 이유는 치안유지법 위반의 증거가 전혀 없었기 때문이다. 조선어학회 활동은 모두 합법적 테두리 내에서 학술활동을 한 것이며, '조선독립'을 표방한 적이 없었다. 그러나 함남 지방의 홍원경찰서는, 사회적 지위와 명망을 지닌 지식층들을 일망타진식으로 끌어온 만큼 실적을 내어야 했다. 조선어학회의 진상을 알만한 경성 쪽의 경찰도 적극적 제지를 할 엄두를 내지 못했다. 함경도 경찰의 충성경쟁에 대해 다른 곳에서 제어할 수 없었던 것이다.[51]

증거가 없을수록 고문은 가혹해진다. 그러나 아무리 그래도 곧바로 증거를 조작해낼 수 없었다. 처음엔 처벌할 사실이 아예 없으므로, 피의자의 〈심문조서〉(자술서)를 쓸 수 없었다. 법에 위반되는 행동이 없었기 때문이다. 4개월간, 조서도 없이 자술서도 없이, 그저 혹독한 고문을 자행했다. 4개월간의 혹독한 고문 끝에 얻어낸 피의자들의 자백서에도 맹점이 있었다. 자백서의 내용, 즉 조선어학회의 각종 활동 그 자체에서 범법의 증거를 찾을 수 없기 때문이고, 강요에 의한 허위자백의 내용은 제각각이어서 그 사이

---

50 이희승, 앞의 책, 481면.
51 정인승, 앞의 책, 21면.

에 일치하는 내용이 별로 없었기 때문이다.[52] 그리하여 고문과 고문이 계속 이어졌다. 조선어학회 관련자들은 지식인으로서 자신들이 받은 고문에 대해 생생한 기록을 남겨놓았다.[53] 고문받은 내용은 대동소이한데, 그 중에서 이희승의 회고를 인용한다.

첫째, 비행기 태우기다. 이것은 두 팔을 등뒤로 젖혀서 두 손목을 한 데 묶어 허리와 함께 동여놓고, 두 팔과 등허리 새로 목총을 가로질러 꿰어넣은 다음, 목총의 양 끝에 밧줄을 매어 천정에 달아놓는 것이다. 처음에는 짚토매 같은 것을 발밑에 괴어 사람을 천정에 매어 달아놓고 발을 저며 디디게 한다. 이렇게 하면 비록 발밑이 약간 괴어 있을지라도 체중으로 인하여 겨드랑 아래 꿰어놓은 목총이 위로 치켜지기 때문에, 두 어깨는 뒤로 뒤틀려서 뻐개질 지경으로 된다. 이렇게 하여도 저희 요구대로 순순히 불지 않으면, 짚토매를 발밑에서 빼어버린다. 그러면 사람은 아주 공중에 떠서 매달리게 되고, 체중 때문에 어깨는 으스러질 지경이 되어 나중에는 고개가 처지고 눈이 감기고 혀를 빼어물게 된다. 이 지경이 되면 정신은 혼미하여지고, 맥박과 호흡은 점점 약해져서, 가사상태에 빠지게 되는 것이다. 이러한 고문을 그들은 공중전(空中戰)이라 부른다.

둘째, 물먹이기다. 욕설이나 매로 피의자들을 들볶다가 저희 비위를 거슬르게 되면 목욕실로 끌고 가서 기다란 걸상에 사람을 반듯이 젖혀 높힌다. 그러나 고개만은 걸상 끝에서 아래로 쳐지도록 하여놓고, 사람을 걸상과 함께 단단히 묶어서 졸라매되 두 팔을 뒤로 젖혀 걸상 밑에서 맞잡아 매어 놓는다. 그리고는 주전자나 바께쓰로 얼굴에다 물을 부으면 물은 저절로 콧구멍을 통하여 기관으로, 폐로 들어가게 된다. 이렇게 되면 숨이 막히므로 그 물을 될 수 있는 대로 콧구멍으로 삼키려고 애를 쓰게 된다. 그러나 아무리 하여도 물이 숨통으로 들어가지 않을 수가 없다. 이 노릇을 한참 계속하면 물을 먹어서 배가 퉁퉁하게 일어

52 이희승, 앞의 책, 481면.
53 예컨대 정인승, 앞의 책, 23면.

나고, 기관으로도 물이 들어가 숨이 막히고 마침내 까무러치고 만다. 이상은 고문의 대충을 설명한 데 불과한 것으로, 이를 직접 당하지 않은 사람은 그 고통을 상상조차 하기 어렵다. 이 고문을 그들은 해전(海戰)이라 부른다.

셋째 난장질하기다. 이것은 그들이 가장 많이 쓰는 방법으로서, 피의자가 죄를 스스로 짊어지고 들어가지 않은 경우에는 주먹질 발길질은 물론, 시나이(竹刀)나 목총이나 손에 잡히는 대로 휘둘러대는 것이다. 때로는 부서진 걸상이나 탁상의 다리를 뽑아서 사매질을 한다. 이러한 고문을 육전(陸戰)이란 부른다. …

그 밖에도 여러 가지가 있다. 엄동설한에 빨가벗겨 네 공상으로 앞드려 있게 하기도 한다. 이것만으로도 5분 10분을 견디기 어려운 노릇인데 회초리로 볼기나 등허리나 넓적다리를 후려갈기기도 하고, 얼음냉수를 등곬에 내려붓기도 한다. 정신적 고통을 가하는 일도 많았다. 가령 얼굴의 반면에 먹칠을 하고, 등에다가 "나는 허언자(虛言者)입니다"라고 써붙이고, 동지들 앞으로 돌아다니며 "나는 허언자니 용서하십시오" 하면서 사과를 하라고 시키는 일이라든지, 매를 들고 같은 동지를 두드려가며 문초를 받으라고 시키는 일 등은 그들이 걸핏하면 쓰는 수법이었다.[54]

이인에 대한 취급은 다소 특이했다. 경성에서 연행된 다른 인사들이 함남 홍원경찰서로 끌려갔는데, 이인만 함남 함흥경찰서로 유치되었다. 법률을 아는 변호사, 더욱이 이인 같은 항일변호사를 다른 사람들과 함께 두면 무슨 말썽이나 까다로운 일을 빚어낼지 모른다는 판단으로 그만 함흥에 격리시킨 것이다.[55] 함흥경찰서 유치장은 "그야말로 생지옥"이었다고 회고한다. 고문에서는 이인의 경우에도 전혀 예외를 두지 않았다. 다음은 이인의 회고이다.

54 이희승, 앞의 책, 482~483면.
55 이인, 반세기의 증언, 127면.

내가 당한 고문은 일구난설(一口難
說)인데 그 중에서 견디기 어렵기는
아사가제라는 것과 비행기 태우기
가 있었다. 사지를 묶은 사이로 목
총을 가로질러 꿰넣은 다음 목총 양
끝을 천장에 매달아놓아 비틀고 저
며들게 하는 것이 비행기타기요. 두
다리를 뻗은 채 앉혀놓고 목총을 두
다리 사이에 넣어 비틀어대는 것이
아사가제라는 것이다. 이 두가지 중
에 더욱 괴로운 것이 아사가제이니

동우회사건의 이윤재(1937)

나는 이로 인해 평생 보행이 부자유스러울만큼 다리를 상했던 것이다.[56]

인용한 이희승의 고문내용과 이인의 고문, 그리고 단파방송 사건에서 허
헌 등의 고문을 보면 일제하에서 경찰의 고문은 상례적인 폭행 이외에 공
중전이라고 하는 비행기태우기, 해전이라고 하는 물고문, 그리고 난장질이
나 아사가제와 같은 육전이 무차별적으로 구사되었음을 알 수 있다.

지속적인 고문과 자술 강요 등을 통해 홍원경찰서는 하나의 사건 프레
임을 만들어냈다. 조선어학회가 표면적으로는 학술단체를 가장하고, 실은
민중의 봉기를 유발하여 독립을 전취하려는 비밀결사라고 우겨댄 것이다.
조선어사전은 민족정신을 앙양시켜 독립을 전취하려는 수단으로 변질되었
다. 심지어 수많은 어휘 중에서 태극기, 단군, 무궁화 등에 대한 주석이 불
온하다고 하여 반국가적이라고 했으며, 경성에 대한 주석이 동경에 대한
것보다 몇 배나 길고 자세하니 반국가적이라고 덮어씌웠다. 개인적으로는

---

56 이인, 반세기의 증언, 130면.

조선어학회 활동 이전의 이극로의 애국행적을 문제삼았으며, 이윤재(李允宰)가 상해에 있는 원로 한글학자 김두봉(金枓奉)과 만나 사전편찬에 대한 조언을 구한 것을 갖고 상해임시정부와 조선어학회를 연관시키려는 구실을 찾았다. 경찰이 조서작성을 완료한 것은 1943년 3월 15일에 이르러서였고, 조선어학회 관련자들을 치안유지법 위반으로 의견서를 작성하였다.

사건은 검찰로 넘어갔으나 사건은 한없이 미루어졌고, 5개월 동안 검사의 취조가 진행되지 않았다. 경찰서 유치장을 한시바삐 벗어나고픈 피의자들의 기대와는 달리, 뜻밖에도 검사(靑柳伍郎)는 경찰서로 출장을 와서 신문을 강행하였다. 검사에게만은 진실을 호소하고 싶었던 피의자들은 뜻밖의 장면에 난감하게 되었다. 다음은 검사의 신문장면이다.

> (검사의) 문초장소는 바로 경찰이 문초를 하던 홍원경찰서의 무덕전이었고, 좌석을 U자형으로 만들고 중앙 바깥자리에 검사가 자리잡고 그 옆에는 서기가 앉았다. 그리고 좌우에는 함경남도 경찰부에서 온 형사 전원과 홍원경찰서의 형사 대부분이 주욱 늘어 앉아 있었다. … 이 자리에서 만일 경찰조서에 있는 대로 대답하지 않으면 그 사람은 바로 그 날 저녁에 형사들에게 끌려나가, 검사가 보지 않은 자리에서 다시 고문을 당해야 하는 것이었다.[57]

이런 상황에서 경찰 조서와 다른 내용을 말하기란 불가능했다.[58] 경찰이 범죄사실을 조작한 장본인이라면 검사는 그 공모자였다.[59] 검사는 1943년 9월 18일 신문을 마치고 16명을 예심에 회부하고, 12명을 기소유예하였다.[60] 기소유예자도 곧바로 석방시키지 않았다. 심문에 미흡한 점이 있다

---

57 이희승, 앞의 책, 485~486면.
58 피의자는 "마치 적군 장졸들에게 포위되어 있는 것이나 마찬가지였다." (이희승, 앞의 책, 402면)
59 이희승, 앞의 책, 486면; 정인승, 앞의 책, 64면.
60 예심회부자 명단은 이극로, 이윤재, 최현배, 이희승, 정인승, 정태진, 장지영, 이중

는 평계로 함흥형무소에 이감시켰던 것이다. 곧이어 전원이 함흥형무소로 이감되었다. 형무소에서는 혹심한 추위와 극심한 식량난으로 모두들 고생했고, 혹독한 고문의 휴유증으로 중병이 걸린 상태에서 이러한 극한상황을 맞이해야 했던 인사들 가운데 마침내 이윤재(1943년 12월 8일)와 한징(1944년 2월 22일)이 함흥형무소에서 옥사하는 비극이 있었다.

신속한 재판을 열망하는 옥중의 피의자들의 기대와 달리 예심은 하는 것인지 안하는 것인지 아무런 소식이 없었다. 체험자들이 느끼는 바에 따르면, "예심의 표면상 이유는 사건을 신중히 처리한다는 것이었지만, 실상인즉 피의자들을 장기간 구속하여 골탕을 먹이자는 것"에 다름 아니었다. 검사가 구류기간이 있는 것과 달리, 예심은 몇해든지 질질 끌수도 있었던 것이다. 이미 "예심을 평계로 시일을 무작정 끌어서 정식재판에 넘어갈 때까지 감옥에서 몇 년을 고생시키는 일이 허다하였다.…그리하여 기소된 16명은 언제 열릴지 모르는 재판을 기다리며 옥중에서 고초를 겪지 않으면 안되었다."[61]

예심에서는 진실을 말할 수 있었던가. 물론 기대할 수 없는 일이었다.

예심판사가 나타나 한사람씩 불러내어 문초를 시작하였다. 우리 동지들은 대개 경찰서와 검사가 작성한 무지한 조서의 내용을 부인하였으나, 그것은 별로 효과를 거두지 못하였다. 부인할 적마다 예심판사는 소리를 지르며, "경찰에서나 검사에게 모두 시인해놓고 지금 와서 무슨 딴 소리냐"고 몰아대는 것이었다.[62]

화, 김법린(金法麟), 이인, 김도연(金度演), 이우식, 한징, 정열모(鄭烈模), 장현식(張鉉植), 김양수 등 16인. 기소유예자는 김윤경, 이만규(李萬珪), 이강래(李康來), 김선기(金善琪), 정인섭(鄭寅燮), 이병기(李秉岐), 이은상(李殷相), 서민호, 이석린(李錫麟), 권승욱(權承昱), 서승효(徐承孝), 윤병호(尹炳浩) 등 12인.

61 이희승, 앞의 책, 487면.
62 이희승, 앞의 책, 487면; 이인의 회고 역시 같다. "예심판사 나까노라는 자는 검사처럼 표독하지는 않으나 고문으로 진술한 내용을 번복할 양이면 무조건 "검찰에서 다 얘기해놓고 지금와서 무슨 소리냐"고만 되풀이하니 말이 안통하기는 매한가지였

예심은 1944년 2월부터 시작하여 1944년 9월 30일에 이르러 마침내 종결되었다. 관계자들이 검거된 때로부터 거의 만 2년에 가까운 기간이 이르러 예심절차까지 종결된 것이다. 예심회부자 16인 중 사망자(이윤재, 한징)를 제외하고 2인(장지영, 정열모)이 면소되어, 정식재판에 회부된 인사는 모두 12인이었다.

| 예심종결결정문을 통해 본 이인 변호사의 행적과 피의사실 |

조선어학회 사건 관련 재판자료 중에서 제1심판결문의 소재는 알 길이 없다. 제1심판결문의 내용은 예심판사의 예심종결결정문[63]과 거의 같은 것으로 생각된다. 따라서 예심종결결정문 중에서, 이인의 경우를 중심으로 정리해보자. 그 첫 부분은 '변호사 이인'의 활동을 다음과 같이 정리하고 있다.

피고인 이인은 … 1923년 4월이래 경성부 청진정에서 변호사를 개업하고 있는 자로서 1918년 여름부터 조선통치에 불만을 품고 있었던 바 그 후 변호사로서 각종 사상사건에 관여하기에 이르러 조선을 일본의 식민지로 간주하고 그 독립을 주장하는 사건 관계자의 사상에 공명하여 1930년 중 경성지방법원에서 보안법위반 피고사건의 변호인으로서 변론을 할 때 "조선인이 조선의 독립을 외치는 것은 본능이다"라고 절규, 정치에 관하여 불온한 언동을 하여 치안을 방해한 동사건 피고인 등의 범죄를 곡비하고 그 소행을 상양(賞揚)한 혐의로 정직6년의 징계처분을 받은 적이 있으며, 항상 총독정치에 불만을 가지고 조선의 독립을

다."(이인, 반세기의 증언, 136면)

63 예심종결결정문의 원문은 정인승이 그 등본을 한부 보관하고 있다가 공개하였다. 정인승, 앞의 책, 269~323면; 번역문은 같은 책, 242~268면에 있다.

희망하는 민족주의 진영의 이채로운 인물로서 본 건에 의해 과거의 사상을 청산하고 황국신민으로서 갱생을 서약하고 1943년 1월 6일 변호사명부의 등록을 취소한 자인데…[64]

라고 하고 있다. 이 부분은 이인의 일제하의 변호사 활동의 요지를 비교적 정확하게 요약하고 있다. 그가 일제의 조선통치에 대한 불만을 표출하기 시작한 것이 1918년 여름부터라는 사실도 적시되어 있으며, 사상사건의 변호사로서 각종 사건에 관여했다는 사실, 수원고농사건으로 변호사 정직을 당했다는 사실도 적시하고 있다. 다만 정직기간이 '6개월'인데, '6년'으로 잘못 기재하고 있다. 그의 활동은 '항상 총독정치에 불만을 가지고 조선의 독립을 희망'한 자인데, 숱한 사상사건을 맡았음에도 그는 '민족진영'의 인물로 남아 있었는데, 이 때 '민족진영'이란 아마도 공산주의사상에 물들지 않았다는 의미인 것으로 새겨진다. 마지막 부분은 다소 거슬린다. '과거사상을 청산하고 황국신민으로 갱생을 서약'했다고 쓰고 있어서이다. 이는 옥중 포로의 상태에서, 숱한 고문과 악형 속에서 생존을 위해 강요된 서약으로 새겨야 할 것이다. 또한 갱생서약과 변호사등록취소는 상호 모순된다. 갱생을 서약했으면, 죄상이 크더라도 은전을 베풀든지 아니면 변호사등록취소라는 극한처방보다는 완화된 제재를 가하든지 했을 것이기 때문이다. 때문에 갱생서약을 받았다 하더라도, 일제 사법관들이 이를 내심으로 믿을 수 없다는 것을 보여주는 것으로 이해해야 할 것이다. 갱생서약서 자체가 상상할 수 없는 고문과 시련의 한 증거자료로 이해해야 할 것이다.

이인의 조선어학회 관련 부분은 다음과 같이 정리하고 있다. 조선어학회가 조선독립을 목적으로 하는 결사라는 것을 알면서도 조선어학회를 위해 다음과 같은 활동을 하였다. 첫째, 이극로 등과 함께 '조선기념도서출판

---

64 예심종결결정문 중에서 이인에 관한 부분: 정인승, 앞의 책, 261면.

관'이라는 조선어 도서의 출판단체를 조직하였고, 자금 1200원을 제공하여 「조선문자 및 어학사」라는 조선어 도서를 출판하였다. 둘째, 조선어사전 편찬의 자금으로서 200원을 피고인 김양수를 통해 조선어학회에 제공하였다. 셋째, 조선독립운동의 투사 및 독립후의 인재를 양성하는 결사를 조직할 것에 대해 이극로 등과 종종 협의하였다. 이러한 사항은 목적사항의 실행에 관해 협의한 것이다. 이 부분은 양사관 설립에 관한 것이다.[65]

그런데 이것만 보면 도대체 범죄사실이라고 할 만 한 게 없다. 이런 활동이 어떻게 '국체변혁을 목적으로 하여 결사를 조직'했거나 '국체변혁을 목적으로 그 목적사항의 실행에 관한 협의'를 했다고 규정될 수 있는가. 국체변혁의 핵심은 '조선독립의 목적'인데, 이들의 활동이 곧바로 조선독립의 '목적'을 위한 것이라고 할 수 있는가. 그에 대해 예심판사는 다음과 같은 논거를 앞머리에 제시하고 있다.

> 민족운동의 한 형태로서의 소위 어문운동은 민족 고유의 어문의 정리 통일 보급을 꾀하는 하나의 문화적 민족운동임과 동시에 가장 심모원려를 포함하는 민족독립운동의 점진적 형태이다. 생각컨대 언어는 민족내의 의사소통은 물론 민족감정 및 민족의식을 양성하여 굳은 민족결합을 낳게 하여, 이를 표기하는 민족고유의 문자가 있어서 비로소 민족문화를 성립시키는 것으로서, 민족적 특질은 그 어문을 통해서 더욱 민족문화의 특수성을 파생하여 항상 발전하고, 그 고유문화에 대한 과시 애착은 민족적 우월감을 낳아 그 결합을 더욱 군건히 하여 민족은 발전한다. 그러므로 민족고유의 어문의 소장은 민족 자체의 소장에 관련되는 것으로서 약소민족은 필사적으로 이의 유지에 노력함과 동시에 이의 발전을 꾀하고, 방언의 표준어화, 문자의 통일 및 보급을 희구하여 마지 않는다. 이리하여 어문운동은 민족고유문화의 쇠퇴를 방지할 뿐만 아니라 그 향상 발전을 초래

---

65 정인승, 앞의 책, 261~262면.

하고, 문화의 향상은 민족 자체에 대한 보다 강한 반성적 의식을 가지게 하여 강렬한 민족의식을 배양함으로써 약소민족에게 독립의욕을 낳게 하고, 정치적 독립달성의 실력을 양성케 하는 것으로, 본 운동은 18세기중엽 이래 구주 약소민족이 되풀이해서 행해온 그 성과에 비추어 세계민족운동사상 가장 유력하고도 효과적인 운동이라 보이기에 이르렀다.

이러한 일반적 논지를 통해 어문운동이 정치적 독립운동일 수 있으며, 특히 약소민족의 경우에는 유력한 독립운동 그 자체라고 단정한다. 이어 조선어학회의 활동에 대해 정리한다.

본 건 조선어학회는 … 표면적으로는 문화운동의 가면 하에 조선독립을 위한 실력양성단체로서 본건 검거까지 십여년의 긴 세월에 걸쳐 조선민족에 대해서 조선 어문운동을 전개하여 왔던 것으로, 시종일관 진지하게 변치 않는 그 활동은 조선어문에 깃든 조선민심의 세세한 부분에 닿아 깊이 그 심저에 파고듦으로써 조선어문에 대한 새로운 관심을 낳게 하여 다년에 걸쳐 편협한 민족관념을 배양하고, 민족문화의 향상, 민족의식의 앙양 등 그 기도하는 바인 조선독립을 위한 실력신장에 기여한 바 뚜렷하다.

이와 같이 조선어학회는 "문화운동의 가면" 하에서 "조선독립을 위한 실력신장"에 기여한 단체로 규정짓고 있다. 이 조선어학회의 사회적 비중을 높일수록 (일제의 입장에서는) 그 처벌의 정당성이 더욱 강화될 것임으로 조선사회에서 조선어학회의 비중을 다음과 같이 정리한다.

조선어학회는 민족주의 진영에 있어서 단연 빼놓을 수 없는 지위를 차지하고, 조선사상계를 풍미하고 있던 공산주의운동에 위축되어 아무런 할 일 없이 자연소멸하거나 사교단체로 전락하여 그저 명맥을 유지해온 기타 민족주의 단체 사이에서 홀로 민족주의의 아성을 사수한 것으로 중시되기에 이르러, 후단 기재하는 사업과 같은 것은 어느 것이나 언문 신문 등의 열의있는 지지하에 조선인사회에 심상치 않은 반향을 불러일으키고, 특히 조선어사전 편찬사업과 같은 것은 미증유의 민족적 대사업으로서 촉망받고 있는 것…

요컨대 예심종결결정문의 논지에 따르면, 조선어학회는 조선독립을 숨은 목적으로 한 단체로서, 민족주의 계열에서는 제일가는 지위를 차지하며, 반향도 가장 큰 단체라는 것이다. 이극로 등의 행위는 "조선독립의 목적을 가지고 결사를 조직하고 그 목적수행을 위한 행위"(치안유지법 제1조 전단)를 했다는 것이고, 이인 등의 행위는 "결사목적수행을 위한 행위"(치안유지법 제1조 후단)를 하고 "그 목적이 되는 사항의 실행을 협의"(치안유지법 제5조)한 범죄에 해당된다는 것이다.

조선어학회의 개별 활동들은 모두 공개리에 한 것이며, 학술적 활동들이고, 출판물은 총독부의 검열을 맡아 간행되었다. 그런데도 이 모든 활동이 치안유지법 위반의 범죄가 되는 것일까. 일제 사법당국은 조선어학회 자체가 독립운동을 위한 점진적 활동이므로, 그 학회에서 주도한 모든 활동은 치안유지법 위반이 된다는 논리를 취하게 된다. 합법적 활동도 불법적 활동이란 논리가 되는 셈인데, 일제 말에 이르면 이러한 명백한 논리적 모순도 개의치 않았다. 실제로 검사의 심문과정에서 이인은 다음의 일화를 소개하고 있다.

검사는 함흥검사국 차석인 아오야나기(靑柳伍郎)인데 이 자가 바로 함흥경찰부와 홍원경찰서를 지휘하여 조선어학회사건을 얽어만든 장본인이다. 그는 성격이 간교하고 까다로와서 이것도 독립운동하려던 것 아니냐, 저것도 독립운동하려던 것 아니냐고 사사건건 트집을 잡고 꼬치꼬치 캐물었다. 나는 참다 못해서 "그럼 밥먹는 것도 독립운동이냐"고 쏘아 붙이니 그는 "밥먹고 기운차리면 독립운동하겠지"하고 서슴없이 대답한다. 나는 "그런 날조가 어디 있느냐"고 대들고 싶었지만 저들이 날조란 말만 나오면 펄펄뛰는 줄을 아는 고로 "그런 비약논법이 어디 있느냐"고만 했다.[66]

치안유지법은, 그 해석이 극히 자의적이지만, 일제말에 이르면 아예 법적 테두리를 벗어나 민족운동 전반을 탄압하고 그 싹조차 잘라버리려는 태세로 나선 것이다.

| 제1심판결 : 치안유지법 위반 |

예심판사가 사건을 종결한 뒤, 약 2개월 뒤에 공판이 시작되었다. 한겨울인데도 맨발에 와라지(草鞋, 일본의 전통짚신)만을 끌고 형무소를 나서면 발가락이 얼어붙어 이내 감각이 마비되었다.[67] 공판 직전에 이인은 학질과 폐침윤의 질병으로 병보석이 되었다. 사건관련자 중 학자가 아닌 이들, 즉 이우식, 김도연, 김양수, 장현식 등도 보석허가를 받은 상태에서 공판에 임했다.[68]

1944년 12월 21일부터 1945년 1월 16일까지 9회에 걸쳐 공판이 진행되었다.[69] 변호인은 함흥에 법률사무소를 두고 있던 한격만(韓格晚), 박원삼(朴元三), 유태설(劉泰卨) 등 3인과 경성에서 개업하고 있던 일본인 영도웅장(永島雄藏)이었다.[70] 1944년 말에 이르면, 함흥에 달려와 변호할 변호사도

---

66 이인, 반세기의 증언, 131면.
67 이희승, 앞의 책, 489면.
68 이인, 반세기의 증언, 139면.
69 1944년 11월말부터 공판이 시작되었다는 회고, 공판이 4~5차례 열렸다는 회고도 있으나, 정인승의 회고는 날짜와 횟수를 구체적으로 적고 있어 그에 일차적인 신뢰를 두고 인용한다. 정인승, 앞의 책, 69면.
70 이희승, 앞의 책, 491면.

거의 없었으며, 치안유지법사건의 경우에는 특정된 지정변호사만 변론이 가능하였기에, 변론다운 변론의 기회를 얻을 수도 없었다.

1945년 1월 16일 제1심 재판부는 판결을 선고했다. 적용법조는 치안유지법 제1조 전단의 결사조직죄(이극로, 최현배, 이희승, 김법린), 제1조 후단의 목적수행행위죄(정인승, 이중화, 이우식, 김양수, 장현식, 김도연, 이인, 정태진), 제5조의 실행협의(이극로, 이우식, 이인), 제5조의 실행선동(김법린, 정태진) 등이었다.[71] 형량은 실형이 5인, 집행유예가 7인이었다. 그 자체도 부당한 형벌이지만, 그동안 혹독하게 문초하고 만2년 3개월 이상 옥살이를 한 피고인들임을 감안하면 형량은 오히려 관대한 느낌도 가질 수 있다. 그것은 얼마나 유죄거리로 삼을 만한 건수가 거의 없었는가를 보여준다고 생각할 수도 있고, 다른 한편으로는 이미 장기의 미결구금과정에서 혹독한 실형을 살만큼 살았다고 볼 수도 있을 것이다.

피고인	제1심 선고형	피고인	제1심 선고형
이극로	징역 6년	이우식	징역2년, 집행유예 3년
최현배	징역 4년	김양수	징역2년, 집행유예 3년
이희승	징역 2년 6월	장현식	징역2년, 집행유예 3년
정인승	징역 2년	김도연	징역2년, 집행유예 3년
정태진	징역 2년	이 인	징역2년, 집행유예 3년
이중화	징역2년, 집행유예 3년	김법린	징역2년, 집행유예 3년

제1심 공판에서 피고인들과 변호사들이 어떻게 대응했는지에 대해서는 공판조서가 없어 제대로 알 수 없다. 이희승의 회고에서 공판정의 분위기를 일부 읽어낼 수 있다.

---

71 정긍식, "조선어학회 사건에 대한 법적 분석-〈예심종결결정서〉의 분석-," 애산학보, 제32호, 2006, 97~140면에는 범죄혐의사실, 각 피고인에 대한 적용법조, 양형에 대해 매우 꼼꼼하게 정리해놓았다.

그들의 공판이란 것도 이성을 잃고 있었다. 아무리 안 한 일은 안 했다고 해도 믿지를 않고, 한 일은 했다고 해도 들어먹지를 않았다. 조선어사전 편찬이 어떻게 직접적으로 조선독립의 수단과 방법이 될 수 있느냐고 설명하여도, 또는 조선독립의 실현이 어떻게 조선어사전의 완성으로 곧 달성될 수 있느냐고 누구이 주장하여도 검사와 판사들에게는 마이동풍에 지나지 않았다.[72]

특히 종래 치안유지법 위반 피고인들을 위해 명변론을 거듭했던 이인 변호사가 자신이 피고인이 되었을 때 과연 어떻게 자기변론을 했을까 궁금해진다. 이인의 회고록에 그에 대해 별달리 언급한 것이 없는 것을 보면, 공판은 삼엄한 분위기에서 의미있는 진술을 할 기회가 없었지 않나 짐작되기도 한다. 판결을 내리면서 재판장은 이인 피고인에게 특정하여 다음과 같이 말했다고 한다.

이 때 재판장은 나를 대놓고 "당신에게 이 정도 판결은 약과다. 그동안 법정을 다니며 얼마나 귀찮게 굴었는지 아느냐"고 힐란했다. 마구잡이 감정으로 재판한 것임을 저들 입으로 입증한 셈이다.[73]

그런데 문제의 제1심 재판의 공판조서나 판결문 어느 것도 찾을 길이 없다.[74] 예심결정 및 상소심판결을 놓고, 그 내용을 추론해낼 수 있을 뿐이다.

---

72 이희승, 앞의 책, 490면.
73 이인, 반세기의 증언, 141면.
74 제1심은 함흥에서 재판했기에 판결문이 북한지역에 있거나 소실되었을 것으로 추정한다. 동아일보 1982.9.3. 참조.

| 조선고등법원 : 일제하 최후의 판결 |

제1심에서 유죄(실형)를 받은 5인 중 정태진을 제외한 4인(이극로, 최현배, 이희승, 정인승)은 조선고등법원에 상고하였다. 1941년 전시를 맞아 재판사건 처리 간소화라는 이유 밑에서 치안유지법을 개정하였는데, 그 제33조에 따르면, 지방법원판결에 대한 항소심은 없어졌고, 고등법원에 상고하는 2심제를 채택했기 때문에 직접 상고한 것이다. 고등법원판결에서 지방법원 판결내용을 추출해보면, 제1심의 판결내용은 예심종결결정서의 내용과 차이가 없는 것으로 생각된다.

고등법원에 상고하자 또 재판방해작용이 있었다. 1심판결 주심이었던 서전승오(西田勝吳)판사가 상고한 4인을 재판소로 불러 상고를 취하하도록 개별적으로 종용하였다. 모두가 즉답을 보류하였더니, 서전 판사는 4인을 함께 대면시켜줄 것이니 아무쪼록 잘 의논하여 상고를 취하하라고 누구이 권고하였다. 그러나 모두들 그러한 회유에 굴하지 않고 상고를 유지하자, 이번에는 검사가 피고인들에 대해 맞상고를 했다.[75]

피고인들은 상고가 한두달이면 끝날 것이라는 변호인의 말을 믿고 고등법원의 상고심을 기다렸다. 그러나 상고한 지 무려 4개월이 지난 1945년 5월에 이르러서야 고등법원으로부터 서류를 접수하였다는 통지를 받았다. 고등법원에 상고한 이유는 신병을 경성으로 이감시켜주기 바랐기 때문이기도 했다. 경성에서 함흥으로 가족들이 면회하러 오기도 힘들거니와 그래도 경성에는 여러 연고자들이 있기 때문이다. 1945년 8월 12일에 공판을 한다고 고등법원으로부터 날짜 통지가 왔다. 그러나 그 날이 이르도록 경성으로의 이감은 종무소식이었다. 그저 변론문을 서면으로 제출하라고 지시하였다. "참으로 해괴하고도 기형적인 재판"이었다. 피고인들은 재판결과에 대한 아무 소식을 듣지 못한 채 1945년 8월 15일 해방을 맞았다. 함흥

---

75 정인승, 앞의 책, 73면.

형무소에서였다. 4인의 조선어학회의 간부들은 8월 17일 오후에야 출감하여, 다음날 서울로 돌아올 수 있었다.

일본의 패망이라는 극단적 상황 속에서 재판소 역시 제대로 기능할 수 없음은 오히려 당연한지도 모른다. 그 와중에서 조선어학회간부들에 대한 상고심은 1945년 8월 13일 상고기각판결로 종결되었다. 그러나 통신망이 모두 마비되어, 경성의 판결의 통지가 함흥에 도달하기 전에 해방이 되었던 것이고, 따라서 사건처리의 서류는 공중에 떠버린 것이다. 상고심인 조선고등법원판결문은 1982년 9월 3일 동아일보사에서 부산지검 문서보관 창고에서 찾아내어 처음으로 지상에 공개되었다. 이 판결[76]은 일제하 치안유지법 적용의 최후 사례 혹은 민족운동에 대한 탄압의 최후의 사례로 주목할 가치가 충분하다.

상고한 변호인으로 등장하는 이름은 환산경차랑(丸山敬次郎), 평천원삼(平川元三)(朴元三)의 양인이다. 이들은 제1심에서 무시된 변론요지에다 보다 법리적 보강을 거쳐 상고이유를 낸 것으로 생각된다. 그러나 조선고등법원은 이를 모두 기각하였다. 검사와 예심판사의 논지를 그대로 답습한 제1심판결의 요지를 역시 그대로 수용한 것이다. 이하에서는 검사=예심판사=원심법원의 논지를 "검=법"으로 하고, 피고인=변호사의 논지를 "변호"로 하여 비교해보기로 한다. 고등법원은 "검=법"과 거의 같으나 한두 개 추가된 논리가 보여진다. 이를 "고등"으로 하고, 그 핵심을 아래와 같이 소개 정리하고자 한다.

1. 어문운동의 성격
변호 : 어문운동은 어디까지나 순문학적 언어학적 교화운동 내지 언어의 순화운동이다. 소위 약소민족이 아무리 필사적으로 어문의 유지

---

76 소화20년(1945년) 형상(刑上) 제59호.

에 노력함과 함께 방언의 표준어화, 문자의 통일을 모색해도 (어문운 동을 곧) 독립운동이라고 보기는 어렵다. 어문운동은 당연히 이론적으 로 민족의식을 배양하여 약소민족에게 독립의식을 생기게 하고 정치 적 독립달성의 실력을 양성하는 것이라고 단정할 수는 없다.

검=법 : 어문운동은 문화적 민족운동임과 동시에 가장 심모원려를 함축 하는 민족독립운동이다. 민족고유의 어문의 소장이 그 민족자체의 소장에 대하여 결정적 요인이 된다. 어문운동이 가령 민족고유문화 의 쇠퇴를 방지하고 그 향상발전을 가져오고 더욱이 민족자체에 대 한 반성적 의식을 가져오게 한다. 그러므로 어문운동은 곧 민족독립 운동의 하나로 단정할 수 있다.

2. 조선어학회의 성격

1) 학술단체인가 독립운동단체인가

변호 : 조선어학회는 조선의 독립을 목적으로 하는 결사가 아니다. 전적 으로 학술적 연구로 종시일관했으며, 이면운동(裏面運動)을 획책한 일 은 없었다. 조선어문운동도 표리일체 합법운동이라고 말할 수 있다. 즉 그 실체는 착잡한 조선어문의 정리통일을 계획하여 이것을 조선 민중에 보급시켜 이것에 의해서 조선고유의 바른 문학적 또는 언어 학적 문화면을 소개하여 조선어문의 사용방법을 적정화시키는데 있 다. 각종 구체적 사업을 보아도 명백하다.

검=법 : 조선어문운동 자체는 표면상 합법적 문화운동이나 그 이면에 있 어서 조선독립의 목적을 가진 비합법운동이다. 즉 조선어학회가 조 선독립을 목적으로 한 결사이다.

2) 조선어학회의 민족운동으로서의 위상

검=법 : 조선어학회는 민족주의진영에서 전연 불발의 지위를 차지하고 조선사상계를 풍미한 공산주의운동 앞에서 위축되어 하등의 하는 일 없이 혹은 자연소멸되고 혹은 사교단체로서 겨우 목숨을 보유해온 민족주의단체 사이에서 혼자서 민족주의의 아성을 사수해온 것으로 중시하게 되어 그 사업 주중(註中) 조선어사전편찬사업 같은 것은 광고(曠古)의 민족적 대사업으로 촉망되고 있다.

변호 : 조선어학회는 민족주의단체간에 있어서는 학자의 문학관계사업 단체로 민족주의 단체로서의 존재는 인정되지 않고 (있다.) 조선어문 운동내지 조선어사전편찬사업 같은 것은 오직 조선어의 학문적 연구 사업으로 인정된 점은 있다 해도 이것을 민족운동 특히 민족독립운 동으로 인식된 사실은 추호도 없다. 민족적 대사업으로 촉망되었다 면, 조선어사전편찬사업에 모인 자금액이 너무나 부족하고 늘 재정 난으로 인한 사업중단의 사실은 무엇으로 설명할 것인가.

3. 조선어사전 편찬 등의 목적 및 내용

1) 조선어사전 편찬의 의도

변호 : 10여 년간 오직 순수한 문화운동으로 그 틀을 벗어난바 없고, 사 법경찰관의 엄중한 조사에도 불구하고 그 자체가 정치결사로 인정받 을만한 자료가 될 수 있는 구체적 사실을 발견할 수가 없었다.

검=법 : 조선어사전의 편찬 또는 조선어문운동을 행한 것은 이것으로 조 선인의 실력을 배양하고 조선인의 민족의식의 앙양을 도모하여 조선 독립의 실현을 기도하려는 목적에서 나온 것이다.

2) 사전의 어휘 중 15개 단어의 주석의 평가

변호 : 수많은 수록단어 중 극히 일부(단 15개)의 단어 몇 개로 조선민족 의 정치적 독립을 기도하는 것으로 단정하는 것은 속단이다. 단순한 자구의 주석은 사상의 표현이 아니다.

검=법 : 본건사전에 수록된 어휘 약 15어 중 일부 말하자면 불온한 주석 내용을 가진 것이 있다. 이는 조선어학회 활동의 불온성의 한 단면이다.

변호 : 조선총독부자신이 사전편찬에 협력하여 그 검열을 하고 의심한바 없는데 돌연 본건 어학회와 직접 하등의 취체상의 관계가 없는 장소에서 검거하여 이것을 유죄라고 한다면 세인은 이것을 가지고 민의에 어긋나는 일이 아니냐고 평가할 것이다.

검=법 : 어휘의 채록주해(採錄註解)는 조선독립의 근본목적에 따라 민족정신의 고취로 일관하는 취지하에 그 철저함을 기함과 동시에 적어도 조선의 민족정신을 말살 또는 훼손하는 것과 같은 문구의 사용을 피하고 주해는 당국의 검열이 허용하는 범위내에서 암암리로 민족의식의 앙양을 도모하도록 연구할 것을 협의결정하여 수록어휘 약15개에 달하는 원고를 작성했다.

변호 : 학회의 개별활동들(가령 조선어통일, 표준어기준공표, 외래어표기법통일, 언문학습회, 세종대왕한글영포기념식, 기관지 한글의 발행, 사전편찬작업)은 심지어 총독부의 교학당국의 방침에 준거한 순연히 합법적 문화활동이어서 위법성 없다.

3) 조선기념도서출판관의 조직과 저서 출판

변호 : 도서의 출판을 위한 재원 확보를 위한 것이고, 출판물은 합법적으로 간행되었다.

고등 : 피고인등의 행위는 순수한 학술적 문화운동이 아니라 합법적 문화운동의 이름에 숨어서 조선의 독립을 목적으로 하는 결사를 조직하여 그 목적 수행을 위하여 활동하며 혹은 그 목적 사항의 실행에 관하여 협의했다.

4. 피고인들의 개별활동과 조선어학회 활동과의 관련성 여부

1) 조선어학회 이전의 활동과 조선어학회 활동 간의 연계성 여부

검=법 : 피고인등이 그전에 내심적으로 조선독립을 희망하고 있었다.

변호 : 피고인등이 내심적으로 조선의 독립을 희망하고 있었다 해도 본 건 조선어학회가 당연히 조선독립을 목적으로 하여 조직된 결사라고 단정할 수는 없다.

고등 : 이들 피고인 4명은 모두 조선의 독립을 열망하며 민족의식이 극히 농후한 자들로 특히 피고인 이극로, 동 최현배 같은 자는 반도내 쟁쟁한 민족주의자다.

2) 이극로의 독립운동 관련 행적과 조선어학회 활동과의 연관성 여부

검=법 : 피고인 이극로의 전력에서 간취되는 강렬한 민족의식에서 판단한다면 본건 운동당시에 있어서도 동인의 내심에는 어느 정도의 민족의식과 독립희구의 염원을 청산하기 어려운 것이 잔존한다. 동인은 본건과 같은 어문운동이 나아가서 조선민중간에 민족의식을 앙양하는 결과를 초래하여 이것이 타일 어떤 기회에 조선독립운동이 발발될 때 그 운동 세력을 기여하는 효과를 초래할 것이다.

변호 : 다년간의 그의 주의주장을 버리고 정치운동에서 몸을 빼고 학자로서의 그의 본분에 돌아가서 학식을 경주하여 조선어사전의 편찬과 조선어문의 통일운동이란 순문화운동에 전신(轉身)했다고 보는 것이 타당하다. 설혹 이(李)의 심경이 이와 같다고 인정된다 하더라도 그 까닭으로 당장 피고인이 본건운동을 조선독립을 기도하는 목적을 위하여 행한 것으로 인정하는 것은 타당치 않다.

고등 : 이극로는 전기 제1회 세계약소민족대회에 출석하여 하관조약(下關條約)에 의하여 보증된 조선독립의 실행을 일본정부에 요구하는 것, 조선에서 총독정치의 즉시중지, 상해대한민국임시정부를 승인할

것 등 3항목에 걸치는 의안을 제출하고 조선독립을 위하여 원조해줄
것을 요구하였으나 채택되지 않았다. 약소민족 대표자간에서도 조선
의 존재를 무시당한 것으로 조선의 독립에는 외력(外力)의존의 근본
관념을 시정하여 조선민족의 문화와 경제력을 양성 향상시킴과 동시
에 민족의식을 환기 앙양하여 독립의 실력을 양성한 후에 정세에 따
라 의거의 방법으로 독립을 실현시켜야한다고 하여 그 문화운동 중
가장 중요한 것이 어문운동이다. 이리하여 조선어사전편찬을 계획하
여 1929년 7월경부터 피고인 최현배와 협의하여 동년 10월 조선어사
전편찬회를 설립하게 되었다.

3) 최현배, 이희승의 의도에 대한 평가

검=법 : 피고인 최현배, 이희승 양인까지도 이와 같은 목적(위의 이극로와
　　　같은)을 가진 것으로 인정할 수 있다.

변호 : 그 경력 및 성격에 있어서 하등의 정치적 색채가 없고 오직 학구
　　　로서 그 본분을 지키고 있다고 스스로 믿는 피고인 최현배, 이희승 양
　　　인까지도 이와 같은 목적을 가진 것으로 인정한 것은 정말 중대한 사
　　　실오인이 있다고 의심할만한 현저한 사유가 있다.

고등 : 최현배는 한일합병당시부터 여기에 불만을 품고 조선의 독립을
　　　희망하다가 그후 주시경(周時經) 같은 민족주의자의 감화를 받고 혹
　　　은 대종교에 입교하여 그 민족주의적 분위기에 물들고 혹은 최남선
　　　의 저작을 열독하여 민족의식을 높이고 「윌슨」이 제창한 민족자결주
　　　의와 1919년 조선독립만세소요사건 등의 자극을 받아 더욱 조선의
　　　독립을 열망하게 되었다가 1926년 「민족갱생의 길」이라는 민족주의
　　　적 논문을 동아일보 지상에 연재하고 1930년 이것을 저서로 발간했
　　　는데 이 저서에서 「조선민족을 갱생시키려면 먼저 조선인으로서의
　　　자각을 가지고 문화인 동지들에게 호소하여 일대 민족운동을 일으켜

야 한다. 조선민족은 그 갱생에 대한 확고한 신념이 필요하다. 조선민족은 3·1운동에 의해서 그 생기를 진기(振起)시켰다」라고 하여 3·1운동을 격찬하고 또한 「우리말은 우리민족의 정신적 산물의 종합체이다. 우리말을 듣는 데에 조선심(朝鮮心)이 있고 우리말을 전하는 데에 조선혼이 있다」라고 하여 어문운동의 필요성을 강조하며 1927년 경부터 조선독립을 목적으로 하는 결사 흥업구락부(興業俱樂部)에 가입하여 자주 그 집회에 참가한 까닭으로 1938년 9월 경성지방법원검사국에서 치안유지법위반에 인한 기소유예처분을 받고 경성보호관찰소의 보호관찰처분에 처해졌는데도 불구하고 여전히 조선 독립을 희망하고 있었던 자이다.

5. 사법경찰관 및 검사 앞에서의 피의사실 자백에 대한 평가

변호 : 경찰에서 엄중한 취조를 받았기 때문에 허위자백을 했고 검사국에서는 먼저 취조한 경찰관이 입회했기 때문에 부득이 종래의 자백을 유지한 것으로 이와 같은 자백은 어느 것이나 진실과 반하는 것이다.

검=법 : 사법경찰관, 검사 앞의 공술이 허위라고 주장하는 피고인의 주장을 시인할 만한 아무런 자료나 증거가 없다.

6. 치안유지법의 적용가능성 여부

1) 소극적, 간접적 기여도 치안유지법상의 '국체변혁'에 해당하는가

검=법 : 동법에는 오직 국체변혁의 목적이라 말할 뿐 국체변혁의 수단방법을 한정한 바 없으므로 국체의 변혁을 목적으로 하는 행위는 그 변혁의 수단방법이 적극적·직접적이거나 소극적·간접적이거나 불문하고 해당행위로 해석하는 것이 상당하다.

변호 : 조선독립의 목적을 가지고 어떤 행동을 했다고 인정하는 경우에

는 그 행위자에 있어서 조선독립을 희구하여 이것에 기여하고자 하는 적극적 의도가 인정될 경우에 한하여야 하며 전술한 바와 같이 그 행위가 혹은 조선독립에 간접적으로 기여할 수도 있다는 정도의 소극적인 것일 경우에는 이것을 가지고 조선독립의 목적을 가진 것으로 인정할 수 없는 것이 입법의 본지에 따른 해석이다.

고등 : 소극적·간접적 문화운동이라 해도 단체변혁의 수단이 될 수 있는 것, 원래 적법행위라 할지라도 위법목적과 결합됨에 따라 위법행위가 되는 것이다.

2) 사전편찬, 조선어보급이 '국체변혁'의 수단이 될 수 있는가

변호 : 사전편찬은 완전히 합법적 행위이다. 과정도 합법적이었다. 사전편찬으로 어떻게 독립을 달성할 수 있다는 것인가.

검=법 : 고유 언어의 보급통일과 같은 간접적·소극적 문화운동이라 할지라도 국체변혁의 위험이 없다고 단정할 수 없는 것은 물론이다.

고등 : (조선어학회가) 국체변혁의 목적이 있고 그 목적실현의 수단으로 사전의 편찬, 기타 문화운동을 한 점에 있다고 생각하지 아니할 수 없다. 행위 자체가 위법이 아닐 지라도 어떤 위법적 목적과 결합되어 범죄를 구성하게 되는 것은 반드시 이상하다고 할 수 없다. 예를 들어 가옥을 빌리는 것, 도검을 매입하는 행위 자체는 물론 위법이 아니지만, 그것이 국체변혁을 목적으로 하는 결사의 본거를 마련하거나 사람을 살해할 목적으로 칼을 샀다면 각기 치안유지법위반죄 또는 살인예비죄를 구성하는 것과 같다.

3) 동우회 사건의 판례

변호 : 어떤 사물이나 사실의 본질을 그 외형적 사상 내지 냄새에 의해서 판단하는 것은 위험한 일로 정당하지 않다. 본건은 치안유지법위반

의 외형내지 냄새로 인해서 일단 혐의를 받게 됐다 해도 그것은 단순히 혐의일 뿐 치안유지법위반행위 그 자체는 아니라고 확신한다. 전에 귀원(貴院)에서 그의 소위 동우회사건은 공정한 재판에 의하여 무죄가 확정되었는데 본 변호인은 동우회사건과 본건을 비교하여 더욱더 그 확신을 깊이 하는 바이다.

고등 : 피고인등의 행위가 국체변혁의 실행으로 보여지는 것이 없다 해도 국체변혁의 위험이 있는 이상 이것을 동법 위반죄로 문의하는 것은 당연하다. 이와 같은 행위가 민족의식을 앙양시켜 따라서 독립의 기운을 양성시키는 결과 독립의 위험을 생기게 한다는 것이 원심판결의 취지이다.

7. 정상론

고등 : 피고인 이극로, 동 최현배, 동 이희승은 각기 공판정에서 자기들은 지금에 와서는 이미 완전히 민족의식을 청산하고 충량한 신민이 되어 있다고 공술하고 있으나 동 피고인 등은 지금도 가슴속깊이 농후한 민족의식을 품고 있음을 알 수 있다. 본건 범행은 실로 중대악질이어서 조금도 동정할만한 정상이 아닐 뿐만 아니라 본건은 10여 년의 장기간에 걸쳐서 일반사회에 극히 심대한 악영향을 끼친 것이기 때문에 악화의 경향이 엿보이는 반도현하의 사상정세에 비추어 일반 타계의 의미에서도 피고인등을 엄벌에 처하는 필요가 있음을 통감한다.

위의 정리 중에서 "6. 치안유지법의 적용가능성 여부" 부분은 법리적 검토가 더 요구되는 것 같다. 치안유지법의 '국체변혁'에 독립운동이 포함된다는 것은 1930년 초 이래의 일제의 판례에 일관되어 있다. 그러면 조선에서의 제반 사회운동 전반이 치안유지법의 그물망에 걸리게 될 수도 있다.

그 경우 법해석의 확대해석으로 인한 폐해가 막심해지며, 종내에는 치안유지법 그 자체의 권위를 지나치게 떨어뜨리게 될 것이다. 앞서 인용했듯이, 밥한끼 먹는 것도 그 밥먹고 힘내어 독립운동을 하려는 의도였다면 치안유지법 위반이 되지 않나 하는 것이다. 실제로 많은 사건에서 치안유지법 적용 여부에 대해 우왕좌왕한 사례가 적지 않다. 우리가 검토한 바로도, 가령 보합단사건, 민중대회사건, 경성여학생만세운동사건, 십자가당사건 등에 보안법이냐 치안유지법이냐 하는 것이 문제되었고, 그에 대해 경찰, 검사, 법원은 상이한 판단을 내리곤 했던 것이다. 따라서 실제의 특정한 활동이 조선독립을 직접목적으로 한 것이 아니라고 보여질 때, 피고인이 궁극적으로 조선독립을 희망한다는 주관적 인식이 있다는 것만으로는 치안유지법 위반이 될 수 없다. 수단방법이 소극적이거나 간접적인 데 불과한 경우, 이를 국체변혁의 목적이 있다고 하는 것은 타당하지 않다. 이러한 판례가 동우회사건의 조선고등법원 판례였던 것이다.

그러나 1940년대에 이르면, 전시체제하에서 사회주의적 경향을 띤 사회운동은 거의 자취를 감추었다. 그렇게 되면 치안유지법체제 그 자체가 무용해진다. 처벌할 대상이 없어졌기 때문이다. 그러나 이미 치안유지법의 적용과 집행에 관련된 광대한 형사사법 시스템이 구축된 상태에서는, 기존의 적용대상이 사라졌을 경우, 그 시스템의 폐기가 아니라, 새로운 적용대상을 추구하게 된다. 종래의 민족운동에 해당한 사건들이 치안유지법 대상으로 새로이 걸려드는 경우가 다수 생기게 된다. 더 나아가 종래에는 합법적 테두리 내에 행해졌던 각종 활동마저 새로이 '국체변혁'의 목적을 가진 집단으로 찍어 처벌하게 된다. 조선어학회 사건은 그야말로 그 대표적인 것이다.

이를 통해 얻을 수 있는 법적 교훈을 요약하면 다음과 같다.

- 합법적인 틀 내에서 학술활동 정도에 그쳐도, 그 모든 활동은 표면적으로는

합법이나 이면적으로는 불법이라는 논리가 만들어졌다.

- 당국의 검열을 받아 출판된 것도, 암암리에 민족의식의 앙양을 위한 행동으로 재규정된다.
- 조선독립을 희망했지만 합법적 학술활동으로 전환한지 수십년이 된 인사들도 장차 어떤 기회를 틈타 독립운동에 기여할 것이라는 위험성이 예견된다고 재규정된다.
- 사전편찬, 책출간, 맞춤법통일 등 모든 활동이 국체변혁을 위한 활동으로 재규정될 수 있다. 그를 정당화하기 위한 법리로써, 국체변혁을 위한 수단방법에는 직접적 적극적인 경우는 물론 소극적 간접적인 경우도 포함된다. 이렇게 하여, 치안유지법은 인과관계에 대한 합리적 해석범위를 완전히 초월하여, 거의 어떤 활동에 대해서도 적용될 수 있게 되었다. 또한 사전편찬과 같은 것도 "국체변혁의 위험이 없다고 단정할 수 없다."
- 자발적이든 강제에 의한 것이든 일제는 충량한 황국신민이 되기를 압박했다. 그러한 압박에 못이겨 전향을 한다든가 창씨개명을 한다든가 하면, 이제는 표면이 아니라 "가슴속 깊이 농후한 민족의식을 품고 있다"고 하여 조금의 참작사유도 되지 못한다. 즉 전향을 하건 말든간에 치안유지법의 적용대상이 되는 데는 아무 문제가 없다.

이러한 해석으로 치달리면 법은 오직 강력한 처벌을 위한 몽둥이에 불과하게 되었다. 일제의 마지막 시점에서 이루어진 조선어학회사건의 최종심판결은, 근대법의 파탄, 근대적 외양을 띤 재판의 완전한 파탄으로 귀결되었다. 더 이상 절망적일 수 없는 절망의 심연에서, 그 지옥의 세계를 송두리째 쓸어낸 것이 1945년 8월 15일 일본패망과 민족독립이었던 것이다.

역설적으로 보면 이 판결은 어쩌면 매우 잘 된 것인지도 모른다. 판결로는 매우 무리하고 부당한 것이지만, 민족운동사에서 국어운동이 가진 높은 위상을 오히려 격상시키고 있으며, 조선어학회 간부들이 그토록 내면으로부터 열망했던 부분을 족집게로 뽑아내듯이 선언해주고 있기 때문이다. 그토록 강렬한 내적 열망이 없었다면 이극로, 최현배, 김윤경, 이희승 등 당대 최고의 지식인들이 그토록 한글운동에 침식을 잊고 수십 년 동안 전념할 수 있었겠는가. 그 점에서 조선어학회 회원들의 어문운동이 "문화적 민족운동임과 동시에 가장 심모원려(深謀遠慮)를 함축하는 민족독립운동"이라는 역사적 평가를 내릴 수 있는 것이다. 처벌의 고통과는 별개로, 이러한 평가를 받을만한 운동이라면 더 이상의 광영이 달리 없을 것이다. 일제의 처벌은 독립 후에 그 자체가 영광의 징표일 수 있음을 적나라하게 느낄 수 있는 대목이기도 하다. 또한 조선어학회 회원들이 어문운동의 순수성을 강조하고, 일제당국의 검열이나 요청에 대해 계속 순응적인 태도를 취한 것은 총독부 당국에 대한 불만이 없어서가 아니었다. 갈수록 민족정체성이 위축되고 조선적인 것을 박멸하려는 제국의 의도에 맞서, 다른 모든 것을 희생해서라도 조선어라도 살려내야 하겠다는 생각에서였을 것이다. 이것이야말로 '심모원려' 그 자체가 아니었을까.

다시 우리의 주인공에게로 돌아간다. 이인은 1944년 11월경에 병보석으로 석방되었다. 검거된 이들 중 조선어학회의 학자들이 아닌 모든 인사들과 함께였다. 함흥구치소에서는 이윤재와 한징이 옥사하자 더 이상의 희생을 우려하여, 병으로 위독한 사람을 함흥시내 병원으로 입원하도록 병보석의 조치를 했던 것이다. 이인은 학질로 신음하다 함흥 도립병원에 거주제한이 된 채로 출옥하였다. 판결을 얼마 앞두고는 거주제한이 도립병원에서 함흥 시내까지로 완화되었다. 공판 중에는 다시 수감되었다가 1945년 1월 18일 징역2년, 집행유예 3년의 형을 선고받고 석방되었다.[77] 1945년 초에 그는 반생반사(半生半死)상태로 경성으로 돌아왔다. 일제의 삼엄한 감시 속에서 지내다, 극도로 쇠약해진 몸을 이끌고 양주군 은봉면 덕정리 농막(農

---

77 이인, 반세기의 증언, 141면에는 징역2년에 집행유예 4년이라고 되어 있으나, 본문의 기술이 타당하다.

幕)에 몸을 숨겼다. 일제의 '흑표4호(黑票4號)'로 지목되어 언제 다시 붙들려가서 처단될지 모른다는 소문을 듣고서였다. 8 · 15 직전 동지들과 반일항쟁을 준비하던 중에 해방이 닥쳐온 것이다.[78]

한편 조선어학회 회원들은 해방 후 조선어사전 원고의 행방을 백방으로 수소문했다. 사전의 원고는 모두 함남 홍원경찰서에서 압수해갔던 것이다. 그런데 해방후 1945년 9월 8일에 서울역 뒤에 있는 통운회사 창고에서 사전 원고(어휘 카드)가 거의 완벽하게 보존되어 있는 것이 발견되었다.[79] 고등법원에 상고했을 때 일건의 재판기록과 함께 증빙자료로 경성으로 실어보냈던 모양이다. 결과적으로 고등법원에 상고한 것은 여간 잘한 일이 아니었다.[80] 이를 토대로 원고를 수정 보충하여 우리말대사전은 1947년에 제1권을 발행한 이래 1957년에 이르러 전6권으로 완성을 보게 되었다.[81]

이인의 한글사랑은 내내 이어졌다. 노후에 한글학회에 사재를 정리하여 3,000만원을 내놓은 것[82]을 계기로 2억 원의 모금운동을 벌여 종로구 신문로에 한글학회의 오랜 숙원이던 회관을 지을 수 있었고, 1979년 유언으로 자신이 살던 집까지 한글학회에 기증했다. 결국 전재산을 한글학회에 기증한 셈이다.[83] 이인의 사후에 자손들이 유산을 모아 '애산학회(愛山學會)'를 설립하여 매년 연구논집을 간행하고 있다. 이인은 조선어학회, 한글학회의 후원자로서 역할을 끝까지 수행했던 것이다.[84]

---

78 이인, 반세기의 증언, 142~144면.

79 이희승은 "약 반년뒤"에 발견되었다고 회고하고 있으나, 정인승은 날짜를 명기하고 있어 정인승의 회고를 더 신뢰하여 인용한다. 정인승, 앞의 책, 137면.

80 이희승, 앞의 책, 497면.

81 이희승, 앞의 책, 497면.

82 경향신문 1976.8.16. "한글학회 회관건립 이인 씨가 3천만원"

83 동아일보 1979.8.3. "고 이인 선생 전재산 바친, 애산의 국어사랑"

84 정범석, "애산 이인 박사 편모," 한글학회 편, 얼음장 밑에서도 물은 흘러: '조선어학회 수난' 50돌 기념글모이, 1993, 238면.

제11장

독립운동과 항일변호사의 위상

이제까지는 사건과 피고인 중심으로 항일변호사의 활동을 살펴봤다. 여기서는 그들의 활동이 독립운동의 맥락에서 어떠한 위치를 차지할까 하는 점을 살펴보기로 한다. 첫째, 항일변호사들 자신은 '변호사'로서의 위상을 어떻게 생각하고, 어떻게 활용했을까 하는 점을 살펴본다. 둘째, 독립운동가와 변호사의 관계는 단순하지 않다. 변호사를 둔다는 것 자체를 수치로 여기는 독립운동가들도 있었다. 변호사와 연대하여 법정투쟁을 매우 효율적으로 이끌어간 유형도 있고, 변호사의 지원을 절실히 필요로 한 유형도 있었다. 이러한 독립운동과 변호사와의 다차원적 관계형성에 대해 살펴보고자 하는 것이다. 셋째, "3인"의 변호사에 대해 사회적 평판은 어떠했던가를 살펴본다. 그냥 사회지도자로서의 "3인"이라기보다는, "변호사"로서의 "3인"의 활동을 중심으로 정리해보려는 것이다. 이러한 여러 차원을 검토함으로써, 일제하 항일변호사의 종합적인 위상을 자리매김할 수 있으며, 특히 3인의 변호사에 대한 온당한 종합적 평가가 가능해질 것이라 생각한다.

항일변호사의 자기인식

．
．
．
．

　김병로는 1959년 〈수상단편〉에서 일제하에서 "왜 변호사가 되려고 했던
가"에 대해 입장을 정리하고 있다.

　원래, 내가 변호사자격을 얻기에 유의하였다는 것은 생활 직업에 치중한 것도
아니요, 재산을 축적한다는 생각은 추호도 없었으며, 다만 일정의 박해를 받아
비참한 질곡에 신음하는 동포를 위하여 도움이 될 수 있는 행동을 하려 함에 있
었다. 변호사라는 직무가 그다지 큰 것도 아니지만, 그 당시의 현실에 있어서 첫
째, 가장 우리에게 잔혹하던 경찰도 변호사라면 용이하게 폭행이나 구금을 하기
어려웠다는 것, 둘째로 그 수입으로써 사회운동의 자금에 충당할 수 있는 것, 셋
째로 공개법정을 통하여 정치투쟁을 전개할 수 있는 것, 등이 약자인 우리에게
는 한 무기가 될 수 있다는 것이었다. 뿐만 아니라, 나는 생각하기를 변호사라는
직무가 자기의 생활 직업으로만 하지 아니한다면 인권옹호와 사회정의에 실로
위대한 사업이 될 수 있다고 믿었던 것이다. 그리하여, 나는 곧 동지를 규합하여
집단활동을 추진한 바도 있고, 비밀계획을 시도한 바도 있어 미력이나마 해방
직전까지 30년이란 기간을 끊임없이 시련한 바 있었다.[1]

---

1 김병로, "수상단편," 265면(경향신문 1959.3.20~5.30. 연재된 내용 중 일부).

이인 변호사의 회고도 그와 거의 유사하다.

나는 내 직분을 크게 두가지로 생각했어. 억울하게 형벌을 받게 된 동포를 구한
다는 것과 다른 하나는 메스컴과 법정을 이용해서 민족의식을 고취하고 민족봉
기를 촉구하려는 거야. 궁극의 목적은 조선독립의 기초공작이었어. 그런데 요즘
사람들 중엔 독립운동은 해외에서만 하는 건 줄로 알고 있어.[2]

김병로는 1919년 판사가 됨으로써 법조인의 자격을 얻었다. 그러나 그
것은 하나의 방편이었을 뿐이란 점은 그가 판사직을 단 1년 근무한 후 변
호사로 전직하였다는 데서 알 수 있다. 허헌은 변호사로서 의미있는 활동
이 불가능했던 1910년대에는 모습도 비치지 않다가 3·1운동변론에서 맹
활약함으로써 변호사의 존재의의를 뚜렷이 했다. 이인은 시험합격후 곧바
로 변호사로 개업했고, 그 첫 사건은 의열단사건이었다. 이같이 3인의 변
호사는 동포를 위해 도움이 되는 행동을 하겠다는 초심을 굳게 갖고 있었
으며, 일제시대 내내 항일변론과 인권옹호, 사회정의를 위한 옹호자로서의
삶을 일관되이 살았다. 그럼으로써 변호사로서의 초심의 진정성을 전 생애
의 활동을 통해 보증했다. 변호사의 자격은 그러한 활동의 열쇠였다.

첫째, 변호사의 상대적 특권적 지위이다. 일제하에서 변호사는 그 수가
매우 적었고, 공인된 높은 지위를 향유한다고 볼 수 있다. 그러나 그 지위
를 개인적 영달이 아니라, 사건의 피고인 나아가 약자인 조선민중을 위해
그 특권을 행사했다는 점이 두드러진다. 가령 갑산화전민사건, 원산총파
업, 광주학생항쟁의 실지조사에서, 다른 사회인사들이 뚫기 어려웠던 현지
조사를 하고 당국자와 면담하며, 그를 토대로 광범한 사회여론을 집결시
킬 수 있었다. 그토록 안하무인이던 경찰도 변호사에게는 한 수 접고 어려

---

2 이인, 반세기의 증언, 237면.

위하며 대했다. 일제의 고문을 폭로하고 심지어 총독부 당국에까지 항의할 수 있었던 것은 인권의식과 민족의식이 투철한 인사가 변호사로서의 지위를 철저히 활용한 대표적인 예일 것이다.

둘째, 변호사로서 일정한 수입이 있었다. 그 수입은 아마도 민사사건을 맡아 처리하고 받은 보수일 것이다. 변호사가 극히 드문 조선사회에서 변호사의 법적 조력은 의뢰인에게 유리한 결과를 가져오는 데 도움이 되었다. 그러나 그들은 그 수입을 개인적 치부를 위해 축적하지 않았다. 그들이 역점을 두었던 독립운동사건, 사상사건에 대해서는 무료변론을 원칙으로 했기에 "무료변호사"란 별칭까지 얻었다. 그것도 "자진"해서 무료변론에 나섰던 것이다. 그들의 활동범위는 조선 전체였다. 신의주, 평양, 함흥, 원산, 마산, 목포, 대구, 옥구 등 전국의 지명이 두루 등장하고 있으며, 갑산과 장진까지 미치고 있다. 그를 위한 비용 염출을 위해 그들은 민사사건에서 얻은 수입을 공동관리하면서, 형사사건의 피고인을 접견하고 식사를 차입하고 법정변론에 전념하였다. 단순히 변론을 무료로 함에 그치지 않고, 피고인의 옥중 뒷바라지와 출옥인사들의 생활보조까지 하고 있었던 것이다. 그 점에서 그들 변호사는 민족운동가들의 법정 변론에 그치지 않고 동지적 연대감을 추구했던 것이다.

이들 변호사들은 법정변론에 머물지 않고 사회운동의 최전선에 뛰어들었다. 허헌과 김병로는 신간회 활동의 주역이었을 뿐 아니라 신간회 본부의 살림살이를 거의 책임지는 정도였다.[3] 이인의 경우 물산장려회와 조선

3 다음의 질의답변을 참고. "(질의) 신간회본부에서 과거에 각금 지방에 간부도 파견하고 또 유무급 상무도 두고 종로 큰 거리에 빌딩도 사무소로 엇고 그밧게 지필묵 등 사무비의 입비도 만엇겟는데 그것을 대체 누가 판출하엿슴니까. 아모리 생각하여도 흔히 유명무실한 회비수입만으로는 어려울 터인데요. 평양 오창하. (답변) 신간회본부의 경비가 만흔 것은 사실임니다. 그러고 그것이 회원의 회비를 거두어 드리어 지탱하여 갓든 것이 아닌 것도 사실임니다. 그러면 그 돈이 대체 어데에서 나왓느냐 할 것이외다. 여기 대하야 교차점 기수가 조사한 바에 의하면 대개는 간부 그 중에도 주석들이 만히 자담하엿다하는데 들니는 말에 전 집행위원장 허헌이 광주사건으로 드

어학회의 활동경비를 염출했다. 브뤼셀의 세계피압박자대회의 경비도 보이지 않게 지원했다.

셋째, 공개법정을 통해 정치투쟁을 하는 것은 이들 변호사의 주특기였다. 이인도 항일변론을 "합법을 이용한 독립운동"이라 한마디로 정의했다.[4] 이들의 법정투쟁의 양상은 이미 숱한 사례를 통해 밝힌 바 있다. 항일활동가들의 투쟁은 대개 지하에서, 해외에서 이루어진 것이고, 이를 가시화할 수 없었다. 그들이 체포되면 일제의 경찰과 사법당국 이외에 그들을 접촉할 수 있는 유일한 창구가 변호사였다. 변호사들은 옥중 접견을 통해 얻은 정보를 기자에게 알리고, 기자는 이를 기사화함으로써 조선 천지에 전파시킨다. 공판일자에 가까워지면 피고인의 일거수 일투족에 민중의 관심이 집중되게끔 했다. 이렇게 "천하의 이목"을 용동시켜놓은 가운데 공판정은 치열한 쟁론의 장이 된다. 피고인들의 진술을 통해 내외의 독립운동의 실상이 알려진다. 다만 피고인들의 진술이 대개 제한되고 비공개로 처리되는 경우가 대부분이지만, 변호인의 변론까지 제한하는 경우는 별로 없었다. 특히 고문이나 경찰권의 남용의 사례일 경우 공포와 불안감으로 극도로 위축된 피고인의 용기를 북돋우고 고문사실을 폭로하는 데는 변호인의 역할이 절대적이다. 항일변호인의 본령 중의 하나는 반고문투쟁이었다. 고문은 일상적 수사수단으로 애용되었던 반면, 법률적으로는 고문사실은 도저히 정당화될 수 없기 때문이다. 변호인의 열렬한 변론과 특유한 논리는 피고인 뿐 아니라, 방청객, 그리고 전 민중들에게 독립운동의 대의를 역설하는 장이 되었다. 기자들은 보도란 형식을 통해 피고인과 변호인의 법정투쟁을 소개하면서, 독립운동의 사실과 대의를 널리 전파시킨다. 이같은 피고인-

---

러가기까지에 약 4천원을 썼고 그뒤를 잇는 제이차 집행위원장 김병로 씨가 이럭저럭 6천원 갓가운 돈을 썼다고 합니다. K 기수 답" ("교차점," 삼천리, 제17호, 1931.7, 71~72면)

4 이인, 반세기의 증언, 236면.

변호인-언론의 합작은 일제하 법정투쟁에서 필수적인 요소처럼 여겨지기도 한다.

앞서 소개한 인용은 해방후 김병로와 이인의 것이다. 허헌의 경우, 해방 이후 자신의 역할에 대해 회고할 기회조차 없었다. 반면 일제하에서는 위와 같은 수준의 글을 쓰기도 어려웠고, 워낙 많은 사건에 파묻히다 보면 변호사로서의 자기규정을 할 기회도 드물다. 그와 관련하여 1932년 김병로의 글이 있다. 변호사정직을 당한 직후에 쓴 글이어서 나름대로의 성찰을 거쳐 변호사의 사명을 정리하고 있다.

변호사의 직책은 무엇입니까? 형사소송에 있어서는 변호인이란 기관이 되어 피고인의 권익을 옹호하기 위하야 방어의 방법과 판단의 재료를 제창하여 재판의 적정을 기하기에 주력합니다. 현행 형사소송에는 피고인을 당사자로 인하여 공술을 자유롭게 하야 방어의 권리를 부여하였고 검사도 법률의 정당한 적용을 청구하는 것이오, 재판소는 진실을 발견하여 적정한 재판을 기하고저 하는 것이나, 피고인은 법률상 지식과 소송상 경험이 있는 이가 적을 뿐 아니라 피고인의 지위에 있어서는 심경의 고난을 받는 영향으로 지력활동이 충분치 못하여 도저히 그 대수(對手)되는 검사와 대항하기 불능하고 검사는 피고인에게 대하여 범죄의 혐의를 인하고 공소를 제기하였으므로 그 착안이 피고인에게 불리한데로 향할 우려가 있는 것이오 재판소는 다수의 사건을 심리함에 있어서 전(專)히 한 사건에 전력을 경주하기 불능한 소이로 변호인이란 특별기관을 설하여 피고인의 권익옹호에 전임케할 필요를 감(感)하게 된 것입니다. … 사실에 있어서는 변호인에 대한 보수관계로 변호인을 선임치 못하고 공판을 종결하는 사건이 얼마나 많습니까! 재판소로서 변호인을 선임한 경우에도 기록이 방대하고 사실이 복잡한 사건에 있어서는 비용의 방도가 없어서 변호인의 책임을 다할 수 없는 사건이 많습니다. 그러므로 피고인의 권익을 옹호하기 위하여 변호인제도를 설한 법의 효능도 많이 유명무실에 돌아가고 맙니다. 변호인제도에 관한 법의 효능을 철저히 실현케 하려면 형사소송에 있어서는 중죄 경죄를 물론하고 재판소로서 변호인을 선임하여 변호인에게 대한 수수료 기타 비용을 지급하고 이것을 공소비용에 포함케 하여야 할 것이라고 생각합니다. 이것은 법의 개정문제이므로 한 이상에 불과합니다.[5]

한마디로 변호사는 피고인의 권익, 나아가 민중의 권익옹호에 헌신해야 한다는 것이다. 또한 변호인 제도가 그 역할을 다하려면 비용을 자담할 능력이 없는 피고인을 위한 비용을 국가에서 부담해야 함을 역설한다.

또한 일제강점기에 국가의 근본적 존재의의에 대해 고민한 글을 남겼다. 국가의 성립존재의 총체적 기초는 "민중의 자유활동"을 보장하는 데 있다는 것이다. 개개인의 자유의 발달은 책임감의 발달과 함께하는 것이다. 개인의 자유와 책임의 발전과 국가의 발달을 한가지로 보되, 개인의 자유를 강조함은 매우 법률가다운 논리로 이해될 수 있겠다.

국가의 성립 존재의 총괄적 기초는 무엇일가요. 종교이겟습니까? 권력이겟습니까? 정의이겟습니까? 이것이 모다 국가존립에 관한 근본적 사실의 일부를 표징함에 불과한 것이요 전적 근본관념을 천명할 수 없습니다. 그러므로 전(專)적 진리를 통일하야 어떠한 국가제도에 잇어서도 그 성립과 존재의 사실을 구상적으로 설명하랴면 민중(民衆)의 자유활동(自由活動)이라고 할 수밖에 없습니다.

무릇 사회현상은 개인의 심리에 기인하야 존재하는 것이므로 국가의 성립 존재 발달에 관한 기초관념이 모다 개인을 떠나서 구명할 수 없는 것입니다. 그러면 개인의 본질은 무엇일가요. 그 근본적 관념을 논함에는 자유활동의 주체라고 말할 수밖에 없습니다. 이에 반한 여하한 이론이 잇더라도 하등의 가치를 인(認)할 수 없습니다.

---

5 김병로, "민중의 권익옹호," 신동아, 1932.4, 16~17면.

소위 자유활동이라 함은 자아의 자각에 기인하야 자유스럽게 자아의 력량을 발휘하야 외계에 어떤 결과를 생(生)케 함이니 이 활동의 자유는 자연의 인과법칙이나 인류의 정명이론에 구애됨이 없이 자연현상을 이용하야 자유로 활동의 의력(意力)을 야기하는 것이니 이것이 곳 인류의 본질은 자아의 자유활동이라고 할 수밖에 없는 소이외다.

이 자유활동의 존재는 상상도 아니요 공상도 아니요 확실부동한 인류생활의 근원이 되는 제일단의 사실로서 누구던지 부정할수 없습니다. 그러므로 인류는 사회생활에 잇서서 어떠한 현실에나 어떠한 지식에 대하여서도 의념(疑念)을 아니 가질 수 없으나 자유활동의 기본사실은 그 누구에게나 의념을 허치 아니한 배입니다. 이와 같이 인류의 자아인 자각과 및 그 발동은 이것을 부정 또는 회의함을 부득(不得)함으로 정치의 의의에 잇서서나 사회의 의의에 잇서서나 국가가 그 연구의 시점이 되는 동시에 이것이 국가의 성립, 존재, 발달에 최종이유를 결정하는 것이 되겟습니다.

개개의 인류가 자아의 자각에 의하야 자유의사의 존재를 인하면서 그것을 발동케하는 결과가 자유활동이니 이 활동을 야기하는 것은 사회의 현실성이나 자연의 인과률이 아니요. 순연한 자아의 자유입니다. 이에 기인한 자아의 자유스러운 감각이 타아에 대한 책임관념을 생케하는 것이나 물론 이것도 하등 외계의 지배를 수(受)함이 아니요 자아의 자유의 결과뿐입니다. 자아가 자유로우므로 책임감이 생하고 책임감이 유(有)하므로 책임사실이 생하고 그 책임을 긍정하므로 사회에 잇서서 자유스러운 활동을 진작하게 되는 것입니다. 그럼으로 인류가 자유활동의 주체됨을 자임할지라도 이에 반한 책임감이 없고 따라서 그 책임에 당하기를 주저하면 자아의 자유활동도 자연히 저지될 수밖에 없습니다. 요컨대 자유의 발달은 개아(個我)의 책임감을 발동케 하고 책임감의 발달은 자유의 활동력을 강대케 하는 소이외다. 어떠한 민족 어떠한 사회를 물론하고 인류의 자유활동이 저상되고 따라서 개아의 책임감동이 무(無)함에 지(至)할진대 이것을 떠나서 국가의 성립, 존재 및 발달의 의의를 구명할 바이 없는 것입니다.[6]

인간의 자유의지를 기초로 인류의 본질은 자유활동이며, 국가의 성립과 존재의 본질은 개개인의 자유활동의 보장에 있음을 뚜렷이 한다. 또한 개개인의 자유로 인해 책임관념이 생기고, 자유와 책임이 제대로 없을 때는 국가의 발달이 있을 수 없다는 것이다. 이는 개인의 자유활동을 전적으로 부인하는 식민지체제에 대한 간접적인 항변이라 할 수 있을 것이다. 다만 이러한 논리전개방식은 1930년대 초반의 다른 논자들의 글들과는 입지점을 크게 달리한다. 다시말해 사회주의적 논변이 압도했던 그 시대 속에서, 매우 고답적이고 자유주의적인 논법을 구사하고 있는 것이다. 아마도 김병로의 법학적 지식체계 속에서 사회주의적 요소가 들어올 공간은 거의 없었던 것 같다. 물론 현실세계 속에서 변호인으로서, 사회주의나 공산주의, 무정부주의를 표방한 각종 운동가들과의 인간적 연대와 민족적 유대는 강력하게 추구했지만 말이다. 허헌과 이인의 경우에도 그 점은 거의 다르지 않다고 여겨진다. 어떻게 보면 법학적 담론 자체가 사회주의적 논변과는 친화력이 별로 없다고 할 수 있기도 하다.

6 김병로, "국가의 근본의와 민중의 자유," 동광, 제29호, 1931.12.

독립운동가와 변호사의 관계

．
．
．
●

　일제의 눈으로 볼 때 항일변호사는 독립운동을 지원하고 고무시키는 존재로서 매우 못마땅했을 것이다. 험난한 식민지 시기를 살아가면서 "3인"은 모두 순탄한 길을 걸을 수 없었다. 활동정지와 정직, 자격박탈의 수난을 맞았던 것이다. 그렇다고 독립운동가들이 이들의 존재와 조력을 두손 들고 환영했던 것은 아니었다. 조국의 독립에 생명을 걸었던 독립운동가들에게 이들 변호사들은 법정투쟁을 위해 필요하지만 동시에 일제 변호사의 존재에 대해 불편한 감정을 가지지 않을 수 없었던 면도 없지 않다. 물론 개개인마다 변호사와 갖는 관계의 방식은 너무나 다양하기에 일률적으로 단정하기는 어렵다. 따라서 몇 개의 상징적 예를 소개하여 논의에 갈음하고자 한다.

| 김창숙과 한용운 |

　논의의 출발점으로, 앞서 소개한 바 있는 김창숙의 사례를 다시 불러오기로 하자. 김창숙은 변호사를 대는 것을 절대 용납할 수 없었던 지사형 독립운동가였다.

　내가 변호를 거절하는 것은 엄중한 대의이다. 나는 대한 사람으로 일본 법률을 부인하는 사람이다. 일본 법률을 부인하면서 만약 일본 법률론자에게 변호를 위탁한다면 얼마나 대의에 모순되는 일인가? 군(김완섭)이나 손(치은), 김(용무)은 마찬가지로 일본법률론자이다. 일본법률로 대한인 김창숙을 변호하려면 자격이 갖추어지지 않은 것이다. 자격이 갖추어지지 않았으면서 억지로 변호하려는 것은 법률의 이론으로 또한 성립될 수 없을 것이다. … 나는 포로다. 포로로서 구차하게 살려고 하는 것은 치욕이다. 내 지조를 바꾸어 남에게 변호를 위탁하여 살기를 구하고 싶지 않다.[7]

일본법에 따르면 독립운동은 당연히 범죄이다. 그런데 일본으로부터 자격을 받은 조선인 변호사가 일본법률을 갖고 김창숙의 행위를 정당화하려면 억지변호가 되고 제대로 된 법률이론을 성립시키기도 어렵다. 이러한 취지에서 김창숙은 일관되게 변호인을 거부했다.

또 한분의 순정 독립운동가로 한용운을 들 수 있을 것이다. 이미 소개했듯이, 민중대회 사건(1929)에서 한용운은 허헌의 태도를 일러 "육법전서 들고 독립운동"하려 한다고 야유한 적이 있다.[8] 한용운은 3·1운동으로 옥살이를 하면서도 〈옥중투쟁 3대원칙〉을 정하고 동료 피고인들에게도 이를 준수토록 했다. 그 3대원칙은 ① 변호사를 대지 말 것, ② 사식을 취하지 말 것, ③ 보석을 요구하지 말 것 등이다.[9] 한마디로 일본법이나, 일본 행형당국과의 어떠한 타협도 허용치 않겠다는 것이다. 일제가 독립운동 주모자들을 극형에 처할 것이라는 소문을 듣고 대성통곡하는 인사를 향해 인분을 퍼붓던 기개를 보인 한용운이다.[10]

---

7 김창숙, 김창숙 문존, 356~358면.
8 이인, 반세기의 증언, 81면.
9 김광식, "종교계의 민족운동," 한국독립운동사편찬위원회, 한국독립운동의 역사, 제38권, 2008, 178면.
10 만해한용운선생전집간행위원회, 한용운전집 6, 361면. 「감방의 오물」이란 소제목의 글에 나온다.

한용운의 아들이 공산당 관련사건으로 구속된 적이 있다. 그 때 한용운의 반응이 다음과 같이 소개되고 있다.

아들 한보국은 ××당 재건위원회 사건으로 지금 서대문 형무소에 가치어 잇는데 공판이 박도하엿기에 누가 한용운씨 더러 변호사를 대일 것을 권하엿더니 한씨『제령위반이나 치안유지법 위반은 판에 박어노은 듯한 판결이나 내리는 법인데 변호사는 무슨 변호사요?』하고 태연 거절하엿다. 한씨의 면목이 약여타 할가.[11]

과연 "약여한 면목"대로 그는 "변호사는 무슨 변호사?"라고 일갈할 수 있었다. 다만 그 사건에서 한보국은 다른 피고인들과 함께 충분한 변호인의 조력을 받았음도 기록되어야 할 것이다. 신태악, 양윤식, 김병로 등이 변론에 나섰던 것이다.[12]

| 의열투쟁가 : 나석주와 이수흥의 경우 |

나석주는 1926년 동양척식회사와 식산은행에 폭탄을 던지고 순국한 의열단원이다. 그는 왜경에 생포되어 심문받고 야만적 악형을 받는 것 자체를 치욕스럽게 여기고 일제에 대한 최대의 불복으로 시가화전을 펼친 후 현장에서 자살하겠다고 결심하고 그대로 실천에 옮겼다. 그는 "왜적의 법률은 우리에게 정의를 주려고 만든 것이 아니"라는 점을 분명히 전제하고 있었다.[13]

---

11 삼천리, 제4권 제9호, 1932.9, 13~15면.
12 朝鮮總督府 高等法院 檢事局 思想部, "李雲赫等ノ法廷ニ於ケル審理狀況," 사상월보, 1932.10.15, 71~76면.
13 거사 전 나석주가 조선일보사 신석우 사장에게 보낸 서신의 일부. 이 서신은 1947.12.28. 조선일보에 게재되었다. 김영범, 의열투쟁 I-1920년대, 한국독립운동사

또다른 의열투쟁가 이수흥의 경우도 마찬가지였다. 그는 중국으로부터 귀국한 목적이 "대관 암살과 관공서 파괴"에 있음을 재판정에서 그대로 밝혔다. 구체적인 행동으로 "주재소를 파괴하고 경찰을 쏴죽인 것"도 떳떳하게 진술했다. 그는 조금도 변론을 구하는 마음도 없어, 변호인들의 자진변론 요청에도 응하지 않았다. 사형 판결이 선고되고 재판장이 항소 여부를 묻자 그는 "포로가 된 것만도 수치이거늘 하물며 어찌 목숨을 구걸하란 말인가"라고 말하며 항소하지 않았다. 자신의 한 일에 대해 "구구히 변론"함은 불가할뿐더러 자신에게는 "변호해주기를 바라는 마음이 조금도 없"다고 했다. 상소하여 목숨이 살아날 길이 있다 할지라도 "더러운 세상에서 구차히 생명을 이어간들 끝내는 치욕일 뿐"이라는 견결한 지사의식을 고수했다. 그는 사형이 확정되어 1928년 24세를 일기로 순국하였다.[14]

| 오동진, 이응서, 정백의 경우 |

모든 무장독립운동가들이 변호사의 지원을 거절한 것은 물론 아니다. 오동진과 이응서의 경우를 중심으로 보자.

오동진은 만주에 본거를 둔 무장독립단체인 정의부의 군사부위원장으로서 체포되어 신의주 감옥에 갇혀 누구보다 오래 옥살이를 했다. 옥중에서 종교적으로 심취하고, 장기단식도 감행하고, 정신이상의 징후도 여러차례 보였다.[15] 부인과 면회하면서 오동진은 신의주의 변호사 뿐 아니라 경성의 변호사를 다섯 정도 대어달라고 했다는 기사가 있다.[16] 나아가 오동진은 이인 변호사에게 엽서를 내어 변론을 부탁했다. 이인, 이희적, 최창조, 박영

제26권, 한국독립운동사연구소, 2009, 194면.

14 김영범, 앞의 책, 260~262면.

15 오동진에 대해서는 "칠창리의 거물들," 동광, 제21호, 1931.5.

16 동아일보 1928.2.13. "오동진 부인 이양숙여사 회견기(3)"

희, 김지건, 김병로, 김용무 등 10여 명이 오동진의 변론에 나섰다. 오동진의 혐의사실은 수십가지였으나, 적절한 변론이 작용하여 사형선고를 내릴 수 없었다. 그에게는 1심과 평양복심법원에서 모두 무기징역이 선고되었다.[17]

이응서는 "1923년부터 1929년까지 다수의 부하를 이끌고 평북 국경방면에 출몰하여 대소란을 일으키고 운무같이 자취를 숨기던 일명 〈국경의 흑선풍〉"으로 불리던 인사이다. 그는 1929년 4월 신의주에서 체포되었다. 그의 죄상은 전후 217건으로 살인 43건, 방화 30건, 우편물탈취건, 전신절단 7건, 경관추격 6건에 군자금 모집이 3만 6천여 원에 달했다고 한다.[18] 이응서는 항소심판결까지 받고, 상고하면서 이인 변호사에게 사건을 맡아달라고 엽서로 부탁했다. 다음은 그 전말이다.

나는 엽서로 된 변론의뢰를 받고 통의부사건의 이응서를 변론했다. 이응서는 (오동진과는 달리) 알아보기 어려운 엽서를 쓰지 않고 나는 통의부 아무개인데 한번 면회를 하고 싶다고 적어보냈다. 이 때 이응서는 이미 신의주지방법원에서 사형, 평양복심법원에서도 사형을 선고받은 뒤였다. 나는 곧 평양형무소로 그를 찾아갔다. 그의 인상은 한마디로 해서 요조숙녀 같았다. 얼굴이 여자처럼 예쁘게 생겼고 손 또한 여자처럼 고운데 목소리도 청아하다. 이렇게 선비처럼 생긴 사람이 15년간이나 통의부의 독립군을 영솔했다니 곧이 들리지가 않는다. 더국나 만주일대의 일본영사관과 경찰관 파견소를 습격, 파괴하기 150회요 일본관헌을 살해하기 백여명에 이르렀다니 놀라운 일이 아닐 수 없었다. 나는 그를 한번 보고 경복해버렸다. 이응서는 숙연한 태도로 나에게 말하기를 "내가 한 일은 우리 국민이 일제에 대해 쌓고 쌓은 원한의 만분지일도 못되오. 그러나 내가 이 일로 과연 일제법률에 의해 사형을 받아야 되는 것인지를 돌봐주오"하는 것이

17 이인, 반세기의 증언, 60~62면.
18 김정실, "옥중에서 해를 보내는 이들," 신동아, 1933.12.

다. 나는 소송기록을 자세히 읽어보고 충분한 상고이유가 있다고 판단했다. 그것은 어느날 어디서 일제관헌을 죽였다 하는 기록 중에 일자만 표시하고 시간이 없는 것, 죽은 사람을 성명불상자로 표시한 것, 불타버렸다는 일본관서의 장소조차 표시 않은 것이 수두룩한 것이다. 나는 이 이유를 들어 경성고등법원에 상고했다. 경성고등법원은 상고 심리 끝에 원심을 파기하고 무기징역을 선고했다.[19]

당시 자료를 보면, 이응서는 제1심에서 217건에 이르는 범죄사실을 모두 부인했다. 자신은 군의로서 ○○군에 종순하였을 뿐이라 주장했다. 제1심 재판장은 예심조서에 나타난 사실에 의거하여 그가 상해가정부의 민적위원, 만주의 무장조직인 통의부 제1대대장, 군의총장과 참의부에 속하여 감독하는 등 11가지의 증거를 들어 공술하였다.[20] 그러나 제1심 검사는 "적확한 범죄사실이 있음에도 불구하고 부인하는 피고의 태도는 조금도 용서할 수 없다"고 하여 이응서, 김여련, 손용준 등 3인에게 사형을 구형하였다. 그에 대해 이응서는 "직접 행동에 참여치 않은 나에게 사형을 구형한다는 것은 온당하다 할 수 없으니 재판장은 명판결이 있기를 바란다"는 최후진술을 했다.[21] 당시 변호사는 일본인(黑島) 변호사가 열석하였는데, 그는 최대의 정열을 기울여 변론한 것 같지 않다. 이응서는 무기징역을 선고받았다.[22]

---

19 이인, 반세기의 증언, 62면. 다만 이 부분에서 이인의 회고는 사실에 부합하지 않는다. 그가 이응서의 상고심 변론을 맡은 것은 맞다(동아일보 1932.1.13. 기사 참조). 그러나 이응서는 제1심에 검사로부터 사형을 구형받고 무기징역의 판결을 선고받았다(동아일보 1931.7.19.; 동아일보 1931.7.26.). 항소심에서도 마찬가지였다(동아일보 1931.12.17). 그러다 상고심에서 이인 변호사의 도움을 요청한 것이다.

20 동아일보 1931.7.1. "경찰허구라고 항변사실을 대개 부인. 해외○○운동자 이응서 등 심리속행"

21 동아일보 1931.7.19. "李應瑞 金汝璉 孫用俊三名은 死刑에 求刑, 리응서는 끗까지 사실 부인"

22 여기서 이인의 기억은 큰 착오가 있다. 이응서는 제1심재판에서 사형이 구형되었지

항소심은 노진설 변호사가 담당했고, 상고심은 이인 변호사가 담당했다. 이인 변호사의 회고에 따르자면, 범죄일시와 피살자의 성명, 피해장소가 특정되지 않았음을 들어 통박했다는 것이다. 다시 말해 모월모일에 모장소에서 모모인이 죽었다는 식이어서 공소사실의 불특정성을 변호인 입장에서 다툴 여지가 확실했던 것이다. 그 항변은 일부가 수용되어, 상고심은 이응서의 무기징역 선고를 유지하면서도 몇 부분에 있어서는 원심판결을 파기하지 않을 수 없었다.[23] 이인의 기억은 정확치 않지만, 원심판결은 변호사의 효과적인 도전에 의해 일부나마 파기되는 성과를 거둔 점은 확실하며, 이응서가 사형을 면한 것도 분명하다.

일제경찰에 체포되면, 재판을 받고 처벌되지 않을 수 없다. 그러나 그 처벌은 일제의 법령에 의해 일제의 재판소에서, 일제의 형사절차에 따라 이루어진다. 의열단처럼 일제의 법체제를 의식적으로 무시하는 방향으로 일관할 수도 있지만, 오동진과 이응서처럼 최대한의 변호사의 지원을 얻어 무리한 법적용을 차단하려는 노력을 할 수도 있는 것이다. 변호인의 주장이 일본법에 의해서도 충분한 논리를 갖고 있을 때 그들도 완전히 무시하기란 어려웠을 것이다.

독립운동을 추구한다고 해서 어떤 처벌도 감수한다는 자세는 될 수 없다. 증거에 의해 드러난 만큼의 처벌만을 받는 것은 당연한 일이며, 증거가 없거나 실제로 하지 않는 부분에 대한 처벌에 대해서는 억울함을 토로하는 것은 너무도 당연하다. 이 때 변호사의 적절한 도움이 없이 그 억울함을 해소하기 어려운 경우가 너무나 많다. 다음 ML당사건에 관련되어 옥살이하고 있던 정백이 김병로에게 보낸 서신 중의 일부이다.

만 무기징역이 선고되었다. 항소심에서도 마찬가지였다. 따라서 그가 상고 단계에서 사형이 파기되어 무기로 확정되었다는 회고는 역사적 사실과 일치하지 않는다.
23 동아일보 1932.3.15. "이응서 무기형, 금일 고등법원의 판결"

정백(鄭栢)으로부터

근일 우리들의 공판으로 인하야 더욱 다망(多忙) 중에 괴로움을 바드심을 감격
으로서 다만 감사할 뿐이올시다. 두어 말슴 엿줄 것은 제의 예심결정서에 제가
1928년 2월말경에 시내 서대문정에서 공산당 경기도대회를 하엿다고 한 것에
대하여 제가 공판정에서 공술한 것을 드르섯슬 줄 암니다만은 경기도대회를 한
일이 전연히 업사온 즉 예심결정서에 써 잇는 저와 가치 경긔도 대회를 하엿다
고 한 피고들의 예심공술과 이낙영(저와 함께 피고된 사람)의 공술과 공판 때 법정
에서 공술한 것을 일일이 참고하여 보시면 사실이 업는 것을 아실 줄 밋슴니다.
이낙영이가 첫날 공판 때 법정에서 공술한 것을 드르섯슬 줄암니다. 당원으로서
형을 바들 것은 스사로 각오하고 잇는 바외다. 귀체만복하심을 앙축합니다.

9월 1일

서대문형무소내 정백

김병로씨[24]

정백은, ML당의 조직이나 당원으로 가입한 부분에 대해서는 형을 받을
것을 각오하고 있다. 그러나 "공산당 경기도대회"를 개최한 사실이 전혀
없었다고 주장한다. 예심과정에서 아마도 강요된 공술 때문에 정백과 이낙
영은 자백한 것으로 보이는데, 공판과정에서 그는 개최사실을 부인하고 있
는 것이다. 특히 이같은 상황에서 자신의 억울함을 해소하기 위해서는 변
호사의 조력을 절대적으로 필요로 하는 것이다. 그것이 법정에서 소기의
성과를 낼 것인지는 식민지 법정에서 의문이 가지만, 피고인으로서는 자
신의 진실 입증을 도와줄 변호사를 필요로 했다. 그 점에서 크게 신뢰할 수
있었던 3인 변호사의 존재는 피고인들에게 커다란 용기와 격려였을 것이
다.

---

24 정백, "재옥거두의 최근 서한집," 삼천리, 제9호, 1930.10.

조선공산당, 고려혁명당의 경우에 변호사의 역할은 이미 상세히 소개하였다.

조선공산당사건에서 변호사들은 전체 공판을 주도적으로 이끌어갔다. 공판에만도 5개월이 소요된 것은 변호인들이 피고인에게 유리한 쟁점을 계속 끌어내어 경찰과 예심판사를 규탄하고, 재판장의 소송진행에 대해 일일이 도전했기 때문이다. 식민지 조선의 변호사들은 재경 일본변호사, 그리고 재일 일본변호사와 합력하여 이 사건 재판에 대한 관심을 동아시아적 수준으로 끌어올렸다. 고려혁명당사건에서도 변호인은 변론 정지를 당하는 압박을 받으면서도 무죄변론을 효과적으로 수행했다. 피고인들의 항쟁은 변호인들의 열정과 결합하여 일제하 최고의 법정투쟁의 장면을 연출해냈던 것이다.

개별적 사건에서도 변호사의 개입은 사건의 흐름을 바꿔놓는 경우도 허다했다. 변호사들은 재판절차에 하나의 들러리가 아니라, 법정 안팎의 적극적인 관여를 통해 사건의 중요성을 널리 알리고 재판부에 압박을 가했다. 대체로 재판부가 이들의 주장을 무시하려 했지만, 도저히 무시할 수 없는 증거와 주장 앞에 일정한 사건에서는 무죄판결을 받아내거나 형벌이 감경되는 효과를 자아낸 것도 적지 않다.

| 유죄판결에 대한 항소 여부 |

제1심이야 일제에 의해 강제된 것이므로 재판을 받지 않을 도리가 없다. 그러나 항소심은 다르다. 제1심판결이 검사의 구형과 그리 다르지 않을 경우가 대부분이어서, 검사는 항소할 이유가 별로 없었다. 항소는 피고인의 선택 여하에 달려있는 경우가 적지 않았다. 일단 상소하게 되면 일제의 법정에 자신의 억울함을 호소하는 형태가 될 테니, 이는 일제 법정의 정당성을 간접적으로 인정하는 셈이 되지 않을까 하는 우려가 들 수 있다. 때문에 참으로 많은 독립운동가들이 항소를 자진하여 포기했다. 단순히 포기했다기보다는 일제 법정을 거부하는 방식으로 항소포기를 택한 것이다. 이제까지 본 많은 재판에서 적극적으로 항소한 경우는 그다지 많지 않다. 항소심에서 선처를 호소하는 그 자체가 심리적으로 용납될 수 없었던 것이다.

물론 상소했다고 해서 그의 애국적 의지가 박약하다고 간주하는 것은 있을 수 없는 일이다. 터무니없는 사실을 걸어 중형의 유죄판결을 받았을 때, 상소하는 것은 오히려 당연한 일일 것이다. 상소심에서는 변호사의 조력을 더욱 절대적으로 필요로 한다. 조선공산당사건의 김약수가 김병로 변호사에게 보낸 다음 서신을 한 예로 들어본다.

생(生)에게 대한 판결은 더욱 의외의 것이 잇슴으로 부득이 항소를 제기하엿삼이다. 이 공소에 대하여는 결코 다른 사의(私意)가 업는 바이옵고 다만 저의 신조를 위함과 아울너 본건에 대한 입장을 가급적 명확히 하고저 하는 그것임을 양찰하시고 생의 금변의 항소에 더욱 동의하여 주심을 바라옵나이다. 원래로 승패는 역도(逆睹)치 못할 것이라 하기보다도… 그것이 십분 명확하다고 하겟사오나 이러한 위험을 무릅쓰고도 다시 항소를 하게 되는 것은 도시 선생의 애호가 게시는 까닭이오니 더욱 애호하여 주심을 바래옵나이다. 差入하시는 것은 여전히 잘 드러옵나이다.

2월 24일
서대문형무소 김약수
김병로 선생[25]

---

25 김약수, "在獄巨頭의 最近 書翰集," 삼천리, 제9호, 1930.10.

| "일본법률론자"가 "일본법률"에 따라
독립운동가를 변호할 수 있는가? |

김창숙의 말대로, "일본법률론자"가 "일본법률"에 따라 독립운동가를 변호할 수 있는가? 일제하에서 이 땅의 변호사들은 일제가 공인한 법조인으로 활동해야 했다. 운동가들의 독립 대의를 열렬히 변론할 때도, 일제 법정에서 일본어를 쓰면서 일본법의 조문을 인용하면서 변론해야만 했다. 대다수 조선인들이 보기에 변호사들은 일본법률론자로 보여질 만도 했다. 침략자의 언어와 침략자의 법률로 일본법적 논리를 구사하는 이방인으로 비쳐졌을 수도 있다.

김창숙다운 진지한 의문에 대해 우리 변호사들은 어떻게 답할 수 있을까. 그것은 개개인의 실존적 결단이자, 매순간의 선택의 문제였다. 3인의 변호사들이 그에 대해 어떻게 답했는지는 이제까지 보아온 대로이다. 그들의 항일변론은 독립운동가들을 고무시키고 독립의 대의를 널리 전파하는 데 큰 기여를 했다. 워낙 항일변론에 충실하다보니 그들은 변호사의 자격도 정지당하고 박탈당하는 수난을 겪어야 했다. 그들은 순정 민족주의자, 개방적 민족주의자였고, 나아가 민족운동 전체에 한 지도적 역할을 담당할 수 있었다. 그러나 그러한 예를 내세워 일제하 변호사 전체가 정당화될 수 있다고 강변한다면 이는 큰 오류일 것이다. 독립운동가들과 일본법률론자 사이의 객관적 괴리는 엄연한 사실이다. 이를 어떻게 극복해갔는가는 법조인 개개인별로 엄정히 판단되어야 할 것이다.

사회적 평판 속의 3인 변호사

．
．
．
．

1930년대 여러 잡지와 신문에서는 자주 변호사에 대한 평판기를 올린다. "3인"은 빈번히 평판기의 대상이 된다. 그만큼 국내의 민족지도자의 중심으로 꼽히고 있기 때문이다. 그들의 법정태도 뿐 아니라, 그들의 태도나 활동 등이 두루 주목을 받는다. 부정적인 의견은 거의 없다. 그들의 헌신적인 태도, 독립운동 진영에 대한 공적 사적 헌신이 널리 인정을 받고 있기 때문이다. 각자에 대한 대표적인 평판기 하나씩을 인용해보자.

허헌

씨는 사회운동의 녀투사이든 영양 허정숙 씨와 같이 세계 각국의 정세를 시찰하고 귀국한 후 신간회 위원장으로 잇다가 광주학생사 건이 일어낫을 때에 소위 민중대회 사건으로 옥중에서 고생하고 지난 1월에 2년 4개월만에 출옥하게 된 것은 세인의 기억에 새로운 바다. 씨는 과거 20여 년간 변호사 생활을 하는 중, 옛날 안도산, 이갑, 이종호 제씨와 교유하든 때부터 수년전 신간회 위

허헌[26]

원장으로 시무할 때까지 나날이 달라가는 조선사회 현실에 가슴을 울리지 않은 적이 없엇으며, 우리 사회를 위하야 일어나는 사회단체에 관계 안한 적이 드문 이다. 지금은 출옥한 후 변호사의 직을 버리고 경성 삼청동 자택에서 휴양 중이 다.[27]

김병로

김병로[28]

변호사 노릇을 하여 가지고 번 돈을 사회운동에 얼 마간이라도 쓴 이는 김병로 군일 것이다. 김 군은 전수학교 교수로 부산지방법원 판사 를 지내고 1922년 봄에 재야법조계의 일원 이 되엇다. 군은 성격이 호담하야 자기를 누가 비난하던지 군은 자기의 주장대로 나아가는 기질을 가젓다. 군은 금일까지에 맡아본 사건 이 약 5, 6백건에 달하는데 그 7, 8할은 사상사건 이 점령하엿다.

군은 변호사로 법정에 나서는 외에 신간회 집행위원장으로 단상에 서서 젊은 사회주의자들과 이론투쟁을 한 일도 적지 아 니하다. 작년 추(秋)에 신간회 해소문제를 토의하는 신간회대회가 개최되엇을 때 는 김병로 군은 좌경청년들이 토하는 불같은 이론에 고군분투한 것은 실로 이채 를 도두윗다.

김 군은 사회운동 관계로 단상에 선 일이 많은 까닭에 법정에 서서 변론을 하는 때에도 조금만 흥분이 되면 단상의 웅변식으로 흘러 상을 두다리며 연설하듯 하 는 태도를 가지는 때가 드물지 아니하다.

26 유광렬, "등장한 2인물," 삼천리, 제4권 제8호, 1932.8, 38면.
27 許憲氏 個人座談會, 동광, 제39호, 1932.11, 32면.
28 혜성, 제2권 제1호, 61면

김 군의 고향은 전라도이다. 그는 말의 「까듸」사투리를 어느듯 일본 말에도 나타내어 「데스 겐데」하는 때가 잇어 엄격한 법관으로 하여금 미소를 금치 못하게 하는 때가 잇다.

크지도 않고 적지도 않은 키에 두 불이 홀쪽 빠진 김군-그는 조선 좌경변호사로 첫 사람이 될 것이다.[29]

이인 : 절늠뱅이 변호사

이인[30]

이 군은 변호사로도 특징을 가진 인물이거니와 육체적으로도 다리저는 특징을 가저 변호사계의 독특한 존재를 가젓다. 이 군은 1922년 10월에 동경서 변호사시험에 합격하고 동경 적판구에서 개업을 하엿다가 경성으로 올마온 사람이다. 이 군이 오늘까지 맡아본 사건은 600여 건인데 8할은 사상사건이다. 공산당사건의 피고로 이군의 얼굴을 법정에서 보지 않은 사람이 드믈 것이다. 소장변호사로 또는 좌경변호사로 사회운동이 죄가 아니 된다고 열렬히 주장한 이는 이군일 것이다. 재작년 12월 6일 이군은 8개월 정직을 받앗다. 수원고농학생사건 변호시에 ××사상은 ×××이 전부가지고 잇는 사상이니 이에 관한 글을 써서 일반에게 보엿다고 할지라도 치안을 어지럽게 하지 않엇다고 주장한 일이엇다.

이 군은 마음에 먹은 일이면 그냥 내어쏘는 성질이 잇다. 그러므로 이 군은 이것으로 이익을 보는 때도 잇거니와 손실을 보는 때도 잇다. 다시 말하면 이 성품은 이 군의 장점도 되거니와 결점도 되는 것이다. 무슨 일에던지 남아답게 처하는

---

29 동허자, "변호사 평판기(1)," 동광, 제31호, 1932.3, 66면.
30 각계인물만화전, 개벽, 신간 제1호, 1934.11, 122면.

그 태도-절늠절늠하는 그 모양과 함께 우리는 잊을 수 없다.[31]

이들을 지칭하는 것으로 첫째가 "사상변호사"이다. 김병로와 이인의 소개대로, 그들이 1932년까지 맡아본 사건이 6백여 건 되는데, 그 중 7~8할이 사상사건이라는 것이다. 허헌의 경우도 대동소이했을 것이다. "사상"이란 단어는 1925년의 시점부터 사회주의 색채가 가미된 각종 운동, 특히 공산당관련 사건에서 널리 쓰여졌다.[32] 둘째, 그와 유사한 지칭이지만, "좌경변호사"가 있다. 위의 인용에서 보듯, 김병로는 "조선 좌경변호사로 첫 사람이 될 것"이라고 하며, 이인은 "좌경변호사로 사회운동이 죄가 아니된다고 열렬히 주장한 이"라고 소개되고 있다. 셋째, 그들의 활동을 소개할 때 "무료변호" 혹은 "자진변호"라는 말이 빈번히 등장한다. 예컨대 다음의 것들이다.

- 본 사건(청진사건)에 무료로 자진변호하였던 이인 씨는[33]
- 대구복심법원에서 개정되는 광주 성진회 학생비밀결사사건과 불원간 신의주 지방법원에서 개정되는 오동진 공판에 무료로 자진변호하기 위하여 출장한다 한다.[34]
- 이인 씨는 (강원도 통천 금란보를 이용하는 몽리민 근 3백여 명) 몽리민을 위해 자진무료변호할 것을 발표하였음으로, 저간 변호사가 없어 본 문제는 지주측에 유리하게 전개되리라는 억측은 사라지고 사건은 자못 긴장미를 띠었고 이인 변호사의 의협적 자진변론에는 일반의 칭송이 자자하다 한다.[35]

---

31 동허자, 앞의 글, 66~67면.
32 이들과 함께 이창휘 변호사를 "조선의 사상변호사로 일 존재를 굳게 점령하고 있는 이"라고 소개한 글이 있다. 동허자, "변호사 평판기(2)," 동광, 제33호, 1932.5.
33 1931.3.4. "청진 예심 판사는 소송법 유린! 검사기관무시한 행위. 이인변호사 담"
34 1931.3.22. "변호사 李仁씨 광주 성진회 학생비밀결사 사건, 오동진 공판 무료로 자진 변호"
35 1932.4.19. "경성 李仁 변호사 金蘭洑 사건에 자진 무료 변호"

- 돈 못받을 사상범 공판에 이인씨의 자최가 업슬 날이 업다.[36]

참고로 "민족변호사"라는 명칭은 어떤가. 허헌, 김병로의 전기작가들은 민족변호사란 부제를 붙이고 있다.[37] 민족독립을 위해 항일변론을 주도한 이들은 당연히 민족변호사의 영예를 누릴 자격이 있고도 남음이 있다. 그들의 사상도 진보적 민족주의-민주주의에 속한다고 볼 수 있으며, 일제하에서 사회주의에 경도된 흔적은 거의 없다. 하지만 그들의 의뢰인들이 대개 사상사건의 관련자들이므로 늘 사회주의, 공산주의, 무정부주의 등의 사상과 접하고 있었다. 피고인들의 주의, 주장이 변호인의 그것과는 물론 다를 수 있지만, 사상사건을 일상적으로 수행하는 변호사들이 그들의 주의, 주장에 충분한 공감을 갖지 않고는 효과적인 변론 자체가 불가능할 것은 오히려 당연하다. 그러기에 이들을 우익 민족주의자라고 규정하는 것도 어렵다. 오히려 일제하에서 그들의 별칭은 "좌경변호사" "사상변호사"였음을 감안할 필요가 있다. 좌익의 주장에 충분히 귀가 열려있는 민족변호사라 할 수 있을 것이다.

---

36 "변호사와 의사," 혜성, 제1권 제6호, 1931.9, 87면.
37 김학준, 가인 김병로 평전: 민족주의적 법률가 · 정치가의 생애, 민음사, 1988; 허근욱, 민족변호사 허헌, 지혜네, 2001; 심지연, 허헌 연구, 역사비평사, 1994.

제12장

해방 후의 행적

최고의 대법원장 감은 누구?

· · ■ ●

1931년 한 잡지에서 〈동서고금 인물좌담회〉라는 것을 개최했다. 사회는 주요한이었고, 출석자는 박찬희(동아일보사), 차상찬(개벽사 주간), 문일평(역사가), 유광렬(중앙일보사), 이광수(창작가), 이용설(의사) 등과 김병로 등이었다. 김병로의 직함은 '전신간회위원장'이었다. 중간에 '현대조선과 인물'을 말하는 중에, 이런 문답이 나온다.[1]

주요한 : 대심원장[2]을 고른다면 누구가 될까요?
유광렬 : 여기 계신 김병로 씨로 하지오.
김병로 : 나는 된다해도 안 하겠습니다.
차상찬 : 김병로 씨는 안 돼요. 이론만 할 터이니 될 수 잇습니까. (웃음)

일제의 기준으로 은근히 불편한 내용일 것이다. 조선이 독립되어야만 '대심원'같은 최고법원을 설치할 수 있기 때문에, 독립을 전제한 논의처럼 보이기 때문이다. 그런데 한국인 사이에 그런 희망섞인 질문을 던질 수 있

---

1 東西古今人物座談會, 동광, 제29호, 1931.12, 33~44면.
2 대심원은 일제의 대법원이다. 식민지 조선의 대법원격은 고등법원이었고, 대심원은 동경에만 있었다.

다. 과연 해방을 맞아 정부를 수립할 때 사법부는 누가 이끌어갈 것인가. 실제로 해방이 된 후 그에 대해 거의 이견이 없었다. 한마디로 가인 김병로가 아니면 안되겠다는 것이다. 일제하의 그의 활동에 대한 중간평가의 결과로도 김병로는 독립-건국이후의 대법원장 감으로 올려놓기에 전혀 손색이 없다는 것이다. 그러면 김병로는 일제하에서 해방이후 사법부에 대한 꿈을 갖고 있었을까. 다음 인용이 그에 대한 하나의 답일 수 있겠다.

> 해방 전에는 내가 혼자 우리나라가 독립되면 법정은 어떻게 구성해야 하느냐 이런 것을 여러 가지로 생각을 했습니다. 나는 그 때 생각에 원탁회의 격으로, 법관이고 검찰관이고 변호사고 피고인이고 그렇게 하는 것이 좋겠다고 생각했습니다. 법복에 관한 것도 사람이란 것이 인격과 양심의 힘이 발로하는 것이므로 옷을 입어서 위신을 갖추자는 것도 좀 어떨까 하고 사실은 군정 때에도 이 법복 문제가 나왔습니다마는 내가 반대했습니다. 그런 시대에 늦은 것은 하지 말아라.[3]

이렇게 그는 일제시대 때부터 해방이후의 사법부의 내용을, 아주 구체적인 데까지 구상하고 있었다. 물론 그 구상대로만 되었을 리는 없다. 하지만 그는 실무적으로 뿐 아니라, 법이론적으로, 그리고 법제도적으로 누구보다 준비가 되어 있었다. 때문에 이승만 대통령의 약간의 주저에도 불구하고 이인의 적극 추천, 국무회의에서의 의견일치, 국회의 절대다수의 승인을 거쳐 김병로는 초대 대법원장이 되었다.[4] 대법원장의 재임기간(1948~1957) 동안 법제를 정비하고 사법부 독립의 초석을 다진 구심체의 역할을 다했다. 정부수립과정에서 최고의 인선이었다고 해도 이의를 제기할 이는 거의 없을 것이다.

---

3 신동운 편, 형사소송법 제정자료집, 한국형사정책연구원, 1990, 135면.
4 정부에서 김병로의 대법원장 인선을 둘러싼 일화는 이인, 반세기의 증언, 188~190면 참조.

일제 악법의 청산

　해방직후 일제악법의 청산은 가장 주요한 법적 과제였다. 1945.10.9. 군정법령 제11호가 「日政法令 一部改正 廢棄의 件」이란 이름으로 선포되었다. 이를 통해 "조선인민과 그 통치에 적용하는 법률로부터 조선인민에게 차별과 억압을 가하는 모든 정책과 주의를 소멸하고 법률상 균형을 회복"하기 위하여 일정한 법령을 폐지했다. 폐지된 법령에는 ① 정치범처벌법(1919년 공포된 제령 제7호를 말한다), ② 예비검속법(행정집행령상의 보호검속을 말한다), ③ 치안유지법, ④ 사상범보호관찰령, ⑤ 신사법 등이 포함되었다. 또한 죄형법정주의 원칙이 선언되었다. 경찰의 사법권, 특히 경찰관의 즉결처분권을 박탈함으로써 경찰권의 구속남용에 쐐기를 박았다.[5] 이 군정법령 제11호의 내용을 보면, 1920~30년대 항일변호사들이 개폐를 주창했던 바를 그대로 반영하고 있음을 볼 수 있다. 특히 1930년대 후반 변호사회에서의 건의안과 궤를 같이하는 점이 매우 흥미롭다. 여기서 불충분한 점은, 1948년 〈형사소송법의 개정〉이 반포됨으로써, 영미식 영장주의 및 적법절차의 도입의 중대한 계기가 만들어졌다.

　그러나 미군정 하에서 일제법령의 청산작업은 제대로 진도를 내기 어려

---

5 한인섭, 한국형사법과 법의 지배, 한울아카데미, 1998 참조.

왔다. 정치적 혼란도 극심했고, 과도정부의 한계도 분명했다. 과도정부 하에서 사법부장으로 진력했던 김병로는 다음과 같은 소감을 남겼다.

> 나는 2년여의 (사법부장) 재직 중에 일신의 병고와 생활상 곤란을 고려할 여념이 없이 심정을 다하여 노력해 왔으나 특수정국의 제약하에 있었을 뿐 아니라 일반 정계에 미치는 사상 및 경제의 혼란으로 예기한 바와 같은 성과를 얻지 못하고 항상 현상유지에 그쳤을 뿐이다.
>
> 조선법률을 전부 만들려다가 예산부족으로 못한 것이다. 즉 일본법은 우리의 형극같다. 이를 국민에게 적용한다는 것은 나로서는 심통할 일이었다. 그러나 전 법령을 새로 제정하려면은 물적 인적 요소와 상당한 시일을 요하는 중대사업이므로 부득이하여 군정법령으로써 일정시대의 조선인에 대한 차별법령 기타 제종악법을 폐지하고 其餘(그밖)의 법령을 아직까지 적용하여 온 것이다. 그리고 앞으로 성립될 독립정부에 있어서는 정부성립 직후로 과거의 법령을 일소하고 새로운 법령으로만 국민에게 적용하는 것이 정상적일 것을 느끼고 과정 재직중에 나로서는 신법령을 완전히 준비하여 국회에 통과케 하여 이것을 실시케 하려는 충심으로 법전 편찬에 착수하였으나 여기에는 일천만 원 이상의 재용을 소요하였으므로 그 목적을 달성치 못하였다.[6]

일본법률의 '형극'을 한시바삐 벗어나기 위해 일신의 병고와 생활상 곤란에도 불구하고 전력을 다했으나, 사회정치적 사정과 예산, 인력부족 때문에 일제법령 대부분을 적용하고 있음을 안타까워하고 있다.

일제법령의 개폐를 위한 본격적인 작업은 정부수립 이후 법전편찬위원회의 활동을 통해 이루어졌다. 이 위원회는 "조선말로 된 법전"을 제정하자는 구호를 내걸고, "왜놈이 만든 법제"를 한시바삐 탈피하도록 서둘렀다.[7]

---

6 국사편찬위원회 편, 자료 대한민국사 7, 탐구당, 1974, 805면.
7 최종고, "해방후 한국기본법제의 정비," 박병호교수 환갑기념논문집, 한국법사학논

그 법전편찬위원회의 위원장은 김병로 대법원장, 부위원장은 이인 법무부
장관이 맡았다. 대체로 우리의 주요 법률들은 법원 및 검찰의 조직법, 형사
관계 법령, 민사관계 법령의 순으로 입법작업이 진행되었다. 워낙 방대하
고 복잡한 작업이라 준비하는 데 시간이 많이 소요되었고, 초안의 입안과
심리가 궤도에 오르자 전쟁이 터져 피난보따리보다 법전관계서류를 들고
남하하여, 피난처에서도 법률초안을 계속 검토하였다. 김병로는 대법원장
재임기간동안 법전편찬위원회 위원장으로 임했고, 그가 물러난 뒤에는 이
인이 4년간 위원장직을 맡아 임무를 수행했다. 이렇게 정부수립 후부터 약
13년간 김병로와 이인은 법전편찬의 책임자로서 노고를 다했던 것이다.[8]
하지만 그 법전편찬작업은 워낙 난산이었다. 이인은 1959년 말에 다음과
같이 술회하고 있다.

우리 민국 창건에 다달아 그 무엇보다 요긴한 것이 법제이었고 또 가슴쓰라린
과거의 무자비한 착취와 차별과 압박으로 내포된 소위 잔재법률(殘滓法律)을 시
급히 일소하고 우리 생활과 실정에 부합한 민주법률을 제정하여 국가의 면모를
정비일신케 하여야 할 실정이었으므로 기본법전인 헌법을 비롯하여 민·형·
상법, 민소, 형소, 기타 부속법규 등의 기초를 완성하여 정부와 국회에 돌려 이미
그 태반이 공포·실시되었고 입법부는 그간 각 분야의 부단한 단행법을 제정한
것이 상당한 숫자에 달하기는 하나 아직 잔재법률(殘滓法律)의 일소가 지지부진
하여 신생국가의 긍지와 위신을 훼손케 하고 국민으로 하여금 그 일상생활에 지
대한 곤혹을 가지게 됨에 있어 입법부나 행정부의 이에 대한 성의를 의심치 아
니할 수 없다.[9]

총, 박영사, 1991, 446~447면.

8 한인섭, 한국형사법과 법의 지배, 한울아카데미, 1998, 73면; 이인, 반세기의 증언,
  206면.

9 1959년 발간한 《法律年鑑》에 게재된 간행사의 일부분이다. 이인, "시급히 일소해야
  할 착취적 잔재법률," 이인, 애산여적, 제1집, 세문사, 1961, 264면.

일제법령과 함께 과거의 역사속에 누적된 여러 법령이 혼재되어 생기는 법령상의 혼란도 컸고, 일제법령을 계속 사용함에 따른 국민정서상의 문제도 심각했다.[10] 점진적인 법전편찬작업은 1961년 5·16쿠데타 직후 소위 혁명과업의 일환으로 '구법령정리에관한특별조치법'(1961.7.15.)을 제정하여 가속도가 붙었다. 그 요지는 제헌헌법 이전의 법령은 1962년 12월 31일까지 정리하도록 하고, 그 때까지 정리되지 않은 구법령은 일괄적으로 폐지된 것으로 간주한다는 것이다. 구법령정리사업은 1962년 1월 20일까지 불과 165일동안 총 389건의 신법령을 제정하였고, 618건의 과거법령을 폐지하였다. 이렇듯 구법령정리사업은 군사정권이 대단한 의욕을 갖고 최단시일내에 추진했던 작업이었다. 국민의 대표로 구성된 국회에 의해 법률이 제정·개폐되지 않았던 근본적 문제점이 있긴 하지만, 이것으로 법률 형식적인 측면에서 과거 일제와의 단절이 이루어졌다고 평가될 수 있다. 적어도 일본법을 그대로 쓰는 데서 오는 민족적 자부심의 상처를 씻어낼 수 있었다는 점을 적극 평가할 수 있을 것이다.[11] 김병로와 이인은 이렇듯 전반적인 일제의 착취적 법률을 청산하는 과정에서 주역을 담당하였다.

---

10 김용진, "구법령정비사업의 추진," 법제연구, 제8호, 131면.
11 한국군사혁명사 편찬위원회 편, 한국군사혁명사 제1집(하), 1963, 128면 참조.

분단과 좌 · 우 대립 속의 "3인"

해방후 좌 · 우의 분열과 조국의 분단은, 모든 이들에게 양자택일의 선택을 강요했다. 허헌은 여운형의 건국준비위원회의 노선에 참여했고, 건준이 인민공화국으로 개편되었을 때 인공의 국무총리직을 맡았다. 이후 좌익계의 민주주의민족전선과 남로당 등에서도 최고간부의 직책을 맡았다. 다만 허헌은 인공, 민전, 남노당에서 간판 역할을 했을 뿐, 그 실질적 헤게모니는 여운형, 박헌영 등이 장악하고 있었다.[12] 남북의 분단이 확정되는 시점에서 허헌은 북한을 택했고, 이후 북한에 머무르면서 최고인민회의 의장과 김일성대학 총장을 역임했다. 그러나 그는 1951년 8월 16일 대학 개교식에 참석하러 강을 건너다 범람하는 강물에 배가 뒤집혀 익사하고 말았다.

해방 후 허헌의 일련의 과정은 자신의 자발적인 것이라기보다 역사의 물결에 떠밀려 양자택일을 강요받는 상황에서 나온 비자발적 선택의 성격을 갖고 있다고 생각된다.[13] 그의 글과 말에서 공산주의적인 요소를 추출하기는 쉽지 않다. 심지연은 그를 '좌파 민족주의자'라고 보고, 이호재는 그를 '급진적 인물'은 아니고, 대체로 '중도적 또는 좌 · 우 통합지향적 성격'

---

12 허근욱, 360면. 간판 역할에 그치고 있었다는 것은, 박헌영의 체포령 등에도 불구하고 허헌은 미군정 하에서 어떤 체포나 수배를 당한 적이 없다는 데서도 알 수 있다.
13 심지연, 허헌 연구, 역사비평사, 1994, 229~233면.

을 가졌다고 지적한다. 계급보다는 늘 민족이란 과제를 중시했던 점도 분명하고, 미국에 대한 인식도 매우 우호적인 편이다. 그런 그가 좌파와 북쪽의 선택을 한 것은 중간파의 여지를 없애버리는 냉전체제하에서 나온 강요된 선택이라고 볼 수 있다.[14] 사상적으로 그는 통합적이고 개방적인 민족주의자로 보는 것이 타당할 것이다.

현실노선의 선택의 차이와는 별개로, 허헌과 김병로, 이인의 동지적 연대감과 우애심은 해방 이후에도 변하지 않았다. 김병로와 이인의 해방후의 모든 회고에는 허헌의 업적, 허헌과 함께 한 일이 빠지지 않고 기술되어 있다. 그에 대한 존경의 표시이기도 하거니와, 그를 빼놓고 일제하의 법률운동을 기술한다는 게 성립불가능하기 때문이다. 그들의 모든 글에는 분단시대 북행을 택한 이들에 대해 쓰여진, 이름없는 "허○ 변호사"가 아니라 "허헌 변호사"로 늘 쓰여져 있다.

이제껏 보았듯이 허헌은 일제하 누구보다 민족을 위한 변론에 앞장섰고, 민족적 중심이었던 신간회의 최고 간부를 역임했던 인물이었다. 세계일주를 했으면서도, 국내를 끝까지 지키며 두 차례의 옥고를 겪고 변호사자격도 박탈당한 인물이다. 그는 일제시대 전체를 일관하여 항일변호사로서, 민족운동가로서의 삶을 살았다. 일제하의 독립을 위한 열정과 성과 면에서 그를 능가하는 인물도 그리 많지 않을 것이다. 김병로와 이인도 시종 뜻을 같이하며 일제시대 내내 일관된 삶을 살았다. 그렇게 25년간의 연대와 우정은 해방이후 정치노선의 차이에도 불구하고, 인간적으로 유지되었던 것이다.

일제하의 그들의 삶의 지향점은 한결같았다. 변호사, 민족지도자, 그리고 피고인, 수형자로서, 그들은 민족독립을 시종 지향했고, 독립을 지원했다. 본문에도 소개된 바 있지만, 마무리 시점에서 인상에 남는 외부인의 압

---

14 이호재, 한국인의 국제정치관-허헌의 사상과 대외관, 법문사, 1994, 474~475면 참조.

축적 평가를 정리해본다.

> 허헌 : 언제나 조선의 독립을 희망하고 있는 자[15]
> 김병로 : 법정이 떠나갈만치 소리지르는 유조리 최열렬한 변호사[16]
> 이인 : 항상 총독정치에 불만을 가지고 조선의 독립을 희망해온 민족주의 진영
> 의 이채로운 인물[17]

해방 이후 김병로는 사법부장과 대법원장으로서 사법부의 초석을 닦았
다. 이인은 초대 법무부장관을 역임하고 나중엔 정치인, 재야 민주화의 원
로로서 굳건한 삶을 살았다. 그 두분은 대한민국 사법과 법제의 기둥으로
보람있는 생을 살았다고 평가할 수 있을 것이다.

그들에게 물을 수 있다. 식민지 법정에서 변론했던 그 삶은 그들에게 무
엇이었을까 하고. 한 기자의 질문에 이인은 "해방후에 보낸 10년간은 모두
허송세월이었다"고 토로한 바 있다. 어떤 "화려한 정치편력도 피압박민족
의 변호를 담당했던 그 시절의 보람과는 비교될 수 없다"는 것이다.[18] 과연
그랬을 것이다. 식민지 법정에서, 일본의 육법전서를 들고, 일제 검사와 재
판관에 맞서 독립운동가를 조리있고 열렬하게 변론했던 항일변론의 그 시
절만큼 보람있는 삶이 달리 있으랴.

---

15 민중대회사건의 판결문 중에서 발췌. "신간회음모사건판결," 사상월보, 제3호,
1931.6.
16 김상옥 의사 관련 공판정에서의 김병로를 묘사한 기사. 조선일보 1923.5.14.
17 조선어학회 사건의 예심종결결정문 중에서 이인에 관한 부분. 건재 정인승전집 6,
261면.
18 이인, 반세기의 증언, 235~236면.

제13장

맺음말

이 책은 일제하 형사재판에서 독립운동가들을 적극 변론했던 항일변호사들, 그 중에서도 "3인의 변호사"라 지칭된 허헌, 김병로, 이인의 항일 법정투쟁과 법률운동을 주로 다루었다. 시기적으로는 1920년부터 일제말까지이지만, 주로 다루는 사건은 1920년부터 1930년대 초반에 집중했다. 가능한 당시에 생성된 자료, 그 중에서도 재판자료 및 언론기록에 의거하여 사건을 정리하면서 항일변호사의 존재의의를 추구하고자 했다.

항일변호사의 존재를 뚜렷이 각인시킨 첫 사건은 3·1운동주역의 재판이었다. 허헌은 경성지방법원이 사건을 다룰 법적 관할이 없다는 소위 공소불수리론을 제기하였고, 그 논변을 재판부가 받아들임으로써 엄청난 여론의 폭풍을 불러일으켰다. 검사가 상소하여 공소불수리는 파기되고 전원에 대해 유죄판결은 내려졌지만, 기세가 꺾인 일제 법원은 예상보다 훨씬 경미한 처벌을 과하는 것으로 종결되었다. 이는 독립운동에서 변호사의 독특한 존재근거를 만들어냈다는 점에서 법률가들을 크게 고무시켰다. 김병로는 1920년부터, 이인은 1923년부터 변호사가 되었다. 이들은 처음부터 항일 형사변론에 전념하였다.

이들 3인이 합류한 계기는 1923년 의열투쟁의 공판이었다. 그들은 투쟁의 동기를 옹호하면서 독립의 대의를 열렬히 변론하였다. 희천사건, 경북중대사건에서는 경찰관의 고문을 폭로하여 주목을 받았다. 조선인변호사협회를 창립하여 일본과 별도로 국제변호사회 참가를 추진하기도 하고, 경관의 고문에 대해 성토하기도 했다. 소작쟁의와 언론집회 압박 탄핵운동에 적극 관여하면서 변호사들은 집단 차원에서는 처음으로 법정밖의 사회문제에 대해 다른 단체와 연대한 사회운동을 추진하였다. 변호사의 활동의 폭이 넓어짐에 따라 보다 체계적으로 조력하기 위해 형사공동연구회를 만들어 공동으로 운영하였다. 또한 동아시아 피압박민중에 헌신할 결의를 가진 일본 변호사들과의 연대도 추구하였다.

1920년대 후반에 이르면 3인은 법정투쟁을 계속하는 한편 사회운동에도 적극 관여한다. 허헌은 세계만유를 거쳐 신간회운동의 중심에서 활동하였고, 김병로도 보조를 함께 하였다. 합법적 공간에서 사회운동을 통한 민족운동을 전개하였던 신간회의 중앙에서 그들은 각종 활동을 주도 혹은 지원하였다. 특히 갑산화전민사건, 원산총파업, 광주학생운동 등에 대하여는 변호사의 실지조사라는 독특한 방법으로 진상조사를 하여, 이 문제를 전국화하고 총독부를 압박하였다. 광주학생운동(1929년)에 이르러 그 진상을 민중대회의 방법으로 전파하려던 노력은 일제의 탄압으로 좌초되었다.

1920년대 후반에는 사상운동·사회운동이 폭증했고 일제는 대량검거로 대응했다. 조선공산당사건, 고려혁명당사건 등이 그 대표적이다. 특히 조선공산당사건에서 변호사들은 공판투쟁의 수준을 격상시켰다. 28명의 변호사들이 48회에 이를만치 치열한 투쟁을 전개했다. 일본 변호사들까지 가세하였다. 관할위반 주장, 비밀재판 비판, 특별방청의 문제점을 지적한 데이어, 고문경찰관을 고소함으로써 긴장의 수위를 최대치로 끌어올렸다. 공판투쟁을 주도하는 변호사들에 대한 해내외의 성원도 대단했다. 종합적으로 볼 때 조선공산당사건의 공판은 항일변호사들의 역량을 총동원했다고 할 것이다. 고려혁명당사건에서는 피고인들의 공판투쟁이 특히 주목을 끈다. 피고인들은 존중받을 권리, 자유로운 진술의 기회를 집요하게 요청했다. 공판정에서의 자신들의 대의를 충분히 전달하고자 진력했다. 피고인들의 결기는 변호인들의 주장과 상승하여, 이인 변호사가 변론중지를 당하는 사태까지 빚어졌다. 이같은 피고인-변호인의 일체화된 투쟁은 항소심으로까지 이어졌다.

1920년대 후반부터 해외의 독립운동가들이 검거, 압송되어 재판받는 사례가 부쩍 늘었다. 그 중에서 김창숙·여운형·안창호의 사례를 뽑아 분석했는데, 그 이유는 형사재판에 임하는 독립운동가들의 다양한 방식을 예증할 수 있기 때문이다. 김창숙은 스스로를 포로의 신세로 여기면서, 일본법률론자인 변호사들의 변론을 일체 사절하였다. 안창호 역시 변호사의 조력을 애초 거부하였으나, 변호사들의 끊임없는 자원변론 요청을 끝내 거부하지는 않았다. 여운형은 변호사들을 적극 활용하는 편이었다. 국내로 압송되던 첫 단계로부터 행형에 이르기까지 내내 주목받은 그는 변호사와 기자를 통해 해외운동의 실상을 국내에 전파하고, 조선의 민중들이 각성할 수 있는 방편으로 변호사를 활용하였다. 모두가 민족지도자로서 조금도 손색이 없었지만, 일제 법정 및 변호사 조력에 대해서 상이한 대응방식을 보인 점은 그 자체로서도 흥미롭다.

법정투쟁에 더하여 신간회운동의 중심에 선 변호사들은 일제의 정면 탄압을 각오할 수 밖에 없었다. 1930년대 초 변호사 자격 자체에 대한 제재가 가해졌다. 허헌은 민중대회사건으로 유죄판결을 받으며 변호사자격을 박탈당했다. 이인에 대하여는 수원고농사건으로, 김병로에 대하여는 토지분쟁소송에서 사소한 꼬투리를 잡아 각각 정직 6개월 처분을 내렸다. 사상관련 형사재판이 가장 폭주했던 시기에 변호사로서의 활동을 봉쇄해버린 것이다. 김병로와 이인은 6개월씩의 정직을 거쳐 1930년대 항일변론을 변함없이 수행하지만, 허헌은 형기를 마친 이후에도 변호사 자격을 회복할 수 없었다. 하지만 조선내의 지도적 인물로서 이들 3인은 늘 여론의 관심을 받게 되며, 한편으로 여론을 이끌어가기 위해 매진하였다. 이인의 경우에는 물산장려회와 조선어학회, 발명학회 등에까지 지원의 폭을 넓히고 있음이 주목된다.

이들 3인에게 닥친 제2차 수난은 1940년대 초반, 즉 일제말기에 찾아온다. 전시총동원체제 하에서 이들 변호사들은 사상사건을 다룰 지정변호사 명단에서 아예 제외되었다. 허헌은 단파방송사건에 연루되어 혹독한 고문 끝에 징역 1년을 선고받고 옥살이를 했다. 이인은 조선어학회사건에 연루되어 역시 혹독한 고문을 당하고 징역 2년, 집행유예 3년을 받았다. 김병로는 경성을 떠나 은거하면서 일제의 어떤 유혹에도 굴하지 않고 지조를 지켜냈다. 국내의 다른 지도자급 인사와 달리, 그들은 끝까지 친일의 오점 없이 절조를 지켜냈다.

일제하 변호사는 경찰도 한수 접고 대할 정도로 상대적인 특권을 누렸다. 3인 변호사들은 그런 지위를 피고인의 권리투쟁, 실지조사 등을 통한 사회여론의 조성, 신간회와 같은 사회운동에 중심적 역할을 하는 방식 등으로 적절히 활용했다. 변호사의 수입을 개인적 치부를 위해 쓰지 않고, 전국각처의 법정변론 및 피고인의 보조, 그리고 사회운동을 위한 자금으로 기꺼이 내놓았다. 사상사건에 대해서는 무료변론을 자진하여 수행했다. 때문에 이들은 흔히 '사상변호사' '무료변호사' '좌경변호사'라 불리우곤 했다. 변호사는 피고인의 권익 뿐 아니라 민중의 권익옹호에 헌신해야 한다는 주장을 실천하는 삶으로 일관했다.

그러나 다른 한편에서는 변호사가 아무리 독립운동을 변호한다고 해도 그 한계 역시 명백하지 않는가 반론도 있다. 변호사라면 일본법률론자인데 일본법률에 따르면서 일본인 법정에서 어떻게 독립운동을 변론할 수 있는가 라는 회의론도 상당한 근거를 갖고 있다. 그에 대한 답은 개별 변호사들의 실천에 따라 달라질 것이다. 3인의 변호사들은 항일변론에 진력했고, 법정투쟁에 누구보다 열정적이었다. 그들이 변론한 피고인 가운데는 1920년대 중반 이후 시국상황을 반영하여 사회주의, 공산주의를 내세운 사상사건 관련자가 많았는데, 이들 변호사들은 단순한 변론을 넘어서 그들과 적극적인 인간적 유대와 사상적 이해심을 지녔다. 그러나 그들의 글이나 변론 내용에 사회주의적 언어나 주장 등이 나오지 않으며, 대체로 모두 좌-우 통합적인 지향점을 추구했고, 진보적 민족주의의 입장을 견지했다고 할 것이다. 그리고 거듭된 수난을 통해 스스로 단순히 변호사의 길을 넘어서 민족 전체와 아픔을 함께하는 삶을 살았다.

해방 직후 이들이 민족지도자로서 걷는 길은 각각 달랐다. 허헌은 좌익계열의 지도자로 몸담았고, 김병로는 잠시 좌-우합작노선에 몸을 담은 적이 있으며, 이인은 한민당 계열에 인적으로 가까웠다고 할 수 있다. 그러나 김병로는 대체로 사법분야의 개선에 주력했다. 미군정기에는 사법부장으로, 정부수립 이후에는 초대 대법원장으로 사법부의 초석을 닦고 사법부 독립을 확보하는데 진력했다. 이인은 초대 법무부장관으로 법무행정의 기초를 다졌다. 일제 법령을 청산하기 위해 김병로와 이인은 법전편찬위원회에서 주도적으로 활동했으며, 한국의 기본법률은 대개 이들의 손을 거쳤다고 할 수 있다. 반면 허헌은 정치적 지도자로서 활동했으며, 법제-사법 분야에 의미있는 기여를 할 기회는 거의 없었다. 그는 분단 직후에 김일성대학의 총장직을 수행하다 한국전쟁 때 익사하고 말았다. 허헌은 좌익의 길을 걸었지만 그가 사회주의-공산주의적 사상에 입각하여 그랬다고 볼만한 근거는 없고, 실권은 없고 상징적이고 의례적인 고위직을 수행했다. 그 때문에 미군정하에 좌익 관련 고위직 직함을 갖고 있어도 그에 대한 체포령은 내려지지 않았다. 냉전-분단 속에서 이들의 행로는 달라졌지만, 그들 상호간의 심리적인 우정관계는 변함없이 유지되었다.

식민지 하에서 그들이 "항상 총독정치에 불만"을 가지고 "언제나 조선의 독립을 희망해온" 애국적 지도자였다는 사실, 열렬한 법정투쟁과 인권신장을 위해 노력해온 최선의 법률가이고 최고의 법률가라는 사실은 다툼의 여지가 없다.

이 글의 한계도 지적해두고 싶다. 애초에는 1920년부터 일제말까지의 재판투쟁을 두루 다루고자 했으나, 이 책에는 1930년대의 활약을 포함시키지 못했다. 1930년대에는 사회주의 계열에서 거듭된 탄압으로 인해 대규모 사건은 희소해진다. 김병로와 이인은 여전히 주요 사상사건, 독립운동사건의 변론을 추진했다. 하지만 1936년 이후의 일간지에는 그들의 활동이 거의 반영되지 않았다. 이는 남차랑 총독 이후 전시체제로 들어가면서 조선인들의 물자와 인력을 수탈하는 데 총력을 기울였기 때문에, 그에 조금이라도 저촉될 내용을 언론에 아예 싣지 못하도록 압력을 가했기 때문이다. 이 시기에 있어 2인 변호사의 활약은 재판투쟁 뿐 아니라 법률계몽,

사회운동의 후원 등 오히려 활동범위를 넓혀가고 있음도 주목된다. 그에 대한 상세한 논의는 다음 기회로 미룰 수밖에 없다.

　김병로·이인의 존재가 각별한 것은 해방이후 대한민국의 사법과 법제에 끼친 그들의 결정적인 영향 때문이기도 하다. 그들은 편전편찬과 같은 실무작업 자체를 주도했고, 그 과정에서 식민지적 유산을 청산하기 위해 남다른 노력을 경주했다. 하지만 당시의 법지식이 제한적이었고, 식민지하에 형성된 법적 관행 및 체질을 벗어나기란 쉽지 않은 일이었다. 일제하 판검사를 역임한 인물들은 자숙해야 할 친일적 인물로 인식되었고, 변호사의 경우에도 일제에 직간접으로 협력한 인물로 인식되기 쉬웠다. 그러나 김병로·이인은 그러한 친일의 오명에서 전적으로 자유로웠다. 그들의 일제하 애국적 행적에 대해서 누구도 이의를 제기하지 않았다. 그들이 대한민국의 첫 단계에 사법과 법무를 이끄는 수장이 되고, 상징적으로뿐 아니라 실제적으로 지도적 역할을 수행함으로써, 한국의 사법부는 그나마 국민들 앞에 위신을 세워나갈 수 있었다. 다만 본서는 일제하 항일변론과 재판투쟁 자체에 집중하였기에, 그들의 일제하 체험이 해방후의 사법과 법제에 끼친 영향에 대하여는 조금 언급하는 정도에 그쳤다. 그에 대한 상세한 분석은 다음 기회로 미룬다.

| 범 례 |

식민지시대 연구에서 언어 하나하나가 민감할 수 있다. 당시의 용어는 식민지를 정당화하는 맥락이 있지만, 당시 언어 그대로 쓸 때 그 시대상을 그대로 살릴 수 있다. 당시의 애환과 분노에 대한 '공감'을 토대로 분석작업을 하려는 본서에서는 당시 용어 그대로 사용함을 원칙으로 한다. 독자는 그 언어가 가진 식민지적 함의를 독해해낼 수 있으리라 믿어서이다. 다만 다음의 경우는 적극 수정하여 쓴다.

연　도▶ 당시의 재판자료에는 대부분이 "대정 9년" "소화 5년"과 같이 일본식 연호에 따라 연도를 매기고 있다. 그 연도는 모두 서기 연도(1920년, 1930년 등)로 바꾼다. 독해의 편의를 위해서이다. 독자는 1920년이라 본문에 되어 있으면, 원문은 "대정 9년"으로 되어 있겠구나, 이렇게 이해하기 바란다.

성　명▶ 일본인의 성명 표기는 근대 이전엔 한국식 한자발음(가령 풍신수길), 근대 이후엔 일본식 발음(이토오 히로부미)을 쓰는 것을 한글표기의 원칙으로 하지만, 본서에서는 이등박문, 포시진치 등 한국식 한자발음 그대로 표기함을 오히려 원칙으로 한다. 일제시대 일본인 성명을 우리 조상들은 '이등박문'식으로 불렀다. 한글 언론에서도 마찬가지다. 그 점을 존중하기 위해서이다.

법률용어▶ 형사절차, 형법 조문상의 용어는 그대로 쓰는 것을 원칙으로 했지만, 한글표기에 따른 혼동을 막기 위해 몇가지는 바꾸어 쓴다.

인물사진▶ 본문 중에서 인물의 옥중사진은 국사편찬위원회, 한민족독립운동사자료집: 별집, 1~9, 1991에서 발췌한 것임. 이 자료집은 투옥된 독립운동가들의 신상기록카드를 모은 것임.

	일제하 표기	본서의 표기	이유
연도	명치43년 대정8년 소화5년	1910년 1919년 1930년	서기연호로 모두 바꿈 독자의 편의
법률 용어	공소(控訴)	항소(抗訴)	공소(公訴)와의 혼동 막기 위해. 검사의 공소(公訴)는 그대로 '공소'라고 함
	피고, 피고인	그대로	법률용어로는 피고인이나, 일반적으로는 물론 재판에서도 오락가락 하므로 쓰인 그대로 인용
	판결을 언도	판결을 선고	
지명	조선/한국	문헌에 있는 그대로 조선/한국이라 쓴다	식민지 어감을 살리기 위해
	내지, 외지	일본내, 조선(외지조선)	구분할 필요 있는 경우 적지 않다. 그냥 '조선'으로 쓰든지 "외지조선"이라 쓴다.
	경성, 서울	경성, 서울	당시 표현 그대로 쓴다
일제관련 시대어	천황	천황	일제의 분위기 살리기 위해 천황으로 쓴다.
	한일합병	일한합병 혹은 강제병합	당시의 용어 그대로, 한일합병은 한국-일본이 대등하게 합병한 뉘앙스. 굳이 합병이란 말을 쓰려면 "일한합병" 혹은 "강제병합"이 적절하다고 생각한다.
삭제어구	××운동, ○○운동, ×병	××(독립)운동, ×(의)병	독립운동, 의병 등 쉽게 알수 있는 경우는 그냥 그대로 두고 파악이 어려운 경우는 ××(독립)운동 식으로 표기
한국인 호	도산, 도산 안창호	안창호	호를 쓰지 않고, 이름 그대로 쓴다. 모든 존칭은 생략한다.
좌우	左와 같이, 右와 如히	위와 같이	독해의 편의 위해서

〈부록〉 허헌 김병로 이인의 항일변론 연보*

재판연도	사건	피고인명	변호인단
1920	기미독립선언서	손병희 등 47인	정구창 최진 허헌 김우영 신석정 홍성윤 이기찬 김형숙 大久保雅彦 木尾虎之助
1921	대동단사건	전협, 송세호 외	1심 : 김우영 이조원 최진 김태영 이중혁 김정목 木尾虎之助 朝倉外義 大久保雅彦 松本正寬 항소심 : 김우영 김병로 김태영 朝食外義鐵 堀直喜
	임시정부관련	이춘숙	김병로 채용묵 김우영
	민원식암살	양근환	花井卓藏 塚崎直義 平山
1922	보합단사건 (종로경찰서형사 총살)	김도원	김병로 최진 장도 이한길 이승우 강세형 박승빈
	신천지 필화사건(1)	백대진	최진 장도 이한길 김병로 이승우 김세형 박승빈
1923	신생활지 필화사건	김명식 박희도 유진희 신일용	최진 허헌 김병로 강세형
	의열단사건	김시현 황옥 유석현 이현준 남녕덕 류병하 류시태 홍종우 백영무 조황 조동근 이경희	김병로 이인 최진 강세형 김용무 高橋武夫 原剛一 布施辰治
	신천지 필화사건(2)	박제호 유병기	김용무 이인 이승우 허헌 김병로 김태영 이종성
	김상옥 사건관련	전우진 안홍한 김한 이혜수 정병두 정설교 신화수 윤익중	김태영 김병로 이종성 김용무 최진 허헌 이승우
1924	동경황궁 폭파사건	김지섭	布施辰治 松谷興次郎 山崎 藤倉

* 이 연보는 "3인"이 관여했던 대표적인 사건을 정리한 것이며, 추후 보완의 필요성 있음.

재판 연도	사건	피고인명	변호인단
1924	평북 희천사건	조준룡 등	평양복심법원 : 김형숙 한근조 이희철 이동초 이희적 최창조 김병로
	경북중대사건	최윤동 정두규 노기용 정두은 이수영 송두환 정동석 정내영 김봉규	김의균 서한욱 양대경 김완섭 손치은 김병하 조주영 이인 堀池 辻綠也 本木
1925	용강군수사건		김병로 한근조
	북율면 소작쟁의사건		김병로 김용무 이인
	흑기연맹사건	이복원 곽윤모 이창식 이기영 한병희 서상경 서천순 서정연 신영우 홍진우	김병로 김용무 이인
1926	천황폭파미수	박열	布施辰治 新井 荒井 上村 山崎 田坂 中村
	금호문사건	송학선	이인 한근조 松本正寬
	설화사건	강기덕 등	경성복심법원 : 김병로
	6.10만세사건	연전 이병립 외10인	경성복심법원 이인 이창휘 한국종 제등 강세형
1927	고려혁명당사건	이동구 등 14인	이인 김병로 이희적 최창조
	보성고보맹휴 사건		김병로
	조선공산당사건 (1927 1차/2차)	김재봉 강달영 권오설 박헌영 등 101인	이승우 김태영 허헌 장도 최진 이인 김용무 김병로 이종하 김찬영 정구영 권승렬 한상억 강세형 이창휘 한국종 조주영 최창조 이희적 탁창하 한근조 박응무 古屋貞雄 森井與一郎 佐藤潔 武智弘方 野尾隣太郎 布施辰治 加藤貫一

재판 연도	사건	피고인명	변호인단
1928	3차공산당사건 (ML당사건)	김준연 김세연 최창익 최익한 김남수 하필원 김동주 정백 한림 김남수 강대홍 온낙중	김병로 이인 허헌
1928	간도공산당사건	271인	김병로 김태영 이인 한국종 한상억 허헌
	김해청년동맹사건(상고심)	최여봉 송운 조경서 (출판법)	김태영 권승렬 한상억 이인 김용무
	중외일보 필화	이정섭 이상협 (보안법신문지법)	이승우 이기찬 이인 허헌 강세형 김찬영 임창수 김병로 김태영 최용무 한국종 김용무
	옥구소작쟁의		조규박 김병로 재등
	함남기자연맹사건	강기덕 함석희 손홍관 김윤해 이재웅 강영균 등 13명	함흥지방법원 : 한창달 채용묵 유해문 유태설 경성복심법원 : 한국종 이창휘 허헌 김병로 이인 이승우 권승렬 조헌식
	공산당관계	김모씨 등 30명 공판회부 (1928.2.2.부터 검거)	허헌 이인 김병로 이창휘 한국종 등 15인
	순영우차조합	우일훈 이인흡	김병로 이인 유태설
	여운형 사건	여운형	김용무 김병로 한국종 권승렬 양윤식 이인 강세형 이창휘 이종성 송영상 한상억 (허헌)
	개성공산당사건		김태영 이창휘 이인 김병로 한상억 허헌
1929	원산쟁의사건 (항소)	김지오 한만화 유영섭 원정상 이명수	김병로 허헌 김태영
	대구학생사건		김병로 이인 한국종
	조선공산당관련	좌공림 김용찬	이인 김병로
	조선공산당관련	권태석	한국종 허헌 이인 한상억 김병로

재판 연도	사건	피고인명	변호인단
1929	공명단사건	최양옥 등	이인 이창휘 허헌
	원산총파업	김경식 외	김병로 이인 허헌 赤尾虎吉
1930	수원고농사건	김찬도 권영선	이인
	이천 무정부주의자사건	이은송 외3인	김태영 이인 김병로 한국종
1930	민중대회사건	허헌 이관용 홍명희 이원혁 조병옥 김동준	이인 양윤식 이승우 김용무 심상필 이종성 정구영 최병석 김찬영 손치은 한국종 강세형 한영욱 권승렬 이병우 이창휘 진직현 신석정 松本正寬 등 20인
	경성여학생만세사건	허정숙 외 7인	김병로 양윤식 강세형 이창휘 한국종 이인
1931	공산당관련	구연흠	양윤식 이인 김용무
1932	만주무장투쟁	이웅서	노진설(항소심) 이인(상고심)
	선천대산면장살해	박규명	김병로(상고심)
	통천금란보사건		이인(피고측)
	정평농조사건		김병로 이인 원택연
	안창호 사건	안창호	이인 신태악 김용무 김병로 양윤식
	만주무장투쟁	오동진	이인 이희적 최창조 박영희 김지건 김병로 김용무 등 10여인
1933	간도공산당사건	배동건 외 275명	김병로 이종성 이인 신태학 소완규 김용무 최백순 심상직 장두식 문택규 寺田榮 岩崎勉 三井澄夫 角本佑一 宮崎毅 平井大宰明(14인 자진변호 3 관선변호인 11명)
	조용하 재판	조용하	이인 박재선 김병로

재판연도	사건	피고인명	변호인단
1934	공산당재건사건	박헌영 김형선 등	김병로
	형평청년전위동맹사건	이동안 등	이인
1935	십자가당사건	남궁억 유자훈 김복동 등	이인
1938	공산당재건	이재유	신태악 김병로
	유산다툼	민영휘	원고측: 김병로 신태악 이인 변지영
1941	수양동우회사건	이광수 외	이인 김병로 홍순엽 안성기 김익진 정재원 鈴木義男 永見雄藏 大宰明 脇鐵一 丸山敬二郎 吉田平治郎 梧村升雨

| 참고문헌 |

1. 단행본

강덕상, 여운형평전 1, 역사비평사, 2007

京畿道 警察部, 治安槪況, 1931

慶尙南道警察部, 高等警察關係摘錄: 1919年~1935年, 慶尙南道警察部, 1936

慶尙北道警察部 編, 暴徒史編輯資料高等警察要史, 1934

京城地方法院檢事局思想部, 朝鮮共産黨組織計劃ノ件, 1930

高等法院檢事局, 高麗革命黨事件の硏究(天道敎 · 衡平社 · 正義部 各員 提携),
    1928

고려대학교 아세아문제연구소 편역, 광주학생독립운동자료: 조선총독부 경무
    국 소장 극비문서, 광주학생독립운동기념사업회, 1995

高史明[外] 著, 布施辰治と朝鮮, 高麗博物館, 2008

국사편찬위원회 편, 한국독립운동사 4, 1968

김경일, 한국근대 노동사와 노동운동, 창작과 비평사, 1993

김기주, 한말 재일한국유학생의 민족운동, 느티나무, 1993

김영범, 의열투쟁 I-1920년대, 한국독립운동의 역사 제26권, 2008

김윤환, 한국노동운동사 I, 청사, 1981

김을한, 신문야화 : 30년대의 기자수첩, 일조각, 1971

김종범 · 김동운, 해방전후의 조선진상, 조선정경연구사, 1945

김준엽 · 김창순, 한국공산주의운동사 4, 청계연구소, 1988

김진배, 가인 김병로, 삼화인쇄주식회사, 1983

김창수, 한국민족운동사연구, 교문사, 1998

김학준, 가인 김병로 평전: 민족주의적 법률가 · 정치가의 생애, 민음사, 1988

김후경 · 신재홍, 대한민국독립운동공훈사, 한국민족운동연구소, 1971

大石進, 弁護士布施辰治, 西田書店, 2010

대한변호사협회, 대한변협50년사, 2002

도산안창호선생전집편찬위원회 편, 도산안창호전집 제13권, 도산안창호선생기념사업회, 2000

독립운동사편찬위원회 편, 독립운동사자료집 제7권 : 의열투쟁사, 독립유공자사업기금운용위원회, 1976

_____, 독립운동사자료집 제8권 : 문화투쟁사, 독립유공자사업기금운용위원회, 1976

_____, 독립운동사자료집 제10권: 독립군전투사, 독립유공자사업기금운용위원회, 1976

_____, 독립운동사자료집 제13권 : 학생독립운동사자료집, 독립유공자사업기금운용위원회, 1976

_____, 독립운동사자료집 제14권: 대중투쟁사, 독립유공자사업기금운용위원회, 1978

문준영, 법원과 검찰의 탄생, 역사비평사, 2010

明治大學史資料センター 編, 明治大學小史:人物編, 學文社, 2011

박승철, 식민지 지식인의 개화세상 유학기, 태학사, 2005

박용규, 이극로평전[북으로 간 한글운동가], 도서출판 차송, 2005

박태원, 약산과 의열단, 백양당, 1947

박환, 잊혀진 혁명가 정이형, 새미, 2004

신복룡, 대동단실기, 선인, 2003

신용하, [한국독립운동의 역사 46]신간회의 민족운동, 한국독립운동사연구소, 2007

심산사상연구회, 김창숙문존, 성균관대학교출판부, 2001

심지연, 허헌 연구, 역사비평사, 1994

심지연, 송남헌회고록, 한울, 2000

심훈, 심훈문학전집, 차림, 2000

안동독립운동기념관 학예연구실, 권오설 1: 신문기사와 신문 공판조서, 푸른역
　　사, 2010

유병은, 단파방송 연락운동, KBS문화사업단, 1991

윤경로, 105인사건과 신민회 연구, 일지사, 2004

이균영, 신간회 연구, 역사비평사, 1993

이극로, 고투40년, 을유문화사, 1947

이만규, 여운형투쟁사, 총문각, 1946

이병헌, 3 · 1운동비사, 시사시보사출판국, 2002

이　인, 반세기의 증언, 명지대학 출판부, 1974

이정식, 여운형-시대와 사상을 초월한 융화주의자, 서울대학교출판부, 2008

이희승, "조선어학회사건," 일석이희승전집 2, 서울대학교출판부, 2000

임경석, 이정 박헌영 일대기, 역사비평사, 2004

재일한국유학생연합회, 일본유학100년사, 경북인쇄소, 1988

정규화, 이미륵평전, 범우사, 2010

정진석, 일제하 한국언론투쟁사, 정음사, 1982

정진석 편, 일제시대 민족지 압수기사모음 I, LG상남언론재단, 1998

조병옥, 나의 회고록, 해동, 1986

朝鮮總督府警務局, 광주 및 경성 기타 각지 학생사건의 개요, 1930

朝鮮總督府警務局 編, 最近に於ける朝鮮治安狀況 1933, 巖南堂書店, 1978

지중세 역편, 조선사상범검거실화집, 돌베개, 1984

淺田喬二 외 7인, 抗日農民運動硏究, 동녘신서, 1984

靑柳南冥新, 朝鮮獨立騷擾史論, 朝鮮硏究會, 1921

최종고, 한국의 법률가, 서울대학교출판부, 2007

편집부 편, 건재 정인승 전집 6, 한말연구학회, 박이정, 1997

布施辰治資料硏究準備會 篇, 布施辰治 · 植民地關係資料集 No.2 [朝鮮 · 台湾
　　編; 付 · 中國關係資料], 2006

한국방송사편찬위원회, 한국방송사, 한국방송공사, 1977

한국역사연구회 편, 일제하사회운동사자료총서4, 고려서림, 1992

한글학회 편, 얼음장 밑에서도 물은 흘러: '조선어학회 수난' 50돌 기념글모이, 1993

함양여씨대종회 역, 몽양여운형 전집 2, 한울, 1993

허근욱, 민족변호사 허헌, 지혜네, 2001

황용건, 항일투쟁기 황옥의 양면적 행적 연구, 안동대 석사학위논문, 2008

황태완 편, 한국민족해방운동사자료집 10권, 1993

2. 연속간행물 및 논문

강동진, "원산총파업에 대한 고찰," 한국근대사론 3, 지식산업사, 1977

고영환, "신간해소선후책," 동광, 제23호, 1931.7

김광식, "김법린과 피압박민족대회," 불교평론, 제2호, 2000년 봄호

김기림, "해소가결전후의 신간회, 5월 15일 어경성전체대회광경," 삼천리, 제16호, 1931.6

김병로, "방랑, 교수, 변호사," 삼천리, 제2호, 1929.9

_____, "신간회의 해소론이 대두함에 제[際]하야," 동광, 제18호, 1931.2

_____, "유학생 친목회의 마즈막 일막[一幕]," 동광, 제24호, 1931.8

_____, "반도의 사상판검사진, 고등 복심 지방의 3법원을 통하야," 삼천리, 제7권 제3호, 1935.3

김윤경, "여기 일제의 잔학상이! 김병로 선생의 부음을 듣고 동우회사건을 회상한다," 사상계, 131호, 1964.3

김을한, "열차중의 여운형," 삼천리, 제6호, 1930.5

김이조, "광복군의 희천경찰서 창참주재소 습격사건의 공소심(2심) 재판-우리 변호사의 법정투쟁활동," 인권과정의, 2010.7

김정인, "1920년대 중후반 천도교 세력의 민족통일전선운동," 한국사학보, 제

11호, 2011

김창수, "고려혁명당의 조직과 활동: 1920년대 중국 동북지방에서의 항일독립
　　운동," 산운사학, 제4집, 1990

김항규, "조선 민중의 지도자 총관-민중위하야 발벗고 나서는 허헌," 삼천리,
　　제7권 제3호, 1935.3

김효전, "허헌과 변호사징계," 서울지방변호사회, 시민과변호사, 2000.5

＿＿＿, "개별 변호사들의 활동," 인권과정의, 통권 제305호, 2002.1

나산, "조선정치의 과거와 현재," 개벽, 제57호, 1925.3

동허자, "변호사 평판기(1)," 동광, 제31호, 1932.3

류광렬 · 황석우, "등장한 2인물-허헌론," 삼천리, 제4권 제8호, 1932.8

梶村秀樹, "甲山火田民事件(1929年)について(갑산화전민사건(1929년)에 관하
　　여)," 朝鮮歷史論集(下), 龍溪書舍, 1979.

박승빈, "국제변호사대회에 갓다가, 중국북평에서 개최," 삼천리, 제3호,
　　1929.11

박찬승, "1924년 암태도 소작쟁의의 전개과정," 한국근현대사연구, 2010

서용태, "1920~1930년대 권승렬의 변호사 활동," 지역과 역사, 제25호, 2009.10

신일철, "보전초창기의 근대민족주의사상," 근대서구학문의 수용과 보전, 고려
　　대학교, 1986

이애숙, "1922-1924년 국내의 민족통일전선운동," 역사와 현실, 제28호, 1998.6

이인, "朝鮮人の苦情を朝野に訴ふ," 一大帝國, 1卷9號, 1916

＿＿＿, "조선인의 국적문제," 별건곤, 제32호, 1930.9

＿＿＿, "내가 겪은 20세기," 경향신문, 1972.1.22.

장리욱, "나의 옥중투쟁," 국민보, 1959.2(3458호)

장석홍, "1924년 언론집회압박탄핵운동의 전개와 성격," 한국학논총, 제21집,
　　1999

장신, "1922년 잡지 〈신천지〉 필화사건 연구," 역사문제연구, 제13호, 2004

정긍식, "조선어학회 사건에 대한 법적 분석-〈예심종결결정서〉의 분석-," 애산 학보, 제32호, 2006

정범석, "애산 이인 박사 편모," 한글학회 편, 얼음장 밑에서도 물은 흘러: '조선 어학회 수난' 50돌 기념글모이, 1993

정보영, "남편을 옥중에 보내고," 삼천리, 제3권 제11호, 1931.11

朝鮮總督府 高等法院 檢事局 思想部, "朝鮮ニ於ケル思想運動槪觀," 思想月報, 第1卷 第2號, 1931.5

朝鮮總督府 高等法院 檢事局 思想部, "朝鮮思想事件豫審終結決定竝判決 辯護 士の總督政治誹謗事件," 思想彙報, 第20號, 1939.8

조준희, "김법린의 민족의식 형성과 실천-1927년 브뤼셀 연설을 중심으로-," 대한불교학, 제53집, 2009

_____, "자료소개: 1927 브뤼셀 피압박민족대회 한국관계 사료," 숭실사학, 제 25집, 2010.12

주요섭, "여운형 옥중기," 신동아, 1932.9

창랑객, "법정에 선 허헌 홍명희, 민중대회 공판 광경을 보고," 삼천리, 제15호, 1931.5

_____, "반도인물지, 二大臣 · 六人傑, 함경북도의 편,-허헌 · 이운혁 · 김찬" 삼천리, 제6권 제5호, 1934.5, 84면.

최영식, "3.1운동 이후의 민족언론," 삼일운동50주년기념논집, 동아일보사, 1969

한인섭, "조선총독부에 대한 항의문-김병로 변호사," 민주사회를위한변론, 2009.7 · 8

한홍정, "국경견문기-갑산사건 답사를 마치고(전7회)." 조선일보 1929.8.9 · 1929.8.19.

허헌, "축사", 보전친목회보, 친목, 1907.3(월1회 간행)

____, "爲民者-不可不知法律," 법정학계, 제6호, 보성전문학교 교우회 발간,

1907.10

____, "동서 12제국을 보고 와서," 별건곤, 제7호, 1927.7

____, "돈 십만원이 잇다면?-준재[俊才] 수십명을 구미각국에 파견하겠다," 삼
천리, 제1호, 1929.6

____, "세계일주기행(제1신), 태평양의 노도 차고 황금의 나라 미국으로," 삼천
리, 제1호, 1929.6

____, "세계일주기행(제3신), 부활하는 애란과 영길리의 자태," 삼천리, 제3호,
1929.11

____, "애란인상기," 혜성, 제2권 제4호, 1932.4

____, "신문기자로서 얻은 세가지 인상," 신동아, 제4권 제8호, 1934.8

____, "교우록," 삼천리, 제7권 제7호, 1935.8

홍종인, "여운형 사건과 검사와 나 -예심결정서 엇으려 쓰레기통에-," 삼천리,
제3권 제10호, 1931.10

홍종인 · 김과백 · 박윤석, "명탐정과 신문기자 경쟁기," 삼천리, 제3권 제10호,
1931.10

황강, "신간회해소와 운동선의 망전," 동광, 제23호, 1931.7

3. 대담 등

"회사기요[會事記要]," 서북학회월보, 제12호, 1909.5

"회사기요," 서북학회월보, 제16호, 1909.10

"경신년의 거둠(하)," 개벽, 제7호, 1921.1

"새해에 병우[病友]들은 엇더하신가, 병우 김명식, 황옥, 현상윤군을 찾고," 개
벽, 제66호, 1926.2

"再ひ甲山火田民事件に就いて," 조선사상통신, 제1016호, 1929.

"야순탐보대[夜巡探報臺]," 삼천리, 제5호, 1930.4

"철창리의 거물들," 동광, 제21호, 1931.5

"신간회음모판결사건," 사상월보, 제1권 제3호, 1931.6

"교차점," 삼천리, 제17호, 1931.7

"허헌씨 개인좌담회," 동광 제39호, 1932.11

"安昌浩に對する豫審終結決定," 사상월보, 제2권 제8호, 1932.11

"상해 가정부 안창호 사건 판결(확정)," 사상월보, 제2권 제11호, 1933.2

"세계일주의 여비," 삼천리, 제5권 제9호, 1933.9, 56면

"출두거두의 기[그]후 ,제일이차 공산당사건의 수뇌자, 민중운동자대회사건의
　　수뇌자," 삼천리, 제6권 제5호, 1934.5

"[대담]천하대소인물평론회," 삼천리, 제8권 제1호, 1936.1

"도산을 말한다[좌담]," 새벽, 1960년 11월호

4. 기타 자료

1) 국사편찬위원회 한국사데이터베이스 http://db.history.go.kr

• 검찰행정사무에 관한 기록(1)

熙川警察署拷問事件ニ對スル辯護士協會ノ態度ニ關スル件(희천경찰서
고문사건에 대한 변호사협회의 태도에 관한 건)(경종경고비(京鍾警高
秘) 제7045호의 2), 발신: 京城 鐘路警察署長, 수신: 京城地方法院 檢事正
1924.6.2.

熙川警察署拷問事件ニ對スル辯護士協會ノ態度ニ關スル件(희천경찰서 고
문사건에 대한 변호사협회의 태도에 관한 건)(지검비(地檢秘) 제622호), 발
신: 京城 鐘路警察署長, 수신: 京城地方法院 檢事正 1924.6.3.

言論集會壓迫彈劾會第1回實行委員會ノ件(언론집회압박 탄핵회 제1회 실행
위원회의 건)[경본고비(京本警高秘) 제4362호의 1], 발신: 京城 本町警察署
長 1924.6.9., 수신: 京城地方法院 檢事正 1924.6.11.

岩泰里小作人騷擾ニ關スル件(암태리 소작인 소요에 관한 건)[경종경고비
제7535호의 2], 발신: 京城 鐘路警察署長 1924.6.13, 수신: 京城地方法院 檢

事正 1924.6.13.

言論集會壓迫彈劾會第2回實行委員會ノ件(언론집회압박 탄핵회 제2회
실행위원회의 건)[경본경고비 제4362호의 2], 발신: 京城 本町警察署長
1924.6.11., 수신: 京城地方法院 檢事正 1924.6.13.

鮮人辯護士ノ態度ニ對スル件(선인 변호사의 태도에 대한 비난의 건)[경종
경고비 제7684호의 2], 발신: 京城 鐘路警察署長 1924.6.16., 수신: 京城地方
法院 檢事正 1924.6.17.

- 不逞團關係雜件-朝鮮人의 部-在歐米(6)
國際辯護士大會朝鮮人辯護士出席ノ件(국제변호사대회 조선인변호사 출석
의 건)[高警 제4118호], 발송: 丸山鶴吉(조선총독부 경무국장) 1922.12.23.

- 不逞團關係雜件-朝鮮人의 部-在歐米(8)
在歐朝鮮人ノ槪況ニ關スル件(재구조선인의 개황에 관한 건)[高警 제2649
호], 발신: 朝鮮總督府 警務局長 三矢宮松(1925.8.8.), 수신: 外務省亞細亞局
長 木村銳市(1925.8.12.)

甲種要視察人許憲寄港ニ關スル件(갑종요시찰인 허헌 기항에 관한 건)[공기
밀 제299호], 발신: 在ホノルル總領事 桑島主計, 수신: 外務大臣 幣原喜重
郎 1926.7.19.

甲種要視察人許憲ノ動靜ニ關スル件(갑종요시찰인 허헌의 동정에 관한 건)
[機密 제635호], 발신: 在桑港總領事 武富敏彦(1926.11.1.) 수신: 外務大臣
幣原喜重郎(1926.11.22.)

甲種要視察人許憲ノ美國旅行ニ關スル件(갑종요시찰인 허헌의 미국여행에
관한 건)[통삼기밀(通三機密) 제262호], 발신: 齋藤良衛 外務省 通商局長,
수신: 朝鮮總督府 官房外事課長 1926.11.29.

- 思想問題에 關한 調査書類(3)
激勵文郵送ノ件(격려문 우송의 건)[경종경고비 제1116호], 발신: 京城 鐘路
警察署長, 수신: 京城地方法院 檢事正 1927.9.29.

朝鮮共産黨事件公判辯護士團ニ激勵文郵送ノ件(조선공산당사건 공판변호사단에 격려문 우송의 건)[경종경고비 제11274호], 발신: 京城 鐘路警察署長, 수신: 京城地方法院 檢事正 1927.10.4.

고종실록 광무[光武] 11년 7월 1일 보[報](광무 11년 7월 4일) 고종시대사 6집

要視察韓國人之來神ニ就テ[柳春吉·李月松·許兟人의 神戶 來着], 병발비(兵發秘) 第110號, 발신: 兵庫縣知事 服部一三, 수신: 外務大臣 伯爵 小村壽太郎, 1909.4.5.

2) 국회도서관 http://dl.nanet.go.kr

假政部前軍務次長李春熟檢擧ノ件, 국외정보: 1920~1921(대정 9년~대정 10년), 고경41197호

國防保安法第29條及治安維持法第29條ノ規定ニ依ル辯護士左ノ通指定ス[조선총독부고시 제1141호, 1941.7.30.]

國防保安法第29條及治安維持法第29條ノ規定ニ依ル辯護士左ノ通指定ス[조선총독부고시 제1358호, 1943.11.25.]

3) 독립운동사 정보시스템 https://search.i815.or.kr

• 韓國民族運動史料(中國篇)

홍구공원폭탄사건범인의 연루혐의한인의 심간전말[1932년 6월 4일자로 재상해총영사가 외무대신에 보고한 요지]

안창호등의 재류금지[1932년 6월 4일자로 재상해총영사가 외무대신에 보고한 요지]

조선사상운동조사자료, 安昌浩訊問調書(안창호신문조서), 1932.9.5.~10.19.

政治要視察人死亡ニ關スル件(정치 요시찰인 사망에 관한 건)[경종경고비(京鍾警高秘) 제1070호], 발신: 京城東大門警察署長, 수신: 京畿道警察部長/

京城地方法院檢事正/府內 各 警察署長 1938.3.12.

5. 관보

조선총독부관보 1909.5.20.; 1918.10.19.; 12.26.; 1919.4.23.; 1921.1.17.;
　1931.1.29.; 1935.5.28.

6. 서신

안창호가 이혜련에게 보낸 서신 (1932.5.27.)

안창호가 이인실에게 보낸 서신 (1932.5.24.)

주요한이 흥사단에 보낸 편지 (1932.6.22.)

주요한이 흥사단에 보낸 편지 (1932.7.7.)

주요한이 보낸 편지 (1932.7.26.)

주요한이 보낸 편지 (1932.8.19)

7. 판결문

공훈전자사료관(http://e-gonghun.mpva.go.kr)

국사편찬위원회 한국사데이터베이스 (http://db.history.go.kr)

국회도서관(http://dl.nanet.go.kr/)

조선총독부관보활용시스템(http://gb.nl.go.kr/)

한국독립운동사정보시스템(https://search.i815.or.kr/)

8. 언론기사

경향신문 1976.8.16.

대한매일신보 1907~1908.

동아일보 1920~1982.

매일신보 1913~1941.

시대일보 1924.~1924.

신한민보 1928~1936.

신한일보 1926.10.28.

조선일보 1920~1940.

중외일보 1927~1930.

중앙일보 1932.

태평양주보 1932.6.1.

황성신문 1907~1908.

The China Weekly Review 1932.5.14.

한 인 섭(韓寅燮)

서울대학교 법학전문대학원 교수

사법개혁위원회, 법학교육위원회, 양형위원회 및 참여연대 등에 관여하면서 사법개혁의 제도화에 열정을 쏟았으며, 현재 서울대 공익인권법센터의 장을 맡고 있다.

저서로『인권변론 한 시대』(홍성우와 공저),『형벌과 사회통제』,『5ㆍ18재판과 사회정의』,『배심제와 시민의 사법참여』(안경환과 공저),『권위주의 형사법을 넘어서』,『한국형사법과 법의지배』등이 있다. 편저로는『한국의 공익인권소송』(이석태와 대표편집),『법조윤리』,『국민의 사법참여』,『재심ㆍ시효ㆍ인권』,『2008/2009 한국과 표현의 자유』,『정의의법 양심의법 인권의법』등이 있다.

공익과 인권 21 서울대학교 법학연구소 공익인권법센터

식민지 법정에서 독립을 변론하다

허헌ㆍ김병로ㆍ이인과 항일 재판투쟁

초판 1쇄 발행 2012년 4월 25일
초판 2쇄 발행 2013년 3월 15일

저 자 한인섭
발행인 한정희
발행처 경인문화사

주소 서울시 마포구 마포동 324-3
전화 (02)718-4831
팩스 (02)703-9711
등록 1973년 11월 8일 제10-18호
홈페이지 www.kyunginp.co.kr
이메일 kyunginp@chol.com

가격 27,000원
ISBN 978-89-499-0854-0 03300

© 2013, Kyungin Publishing Co. Printed in Korea